A History
of
Western
Historiography

张广智　主著

西方史学史

（第四版）

复旦大学出版社

目 录
CONTENTS

前言 / 1

导论 / 1

  一、承上启下,指点门径 / 1
  二、发展阶段与重大转折 / 3
  三、西方史学史之史 / 6
  四、近百年中国的西方史学史研究 / 10
  五、如何研究西方史学史 / 12

第一章 古典史学(Ⅰ) / 15

  一、城邦社会与城邦文明 / 16
  二、"童年时代" / 18
    1. 遗产的传承 / 18
    2. 神话与史诗 / 20
    3. 史学的故乡 / 23

  三、西方史学的创立 / 24
    1. 希罗多德的生平 / 25
    2. 希罗多德的《历史》 / 27
    3. 希罗多德的叙事方式 / 31
    4. 西方"史学之父" / 35

  四、西方传统史学范型的确立 / 38
    1. 修昔底德与《伯罗奔尼撒战争史》 / 38
    2. 西方政治军事史传统的开创者 / 43
    3. 史学的求真与致用 / 46
    4. 两种不同的史学范型 / 49

五、公元前4世纪至前3世纪的史学 / 51
  1. 色诺芬 / 51
  2. 修辞学派与其他史家 / 56

第二章 古典史学(Ⅱ) / 60
一、从城邦到帝国 / 61
二、从模仿到奠立 / 63
  1. 广采博收的罗马文化 / 63
  2. 史学之滥觞 / 64
  3. 拉丁史学的发展 / 66

三、史坛双擘 / 70
  1. 李维的史学思想 / 70
  2. 塔西佗的史学思想 / 73

四、光辉的延伸 / 77
  1. 波里比阿 / 77
  2. 史家群体 / 79

五、西方古典史学的传统 / 84
  1. 求真探索精神 / 84
  2. 人文主义观念 / 85
  3. 宽宏的历史眼光 / 85
  4. 注重历史对现实的借鉴作用 / 86
  5. 重视史著的表述与史家的修养 / 86

六、西方史学传统的多重意义 / 87

第三章 中世纪史学 / 90
一、黑暗时代? / 91
二、早期基督教史学 / 92
  1. 基督教史学的兴起 / 92
  2. 早期基督教史学的最初探索 / 94
  3. 基督教教会史学范型的确立 / 96

  4. 基督教史学的趋于成熟 / 98

 三、蛮族兴起与统治期间的史学 / 100
  1. 蛮族初兴时期的历史撰述 / 100
  2. 蛮族统治期间的重要史家 / 101

 四、加洛林文艺复兴时期史学及随后的民族化趋势 / 106
  1. 加洛林文艺复兴时期的历史学 / 106
  2. 史学的民族化趋势 / 108

 五、中世纪盛期的史学 / 113
  1. 对十字军的历史撰述 / 113
  2. 对城市的历史撰述 / 115
  3. 鄂图与马修 / 116
  4. 编年史范式的演变 / 117

 六、中世纪史学的转折 / 119
  1. 英法百年战争时期的历史撰写 / 119
  2. 走向文艺复兴 / 122

 七、拜占庭史学 / 122
  1. 一座"黄金桥梁" / 122
  2. 一位卓越史家 / 123
  3. 一门国际显学 / 125

第四章　近代史学（Ⅰ）/ 126

 一、近代文明的曙光 / 127
  1. 社会新发展和公民人文主义 / 127
  2. 社会及学术活动的两重属性 / 128
  3. "古今之争"和"历史皮浪主义" / 129

 二、意大利史学 / 131
  1. 古文献、器物的搜集整理与文献学 / 131
  2. 人物传记写作的风行 / 134
  3. 佛罗伦萨历史学派 / 139

 三、法国史学 / 143
  1. 历史写作形式与内容的扩展 / 143

  2. 民族史写作的勃兴 / 144
  3. 对历史认识的理论反思 / 145

四、德国史学 / 147
  1. 转瞬即逝的人文主义史学 / 148
  2. 路德派的历史编纂 / 149
  3. 天主教派的历史编纂 / 149

五、英国史学 / 150
  1. 走出编年史的传统 / 150
  2. 莫尔 / 151
  3. 培根 / 152

六、尼德兰等国史学 / 154
  1. 尼德兰民族和宗教史学 / 154
  2. 伊拉斯谟的《新约》研究 / 154
  3. 西班牙与葡萄牙史学 / 156

七、博学派史学 / 157
  1. 博学派的缘起与特征 / 157
  2. 玻兰达斯派的贡献 / 158
  3. 圣摩尔派的成就 / 159

第五章　近代史学(Ⅱ) / 161

一、科学进步与社会嬗变 / 162
二、思想文化领域的变革 / 163
  1. 启蒙运动 / 163
  2. 理性主义史学 / 165

三、法国史学 / 166
  1. 孟德斯鸠 / 166
  2. 伏尔泰 / 168
  3. 狄德罗与"百科全书派" / 173

四、英国史学 / 175
  1. 休谟 / 175
  2. 罗伯逊 / 177
  3. 吉本 / 178

五、德国史学 / 181
  1. 莫泽尔 / 181
  2. 哥丁根学派 / 183

六、历史哲学的发展 / 185
  1. 维柯 / 185
  2. 孔多塞 / 188
  3. 康德 / 190
  4. 赫尔德 / 192

第六章　近代史学（Ⅲ） / 194

一、"历史学的世纪" / 195

二、德国史学 / 196
  1. 民族复兴与史学进步 / 196
  2. 学术繁荣与历史法学派 / 201
  3. 史学科学化与专业化 / 203
  4. 历史哲学的科学探索 / 207
  5. 历史求真与史学致用 / 209

三、法国史学 / 215
  1. 法国大革命与历史研究 / 215
  2. 阶级斗争与政治史研究 / 218
  3. 历史教育与历史学杂志 / 221
  4. 《历史研究导论》 / 223

四、英国史学 / 224
  1. 辉格派与托利派史家 / 224
  2. 文学家中的历史学家 / 228
  3. 牛津学派与剑桥学派 / 231
  4. 格罗特与希腊史研究 / 235

五、美国史学 / 236
  1. 源不远,流不长 / 236
  2. 边疆学派的兴起 / 240

第七章 近代史学（Ⅳ）/ 243

一、浪漫主义史学 / 244
1. 浪漫主义思潮的特征 / 244
2. 浪漫主义史学的内涵 / 248
3. 浪漫主义史家及其影响 / 250

二、客观主义史学 / 256
1. 兰克与客观主义史学 / 256
2. 客观主义史学的发展 / 261
3. 客观主义史学的影响 / 265

三、实证主义史学 / 267
1. 实证主义思潮 / 267
2. 实证主义史家 / 270
3. 实证主义史学的特征 / 276

四、历史主义史学 / 278
1. 历史主义的起源 / 278
2. 德国历史主义史学 / 281
3. 历史主义史学的发展 / 287

五、西方学者对古代东方文明的研究 / 290
1. 埃及学与亚述学 / 290
2. 宗教与宗教学 / 293
3. 汉学 / 294

六、马克思主义史学 / 296
1. 开辟史学新时代 / 296
2. 晨光熹微的岁月 / 302
3. 从对抗到对话 / 304

第八章 现代史学（Ⅰ）/ 308

一、大变革的时代 / 309

二、从传统史学走向新史学 / 310

1. 世纪初的争论 / 310
2. "特洛伊木马" / 312
3. 大洋彼岸的震荡 / 313

三、美国史学 / 315

1. 史学新潮流 / 315
2. 实用、多元与国际化 / 318

四、法国史学 / 321

1. 年鉴学派的崛起 / 321
2. 在主流之外 / 323

五、英国史学 / 325

1. 学派纷争 / 325
2. 汤因比的文化形态学说 / 327

六、德国史学 / 332

1. 传统的坚韧与延续 / 332
2. 斯宾格勒与文化形态学派 / 334
3. 历史主义传统的终结 / 336

七、意大利等国史学 / 337

1. 意大利史学 / 338
2. 比利时史学 / 339
3. 荷兰史学 / 340

第九章　现代史学(Ⅱ) / 343

一、战后西方史学的重新定向 / 344

1. 路标转换 / 344
2. 新史学范型 / 345

二、年鉴学派的演进 / 349

1. 法国史学的主流 / 349
2. 布罗代尔时代 / 350
3. 转型时期 / 353

4. 走向世界 / 355

三、西方马克思主义史学的崛起 / 356
1. 时代与史学的双重变奏 / 356
2. 英法称雄 / 357
3. "西马亦马" / 362

四、社会科学新史学派 / 364
1. 史学的社会科学化 / 364
2. 新经济史学 / 366
3. 新政治史学 / 368
4. 新社会史学 / 369

五、历史学的新领域和新方法 / 371
1. 比较史学 / 371
2. 计量史学 / 373
3. 心理史学 / 374
4. 口述史学 / 376
5. 影视史学 / 376
6. "新克丽奥"的"边界"及其问题 / 377

六、世界史重构的新潮流 / 379
1. "全球历史观" / 379
2. 《当代史导论》 / 381
3. 世界史体系的创新 / 383

七、历史哲学发展的新走向 / 385
1. 从思辨走向批判 / 385
2. 分析的历史哲学 / 386
3. 存在主义历史哲学 / 388
4. 结构主义历史哲学 / 390
5. 叙述主义历史哲学 / 391

第十章 现代史学(Ⅲ) / 395

一、新史学的新变化 / 396
1. 叙事史的复兴 / 396

2. 新的盟友 / 398
　二、20世纪70年代以来的新变化 / 401
        1. 微观史学 / 401
        2. 新文化史 / 406
　三、后现代主义与西方史学 / 410
        1. 后现代主义的兴起 / 410
        2. 后现代主义挑战传统的"历史真实"概念 / 411
        3. 后现代主义在西方史学研究中的具体表现 / 413
        4. 后现代主义的问题与积极意义 / 415
　四、20世纪的中外史学交流 / 417
        1. 久远的传统 / 417
        2. 历史的轨迹 / 420
        3. "往来不穷谓之通" / 425

结语 / 428

推荐阅读书目 / 432

后记 / 442
第二版后记 / 444
第三版后记 / 445
第四版后记 / 446

前　　言

呈现在读者面前的这本《西方史学史》，缘起于1996年国家教委实施的"高等教育面向21世纪教学内容和课程体系改革计划"。其后，由我开设的《西方史学史》课程也被列入复旦大学"本科面向21世纪教学内容和课程体系改革研究计划"。因此，编纂一本《西方史学史》便成了实施上述两项计划的"主干工程"。经努力，此项"工程"终于如期完成，作为国家教委的"面向21世纪课程教材"，《西方史学史》的初版于2000年问世。新书甫出，即获得了广大读者的喜爱，不久便重印，以后又逐年不断加印。不久，本书荣获全国普通高等学校优秀教材一等奖，并被教育部历史学科教学指导委员会定为"推荐教材"。

之后，本书又有幸被教育部列入"普通高等教育'十五'国家级规划教材"，于2004年出了第二版，销量继续走俏，继续得到读者的厚爱。为了回报广大读者，我们对第二版作了许多修订工作，扩充了内容，新增若干章节，同时配了近百幅插图，以增添视觉印象，让大家更喜欢阅读。据不完全统计，两版合计共印了十五六次，其发行量已大体覆盖需用此类教材的全国各高等院校。

这令我感到十分惊喜，当然也让我感到欣慰。

与此同时，学术界对此书也迅速做出了回应。是书出版的同年，《世界历史》《史学理论研究》等国内权威刊物上便发表了两篇长篇书评：张耕华教授撰《一部"经院式"的西方史学史——读张广智〈西方史学史〉有感》[①]，评价本书是"迄今为止国内最为完备的一本西方史学史教材"，是把"教材的写作与学术研究进行完美结合的著作"；徐善伟教授撰《努力建立西方史学史研究的中国学派——评

[①] 载《史学理论研究》2000年第3期。

张广智等著〈西方史学史〉》①,同样认为本书既是一部"优秀的教材",也是一部"不可多得的学术著作"。

总之,教育领导部门如此重视与支持本书,学界同仁如此赞扬与推崇本书,尤其是广大读者如此厚待与关注本书,这成了一种无形的力量,有力地鞭策与鼓舞着我们努力奋进,永不止步,不断修订这本西方史学史教材。

2006年,本书再度入选教育部"普通高等教育'十一五'国家级规划教材",这已经是第三次入选国家级规划教材了。我们经过一段时间的努力,推出了第三版,这一版继续得到读者的厚爱。转眼,将近十年过去了,西方史学史的研究又有了新的进展,我们深感有作进一步修订的必要性,因此,如何把新版修订好,便成了一直萦绕于我心头的一件大事。我以为,新版应当继承前三版的优点,同时克服其缺陷。这之前所发行的三个版本深受读者欢迎,自然有它的道理:本书初写时所拟定的宗旨,即"编写出一部具有先进性、适应性和有特色的西方史学史教材",满足了读者的学习需要和心理诉求。这是因为,唯其"先进性",才能引领潮流,指明方向,尤其为向往时尚、前卫的年轻读者们广泛接受;唯其"适应性",才能找准主体,兼及其他,使之满足方方面面的需求;唯其"有特色",才能区别良莠,分出优劣,从而在"群雄纷争"中胜出。

因而,不断地创新,应确定为本书修订工作永远的追求。为此,它既要继续贯彻上述之宗旨,又要不断地创新,才能达到"先进性、适应性和有特色"的目的。

也因此,新版的修订工作特别留意以下一些方面:

尽量把国内外学术界相关的学术成果,吸纳到本书中,并及时将这些成果介绍给读者,尤其体现在重写、扩写和改写的部分。读者从本书中可了解当今国内外顶级学者的著作和观点,从而获知相关方面的最新研究资讯与学术动态。

尽量把西方史学研究者的新成就与新思考介绍给读者,抛弃陈说,阐发新论。比如,关于古希腊史学、中世纪史学、文艺复兴史学、兰克史学、后现代主义史学、新文化史等相关章节,都是几位执笔者近年来潜心研究的成果,他们都有专著、专文发表过,在本书中"集体亮相",易于广大读者"集中观看"。

尽量开掘与深化西方史学史的学科内涵,以逐渐构建西方史学史教材的新体系。与前几版相比,本书扩充了马克思主义史学的内容,加大了西方马克思主义史学的篇幅,新添了中外史学交流的篇章,等等,我们的这些尝试或可有益于西方史学史学科内涵的深化。

---

① 载《世界历史》2000年第5期。

凡此种种，不一而足。总之，在本版中，我们尽己所能，在立论、内容、结构、文字等方面修订增补，力求精益求精，使它不仅成为一本读者喜爱的西方史学史教材，也力求为有志于西方史学史研究的学者提供门径。

在此，有一点需要点明，本书除主笔之外，还有六位作者：吴晓群、陈新、李勇、周兵、易兰、肖超。他们都是我的学生，如今都已是各高校本学科的领军人物，我常常这样说，我的事业在于我的学生，个人的能力与精力都十分有限，因此我的许多事情都还得靠弟子们的支撑。对此，我是心存感激的。如这次修订本书，有的忙于行政事务而"日理万机"，有的于书桌旁一面写作而一旁婴儿正嗷嗷待哺。一言以蔽之，他们无怨无悔，夜以继日，全力以赴，精诚合作，终于助我完成了新版的修订工作。

这使我自然回想起，耿淡如师当年为编纂西方史学史、为中国的西方史学史的学科建设奠基时的艰辛，每每想到这里，都不由使我感慨万千。现在，我们的条件较之往昔不知好过多少倍，这也促使我的学生们得到了迅速的成长。本书只是显露了少数几位弟子的成果，其实，平心而论，我所带教的三十位左右的博士研究生，多已成才，且都各有所长，在西方史学史等领域内辛勤耕耘，成绩不凡。在我看来，是改革开放的时代造就了他们，是复旦这座百年名校的沃土培育了他们，更是具有深厚的史学史研究传统的复旦历史学系培养了他们。当然，最重要的还是取决于他们自身的努力。

在这里，我必须强调指出的是，我和我的学生们的成就，都离不开耿师的"精神指引"。我曾经在接受学生的一次访谈中说到，我把耿师对学问的执着与敬畏、睿智与识见，视作一座为我们指明了前进方向的"灯塔"。至于我个人，作为这些后辈的老师，只是为他们的成长尽了绵薄之力。我所做的工作，好比是排球比赛中的"二传手"，经我之手，他们个个与耿师的学术文脉相衔接了。于是，在不少场合，常有学界同仁把我和我的弟子们的西方史学史研究称之为"复旦学派"（或径直唤作"耿淡如学派"），这一说法能否成立，还得由时间来检验，让历史来判断，我和我的学生们，只不过在中国的西方史学理论和史学史这个领域做了一些力所能及的工作，而从不敢以什么学派自诩。不过，在新版即将出版的时候，我最想说的一句话是：我没有让我的老师失望，我的学生们也没有让我失望。

常言道，"十年磨一剑"。这部教材从问世至今已近二十年了。如今看来，它仍有不少缺陷，还需要继续修订，才能打造成一把"好剑"。我深知，一部好的教材只有不断修订，才能继续得到读者的喜爱。在这里，国外的一些经验值得我们学习与借鉴,比如1950年初版的美国历史学家帕尔默等著的《现代世界史》①,迄今已近七十年了,其间不断修订,现已出至第十版,被学界称为登上世界现代史学术殿堂的"标准教科书"(何兆武先生序语)。这就是说,该书平均每六年就推出一个新版本,并持之以恒地一直在修订着。他们积数十年之力,终于磨出一把"好剑",这确实令我们感动,也是我们学习与借鉴的榜样。

总之,"标准的教科书"离我们很远,但又很近。倘若懈怠,满足已有的成绩,它当然会远离我们而去;倘若我们辛勤劳作、努力耕耘,一切从零开始,它也许会逐渐接近我们。"标准的教科书",永远的新追求,这是我们今后孜孜以求的努力目标,也是我们永不迷失的前进方向。

---

① R. R. 帕尔默等:《现代世界史》,何兆武等译,世界图书出版公司2008年版。

导　　论

一、承上启下，指点门径

史学史是历史学科发生与发展的历史，即所谓"历史的历史"。史学史以历史学自身作为研究对象，其主要任务是探究历史学科的发生与发展史，揭示它的演变规律，预测它未来的发展方向。

据此，西方史学史以总结与评价西方史学的发展进程为宗旨，研究西方史学发生与发展的历史，研究人们（主要是历代史学家）对历史发展的客观进程所作出的种种思考，从而在西方历史学发展的长河中，疏瀹源流，抉隐钩沉，辩证因果，探求原委，以寻取西方史学自身发展的规律。

一般说来，史学史研究的主要对象包括史学思想、历史编纂学、史料学、史学方法论等，西方史学史亦不例外。但在这几者之中，应当突出史学思想的主导地位。就我们看来，史学思想应当论及历史学家对历史发展客观进程的认识，它大体表现为历史观；还应当论及历史学家对历史学这门学科自身的认识，它大体表现为史学观。简言之，历史学家对历史和历史学的认识与解释，应当成为史学史研究的主要内容。

从西方史学发展的大势来看，一般说来，在20世纪以前，西方史家多致力于研讨历史发展的进程问题，因而如历史倒退论、历史循环论、历史进化论等都一一面世。众多历史学家（包括历史哲学家）的论见，各自从一个方面触及历史科学的某些根本问题，其中不乏闪光的睿智和启人心扉的历史认识，为人类思想宝库留下了许多有益的资料。20世纪以来，在风气大变的西方史学的发展中，注重探讨历史学自身的问题已成为一个十分突出的倾向，于是史学流派与史学思潮等纷起，诸说并存，互争雄长，看来是与这种重视对历史学自身进行反思的观念有关的。这一史学情景，大别于20世纪以前的西方传统史学。

我们讲授西方史学史，就应当突出上述这些内容。当然，西方史学史不等同于史学思想史（或历史哲学史）。在这里，值得留意的一点是，不能把西方史学史等同于历史编纂史,不能把西方史学史搞成史家评传或书目答问之类。正如当代英国史学史家巴特菲尔德所指出的:"如果人们把史学史归结为一种纯粹的提纲,如同另一种的'书目答问',或把它编纂成一种松散的编年形式的历史学家的列传,那么它将是一门很有限的学科了。"①传统的史学史作品,似有一种偏重于历史编纂学的倾向。在我国,20世纪40年代出版的金毓黻的《中国史学史》,曾饮誉史坛30年之久,对后世中西史学史的编纂甚有影响,但此书正如作者所言:"只就过去三千年间之若干史家、史籍加以编排叙述,殊不足以说明祖国史学发展演变之主流所在。"②金氏的体例明显地受到了《四库全书总目提要》一类解题书目的影响。因此,这种书目答问或史家列传式的写法在我国是有历史传统的。在西方,无论是20世纪30年代出版的美国历史学家巴恩斯的《历史编纂史》,还是40年代初出版的另一美国历史学家汤普森的《历史编纂史》(中译为《历史著作史》),都十分明显地存在把史学史的研究等同于历史编纂史的倾向,前书尤甚。

  史学史的研究是一种承上启下的工作。学习西方史学史,对历史学科的自身建设的意义是不言而喻的。如果说历史学家是为历史作总结的话,那么从某种意义上来说,史学史家就是为历史学家作总结。因此,史学史的价值就在于通过对史学的反思,为后人提供借鉴,指点门径,造就自觉的史学工作者。倘若舍弃这种对史学的反思,历史的研究只能每天从零开始,那也就不会有历史学的任何进步了。以探索人类社会发展规律为己任的中国历史科学工作者,如果漠视自身学科发展的历史,缺少这种必要的知识与理论素养,就不能担负起建设现代中国新史学的重任。而对于高等学校的历史学专业的学生们来说,西方史学史更是一门不可或缺的必修课。

  学习与研究西方史学史,有助于我们加深对马克思主义尤其是马克思主义唯物史观的认识。马克思主义唯物史观是19世纪中叶的社会经济与政治发展的产物,也是"吸收和改造了两千多年来人类思想和文化发展中一切有价值的东西"(列宁语)的结果。在马克思、恩格斯创立唯物史观之前,西方史学经历了长期的发展,积累了丰富的史学遗产。据我们初步考察,马克思和恩格斯曾广泛接触或研究过从古典时代到近代西方各国的著名史家,从中吸收思想资料,作为其创立唯物史观的一个理论来源。马克思主义唯物史观产生之后,它也应当面对现代人类在历史学及社会科学各个领域的变革,包括积极地吸取西方史学在史学理论与方法论方面的最新成果。我们以为,21世纪的马克思主义也应当"吸收和改造"现代一切优秀的文化遗产,就像它创立时那样。因此,学

---

① 巴特菲尔德:《人类论述它的过去:史学史研究》,剑桥大学出版社1969年英文版,第14页。
② 金毓黻:《中国史学史》重版前言,中华书局1962年版。

习与研究西方史学史,对于我们加深对马克思主义,尤其对马克思主义唯物史观的认识是颇有助益的。

学习与研究西方史学史,对于推进中国历史学的现代化,发展我国马克思主义的新史学也是有积极意义的。我们祖国历史悠久,史学著作浩如烟海,在世界史学发展史上焕发过夺目的光彩。用马克思主义的理论作指导,批判地继承先辈留给我们的史学遗产,这是中国历史学家责无旁贷的职责。但是,中国史学的现代化,无疑也要借鉴与吸收西方史学。因此,同样重要的是,在马克思主义的理论指引下,批判地继承自西方古典史学至后现代主义史学等一切有价值的西方史学遗产,也是我们不容忽视的一项工作。只要采取正确的态度,我们就可以从引进的西方史学中获得有益的启示,成为推进我国史学进一步发展的一种借鉴。

学习与研究西方史学史,还为我们了解与认识世界尤其是西方世界提供了一个窗口。要走向世界,就需要了解世界。不仅要了解世界的今天,也要了解世界的昨天与前天。因此,我们在审视风云变幻的当代世界的同时,也应当把目光投向历史,开拓新的视野,以便从更广阔的世界历史的舞台上,寻求全面建设现代化社会的理想方案。不过时下历史学家多从社会发展的客观进程去探求它,而往往忽略从历史学自身这一视角去认识它。从政治的、经济的与社会的发展进程去研究西方历史,固然是十分重要的,但倘若舍弃了后者,是无助于全面而深入地了解西方的历史和现实的。这确如何兆武所说,"对于任何一个历史工作者来说,对以往历史学的理解,其重要性是绝不亚于对历史本身的理解的重要性的"[①]。

二、发展阶段与重大转折

在世界史学发展的长河中,西方史学同中国史学一样,也有源远流长的传统。西方史学自古希腊发端迄至今日,经历了漫长的发展过程。根据我们的认识,它大体可分成如下四个很明显的又各具特色的发展阶段。

1. 古典史学,即古代希腊罗马史学。从追溯神话与史诗的前希罗多德时代算起,至公元5世纪"古典世界"的终结,西方古典史学经历了一千多年的发生与发展的历史过程,形成了颇具影响的西方史学的诸多优良传统,对后世的史学产生了深刻的影响。

2. 中世纪史学。从公元5世纪开始,西方史学发生了一次重大的转折,至14世纪初兴起文艺复兴运动,其间古典史学的传统中断,基督教的神学史观制

---

① 何兆武:《对历史的反思》,见唐纳德·R.凯利:《多面的历史:从希罗多德到赫尔德的历史探询》译序,生活·读书·新知三联书店2003年版,第4页。

约与束缚了史学,史学的发展相对说来显得比较迟缓。

3. 近代史学。由于时代的进步,西方史学自 14 世纪初开始加快了它的进程,人文主义史学、理性主义史学、浪漫主义史学、客观主义史学及其后的实证主义史学等相继发展起来,至 19 世纪史学的兰克时代,已日趋成熟,终于发展成一门独立的学科。

4. 现代史学。20 世纪初新史学思潮萌发,日益冲击着西方传统史学的堤坝。大体说来,我们把现代西方史学等同于 20 世纪西方新史学的发展与演变,这是西方新史学不断成长壮大并与传统史学相抗衡又不断取得胜利的历史过程。不过,西方新史学真正成气候,是在 20 世纪 50 年代之后,其时的史学更多地体现出当代的特色了。

在长达两千多年的西方史学的嬗变中,各种史学思潮交替出现,诸多流派此消彼长,文献浩瀚,史家辈出,形形色色的史学理论与方法论像走马灯似的登上了史坛。面对这样一部西方史学发展的历史长编,需要找到一条主线索。这一答案来源于西方史学自身的发展变化,蕴涵于西方社会的深刻变革之中。宏观地看,在长期的发展过程中,西方史学史经历了如下五次重大的历史性转折,对此,我们可以作简略的表述。

历史女神克丽奥

第一次转折,西方史学的创立,发生在公元前 5 世纪时的古希腊时代。在绵亘近半个世纪的希波战争中(公元前 492—前 449 年),同仇敌忾的古希腊人以弹丸之邦,最终击败了波斯帝国的倾国之师。此战不仅促进了古希腊城邦制社会的繁荣,而且刺激了他们对古老东方文化的巨大兴趣,希腊编年史由此进入"古典时代"。这个时代,也是古希腊人理性觉醒的时期。新的哲学思想与学说,尤其是普罗太戈拉提出的"人是万物的尺度",对传统的陈腐的思想是一个有力的冲击,希罗多德与修昔底德史学也就是在这样一个社会变革时代中诞生的。正是由于他们的努力,历史学在西方取得了应有的地位与尊严,并由此酿就了古典史学的兴旺局面。后来,古罗马人继承了古希腊人的史学遗产,古典史学的传统一直延续了一千年之久。

第二次转折,发生于公元 5 世纪前后,西方史学从古典史学的人本主义转向基督教的神学史观。公元 476 年,曾经不可一世的罗马帝国倾覆,这在欧洲编年史上是一个典型的事件,它标志着西方社会奴隶制的终结与封建制的开始。基督教史学,特别是圣奥古斯丁的《上帝之城》,企图用基督教的神学观念改造古典史学的人本观念。经过基督教史家重新塑造的历史理论,不仅在整个中世纪时代,而且对整个后世的西方史学都产生了长久的影响。但总体上看来,由于中世纪文化被基督教僧侣们所垄断,史学的发展速度缓慢,史学沦为神学的附庸,这一情况也持续了将近一千年。

第三次转折,从欧洲文艺复兴运动开始。14世纪初以来,西方社会开始发生巨大的变化。资本主义生产方式的产生与发展,不仅要用火与剑为自己开拓道路,也要用笔和舌为自己的合理性辩护,从意识形态上向封建主义旧文化发起挑战。这后一方面便是文艺复兴——一次在西方历史上也是人类文明史上发生伟大转折的思想文化运动。其时,欧洲思想家面临的任务之一就是要使历史学"重新定向",这任务是由当时的一批人文主义史家来完成的。他们复兴了古典史学的传统模式,并在新时期中发展了这种传统,史学思想又一次把人置于历史发展的中心地位,人文主义史学的出现,揭开了西方资产阶级史学发展的序幕。

第四次转折,发生在19世纪与20世纪之交。西方资产阶级经过数百年的发展,尤其是通过产业革命促进了西方社会的深刻变革,近代自然科学的长足进步又为这种变革提供了现实的可能性。到了19世纪,更是西方资本主义社会高歌猛进的时代,于是历史的进步观念与乐观主义的文化氛围达于极盛。历史学开始专业化,并被视为一门独立的学科。兰克及其学派应运而生,并进而成为19世纪西方史学的主流。但从19世纪末开始,西方社会的动荡引起了思想界的困惑与不安,尼采的失望便是这一时期西方社会与思想界的一种典型的反映。特别是第一次世界大战的炮声更是极大地震撼了西方世界,它唤醒人们丢弃昔日的幻想,正视正在变化的现实。在史学界,传统史学的某些基本观念重新受到了审视,19世纪末那场德国的"新史学派"与传统史学的论争,随后引起了20世纪西方诸国新史学思潮的勃发,历史观念从思辨的向批判的、分析的历史哲学的转变,就是基于这一现实的社会背景。尽管在第二次世界大战前,西方史学仍受到传统史学的强大影响,但重要的是,历史学家在实践中对自己的工作方向产生了与日俱增的怀疑,史学变革的新方向已不可阻止,史学研究的领域发生了重大的转移,兰克的史学传统受到了有力的冲击。

第五次转折,发端于20世纪50年代前后,从此开始了当代西方史学的发展进程。在这里,我们不难发现,随着现代社会发展步伐的加快,史学变化的速度也加快了。在古代,这种重大转折往往要以千年计,到了近代,从文艺复兴到19世纪末西方史学的变革,其间也有四五百年,但在20世纪,时间只过了半个世纪,史学的重大转折就发生了。到20世纪70年代,当代西方史学又发生了一些新变化。

可见,历史学的新陈代谢同大千世界一样也是不可抗拒的:顺时代潮流者兴,逆时代潮流者衰。昔日的传统史学，倘要在现当代的新史学潮流中立足，就需要审时度势，博采众长，另辟蹊径，寻求出路。如果抱残守缺，就会陷入困境，并将为新的历史观念与方法所取代。历史学的新陈代谢是如此，其他学术文化又何尝不是如此。

三、西方史学史之史

了解与研究西方史学史的历史，对于史学史自身的发展和史学研究工作的开展，都是不可或缺的。白寿彝说史学史可以从神开始①，倘此论可立，则"史学史之史"也可以从这开始追寻。以西方史学而论，我们的确可以从古代希腊罗马找到先贤对史学工作的最初思考，从荷马到波里比阿，从赫西俄德到卢奇安；但那是零碎的、偶然的、不自觉的，即使公元2世纪时卢奇安《论撰史》这篇杰出的史论，也不可能是对历史学的自觉的反思，这是时代的局限性使然。

历史学家对历史学自身历史的关注，总体而言，在西方始于16世纪文艺复兴运动时代，这是西方史学由传统步入近代的"开阖的大关键"的"第一幕"②。在这样的时代条件下，法国一些历史学家察觉到中世纪基督教史学和人文主义史学的缺陷已阻碍了史学的进步，于是相继提出了一些新见。这些史家中有鲍杜安（François Baudouin，1520—1573年）、勒卢阿（Louis Le Roy，1510—1573年）、让·波丹（Jean Bodin，1530—1596年）、波普利尼埃尔（Voisin de La Popeliniere，1540—1608年）、帕基埃（Etienne Pasquier，1521—1615年）等。波普利尼埃尔在1599年出版了《史学史》一书，成为西方史学史上把历史学自身作为研究对象的开山之作，但此书不过是一些很松散的史家传记集。此后，仿照此书体例的续作，也多是历史学家的传记汇编。

什么是历史？

启蒙运动推动了历史的发展，也为有关史学自身发展的思考注入了新的活力。18世纪后期德国的哥丁根学派不仅在西方史学史上是第

---

① 白寿彝：《中国史学的童年》，《北京师范大学学报》1979年第4期。关于"史学史之史"等问题，可参见北京师范大学史学所：《座谈中国史学史之史》，《史学史研究》1985年第1期。

② 何兆武：《对历史的反思》，见《多面的历史：从希罗多德到赫尔德的历史探询》译序，第3页。

一个具有近代意义的历史学派,而且这一学派的史学家对史学史的认识也有了进步。他们中的一些人,如伽特勒、施洛塞尔等人,主张研究历史也需要探究历史学自身的发展情况,并把这种研究同历史学的相关辅助学科的进展、通史研究等结合起来。不少人也都有过写作史学史的实践。总之,哥丁根学派史家的史学实践,在短短的三四十年时间里,改变了德意志史学的落后状态,为19世纪德国史学成为西方史学的中心打下基础,为19世纪的德国史坛和其他国家造就了大批历史学专业人才。在历史观念上,哥丁根学派把18世纪后期存在的两种对立的历史思想(理性主义和浪漫主义)融合了起来,一方面继承了伏尔泰理性主义史学中的"世界主义"观念和文化史的传统,另一方面又积极吸取浪漫主义史学中注重历史的连续性和发展性、肯定中世纪的历史地位等长处,这就使这一学派成了18世纪欧洲理性主义史学向19世纪浪漫主义史学转变的一座桥梁。在历史方法上,他们重视原始史料的搜集辨析,反对抽象思维,倡导专题研究与分工合作,重视历史辅助学科,这就为19世纪以尼布尔和兰克为代表的批判史学奠定了基础。在促进历史学专业化,并使史学逐步向近代科学性质转变的过程中,哥丁根学派的历史功绩是不容忽视的。我们研究西方史学史之史,这个学派应当引起充分的重视①。

19世纪是西方史学蓬勃发展的时代,在这"历史学的世纪",出现了像德国兰克那样的一批西方史学大家。西方史学发展到兰克(Leopold von Ranke,1795—1886年)时,不仅历史学趋于专业化和职业化,而且对史学自身的认识也有了进一步的提高,历史学被提升为一门"科学"②。在这里,我们要特别重申一点,那就是:1824年,兰克出版了《拉丁和条顿民族史》。在该书的附录《对近代历史学家的批判》这篇著名的论文中,兰克运用前辈史家尼布尔处理早期罗马史料的批判方法,对文艺复兴时代的意大利历史学家马基雅维里与圭恰迪尼的著作,进行了批判分析,指出他们的错误。发表后,引起了西方学界的普遍赞赏与高度评价,它问世的1824年也被学界视为"史学的批判时代的开端"③。兰克及其学派所奠立的史学批判原则,深刻地影响着后世史学史的发展。

在兰克之后,19世纪英国实证主义历史学家巴克尔在他的《英国文明史》中,比兰克更明确地提出了史学史的任务,指出每一学科的研究者都应当熟悉本学科

---

① 参见伊格尔斯:《1760—1860年的哥丁根大学和历史学的演变》,《国际史学史》杂志(英文)1982年第2期。
② 德文"科学"(wissenschaft)一词所包含的意义比英文"科学"(science)一词的意义更为广泛,它除指"系统化的科学"外,还含有"学问"之义。兰克所创立的"历史科学"不仅是总结和预测历史发展规律的"历史科学",还是认识和理解历史的系统理论和方法,即历史主义的历史研究的"学问"。对此,学界是有不同看法的。
③ 乔治·皮博迪·古奇:《十九世纪历史学与历史学家》,耿淡如译,商务印书馆1989年版,第179页。

自身的历史。其作其论推动了史学史的发展。继巴克尔之后,在德国出版了荷拉维茨的《德国史学史纲要》(1865年)、维葛勒的《文艺复兴以来的史学史》(1885年),在英国出版了弗林特的两部有关欧洲历史哲学的作品(1874年、1894年)等。

进入20世纪,史学史研究更有发展,这方面的作品也不断出现。1911年,瑞士博埃脱的《近代史学史》刊行;1913年英国古奇的《十九世纪历史学与历史学家》问世,这是一部对19世纪西方史学作出系统总结的权威之作,并由此引发了三部有名的史学史著作的出版①,即美国巴恩斯的《历史编纂史》(1937年)、美国绍特威尔的《史学史》(1939年)、美国汤普森的《历史编纂史》(1942年)。此外还有意大利克罗齐的《历史学的理论和实际》(1915年)(其书共两编,其中第二编专论史学史)、德国里特尔的《历史科学的发展》(1919年)等。

二战后,西方的史学史研究内容更为丰富,其中比较系统地论述史学史的有两位大家:一是巴勒克拉夫,一是伊格尔斯。

关于巴勒克拉夫(Geoffrey Barraclough,1908—1984年),之所以在此予以凸显,一是基于他在西方史学史之史中的重要地位,另一原因是他的历史观对中国新时期史学所产生的重大影响。巴勒克拉夫在1955年出版的《处于变动世界中的历史学》一书中指出,西方史学在20世纪50年代发生了一次"重新定向"②。这一论见极具新意,它深刻地揭示了20世纪50年代中叶国际史学(尤其是西方史学)的深刻变化,笔者以为自此西方史学发生了一次新的转折,揭开了当代西方史学的发展进程。更为重要的是,他在该书中所说的我们必须尝试采用"更加广阔的世界史观"③,到了1978年出版的《当代史学主要趋势》一书中,被进一步界定为"全球历史观"(简称为"全球史观")。他这样写道:"认识到需要建立全球的历史观——即超越民族和地区的界限,理解整个世界的历史观——是当前的主要特征之一。"④随着历史学家的视野在时间和空间上的扩展,盛行于19世纪西方的民族主义史学逐渐为世界主义史学所取代,因之巴勒克拉夫所倡导的"全球历史观"深刻地影响了当代西方史学的发展,也深刻地影响了中国史学界。

---

① 巴恩斯著《历史编纂史》(H. E. Barnes, *A History of Historical Writing*)1937年初版,1963年再版,一卷本,至今未见中译本。绍特威尔著《史学史》(第一卷)(J. T. Shotwell, *The History of History*)1939年出版英文版。1929年由商务印务馆推出的何炳松、郭斌佳的中译本《西洋史学史》,译自同一作者的 *An Introduction to the History of History* 一书,1939年出的《史学史》(第一卷)源出于前书。J. W. 汤普森著《历史编纂史》(J. W. Thompson, *A History of Historical Writing*),1942年出版英文两卷本。该书有中译本共4册,名为《历史著作史》,译者谢德风、孙秉莹,商务印书馆1q988年、1992年版。
② 巴勒克拉夫:《处于变动世界中的历史学》,俄克拉荷马大学出版社1955年英文版,第8—10页。
③ 同上书,第133页。
④ 巴勒克拉夫:《当代史学主要趋势》,杨豫译,上海译文出版社1987年版,第242页。

说起伊格尔斯(Georg G. Iggers,1926—2017年),国内学人大多很熟识。他著述甚丰,堪称当今国际史坛著名的史学史家,中国学者对他著的《欧洲史学新方向》,主编的《历史研究国际手册:当代史学研究和理论》《二十世纪的历史学——从科学的客观性到后现代的挑战》《德国的历史观》等甚是了解,也常常引用。2011年又有其领衔主著的《全球史学史:从18世纪至当代》一书中译本的问世。粗读他的这几部大著,一种探讨史学史之史的浓烈的问题意识扑面而来,他在《历史研究国际手册》的"前言"中一开始就这样指出:

> 本书旨在对历史学之现状作出评估,审视在史学方法和观点上的革新,以及它与古老的学术模式之间的连续性。编者们自问:在沟通意识分歧与过去割裂学术的民族传统方面,新方法在多大程度上取得了成功或是遭致失败。①

这里,"作出评估"一词,亦即对史学自身进行自我检讨与回顾总结,这种如同白寿彝所说的史学史研究工作中的自觉性,充分显示在他所写的《历史研究国际手册》一书的"导论"中。这篇从历史学角度看历史研究变革的出色史论,回顾与探索了从古希腊、罗马时代的历史著作的学术模式直至20世纪法国的年鉴学派和现代马克思主义史学的传统,其中无不充溢着这种对前人史学工作的"评估"。其实,他的其他史学史著作也无不贯穿着前面所说的那种浓烈的问题意识,这对于我们的史学史研究,尤其是它的开拓创新,无疑具有重要的学术价值和借鉴意义。

综观伊格尔斯的史学史研究,其中对兰克史学、年鉴派史学、马克思主义史学以及后现代主义史学的批判性分析详尽而又缜密,这在他的《欧洲史学新方向》《二十世纪的历史学》等书中有具体的反映。但在笔者看来,更具学术功力的是伊格尔斯对德国史学传统所作的解释性和批判性卓越分析,特别是他对"历史主义"的精到的研究,由是观之,他的《德国的历史观》在他的史学史研究中更显重要的学术地位,达到了后人难以企及的理论高度。

晚近以来,流传于我国学界的新著,除上面提到的伊格尔斯主著的《全球史学史:从18世纪至当代》一书外,另有唐纳德·凯利的《多面的历史:从希罗多德到赫尔德的历史探询》、恩斯特·布雷萨赫的《古代、中世纪和近现代的历史编纂》、约翰·布罗的《历史的历史:从远古到20世纪的历史书写》、菲尔德与哈代主编的五卷本《牛津历史著作史》、丹尼尔·沃尔夫的《全球史学史》等,诸书各有特色,尤其是《全球史学史》,呈现在我们面前的是一幅色彩绚丽的史学画卷,一

---

① 伊格尔斯等编:《历史研究国际手册:当代史学研究和理论》,陈海宏等译,华夏出版社1989年版。本处译文据1979年英文原版重译。

部从全球性视野考察的全新的史学史,它继承传统,又超越传统,为史学史写作开了新途。

四、近百年中国的西方史学史研究

中国史学有史,始于20世纪20年代,迄今为止也有近百年的历史了。1920年,李大钊编《史学思想史》。1922年,梁启超在南开大学讲授"中国历史研究法";1926—1927年梁氏在清华重讲"中国历史研究法",其讲义以《中国历史研究法补编》问世,书中特别提到了中国史学应该"独立做史",并又为之设计了"独立做史"的"四部曲":史官、史家、史学的成立与发展和最近史学的趋势。"史学史"作为一门"文化专史"被明确地提了出来,这在中国史学史学科建设的历史上,意义非同凡响。

我们以为,中国的西方史学史研究的发端,应当从李大钊说起,他于1920年编纂的《史学思想史》,究其内容,实际上是一门近代西方史学史课程,也可称得上是我国史学史上第一本以马克思主义理论为指导的西方史学史作品,为中国西方史学史的学科建设作出了开创性的贡献,由此开始了中国的西方史学史之史。

从学科史发展的视角来总结,我国的西方史学史研究大体经历了如下几个发展时期。

1. 萌芽时期:20世纪20—50年代

本时期还可细分为两个时段:一为1949年前,一为1949年后。先说1949年前。简略地说来,这一阶段除李大钊作出了开创性的贡献外,还值得说及的是30年代前后西方史学译著大量移译成中文出版,出现了西方史学输入中国的第一次高潮,我国学者开始在相关著述(如"史学概要"之类)中介绍西方史学史。另外,已有少数学校开设"西洋史学史"或"外国史学名著"之类的课程,如早在1931年朱谦之就在暨南大学开设"西方史学史"课程,但寥若晨星,还成不了气候。正如同瞿林东把20世纪30—40年代作为中国史学史研究的草创时期一样,那个时候中国的西方史学史研究,更呈现出"开创性与幼稚性并存"[①]的特点。

再说1949年后。新中国成立后,在整个20世纪50年代,我国史学出现了一次"路标转换",从引进、吸纳西方资产阶级史学转而引入苏联版的马克思主义史学。从总体上来看,随着中国的马克思主义史学于50年代初开始进入勃发时

[①] 瞿林东:《中国史学史研究八十年》,《史学理论与史学史学刊》(2006年卷),社会科学文献出版社2006年版。

期,苏联史学亦以迅猛之势传入中国,深深地影响着新中国的史学发展。需要指出的一点是,史学上的这种转折,有其历史必然性,苏联史学输入中国,不全是消极影响,也应当看到它的积极意义,不能一笔抹杀。这里还要提及的另一点是,借助苏联史学,在那个特定的历史时期,竟成了西方史学进入中国的主要渠道,让我们从夹缝中看到了被扭曲了的西方史学;然而,历史地看,这对于我们当时了解西方史学仍起过一点积极作用的,至少为我们提供了一种参照系,不乏借鉴价值。

在20世纪50年代,西方史学史作为一门独立的学科来建设,还未被提上议事日程,它尚处在萌芽时期。

2. 奠立时期:20世纪60年代前期

从60年代初开始,中国的西方史学史学科建设进入了它的奠基阶段,其契机源于一次重要的会议。1961年4月,在北京召开了全国高等院校文科教材会议,此次会议的一个突出贡献就是明确提出,既不照搬苏联,也不照搬西方,而是要建设自己的教材的任务,会议确定由耿淡如主编《外国史学史》。是年底,又在上海召开了该教材的编写会议,与会者除耿淡如之外,另有一批享誉国内学界的治西方史学的名家,如齐思和、吴于廑等。于是,"史学史热"由此兴起,中国史学界开展了关于史学史问题的大讨论①,有力地促进了史学史(也包括西方史学史)的学科建设。

在笔者看来,中国的西方史学史学科地位的奠立应具备以下一些条件,而这些在60年代初都大体齐备了,它们是:应当充分认识到西方史学史的重要性,并应把它列入高等学校历史系的教学计划,这一点在上面所说的那次会议上取得了一致的意见,此后在不少高校中得到了贯彻;教材的编纂与起步,耿淡如在上述会议前后即为编写部定外国史学史教材作了许多前期的准备工作;研究生的招生与培养也在起步,经教育部批准的以西方史学史专业方向为培养目标的研究生招生计划在1964年得到了实现;不可或缺的是,西方史学原著的移译增强了,西方史学学术研究水平提高了,如在1961年之后的两三年中,耿淡如、齐思和与吴于廑等都写出了至今看来仍颇有价值的学术论文,吴于廑主编的《外国史学名著选》,更是为那时的西方史学史的学科建设推波助澜。他们是中国的西方史学史学科的奠基人。如果没有后来的"文革",以当时那种发展势头,上述诸项,当会取得更多的成绩。

3. 停滞时期:20世纪60年代中期至70年代末

"文化大革命"中止了一切学术文化的研究工作。在那个"万马齐喑"的时代,就更说不上中国的西方史学史研究了。事实上,"文化大革命"的动乱把原本正在奠基中的脆弱的中国西方史学史学科建设摧毁了,中国的西方史学史的学

---

① 参阅《历史研究》1962年第2期。

科建设,还要等到新时期到来,才能再现光华、谱写新篇。

4. 发展时期:20 世纪 70 年代末至今

回顾近 40 年的中国西方史学史之史,如果细分,还可以分为三个阶段:(1) 1978—1983 年为复苏阶段,其主要的工作是拨乱反正,重新评估西方史学。(2) 1983—1990 年为活跃阶段,大规模地引介西方新史学是这一阶段的显著特征。在此,需要指出的是,1983 年在中国史学编年史上具有重大的意义,正如论者所指出的:"1983 年是一个转变之年,是史学理论这一领域觉醒和建设的开端。"[1] 当然,这也是中国的西方史学史学科建设面向新目标的开端,笔者也曾在是年《光明日报》上撰文,呼吁加强对西方史学史的研究,因为这也关系到史学工作者自身建设的需要[2]。(3) 1990 年至今。此时,中国的西方史学史研究,追随 20 世纪 90 年代由激情昂扬、宽泛高疏转向理性思辨、凝重缜密的整体学术走向,在"西学热"中的急功近利和浮躁心理逐渐消退的同时,研究工作也逐渐趋向深入。进入 21 世纪后,中国的西方史学史研究大致沿着这一路径继续前行,其发展也同步深入。

倘以前述"奠立时期"所说的几个条件而言,我们以为在这一时期,中国西方史学史的学科建设达到了新的水平:对西方史学史学科的重要性的认识及其在各高校的普遍开设、相关教材与论著的纷纷出版、研究生培养(无论是硕士还是博士研究生)的制度化及年轻一代专业人才的茁壮成长、西方史学著作大量移译成中文出版、学者对西方史学的学术研究水平不断提高等,都取得了长足的进步。在发展时期,张广智主著的《西方史学史》教材,受到了广大师生的欢迎;其后,由张广智主编的六卷本《西方史学通史》,开中国多卷本西方史学史编纂之先河,为推动我国西方史学史的学科建设、深化西方史学史研究作出了贡献。

由此可以看出,新时期,尤其是 1983 年以来,中国的西方史学史的学科建设步入了"快车道",进入了一个充满活力而又不断更新的"发展时期"。

五、如何研究西方史学史

史学史是一种学科史,从门类来分,属于专业性的学术史。它的研究方法与其他学科的学术史大体相同。研究西方史学史也应如此。

研究西方史学史,应研究历代西方历史学家的史学思想,正如前述,它应包括史家对历史发展客观进程的认识(历史观),也应包括对历史学自身的认识(史学观)。特别要研究历代重要的历史学家的史学思想,因为他们往往以其高远的

---

[1] 瞿林东、赵世瑜:《史学理论》,肖黎主编:《中国历史学四十年》,书目文献出版社 1989 年版,第 5 页。
[2] 张广智:《给西方史学史一席之地》,《光明日报》1983 年 3 月 16 日。

史学思想,或奠立一个史学流派(如兰克),或创立一种史学新范型(如希罗多德、修昔底德),足以影响几代人,乃至在一个长时段中对史学的发展产生深刻的影响。

研究西方史学史,应研究西方历史学家所处的历史环境,研究他们所处时代的政治、经济与文化背景,因为一位历史学家的史学思想的产生及其演化,不可能是无源之水、无本之木。特别要研究社会转型与历史转折时期的史学思潮,研究这种史学思潮的特点及走向,研究其代表人物的思想趋向,如近代初期人文主义史学思潮、18世纪理性主义史学思潮等。

研究西方史学史,应研究西方史学流派,研究它们的过去与现在、繁荣与式微、成就与问题。特别要研究那些重大的史学流派,研究体现某一时代史学发展潮流与方向的史学流派,因为一个史学流派的发展史,往往能折射时代的风云,反映社会的转折和政治、经济的变化,更可发现文化的流变,如20世纪风行一时的法国年鉴史学派等。

研究西方史学史,应在西方史学的流变中作出动态的考察,即对西方的某一史家、某一作品、某一流派的研究,既是历时性的,又是共时性的。唯其如此,方能顾及整体,全面考察;纵横比较,上下连贯;透过现象,洞察本质。如19世纪50年代前后的英国史家托马斯·卡莱尔的史学思想的变化,便是一显例。

历史之路

研究西方史学史,应开拓视野,扩展知识领域,即不能把它当作一门孤立的学科,而是要把它看作全部人类文化发展的一个有机组成部分。一部西方史学史在其发展进程中,充满了与其他学科之间相互交叉与相互交融的事实。西方史学与各个时代的哲学、文学思潮的交互影响尤甚。在现时代,与史学发生相互影响的学科更多,联系也更为密切了。因此,我们研究西方史学史,需要有多方面的知识积累,进行跨学科的研究。

研究西方史学史,应从世界史学发展的总进程中,从空间上对它与其他地区史学的发展进行比较分析。对我国学者而言,当然会更留意中西史学之间的比较分析,如对中西方古代史学的比较研究。19世纪末以来中西史学直接接触,开始了长达一个多世纪相互冲突与相互交汇的历史进程,为这种研究增添了更多的新内容。我们认为,史学史的研究,除了研究某国或某地区史学发展的情况外,也应探讨某国某地区的史学向外传播及其在异域发生的影响,如西方文化形态史观如何传入中国,又如何在中国抗战时期影响"战国策派"学者。反之亦然,如中国古代的文化遗产如何传入欧洲,又如何影响西方理性主义史学奠基者伏尔泰。可以这样说,中西史学之间的相互交流与相互影响的比较研究,是中国的史学史研究迫切需要开拓的学术课题,具有广阔的发展空间。

总之,研究西方史学史,应有一种正确的历史观的指引。对我们而言,要在马克思主义唯物史观的指导下,把握西方史学发展的全过程,对西方史学的发展规律及其未来走向作出深入的分析。只有这样,才能更好地吸收与借鉴西方史学,也才能逐渐确立中国历史学家的主体意识。需要指出的一点是,这里所说的是以马克思主义唯物史观作指导(或指引),而非替代,更与昔日那种僵化的、教条的东西不可同日而语。

在此我们强调,要构建与发展当代中国新史学,不能舍弃以下两个方面:一是我国的传统史学;二是外来的史学,主要是西方史学。史学更新的动力也应包括外力的推动,为此,我们需要以科学的眼光与求真的精神,审视包括西方史学在内的域外史学的一切优秀遗产,以充实自己,推动我国历史学的发展。

客观的历史不会改变,但历史学家对客观历史的认识却是与时变易的。为此,历史需要不断地被重写。只要历史之树是常青的,那么历史学之树也将是常青的。可以预期的是,中国的史学史研究(包括中国史学史、西方史学史)必将有一个更加广阔的发展前景。"日出江花红胜火,春来江水绿如蓝。"我们期盼着这样的景象,这样的史学文化的景象。

第一章 古典史学（Ⅰ）

在世界历史学发展的长河中，西方古典史学为后世留下了丰富的史学遗产，形成了诸多的优良传统，对西方，也对世界史学的发展产生了深远的影响。

西方古典史学①，广义地说，通常指古希腊和古罗马时代的史学，它是西方史学的母体。人们不难从西方古典史学的图景中，寻觅到色彩斑斓的西方近现代史学的原生形态和历史源流。

西方古典史学肇始于古希腊人的天才创造。先是"史学之父"希罗多德为西方史学的奠立做出了不朽的贡献，其后由于修昔底德的努力，为后世的西方史学确立了一种范型，一种曾经在相当长的历史时期内支配西方史学的范型。西方古典史学因希腊历史学家的卓越成就而显示出夺目的光彩，从而走在了当时世界史学的前沿。因此，可以这样认为，古希腊史学既是西方史学的源头，也是西方古典史学的核心。

---

① "古典"一词具有多方面的含义，在希腊（或罗马）的编年史上，诸家对此的意见不一，兹不赘述。我们认为，在西方史学史上，狭义的"古典史学"在希腊指的是公元前5世纪至前4世纪的史学，在罗马指的是公元1世纪前后的史学。

一、城邦社会与城邦文明

古希腊大体包括巴尔干半岛南部(希腊半岛)、爱琴海诸岛和小亚细亚沿岸一带地区。在希腊本土,没有宽广的平原,也没有浩瀚的大江,这里山脉纵横,河道交叉,土地贫瘠,不适于农耕。但它与海洋紧密的联系,养成了古希腊人"两栖类式的生活,使他们能够随心所欲地凌波往来,无异于陆上行走"①。这种近海的地理环境,不仅造就了古希腊人勇于探求与多思的民族性格,而且非常有利于他们通商航海和吸收他国文化的成果。从旧石器时代开始,希腊半岛上就有人类栖居了。公元前2000年左右,从北方陆续迁入印欧语族的亚加亚人、爱奥尼亚人、伊奥利亚人和多利亚人,逐渐分布于希腊各地,他们构成了古希腊人的祖先。

古希腊历史可以远溯到爱琴文明时代,即属于青铜器时代的克里特和迈锡尼文化。自公元前12世纪至前8世纪是希腊史上的荷马时代,在荷马时代末期,遍布希腊世界的城邦国家陆续产生。

我们认为,古希腊文明是城邦文明,这一断语既与具有悠久历史与广阔领域的古代东方诸文明大国有别,也与从城邦最后走向"世界帝国"的古罗马文明相异。作为城邦文明,古希腊城邦具有古代世界城邦的一般特征,也有自己的独特性。这里只能说个大概。

古希腊所建立的城邦国家,发展十分充分,具有惊人的生命力。在早期希腊时代(公元前8世纪至前6世纪),希腊世界先后形成了200多个奴隶制城邦。这些城邦,都是以一个城市为中心,包括周围的若干村落形成的政治、经济和文化的共同体。其特点之一是小国寡民。位于阿提卡中心的雅典,是古希腊遐迩闻名的一个城邦,它的面积2 650平方千米,当其全盛时代,亦不过拥有30多万人口。其他希腊城邦的人口很少有超过5万的,其中一半以上是异邦人和奴隶。

城邦是一个公民的集体。当城邦制度占优势之日,公民一般是该城邦中的土地所有者,其中多数为小土地所有者。小农经济是奴隶制城邦的经济基础。在希腊人看来,城邦乃是一种天然的生活形式,被称为宇宙的一个组成部分,是绝对合理的、最高的存在。

希腊城邦还具有明显的自治性质。在这种自治的城邦共同体内,一方面,它实施公民之间的平等原则,亦即实施"主权在民"与"轮番执政",这构成了古希腊

---

① 黑格尔:《历史哲学》,王造时译,生活·读书·新知三联书店1956年版,第272页。

城邦的本质特征。可以这样说,在当时古代世界的其他地区,并不存在希腊城邦民主制那种含义上的民主政治,它似乎只为希腊所独有。从这一意义上而言,我们把希腊城邦称之为"古典城邦"也未尝不可。

另一方面,每个公民在一定程度上保持着自我意识的个人生活的权利;同时,又被个人对国家的服从这样一种最高的道德信念所制约。不过,就城邦制总体而言,此种政制与史学的产生和发展是有紧密联系的,城邦制下的民众,首先是有自主权的公民,而非臣民,他们的这种政治上的观念,也必然导致历史意识的产生。他们还认为,用武力捍卫与发展自己的城邦,这是每个城邦公民的职责。"悲剧之父"埃斯库罗斯在《波斯人》中对雅典公民誓死捍卫本城邦利益的讴歌,伯里克利在国葬演说中对殉难将士的称颂,都是号召每个公民为了城邦利益而英勇献身的范例。随着人口的繁衍,原有的城邦土地不足了,这就要向外移民。公元前8世纪至前6世纪,希腊开展了大规模的殖民活动,其范围遍及黑海沿岸和西部地中海地区。移民的结果是建立了更多的小邦,它们

雅典卫城

与母邦的关系,往往在政治上保持独立地位,但在经济上则采用共同的传统制度。这些城邦的建立,大大加强了希腊本部和海外各地的商业联系,为希腊接触并汲取西亚、北非等地的文化提供了方便。

公元前5世纪至前4世纪的希腊社会,史称"古典时代"。马克思所指出的希腊内部的极盛时期"伯里克利时代"[1],正是出现在这个时期。是时,在希腊世界逐渐形成的两大城邦集团——伯罗奔尼撒同盟和雅典海上同盟,终于从互争雄长到兵戎相见,发生了伯罗奔尼撒战争(公元前431—前404年)。这场两大城邦集团之间的争霸战争,不管其结局如何,都将预示着城邦制的衰微。古希腊历史令人瞩目的特点之一,便是各个城邦在政治上独立地发展,即使在结盟的各个城邦之间,也是始终保持各自的独立地位。一般来说,在古希腊历史和文明的领域内,并不存在什么能够有权要求管辖全希腊的和某个地区的最高政治权力,但是在全体希腊人之间,"某种性质的团结是存在的,一种精神上的并且是愈来

---

[1] 《马克思恩格斯全集》第1卷,人民出版社1956年版,第113页。

愈紧密的团结:宗教、语言、制度、风尚、观念、情感,全都趋向于这种团结"①。所有这些,都表明它们之间存在着一种超越狭隘的城邦政治体制的共同的文化传统,有力地把所有希腊城邦都维系在一起,即使在公元前337年希腊各邦臣服马其顿,乃至公元前146年被罗马人征服以后它也未曾消失。事实上,古希腊人的文化传统最终经罗马人之手发展成蔚为壮观的"古典文化"传统,从而对西方文明产生着深刻的影响。

二、"童年时代"

1. 遗产的传承

希腊史学发生的文化背景,从外部来说是东方文化的影响。在人类文明发展史上,古希腊人是后来居上者。早在公元前4000年左右,美索不达米亚南部和东北非尼罗河下游地区,就出现了人类文明最早的曙光。当希腊人四出活动之日,西亚、北非已建立起丰饶的农业文明的奴隶制国家了。可以说,在世界古代诸文明中,只有希腊文明这个后起之秀,是直接受益于先行的埃及、巴比伦文明,才完成了"希腊的奇迹"的伟业。以希腊国土之贫瘠,在其文明发轫之际,更需要有赖于东方文明之助益了。

学界认为,从公元前750年至前650年的100年间,东方文化的影响成为希腊文化的一个重要的特征,据此英国学者奥斯文·穆瑞在1993年首次提出了"东方化时代"的观念②。这一观念立即被学界普遍接受,这个新的观念第一次全面地肯定了东方文化对希腊文化的影响。

这种影响也为现代考古发掘所证实。英国考古学家伍雷于1936年至1939年在叙利亚的奥伦特河入海处不远的阿尔·明纳(今属土耳其)发掘出了一个古希腊人的商站,它从公元前9世纪便已存在,一直兴盛了好几百年。古希腊人在埃及也建有商站,建在尼罗河支流卡诺色斯河上的商站纳乌克拉提斯以及希腊各邦商民在此地的汇集,都说明了希腊人来东方经商之盛。被称为"原始科林斯风格"(约在公元前720年至前640年间)时期的陶器,就有明显的仿效东方艺术的倾向。这些东方化的陶器普遍采用从东方纺织品或金银工艺品上撷取的图案、动物形象及神话人物。现已出土的许多陶器碎片也在阿尔·明纳商站的废

---

① 麦肯:《希罗多德和修昔底德》,见《剑桥古代史》第5卷第14章,剑桥大学出版社1983年英文版,第399页。
② 奥斯文·穆瑞:《早期希腊》第6章,英国方塔那出版社1993年英文版。

墟中发现,这都表明希腊人与东方联系的密切以及所受到的影响。希腊字母文字的出现,极大地促进了希腊文明的兴起,但是希腊字母是继承与革新了腓尼基字母文字的结果。而腓尼基字母又是直接吸收埃及象形文字的产物。在这里,需要指出的是,位居地中海上的克里特岛成了东方文化传播到西方的枢纽,希腊人正是从克里特方面承受了东方文化的遗产。它在整个希腊文明的发展史上,尤其在它的发蒙时期,曾起过非常重要的作用。

希腊史学发生的文化背景,从内部来说,应当论及古希腊哲学。古希腊哲学一开始就提出了宇宙组成的问题。古希腊哲学的创始派米利都学派的代表人物泰勒斯就认为:"水是万物的来源,也是万物的归宿。"[①]此后,阿拉克西米尼提出了宇宙的本体是气,赫拉克利特认为是火,恩培多克勒认为是火、气、水、土四个原素,由这些原素的分合聚散,而引起万物的生灭成毁,这就是万物之间的变化[②]。思考宇宙的组成问题,构成希腊哲学思想的一个相当重要的特色。这种唯物主义的哲学传统与史学的产生有着不可分割的联系。

公元前5世纪中叶前后,古希腊社会新思想与旧传统的激烈抗衡,对史学的发展也产生过重大的影响。不管是阿那克萨哥拉提出的"物种论",还是德谟克利特所主张的"原子说",都旨在说明构成客观万物的是无数不可再分的极微物质的不同组合,于是支配自然现象的已不再是传统观念中的各种神祇,而是存在于物质自身的规律。阿那克萨哥拉之后,希腊的思想转向了,由研究自然转向研究人事,智者派代表普罗太戈拉提出的"人是万物的尺度"的名言,在希腊世界得到了广泛的传播,有力地冲击着那些视传统的宗教、道德、法律为神圣不可侵犯的陈腐观念。苏格拉底和他的弟子们所反复探讨的正是人世间的问题。哲学上这种蔑视旧传统、研究人世、探讨现实社会的风气,也日益渗透到当时文化领域的其他部门中,如在戏剧方面,剧作家通过自己的作品,极尽嬉笑怒骂、褒贬抑扬之能事,在现实主义的表现手法和典型塑造方面都取得了惊人的成就。而人的伟大、人的品质则逐渐成了剧作家所热情讴歌的主题了。在绘画和雕刻方面,画家们的创作也旨在刻画人的心理与人类的心灵美。这就是希腊史学产生与繁荣的内在的文化背景。

在此,需要着重指出的一点是,在世界史学发展史上,希腊人并不是最早记录历史的,早在公元前4000年至前3000年,古代东方一些文明古国就为后世留下了最早的历史记录。在埃及,公元前3000年至前2000年就有了编年史,最早的记载保留在著名的巴勒摩石碑上,这是埃及第五王朝(即公元前2750年至前2625年)时的作品。在古代西亚诸国,统治者往往树立记功碑,上面刻有各君主史事年表以传之后世。印度的古文献《吠陀经》等作品,保留了该国上古时代的

---

①② 转引自严群:《分析的批评的希腊哲学史》,商务印书馆1981年版,第5、56页。

不少史料。古代希伯来人对历史有浓厚的兴趣,很早也有了历史记载,其中要数著名的《旧约全书》最具史料价值。尽管近世学者对古代东方史学成就评价不一,但可以肯定的一点是,它的遗产对古希腊史学有着深刻的影响,并为它的发展创造了前提。

2. 神话与史诗

世界各国史学之演进,最早应追溯到神话与史诗。在文字创造以前,祭神巫祝、行吟歌手,通过世代的口耳相传,为后世保存了先民对自然与社会的最初的活动记录。其后,文字既兴,文化渐启,口耳相传的神话与史诗,遂被文人屡经删改采入诗歌戏曲,这便是我们今日所见到的各民族的神话与史诗。神话与史诗,是反映每一个民族在步入文明时代之前的一面镜子,它反映了人类处于萌芽状态的文学、史学、哲学、宗教、伦理等原始先民的最初的意识形态。因此,史学史也必须从神话与史诗开始,世界各国概莫能外。

古希腊留给后世的神话遗产相当可观。希腊神是在悠久的岁月中,由古希腊人世代努力共同创造的。希腊神话以众神居住的奥林帕斯山为中心,以时间的推移为经线,以数量众多的故事,诸如开天辟地、诸神产生、神的谱系、天神的改朝换代、人类的起源等为纬线,织成了一个庞大的神话网。纵向看来,它分为前奥林帕斯神系阶段及后奥林帕斯神系阶段;横向看来,根据内容的不同也可分为两大类,即解释自然和社会的原始神话和征服自然的英雄传说。

希腊神话的一个重要特点是"神人同形同性论"。在丰富多彩的希腊神话中,神都是人格化了的,正如高尔基所说:"所有的神住在地上,和人相似,他们举动和人一样:宽待驯服者,仇视忤逆者,而且他们也和人一样好妒忌,好报复,好功名。"①因此,在人格化了的诸神身上,也具有人类的衣食住行,凡人的喜怒哀乐,体现了更多的人的品格,诸如勇敢与懦弱、善良与残忍、宽容与嫉妒等。例如,被视为威严的"众神之父"宙斯,却有那么多的风流轶事;地母得墨忒耳失去了爱女,痛不欲生,连万物草木都枯萎了;由于奥德赛私自航海回家,未获海神波赛东的批准,于是他大发雷霆,兴风作浪,把即将抵岸的奥德赛重新刮到茫茫的大海上去漂泊;更有意思的是,天后赫拉、智慧女神雅典娜、爱与美之神阿芙洛狄蒂,在一个宴席上,为争夺一个金苹果而互相嫉妒,最后竟闹得不可收拾。可见,剥去神的外壳,包藏着的却是活脱脱的人类的本性。

古希腊神话具有永久的魅力,而且多方面地反映了整个自然界和古希腊的社会生活,它可以帮助我们认识人类原始社会的发展过程,从中不难窥见上古时代希腊人处于朦胧中的历史意识,因此具有重要的史学价值。

---

① 高尔基:《论人民创作的劳动基础》,见《苏联民间文学论文集》,作家出版社 1958 年版,第 94 页。

史诗中包含着很多的史学因素。在历史学正式产生前,古希腊人是把史诗当作历史来看待的,著名的荷马史诗即是当时人们社会生活的"百科全书"和学童启蒙的教科书。荷马史诗包括《伊利亚特》和《奥德赛》两部既独立又有联系的姊妹篇。公元前12世纪发生的古希腊联军远征小亚细亚城市特洛伊的战争,是这两部史诗的主要来源。因此,在它的艺术描写之中必然包含着真实历史的内核,这一点已为德国考古学家施里曼的考古发掘成果所证实。

《伊利亚特》写战争本身,描述希腊人征服特洛伊城之经过。《奥德赛》描述的则是以足智多谋著称的希腊英雄俄底修斯在胜利后,渡海返乡,历经艰险的故事。相比之下,《伊利亚特》所反映的社会生活早一些,而《奥德赛》则稍晚。两部史诗的风格也有所不同,前者较多地出现一些雄伟悲壮的场面,后者虽也描写了动人心弦的斗争,但场景瑰丽多姿,格调比较平静。亚里士多德对两部史诗有过言简意赅的评价:《伊利亚特》是简单史诗兼英雄史诗,《奥德赛》是复杂史诗兼性格史诗。

关于荷马其人,在18世纪以前,学者们都认为历史上确有此人。在古希腊时代,希罗多德、修昔底德及哲学家柏拉图等人都肯定荷马是史诗的作者,希罗多德曾认定荷马为公元前9世纪时人。直到1725年意大利历史哲学家维柯撰《新科学》一书问世,提出前此人们一直置信的荷马并不存在,于是学者们争论纷起,构成了西方学术史上的"荷马问题"。如今学术界越来越趋向于一种综合性的说法,即认为:荷马史诗的写作经历了一段很长的时期。古老的神话和特洛伊战争的传说,发源于迈锡尼时代(公元前16世纪至前12世纪)。从特洛伊战争到史诗用文字记载下来之前(公元前12世纪至前8世纪),是《伊利亚特》和《奥德赛》口头创作的年代,在民间行吟诗人广为流传的基础上,最后才由大诗人荷马整理定型,成为独具风格的史诗,"荷马史诗"即由此而得名。编成后的史诗也还在不断地进行增删补充。到公元前6世纪左右,荷马史诗才形成正式文字。我们今天所看到的荷马史诗,是公元前3世纪至前2世纪亚历山大里亚的学者们编订的。

荷马

诚然,荷马史诗是用诗歌体裁写成的文学作品,但只要拨去附在它上面的神话传说的迷雾,剔除文学上的渲染成分,我们就可以发现,荷马史诗颇具史料价值,是研究希腊古史不可缺少的文献资料。史诗所反映的社会生活比较庞杂,它既有史诗创作年代的反映,也有神话传说保留下来的迈锡尼时代,甚至比迈锡尼时代还早的痕迹。研究结果表明,史诗中有关迈锡尼王阿伽门农的显赫声势,远征特洛伊及大量的物质文明用品的描写应属于迈锡尼时代,而作品中所反映的冶铁和铸造技术、社会生活与制度及其阶级分化等情况大体是史诗口头流传年代时的社会生活的反映。因此,在希腊历史研究中,通常把公元前12世纪至前8世纪的希腊社会称之为"荷马时代"。尽管学术界对荷马史诗所反映的内容争论不一,但从某种意义上说,就其所包含的社会和文化方面的资料而言,无论在范围还是在内容方面,古希腊的许多历史著作甚至也不能与之相比。

古希腊的历史观念,一般来说始于荷马史诗。从史诗中,已经可以看到希腊人所具有的最初的人本观念。史诗把人的本性揭示得相当深刻,作者歌颂人类的聪明才智,嘲笑和谴责神的邪恶,在凶顽的自然力面前,也笃信人的力量与智慧。即使是阿喀琉斯的鬼魂,也说宁愿在人间做雇工,却不肯去冥府称大王。史诗处处洋溢着一种人的力量,而失去的却是神们头上的灵光与尊严。此外,荷马史诗中还隐含着一种历史的探究精神,而这种精神正是导致历史学产生的一个必要条件。

继荷马之后,公元前8世纪至前7世纪之间,出现了波俄提亚诗人赫西俄德。当时,由于铁器工具的广泛使用,社会生产力的提高,加剧了贫富的对立,氏族贵族用特权占地日多,一般氏族成员则纷纷破产。赫西俄德的诗作《工作与时日》的(亦译作《田功农时》)就是在这样的背景下问世的。在这部诗中,作者谴责氏族贵族的专横跋扈,并侧重叙述了人类社会的发展所经历的五个时代:黄金时代、白银时代、青铜时代、英雄时代和黑铁时代。在黄金时代,人们过着神仙一般的日子,无忧无虑,万事如意。以后,世风日下,社会败坏,一代不如一代,到了黑铁时代,人们永远得不到安宁,不能在白天摆脱劳累和悲愁,在黑夜免除灭亡。赫西俄德哀叹:"我但愿不是生活在属于第五代种族的人类中间,但愿或者在这之前死去或者在这之后才降生。"[①]诗中运用不少篇幅描述农民终年劳作之艰辛以及如何耕稼等情况。在诗的后一部分,诗人编定了"农历",告知农民"吉日"和"凶日",让他们在耕耘时选择"吉日",以利农时。

赫西俄德是一个代表小农利益,赞美劳动和正义的诗人。他的《工作与时日》的取材与荷马史诗不同,它是古希腊第一部以现实生活为题材的长诗,风格简洁朴素,清新自然。从史学的发展角度看,《工作与时日》关于时代的区分,所包含着的每况愈下、今不如昔的悲观说法,却反映了那时希腊人已经有了初步的对历史发展和变化的观念。此外,赫西俄德还对古希腊神话作过一番整理,写有《神谱》一书,描写了宇宙的形成和诸神世系以及相互之间的斗争。作者对神话传说作出了初步的合乎理性的考察,述明古希腊人对社会起源的观念,其中已包

---

① 赫西俄德:《工作与时日》,张竹明、蒋平译,商务印书馆1991年版,第6页。

含着一种初步的历史求索的精神,这与历史学的产生当不无联系。

3. 史学的故乡

公元前1000年左右,希腊人的一支爱奥尼亚人渡爱琴海在小亚细亚的西岸立足,陆续建立了若干城邦。必须指出,爱奥尼亚地区在古希腊乃至整个西方文化的发展史上,曾作出过重要的贡献。古希腊文化首先就在这里兴起,史学亦然。

古希腊史学诞生在爱奥尼亚地区,而不是在别处萌芽,这是因为与希腊本土相比,此处土地肥沃,物产丰饶,且位居欧亚大陆之间,扼东西交通之要冲,所以这里商业繁荣,手工业与航海业也很发达。因此,在整个希腊世界,他们最易得天下风气之先,感受并就近接受埃及和巴比伦等地先进文化的影响。在公元前6世纪之前,此地一度成了希腊世界的文化中心。

此外,爱奥尼亚地区还是古希腊唯物主义哲学的故乡。米利都和以弗所成了希腊唯物主义哲学(自然哲学学派)的发源地。享誉后世的希腊世界的哲人泰勒斯(米利都人)、赫拉克利特(以弗所人)、阿那克萨哥拉(克拉左美奈人)等,都是爱奥尼亚地区人,尤其是泰勒斯,被称为西方文明的第一个思想家和爱奥尼亚自然哲学的开山祖。

爱奥尼亚科学家们以理性来解释自然,用唯物主义的态度致力于物质世界的探求,这必然给史学的产生带来深刻的影响。有科学和哲学就有批判怀疑精神,而理性的批判精神的运用,最终使历史与神分离,导致历史学的产生。

还有,在公元前6世纪下半期,由于波斯帝国的西进,并且也染指到爱奥尼亚地区诸城邦,这一形势,开拓了爱奥尼亚学者们的视野,激发起他们对波斯及东方诸国历史的好奇心,无疑也有助于历史学的产生。

从历史编纂角度而言,摒弃韵文,而采用散文体,是历史学兴起的一个重要条件。散文的写作亦起源于爱奥尼亚,学者们不仅用这种体裁写作科学和哲学著作,而且还撰写其他作品。公元前6世纪,在爱奥尼亚希腊诸城邦,出现了许多用散文写作的纪事家。他们的作品,源于口头传说,多系转述他人之言,内容大多是神话传说、家族系谱及各邦制度、风土人情等。这些散文作品与传统的史诗不同,这是一种半真实、半故事性质的东西,后人因此又把撰述的作者称之为"史话家"。后来,他们所写的题材日益扩大,有的记载历代流传的故事,有的将所见所闻写成游记,有的把碑铭文献整理成文,有的为城市撰写编年史等。总之,这些散文纪事家在爱奥尼亚地区科学与哲学精神的熏陶下,都力图用散文形式来写成一种与历史真实情况相符合的作品。所以,散文纪事家的出现是使古希腊史学前进的重要一步,它标志着古希腊史学的正式萌芽。

在这些散文纪事家中,米利都人赫克泰阿斯(Hecataeus of Miletus,约公元前550—前478年)是杰出代表。他是一位行迹甚广的大旅行家,曾访问过希腊、黑海沿岸、埃及、波斯帝国腹地及西班牙南部等地,每到一处,必搜集资料,编纂成书。他著有《大地环游记》和《谱系志》两书。

在《大地环游记》里,作者对波斯帝国统治下的社会情况作出了生动的描述。《谱系志》记叙的则是他的故乡米利都城的历史。作者在书中开门见山地阐述了他的撰史原则:"只有我认为是真实的东西,我才把它记载下来。由于希腊人的传统是错综复杂的,但在我看来,都是荒谬可笑的。"①虽寥寥数语,但在对希腊传统的认识上,却充分显示出作者理性批判的思想,从现存著作的片断中,人们不难窥见赫克泰阿斯已具有怀疑精神。

此外,比较有名的散文纪事家还有米利都人狄奥尼修士,著《波斯史》5卷;兰萨古斯人查隆,著《波斯史》2卷、《希腊史》4卷。这几位散文纪事家都曾亲身经历过希波战争,对后来希罗多德的撰述产生过直接的影响,尤其是赫克泰阿斯,对后来希罗多德写作《历史》的影响更甚。一些古典作家认为,希罗多德的《历史》曾大量引用过赫克泰阿斯的作品,不少地方甚至是完全照抄的②。可见,散文纪事家是希罗多德的直接前辈,为他的史学实践提供了有利的条件。

三、西方史学的创立

20世纪初,英国历史学家伯里说,希腊人"不是最早用编年形式记载人类活动的人,然而却是最早采用批判方法的人。换句话说,他们开创了历史学"③。所以,尽管"历史"(history)这个词发明出来之前,对于人类历史的记载早已出现,但作为一个术语,在西方人看来,却是希腊人的发明。

正如前述,和许多古代民族一样,最初希腊人也是以史诗的方式用神话和传说来叙述他们过去的经历,那就是他们的"历史"。而希罗多德的《历史》放弃了神话的形式,以叙事的散文体直接对人类的经历加以描绘。为此,美国史家布雷塞赫说,"随着从韵文向散文体的转变,对历史的态度也发生了改变"④。的确,"历史"这一新的叙述方式的出现意味着希腊人或希腊社会的兴趣点和注意力的转移,即从对神、人的关注转向对人的全面关注,从对遥远时代的兴趣转化为对

---

① 转引自绍特威尔:《史学史》第1卷,哥伦比亚大学1939年英文版,第172页。
② 参见卢里叶:《希罗多德论》,苏联科学院出版社1947年俄文版,中译文见希罗多德:《历史》卷首,商务印书馆1959年版,第148页。
③ J. B. 伯里:《古代希腊的历史学家》,纽约1908年英文版,第1页。
④ E. 布雷塞赫:《古代、中世纪和近现代史学》,芝加哥大学出版社1983年英文版,第17页。

当代的兴趣。而希罗多德(Herodotus,约公元前484—约前425年)的《历史》就是西方史学史上第一部历史著作,希罗多德则被罗马政治家兼文学家西塞罗称之为"史学之父",这一名称沿用至今。

1. 希罗多德的生平

由于缺乏可靠的文献资料,我们对希罗多德的生平事迹了解得并不详尽。我们知道的是,他大约于公元前484年生于小亚细亚西南部的哈利卡尔那索斯(Halicarnassus,今土耳其西部的波德鲁姆),那是希腊人早年向海外开拓时建立的一座殖民城市。希罗多德的父亲吕克瑟司是当地的富豪,他的叔父帕息斯(也有人认为是其堂兄)则是一位著名诗人。希罗多德从小受到过良好的教育,酷爱史诗。当时,该城邦的统治者吕格达米斯是一个通过阴谋篡夺了政权的僭主。成年后的希罗多德随叔父等人积极参与推翻僭主政治的斗争。但斗争遭到镇压,他的叔父于公元前454年被杀,他本人则被放逐,被迫移居到萨摩斯岛。后来,吕格达米斯的统治被推翻,希罗多德曾一度返回故乡。不久,或因某种类似的政治原因又再度被迫出走,从此再也没有回去过。公元前445年前后,希罗多德来到了当时希腊世界的政治、经济和文化中心雅典。

希罗多德

经历了希波战争的雅典,政治、经济都获得了高度发展,一派欣欣向荣的景象,学术文化更是称雄于希腊世界。在雅典居留期间,希罗多德与伯里克利、索福克勒斯等名人交谊甚笃,对雅典的民主政治极为赞赏。公元前444年前后,他随雅典移民来到意大利南端的一个殖民地图里奥伊(Thurioi),并取得了该城邦的公民权。此后便在那里著述终老,大约于公元前425年去世。据说,在希罗多德的墓碑上刻着这样的铭文:

> 这座坟墓里埋葬着吕克瑟司的儿子希罗多德的骸骨。他是用伊奥尼亚方言写作的历史学家之中最优秀者,他是在多利亚的国度里长大的,可是为了躲避无法忍受的流言蜚语,他使图里奥伊变成了自己的故乡。

与书斋式的学者相比,希罗多德最大的特点就是,他并不埋头于故纸堆,而是周游了列国。大约从30岁开始,希罗多德进行了一次范围广泛的旅行,向北到黑海北岸,向南到达埃及最南端,向东至两河流域下游一带,向西抵达意大利半岛和西西里。据估计,他东西、南北各跨越了1 700英里。我们只要稍微设想一下,公元前 5 世纪的旅行中可能会遇到的艰难险阻,就会明白这的确是令人难以置信的壮举。通常,每到一地,希罗多德就浏览古迹名胜,考察地理环境,了解风土人情,他还喜欢听当地人讲述民间传说和历史故事,特别是访问当地的祭司,因为在古代他们是各种知识的掌握者,希罗多德时常说:"埃及的祭司们这样告诉我,我自己也这样想"①,"我从祭司听到的又一件事实,对我来说,是关于这个国家的一个有力的证据"②等。由此他掌握了地中海东部和黑海地区的大量的第一手资料。如他在埃及、西亚、希腊各地旅行期间所目睹的民俗民情,当地人的婚丧嫁娶、宗教礼仪、节日庆典、名胜古迹等形形色色的文化现象,这些记载成为他书中最迷人的部分之一,具有无可替代的史料价值。他几乎周游了当时希腊人心目中的世界,很难说清他到底走过多少地方,他堪称西方有史可查的"最早的旅行家"、名副其实的"旅行家之父"。据说,希罗多德用来描述波斯驿站的那句话——"雨、雪、暑热、黑夜都不能阻止他们及时地全速地到达他们那被指定的目的地"③,如今被刻在了纽约邮局的正门上。

的确,希罗多德的书中前三分之二都在谈论他的旅行和旅行见闻。他似乎对人世间任何地方的任何事物都有着浓厚的兴趣。他告诉我们居住在湖边的人们怎样防止他们的孩子失足落水,埃及的蚊帐是什么样子的,波斯国王旅行的时候只喝开水,阿杜尔玛奇达伊人驱除跳蚤的方法,阿拉伯人怎样理发,多瑙河岛上的居民闻到某种味道就会醉倒,赛西亚人怎样给他们的母马挤奶,巴比伦城的街道是怎样分布的,等等。请看他对巴比伦城的描述:

> 这座城市位于一个大平原之上,形状是正方的,每一面有一百二十斯塔迪昂长,因此它的周围就一共是四百八十斯塔迪昂了。这座城市的幅员有这般大,而它的气派也是我们所知道的任何其他城市所难以相比的。首先,它的四周有一道既宽且深的护城河,河里满都是水,在护城河的后面则又是一道厚达五十王家佩巨斯,高达二百佩巨斯的城墙。④

总之,他似乎对一切都充满了好奇。但这些在他笔下不断涌现的零零碎碎的见闻和他的主题似乎毫无关系。因此有人批评说,希罗多德似乎并不善于对历史作出总体的概括,他对历史进程的看法常常迷失于对众多奇闻逸事的记述之中。然而,正是希罗多德不加分辨或者只是略加分辨地记录下的横跨亚、非、欧三大洲广大区域内的各种传说和风俗,使我们对古人日常生活、宗教信仰的诸多特征与细节有了进一步的了解,为后人重建当时各古老民族的生活状态,特别

---

① 希罗多德:《历史》,王以铸译,商务印书馆 1997 年版,第 113 页。
② 同上书,第 114 页。
③ 同上书,第 598 页。
④ 同上书,第 89 页。

是心理状态提供了极其难得的素材。以至于现在的西方学术界又给他新加了一个"人类学之父"的称号。20世纪后半叶,有部分西方学者认为,希罗多德没去过任何地方,他说他"看到"或"听到"某些事情,这种标注信息来源的做法只不过是一种文学习惯。然而无论这种观点是否成立,如果没有希罗多德的大量记录,有关地中海周边地区及两河流域、伊朗高原各民族丰富多彩的社会文化、政治思想以及经济生活的信息,就不可能流传下来。因为前希罗多德时代为数不多的历史、地理和民俗方面的著作,早在古典时代就已经失传了。如果只是依靠考古或碑文,我们也是很难获得清楚认识的。所以,我们应该感谢希罗多德的博闻兼收才是。

2. 希罗多德的《历史》

希罗多德并未给自己的著作确定一个名字,到了希腊化时代,亚历山大里亚学派的学者们才根据当时的习惯以其著作的开头一两个重要的词汇作为书名。在此,我们需要对他们所选择的 historia 一词的含义及其语义背景作一番简单的梳理。

英文 history 一词是由古希腊文 historia 转化而来,其词根是 histor,最早见于《伊利亚特》中,指能够从诉讼双方的讼词中调查出真相并作出判断的人,他因此而获得报酬[①]。从词源上追溯,histor 演化出一个名词和一个动词,即 historia 和 historein。前者最初强调的是实地观察(autopsy),用目击证据来讲述某件事情并为之担保作证;后来,这种知识扩展到可以用别的方式来获取,比如通过对目击证人的询问,而并不一定要通过亲自经历;到了公元前6世纪,它的含义演变成通过收集和甄别证据然后以人的理性评判来获取真知。后者的意思是"询问、探询",这个词派生自 idein("看见")和 eidenai("知道"),"看见"和"知道"是一个整体,是同一个词的两种动词形式,可进一步引申理解为通过亲眼所见获知事情的真相。最先使用 historia 一词来指称一种新的认知方式的是爱奥尼亚的思想家。公元前6世纪,小亚细亚爱奥尼亚地区的哲学家们普遍用 historein 的方法来研究自然界,并用散文的形式把他们的研究成果记载下来。通常他们被认为是希腊哲学的创始人,因为他们首先对万物的本原作出了较之传统更为理性的探索。他们的方法影响了另一些人,这些人开始实地调查异域民族的地理与风俗,并同样用散文的形式将他们调查的结果记载下来,这些人被称为散文纪事家或史话家(logographer)。如前所述,他们的作品不同于以往的神话或史诗,他们几乎是有闻必录,探询的领域不仅包括人类的过去,动植物、地理风貌以

---

① 参见荷马:《伊利亚特》,罗念生、王焕生译,人民文学出版社1994年版,第495、604页,在这两个场合中,histor 通常被理解为相当于仲裁者,根据传统习俗以及调查事实来判定过错在哪一方。

及风俗习惯、伟大的建筑物等都可以成为探究的对象。然而,他们似乎有着某种确定的倾向,那就是竭力要使记载与事实相符。赫克泰阿斯在其《谱系志》的序言中宣称:

> 我在这里所记载的是我认为真实的事情,希腊人的传说很多,但在我眼里都是荒谬可笑的。①

这表明了一种谨慎求实的态度、一种理性化的倾向,与过去相比是一种重大的转变。后来,这种批判求真的精神得到进一步的发展,成为古典史学中最宝贵的传统。

可以说,理性的、以人的判断对事件进行分析的方法,是希罗多德的发明,虽然他还没有将其上升为一种理论,但他之前的作家还没有人明确自觉地使用过这种方法。在《历史》中,希罗多德始终很强调这种"探究"的态度,自他之后,那些研究人类过去发生的事件的人、那些研究社会演变的人,都会将自己的判断、见解加进去。这种对材料的选择、批判是为了给正确的判断和解释提供一个事实基础,而历史学的目的,就是要在事实基础上理解过去发生的事情,从而使它具有意义。

明白了希罗多德心目中"历史"的含义之后,让我们来看一看其著作的大致内容与结构。

希罗多德的《历史》(*The Histories*)是西方最早的一部历史著作,故事的精彩和丰富性可以和司马迁的《史记》相媲美。《历史》原先并未分卷,是希腊化时代亚历山大里亚的校注家们将其分为九卷,并根据当时的惯例,用古希腊神话中掌管文学和艺术的九位缪斯女神的名字,给各卷命名,所以这部书有时又被称作《缪斯书》。又因有人认为其以讲述希波战争为主线,故也将它称作《希波战争史》。

《历史》内容丰富,非常生动地叙述了西亚、北非以及希腊等地区的地理环境、民族分布、经济生活、政治制度、历史往事、风土人情、宗教信仰、名胜古迹等,为我们展示了古代近20个国家和地区的民族生活图景,宛如古代社会一部小型的百科全书。全书按内容基本上可分为两大部分。从第一卷至第五卷第27节为前半部分,叙述了吕底亚、米底、巴比伦、埃及、波斯等东方民族以及希腊诸城邦的历史、地理、民族和风俗习惯等,并记述了希波战争爆发的原因。第五卷第28节是个转折点,以后的篇章主要记述希波战争的经过和结果,从小亚细亚各希腊城邦举行反对波斯的起义,一直到公元前478年希腊人占领色雷斯的塞斯托斯城为止。不过《历史》中的每一卷又都有一个相对独立的主题:第一卷记载

---

① 《赫克泰阿斯残篇》Ⅱ。

波斯国王居鲁士的统一大业以及对外的征服战争；第二卷描述了埃及方方面面的情况，几乎可以"埃及志"这样的标题独立成篇；第三卷记载波斯国内的宫廷政变及大流士登位；第四卷记录了黑海沿岸各民族的种种趣事及波斯的征战；第五卷记载了爱奥尼亚人反波斯帝国的起义；第六卷描写大流士对希腊的入侵及马拉松战役；第七卷记载波斯国王薛西斯对希腊的入侵及温泉关战役；第八卷描写雅典人在萨拉米斯海战中的胜利；第九卷记载普拉提亚和米卡尔海角之战，以及希腊人对塞斯托斯的占领。

可以说，希罗多德视野所及，不仅仅是希腊人的方寸之地，也包括当时人们所知的广阔世界，包括西亚、北非、黑海沿岸、地中海沿岸、意大利等许多地方。而且，他对各民族基本上都能做到一视同仁，不抱偏见，认为各民族都有自己的特点，不应该彼此歧视。所以，他虽然称赞希腊文化，但也尊重那些"异族"的文化，他同意古希腊诗人品达关于"习俗高于一切"的说法，这表明了他对别人生活方式的宽容态度，即使是对希腊当时的敌人波斯人，他也能找到他们身上值得赞美的品质，比如他认为波斯人都很勇敢、侠义、诚实。他还比较重视古代东方的文明及其对希腊的影响。《历史》中记载了埃及的太阳历比希腊的历法准确，希腊字母是从腓尼基人那里学来的，希腊人使用的日晷最早是由巴比伦人发明的等。由此，希罗多德被认为是第一个具有世界眼光的史学家，《历史》也就成为西方最早的一部"世界史"。

《历史》的后半部分集中描写了希波战争的起因、经过、主要战役直至公元前478年的胜利，正是通过希罗多德的描述，希波战争才成为人类历史上最早被详细记录下来的东西方"文明冲突"。当我们读完希罗多德的《历史》，便会了解为什么城邦林立的希腊人，会在这个时刻突然团结起来，面对比自己强大十几倍的军队，打赢了一场几乎不可能赢的战争；同时也会了解到诸如希腊人是怎么看待波斯的、希腊的精神何在、希波战争这一"文明冲突"的要害何在等问题。不过，关于希罗多德的《历史》是否已完成，近代以来学者多有争议。有学者认为，希罗多德的《历史》没有写到希腊的最后胜利，可能是什么特殊原因使作者戛然停笔或不愿继续写作，因此此书并未完成。也有学者认为，写至普拉提亚战役时一场伟大的民族自卫战争已告结束，希罗多德著述的主要目的已经达到，他再以精妙的高论结束全书，文章显得十分完美。

在《历史》中，希罗多德所使用的文献资料主要有三种形式：一是文学作品。在《历史》中多次提到散文纪事家赫克泰阿斯以及许多诗人的作品。这些文学作品有的是他叙述依靠的资料，有的是用来证实他的叙述的，还有的是出于批判的目的。二是神谕。希罗多德在《历史》中引用了大量的神谕，使得人们猜测他有可能看到整理成册的神谕，但也仅仅是猜测而已，同时也不排除它们来自传说这一可能性。三是纪念物、档案与铭文。

不过,希罗多德的历史叙述更主要依靠的是口述资料。由于口述资料的性质使学者们无法追究资料的提供者究竟说了些什么,因而一些学者对希罗多德著作的真实性提出了质疑。然而,我们不能依据现代的方法去批评希罗多德的工作,因为在他那个时代,学科的规范尚未确立,人们也没有明确意识到有引证资料的必要。不过,虽然希罗多德没有明确提出"证据"这一概念,这并不意味着他在叙述中无据可依。从表面上看,希罗多德只是尽可能地搜集遗闻旧事,几乎有闻必录,甚至把那些他个人也觉得"不可索解"的事情也照样收录,其实,他是深知历史真实性的重要的。他一再告诫读者:

> 我的职责是把我所听到的一切记录下来,虽然我并没有任何义务来相信每一件事情,对于我的全部历史来说,这个说法我以为都是适用的。①

从中我们可以看出,他作为一个记录者的责任感,同时,他也竭力想要从当时存在的各种不同说法中作出明智的选择,并对那些认为的确不可信的东西采取了拒斥的态度②。希罗多德在书中还时常对同一件事情列举他听来的两种以上的说法,并作出个人的判断,比如他说:"对于这些不明确的事情,现在我必须提出我个人的意见来了","这是埃及祭司们的说法,但我个人是不相信这种说法的","人们可以相信任何一个他认为是可信的说法;但是在这里我要说一下我自己关于它们的意见"③等。这反映了早期希腊史学朴素、客观的处理方法。正如有学者所指出的那样,"尽管希罗多德的方法粗糙,既像游记又像口头传闻,但他绝对不是不加批判的。譬如他区别了事实和神话,他知道耳闻和目睹的分别,他也知道事件发生的原因与前奏"④。

具体而言,希罗多德辨别材料真假的标准有二:一是看其是否有确凿的证据。以神话为依据的观点在他看来是不可信的,他所谓的证据主要是公众承认的事情,即普遍性。例如,关于伊索是雅德蒙人的说法⑤。二是看所闻之事是否合乎情理。所谓"合乎情理",一方面是指所闻之事与希罗多德的亲自观察相吻合。如在谈到埃及人是如何哺育婴儿时,他不仅引用了祭司们的话,而且还作了实地考察,他说:"我甚至为了这个目的到底比斯和黑里欧波里斯去,专门要去对证一下那里的人们所讲的话是不是和孟斐斯的祭司们所讲的话相符合。"⑥另一方面,合乎情理也指所闻合乎常人之常情,这其实也是普遍性的表现,比如在谈

---

① 希罗多德:《历史》,第165页。
② 有关例子可参见《历史》的第二卷和第四卷。
③ 希罗多德:《历史》,第119、164、175页。
④ 唐纳德·R.凯利主编:《从古代到启蒙时代的历史叙述》,耶鲁大学出版社1991年英文版,第23页。
⑤ 希罗多德:《历史》,第170页。
⑥ 同上书,第110页。还可参见第111、113、115页等。

到一个司奇欧涅人的故事时,希罗多德用了这样的说法:"如果一般的说法是真实的话……"①有时,他则将这两项标准结合起来以辨真伪,例如关于波斯王薛西斯战败逃跑之事②。可见,希罗多德已能初步运用批判的方法,注意考订口述史料的真假,比较各种记载或传说的异同,从而使历史学发生了具有决定意义的变化。虽然希罗多德的著作有时因失于轻信,仍有谬误,但总的看来,正如现代美国史家汤普森所说:"在批判精神方面,他还是超越了他自己的时代。"③可以说,希罗多德为古典史学奠定了牢固的基础。也正是基于对此的肯定,当代英国史家彼得·伯克在总结西方历史思想的十大特点时认为其中的一个特点便是:"在任何时候和任何地方,几乎所有的历史学家都注意对史实的查验,即鉴别和评估他们听到或读到的有关过去的个别的故事,以便获取对历史事件的最可靠的史料。西方史学传统之所以在这方面具有其特点是因为它同时关注这一问题的普遍性和特殊性。"④

以今人的眼光看,希罗多德的著作也许并不完全符合现代"历史科学"的标准,但正是他确定了史学的基本任务是记载重大历史事件、揭示重大历史事件的因果关系;正是他的史学实践为后人提供了如何有效收集与处理史料的最初范例,以及初步的史料批判精神与人本史观,为我们提供了有关早期希腊史的主要史料来源;正是他对地中海周边地区风土人情、宗教文化的生动描写和详细记载,建立起了社会文化史的连续传统;也正是他为后世缔造出虽然结构松散但具有基本主题的叙述史体裁的体例,这成为后来西方传统史学的正统体裁。所谓历史叙述体,基本上与我国古代史学中的纪事本末体相仿。其特点是:以历史事件为中心,纪事系统连贯,叙事生动有趣,具有较大的灵活性等。直到现在,历史叙述体仍被西方史学家奉为正宗,成为编纂历史的通用体裁。自罗马时代起,希罗多德就享有了"史学之父"的称誉。

3. 希罗多德的叙事方式

有人将《历史》称为一部散文体的史诗,这是很有见地的。实际上,希罗多德的确兼有历史学家和诗人这两者之长,他生活的时代与史诗时代很接近,所以他的著作仍保持了诗歌的朴素、自然和魅力。他的文笔流畅、亲切而优雅,他的词汇清晰简洁,字里行间富有宗教色彩和诗意。

就其形式而言,《历史》是荷马式的。在《伊利亚特》中,我们经常看到介绍某位英雄时,总会追述他的祖先及其家世。在《历史》中,希罗多德对于重要人物也

---

① 希罗多德:《历史》,第564页。
② 同上书,第676—677页。
③ J. W. 汤普森:《历史著作史》上卷,第1分册,谢德风译,商务印书馆1988年版,第35页。
④ 彼得·伯克:《西方历史思想的十大特点》,王晴佳译,《史学理论研究》1997年第1期,第70—78页。

是如此处理的,比如对在温泉关战役中牺牲的斯巴达王列奥尼达、波斯王薛西斯等①,他都花了不少笔墨来介绍他们的家族谱系。再比如《伊利亚特》第十七卷一整卷的主题就是双方为争夺阿喀琉斯的朋友帕特洛克罗斯的遗体而战,为此双方一共进行了 4 次争夺战。而《历史》第七卷第 225 节写到斯巴达军队和波斯军队为了争夺列奥尼达的遗体,混战了 4 次。这样的战斗或许确实发生过,但为什么这么巧,也是 4 次呢?其次,在题材方面,《历史》也与荷马史诗类似,它们都描述了希腊人与非希腊人之间的大战,而且希腊人都最终取得了胜利。再次,在叙述手法上,希罗多德很多地方也是学习荷马的,比如荷马对奥德修斯历经磨难的返乡途中所遇到的那些国家民族风土人情的描写,让人自然联想起《历史》中的类似章节。只是,前者想象的成分更重些,但是这种风格的类似却是很明显的。爱德华·吉本曾说,希罗多德的作品有时适合于孩子的口味,有时又适合于哲学家的口味;同时在某种场合他又能够两者兼顾。

除了这些形式上的相似以外,希罗多德似乎也与荷马一样将自己"定位"为一个讲故事的人,而不是一位作家。因此,初读《历史》时,一位抱着纯粹来听故事为目的的读者,肯定会比一位想探寻古代历史的读者能获得更大的享受。事实上,今天看来,在希罗多德的时代,讲述和写作可以理解为是大体上重合的两个概念,讲述甚至包括了写作。当时希腊人用于"读者"的词汇中,就有一个词在字面上的意思是"听众"。因此"讲故事"是"写东西"的高级形式,或者说是完成形式。一个作者写出来某段文字,必须要等到讲给大家听了之后才算是完成了其"写作"。"写作"只是"讲述"的准备状态。讲述者和听众,有着一种当下的、直接的、即时的交流,而不是后来那样读者只能通过固定在纸面上的文字去认识作者。据记载,希罗多德曾在人群聚集的雅典广场上当众朗读他的作品,获得一致好评,为此他还受到了奖赏(据说是 10 个塔兰特,这在当时可是一大笔钱)。

因为是在面对听众讲故事,这种讲述就可能会因为不同的听众有不同的需要和兴趣而不断地打断他的叙述,因此,我们在《历史》中会发现,希罗多德在一件事讲到一半时不时会插进一段有关的背景介绍。这种插话,短的大概有一两节,但长起来就不得了。更有甚者,还有"插话中的插话",即在一段插话之中再插进另一段。于是,插话成为他讲述方式的一种特征。这种不时脱离主题的叙述方式,或者说主题不明确、主线不清楚的叙述方式,可以认为是当时文学技巧本身不完善的结果;但也可以认为,这本身就是一种具有特殊魅力的叙述方式。它是一种随着语言或故事本身的流动而流动的讲述方式。有人将希罗多德的讲述方式称作"叙述流",它想向人们展示的,其实并不是一个有着清晰的原因—结

---

① 参见希罗多德:《历史》,第 546、472 页。

果的、单线条的、固定不动的叙述客体,而是一个有着众多线索,可以随时把某一段拆开单独讲述的,可以从不同视角去解读的东西。这对已习惯了被某一种思路带领着阅读的我们多少会有一些不习惯。

然而,如果我们只是指出了希罗多德与荷马的相似之处,那么他作为"史学之父"的首创性又何在呢?希罗多德固然很崇拜荷马,力图以他为楷模,并在许多地方模仿他,但他们两者及其两部作品之间却有着根本的区别。

荷马以呼唤缪斯女神作为全诗的开头:"女神啊,请歌唱佩琉斯之子阿基琉斯的致命的忿怒。"①进而又一次向女神恳求:"居住在奥林波斯山上的文艺女神啊,你们是天神,当时在场,知道一切,我们则是传闻,不知道;请告诉我们。"②可以说,荷马的全部叙述本质上都是在转述神的回答。而希罗多德则在一开篇就首先声明:

> 在这里发表出来的,乃是哈利卡尔那索斯人希罗多德的研究成果,为了保存人类的功业,使之不致由于年深日久而被人们遗忘,为了使希腊人和异邦人的那些值得赞叹的丰功伟绩不致失去它们的光彩,特别是为了把他们发生纷争的原因给记载下来。③

请注意,在此,希罗多德是在明确地告诉读者,这是我的"研究成果",也就是说,这成果是属于"我"的,并非代神立言。同样是讲述过去发生的事情,"史诗"和"历史"的分水岭就在于:到底谁是话语的主宰?是神,还是人?只有当人成为真正的讲述者时,真正的"研究"才有可能开始。正是因为加入了个人的思考和判断,原来泛义的 historia 一词才有了全新的含义。而希罗多德所想要研究的也是人事,他说他写作该书的目的就是为了保存人类的功业。由此,希罗多德之后,那些研究过去发生的事件的人、那些研究社会演变的人,都必须要把自己的判断、自己的见解加进去,这样的"研究",才可以称为"历史"。因此,虽然希罗多德所掌握的主要史料大多不是官方的书面文件,而只是同时代人的口头证词,但如果我们考虑到希罗多德当初建立"历史"时手头毫无前人的著作可以参考,只能靠自己的经验去摸索,便不会以后世的标准去评判他到底有哪些事情是说对了,又有哪些事情是说错了,还有哪些东西他自己甚至都还没弄明白就写了下来。鉴于当时的大多数希腊人是在听而不是在读他的作品或其他书面文本,因此,口头证据始终是探究以往的事实与意义的问询者获取材料的主要途径。

与史诗相比,希罗多德探究的主题似乎不再包括"诸神的业绩",但这并不意味着神在他叙事中的缺席。事实上,我们发现希罗多德似乎对预兆、神谕以及祷

---

① 荷马:《伊利亚特》,第 1 页。
② 同上书,第 47—48 页。
③ 希罗多德:《历史》,第 1 页。

文、先知等深信不疑,认为正是这些预示着事情的成败。他说:"当城邦或是民族将要遭到巨大灾祸的时候,上天总是会垂示某种征兆的。"①其实,希罗多德的这种态度是当时希腊人普遍心理的反映。古代的希腊人无论是国家大事还是个人的生活问题都喜欢求得神的旨意,然后在神的名义下进行。希罗多德书中那些随处可见的神谕表明他对神灵降旨的相信,同时也是他想为自己所记载内容的准确性寻求根据和保证的表现。

有学者将希罗多德对事件因果关系的分析总结为五种因素:神的嫉妒、命运或循环、神意、报复以及历史的分析②。除了历史的分析法以外,其余四种都与神有关。而且在众多的原因中,希罗多德并没有作出终极的选择。即使对同一事件,他也会至少使用上述四种甚或五种因素来分析其原因。事实上,他没有必要在人的自由意志和神意之间作出选择,因为对于古代希腊人来说,这些观点相互之间既不排斥也不冲突。因而,希罗多德对事件原因的多重解释在一定程度上是相互补充的,虽然这种多重的因果关系使他缺乏逻辑上的严谨,但却考虑到了人类生存的许多不确定性。历史学家可以无视或轻视这一不确定性,但无论如何无法超越这一不确定性。在希罗多德撰写《历史》时,因果关系尚是一个有待发展的观念。此外,希罗多德的这种包括神意的多重原因分析法表明他在选择和安排史料的时候,就将自己的某种历史理解灌注于文字之中了,即在他眼中,人并不是无拘无束存在着的,而是生活在一定的关系范围内的。那些不以人为转移的宇宙力量,决定着人的外部,使人感到它是一种决定劫数和命运的普遍力量。希罗多德这种多重原因解释法开拓了在更大范围内发现事件的内在联系、从更广阔的视角理解、解释历史的思路。虽然这在今人看来是幼稚且不够客观的,但却是符合当时大多数希腊人的思维模式的,同时这种方式也表明希腊历史学自它生成的那一天起,就坚定地向着历史的理解与解释的目标迈进了。

德尔斐神庙上那句"认识你自己"的谕言,对于希腊人来说,不仅仅意味着人应当反思自身,更重要的是要认识到其凡人的身份以及他在尘世间的地位,明白自己是人而非神,因此,其所作所为就不应该僭越人的适当的行为规范。这一神人关系的指导思想无疑也是希罗多德处理神人关系的准则。有人认为这种思维模式不仅使希罗多德的批判力度被削弱,而且也使其著述的真实性受到怀疑。然而,我们认为,坚持从历史本身来说明历史,这恰好符合当时城邦语境中人们对于"历史"及其"真实"的理解。

此外,《历史》的文学价值也很高,希罗多德很善于刻画人物,他笔下的国王、大臣、政治家、学者、士兵等,大多性格鲜明、形象生动。比如,他对希腊七贤之

---

① 希罗多德:《历史》,第412页。
② 唐纳德·拉特纳:《希罗多德的史学方法》,多伦多大学出版社1989年英文版,第189—210页。

一、雅典民主政治的首创者梭伦(Solon)和吕底亚国王克诺伊索斯(Croesus)的描绘。自以为富甲天下就是最幸福的吕底亚国王克诺伊索斯问梭伦谁是世上最幸福的人,梭伦列举了一些得到善终的普通人,却始终没有提到他,这让国王很是不满。他说:"雅典的客人啊!为什么您把我的幸福这样不放在眼里,竟认为它还不如一个普通人?"①梭伦回答:"只有在我听到你幸福地结束了你的一生的时候,才能够给你回答。毫无疑问,纵然是豪富的人物,除非是他很幸福地把他的全部巨大财富一直享受到他临终的时候,他是不能说比仅能维持当日生活的普通人更幸福的。"②这段对话将鼠目寸光的吕底亚国王和聪颖贤达的梭伦表现得惟妙惟肖,恰成鲜明的对照。

希腊戏剧尤其是悲剧也对希罗多德的叙述方法产生了重要的影响,他极力用一种类似戏剧的手法来叙述历史,即极力使事件的情节形象化,似乎在为它们营造戏剧的场景。比如,这一戏剧性的描述方法很明显地表现在希罗多德对克诺伊索斯丧子的一系列叙述中。我们可以把这一叙述分为六个场景:(1)克诺伊索斯在梦中受到警告,说他的儿子将死于铁制的尖器;(2)米达斯的儿子戈尔地亚斯的儿子阿德拉斯托斯来到撒尔迪斯,克诺伊索斯为他举行了洗净仪式;(3)美西亚的使者来到撒尔迪斯,请求帮助他们对付野猪怪;(4)克诺伊索斯与儿子间的对话,他的儿子向父亲证明,他的梦与狩猎没有关系;(5)报信人告诉克诺伊索斯,他的噩梦得到应验了;(6)克诺伊索斯伤心不已,儿子的尸体运了回来,紧接着是阿德拉斯托斯的自杀。在这长长的叙述中,希罗多德没有作任何评论,他只是把克诺伊索斯置于叙述的中心位置,只有当事件展现在克诺伊索斯面前时,读者才能够了解情节的发展。我们可以假设,如果让悲剧诗人来安排这一情节,恐怕也不会与希罗多德的安排有什么两样。

4. 西方"史学之父"

对希罗多德《历史》一书"真实性"的讨论自古以来就没有停止过,最早对希罗多德进行批评的是与他相隔不到30年的另一名希腊史家修昔底德,他认为希罗多德与其他散文纪事家一样,"关心的不在于说出事情的真相而在于引起听众的兴趣,他们的可靠性是经不起检查的;他们的题材,由于时间的遥远,迷失于不可信的神话境界中"③。从修昔底德不点名的批评中,我们看到的是两位古典史家对历史的不同认识。希罗多德在《历史》中记载了两类事件:一是与波斯帝国密切相关的东方国家的过去与现在;二是希腊最近的过去发生的事件——希波战争。修昔底德则认为,严肃、准确的历史在时间上应当关注的是现在,而不是

---

①② 希罗多德:《历史》,第15页。
③ 修昔底德:《伯罗奔尼撒战争史》,谢德风译,商务印书馆1997年版,第17页。

过去；在空间上，则应当是作者居住的地方，以及作者能毫不困难地用自己的语言表达他们思想的人们的历史，而不应当是遥远的时间和遥远的地区人们的历史。修昔底德对历史的这一理解为希罗多德以后的希腊罗马史家所认同，并最终决定了古代世界对希罗多德的评价。

此后，古典史家们不仅很少去研究遥远的过去，而且很少去搜集异域的第一手资料。他们的写作或集中于当代的历史，或总结、重新解释以前史学家的作品。探索过去则成为了古物学家的职责。这样，事实上希罗多德就与古代历史学的主流相分离了。不仅如此，后来对《历史》真实性问题的批评更是比修昔底德有过之而无不及。希腊化时代，一方面，东方学者不满意希罗多德对他们民族和国家的记载，其中最有名的是埃及的祭司曼涅托，他极力向希腊人展示一部由他自己撰写的本民族的历史，同时，他还撰写了一部攻击希罗多德的小册子。另一方面，希腊人也不能忍受希罗多德在评判希腊人与异族人的冲突时所持的冷静态度，并认为这种态度就是希罗多德"亲蛮"的证据。希腊的地方史家和古物学家也因为希罗多德没有记载他们城邦的荣誉而攻击他。遗憾的是，除了普鲁塔克的《论希罗多德的恶意》(On the Malice of Herodotus)保留下来外，希腊化时代批判希罗多德的文章只留下个别的名称，如《论希罗多德的偷窃》《论希罗多德的说谎》《反对希罗多德》等，不过，仅从这些标题中我们也能感受到在那些人的眼中，希罗多德的不诚实已经达到了登峰造极的地步。普鲁塔克对希罗多德的攻击主要集中在以下几个方面：过于同情蛮族人、偏爱雅典、对别的希腊城邦极不公正、在一些事实上缺乏真实性、在评判上欠平衡等①。不过，这些批评被后世普遍认为带有强烈的个人主观色彩而有失公允。

在古代，许多学者对希罗多德的文体和语言还是倍加称赞与推崇的。哈里卡那苏斯的狄奥尼修斯说："只要我们一拿起这本书，便充满了崇拜之情，直到最后一个音节，仍然意犹未尽。"卢奇安也说："我虔诚地希望能够模仿希罗多德其他一些特点就好了！我并不希望学会他所有的特点——那当然是毫无希望的。但他使模仿者失望的那些特点中哪怕只学会一种也好啊，例如他那令人愉快的风格、他那构思的技巧、他那爱奥尼亚语的天然力、他那万千警句构成的财富，或者是他那成匹锦绣上的万千花朵中的任何一朵，如果能学到手该多好啊！"②但是，在这些对希罗多德的赞美中，却没有一个人是为他著作的可靠性而辩护的。即使是希罗多德的同乡狄奥尼修斯也没有这样做。在他看来，重要的是，希罗多德选择了一个高贵的主题，他讲述的是希腊的光荣，而不是它的不幸；《历史》有一个较好的开头和较好的结尾，希罗多德还以一种较为有趣的方式撰写他的历

---

① 参见莫米利亚诺：《希腊传记的发展》，剑桥1993年英文版，第68页。
② 转引自汤普森：《历史著作史》上卷，第1分册，第35—36页。

史，这就在文体上超过了修昔底德。但他却只字未提《历史》的真实性问题。同样，卢奇安虽然崇拜希罗多德，但也并不认为希罗多德是可靠的史学家。

15—16世纪希罗多德再次受到重视，不仅仅是因为他的文体，还有他的写作方式、他广泛的游历以及他自由、独立的思想。对于《历史》真实性的问题，人们也有了新的认识。这主要是由于新大陆的发现以及由此而来的人种学研究使人们通过亲身的经历意识到，人们能够广泛地游历，其间自然会遇到各种各样、千奇百怪的事情，也可以通过口述资料重构遥远的过去的历史。17世纪，牛顿绘制年代表时明确宣称，要"使年代学符合自然的进程，与天文、神圣的历史和史学之父希罗多德的记载相一致"。18世纪，对希罗多德可靠性的争论虽仍然存在，但他的著作已成为古代希腊史和东方史的权威与向导。在浪漫主义时代来临的前夜，赫尔德把希罗多德看作他的盟友，伏尔泰也以希罗多德为范型构建他的历史，力图将历史研究的中心从政治与军事转向希罗多德注重的社会文化方面。不过伏尔泰的这一思想与方法在当时并没有对实际的历史研究产生重大影响。但这一时期，东方学家依靠考古学和语言学的帮助，详细地考察了希罗多德的记载。他们的研究表明，希罗多德较真实地描写了他所看到的，并且诚实地报道了他所听到的事件。《历史》中的不实之处，有可能是因为他的告知者误导了他，或者是他误解了告知者转述给他的事情。

20世纪以来，学者们对希罗多德及其《历史》的热情仍然未减，而真正回归希罗多德精神的则是20世纪最有影响的史学新锐——年鉴学派的总体史研究。尤其在年鉴学派第二代领导人布罗代尔的身上，更是体现了希罗多德的精神。在他的《菲利普二世时代的地中海和地中海世界》中，我们明显看到了希罗多德《历史》中的一些基本因素，如地理环境、风俗习惯、奇迹以及政治史。当然，无论在理论上还是方法上，立足于20世纪的年鉴学派都不是对希罗多德历史的全然复兴，而更应将其视作一种继承上的创新，它们在精神上是遥相呼应的。

然而，20世纪80年代以后，希罗多德的可靠性在西方史学界再一次受到众多质疑。与此同时，维护古典史家声誉的著述也随即出现。总之，对《历史》一书"真实性"问题的关注的确是由来已久，从古至今，历代学者对希罗多德的评价主要都是围绕着他所采用的文体和叙述的真实性两个方面展开的，但是各种讨论背后的时代精神、问题意识、评判标准却很不一样。因为在不同时期，历史写作被赋予和承载的意义不同，人们思考的角度不同，想要解决的问题不同，对这同一个问题的评价自然也就不相同了。造成这种差异的原因，究其根本是研究者对历史及其研究历史的这门学科——历史学——的理解和要求有所不同。而一个时代、一个群体的表述可能代表着一个时代的关注点和思想取向。

我们认为，尽管不同时代的学者所面对的问题不同，解决问题的方式也不同。然而，在研究古人及其经典时，首先需要尊重研究对象并秉持客观性，不应完全以今人的知识架构来看待古人，而更应该思考其本身的问题意识以及问题产生的历史语境，从而就其自身的特点来理解古典著作。具体到希罗多德及其《历史》，我们在充分注意到希罗多德的局限性的同时，也不可否认，《历史》中的绝大部分内容仍是我们拥有的关于古代最好的资料。希罗多德的世界是一个不同于我们生活的世界，他的想法及其出发点也与我们不同，但无论希罗多德与现代史学家之间存在着多么大的距离，这种距离都不能使我们因此而否认他是真正的历史学家，也不能因此而否认其作品的真实性及其价值，更不能动摇他作为西方"史学之父"的地位。正如意大利古典学家莫米利亚诺（Arnaldo Momigliano）所说，"没有希罗多德，希腊史和东方史的研究不会在17、18和19世纪取得那样大的进展。信任希罗多德是我们卓有成效地探索遥远过去的首要条件"①。

四、西方传统史学范型的确立

1. 修昔底德与《伯罗奔尼撒战争史》

修昔底德（Thucydides，约公元前460—约前395年）出身于雅典一个富裕而显贵的家庭，父亲名叫奥罗路斯，家道殷实，世代经营色雷斯的金矿。其家族

修昔底德

与公元前5世纪中期活跃于雅典政治和社会舞台上的一些头面人物，如客蒙、伯里克利等都多多少少沾亲带故。青少年时代，修昔底德应与雅典的许多贵族子弟一样，接受过良好的教育。据说，他童年时，曾随父亲一起聆听希罗多德朗诵其历史著作，并感动流涕。伯罗奔尼撒战争爆发之初，修昔底德已是壮年。公元前424年是其一生的转折点，他于该年当选为十将军委员会的成员之一。同年冬天，斯巴达将领布拉西达斯（Brasidas）进攻雅典在爱琴海北岸的重要据点安菲波利斯（Amphipolis），修昔底德指挥色雷斯舰队驰援，因被围困者防守不力，兵未至而城已破，他却因此而获罪，遭流放20年。修昔底德流放后的生活对我们而言几乎是一片空白。但基本可以肯定的是，此

---

① 莫米利亚诺：《希罗多德在历史编纂史中的地位》，《史学史研究》，纽约1985年英文版，第141页。

后,他主要居住在色雷斯,伯罗奔尼撒战争结束后返回雅典。但是,他是何时去世的,今天已无从查考,一般认为他大约死于公元前 395 年或公元前 396 年。不过,关于他是如何死的、死在何处,古代作家的记载则不尽相同。如普鲁塔克认为他是在写作时遇刺身亡的,由此修昔底德也成为唯一一个被记载死于非命的古典作家。但近代学者对此有所质疑。

流传至今的按编年体记事的《伯罗奔尼撒战争史》(History of The Peloponnesian War),是修昔底德用 30 余年的时间撰成的,共 8 卷。与希罗多德的《历史》一样,其书名和分卷方法均出自希腊化时代的学者之手,大致可分为五个部分:第一卷绪论,简单追溯了希腊早期的历史,说明战争的起因;第二卷到第五卷第 2 章记载十年战争(公元前 431—前 421 年)的情况;第五卷第 3 章至第 7 章记载《尼西亚和约》后(公元前 421—前 415 年)不稳定的和平时期;第六卷至第七卷记载公元前 415 年至前 413 年雅典的西西里远征;第八卷记载随后两年的战况。按修昔底德自己的计划,他的历史著作应该一直写到公元前 404 年雅典长城被拆毁和比雷埃夫斯港被占领为止,但是其著作只写到公元前 411 年冬天就突然中断了,甚至连最后一个句子也是不完整的,这说明该著作尚未完成。然而,从八卷的结构与内容上来看,作者是立意要将这一持续 27 年之久的战争全过程记载下来以传后世的,请看他自己的表述:

……按照事实发展程序,以夏冬相递嬗的编年体撰写,将这段历史一直写到斯巴达人和他们的同盟者把雅典帝国毁灭,把长城和庇里犹斯占领时为止,那时战事已经延续了 27 年。[1]

那么,修昔底德为何没有写完这场他从一开始就加以关注并对其进行思考的战争呢? 这是一个长期以来令学界困惑的问题。古代学者多认为是由于作者的猝然死亡才使其不得不中途辍笔。但近代以来,学者们从修昔底德当时所处的境遇以及可能的社会及心理原因等方面提出了新的解释。比如格伦底以为,"修昔底德因怀慕伯里克利的全盛时代,当他写到雅典迫近失败的时期,满腹凄怆,愈写愈不忍落笔,终至不能完稿而死"[2]。施林普顿(Shrimpton)等学者则认为是修昔底德对自己的著作不满意,在极度失望中放弃了继续著述[3]。那么究竟是什么原因使他如此失望以至于放弃他的心血之作呢? 施林普顿认为,在古代希腊,历史是被记忆的过去,因此希腊历史学家的叙述是否真实,即是否与社会的群体记忆相吻合是由听众来检验的,听众的反应对史家的叙述有着至关重

---

[1] 修昔底德:《伯罗奔尼撒战争史》,第 373 页。
[2] G.B.格伦底:《修昔底德及其时代的历史》,转引自吴于廑主编:《修昔底德〈伯罗奔尼撒战争史〉选》,商务印书馆 1980 年版,第 16 页。
[3] 参见 G.S.施林普顿:《古代希腊的历史与记忆》,麦克吉尔女王大学出版社 1997 年英文版。

要的影响，如果他们对史家搜集到的信息产生怀疑，无疑会迫使史家放弃他的著述。而公元前404年回到雅典的修昔底德正是受到了这样的敌视。这主要是由于修昔底德在他的著作中表现出的政治立场及主题与战后雅典社会的整体心态相悖的结果。若真如施林普顿所推测的那样，修昔底德回到雅典后，有可能按照当时的惯例向雅典人朗诵他的作品，而公元前402年至前399年的雅典却是不宜于谈论战争的。这一情势增加了他搜集资料与叙述的困难。但伯罗奔尼撒战争后雅典人的情绪更是导致修昔底德弃笔的重要原因。阿里斯托芬认为，修昔底德著述的目的就是回忆昔日的恐怖与错误，而这违背了当时雅典倡导的宽容精神。狄奥尼修斯也认为，失败与灾难不宜作为历史著作的主题。而修昔底德的主题却正是雅典衰亡的历史。他向他的同胞叙述他们的帝国最终败于斯巴达与波斯联合的故事，而雅典人不愿听这个故事，这一主题甚至引起他们的愤怒。这使修昔底德开始对自己的叙述方法产生不满，而且明显感到雅典同胞对他的敌意。而他本人又十分在意公众的意见，因而完全陷入孤独绝望的境地。由于希腊史学是"被记忆的过去"，社会在作家们（包括剧作家和历史学家）将记忆载之以笔的过程中有着绝对的权威。因此，个人没有权利描绘社会不期望的事件，即使它是真实的。面对这一绝对的权威，不论是剧作家还是史学家，只能描述社会已经知道的、希望知道的和至少已经提前接受的事情，即使在自由民主的雅典也不例外。正是在这一强大的压力下，修昔底德被迫放弃了他的著述事业。

然而，无论是何种原因使得修昔底德未能完成其著作，《伯罗奔尼撒战争史》都不失为一部描写这次战争的历史名篇。之后，色诺芬曾写过续篇，但无法与该书相提并论。《伯罗奔尼撒战争史》除详尽记载战争期间的重大事件外，还描写了战争过程中雅典不同党派、不同阶层之间的斗争，奴隶的反抗和逃亡以及雅典与同盟国之间的矛盾冲突等。事实上，古往今来的历史学家中很少有人会占据像修昔底德那样的独特位置：既是历史的观察者、研究者，同时又是历史的参与者。他曾是伯罗奔尼撒战争中雅典一方的将军，亲身参与了与斯巴达的战事，后来却因他人之过而遭流放，从一名指挥者变成了一个旁观者。被自己的祖国放逐，这对当时的希腊人来说是比死好不了多少的命运，修昔底德却没有因此而颓废，而是利用这段时间冷静地观察事态的发展，并力图用客观的笔法记录下当时希腊世界中所发生的重大事件。在书中，修昔底德并没有利用手中的"话语权力"为自己的城邦粉饰，也没有巧妙地为自己辩护。大凡读过此书的人，多半会有这样一个印象：修昔底德对雅典在战争中的表现以及雅典政界人物的评价都是褒贬参半，且皆是以具体事实为依据的。而他在描述"奥罗拉斯的儿子修昔底德"（这是修昔底德对自己的称呼）时，就仿佛是在描述一位与他毫无关系的陌生人——至少他并没有明显地为自己喊冤辩解。可见，他并不是要将此书写成为自己开脱罪责的辩护书，而是怀抱更大的志向，希望自己的著作能够"垂诸永远"。

修昔底德关注的是当代史,而对久远的历史表现得漠不关心,他说:"所有的证据使我得到一个结论:过去的时代,无论在战争方面,或在其他方面,都不是伟大的时代。"①作为一部当代史,修昔底德的《伯罗奔尼撒战争史》既无前人的著作可资参考,又没有足够的档案可供利用,但是他却能把延续27年、中经议和间歇、又分散在几个相距遥远的地区进行的战争,视为一次首尾相连、性质同一的历史事件,并严格按照时间先后的顺序加以记述,这表明他具有深刻而敏锐的历史眼光。特别是,在所记述的历史事件尚未结束之时,作者就从整体上考察它的进程,既不为它的表面现象所迷惑,也不为它的迂回曲折所惊愕,这的确是极其难能可贵的。修昔底德考察历史进程和探索事物因果关系的卓越才干,在今天看来,亦为人们所叹服。

与希罗多德受史诗诗人或散文纪事家的影响不同的是,修昔底德深受"智者运动"的影响,许多西方学者都注意到了这一点。伯里说:"他从这些思想家那儿获取了最大的经验,他懂得去考察和批判史实,摆脱了权威和习俗的偏见。"②智者学派对修昔底德的影响主要表现在以下几个方面。

首先,与智者的怀疑主义态度一样,修昔底德对前辈学者和传统也抱有怀疑。他在著作中阐述自己的史学思想时,就对诗人和散文纪事家们进行了批判,他说:

> 我相信,我根据上面的证据而得到的结论是不会有很大的错误的。这比诗人的证据更好些,因为诗人常常夸大他们的主题的重要性;也比散文编年史家的证据更好些,因为他们所关心的不在于说出事情的真相而在于引起听众的兴趣,他们的可靠性是经不起检查的;他们的题材,由于时间的遥远,迷失于不可信的神话境界中。③

显然,修昔底德是在有意识地将自己与米利都的赫卡泰乌斯、希罗多德等前辈史家区分开来,他强调历史学不应取悦流俗,而应该描述历史真实,因此有学者称他能"以18世纪唯理论者的怀疑态度看待神谕"④。比如,当雅典遭受瘟疫时,有人认为是因为人们迁入了那块被阿波罗神谕所禁止居住的"皮拉斯基人的土地",修昔底德却说:"照我看来,这个神谕的实现,和人们所预料的相反。雅典遭着灾难,不是由于在此地的非法居住,而是由于战争,使人们不得不在此地居住。虽然可以预料到,如果这地方有人住,一定是雅典遭着困难的时候了;但是神谕

---

① 修昔底德:《伯罗奔尼撒战争史》,第2页。
② J. B. 伯里:《古代希腊的历史学家》,第76页。
③ 修昔底德:《伯罗奔尼撒战争史》,第17页。
④ 汤普森:《历史著作史》上卷,第1分册,第39页。

中并没有提到战争。"①

其次,受智者"人是万物的尺度"的思想的影响,修昔底德总是从人事活动出发来叙述事件的起因、过程和结果,试图完全从人本身来解释历史。例如,在谈到克里特岛上的统治者时,他分析说:"我们很有理由料想得到,他必尽力镇压海盗,以保障他自己的税收。"②谈及希腊联军的统帅阿伽门侬时,他断定:"依我看来,阿伽美浓(即阿伽门侬)一定是当时最有权势的统治者;正因为这个原故,他才能够召集舰队,进攻特洛耶。"③论及伯罗奔尼撒战争爆发的原因时,他说:"使战争不可避免的真正原因是雅典势力的增长和因而引起斯巴达的恐惧。"④他还在书中借伯里克利之口说:"人是第一重要的,其他一切都是人的劳动成果。"⑤可见,修昔底德是在现实的背景中,站在人的立场上来探索这场战争的原因并总结其教训的,而且他相信"将来也会发生类似的事件……人性总是人性"⑥。他希望他的著作能够用以垂训将来。

最后,修昔底德在写作中吸收了智者们的演说技巧和修辞的手法,整部《伯罗奔尼撒战争史》约有四分之一的篇幅是双方政治家和军事家的演说词,比如伯里克利对雅典人宣扬其行动纲领的演讲、密提林的代表向伯罗奔尼撒人求援的演说、两军对峙时双方统帅对自己士兵的演说等,其中伯里克利在阵亡将士国葬典礼上的演说更是脍炙人口的名篇。修昔底德为此作了说明,他说:

> 在这部历史著作中,我利用了一些现成的演说词,有些是在战争开始之前发表的,有些是在战争中发表的。我亲自听到的演说词中的确实词句,我很难记得了,从各种来源告诉我的人也觉得有同样的困难;所以我的方法是这样的:一方面尽量保持实际上所讲的话的大意,同时使演说者说出我认为每个场合所要求他们说出的话语来。⑦

这就是说,有些演说词是他亲耳听到的,如伯里克利的葬礼演说;有些可能是他听别人转述的,如在拉栖代梦同盟大会上科林斯人、雅典人以及阿奇达姆斯的演说词;有些则是他根本不可能听到的,如赫摩克拉特斯在革拉会议上的演说词,那只能是他为书中人物代写的。但不管哪种情况,作者都力图使这些演说词与人物的性格特征及全书的情节发展保持一致,并浑然一体。然而无可否认的是,尽管他竭力使演说词接近其原有风貌,但不可避免的,其中很大一部分还是修昔

---

① 修昔底德:《伯罗奔尼撒战争史》,第 119 页。
② 同上书,第 4 页。
③ 同上书,第 6 页。
④ 同上书,第 19 页。
⑤ 同上书,第 108 页。
⑥ 同上书,第 18 页。
⑦ 同上书,第 17 页。

底德式的。修昔底德巧妙地运用这些演说词来说明历史人物行动的背景和动机,其作用犹如希腊悲剧中合唱队的作用一样。可以说,这种表现手法很明显是受到了悲剧艺术的影响。

修昔底德在写作中也确实吸收了希腊悲剧的手法。他像悲剧作家使用"合唱"一样,操纵素材,极少加上自己的一言半语,也不作任何褒贬,却能不露痕迹地透露出讽刺与哀伤的情感。特别是他对那些演说词的运用,就像埃斯库罗斯使用"合唱"一样,以此来标示事件发展与行动中转折点的到来,说明主角的动机与企图,概括并暗示事件发展的背景与可能有的结局。此外,他对叙事内容的选择以及描述也带有很大的戏剧性,比如对雅典瘟疫的描写、对西西里远征的叙述等。但是,需要说明的是,修昔底德对悲剧创作手法的吸收仅仅在方法论上具有意义,正像他接受智者派的修辞学一样。也就是说,他只是在写作方法上借鉴了悲剧诗人的一些笔法,而不是真的自以为是在创作悲剧。实际上,他对战争的理解并不是希腊悲剧式的,这就好像他在书中对演说词的运用并非是智者派可以向人传授的实用技巧一样。

事实上,无论从方法上还是思想上,修昔底德自始至终都是一位自觉的历史学家。他有明确的史观,在书的第一卷第1章便阐明了其治史的目的。他说:

> 我这部历史著作很可能读起来不引人入胜,因为书中缺少虚构的故事。但如果那些想要清楚地了解过去所发生的事件和将来也会发生的类似的事件(因为人性总是人性)的人,认为我的著作还有一点益处的话,那么我就心满意足了。我的著作不是只想迎合群众一时的嗜好,而是想垂诸久远的。①

可见,修昔底德对自己的历史写作有着十分清晰的认识。

2. 西方政治军事史传统的开创者

虽然修昔底德的年龄只比希罗多德小25岁左右,但二人在作品的取材内容、史学观点、治学态度、史学方法、文章风格等方面却宛如隔了好几个世纪,尤其是其描写范围和关注焦点截然不同。希罗多德以一个宽泛的题目作为其主题,先是描述波斯帝国的兴起及其周边地区的人文地理,然后才是希波战争。他的叙述方式使其书中有许多细枝末节却生动有趣的故事。而《伯罗奔尼撒战争史》则是一部专门讨论战争的起因、经过和结果的著作,只有一个简单的主题——战争。在书中,修昔底德几乎告诉了我们有关战争的一切:战争是什么?为什么会发生战争?具体的战役有哪些?战争会造成什么样的后果?等等。他甚至指出,除非人类能够学会更好地解决问题的方法,否则战争仍旧会继续。修

---

① 修昔底德:《伯罗奔尼撒战争史》,第18页。

昔底德在书中集中地叙述了整个战争的过程，重点突出那些与战争有关的事件与人物，而将与战争没有直接关系的内容全都排除在外，并由此开创了西方政治军事史的传统。

修昔底德之所以选择伯罗奔尼撒战争这样一个题材，是因为他"相信这次战争是一个伟大的战争，比过去曾经发生过的任何战争更有叙述的价值"①，而且，"任何人，只要看到事实的本身，就会知道这次战争是所有的战争中最伟大的一次战争了"②。如前所述，将这场延续多年又分散在几个不同地区所发生的战争看作是一次连贯的有深远影响的历史事件，这在当时来说，不能不说是颇具眼光的。当然，这还与他的个人经历密切相关，修昔底德一生的大部分时间都是在这次战争中度过的，他本人的荣辱也是由这场战争带来的。甚至有学者指出："修昔底德很明显就是一种政治'危机'的产物，他的作品不可能和他个人强烈的、完全悲剧般的经历分离开。"③另一方面，在古代，战争乃是人们"经常的职业"，人类社会的历史，特别是在早期阶段，是很难与战争分开的。

在《伯罗奔尼撒战争史》中，我们很难找到除战争以外的其他记述。首先，全书除了第一卷第1章回溯雅典的兴起、说明写作目的和方法外，从第二卷开始直至第八卷，都是围绕着战争进程展开的。其次，书中很少出现与战争无关的人物，甚至连对作者有重大影响的思想家高尔吉亚、希波格拉底、苏格拉底等人也未提及，更不用说那些艺术家、戏剧家了，有些在书中发表大段演说词的人物，也仅冠以"某某代表"而已。再次，对于那些重点叙述的人物，如伯里克利、克里昂、阿基达马斯、伯拉西达等，也只写其战事活动，而很少涉及他们的私人生活和性格。最后，对公元前5世纪雅典城邦的高度繁荣也未作详细描述，只在确有必要时才简略地提及。如为了讲述雅典的开支，才提到雅典卫城正门鲁洛匹利亚的建筑；因为雅典娜雕像上的黄金叶片可以作应急之用，才谈到帕特农神庙中的雅典娜女神像，而对于宏伟的神庙建筑则只字未提。

修昔底德专注于战争的描写，他把伯罗奔尼撒战争看作一个整体，并努力探求战争的因果关系。他认为，这场战争起因于雅典势力的过度增长，引起了斯巴达等其他各邦的嫉妒和恐惧；而科西拉事件和波提狄亚事件则是双方矛盾长期发展的必然结果，仅仅是发动战争的借口。这些分析虽然不尽全面，但在当时无疑是高人一筹的。而且他的分析对欧洲的历史学有着先驱性的作用，被视作是第一次科学地、历史学地对史实的记载和分析。修昔底德也由此成为西方第一个力图揭示历史事件发展的因果关系的历史学家。

---

① 修昔底德：《伯罗奔尼撒战争史》，第2页。
② 同上书，第17页。
③ 唐纳德·R. 凯利：《多面的历史：从希罗多德到赫尔德的历史探询》，陈恒、宋立宏译，生活·读书·新知三联书店2003年版，第8页。

修昔底德还进一步指出,这场战争真正的起因,实际上是人的贪婪本性,即对权力和财富的不可思议的迷恋之情,而这也是一切战争的起因。他认为,雅典人和斯巴达人之间之所以爆发战争,和他们之间观念上的分歧没有关系,也不是因为两者之间政体上的差别,更不是出于任何正义与邪恶之类的考虑,而是因为他们之间的共性,即对权力和财富的过度追求,由此产生一种要求更大的权力和财富的欲望。战争的根本动机是贪婪、对权力的狂热追求和占有欲,请看科林斯和科西拉这两个城邦为得到雅典人的帮助而进行的辩论。科西拉人想要与雅典人结盟,对雅典人说:

> 除你们之外,我们是希腊最大的海军势力。如果你们建立这样的海军势力,你们一定要花费很多金钱;如果我们站在你们一边,你们一定会很乐意的。这样看来,我们自愿参加你们的阵容,投靠在你们一边,不致引起任何危险,或任何费用,难道这对于你们还不是一件难能可贵而且将引起你们敌人嫉妒的幸运吗?……一旦发生战争,很明显的,我们对于你们是有用的。……无疑的,你们的目的,如果可能的话,是根本不许任何其他国家有海军;如果这一点做不到的话,其次,最好是使现在最大的海军强国站在你们一边。①

科林斯人则反驳说:

> 他们这种中立的政策,听起来似乎是天真的,但事实上是他们所采用的伪装,其目的不是在于防止他们参加别人的恶行,而是在于他们自己可以自由作恶:当他们有足够的力量的时候,他们就用暴力夺取别人的财产;当他们能够逃避别人的注意的时候,他们就欺骗别人;享受他人的利得,毫不以为耻。……事实上,他们的行为,无论对我们或对任何其他的人,都是不正直的。②

最后科林斯人要求雅典人:"过去我们帮助过你们,现在你们报答我们的时候到了。"③然而雅典却选择了与科西拉结盟。对于雅典的这种抉择,修昔底德明确指出:"雅典不希望科西拉的强大海军落在科林斯手里。同时它希望两国因战争而削弱;因为这样,如果战争真的爆发的话,雅典自己会比科林斯及其他海军国家的势力都强大些。此外,事实上,科西拉在往意大利和西西里去的沿海道路中占着很便利的地位。因为这些原故,雅典就和科西拉订立同盟了。"④由此可见,三方的考虑都是出于利害关系而非对正义与否的衡量,为己方获取最大的利益

---

① 修昔底德:《伯罗奔尼撒战争史》,第27—29页。
② 同上书,第31页。
③ 同上书,第33页。
④ 同上书,第35页。

和财富才是最终目的,彼此间可能达成的协议或组成的联盟也都是在相互交换利用的基础上的暂时性行为。总之,修昔底德认为,贪婪和占有欲才是战争爆发的最根本的原因。作为一个生活在距今两千多年的古希腊人,修昔底德在分析历史事件时所表现出的类似近代理性主义者的思想光辉,不由不让人惊叹不已。

修昔底德对经济因素与军事成败的关系所作的出色分析,也给人以深刻的印象。比如,他认为,特洛伊战争之所以拖了十年之久,不是由于希腊军队的人数不足,而在于经济资源的匮乏。他指出:"假如当阿伽美浓到达时,有充足的给养,假如他们能够利用全部军队继续不断地作战,而不分散他们的军队去劫掠和耕种土地的话,很明显的,他们会很容易地得到胜利的。"[①]在分析伯罗奔尼撒战争时,他也多次指出:维持一场持久的战争,需要有实力雄厚的经济作为基础,战争的胜负除了靠审时度势的明智判断以外,还得要有充裕的经济实力作为后盾。请看书中斯巴达人的分析:"在战争中,金钱比军备更为重要,因为只有金钱才能使军备发生效力;特别在一个陆地强国和一个海上强国作战的时候,尤其是这样的,所以让我们首先检查我们财政。"[②]雅典人也有同样的认识,伯里克利说:"同盟者所缴纳的金钱就是雅典的力量,战争的胜利全靠聪明的裁断和经济的资源。"[③]这种见解虽散见于各章,还没有形成一套完整的理论,但已经把经济对于战争的作用说得很明白了。因此,汤普森称修昔底德是"一位能够体会经济事务对历史的价值和作用的卓越的历史家"[④]。

修昔底德这种注重军事的撰史传统,对后世西方史学的发展产生了深远的影响,成为西方史学纷纷效仿的正统模式,特别是在19世纪西方历史学专业化的时代,更是被德国史家兰克及其学派奉为圭臬。不过,由于修昔底德过分强调战争的主题,也大大地局限了其历史写作的范围。

3. 史学的求真与致用

《伯罗奔尼撒战争史》关注的不是希腊遥远的历史年代和外族人的生活,而是集中于当时希腊城邦世界的事件,属于同代人记载同时代的事。修昔底德自称,伯罗奔尼撒战争刚一爆发,他即敏锐地觉察到这一事件的重大意义,并开始注意收集一切有关资料。他说:

> 在这次战争刚刚爆发的时候,我就开始写我的历史著作,相信这次战争是一个伟大的战争,比过去曾经发生过的任何战争更有叙述的价值。我的

[①] 修昔底德:《伯罗奔尼撒战争史》,第10页。
[②] 同上书,第59页。
[③] 同上书,第115页。
[④] 汤普森:《历史著作史》上卷,第1分册,第42页。

这种信念是根据下列的事实得来的：双方都竭尽全力来准备；同时，我看见希腊世界中其余的国家不是参加了这一边，就是参加了那一边；就是那些现在还没有参加战争的国家，也正在准备参加。这是希腊人的历史中最大的一次骚动，同时也影响到大部分非希腊人的世界，可以说，影响到几乎整个人类。①

事实上，这场战争的确对当时的世界及其后的历史产生了重大的影响。而且它第一次以历史学的方法被记录下来了，这对于历史学本身而言也有着重要的意义。而记录者修昔底德对其正在写作的历史所作出的这种价值判断，即是对史学实用性的一种重视，也表明了作者撰史的目的是为了能够"经世致用"。

的确，垂训后世正是修昔底德修史的目的。他在书中强调了历史的实用性，认为人性是不变的，而且存在共通的人性，因此历史会一再重演，所以历史研究可供后人引以为鉴，其著作也就永远不会失去其价值。换言之，修昔底德之所以撰写历史著作，是因为他相信人们可以通过了解那场毁灭性的战争而获益。在探询那些塑造国家命运的普遍力量时，修昔底德进行了完整的分析和描述，希望能为那些担任公共职务的人提供经验和教训。然而，这却在无意中限制了他极力倡导的历史的公共用途，他的历史没有考虑公众的喜好，将大众排除在外。对于那些担任公务、处理复杂的政治事件的人来说，他的叙述是珍贵的；但对大部分希腊人而言，这种叙述不合他们的胃口。因此，修昔底德的历史如同希腊的新思想和哲学一样，只在部分希腊公众间产生了一定的影响。当然，我们并不能因此而否定修昔底德撰史的实用主义目的。

《伯罗奔尼撒战争史》的另一重要特点是作者所表现出来的求真精神。书中，修昔底德努力辨清真伪，力图揭示历史事件之间的因果关系、探索人事的规律。为使自己的叙述与客观事实相符合，他非常重视对证据的批判。他认为："我们可以要求只用最明显的证据，得到合乎情理的正确结论。"②

修昔底德指出："在研究过去的历史而得到我的结论时，我认为我们不能相信传说中的每个细节。普通人常常容易不用批判的方式去接受所有古代的故事。"③他又进一步说：

> 关于战争事件的叙述，我确定了一个原则：不要偶然听到一个故事就写下来，甚至也不单凭我自己的一般印象作为根据；我所描述的事件，不是我亲自看见的，就是我从那些亲自看见这些事情的人那里听到后，经过我仔细

---

① 修昔底德：《伯罗奔尼撒战争史》，第 2 页。
② 同上书，第 17 页。
③ 同上书，第 16 页。

考核过了的。①

人们通常认为,这是修昔底德关于史学批判的原则,也即史学方法论的陈述。遵循这一原则,修昔底德准确、真实、客观地记载了伯罗奔尼撒战争。的确,与希罗多德相比,修昔底德对历史的分析更有"人性"的色彩,也更具"理性"。在解释历史事件时,他没有简单归之于偶然因素或神秘因素,而是致力于从经济、政治和文化等角度探索历史事件之间的因果关系。从《伯罗奔尼撒战争史》的第一卷第1章开始,修昔底德就致力于透过表面的现象,来分析问题的实质。他提出,雅典城邦一旦获得统治希腊世界的权力,就发现建立起来的帝国是不能随意放弃的,如果放弃的话,他们的新的生活方式也将毁灭。正如伯里克利说的那样,"过去取得这个帝国可能是错误的,但是现在放弃这个帝国一定是危险的"②。因此,随着时间的推移,帝国已经改变了它最初存在的原因,即最初是出于恐惧统治别人,随后是荣誉,最后则是利益的需求要求它这样做③。由此,修昔底德用恐惧、荣誉和利益分析了雅典帝国存在的理由和必然性。

可以说,在修昔底德对事件的分析中,我们已经无法找到任何难以违抗的天神的意志以及不可捉摸的宿命观念,而完完全全是人类、民族、城邦、社会之间的冲突和斗争。修昔底德通常不提及超自然力,只有当人们对神的信仰导致了一定的行动之时,他才会提到,而且其目的只是为了对那些信仰它们的人进行批判。在《伯罗奔尼撒战争史》一书中,修昔底德没有为神和神事留下什么位置。无论在战争年代,还是和平年代,所有的事件都是人类自身活动的结果。他努力把人类历史从神人合一的状态中分离出来。换言之,《伯罗奔尼撒战争史》纯粹是一部描绘人类活动的历史篇章。因此,修昔底德十分重视采纳第一手资料,坚决摈弃那种拼凑故事以迎合读者的做法。在流放期间,他到希腊各地广泛收集材料,既重视官方文件,也注意考订史实,从不轻信传闻故事,从事件的目击者那里取得了许多可靠的资料。他还不辞辛苦奔赴各地,进行实地考察,对战争中所涉及的山丘、河谷、沼泽、港口、关隘等都作了具体而准确的记载。比如1877年出土的一块石碑上刻有公元前419年雅典与阿尔哥斯等城邦缔结条约的铭文,考古学家把它与修昔底德的记载相对照,二者竟相差无几。可见,《伯罗奔尼撒战争史》在史料的可信性方面堪称史学史上的典范之作。

修昔底德的这种批判精神使《伯罗奔尼撒战争史》以其资料可靠、结构严谨、

---

① 修昔底德:《伯罗奔尼撒战争史》,第17—18页。
② 同上书,第148页。
③ 参见同上书,第55页。

思想深刻,博得了后世许多史家的称赞。据说,德谟斯提尼曾将该书抄写过八遍,古罗马史学家塔西佗、恺撒等人也都效仿与继承了修昔底德的撰史方法,近代以来的西方史学家对修昔底德更是推崇备至,称之为"科学和批判历史的奠基者""第一位真正具有批判精神和求实态度的史学家"等。

不过,进入20世纪以来,随着兰克史学的衰落和各种新的史学流派及思潮的产生,一些历史学家开始用更具批判性的眼光看待修昔底德作品中的客观性和真实性,不少历史学家从修昔底德偏爱使用的演说词出发,通过分析演说词的风格、结构和所要揭示的主题对此前关于修昔底德的看法提出质疑。当然,修昔底德的记载或者说任何历史学家的写作,都不可能没有偏见和不带感情色彩,阅读这些著作时,我们应当时刻保持批判的警觉。具体到《伯罗奔尼撒战争史》而言,修昔底德要从收集和记述当代的具体事件中来体现人类普遍的本性和基本处境,这一任务本身就蕴涵了极大的复杂性和内在矛盾,但他毕竟尝试和开创了一种观察和写作人类行为和言说的方式,并力图避免虚构和夸张,以取证于人类自身的具体事实。正是这种视野和方法使他能够以一本未完成的书而在西方历史上享有恒久的地位。

4. 两种不同的史学范型

作为对希腊世界产生重大影响的两次战争的记录者,希罗多德和修昔底德之间的年龄相差不到30年,但其作品的主题却不同:

> 希罗多德把全部的可知世界和传统当作他的叙述主题,而修昔底德在绝大多数情况下,则满足于他自己那一代人和希腊战争的直接经验。……再者,希罗多德把时间主要用在人们感兴趣的主题上,比如蛮族的文化和宗教,而修昔底德则主要把注意力集中在雅典帝国主义的政治、军事方面,他调查、分析这些事情的目的在于训导和启迪。①

作为前后相继的两代人,希罗多德和修昔底德代表了西方史学的两种不同风格和模式。希罗多德的《历史》内容丰富,以广阔的视野、华美的文笔成为后来的社会文化史之祖;修昔底德的《伯罗奔尼撒战争史》,专注于军政大事,堪称政治军事史之父。可以说,没有希罗多德和修昔底德,我们对古希腊的理解就是不完整的,他们具有不可替代、不可取舍的同等重要性。但他们的确又是很不相同的:希罗多德的史学是古代希腊史学的一种类型,与修昔底德的史学恰成对比。前者追求广博,寻找人类的共同特征;而后者则注重当时的具体事件,研究和分析事件发生的原因及其后果。希罗多德所使用的"历史"一词,其原义是"探究",

---

① 唐纳德·R. 凯利:《多面的历史:从希罗多德到赫尔德的历史探询》,第52页。

而修昔底德则将自己的历史写作归为"记述",似乎是在撰写一份充分客观的、几乎是文献式的记录。希罗多德的风格是荷马式的,而修昔底德的风格是论辩式的。希罗多德谦虚且不很明确地提出他的任务只是"讲述听到的事情",转述流行的故事和传说;修昔底德则庄严宣布,他的著作不是为了参赛获奖和取悦听众,却是为了垂诸永远的目标。

可以说,二人开创了西方史学的两条路径,这两条路径各有所长,可并行无碍,但后人却往往将他们对立起来。实际上,正如当代美国思想史家唐纳德·R.凯利所说:"修昔底德只是在被我们这些现代人或后现代人理解和推崇为历史研究的奠基者时,才成为希罗多德真正的对手。"[1]然而,由于长期以来西方史学界一直将修昔底德的史学视为一种经久不变的模式,并经由兰克学派的进一步发展而被奉为史学正统,致使史学逐步陷入一条狭窄的小胡同。直到19世纪后半期,一些史学家不满于此,发展了伏尔泰等人的"文化史观",甚至提出要"回到希罗多德去",比较著名的有德国的兰普勒希特、英国的格林、瑞士的布克哈特等人,稍后又有美国的"新史学派"以及在西方史学界中颇有影响的法国"年鉴派"史学家。他们逐渐跳出了政治史、军事史的框框,开始注意到经济、社会和民众心理等因素,并在这些方面进行了许多研究,提供了一些有价值的资料和理论观点。

希罗多德与修昔底德背靠背像

应该说,希罗多德和修昔底德作为西方史学两种最早的史学范型的奠基者,都具有求真的精神、写实的态度和分析的眼光。《剑桥插图古希腊史》的作者写道:"我们现代人所持的'历史'概念,是指对过去的一些重大史实所提出的批判性的、无偏无私的询问,是对史实所进行的理性的、客观的诠释,因此现代历史的概念,是希罗多德与修昔底德留下的遗产,经文艺复兴和欧洲的启蒙运动

---

[1] 唐纳德·R.凯利:《多面的历史:从希罗多德到赫尔德的历史探询》,第50页。

传给了我们。"①事实上,二人对西方史学发展所做出的贡献的确是难分轩轾的。就如同意大利那不勒斯博物馆里的那尊双面雕像的方碑一样,希罗多德和修昔底德两人背靠背贴在一起,他们靠得如此近,然而却注视着相反的方向。这或许具有某种象征性的意义:两人的观点如此迥异,思考历史的方式如此不同,以至于无法对视,但却又被永远地连在了一起。无论如何,有一点共同的是,由他们所奠定的这两种史学范型对后世的西方史学都产生了至为持久和深刻的影响。

五、公元前 4 世纪至前 3 世纪的史学

1. 色诺芬

伯罗奔尼撒战争以雅典的失败而告终,这场毁灭性的消耗战争最终使得整个希腊世界陷入了民穷财尽的困境,而且战后,希腊各城邦原有的政治、经济的矛盾不仅没有解决,反而更加尖锐了。各邦再一次被吞没在由不断变动的联盟以及小规模长期战争所造成的一片混乱之中,虽然希腊在政治、经济以及文化方面还没有立即从繁荣昌盛的顶峰衰落下来,但已逐渐呈现出颓势。同样,在史学方面,自修昔底德之后,古典史学的繁荣景象亦暂告结束。

继希罗多德、修昔底德之后,色诺芬被称作是希腊的第三大历史学家。色诺芬(Xenophon,大约公元前 430—前 354 年)出身于一个雅典贵族家庭,关于他的生卒年代并无确切记载,仅凭他书中的相关叙述推断。色诺芬在伯罗奔尼撒战争期间长大成人,他早年受过良好的教育,与柏拉图曾同为苏格拉底的学生,也是苏格拉底之死的主要记录者之一。在政治上,色诺芬反对雅典民主制,倾向于斯巴达的贵族政体。公元前 403 年雅典僭主政府垮台后,遂离乡他走。公元前 401 年,色诺芬以雇佣军的身份,参加了波斯国王的弟弟小居鲁士

色诺芬

---

① 保罗·卡特里奇主编:《剑桥插图古希腊史》,郭小凌等译,山东画报出版社 2005 年版,第 17 页。

(Cyrus, the younger)与其兄阿尔塔泽西斯二世(Artaxerxes II)争夺王位的战争,于公元前399年返回希腊。公元前394年,雅典公民大会因其投靠斯巴达,与雅典为敌,缺席判处色诺芬终身放逐。之后,他长期寄居斯巴达,得到斯巴达人的厚待,被赠予房屋和地产,还将战俘送给他为奴。据古典作家记载,他在斯巴达居住了二十余年,终日以著书、狩猎、宴请朋友为乐。公元前369年,雅典与斯巴达重修旧好,当局废除了对色诺芬的放逐令,但他终未回到雅典定居,只是不时回去探访。至晚年,色诺芬移居科林斯,专心著述,最终客死于此。

色诺芬的政治立场在其著作《拉西德梦人的政体》(Constitution of the Lacedaimonians)一书中表现得十分明显。他在书中将斯巴达的政治制度理想化,对其做了毫不隐晦的赞美,对传说中的来库古改革加以热情的评述。同时,他还对斯巴达的教育制度和立法制度倍加赞赏。与此相对的,对雅典的民主政治进行了间接的批判。书中虽然掺杂了许多个人成见,但也为后人研究斯巴达的政治史和社会史提供了丰富的史料。

色诺芬一生著述很多,流传至今的著作有十余部,其中最有代表性的,也就是真正使他声名远播的著作是《希腊史》(Hellenica)和《长征记》(Anabasis,又译作《远征记》)。

《希腊史》是色诺芬试图续写修昔底德的《伯罗奔尼撒战争史》的一部史学著作。他从修昔底德断笔的句子开始衔接,时间是公元前411年,一直写到公元前362年的曼提尼亚战役,底比斯打败雅典、斯巴达联军,最终取得希腊霸权为止,全书共七卷,记载了伯罗奔尼撒战争的最后结果和战后希腊各邦长期争战、互相削弱的历史情形。色诺芬在书中也采用了不少演说词,试图像修昔底德一样通过历史人物自己的语言和行为来显示其性格。这本著作被汤普森称之为"色诺芬雄心最大、下工夫最多的一部书"[1],不过后世普遍认为,这部后续之作不能与修昔底德的原作相媲美[2]。而且,由于政治立场的不同,两位史家的文风与见解都迥然不同。首先,二人对战争的起始时间看法不同。修昔底德以雅典人的立场对待伯罗奔尼撒战争,把战争的时间定为公元前431—前404年,即底比斯袭击雅典的同盟普拉提亚到雅典的投降。而色诺芬则站在斯巴达人的立场,以为战争始于公元前432年,即斯巴达人召开公民大会,而战争结束于公元前404年,即他们停止袭击萨摩斯。表面上,二者的不同仅仅在于他们对战争年限的不同界定,但实质上,是他们对战争原因的不同认识。修昔底德希望解决的是斯巴达人为什么要攻击普拉提亚,色诺芬想要说明的却是雅典人何以如此好战。雅

---

[1] 汤普森:《历史著作史》上卷,第1分册,第46页。
[2] 约翰·布罗说:"此书令人沮丧且大多数史家都认为不可靠。"参见约翰·布罗:《历史的历史》,企鹅集团2007年英文版,第53页。

典失败的最后一幕正是由色诺芬记载下来的,但他并未提及自己对雅典失败原因的看法。其次,在材料的取舍上,色诺芬也有失当之处。他对有利于斯巴达的事件大肆渲染,而对斯巴达对手的事迹则惜墨如金,比如对雅典第二次海上同盟这样重要的历史事件他几乎只字未提。这种严重的个人倾向及好恶不仅造成了叙述和取材上的详略不当,更损害了作品的历史价值。当然,他以个人的政治好恶来选择史料和评判史实的做法,与公元前5世纪晚期希腊政治领域和文化领域中虚假粉饰之风的兴起有密切的关系,可以说是虚夸之风在史学领域里的表现。但不可否认的是,作为当时人对那段历史唯一连贯且系统的叙述,且因为他与当时的许多风云人物都有交往,该书中的许多篇章带有回忆录的性质,留下了许多珍贵的第一手资料。因此,该书仍为后人研究公元前5世纪末到公元前4世纪上半叶的希腊历史提供了重要的参考资料。

《长征记》则是作者根据自己参加雇佣军远征西亚又率军返回希腊的亲身经历整理而成的。全书共七卷,第一卷述及自己的雇佣兵身份及其原因,第二卷至第七卷主要记载了小居鲁士死后他带领万人大军一路恶战终于重返希腊的过程。当时,这支人数不算太多的希腊雇佣军处境艰难,他们离乡万里,深陷在波斯帝国的心脏地带,四周还受着波斯军队和当地土著的阻截、包围。色诺芬用大量的笔墨记述了退军途中与波斯军队和游牧部族所发生的无数次恶战和所经历的千辛万苦、雇佣军内部的意见分歧和士兵心理。据统计他们共经历了24次海战、63次攻坚战、66次野外战,大小共计153次战役。这些描写为后世提供了有关希腊雇佣军与波斯帝国之间的许多细节,对后来亚历山大的东征产生了很大的影响。由此,有学者认为,该书"尽管写作规模较小,却在某种意义上使他确实成为希罗多德的后继者,因为这本书具体而微地反映出希腊与波斯世界的关系"①。色诺芬在书中也记载了这支万人大军所经地区的风土人情、山川地貌、气候变化等,文笔生动自然、优美典雅,读之引人入胜,确实不失为一部古典名著。

然而,最为重要的,也是最为后世西方思想界所津津乐道的,则是色诺芬在书中所表现出来的"希腊式风格"或称"希腊精神":当这支返乡的希腊雇佣军在遭遇各种挑战、危险之时,他们首先是各自提出自己的观点并进行辩论,然后再集体做出决定;他们在危难时所表现出来的自我意识、民族认同也是有别于其他"蛮族"的。色诺芬不仅要求士兵们回想当初希腊人战胜强大波斯的成就,还提醒他们:

> 如果我们一旦习于闲散奢侈的生活,并跟这些米狄人和波斯身材修长、苗条美丽的妇女、姑娘们交往上,我们会像奥德赛里吞食了忘忧果的人那样

---

① 约翰·布罗:《历史的历史》,第53页。

乐而忘返了。①

而这种历经艰辛返乡的成果则是希腊人视为珍宝的自由——由此，西方后世有学者将这支希腊雇佣军理想化地视作是一个移动的希腊城邦，其中蕴含了"城邦"这一政治体制中所具有的一切特性，并再一次具体地体现了希腊人热爱自由、勇敢虔诚的优秀品质。但是，也有人认为，书中有明显夸大希腊人和作者自己的地方，因此他的记载是虚假、不可信的，有许多粉饰、片面之词②。

实际上，对于该书记述史实的真实性，学者们历来就多有争议。对此，我们的看法是：一方面，我们要看到，古往今来的雇佣军都是一群拿人钱财替人消灾的军事强盗，对于他们而言无所谓正义和仁爱，其本质都是为利而来，为命而去。因此，作为一支雇佣军，这支希腊远征军必然也会具有一切雇佣军追名逐利的特点，事实上，他们一开始就是为了获取一笔丰厚的报酬而来的——这不仅是指小居鲁士所承诺的酬金，更来自沿路的强取豪夺，到后来他们不仅抢劫有经济价值的财物，还干脆靠抢劫来补充给养，其行为举止与盗贼土匪无异。关于这一点，色诺芬在书中也没有避讳，并把"弱肉强食"视为天经地义的生存之道。不过，另一方面，我们也要看到，这支由希腊人组成的军队，在整个大军面临生死存亡的危急时刻，他们与生俱来的民族性格自发地流露出来，自然地想到只有用那些他们曾经引以为自豪的优秀品质（如勇敢与坚韧、聪明与理智、虔诚与敬神、自由与民主等）才能最终挽救自己于异域绝境之中。色诺芬激励士兵说：

> 我要提醒你们，勿忘我们祖先所经受的危险，让你们知道不仅你们应为道地的勇士，勇士在诸神的保佑之下甚至能从极端可怕的危险中得救。……我们的祖先在陆上和海上都战胜了我们敌人的祖先。作为这些胜利的标志，我们如今仍可见到战利纪念物，但最为强有力的见证便是我们生于兹、教于兹的邦国的自由。你们从不屈从于人们任何人，而只敬仰天神。你们是从这样的祖先传下来、成长起来的。③

于是，在色诺芬等将领的鼓励之下，出于自身利害的考虑，他们抖擞精神、团结一致，终于冲出重围回到希腊。而色诺芬作为该书的作者，又是书中的主人公，他想为自己所参与的这场并不光彩也无荣誉可言的远征和撤退找寻一个还算说得过去的理由，发掘一点其中的可贵之处，应该说也是在情理之中的。

总之，客观地说，我们不应过分夸大色诺芬作为史学家的素质。无论是在治学态度，还是取得的成就方面，色诺芬都难以与希罗多德和修昔底德相比。他既

---

① 色诺芬：《长征记》，第 71 页。
② 参见色诺芬：《长征记》，汉译本序言第 iv 页。
③ 色诺芬：《长征记》，第 68—69 页。

没有希罗多德那样引人入胜的叙述技巧,也缺乏修昔底德的深厚思想。无疑,他的兴趣是广泛的,但对历史事件及其因果关系却未能作出深入细致的研究,更缺乏一种批判的态度和求实的精神,从而在思想的深度上有很大的局限性,因而其历史写作似乎只是对人类短暂激情下所引发事件的描述。甚至有人认为,色诺芬以个人的政治好恶来选择史料和评判史实的做法在西方史学上开了一种"为亲者颂,为尊者讳"的不良风气。并且在一个相当长的时期内,其著作成为西方中心论者作为"西方优于东方"这种偏见的根据。事实上,长期以来,西方史学界对他在西方史学史上的地位与贡献都评价不高。近代英国史学家约翰·伯里说:"色诺芬在史学领域中和在哲学领域中一样,都是一个浅尝者。……他略有文采,写过多种多样的著作。把那些著作加在一起,才使他在希腊文苑中有一席之地。不过他的才智实际上是平庸的,不能深入地观察到事物的本质。如果他生活在现代,他可能是一名第一流的新闻记者。……就史学方面来说,他真正的贡献是写了一些回忆录。"①这个评价稍嫌苛刻了一些,但大致上是正确的。

除了以上我们所提及的史学方面的著述外,我们还不能不提及色诺芬在其他方面的贡献,这些贡献大致表现在论经济、传记史学及苏格拉底文学这三个方面。

色诺芬是古代最早使用"经济"一词的人,他比其他希腊作家更多地注意到经济因素对城邦生活和政治稳定的重要意义。他的《经济论》和《雅典的收入》等是古典著作中并不多见的论述希腊古代城邦(尤其是雅典)经济问题的专著。其中对于城邦增加经济收入的来源和办法、城邦的经济部门、劳动分工、商品生产和贸易活动等,色诺芬都有自己的见解。他的这些论述,对我们了解古代希腊社会的经济状况、研究西方早期经济思想史具有一定的价值。

色诺芬的两篇传记《阿革西劳斯王传》和《居鲁士的教育》,再加上伊索格拉底的《艾瓦格拉斯》一起开创了西方史学编纂中的传记体裁。《阿革西劳斯王传》是色诺芬为了凭吊他的已故好友、斯巴达国王阿革西劳斯而写,记载了阿革西劳斯王在欧洲和亚洲的功绩,歌颂他的品德和高尚的情怀。虽有修辞过分夸张之嫌,不过,此书确为后世研究斯巴达当时的社会情况保存了不可多得的史料。《居鲁士的教育》则通过叙述居鲁士的性格、品德和生平事迹,提出了色诺芬自己理想中的培养政治家、建立公平政府的方式,借此阐发了他的济世方略,该书在古代颇受好评,也成为后世研究古代东方社会中贵族教育的重要参考资料。

古典时代晚期,在雅典,苏拉格底文学几乎成为一种写作的类型,色诺芬以苏格拉底为主要人物所进行的创作就有《回忆苏格拉底》《苏格拉底的辩护》《会饮》等篇。虽然,我们认为,他对苏格拉底的学说和思想的理解比较浅显,或许远

---

① J. B. 伯里:《古代希腊的历史学家》,第 151 页。

不及柏拉图的同类著作深刻,但也许正因为如此,他在书中向人们展示了一个作为教育者的苏格拉底,他的一生都符合他所提倡的道德准则并身体力行。至于色诺芬描述的苏格拉底与柏拉图笔下的苏格拉底究竟哪一个更接近真实的苏格拉底,这样的问题无论是对于柏拉图还是色诺芬都是没有意义的。重要的是,他们为什么要如此塑造那样一个苏格拉底?而这是一个有着无限讨论空间的话题。

总之,通过色诺芬的笔触,我们看到了雅典各阶层人们的生活,这是我们通过修昔底德或是柏拉图的眼睛所看不到的。在他的笔下,我们既看不到修昔底德描写的那种黑暗、贪婪的雅典阴谋家,也看不到柏拉图所设想的那种理想人物。色诺芬在书中描写的人物大多都是一些普通的平民百姓。在这个意义上,色诺芬也代表了他那个时代的特征——他一生兴趣广泛,曾经从事多种不同的职业,这正是古典时代的雅典人不同于其他人的特点。他年轻的时候就离开了他父亲在阿提卡的家园到雅典来接受教育,以脱离乡村的生活方式,加入了苏格拉底的哲学圈子;后来放弃这种生活,成为一名雇佣兵,走上一条完全不同的道路;之后又长期客居他乡,著书为乐。拥有如此丰富的人生阅历,可以说,色诺芬是真正属于他的那个时代的,是那个时候的诗人、学者和历史学家,同时也是战士、将军和冒险家。20世纪后半叶以来,西方学术界重新整理、注释、解读色诺芬的著作,其成果颇为可观。不过,一些西方思想家们在重新诠释色诺芬及其著作时添加了不少当今政治哲学的色彩,这种以当下的意识形态架构及学术术语去猜度古人、借古喻今的现代式解读似乎有过度阐释之嫌。

2. 修辞学派与其他史家

从公元前323年亚历山大大帝逝世至公元前30年罗马灭掉埃及托勒密王朝的这段历史,史称希腊化时代(the Hellenistic period)。这个时代史学的一个特征是:一方面,大多数史家都没有完全摆脱希罗多德和修昔底德的影响;另一方面是,这一时期,在写作上所表现出来的那种包罗万象的写法以及由修辞学派培养起来的浮夸之风相结合的情形。汤普森说:"从公元前四世纪,亦即在色诺芬以后,希腊史学开始有了改变的迹象。在这个时期,我们已察觉到发源于伊索克拉底学派、到亚历山大时代走向极端的那种历史写作中浮夸粉饰的最初迹象。"①

公元前5世纪中期修辞学派兴起,其代表人物是伊索克拉底(Isocrates,公元前436—前338年)。他在雅典建立学校收授徒弟,学生遍布全希腊。而他所撰写的演说词则在希腊各城邦中广为流传,成为人们学习演说及雄辩的范本。

---

① 汤普森:《历史著作史》上卷,第1分册,第48页。

伊索克拉底虽然不是历史学家,但却对历史写作有着很大的影响,在公元前4世纪古希腊史学中也出现了所谓的"修辞学派"。其代表人物是伊索克拉底的弟子埃福鲁斯(Ephorus of Cyme,公元前405—前330年)和提奥庞培斯(Theopompus of Chios,大约公元前378—前305年)。他们都秉承了伊索克拉底"泛希腊"的观念,其著作所写已不再仅限于一隅之地的狭隘的城邦史,而是力图以整个希腊世界为叙述对象。这对波里比阿以及后世的罗马史家产生了进一步的影响。

伊索克拉底

生于小亚细亚库麦城(Cyme)的埃福鲁斯撰有三十卷的《希腊史》(*Hellenica*),将雅典、斯巴达以及其他城邦当作一个整体加以叙述,打破了城邦间的界限。而在他之前,古希腊还没有一部真正有关希腊"全民族"的、包括几乎所有城邦的历史著作。因此,这种通史的体例在当时是一种创新。可惜其作品多已散佚,今仅存86节残篇。从残存的片断中可见他是颇具史学之才的,此外,埃福鲁斯过于讲究修辞,用词华丽,显然他力图将历史的叙述蕴藏于优美的文字之中。

提奥庞培斯生于开俄斯岛(Chios)的贵族家庭,也曾师从伊索克拉底,拥护亚历山大的统治。他也著有同样名为《希腊史》(*Hellenica*)的著作,共十二卷,记载了公元前411年到前394年之间的史事,因此有学者将之看作是修昔底德著作的续篇。而且他在辨别史料、叙述事件、评判动机等方面也师法修昔底德,只是他的文笔更为华丽。他还著有五十八卷的《腓力传》(*Philippica*),记载了马其顿的兴起以及国王腓力的事迹,时间从公元前411年至前336年,该书用词华美,但结构较为散漫。该书在古代和中世纪早期曾有很大影响,但也有学者认为他曾伪造证据,因此其著作的真实性受到怀疑。不过,该书已散失,仅存留了一些片断。提奥庞培斯的两部著作对于我们理解伯罗奔尼撒战争以后的希腊历史和马其顿的兴起都具有重要的价值。

此后,这种缺乏实际的政治、军事经验,但强调修辞与技巧的历史方法被西西里学派(Sicilian School)所继承,这些历史学家中最早的一位是叙拉古人安泰奥卡斯,他至少写过《论意大利》和《西西里史》两部著作,可惜都已失传。在他之后有叙拉古人腓力斯都(约公元前435—前356年),著有七卷本的《西西里史》和六卷本的《当代史》,但只有零星片断流传至今。

该学派的代表人物是泰米阿斯(Timaeus of Tauromenium,又译作提迈欧或蒂迈欧,约公元前356—前260年),他曾跟随伊索克拉底的一个学生菲利斯库斯(Philiscus)学习过修辞学。泰米阿斯著有《西西里史》(History of Sicily),共38卷,从西西里的远古时代一直写到公元前264年,他在书中不仅评述了西西里的历史,还探讨了地中海世界各部分之间的相互关系,其中涉及许多罗马史的问题,甚至还述及了西班牙和山南高卢的历史,附录则是一份丰富的大事年表。可以说,这是一部有关西部地中海的通史,颇受后代史家推崇,并多有引用。此外,泰米阿斯还著有《皮洛士远征记》和《阿加多克利传》。只是作为一位书斋型的历史学家,泰米阿斯对当时的时事及地理风貌鲜有涉及,但他在资料的收集、史料的查证、年代的编排、对远古神话的保留等方面都是值得赞赏的,他还是第一位以奥林匹亚纪作为事件记时法的历史学家,之后这一方法几乎成为希腊化世界通用的纪年法。其著作也曾对后世希腊及罗马的史家产生过广泛的影响,遗憾的是,其著作如今只有片断流传下来。

由于亚历山大的征战扩大了他身后希腊思想界的视野,激起了人们的好奇之心,与古典史家对于异域的报道相比,这一时期史家著述的范围进一步扩大,超越了地中海世界,中亚、印度乃至中国开始进入人们的视线之中,记载的内容也更加具体、真实。第一个从事异域记述的人是尼阿库斯(Nearchus,公元前360—前300年),他著有《航海记》(Periplon)。可惜此书已佚。

在尼阿库斯之后,有两位史家对于异域的记载比他更为详尽。一位是卡利斯提尼(Callisthenes,公元前360—前327年),他曾以史官的身份随亚历山大东征,到过东方。他的《波斯志》(Persica)一书,除了描写波斯的山川地形和政治概况外,还记述了亚历山大的用兵方略。书中对亚历山大率部进军、深入沙漠、朝拜神庙、伊苏斯等战役以及冬季在巴克脱里亚宿营等情况都有所描述,一方面承认亚历山大确实做出了伟人般的壮举,另一方面也提及他性格中柔弱的一面,其记载真实可信。卡利斯提尼还对各地的风土人情、历史遗迹以及文化典籍都有所研究。此外,他还著有《希腊史》(History of Greece)、《福西斯战争史》(Phocian War)以及其他一些作品,不过大多已经佚失。

另一位史家麦加斯提尼(Megasthenes,公元前350—前288年)既是一位博学的历史学家,同时也是一位活跃的政治人物,曾被塞琉古一世任命为驻印度旃陀罗笈多王朝的宫廷使节,因而对印度北部的自然地理、物产状况、风俗习惯、政治沿革等多有了解。他著有《印度志》(India),共四卷。他是欧洲第一个了解婆罗门教并提到印度种姓制度的人,他对当时印度的都城华氏城繁荣富庶的介绍让希腊人大开眼界,他还描述了喜马拉雅山雄伟的山姿及其特征。有人认为,他的著作与13世纪的意大利旅行家马可·波罗的《东方见闻录》(又名《马可·波罗游记》)一样对西方产生了很大的影响,激起了希腊人对东方的向往。可惜该著作早已散佚,我们只能在其他引用过其著作的古典作家的笔下略见其概貌。

总之,亚历山大的东征,开拓了希腊人的视野,也扩大了史学编纂的范围。希腊化时代末期还出现了一位杰出的历史学家——波里比阿,其史学思想对后世产生了深远的影响。在罗马统治时期,希腊语地区还产生了一些著名的历史学家和传记作家,古希腊史学的传统在发扬,古希腊史学的光辉在延伸。

第二章　古典史学（Ⅱ）

　　西方古典文明（文化）溯源于古希腊，而发扬光大于古罗马。就西方古典史学的发展情况来看，也大体如此。有论者指出，罗马人经过有选择地广采博收并结合自己的创造，从而形成了别具一格的文化。这种别具一格的文化，固然包括显示罗马人天才创造的建筑学、法学、军事学等方面的成就，也应包括罗马人在史学上的业绩。

　　古代罗马的史学是西方古典史学的续编。罗马史学从模仿和吸收希腊史学的成果开始日渐发展，在长期的史学实践中也形成了自己的风格与特点，终于在继承前者的基础上加以创新而另具特色。如同古罗马文明比其他任何古代文明（如希腊城邦文明）都似乎要更接近于西方近代文明一样，古罗马史学也不啻是一座桥梁，一座连接西方古典史学与近代人文主义史学的桥梁。正是由于罗马史学起着这样的承前启后的桥梁作用，使得光照千秋的古希腊史学跨越了神学史观桎梏下的中世纪史学，在14世纪以来的西方史坛激起了悠远的历史回响。

一、从城邦到帝国

古希腊与古罗马并不是相互赓续的国家或衔接的王朝,而是曾有过一段相当长的平行发展的时间,直至公元前146年,希腊才被并入罗马的版图,结束了它独立发展的历史进程。

罗马人是拉丁民族的一支,他们的祖先在意大利中部台伯河下游立足,建立了原始村落,当希腊人在阿提加半岛形成雅典城邦的时期,罗马人在公元前8世纪左右,联合与兼并了其他部落,砌筑石墙,排涝铺路,在拉丁平原也建立了罗马城邦。据公元前1世纪时的罗马作家瓦罗推算,罗马建城的年代为公元前754—前753年。自此开始,这个地处台伯河下游的蕞尔小邦,最初在意大利中部发展,继而征服整个意大利,最后跨出意大利,建立了古代世界史上的一个雄跨欧、亚、非三洲的大帝国,但意大利始终是它开拓前进的基地,是全部罗马文明发展的摇篮。

意大利位于地中海中央,与古代希腊人的自然环境相比,它海岸线平直,港湾与岛屿较少,航海条件虽不及前者,但与外界的联系仍畅达,并不闭塞,这种地理环境与古代东方诸国是不相同的;此处土地较为丰腴,比希腊更利于耕稼之业,故无粮荒之虞;它也不像希腊那样,被山峦和海湾切割成许多狭小的单元,而是一个在地域上比较完整与紧凑的地区,因此易于政治上的统一。这种自然条件上的特征,无疑在相当大的程度上对古罗马文明的发展带来某种积极的影响。

与古希腊的城邦文明不同,"罗马的伟大成就就在于它超越了城邦制狭隘的政治框架,创立了一个将地中海世界的不同国家合为一体的世界国家"[①]。可见人类文明的发展不可能沿着一种模式发展,在古代,有的是城邦文明,如古希腊;有的从城邦发展到帝国,如古罗马。而同为古代的奴隶制帝国,罗马帝国也与东方式的奴隶制帝国有别。否则,人类历史岂不成了灰色一片,历史研究也因此成为多余的了。

从城邦发展到帝国,这是罗马人的政治遗产,由此而蓄积形成有别于希腊城邦文明的文化,这就是罗马人所构建的政治文化。这种政治文化不仅显示了罗马人的特色,而且也成为罗马人留给后世的一项主要遗产而令世人景仰,并对西方乃至世界产生了持久而广泛的影响。

政治文化是一个包容政治思想、政治制度与政治心理等多重层面的复合体。

---

① 马文·佩里主编:《西方文明史》上卷,胡万里等译,商务印书馆1993年版,第149页。

古罗马的政治文化也是含义广泛的。就我们看来,似可从两个方面略作小论。

罗马阿匹安大道

从外在的层面来看,可以这样说,罗马政制与罗马法律是罗马人的天才创造。从塞尔维·图里乌斯(约公元前 578—前 534 年)改革开始,重新划分等级,改氏族部落为地区部落,森都利亚大会作为新的公民大会,是罗马国家及罗马政制的雏形。在共和时代(公元前 509—前 30 年),由于外部扩张及内部平民反对贵族的长期斗争,促进了共和政体的不断完善,执政官、元老院与公民大会成了共和时代的主要政治机构,且与城邦时代的社会经济相适应。但随着罗马从一个小邦发展为统治地中海区域的奴隶制霸国,共和政体已不再能适合这种形势的需要,于是从共和发展到帝制。在帝国时代(公元前 30—公元 476 年),前期推行的是普林斯制(元首政治),这是一种隐蔽的君主制,以共和制之名,行君主专制之实,直至公元 284 年,罗马皇帝戴克里先登位,方把奥古斯都时实行的元首制转为公开的君主专制,即多米那特制。至此,从共和时代就萌发的政治上和法律上的"世界主义"的发展趋势才得以实现。这是一种外显的、实体性的政治文化。

从内在的层面来看,我们以为,存在于罗马民族群体中的民族精神,似是古罗马政治文化不可或缺的一个重要方面。如此看来,罗马的民族精神,亦即深层的政治文化当可包括如下几个方面:质朴深厚、讲究实效的民族特性;忠勇卫国、甘于牺牲的爱国精神;严肃纪律、注重秩序的法治观念[①]。这种民族精神与前述显而又彰的政治与法律制度有别,它是一种隐形地存在于罗马民族中的群体心态,一种民族的内在的精神状态,一种能揭示一个民族底蕴的和显示其生命力的文化形态。

正是基于前述的内在的与外在的古罗马政治文化的传统,基于从城邦到帝国的历史发展的趋势,基于不断强化的"世界主义"的行为指向,造就了相异于希

[①] 参见张广智:《论古罗马的政治文化:一项历史学的分析》,《江海学刊》1995 年第 1 期。

腊史学的罗马特色,使得古罗马史学带上了很强烈的政治色彩,从撒路斯提乌斯到李维,从李维到塔西佗,莫不如此。

二、从模仿到奠立

1. 广采博收的罗马文化

兼收并蓄,广采博取,这是罗马文化的特点。这一特点的形成,与罗马从城邦发展为帝国这一趋势密不可分。罗马文化随着罗马人的扩张活动,随罗马从城邦向帝国的发展而萌发、壮大。在这一过程中,罗马人曾与他们所接触过的许多民族发生广泛的联系,这就为他们的兼收博取创造了条件,罗马文化正是在不断吸收外来文化的基础上,并根据自身的特点形成了自己的特色。

在罗马人的草创年代,他们首先接受的是伊达拉里亚文化。伊达拉里亚人不仅在政治上统治着罗马人,而且也把较为先进的文化引入罗马。至于伊达拉里亚文化,它在吸收古代东方与古希腊文化的基础上,有了新的创造,无论是他们的生产技术、政治制度,还是社会生活、宗教信仰、艺术风格等方面,都对罗马文化产生了强烈的影响。迄至罗马人入侵希腊后,才改变了受伊达拉里亚文化影响的单一格局,开始接受希腊文化,但伊达拉里亚文化对罗马的最初影响,从某种意义上来说,正是罗马人酿就自己文化特色的开端。

随着罗马人统一拉丁姆进而征服整个意大利之后,它继续扩张,兵戈扰攘,铁蹄四践,这就和地中海区域的诸多民族发生了广泛的联系。在这中间,主要是受到了希腊文化的巨大影响。尤其是罗马人侵占南部意大利的希腊城邦,继而占领希腊本土全境,更开创了吸收希腊文化的新篇章。

有道是,"希腊为罗马的兵力所征服,罗马同时被希腊的思想所征服"①。后人对这个"征服者被征服"的感叹,道出了这样一个真理:落后的军事征服者,虽然因其强悍的实力和凌厉的攻势而逞威于一时,但终究要被具有高度文化的民族所同化,从而在仿效、继承被其征服民族的文化遗产上前进,希腊文化之于罗马,特别是在罗马共和时代,确实如此。

从狭义的文化形态(如哲学、文学、艺术、宗教等)而言,罗马人确实是在模仿与承接希腊人的成果,全盘接收,采取的是"拿来主义"的态度。无怪乎连维吉尔那部广采博收的史诗《埃涅阿斯纪》,也硬是要把罗马人的立国与希腊的远古神

---

① 弗林特:《历史哲学概论》,郭斌佳译,新月书店1928年版,第97页。

话传说相联系,而拉丁字母更是从希腊字母稍加变通后而形成的。罗马对希腊文化采取的这种"为我所用"的做法,与他们的"国情"有关。罗马人太忙了,他们的精力更多地用于维护一个国土广袤的大帝国,而无暇顾及文化上的创造,特别是在狭义的文化形态方面。朱光潜在论希腊罗马的文艺理论和美学思想的关系时曾这样说过:"他们没有余力,也没有需要,在哲学和文艺方面独自开辟一个新天地,由于罗马和希腊同是奴隶社会,基础大致相同,意识形态不妨一致,所以罗马接受希腊古典遗产是顺理成章的事。"他又说:"在罗马本土以及罗马所统治的许多地区,希腊语是广泛流行的,文化教育也主要是希腊的。利用原已存在的统一的文化作为从思想上统一被征服的各民族的统治工具,这从政治角度来看,对于维持罗马帝国的政权是有利的。"① 从狭义的文化形态层次来看,朱氏之论不无理由。

然而,这是一个方面。此外,还应当看到罗马文化在模仿与继承希腊文化的基础上,根据自己的国情,广采博收,"为我所用",至奥古斯都时达于昌盛,成为罗马文化史上的"黄金时代",并在这一过程中,逐步奠立了具有罗马特色的文化传统,尤其在前述政治文化的建树上,更是彪炳后世,影响深远。如罗马人将秩序和团结的概念遗留后世,使服膺国家权威的思想在西方颇为广布;又如罗马法因包含着众多的可以借鉴用来处置资本主义法律关系的成分,而被当今欧美国家奉为圭臬,以至法学界人士更是言必称罗马法;再如直至今日,实用与庄重的罗马式建筑风格,仍为多数国家政府大厦所采用,这何止是仿照一种建筑样式,其实是通过这种象征权力和壮观的罗马建筑,去崇奉一种罗马精神。广而言之,这一文化(不是在纯文化领域,而是指深层的、广义的文化范畴,如政治文化)的精华部分,不只影响西方世界各民族的政治文化的构建,而且也扩及其他方面,其作用不是瞬时性的,而是潜在性与历时性的。

罗马文化的这种广采博收的特点与政治文化的特色,无疑会对罗马史学的形成与发展带来重大的影响。

2. 史学之滥觞

诚然,古希腊与古罗马的历史曾有过一段平行发展的阶段,但两者的历史学却不同。事实上,罗马史学出现较晚,汤普森指出:"在第二次布匿战争(公元前218—前201年)结束以前,罗马是在创造历史,积累历史资料。"② 罗马人从立国之后,直至第二次布匿战争,大约500年间,并没有产生过一位历史学家。风云变幻的历史转换与色彩斑斓的时代革新,使得罗马人疲于奔命,还顾不上对历史进行严肃的思考。在早期罗马也曾出现过"年代记"一类的记载,但那是祭司们用来

---

① 朱光潜:《西方美学史》上卷,人民文学出版社1963年版,第83页。
② 汤普森:《历史著作史》上卷,第1分册,第86页。

记录与宗教有关的事物的,此类记事虽延续甚久,但还不能称作史书。

布匿战争,这是罗马人超越意大利本土,而实现其"世界帝国"梦想的开端,特别是在第二次布匿战争中,罗马人经历了特拉西美诺湖的全军覆没、坎尼会战的严重受挫,危在旦夕,可谓是面临着一场前所未有的生死存亡的大考验,这自然引发了对本民族历史的反思,促进了史学的诞生。

罗马史学的产生,还应更多地从史学文化的自身去寻找原因。在这里,我们把它归之于希腊史学的影响,对罗马史学来说,这里说的"史学文化的自身"也只是一种外在的因素,但这却是一种不可或缺的推动力量。罗马人通过布匿战争而激发起来的爱国主义情怀(内部的)与希腊史学的影响(外部的)一经碰撞,终于在罗马的国土里产生了最初的几个历史学家。

早期罗马史学大多模仿希腊史学,其作品也是用希腊文写成的,缺少自己的特色,最早的罗马历史学家是以希腊史学家为范型的。

费边·匹克托(Fabius Pictor,约公元前254—?)是最早的罗马史家。他出身于罗马望族,属于罗马著名的费边家族的成员。他曾亲身参加过第二次布匿战争,目睹战争进程中惊心动魄的场景,这种经历为其撰史创造了有利的条件。

匹克托用希腊文写了一部《罗马史》,其书始于神话传说中的埃涅阿斯,止于作者所生活的布匿战争时期(公元前3世纪末)。他把罗马的历史与远古发生的特洛伊战争与古希腊英雄相关联,反映了当时罗马人较为普遍的与希腊人"攀亲结缘"的心态。他的《罗马史》略古详今,尤其对第二次布匿战争的记载格外详尽。原书已失传,但其作在罗马史学史上应留下一笔。李维称他为罗马"最古老的史家",《罗马史》的问世或可视为罗马史学的开端。

老伽图(Cato the Elder,公元前234—前149年)是罗马史学的真正奠立者。这里说的老伽图以区别于罗马史的另一名人,他的曾孙小伽图(马尔库斯·波希厄斯·伽图,公元前95—前46年)。老伽图为罗马显贵,曾任执政官和监察官。他是罗马贵族中保守派的典型代表,鼓吹"罗马至上",竭力维护罗马古老的传统,以抵制外来文化主要是希腊文化的影响。

我们之所以说老伽图是罗马史学的真正奠立者,在于他开创了用拉丁文写作罗马史的先例;罗马史学中强烈的"政治史学"传统,由此逐渐形成。从他的著作《罗马历史源流》,可见一斑。

老伽图

《罗马历史源流》凡7卷，是第一部用罗马民族语言写成的历史著作，前3卷追述罗马和其他意大利城邦之起源，第4、5卷专记第一、第二次布匿战争，第6、7卷则叙述第二次布匿战争后至公元前149年间发生的各种事件。书中资料有不少是作者的亲身见闻，翔实生动，但原书已散失，只有从他人的引用中可略见其貌。老伽图被称为"爱国史家"，在该书的序言中倡导历史的训示与教育作用，宣扬爱国主义思想，以先辈的事迹教育青年一代，培养与发展德性，是李维史学思想的先导。老伽图虽极力抵制希腊史学文化的影响，但其书却有意模仿希腊史学的编纂方法，如仿效修昔底德，在书中插入演说词。又据说他在晚年还在研习希腊文。从这位崇尚"罗马至上"的老伽图的言行相悖中，我们正可以看出希腊文化对罗马不可逆转的巨大影响。

3. 拉丁史学的发展

老伽图用拉丁文写作罗马史，首开拉丁史学之先河，其后拉丁作家纷出，且多有建树，古物学家瓦罗著述甚丰，据称其作有74种620卷之多，是一位著名的百科全书式的学者，所著《罗马古物考》足以显示他的博学多才。不过拉丁史学的发展主要有赖于如下两个人的努力。

首先是撒路斯提乌斯（Sallustius，一译萨鲁斯特，公元前84—前34年）。他年轻时就开始从政，其后的仕途大体与恺撒相始终。直至公元前44年恺撒被刺，他退出政坛，专事著史。

从史学的源流来看，撒路斯提乌斯继承了老伽图的传统，但他并不是对前人的一味模仿，而是有所发展，不仅是撰史的语言文字，而且更体现在罗马的政治史学传统的奠基上。他之撰史，尤其是在退出政界之后还笔耕不辍，并不是出于猎奇；他之撰史，是有所为的，是把它作为一项神圣庄重的事业，正如他自己所说，他是立意"以

撒路斯提乌斯

语言文字服务于国家"①的。

撒路斯提乌斯的传世之作《喀提林阴谋》和《朱古达战争》是完整保留下来

---

① 撒路斯提乌斯：《喀提林阴谋》第3章，王以铸等译，商务印书馆1995年版，第94页。

的，另有片断存留下来的《历史》(《罗马史》,记载公元前78年至前67年间之罗马史事)。为撰写《喀提林阴谋》《朱古达战争》,他用力甚勤,潜心搜罗史料,谋篇布局乃至遣字造句皆十分讲究,尤其是后书被学界称为一部无与伦比的好史书。

公元前66年至前63年发生的喀提林反罗马元老院的政治纷争,是罗马共和时代末期发生的一起典型事件,说它是"典型事件",是因为从中可映照出共和晚期的罗马政界,各派政治力量的相引相斥,各种政治势力的胶合抗衡,显示了一派"山雨欲来风满楼"的前兆。在撒路斯提乌斯看来,"这是特别值得追忆的一个事件,因为那罪行和由此而产生的危险都具有非同寻常的性质"。作者依据他所能看到的大量的文献资料,着力把这一事件描绘得栩栩如生、层次分明、生动感人,此作应在拉丁史学文献中占有一席之地,更是后人研究共和晚期罗马政治斗争的史料来源。

《朱古达战争》所记是公元前2世纪末罗马用兵努米底亚同其国王朱古达交战的史事。在撒路斯提乌斯看来,这场战争不仅是"一场长期的、血腥的、胜负难分和反复无常的战争",而且是"第一次对贵族的横傲进行抵抗的战争"①。罗马同努米底亚人的战争,起初规模不大,但由于努米底亚人的反抗,致使战事拖延5年之久,战争进程尽现掌权的元老贵族的腐败无能。揭示罗马贵族的骄奢淫逸与贪赃枉法不仅是《喀提林阴谋》而且也是《朱古达战争》的共同主题。撒路斯提乌斯原本属罗马政界要人,官职显赫,后在激烈的政治斗争中失势,这使他有一种近似修昔底德退出官场而冷静客观治史的条件;然而,"述往事思来者",追溯罗马往事,抨击政界弊端,揭露贵族的腐朽,进而寻求罗马社会日益衰败的原因,这是他的追求。他未必能找到一帖"治世良方",但这种努力却显示了他作为一个卓越的历史学家的才干,一个严格的共和主义者的思想情怀。

撒路斯提乌斯颇具良史之才,这两部专史的成功写作,使我们联想到了修昔底德以及撒路斯提乌斯从希腊史学家那里所受到的影响;从他严谨的叙事才能,不偏不倚的客观态度,擅长于人物内心世界的刻画,凝练简洁的语言文字,乃至在著作中插入大量演说词,都使我们看到了这位罗马史家同修昔底德的联系与影响。但这并不削弱撒路斯提乌斯在罗马史学中的重要地位,罗曼在两书的法译本的序言中曾这样评价他:"撒路斯提乌斯是配得上历史学家这一称号的第一位罗马历史学家;他没有典型可供遵循,而是自己开创,他同时提出了他的方法、他的风格和他的历史概念。单是这一情况便保证他在古代的历史学家当中占有一席地位。尽管他有一切缺点——这些缺点我当然不应当回避——他依然是一位大艺术家,并且他的短篇的历史作品即使在当代也拥有大量的读者,并且受到

---

① 撒路斯提乌斯:《朱古达战争》第5章,第219页。又,商务印书馆1995年出版有《喀提林阴谋 朱古达战争》合辑中译本。

认真的研究。毫无疑问,他在一定程度上是模仿希腊的那些历史学家,特别是修昔底德的,但是他的最突出的优点完全是他个人的。"①此见当是公允之论。

另一位就是恺撒(Julius Caesar,公元前100—前44年)。稍知古罗马历史的人,都会对恺撒其人其事留下深刻的印象:他初出茅庐,征战高卢,渡卢比孔河向罗马进军,他与埃及艳后克娄巴特拉七世的艳史,他的种种改革措施,直至公元前44年3月15日被刺身亡,所有这些都是惊心动魄和扣人心弦的。有人说:"凡到过罗马的人,每走一步,就会感触到恺撒的天才。"这当然是夸大之词,但不管怎样,恺撒的确具有多方面的才干:精于权变、善谋韬略、擅长演说、熟悉文辞,是古罗马时代著名的政治家、骁勇善战的军事统帅、口若悬河的演说家、才华出众的散文作家。当然,他还是一位历史学家,罗马共和时代第一流的历史学家。

恺撒

作为史学家的恺撒,他留给后世的作品有《高卢战记》《内战记》,但后书的史料价值和写作技巧较前书远为逊色。这里,我们主要以《高卢战记》为例评说恺撒的史才。

恺撒的史才,突出地表现在善于叙事这一点上。他叙事通过寓论于史,往往能做到叙事冷静而不失客观。恺撒自公元前58年起开始征战高卢的军事行动,至公元前49年才回到意大利,其间有八九年,主管三个行省的繁重政务,加上连绵不断的战事,真可谓是日理万机,忙得他不可开交,如果没有一定的目的,那他根本不会有闲情逸致去舞文弄墨的。此时的政治形势是这样的:正当恺撒栉风沐雨、纵横驰骋在高卢地区的莽莽原野之中时,数千里之外的首都罗马,麇集在元老院的一些元老贵族和他的政敌,整天在背后造谣中伤他,用尽心机算计他。这一情况,逼使恺撒不得不采取相应的措施来回击政敌,保护自己。

针对一小撮政敌的不实之词,发表慷慨激昂的演说,提出措辞尖刻的言论,这对像恺撒那样一位文思如潮的人来说,真是易如反掌,但他并没有这样做,在最需要辩白的地方,却没有半点辩白,在某种情况下,这或许是最有力的辩白。倘若过分看重造谣者的诽谤,实际上却给它以真实的外壳,反被它牵着鼻子走,从而使自己陷入窘困。恺撒深明此理,他没有采取直接答辩的方式,而是委婉地、曲折地、用正面叙述事实经过的形式来为自己辩解,这更为有力。例如,对方攻击他在高卢地区发动的多次战争都从未征得过元老院的同意,对此,他在书中

---

① 见撒路斯提乌斯:《喀提林阴谋 朱古达战争》,王以铸、崔妙因译,商务印书馆1995年版,第75页。

叙述与比尔及人、文内几人、门奈比人、莫里尼人、登克德里人、乌尔比得人以及远征不列颠、进入莱茵河以东地区的战争之前,总要详尽说明这些战争之所以不得不进行的原因,看起来作者似乎是漫不经心的样子,因为他没有提到一句直接为自己申辩的话,实际上无一不是有为而发的。

恺撒采用第三人称的形式,力图保持客观冷静的叙述。从历史编纂的体裁来说,《高卢战记》是一本关于高卢地区战事的历史回忆录,这类体裁的历史著作,通常是采用第一人称的,但该书作者却一反常态,全书除了卷2之59节、卷5之54节、卷6之11节三处采用第一人称外,其余都是以第三人称的形式来撰写的。读者看完全书,掩卷而思,就不知不觉地得出了这样的结论:征服高卢,并不像恺撒的政敌们诽谤的那样,是什么野心和攫取广泛权力的一块垫脚石;恰恰相反,它不仅是必要的,而且此举是出自一种爱国者的职责。这,不正是恺撒所要达到的预想效果和孜孜以求的目标吗?

恺撒还常常借他人之口,回击敌方。如他借日耳曼首领阿里奥维司都斯之口说:"如果他(阿里奥维司都斯)杀死了恺撒,就可以讨好许多罗马的显贵和要人——他是直接从他们自己的使者们口中得知的——恺撒的死可以替他换来所有这些人的感激和友谊。"[1]在这里,恺撒借他人之口,只轻轻一点,就揭露了元老院的政敌们蓄意陷害他的阴谋,这比那种声嘶力竭的反驳要有力得多了。

恺撒还用偶尔出现的插入语,或吹嘘自己在战争中的决定作用,或显示自己的优秀品质,或说明部下对他的"无限的忠诚"。书中所述恺撒的"公正无私""宽大为怀""仁慈善良""爱兵如子"等品质,都是借他人之言,作者无须为自己多添加一字,却起到了画龙点睛的作用。

恺撒的《高卢战记》是一部生动的战争实录,也是一部古老的战争史,具有很高的史料价值。他亲身到过高卢地区、不列颠以及莱茵河以东的日耳曼地区,得以目睹当地的山川风物。在他之前,虽也有一些希腊和罗马作家对这些地区作过一鳞半爪的介绍,但都是一些道听途说的传闻。因此,他的战记就成了记述这些地区情况的最珍贵的历史文献。

《高卢战记》不仅是历史著作,而且历来被认为是一部杰出的文学作品。它虽则没有华丽动人的辞藻堆积,没有刻意雕琢的加工痕迹,没有夸夸其谈的长篇大论,但它清澈如水,简明扼要,朴素自然,读来令人赏心悦目,以至直到现在,《高卢战记》仍被学校用作课本,当作拉丁文的范文。作家大仲马在《基督山伯爵》第37章虚构的盗首在陵墓中夜读《高卢战记》的情节,生动而有力地告诉我们,其书在西方流传之广及其影响之深。

---

[1] 恺撒:《高卢战记》,任炳湘译,商务印书馆1979年版,第37页。

三、史坛双璧

1. 李维的史学思想

公元前44年3月15日,恺撒被刺身亡。此时,他的甥孙屋大维仅是一名19岁的青年,得知恺撒被刺的消息后,不得不辍学从希腊伊庇鲁斯地区匆匆赶回罗马。屋大维受命于罗马国家的多事之秋,他的家人及友人都竭力劝告这位年轻人不要参政,但他一意孤行,在接踵而来的罗马内战的腥风血雨中,力挫群雄。公元前30年,他击败了安东尼,终于结束了长期纷争的兵戈扰攘的混乱局面,实现了地中海沿岸民族多年来梦寐以求的"罗马的和平"(Pax Romana)。公元前27年,罗马元老院授以他神圣与至高的"奥古斯都"的称号,屋大维成了罗马帝国的实际缔造者和开国之君。

罗马和平的缔造者屋大维

海内一统,物富民阜,在奥古斯都当政的40余年中,长达1 200多年的罗马编年史进入盛世。正如伏尔泰所说,古罗马的奥古斯都时代确是人类历史上最光辉灿烂的时代之一,一如古希腊雅典城邦的伯里克利时代[①]。是的,奥古斯都时代是罗马文化的"黄金时代"。在他的统治下,其对文化建设的重视颇令人瞩目。他的亲信麦凯纳斯,把当时最杰出的作家吸引到他的周围,组成一个实力雄厚的文学侍从小团体,歌颂朝政,赞扬罗马的丰功伟绩。当政者奖励文化,倡导学术,是不乏诚意的,奥古斯都本人也参与写作。

在这种时代氛围下,造就了一批文坛巨匠,如大诗人维吉尔、贺拉斯、奥维德等竞放光华,熠熠生辉;在这种时代氛围下,也诞生了李维及其历史巨著《建城以

[①] 参见伏尔泰:《路易十四时代》导言,吴模信等译,商务印书馆1982年版。

来史》(亦译《自建城以来罗马史》,简称《罗马史》)。

李维(Livy,公元前 59—公元 17 年),出生于意大利北部的帕多瓦城。他曾目睹了晚期罗马共和国的纷争及倾覆的局面,又亲身经历了早期罗马帝国的建立及强盛的景况。他大概是唯一的一位与奥古斯都本人有过接触的历史学家,其情形有点与诗人维吉尔、贺拉斯相似。

关于李维的身世,我们所知甚少。与当时的多数罗马史家一样,他出身于上层社会,但据研究者认为,在他的家庭成员中,似无人在仕途上有过功名。在当时,帕多瓦城是一个非常富庶的城市,他自小在那里受到过良好的教育,成年后即移居罗马。他避开京都的喧嚣,始终过着一种安适的书斋生活。与古代希腊罗马史家大多是浪迹天下(当然是希腊罗马人所知的"天下")的旅行家不同,李维终生安居罗马,闭门写作,潜心撰史,未暇旁顾。显然,他是属于学者型的史家,而非政客型的史家。他本可以利用一般人所难以达到的接近奥古斯都的机会,捞取个一官半职(他曾担任过屋大维之孙的老师),但他却不屑于仕宦生涯,选择了著述为其毕生的事业而无怨无悔,以其皇皇巨作《建城以来史》而享誉后世,并理所当然地获得了罗马三大史家之一的桂冠(另两人为前述的撒路斯提乌斯及下述的塔西佗)。

李维

在公元前 30 年前后,亦即屋大维翦灭群雄、一统罗马之时,李维开始了《建城以来史》一书的写作,他为此耗去了毕生的心血,终成 142 卷。此书一直完整地保存至 7 世纪,此后由于兵燹或其他原因,陆续散失,目前留存于世的只有 35 卷及少量片断。

李维为什么要写这部《建城以来史》呢?剖析此书的前言,可以帮助我们回答这个问题。在这篇前言[①]中,作者道出了他撰写此书的宗旨与原委。李维深

[①] 此节凡引李维的《建城以来史》前言(穆启乐等译),所据版本均为吉林文史出版社 1992 年版的中文与拉丁文对照本,以下不再加注。

知从事这项工作的艰巨性。他指出：其一，一直有新作家在承担这项工作，"他们或者对于事实要提供更为确凿的东西，或者在风格上会超过无修治的古代"；其二，写作所涉及的时间跨度相当漫长，要上溯到700多年以前的历史往事，而记述早期罗马的历史也不会令世人感到有多大的兴趣；其三，罗马早期历史疑团丛结，难以对其作出正确的判断。

明知有难，但李维知难而进，他写道："尽我个人之能致力于世界上最优秀民族业绩的记述，那将是一种乐趣；而且即使我的声誉在这么大的作家群中隐没无闻，我也会以这些湮没我名声人的卓越和伟大慰藉自己。"可见，他是把此书的写作作为对"世界上最优秀民族业绩"所做的一个具体的而又有重大意义的贡献。当然，记述罗马往事，还可以使他"避而不见我们时代多年来目睹的弊端，并免去即使不能使作家离开真实，也会使他心绪不宁的忧虑"。此外，李维写作《建城以来史》还与他的史学思想，即道德史观有关联，这一点将在下面述及。

从《建城以来史》中我们可以看出作为古罗马三大史家之一的李维的史学思想及其在史学史上的贡献，在此仅列出主要的三点。

第一，通史体例。李维在前言中就开宗明义地道出了他要写一部罗马人民全史的宏愿。通观《建城以来史》，从其所记史事确可称得上是一部在时间上跨越古（罗马早期）今（他所生活的年代）的通史之作。据研究者的划分，这部142卷史书的纲要如下[①]：

第 1—5 卷：从罗马的建立到高卢人攻陷罗马（公元前390年）

第 6—15 卷：至意大利全境被征服

第 16—30 卷：第一次布匿战争（至公元前219年）

第 31—45 卷：至第三次马其顿战争结束（公元前168年）

第 46—70 卷：至同盟战争的开始（公元前90年）

第 71—80 卷：至马略之死（公元前86年）

第 81—90 卷：至苏拉之死（公元前78年）

第 91—103 卷：至庞培战胜米特拉达梯和提格拉尼（公元前62年）

第 104—108 卷：至恺撒和庞培间第二次内战的开始（公元前49年）

第 109—116 卷：至恺撒之死（公元前44年）

第 117—133 卷：至亚克兴之役（公元前31年）

第 134—142 卷：至德鲁苏之死（公元9年）

作者以时间顺序纵向延伸，把编年史与叙事结合起来，略古详今，构成了一部宏大的通史著作，这也许是李维在西方古典史学史上所作出的独创性的业绩。

---

① 引自汤普森：《历史著作史》上卷，第1分册，第105页。

第二,垂训思想。西方历史思想中的垂训观念,是希腊史家特别是修昔底德的贡献。李维则以其《建城以来史》,把罗马史家的垂训思想发展到他那个时代的最高水平。前已说到,李维不是一个政客型的史家,而是一个学者型的史家,但绝不要以为他只是一个闭门书斋而不谙世事的书呆子,恰恰相反,他虽足不出户,却心怀天下,他之撰史不是单纯出于对历史的一种乐趣,而是要有所作为的,他立意劝诫,即以讴歌罗马先人的创业精神,激励后代的爱国热忱。他在前言中说:"从来没有哪个国家更伟大、更富有美好的范例,没有哪个国家这样晚地受到贪婪和奢侈侵入,没有哪个国家清贫和节俭在那里如此持久地受到这样大的尊崇。"

在这里,李维对罗马人的精神风貌的称颂是颇具深意的,这就涉及他的道德史观。在他看来,罗马的兴衰存亡,可以从道德的演变来作出解释:罗马先人崇尚清贫节俭、英勇奋斗而使国家日益强大,后来因奢侈、贪婪、不思进取而使国家日益衰退,总之,国家随道德的增长而兴旺发达,又随道德的沦丧而腐朽衰亡。道德似是一把无形的尺子,可以衡量出罗马国家历史演变的状况,他说过:"在认识往事时,尤其有利和获益的在于:你可以注意到载于昭昭史册中各种例子的教训,从中为你和你的国家吸取你所应当仿效的东西,从中吸取您所应当避免的开端恶劣与结局不光彩的东西。"史学的鉴诫作用及道德的教育力量于此可见一斑。

第三,文笔优美。在古代,文史难以割舍的传统,在李维身上也得到了最充分的体现。事实上,他的确兼具史学家和文学家两者之长:历史学家的公正与良知,如他虽受奥古斯都的厚待,但在他的著作中却没有趋炎附势的媚态,并力图克服党同伐异的情绪,如他公正地称颂庞培的历史功绩,即为一显例;文学家的才华,深厚的拉丁文的素养使其作叙事畅达、语言华美,正如英国诗人拜伦所称赞的:"李维的历史著作像是生动的画卷。"

李维的《建城以来史》也有古代史家所难以避免的历史局限性,如"天命所归"的历史宿命论思想以及种种迷信观念。另外,对于史料的考订与辨析,也较粗疏缺漏。尽管如此,李维的著作仍具有很高的史料价值,尤其是它对罗马早期历史的研究更具参考价值。

2. 塔西佗的史学思想

塔西佗(Tacitus,约公元55—120年)无疑是古罗马最伟大的历史学家。李维是其史学的直接源流,但塔西佗的经历似与前者不同,他家世代为官,塔西佗本人早在青年时代就为罗马政界要人所看重,在与执政官阿古利可拉的女儿结婚后,更是平步青云,在政坛上不断擢升,官至执政官及外省总督等。他一生著述甚丰,除《演说家对话录》尚无中译本外,《日耳曼尼亚志》《阿古利可拉传》《历史》《编年史》等都先后有中译本问世。

塔西佗的著作

塔西佗虽然生活在罗马帝国的全盛时代,但他的笔端却常常不由自主地流露出一个贵族共和派人士的强烈爱憎。恩格斯指出,塔西佗是罗马旧贵族共和派的最后一位代表①。这个论断是十分精当的。塔西佗的史学思想简述如下。

一是反对暴政。有论者认为塔西佗著作的整个主题就是反对暴政。他的主要著作大体可以为此作出说明。《演说家对话录》谈论罗马帝国时期演说术之所以衰落的原因,他认为,帝国时代演说术之衰落,在于那时文网日密,人们的言论自由受到限制。在《阿古利可拉传》中,作者在为其岳父阿古利可拉歌功颂德的同时,也别有所指,指向了那个令人窒息的"处在极度奴役之下"的暴虐时代。《日耳曼尼亚志》一书则展示了古代日耳曼人的勇武作风与纯朴的生活习俗,使读者陶醉于这种纯朴古风之中,不由深切感受到这些"蛮族"爱好自由、和平相处的精神,与罗马帝国穷兵黩武、专制残暴的苛政形成了明显的对照。他的代表作《历史》《编年史》,尤其体现了这种反对暴政的主题思想。

二是歌颂共和。在思想上,塔西佗倾向于共和时代的贵族专政,尤其向往这个制度下元老贵族的高贵地位和自由生活。他常常带着共和时代贵族政治家的挑剔眼光,来审视这个已经变化的世界,不由惊叹:"世界的局面改变了,浑厚淳朴的罗马古风业已荡然无存。政治上的平等已经成为陈旧过时的信念,所有的人的眼睛都在望着皇帝的敕令。"②不是吗? 共和时代的忠勇爱国成为苟且因循,俭朴刻苦变成了奢侈浪费,而军队的勇武精神也为骄奢淫逸所取代。在诸多丑行中,塔西佗最痛恨的莫过于那些趋炎附势、谗害他人的"告密者"了,甚至连那些高贵的元老,也在暗地里干着告密的勾当。告密之风如同一种行业,变成了一种"时髦的勾当"了。那时的罗马社会风气,正如后来孟德斯鸠所指出的:"友谊被看成是一种危险的暗礁,讲真心话被认作是冒失的行为,美德则只不过是可

---

① 《马克思恩格斯全集》第 19 卷,人民出版社 1963 年版,第 332 页。
② 塔西佗:《编年史》,王以铸等译,商务印书馆 1981 年版,第 5 页。

以在人们心中引起往日幸福的一种矫揉造作的表现罢了。"①

塔西佗确为我们揭示了一幅不同于共和时代的充满恐怖气氛的罗马帝国的社会图景:告密者有赏,杀人者弹冠相庆,冤狱遍于国中。所有这一切,他一概把它归之为"时代的不幸"。

三是痛恨暴君。塔西佗认为,这个充满罪恶的暴虐时代,其源头在于帝制,在于暴君的统治,因此,他把对专制政体罪恶的揭露,全部集中到帝制,尤其是他亲自经历过的几个皇帝身上。在他的笔下,那些被视为"神圣"的皇帝,一个个还其凶恶奸诈与荒淫无耻的本相,让帝国宫廷的一幕幕丑剧暴露在光天化日之下,作者写罗马皇帝提贝里乌斯杀人如麻、凶残毒辣,令人触目惊心;写他多疑猜忌、反复无常、虚伪做作,也跃然纸上。尼禄是古罗马历史上一个暴君的典型,塔西佗对他的刻画更多地采用了嘲弄、挖苦的笔法,同样是入木三分的。作者写他:驾车狂奔,发泄狂情;吟诗作画,附庸风雅;自诩多才多艺,居然粉墨登场,在一些污秽的戏中扮演各种角色,乃至小丑;大肆挥霍,宴庆玩赏,终日沉湎于声色犬马之中,可称得上是一个不理朝政、荒唐不羁的"风流皇帝"。尤其可恶的是,公元64年罗马城发生大火,他不但坐视不救,竟然兴致勃勃地登台吟唱起特洛伊城被毁的诗篇,简直是罪不容赦。

总之,塔西佗以他那支无比犀利的笔,或揭发,或挞伐,或嘲讽,嬉笑怒骂,皆成文章,他没有放过笔下出现的任何一个罗马皇帝。由于他长期任职于罗马官场中,积累了丰富的政治经验,敏于观察,洞悉真伪,所以能绘声绘色描述宫闱丑闻,谴责帝王的昏庸与残暴。正因为如此,塔西佗的著作像一面镜子那样,照见了一切专制独裁者的丑恶嘴脸。在西方,尤其在文艺复兴运动和法国大革命的年代里,若要谈论起塔西佗的名字,会使一切独裁者似坐针毡,大惊失色,如同谈虎色变那样。塔西佗的作品,确如俄国大诗人普希金所言,是"惩罚暴君的鞭子",虽然他打在古罗马皇帝的身上,却痛在一切专制暴君的心上。

这里,我们可以明显地察觉出古罗马史学所具有的个性特征,就是强烈的政治色彩。无论是李维史学中那种浓郁的爱国主义情怀,还是塔西佗史学中那种强烈的反对专制暴君的共和思想,抑或是其他史家对罗马国家或罗马精神的赞扬,都是植根于罗马政治文化的深厚土壤之中。罗马文明的表征是坚韧不拔而非深闺弱质,罗马人的追求是力量而非机智,罗马人的理想是罗马民族精神的高扬,而非"杨柳岸晓风残月"式的个人抒怀。一部罗马文明史道尽了"大江东去,浪淘尽,千古风流人物"的历史沧桑。作为生活其中的历史学家,怎能不感受这浓烈的政治文化的熏陶而不在他们的笔端流露出来呢? 总之,罗马史学的这种特征渊源于他们所构建的政治文化。

需要指出的是,塔西佗并不是一个好古派,更不是一个复古派,他看到罗马

---

① 孟德斯鸠:《罗马盛衰原因论》,婉玲译,商务印书馆1962年版,第25页。

国家政体的变更是势所必然的；恢复旧日的元老院统治，只会使国家倒退到混乱倾轧的状态中，而非理想的社会；与其说作者力主恢复这种元老贵族专政的共和制度，毋宁说他更向往这种政体下，罗马人所过的自由生活及表现出来的美德：领导者才智超群，公民们忠于职守以及朴实的生活方式等。因此，无论在《阿古利可拉传》中他对岳父美德的追忆，还是在《日耳曼尼亚志》中所表现的日耳曼人的纯真无邪，实际上是想使罗马人恢复昔日的优良传统而已。可见，他之恋古厌今，只是厌今日帝制之丑行，厌皇帝之丑态，厌世风之日下，而怀念的却是昔日"最容易产生美德的时代"。他不过要以古德来医今日之弊，同时坚信着人类有一个美好的未来。显然，他的社会历史观是进步的。

当然，塔西佗的贵族共和派的思想感情，使他对早期罗马帝国的人与事还不可能作出正确的科学分析。他未必能认识到帝制有其残忍的一面外，也有在一定条件下对社会发展起推动作用的一面。如他对提贝里乌斯极尽揭露之能事，但对这位皇帝在历史上所起的积极作用则缺少应有的评价，这就有点片面了。现代史家研究认为，提贝里乌斯是早期罗马帝国一位有作为的君主。其他的皇帝，如克劳狄乌斯时兴修水利、挖掘运河；维斯帕西亚努斯、提图斯至多米提安等皇帝当政时，在政治、经济及边防建设上都是有所建树的，所有这些都应作出恰如其分的历史评价，否则的话，人们就难以理解，在他们执政的这段时间内能使罗马帝国的社会有所前进。因此，塔西佗把早期罗马帝国写成是一切罪恶的渊薮，是失之偏颇的。

我们认为，作为一名伟大的史家，塔西佗的写作态度是严肃认真的。他充分利用了当时所能得到的资料，包括共和末期和帝国初期的一些主要文献。他位居帝国政府的高级官员，这一有利条件使他有可能接触到大量的官方档案资料，还可获取当事人的记述及回忆录一类的资料。此外，他还亲自进行采访与调查，如为了弄清公元79年维苏威火山大爆发的情况，并核实老普林尼之死的传闻，曾两次写信给小普林尼，请他详述当时事件发生的经过。

大体说来，作者的史料是经过认真筛选的，不消说，这种取舍的过程当会受其政治立场及思想感情的影响，他个人的贵族共和派的思想感情使他有时不免要偏离史实，但在主观上他相信自己能秉笔直书，"既不会心怀愤懑，也不会意存偏袒"。塔西佗究竟在多大程度上能够抑制自己的愤懑，并消除自己的偏袒，这自然是一个可以深入研究的问题，但有一点是可以肯定的，即他从不曾故意歪曲乃至捏造史料，甚至是提贝里乌斯和尼禄这两个他所最不齿的人物，作者亦不随意相信加在他们身上的丑闻。这里略举两例：当时传闻说提贝里乌斯曾亲手毒死了自己的儿子杜鲁苏斯，而尼禄则在一次发火时踢死了已怀孕的妻子波培娅。塔西佗分析了这些说法的可疑，并公正地指出：不能因为愤懑而轻易采用这些未经任何可靠的权威证实的说法。这正是一个历史学家的良知所在。对于相互矛盾的材料，作者也不乏严谨的态度，一般并不轻易相信，妄加评断；对于不可信的材料,或持疑义,或直接提出自己的看法。凡此种种,都说明塔西佗不失为一位富有求实精神的历史学家。

因此,迄今为止,塔西佗的历史著作仍具有很高的史料价值,尤其是他的《历史》《编年史》构成了公元1世纪罗马帝国历史的长编,无疑仍是今人研究古罗马历史的权威史料。所以,轻率地否定他的著作的可靠性,断言他"系统地歪曲了历史"显然是有失公允的。有论者认为:"塔西佗作为史学家的声誉和他在史学上的伟大成就都是不可动摇的。"①这一评价我们以为是可取的。

四、光辉的延伸

希腊史学在修昔底德时放射出了夺目的光彩。这并不意味着修昔底德之后,希腊史学就停滞不前了。事实上,自公元前334年马其顿王亚历山大开始东征至公元前30年罗马灭亡托勒密埃及,此期间约3个世纪,包括希腊史学在内的希腊文化,向地中海东部及西部地区广为扩散与传播。这个时期,不仅有世界文化史上第一次东西方文化的交汇与沟通,而且有古典文化内部的一次大规模交流。我们这里所说"光辉的延伸",不仅指希腊化时代(公元前334—前30年)希腊史学的光辉(如在波里比阿那里),而且还指公元1世纪前后罗马人统治时期希腊语地区史学的光辉(如在阿庇安等人那里)。当然,后者已同罗马文化融合,而构成为罗马史学难以割舍的一部分。我们先说波里比阿的史学。

1. 波里比阿

波里比阿(Polybius,约公元前

亚历山大所开创的希腊化时代

---

① 彼得·盖伊等编:《史学家的业绩》第一卷,纽约1972年英文版,第205页。

201—前120年),希腊中部麦加罗城人,被后人称为"历史学家中的历史学家"。

他生活在罗马人到处征讨、兵戈扰攘的动荡岁月里。第三次马其顿战争期间,他出任希腊联军的骑兵长官,领兵抗击罗马人的入侵。公元前168年比特纳之战中失利,他作为送往罗马的1 000名希腊公民之一,入质罗马。但这个"人质"俘虏,却因他的才学与人品出众,迅即获得了罗马政界要人们的注意,尤其是得到了小西庇阿的宠信,并与他结为莫逆之交。公元前151年,希腊人质皆获赦,返回希腊,他亦返回希腊作短暂逗留,以后又重返罗马。他曾随小西庇阿驰骋疆场,因而有在各处游历的机会。他曾翻越阿尔卑斯山,沿着当年汉尼拔进军罗马的路线走了一遍;又曾乘船航行在摩洛哥和葡萄牙海岸线上,这些地方不仅希腊人很少知道,而且连罗马人也鲜有抵达。在客居罗马的16年里,他得以出入罗马国家的档案库,看到了许多第一手资料。这为他写作《通史》(亦称《罗马史》)创造了有利的条件。在他身上体现了希腊文化对罗马的影响,也是希腊与罗马文化最初交流的缩影。

波里比阿的著作

波里比阿的史学体现了古希腊史学传统,尤其是成功地发展了修昔底德史学的基本精神,从他的史学理论与方法,可以看出西方古典史学继续前进的步伐。

其一,历史眼界的开阔。波里比阿虽出生于希腊,但是入质罗马后,随小西庇阿南征北战,所接触的已非故乡的蕞尔之邦,而是一个辽阔的古代世界。他认为以前所发生的事件都是"地方性的",彼此之间没有关联,但从第二次布匿战争爆发(这正是他《通史》一书的起点)开始,在意大利或非洲发生的事,就会影响到希腊或亚洲,彼此各自孤立的地区确实已开始变成一个"有联系的整体"了,而所有发生的事件都趋向于一个目的,这就是罗马人的统一,这个任务由罗马人在53年内(公元前220—前168年)完成了①。这是"历史上的伟大事件",他指出,由于罗马势力的扩张,已

---

① 参见波里比阿的《通史·导论》。下述议论,均见该书,不另加注。载芬利编:《希腊诸史家》,纽约1959年英文版。

将世界各地发生的事件连接在一起,所以历史学家再也不能用"个别的"眼光来看历史,而应该把世界作为一个整体来看待了。因此他着力要写的已非一部"地区史",而是他那个时代的一部"世界史"了。他的视野,比起希罗多德的时代又要宽广得多了。这是西方史学的重大进展。

其二,历史思想的深化。在这方面,波里比阿留给后世的遗产是相当丰富的。他认为,历史的任务有两个:记录事情的真相,对事实作出解释。波里比阿十分强调后者的重要性,他所谓的"历史解释"不外两种:一是引起事件发生的"原因",另一是事件之间的相互关系,惜乎他对因果关系并未能作出深入的探讨。正因为有了后一点,历史学才具有为现实作出某种借鉴的垂训作用。在他看来,历史是一门以事实为训的哲学,它不仅使人们能从中获取广博的知识,而且应当成为人们行动的指南。他深信史家之职,在求"实用"。作者所指的"实用",显然是指"治国""平天下"之类的政治上的"实用"。他的史学中的"实用"观念,或许可以认为是西方史学中实用主义观的滥觞。

其三,历史方法的进步。在古代史家中,可以说波里比阿的史学方法最合乎科学方法的要求。他从方法论角度,提出了历史研究应当具备的三个基本要素,颇具创新精神,这就是:第一,应当披阅各种文献资料,并能比较其记载之异同;第二,必要的地理知识,史家应当亲自考察名胜古迹、山川湖泽、城镇乡野等,他一再强调掌握地理知识对于历史研究的重要性;第三,政治经验,就是说,那些掌管国家命运的政治家或肩负卫国保家的将军,最具备当历史学家的条件了。在他看来,没有实际"经验",是历史研究中最易导致错误的原因之一。他认为,这三者缺一不可,舍此,一位历史学家充其量只能记述事实,但却不能作出辨析,因而也就不能作出正确的解释,那么这样的历史研究是没有什么意义的。

他认识到,求真乃史家之第一要务,史家必须抛弃一切个人的成见和党同伐异的情绪,以公正的态度,从大量的史实中得出正确的结论。他关于史料的搜集、求证与批评,深得修昔底德批判方法之精义。他通过亲眼去"看",亲耳去"听",实地考察等,获得了大量第一手的确凿的史料,他认为信史乃出于此,否则,历史只能成为"江湖郎中"的谎言。这样一位卓越的古代史家,尽管颇具创见,在史学上可谓是满腹经纶,但因缺少文才,其作流传不广。他的《通史》平铺直叙,写得不够生动,原书共 40 卷,现只有前 5 卷被保存下来,其余各卷仅留下一些长短不一的残篇,实为可惜。

2. 史家群体

公元 1 世纪,希腊已为罗马帝国的版图所覆盖,但希腊史学的光辉却不能泯灭,即使在罗马帝国的"黄金时代",仍是那样的璀璨闪耀,虽则它已融会到罗马史学中。这时,希腊语地区相继诞生了三位著名的历史学家,他们是:普鲁塔克

(Plutarch,约公元46—120年),希腊中部查罗尼亚城人;阿庇安(Appian,约公元95—165年),埃及亚历山大里亚人;阿里安(Arrian,约公元96—175年),小亚细亚比泰尼亚人。

有意思的是,这三人有着大体相似的身世和经历,他们同为希腊语地区人,而且后来都去过罗马,都成了罗马政制的鼓吹者。他们几乎毫无例外地受到罗马皇帝的礼遇,在安敦尼王朝诸帝时位居高官:普鲁塔克先任执政官,后被任命为希腊财务使;阿里安担任过驻卡巴多西亚的总督,后又荣膺执政官的头衔;阿庇安初任"金库检察官",晚年被授予埃及总督。

普鲁塔克生平著述宏富,相传有277种之多,代表作是脍炙人口的《希腊罗马名人传》(亦名《传记集》)。作者以类相从,用一个希腊名人配以一个罗马名人,称之为"合传"。普氏曾在希腊与罗马过着"两栖式"的往来生活,因此,他对两者的历史都相当了解,《希腊罗马名人传》及其作者本人,都深刻地反映了希腊文化与罗马文化交流与融合的时代印记。

普鲁塔克

《希腊罗马名人传》不仅在史学上开西方史学中的历史传记体之先河,而且影响后世甚巨。从文艺复兴到法国大革命,这部肆意渲染与夸大个人历史作用的读本,被人们争相传阅,风靡一时,这是因为它在当时正好适应了那个时代新兴资产阶级的需要。普鲁塔克妙笔传神的文才,也着实令后世文学家钦慕,取其书之材改编成文艺作品的岂止莎士比亚一人而已。

如果说普鲁塔克为希腊罗马历史名人塑造了一组群像,那么,阿里安则不同,他当然也擅长刻画历史人物,但只为亚历山大一人树碑立传。阿里安的名作《亚历山大远征记》,无论在选题或写作等方面,论者多认为它受到了前辈史家色诺芬的深刻影响,称之为"新色诺芬"。由于他熟谙军事,又多采自亚历山大部将托勒密的材料,因此这本书无疑成为后世记载亚历山大此次军事远征的一部力作。

阿里安笔下的亚历山大,乃一功业彪炳的军事天才。他长于记述军事行动,但不能透过表象,去揭示这一军事行动所具有的更深刻的意义。于是,战争的胜负在他的笔下就成了英雄的个人意志对凡夫俗子的胜利。普鲁塔克的《希腊罗马名人传》中的亚历山大的形象则与此不同,阿里安的短处恰恰是普鲁塔克的长处。普鲁塔克特别重视亚历山大东征的"哲学性",他发现,亚历山大除了军事家的天才之外,还具备哲学家的禀赋,认为亚历山大也是一名哲学家,甚至比大哲人苏格拉底还伟大。普鲁塔克从文化哲学的角度,用夸大的言辞谈论了东征的意义,认为东征使希腊文化广布,亚历山大的目标不是为自己寻求财富和荣耀,而是为了在人世间建立起亲睦、和平与理想的社会。我们当然无须接受普鲁塔克为亚历山大东征侵略行为所作的粉饰与辩解,但普鲁塔克冀图从历史人物的行动中,去寻觅道德原则,以作为后人效法的榜样,这一意图却是可以理解的。为什么两位作家笔下的同一个历史人物亚历山大,竟有如此大的差异?这无疑是一个令人感兴趣的问题。

在公元 1 世纪至 2 世纪希腊语地区诞生的史家群体中,我们认为,就其历史学家的史学思想而言,阿庇安也许是更胜一筹的。

阿庇安的毕生之作《罗马史》,是一部卷帙浩瀚的历史著作,凡 24 卷。作者是用希腊文撰写的,全书上起罗马王政时代,下迄公元

阿里安的著作

2 世纪初图拉真在位时期,是一部将近 900 年的罗马古史长编。留传至今的《罗马史》,有 10 卷是完整的,它包括西班牙史、汉尼拔战争史、布匿战争史、伊利里亚史、叙利亚史、米特拉达梯战争史以及内战史这 5 卷。此外,从公元 950 年编纂的拜占庭的《使节》《美德与恶行》两部著作中,辑采出一些阿庇安著作的重要片断。现在存留下来的部分大约是他原书的一半,幸而这一半还是比较重要的,特别是关于革拉古时代至第二次"三头政治"为止的内战时代的记载(第 13 至 17 卷),是《罗马史》最有价值和最重要的部分,从史学上来说,"它是连接波里比阿和西塞罗之间'交替时代'的桥梁"。在体例上,阿庇安大抵以国家或重大事件来命篇的,作者的任务是简要叙述罗马帝国形成的全部历史。因此,他的书主要记载罗马各次的战争,每一次战争都用一卷详述其始末,每一篇都构成历史专论。正如他自己所说:"我把每个国家有关的那部分历史分别叙述,略去其他国家中所同时发生的事情,留到其他适当的地方再去叙述。"这种编写方法与我国史书中的纪事本末体极为相似。阿庇安的这种编纂体例,虽能使读者注意到某一国家或重大事件的本末始终,但缺点是常常要引起重复,并割裂了罗马历史发展的有机联系。

但是，阿庇安的历史著作有其独特的优点，曾受到马克思和恩格斯的高度重视。马克思称它是"一部很有价值的书"①。据我们看来，这归之于阿庇安那不凡的史学思想。

阿庇安的史书十分注意考察历史事件发生的社会经济背景。作者在书中对罗马共和时期历史的考察，为古代史家在这方面作出了范例。在整个罗马共和时期的历史发展中，人们可以看到，它集中地表现为无产者同大土地所有者之间的斗争，阿庇安通过具体的叙述，把这作为基本线索贯穿在他的整个《内战史》的叙述之中，使读者能清楚地看到，土地问题是导致共和末年内战的基本原因。此外，阿庇安在叙述中还非常关注债务问题，这也是共和初年平民反对贵族斗争的一个重要原因。总之，作者力图探索共和时期历史事件发生的经济背景，对此，马克思指出："他极力要穷根究底地探索这些内战的物质基础。"②恩格斯也指出："在关于罗马共和国内部斗争的古代史料中，只有阿庇安一人清楚而明确地告诉我们，这一斗争归根到底是为什么进行的，即为土地所有权进行的。"③这是阿庇安著作最为杰出的一点，也是同时代的史家所不能企及的。

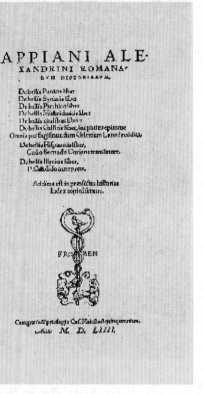

阿庇安的著作

阿庇安在《罗马史》中，以如椽之笔，纵横古今，或褒或贬，对读者颇有启迪与教益。他在书中，对罗马统治者的不义之举揭露诸多，对广袤国土下罗马帝国境内的错综复杂的矛盾记载亦详，对帝国统治下各族人民以及奴隶们的英勇斗争时有赞颂。他的书中，罗马统治者东征西讨、攻城夺地，残忍、欺诈、贪婪、腐败，叙述得何等淋漓尽致；波澜壮阔的革拉古兄弟改革运动、延绵不断的同盟战争以及马略与苏拉之争、米特拉达梯战争等，无不像一幅幅生动的图画，展现在读者的面前。尤其可贵的是，他在《内战史》中记载了古代世界一次由斯巴达克领导的奴隶大起义的事迹。按拉丁文原来的含义，"内战"（bello civili）一词系指罗马公民之间的战争而言，阿庇安在书中却把斯巴达克所领导

---

①② 《马克思恩格斯全集》第30卷，人民出版社1975年版，第159页。
③ 《马克思恩格斯选集》第4卷，人民出版社1995年版，第253页。

的奴隶起义也列入罗马公民之间的战争加以叙述,这是很有见地的。马克思关于斯巴达克是"古代无产阶级的真正代表"①的论断,正是在读了他的《内战史》有关章节后得出的。

阿庇安的著作为后世保留了不少早已失传的作品。他在写作《罗马史》时,其材料大都是辑录前人的著作。例如,他从李维的作品中,获得了关于米特拉达梯战争的材料;从波里比阿的作品中,获得了第三次布匿战争的材料;从盖·方尼阿斯的作品中,获得了关于革拉古兄弟改革的材料;从琉·科尼利阿斯·西新那的作品中,获得了关于同盟战争的材料;他还利用过阿西尼阿斯·波利俄的作品以及奥古斯都等人的回忆录。上述作品大多散佚,现在我们有赖阿庇安的著作,才得以窥见这些作家当年作品的一些风采。

其书之价值,还在于它可以与同一事件的其他史家的记载相互比照,以校正史实上的谬误。例如,恺撒的《高卢战记》历来被史家认为是一部翔实记载高卢等地区情况的史学名著,唯有阿庇安著作中的有关记载与之对照,才能够对恺撒这部著作的可靠性,提出最有权威性的质疑。

此外,阿庇安的著作,语言朴素,清新自然。他反对矫揉造作和装饰雕琢,也非常厌弃那种一味为迎合读者低级趣味而罗织的逸闻轶事,并克服了当时流行的斯多噶派哲学进行抽象说教等弊病。他仿照修昔底德的榜样,在书中常揣度演讲者当时的情景,约以己意,代撰演词,也获得了极大的成功。所有这些,都给读者留下了良好的印象。与同时代的其他史家相比,论地位,他当不及帝国时期最伟大的史家塔西佗那样显赫一时、彪炳后世,但塔西佗的《罗马史》(包括前后相连续的《历史》与《编年史》两部)只记叙公元1世纪80多年的罗马帝国时期历史,远不如阿庇安《罗马史》一书所包含的时间跨度。在史学上,他似乎在努力追求一种朴实无华、平淡自然的情趣,把所要表达的历史上每一斗争"归根到底是为什么进行的"这一严肃的任务,隐在质朴淡雅,然而是引人入胜的叙述之中。他把这一点看成是一个史家所要努力达到的崇高目标,其传世之作《罗马史》为此作出了最好的说明。

当然,阿庇安的著作与古代大多数史家一样,也有不足之处,例如,他笃信命运、神意、朕兆、灾异和神谕,被浓厚的天命观与宿命论的枷锁牢牢束缚,他在一些立论上亦有谬误。

但是,阿庇安的《罗马史》至今仍为学者研究古代罗马历史提供了重要的参考资料,从中我们可以了解许多古代世界的事情;他在西方古典史学上的业绩,应当引起我们的足够重视。

---

① 《马克思恩格斯全集》第30卷,第159页。

五、西方古典史学的传统

从公元前 5 世纪"史学之父"希罗多德问世,至公元 5 世纪古典世界的倾覆,西方古典史学经历了一千多年的发展进程。在这一千多年的发展历程中,它逐渐形成了自己的优良传统,概言之,这种传统可以列举如下。

1. 求真探索精神

立意求真,竭诚探索,试图揭示历史现象之间的内在联系与发展规律,这也许是西方古典史学传统的核心。希罗多德的《历史》虽不无舛误,但他的求真与批判的精神还是超越了他的时代。修昔底德更被后世史家视为一个"求真的人",在此我们不妨再次引证一段不知被多少学者引用过的著名论断:"不要偶然听到一个故事就写下来,甚至也不单凭我自己的一般印象作为根据;我所描述的事件,不是我亲自看见的,就是我从那些亲自看见这些事情的人那里听到后,经过我仔细考核过了的。就是这样,真理还是不容易发现的:不同的目击者对于同一个事件,有不同的说法,由于他们或者偏袒这一边,或者偏袒那一边,或者由于记忆的不完全。"这里,他在西方史学史上首先提出了史料批判的方法,唯其对史料采取这种严格的考证与辨伪的科学方法,并进而在历史表象后面寻求更为深刻的内在原因,使他的传世之作《伯罗奔尼撒战争史》成了我们今天所说的"信史",这全赖于他的求真精神。对此,波里比阿说得更形象,他把"真实"比喻为人之双目,说历史失去了它,岂不成了取悦读者的谎言,他认识到,对于一个历史学家来说,求真是最重要的,他必须抛弃一切个人的成见和党同伐异的情绪,从大量的史实中求得正确的与公正的结论。换言之,他们首创了史学。

前文已指出,古代东方诸国开始历史记录的时间要远早于古希腊。公元前 3000 年至前 2000 年,古代埃及和巴比伦等古老的东方奴隶制国家就出现过"年代纪"一类的历史记载,保留在《旧约全书》中的古代希伯来人的历史记录也较希腊人为早。但这些记载良莠不分而难辨真伪,只能说是一些"实录"。古希腊人则不然,他们虽步古代东方人之后,但在史学上却确立了一种理性的批判精神,亦即求真探索的精神。对于大多数的古希腊史家来说,他们并不以记录历史事件为满足,而是致力于探究历史事件之间的因果关系和历史表象后面的深层原因。不是吗?在古希腊语里,"历史"一词的含义就是通过考问、探究所获得的真知,而非真伪莫辨的"实录"。在他们那里,在治史的求真方法上都有"相当高度的自觉和自律,这当然是一种历史理性的表现"。然而,"在西方,历史之被真正地当作理性来思考,那是从意大利学者维柯所著的《新科学》开始的"①。不管怎样,古希腊历史学家这种在史学上求真探索的精神,不仅为古罗马史家及后世史家所继承,而且也为西方近现代史学奠定了坚实的基础。

2. 人文主义观念

西方文明的出发点是人,史学亦然。早在西方上古的一些神话传说中,就不乏先民对人的问题的最初思考,刻在古希腊德尔菲神庙石碑上的"认识你自己"这一箴言,就分明在昭示世人,古希腊人对人的自身地位及其重要性的认识。在公元前5世纪发生的希波战争中,古希腊的一些弹丸之邦结为一体,终于击败了波斯帝国的倾国之师,这就使人们觉察到拯救希腊的是人而非神,而这也正是希罗多德《历史》所要表述的主题。修昔底德更着意评价人在历史上所起的伟大作用,常常借他人之口称:人是第一重要的。罗马史学后期虽然受到了基督教的影响,但在圣奥古斯丁之前,基督教的神学史观还未确立,从李维到塔西佗,罗马史学所反映出来的不是神事,而是人事。正如柯林武德所指出的,希腊罗马史学作为一个整体,它的特征之一是人文主义的,"它是人类历史的叙述,是人的事迹、人的目的、人的成功与失败的历史"②。虽则中世纪时期的西方史学沦为神学的附庸,但走出中世纪之后的西方史学的"重新定向",实际上是古希腊罗马史学中的人文主义观念的"复兴",史学"又一次把人放在它的画面上的中心地位"③。可见,古典史学的人文(或人本)精神虽有中断,但在文艺复兴时代及以后却有着更大的发展。

3. 宽宏的历史眼光

在有代表性的西方古典史学家那里,这种宽宏的历史眼光有着很充分的反映,尤其在那些撰述"世界史"或"通史体例"的史学家中表现得更为突出。前已说及,如果我们不拘泥于"世界史"这个概念的现代含义的话,那么,希罗多德所写的《历史》事实上就是他那个时代希腊人所知的"世界史",一部古希腊人所闻知或探讨过的古代近20个国家和地区的"通志"。波里比阿写作《通史》更具有"世界主义"的眼光,他所记载的不只是罗马人的历史,也是他那个时代的"世界史"。在《通史》中,波里比阿试图寻求世界历史的有机联系以及历史变动的整体性,因而他被学界视为撰述世界性历史的创始者。波里比阿的宏观视野标志着这一时代西方古典史学的重大进展。此后,在西方古典史家中,继续尝试写世界史的还有波息多尼阿、狄奥多洛斯等人。李维的《建城以来史》写的是罗马自建

---

① 刘家和:《论历史理性在古代中国的发生》,《史学理论研究》2003年第2期。

②③ 柯林武德:《历史的观念》,何兆武、张文杰译,商务印书馆1997年版,第78、99页。

城以来至奥古斯都时代晚期的罗马兴衰史,堪称一部综合性的通史之作,他的历史视界是相当辽阔的。此外,即便是一些专史作家,由于受其题材所限,虽不及通史作者那样具有恢宏之势,但他们的历史视界也是颇为宽广的,如修昔底德的《伯罗奔尼撒战争史》是一部典型的专史,但作者却独具慧眼,把绵亘 27 年,中经议和间歇,又分散在几个相去遥远的地区爆发的战争视为一次首尾连贯的历史事件,这同样说明他具有敏锐的宽阔的历史眼光。由此可见,倘若写作专史的人,没有整体观念与宏观视野,也不可能成为一个卓越的历史学家。其后,大凡西方史家成功的史学实践也都证明了西方古典史学这一优良传统之可贵。

4. 注重历史对现实的借鉴作用

我们已引用希罗多德《历史》一书的开篇之言:"他之所以要把这些研究成果发表出来,是为了保存人类的功业,使之不致由于年深日久而被人们遗忘。"显然,在这里希罗多德看重的是历史学的社会功能。历来被西方史家誉为"客观主义者"的修昔底德,他之所以写战史,显然也完全是有为而发的。这部书既是历史,同时又正如吴于廑所指出的,它"隐然是关于雅典城邦安危兴废的政论"①。"隐然",指的是修昔底德所刻意营造的那种只有他才有的冷静史笔,这并不能掩盖他写作这部战史用来训诫后世的真实意图。这一点,波里比阿比他的前辈史家提得更为明确,他以为,历史是一门以事实为训的哲学,它不仅使人们从中获取广博的知识为满足,而且应当成为指导人们行动的指南。他对"求真"锲而不舍的追求,在于"实用",并笃信这是史家之天职。这种传统更是被后来的罗马史家继承与发扬,罗马史学始祖老伽图就深信历史的目的在于劝善惩恶。在撒路斯提乌斯、李维、塔西佗"罗马三大史家"那里更是如此。如李维,他之所以撰《建城以来史》,意在通过赞颂先辈创业之艰难,激励当代罗马人的爱国热忱,以找到未来行动的方向,他对历史的垂训作用的强调,着眼于整个罗马国家的存亡继绝,其立意与视野是较高的。而在塔西佗那里,似有一种把历史的垂训作用与道德教育作用相结合的趋向,他在其名著《编年史》中明确指出,"历史之最高职能就在于保存人们所建立的功业,并把后世的责难,悬为对奸言逆行的一种惩戒",确是意存劝诫而褒贬分明的。他的著作如前文所说,无不充溢着反对暴政与歌颂共和的主旨,以至其作品成为后世"惩罚暴君的鞭子"。

5. 重视史著的表述与史家的修养

希罗多德被西方称作"史学之父",其中一个重要方面是他不仅首创了日后成为西方史坛编纂历史的正宗体裁——叙述体,而且还具有卓越的编史才能,正是

---

① 吴于廑主编:《外国史学名著选》上册,商务印书馆 1986 年版,第 92 页。

他把历史的真实性与编纂的艺术性成功地结合起来,教会了西方人应当如何去编纂历史。他的《历史》,行文流畅可诵而有韵致,被誉为用散文写成的史诗。希罗多德不愧为"史学之父"这一桂冠。修昔底德则代表着另一种撰史风格,其特点是文笔冷峻,文字表述简洁凝练,遣词造句无不精益求精。由此看来,西方古典史家不仅在内容方面,而且在文字表述方面也形成了两种风格:希罗多德的丰赡华丽与修昔底德的严谨练达。我们以为,这两种撰史风格是互为补充的两种史家之长,不仅不互相对立,而且是并行不悖的。后起的罗马史家确也各有所崇,李维留有希罗多德的风格,文辞华美,描写逼真,以至英国诗人拜伦称"李维的历史著作像是生动的画卷";塔西佗步修昔底德之后尘,著史以文约事丰与言简意远而享誉后世。

这里,特别要提到卢奇安(Lucianus,一译琉善,约公元125—192年)对史学理论所作出的贡献。通常认为,西方古典史家对历史学自身(狭义的史学理论)思考不多,他们只是在自己的著作中偶尔涉及,缺少系统的论述。但时代发展到公元2世纪罗马统治时期的希腊作家卢奇安时,这方面的空白得到了弥补。卢奇安并不是一个严格意义上的历史学家或历史理论家,而更多地被视为一个哲学家和文学家,但在他多方面的著作中,由他撰写的《论撰史》却别具意义,在西方史论中应占有重要的一页。

卢奇安在《论撰史》①一文中提出:理想的历史学家必须具备两种才能,即政治眼光与表现才能。前者指的是历史学家对社会历史的器识,后者指的是史家撰史的文化素养。他认为历史学家应当是文章高手,既不任意渲染,夸大其事,又能恰如其分,生动地、准确地把自己要著述的内容表现出来;他倡导"襟怀坦诚""如实叙述",厌弃欺世媚俗与粗疏无据的文风,认为史家撰史只服从真理,而绝不屈服于神灵或显贵。这篇仅万字、采用书信体的文章,实际上对到他那个时代为止的西方古典史学,特别是对其优良传统作出了很好的概括。如果说众多的希腊罗马史家对史家的主体意识与自身修养还只是通过他们的史学作品不自觉地流露出来的话,那么卢奇安则首次从理论上对此以及史学的其他重要方面作出了思考,虽然这种思考还不能说是全面的和自觉的,但他的《论撰史》称得上是西方史学史上第一篇出色的史论,至今仍不失其理论的光彩。

六、西方史学传统的多重意义

历史学家的重要职责,不只是了解与梳理史学本身,更在于发掘与认识它的

---

① 卢奇安:《论撰史》,中译文见《缪灵珠美学译文集》,中国人民大学出版社1987年版,第192页以下。

现代价值与意义,我们研究西方古典史学的传统也应当这样。所以,我们需要让传统向现代转化,以寻求西方史学传统的现代价值,亦即它的多重意义。

研究西方史学传统,是为了深入了解与认识西方社会与历史。这就是说,研究历史Ⅱ(对历史学自身的认识),将有助于研究历史Ⅰ(对历史发展客观进程的认识),这在史学理论上是不言而喻的,无须多论。然而,时下历史学家研究西方社会与历史时,多致力于从社会历史的客观进程去探究它发展历程,这自然是必需的,但终究是不够全面的,或是不够深入的。就说西方史学传统吧,随着不断开掘与研究的深化,当会让人们触摸到西方社会与历史的深层,这如同年鉴学派第二代传人布罗代尔所描述的,在那里是大海的深处,沉默而无边无际的历史内部的背后,才是进步的本质,真正传统的本质。当然这与布罗代尔的"长时段理论"紧密相关,但传统与社会历史之关系,却是一清二楚的。进言之,西方史学作为西方文化的中枢,从史学的种种变化中,或可在很大程度上让我们观察到西方社会与历史所发生的深刻变革。

研究西方史学传统,是为了深入研究西方史学,特别是现当代西方史学。西方史学之创新,需要借助内外两种力量。所谓"外力",当然是指与非西方史学(比如中世纪时的阿拉伯史学、20世纪90年代以前的苏联版马克思主义史学等)的接触与影响;而"内力",则主要指的是对传统史学(比如西方古典史学或兰克史学等)的借鉴。历史是不能割断的,因此史学史的古今对接也就显得格外重要了。就以当代西方史学中颇为时兴的"新文化史热"来说,它在20世纪70年代勃发,并不是无源之水、无本之木,从社会文化史传统的赓继与变异的历时性视角,此种"热"不就与自希罗多德经伏尔泰至布克哈特、赫伊津哈等史家的文化史研究传统相牵连吗?倘割断了这种文脉与传统的相互衔接与联系,别说西方新文化史,就是其他,如现当代史学思潮的蕃衍、学术流派的纷出、史学理论的翻新等,也都变得不可理解了。

研究西方史学传统,是为了给它提供一个参照系,旨在深入开展中西史学的比较研究,即如黑格尔在《小逻辑》中所说的"异中之同"和"同中之异"。先说前者,比如中国史学的追求信史的传统与西方史学中的求真探究精神颇为吻合,这当然也是符合历史学的根本宗旨的。西方史学对"垂训"功能的强调与我国史学中"经世致用"的传统可合为一辙,是对史学功能的不同表述,其意蕴是一致的。顺便说一点,有论者认为中国古代史学与西方古典史学,都可归之一体,曰"鉴诫史学"。倘如是,这是中西史学的共同特色。

中西史学的不同,其重要因素是由于中西文明发展的不同路径,前者发展的连续性与后者的间断性,致使中西史学派生出各自不同的一些特点,于是就产生了令华夏史学引以为自豪的"二十四史",这在西方史学中是不曾出现过的。此外,西方史学中的"人文"(人本)传统浓厚,是基于西方历史理论中的"天人相分"

的观念,这与中国的"天人合一"的思想大异其趣,故西方史学的人文(人本)色彩,始终如一且相当强烈。总之,比较中西史学的"同中之异"和"异中之同",是一个值得深入探究的宏大课题。

研究西方史学传统,是为了现代社会的现实需要与人们的精神诉求。我们以为,西方古典史学传统中的"求真·人文·垂训",亦即求真的探究精神、以人为本的人文精神和以史为镜的鉴诫精神,其现代价值不可低估。这种久远的史学传统,经过历代史家的传承、演绎与发展,已日渐融合到西方社会的集体意识中,成为他们("西方人")一份不可多得的"精神遗产",倘若借用我国史家瞿林东之文题"中国史学:中华民族共有的精神家园",那么也不妨说,"西方史学"也是西方诸民族共有的精神家园。虽不能说西方史学传承下来的优良传统能迅即给世人指点迷津,但面对西方现代众生所弥散的"飘荡的心灵"(homeless mind,西方社会学家勃格用词),借助这种"精神遗产"的潜在力量,当有助于世人寻求心灵慰藉、抚平心灵创伤。

第三章 中世纪史学

这里界定的"中世纪",起自公元 5 世纪西罗马帝国的灭亡,迄至 14 世纪左右文艺复兴时代的来临。从总体看,在中世纪的欧洲,基督教的意识形态取得了支配地位,僧侣的蒙昧主义和禁欲主义禁锢着人们的思想。

在这将近一千年的基督教处于"万流归宗"的历史时期,基督教史学取代了古典史学,它昭示着西方史学又发生了一次新的变革。在此期间,基督教的神学史观统治着西方史坛,基督教的史学理论改造了古典史学,史学也为宗教意识形态的构建作出了贡献。

不过,在神学史观影响下,从纵向看,中世纪的西方史学相对于希腊罗马时期蓬勃发展的古典史学,则显得落后;从横向看,与同时期熠熠生辉的东方史学比较,也相形见绌。这时的西方史学,不在世俗的书院,而在僧侣的庙堂;所叙述的对象不在现实的人间,而在空缈的彼岸世界,人的地位与尊严不在于人的自身,而要到上帝那儿去寻找。

然而,古典史学的传统却通过拜占庭历史学家的努力,得以一脉相传,显示出比同时期的西欧史学更多的世俗性。

一、黑暗时代？

"中世纪"的概念，最早是由 15 世纪意大利人文主义历史学家比昂多提出的。他在《罗马帝国衰落之后的历史，472—1440 年》中认为，西罗马帝国的灭亡标志着古代史的结束，开启了另一个新的时期，即中世纪，它的历史绵亘千年。从此，"中世纪"一词沿用至今，并为后来西欧历史学家将人类历史划分为古代、中世纪、近代三个阶段起到了重要的启迪作用。

在中世纪的千年中，基督教思想是西方主流的意识形态，全面而深刻地左右着西方社会的历史进程。也因如此，西方近代的人文主义者与启蒙思想家们，常常将这千年时光贬称为"黑暗时代"，认为基督教在中世纪时代中压抑了人性，社会固化，毫无活力，文化落后，充满蒙昧。

西方中世纪社会是"黑暗时代"吗？此见不断地遭到了非议。从 19 世纪以来，西方学者们基于深入的研究，开始驳斥"黑暗时代"的定论。在他们看来，中世纪并非黯淡无光。西方社会历经千年曲折，在罗马帝国的断壁残垣上，建立起近代先进的各民族国家，随后向全世界扩张，这本身就是中世纪的辉煌成就。此外，中世纪还产生了现代西方引以为傲的两大创举，政治上的代议体制，学术上的大学体制。而中世纪的封建制度、行会制度以及城市商业体系等，都是适应时代需求的积极成果。中世纪诞生了修道院制度，编写了教会法规，许多规仪及思想均为现代天主教、新教等教派的基础；中世纪创造了许多佳作，《罗兰之歌》《神曲》等至今都在全世界享有盛誉；今日欧洲各地那些让游客们仰观赞叹的哥特式建筑，也系中世纪的遗存，如此等等。尤其在中

中世纪的史学

世纪的最后百年中，西方社会面临了前所未有的瘟疫、战争与经济衰退，但人们却在困境中迅速恢复，其蕴含的意志与能力，更是中世纪文明孕育的伟大成果[①]。

[①] 参阅蒂尔尼、佩因特：《西欧中世纪史》，袁传伟译，北京大学出版社 2011 年版，第 579、580 页。

至于本章所写的西方中世纪史学,虽由基督教思想所统摄,就纵横两方面而言,对照之下,不免落后,但绝非一无成就,有的还不乏创新与发展。对此,还需我们进行深入的研究①。

二、早期基督教史学②

公元1—5世纪,罗马帝国由盛而衰,终至倾覆。而耶稣开创的基督教,则由一个最初犹太人中的宗教小团体,凭借其教义上的魅力与组织上的凝聚力,不仅发展为罗马世界的主流宗教,更在罗马衰亡后,成为维系旧文化,开拓新文明的重要力量。在此期间,基督教史学也从无到有并渐趋成熟,且在日后统领西方史学达千年之久。

1. 基督教史学的兴起

早期基督教史学的兴起,有其深刻的历史思想背景。首先,传统的希腊—罗马古典史学遭遇困境;其次,犹太教思想提供了重大启迪。

公元前后,希腊—罗马古典史学中那种史家以"自我"见证历史"真实"、形成见解进而对历史做出"自我"阐释的思想路径,已成为史家们的信念与常识。但事实上,古典史家的自我见证并不足以确保历史真实。尤其他们依据个人经验来阐释历史进而教育受众的自我标榜,也越来越招致人们的猜疑与反对。一方面,史家们为了让人们确信其见证,就必须坚持作为历史叙事主体的"自我",有着尽可能的"在场";另一方面,史家们为了让人们信服其评判,又不得不确保作为历史阐释主体的"自我",有着尽可能的不"在场"。这对于能力有限的人类来说,本身就是不可能完成的任务。古典史学由是逐渐陷入了困境。而新兴的基督教史学,则摒弃了充满局限的人类"自我",为历史撰述引入了一位全知全能的"上帝"。

犹太教思想则直接为"上帝"在基督教史学中的出现,提供了理论与撰史实践上的重要启迪。

源于犹太教经典的《旧约》,对基督教史学思想影响很大。在此列举《旧约·但以理书》(成书于公元前2世纪上半期)第二章中的一段叙事稍作管窥。该故

---

① 可喜的是,近来我国学者已经有了一本中世纪史学史。参阅赵立行:《西方史学通史》第三卷《中世纪时期》(公元5世纪至14世纪),复旦大学出版社2011年版。
② 可参阅肖超:《早期基督教史学探析——西元1到4世纪初期》,台湾花木兰出版社2017年版。

事起因于一个奇幻的梦境:巴比伦国王尼布甲尼撒在梦中见到了一座巨大的雕像,它的头是金的,胸膛臂膀是银的,肚腹和腰是铜的,腿则是铁的,脚又是半铁半泥的。国王随后还看到一块巨大石块将这雕像砸得粉碎,石块则变幻成了一座大山,充满天下。犹太先知但以理在为国王解梦时,宣称他从上帝那里得到神谕,指明尼布甲尼撒就是那雕像的金头,在他之后还必然兴起三个分别以银、铜、铁(包括泥)为象征的帝国;至于巨石将雕像打得粉碎,则是预示神会最终消灭所有的俗世王国,建立起一个遍布全世界的永恒神国。此一宗教梦境阐释,为日后基督教史学思想提供了一个规模宏大、由四个帝国分阶段构成的政治历史发展框架①,并预言人类历史将有一个明确的终端——普世的神国。

犹太历史学家约瑟夫斯(Titus Flavius Josephus,37—100 年),主要写有《犹太战记》(*The Jewish War*)与《犹太古史》(*Jewish Antiquities*)两部史学作品,他进一步为日后基督教铺设了神意史观与普世历史思想的道路。一方面,约瑟夫斯在《犹太古史》总结出神意贯穿人类历史始终,那些遵从上帝意愿的人将会兴旺成功,反之将遭受无法挽回的灾厄的结论;另一方面,他长达20卷的巨著《犹太古史》,从上帝创世传说开始,一直叙事到公元94年前后。该书以犹太人在神意安排下的历史发展为主线,涵括了亚述、巴比伦、波斯、马其顿以及罗马等的史事,显露出普世历史(世界史)的雏形。尤其值得注意的是,《犹太古史》的第18卷到20卷,对日后基督教史学有着不可估量的价值。作为耶稣的同时代人,约瑟夫斯不仅记叙了耶稣的存在,还记载了施洗约翰、本丢·彼拉多等人的活动,也描述了耶稣的兄弟雅各之死,是公元1世纪时关于耶稣最丰富的史料。

彼拉多和耶稣

另一位对早期基督教史学至关重要的人物是犹太教思想家斐洛(Philo of Alexandria,公元前20—公元50年),他一生著作颇丰,在当时与后世享有极高的声誉。斐洛对于犹太教圣经(基督教《旧约》)的几乎所有内容,都以隐喻的方

---

① 参阅唐纳德·R.凯利:《多面的历史:从希罗多德到赫尔德的历史》,第140页。

法进行了阐释。比如斐洛在解释《旧约·利未记》第 19 章中"在白发的人面前,你要站起来,也要尊敬老人"这节经文时,就把经文的字面意思以"古老"为桥梁,通过隐喻的方式阐释为:人们可以从"历史学家和所有诗人"的记忆叙事中得到教益,这使得经文中本没有的另一种"隐喻意思"得以显现。在斐洛的隐喻解经理论中,犹太圣经显然具有两重意思:其一是"字面意思";其二则是"隐喻意思"。并且,隐喻意思还有着"显现出来的更高价值"。斐洛所大力发展的"隐喻解经法"日后成为基督徒传统的典籍理解方法之一,启迪了基督教史家借此去找寻各种历史文本背后潜藏的神意①。

由上不难看出,犹太教思想启迪了日后基督教史学很多重要的理念,比如人类历史由神意所主宰,历史的"分阶段",历史的"普世(世界)"性,人类历史终端将是永恒神国,上帝在历史中对人赏善罚恶,人们认识历史不能停留表面而要深入领会神意等。

2. 早期基督教史学的最初探索

公元 1—3 世纪,基督教于耶稣死后,秉承其传道万邦的理想,开始在保罗、彼得等使徒的带领下向异教世界传道扩张,历经几代人的努力逐渐势成燎原。但基督教的传播并非一帆风顺,异教徒对他们的指责与攻击也随之而来,罗马帝国当局更是自尼禄(Nero)时代起,就对基督徒屡屡迫害。面对日益复杂的环境,早期基督徒至少在三个方面探索着利用史学为信仰服务:首先,尝试以历史叙述的样式记叙耶稣、传道者及教会的事迹;其次,基于信仰对过往史学文本加以阐释与批判;最后,引征古代史家文献来证明基督教的合法性与真理性。

公元 1 世纪中后期,基督教内产生了许多为"传播福音"而写作的宗教文本,其中《路加福音》与《使徒行传》开始展现出初步的史学探索意识。

《路加福音》与《使徒行传》是同一本书的两部分(现代西方学界又称两书为"路加—行传",Luke-Acts,成书于公元 80—90 年间),作者是与早期基督教领袖保罗(Saint Paul,公元 5—67 年)一同传教的路加(Luke)。在叙事内容上,路加见证与记载了保罗向外邦人传道的旅程,还记述了他不曾亲历过的诸如耶稣、其他早期使徒(如彼得)的事迹,这些主要来源于他阅读的大量相关早期基督徒文本,以及许多"亲眼看见"过这些事迹的基督教传道者的口头传授。而当路加"定意要按着次序"来写作这些事件时,他还宣称他对这些文字资料与口头传授都进行了"从起头都详细考察"的考证。因此,虽然路加没有明言他在写作一部"历史",但其写作还是较符合传统历史撰述的样式。至于路加在写作中蕴含了传播新兴宗教的目的,则显示出当时基督教史学尝试的新特征。

---

① 参阅肖超:《略论"隐喻解经法"对早期基督教史学思想的建构》,《史学理论研究》2011 年第 2 期。

相比其他福音书,《路加福音》的叙事中表现出更为注重历史时序,并有意整理添加了相关罗马历史事件作为叙事背景的"历史"化叙事的特征。《使徒行传》更不仅为基督教史学保留了大量第一手历史资料,还带来了许多重要影响。比如路加详尽叙述了早期教会中"使徒"职位的权责与推选程序,这启发了日后基督教史学对于"使徒统绪"①的特殊重视。再比如《使徒行传》长篇叙述司提反(Stephen)的殉道事迹,开启了日后基督教史学对于"殉道者"的特别关注。同时,《使徒行传》中叙述了不少教会与异端邪派的斗争,也是日后基督教史学注重此类叙事的肇源。《使徒行传》中既有早期教会的内部礼仪、组织形式、经济分配以及各地教会建立等,也大量书写了早期教会在外邦人中的传道情况。这些都对日后教会史的书写有着关键作用,构成了早期基督教史学发展中的重要一环。

另外,在《新约》四福音书(包括《路加福音》)中,耶稣(四福音叙事中的"耶稣")对人类历史将结束于"最终审判"的宗教宣讲,也初步引导日后基督徒能将历史理解为一个有明确终点的进程。

作为早期基督教史学的先驱,提阿菲罗斯(Theophilus of Antioch,卒于183—185年间)的生平人们目前所知甚少。攸西比乌斯曾记载他是安提阿(Antioch)教会中的第六任主教。提阿菲罗斯与史学有关的作品,主要是一部分为三卷的书,该书是写给其好友奥托莱库斯的,故后世将该书称为《致奥托莱库斯》(To Autolycus)。

早期基督教兴起于社会下层民众之间,对历史学甚少关注。而提阿菲罗斯对早期基督教史学的贡献在于,他利用其渊博的学识,对大量古典史学文本进行批判性解读,创新性地建构起一整套历史文本阐释理论②,将古典史学对"真实"的强调,转换为基督教史学对"真理"的阐明,以此规劝异教知识阶层接受基督教信仰。比如在《致奥托莱库斯》中,提阿菲罗斯对古典史学叙事就进行了"是何所是"与"是何意是"的区分。针对古典史家希罗多德记载食人宴席的做法,提阿菲罗斯认为这虽然是陈述一件事实"所是",但实际是希罗多德含有向世人灌输、教唆食人行为的"意是"。他指责这些记载食人事件的史家散布歪理邪说,让世界充满了邪恶。由此,古典史学的叙事"真实",就被以一种推测、解释作者写作用意的方式,统摄到基督教信仰"真理"下加以批判。

在批判诸多古典史家的著述之后,提阿菲罗斯在作品的第三卷中,就根据基督教"真理"来自己动笔撰述历史,这促使他在基督教史学领域中完成了一件创举——他依照《旧约》,并参照部分异教人士的历史记载,较早(甚至是首次)完整

---

① "使徒统绪"是教会术语,一般指基督教教会的神职(主要是主教以上)人员,基于教会特定的基督信仰,依照教义解释如"圣灵""恩赐"等,或者教会特定礼仪程序如推选、按立等,来追溯到最初的基督教"十二使徒"直至耶稣基督的传承关系。

② 参阅肖超:《提阿菲罗斯在〈致奥托莱库斯〉中的史学阐释理论体系》,《世界宗教研究》2012年第4期。

地为早期基督教编撰出一部从上帝创造世界直到罗马皇帝马可·奥勒留（Marcus Aurelius）驾崩，"累积共计5 695年左右"①的编年史框架。

不同于前述提阿菲罗斯利用历史文本为传教服务，德尔图良（Tertullian，约155—225年）则更侧重于引征史家文献来为基督教辩护。关于德尔图良的生平，现代学界争议较大，但他无疑接受过优良的教育，有着古典学造诣，精通拉丁语且学识渊博，他写作了大量神学作品，是早期基督教历史上相当重要的思想家。在德尔图良所生活的时代里，正是罗马异教世界对基督徒迫害激烈之时。

德尔图良的《护教篇》，是一篇为基督教进行辩护的文书。在德尔图良看来，当时罗马对基督徒的迫害，主要在于指控基督徒违反了先辈的传统习惯，于是他有意识地使用"历史"这一门与传统习惯紧密联系的学问，来为基督教辩护。他在行文中广泛引征了各民族的古代史家的著作与文献，除了著名的希罗多德之外，还有忒息亚斯（Ctesias）、曼内托（Manetho）、约瑟夫斯、迪奥多鲁斯（Diodorus）、赛维鲁斯（Cassius Severus）、内波斯（Cornelius Nepos）、伽图（Cato）、塔西佗等。他进而阐明，基督教是有最古老著作作证的宗教，无论就其先知还是就其经典《圣经》而言，基督教皆因其更古老，而更真实，更值得信仰。并且德尔图良还展开了对以往史家著述的具体考证。比如在关于异教世界认为基督徒崇拜"驴头"的问题上，德尔图良就追本溯源地指出，正是塔西佗首先把这个观念塞到人们的头脑中，然后他又找出了塔西佗关于这一讹传的自相矛盾之处，有力地揭示出大众在该问题上对基督教信仰的误解。当然，德尔图良也宣称，虽然"历史"有着极高权威，但《圣经》作为神的"启示"，要远远优越于它。这种对于神性启示文本优于人性历史叙事的判断与强调，为之后基督教历史写作，既提供了坚实而富有创造力的理论基础，也戴上了沉重并难以摆脱的理论桎梏。

3. 基督教教会史学范型的确立

公元313年，君士坦丁与李锡尼（Licinius I）在米兰共同通过了著名的"米兰赦令"（Edict of Milan），结束了罗马帝国长期以来对基督徒的迫害，基督教由此翻开了全新的一页。而基督教史学也在此前后确立了教会史学这一全新范型，其首创者正是深受君士坦丁赏识的凯撒利亚主教攸西比乌斯。

在此首先介绍朱利乌斯·阿夫里卡努斯（Julius Africanus，约160—240年），因为他对日后攸西比乌斯的史学撰述深有影响。作为一位较早撰写基督教编年史的史学家，阿夫里卡努斯的生平不详，存世的著作也不多。他在基督教史学上的重要贡献在于他撰写的《编年史》，这是一本共5卷的普世历史作品，记述了自创世记传说直到公元221年的历史。引人注目的是，他在该书中计算了耶

---

① 提阿菲罗斯：《致奥托莱库斯》，罗伯特·M.格兰特译，牛津大学出版社1970年英文版，第145页。

稣降生的时间,即在创世之后的 5 501 年。这本《编年史》并未完整地传诸后世。主要有赖于攸西比乌斯在其《编年史》中对该书的大量节选摘录,人们今日才得以阅读到该书的部分残篇。阿夫里卡努斯作品的内容并无太多原创,其突破在于他尊崇基督教信仰的史学编年形式。他以普世历史的视域,将诸如希腊、罗马、犹太等史家的编年史事,摘选并吸纳到《圣经》的叙事时间轨道之中,尤其凸显了基督教创始人耶稣"道成肉身"在历史中的关键地位。这极大地启迪并部分构成了日后教会史之父攸西比乌斯的通史写作,同时影响了后世几乎所有基督教史家的撰史时序。

攸西比乌斯(Eusebius of Caesarea,260/265—339 年)又被称呼为"凯撒利亚的攸西比乌斯",他在 315 年担任凯撒利亚城的主教并任职多年。在第一次尼西亚大公会议期间(325 年),曾担任君士坦丁大帝的神学顾问。攸西比乌斯一生著述颇丰,较重要的历史作品是《编年史》(Chronicle)和《教会史》(Church History)。他的著作中保留了许多日后失传的珍贵文献与资料。其《编年史》仿效并续编了之前朱利乌斯·阿夫里卡努斯的作品,全书分两部分。攸西比乌斯采用简述及列表的形式,以《圣经》叙事为核心主线,记述了自创世以来包括希伯来、希腊、亚述、埃及、罗马等在内的普世历史。他将希伯来历史作为各民族历史的源头,并将教会人物及事件放在与帝王事迹同等重要的地位予以陈述;还发展出了从基督降生开始计算年代的做法。这些均对日后史学有着很大影响。

攸西比乌斯

攸西比乌斯被近现代史学界公认为"教会史之父",其《教会史》乃是基督教史学上的一项伟大创举①。该书目前通行的版本共 10 卷,以编年方式叙述了自耶稣以来,直到攸西比乌斯自己时代的教会发展史。全书有两个主要线索,其一是外界对教会的迫害与教会的反迫害,攸西比乌斯还叙述了各种难以置信的神迹异事,来显明耶稣对信徒的帮助;其二则是教会内部的异端与反异端,《教会史》中对使徒统绪与《圣经》正典的发展都有详尽梳理,影响深远。《教会史》标志着西方史学上一种新范型——基督教教会史学的确立。首先,作者不再如古典史家那样强调其个人"自我"的身份,而是将自己宣称为上帝引导的神意代言人;其次,《教会史》记载的是诸如基督教教会发展、教内杰出人物以及教会与异端异

---

① 参阅柯林武德:《历史的观念》,第 89—93 页。

教的斗争、使徒统绪、教义真伪、殉道事迹、迫害教会者的悲惨下场等,这些都为之前古典史学所未有;最后亦是最重要的,教会史的写作目的发生了关键性的转变。攸西比乌斯坦言他写作的出发点是显示神恩,记录下那些能够证明神的审判的内容,从而彻底告别了古典史学"探询"现实人类历史的写作意愿,转变为搜集史事,"证明"神意在历史中的显现。《教会史》在日后引起众多史家仿效,成为基督教史学中的一种主流写作模式。有学者认为,从历史学实践的角度来看,攸西比乌斯的影响都超出了日后的奥古斯丁[①]。

当然,对《教会史》乃至教会史学新范型的评判,无疑是很复杂的。而攸西比乌斯的《君士坦丁大帝传》(*Life of Constantine*)则完全是一部立场偏颇的颂歌,写作这样的作品,不能不说是这位卓越史家的一个遗憾。

4. 基督教史学的趋于成熟

公元 4—5 世纪,罗马世界颓然倾塌,新兴的蛮族力量则在致力于征服劫掠,此时的基督教面对战火浩劫,承担起维持旧文化、建构新文明的重任。基督教史学在此期间也趋于成熟,并为日后中世纪构架起总体的历史观念与身份认同。

奥古斯丁(Augustine of Hippo, 354—430 年)是西方历史上极重要的思想家,对后世神学、哲学、政治诸方面都影响甚巨。他的历史观念,对日后史学也具有至关重要的意义。他出生于北非的塔加斯特城(Thagaste,今阿尔及利亚境内),幼年在母亲带引下加入过基督教,但在 19 岁于修辞学校读书时,他又转信了摩尼教。后来受米兰主教安布罗斯(Ambrose)的影响,奥古斯丁放弃摩尼教,并于 387 年正式受洗加入基督教。他于 395 年出任北非希波城的主教。奥古斯丁一生涉猎广泛、著述良多。其中最著名的有《忏悔录》《论三位一体》《上帝之城》《论自由意志》等。尽管他未曾写过专门的史学作品,但在他广博的作品中却蕴含了许多深邃的历史观念,积厚而流广。

奥古斯丁

[①] 参阅刘林海:《"教会史之父"尤西比乌的历史思想初探》,《史学史研究》2008 年第 2 期。

在奥古斯丁所处的时代中，强盛的罗马帝国已然衰颓不堪，虽然基督教已成为帝国的主流宗教，但很多异教徒仍将罗马的衰败归罪于基督教。也正是为了反驳异教的攻讦，奥古斯丁撰写了传世名作《上帝之城》①。在他的阐发下，世间存有两座城市，一是"世俗之城"，充斥了罪恶与黑暗；另一是"上帝之城"，代表了善良与光明。这两座城市混杂在一起，只在最终审判时分开，凡人并无法区别。但最终上帝之城将战胜世俗之城，将历史带入永恒的天国。而教会由神所创立，带领信徒在尘世中实现天国，是天国在尘世中的象征。由此他阐明罗马的败落只是上帝的安排，与基督徒毫不相干，因为现实世界中并不存在永恒的人类帝国。奥古斯丁"两座城市"的理论相当复杂，解释也是多层次的。但后世基督教史家至少在三个层面上基于该理论而取得重大发展。首先，历史被区分为"世俗"与"神圣"，这常常表现为政治事件与宗教事迹的并列对观；其次，教会及教皇被解释为尘世的领导者，凌驾于国家与君权之上，这在中世纪政教斗争的历史书写中展现尤多；最为重要的是，在一个更深的层面上，因为基督徒是未来天国的预定居民，所以后世史家得以自信地将"基督徒"构建为一个民族/国家性质的群体，使整个西方基督教世界在罗马败亡后，仍有统一的历史身份认同，并能在中世纪时期党同伐异地书写普世（世界）历史。

此外，奥古斯丁还曾对历史时期做过几种具体划分，进一步明确了基督教史学的线性分期框架，且由于历史终点是美好的永恒天国，更使这一框架能被理解为总体上趋于进步。总而言之，奥古斯丁一生著述丰赡、文笔优美、哲理深邃，使得他成为基督教早期思想的集大成者。在史学上，很多观念并非他首次提出，但都被他推向完备与成熟，比如历史由神主宰安排的神意史观、普世历史观念等。后世史家总能在他那巨大的思想宝库中，找到令自己满意的理论武器。而他一生中历经放荡、歧途、迷茫而终于醒悟、忏悔的曲折经历，他身体力行以渊博著作教益后世的行为，以及被尊为圣徒、封为博士的身后荣光，都为日后史家树立了一个典范：既然天国尚未来临，那就在尘世间沿着榜样的路径为天国书写。

尽管奥古斯丁未曾写作具体的历史著述，但其学生在他授意下，写作了一部规模宏大并在中世纪蔚为风行的历史著作。

该学生名为奥罗修斯（Paulus Orosius, 375—418年后），出生于布拉卡拉城（Bracara Augusta，今葡萄牙布拉加市）的一个中上阶层的家庭，自幼接受了良好的教育。414年（一说410年），他离开布拉卡拉前往北非的希波城，在那里结识了奥古斯丁，并成为后者的密友兼学生。415年，奥古斯丁委派他前往巴勒斯坦的伯利恒拜见另一位基督教思想家哲罗姆（Jerome），在那里他参加了反对佩

---

① 参阅奥古斯丁：《上帝之城》，王晓朝译，人民出版社2006年版。

奥罗修斯的著作

拉纠异端(Pelagian heresy)的斗争。416年，奥罗修斯返回到奥古斯丁处，再之后关于他的生平后世就所知甚少了。

奥罗修斯唯一的历史著述是《反异教史七卷》(Seven Books of History Against the Pagans)，该书系应奥古斯丁要求所写，共7卷。全书是一部自大洪水时代直到公元417年的普世历史著述，目的在于反驳异教徒将罗马衰败归罪于基督教的指责，从而大量叙述了异教世界在皈依基督教之前所经历的灾祸，试图以此说明罗马当时的灾难遭遇与信仰基督教无关。叙事上主要是编辑摘录前人作品，不过奥罗修斯在书中提出了人类历史经历巴比伦、马其顿、迦太基和罗马四个主要帝国的看法，这被日后的中世纪史学家广泛接受。这部著作在中世纪相当流行，有近200种抄本传世。奥罗修斯可以说是第一位写作世俗普世历史的教会人士，其撰史框架与方法都对后世基督教史家有着示范作用。但他为了宗教目的，在叙事上刻意凸显异教世界之前的天灾人祸，常常行文夸张甚至不惜杜撰，这对日后有着较大的负面影响。

三、蛮族兴起与统治期间的史学

主要发生于公元5—6世纪间的蛮族兴起与罗马衰亡，经常被近现代史家阐释为西方古典时代的终止。而公元476年，日耳曼军事领导者奥多亚克(Odoacer)强迫西罗马皇帝罗慕路斯·奥古斯图卢斯退位的事件，则又被惯常作为一个新时代——"中世纪"的具体开端。由是，强大的罗马帝国不复再现，仅余东罗马(拜占庭)在东部残存，蛮族群体成为新时代的主角。

1. 蛮族初兴时期的历史撰述

蛮族，这一约定俗成的称呼，在此主要指称当时的日耳曼人。公元4世纪，日耳曼人已经分化为东、西两大群体。西日耳曼人以法兰克人、萨克森人、苏维人、阿莱曼尼人为主;东日耳曼人则以哥特人、汪达尔人、伦巴第人为基础。相较于同时代成熟文雅的罗马文化,日耳曼人的确显得原始野蛮。但他们在军事上的好战勇武,最终使其成为罗马帝国的掘墓者。毋庸讳言,日耳曼人对罗马帝国的摧毁是灾难性的,诸多古典学术皆毁于兵燹。然而古典时代向中世纪的转变,并不应简单化地理解为野蛮废黜了文明。毕竟,不同于政治军事上的兴衰骤变,文化转型乃是一个长期与复杂的历史过程。蛮族群体与罗马文化之间,并非仅有断裂与对斥,也有着延续与融合。尤其在这以征伐劫掠为主基调的大时代变局中,基督教士在很大程度上承担了维系旧学、开启新知的使命。于是,罗马文化、蛮族群体、基督宗教这三个主要的历史因素,便在此新旧更迭中,共同塑造了日后延续千年的西方中世纪文化。

在这历经浩劫、百废待兴的岁月中,西方史学经历了一段旧有消逝、新有缓成的漫长过程。而此时期的史家群体,主要来源于基督教士。一则原先的罗马世俗史家已随帝国消亡而渐趋泯灭;二则新兴的蛮族人群才刚告别原始社会,还粗鄙少文;但最重要的是,基于传教理想与职责,基督教士们自身既对罗马文化有着长期的浸淫,更对教化蛮夷有着天然的需要。于是,一些教士们就以历史著述为途径,对蛮族这一西方新主人的兴起与统治加以叙事及阐释;当然一如既往地,教士们也不忘在作品中建构神意是如何主宰了这尘世中剧变的一切的。因而一种新的史学史现象便随之出现,也即以蛮族及其事迹为主要写作内容的"蛮族史学",其历时自5世纪至8世纪,起始于5—6世纪间的罗马衰亡及蛮族初兴,终止于9世纪前后标志中世纪文化基本成型的"加洛林文艺复兴"时期。

追根溯源,在罗马与蛮族初相接触时,罗马史家就已对这个逐水草而居的游牧民族有过描述。早在公元前50年,尤里乌斯·恺撒出征莱茵河西部地区时与蛮族遭遇,就在《高卢战记》中对他们进行了书面描写。罗马史家塔西佗则在公元1世纪末,专门以西日耳曼人为对象,写作了《日耳曼尼亚志》,详细记述了西日耳曼人的种族特征及政治、军事、文化与生活状况,包括他们所信仰的古老的条顿宗教。时至今日,条顿宗教中的天空和战争之神(Tiu)、文艺和智慧之神(Wodan)以及雷神(Thor),依旧在英语中的星期二(Tuesday)、星期三(Wednesday)、星期四(Thursday)中有着历史存留。至公元500年,原有西罗马帝国的领土已经全部为蛮族占领。但这段蛮族"征服"西罗马的历史,同时代中并没有哪位史家专以蛮族为主角加以撰述。人们只能从某些罗马史家的作品,诸如阿米亚努斯(Ammianus Marcellinus,约330—约395年)的史著,或者一些年代记与编年史作品中,获知关于他们的些许资讯。

2. 蛮族统治期间的重要史家

到6世纪,伴随蛮族诸王国在西方统治的建立,史家们开始真正以蛮族为主要对象来撰述其历史事迹。

(1) 卡西奥德鲁斯、约丹尼斯与哥特人历史

卡西奥德鲁斯(Cassiodorus，485—585年)是一位罗马贵族，他曾在东哥特国王提奥多里克的政府中攀至高位。他年轻时就对学术感兴趣，有志于为基督教徒提供古典学术教育。提奥多里克死后，卡西奥德鲁斯退隐于意大利南端的维瓦利姆(Vivarium)修道院中，以学术研究为宗教传播服务，尤为注重对古代典籍特别是基督教作品的收集与保全。因此，他也被认为是古典学术向中世纪文化过渡中的关键性人物。卡西奥德鲁斯在其长寿而有为的一生中，曾撰写过几部历史作品，其中最有价值的乃是他出版于公元526—533年间的12卷本的《哥特人史》(Gothic History)，这部蛮族史学的导源作品，也是目前所知的第一部哥特人历史，并没有完整地流传下来。人们今天只能从6世纪史家约丹尼斯(Jordanes)的著作《哥特人的起源和事迹》(The Origins and Deeds of Goths)[①]中，得以窥见这部失传之作的些许遗珠。

约丹尼斯在《哥特人的起源和事迹》的前言中，曾明言其写作乃是受朋友之命，用一本小书来浓缩卡西奥德鲁斯的多卷本《哥特人史》，并自谦地坦承他"气息轻微，无法像卡西奥德鲁斯那样吹响巨大的号角"。由此不难看出，卡西奥德鲁斯的作品在时人心中已相当重要；但其较长的篇幅，却令世人明知其价值也宁愿去选择一本节略本，这也反映出当时知识界于此新旧过渡间的悲凉与待兴。

至于约丹尼斯写于6世纪中叶的《哥特人的起源和事迹》，这一目前所留存最早甚至是唯一讲述哥特人早期历史的著作，主要分为四个部分：第一部分概述地理等情况；第二部分是关于哥特人整体起源，以及后来分离为东、西哥特的描述；第三、四部分则分别讲述西哥特人与东哥特人。在约丹尼斯的作品中，不乏对哥特人的溢美之词，尤其在哥特人与罗马等外族的互动中，很明显有站在蛮族立场上书写历史的特征。作为一名基督教徒，约丹尼斯的史著中没有太多的神迹与说教，但他努力以神意所归来解释蛮族的兴起与统治。比如他在撰述西哥特人与东罗马军队的战争时，就将罗马大败特别是东罗马皇帝瓦伦斯被烧死的结果，解释为上帝的直接惩罚。尽管上述两位史家在其他方面还缺少创新，甚至约丹尼斯的作品在近现代学者眼中还颇为"粗糙、无知"[②]，可正是卡西奥德鲁斯、约丹尼斯的哥特人历史书写，使得过去隐没于黑暗中的蛮族群体，终于以主角身份登上西方历史记叙的舞台。他们当之无愧地成为"蛮族史学"这一新样式的开创者。

---

① 参阅约达尼斯：《哥特史》，罗三洋译，商务印书馆2012年版。
② 汤普森《历史著作史》上卷，第1分册，第249页。

(2) 伊西多尔:承上启下的智者

塞维利亚的伊西多尔(Isidore of Seville,560—636 年),是一位古典向中世纪过渡中承上启下的智者。他出生于西班牙卡塔尼亚(Cartagena)的一个贵族家庭,自幼在塞维利亚的教堂学校接受良好的神学与古典教育,掌握拉丁语、希腊语与希伯来语。其兄林德是塞尔维亚的大主教,也是他的授业恩师。公元600 年前后,林德离世,伊西多尔继任了其兄长的教职,随后担任塞维利亚教区的大主教长达 35 年以上。在伊西多尔的时代中,西方已全部为蛮族所统治,其中西班牙由哥特人掌控;但正统基督教还在与异端教派做斗争;古典文化正急剧衰落而新兴文化尚未成型。伊西多尔为基督教正统的扩张立下了汗马功劳,在教育尤其是神学教育事业上居功至伟,泽被后人。

作为当时代中知识最为广博之人,伊西多尔为人熟知并重视的,主要是他写作的《词源学》(Etymologies)。这是一部百科全书式样的著作,全书篇幅有 20 卷之多,几乎囊括了当时的所有知识,大量的古典文献片段在其中得以留存。在整个中世纪中,该书乃是最常用的教科书,其影响力仅次于《圣经》。在《词源学》中,伊西多尔曾指出:历史就是对最近所发生的事件进行完整而艺术的描述;编年史则须沿袭攸西比乌斯和哲罗姆的日期编排与样式,对往日事件进行简要记叙;年代记、月记、日记则分别是依照年、月、日来逐次地对往昔事件加以叙述。由此可见,伊西多尔已经对史学样式有着自己的分类。他的历史著述主要有两部,其一名为《编年史》(Chronicon),是按照攸西比

伊西多尔

乌斯等教会前辈所奠定的基督教线性时间次序,对自创世记直到公元 654 年哥特国王西昔布特时期的诸多历史事件,加以记录简述的"编年史"。其二则是《哥特人、汪达尔人和苏维汇国王的历史》(History of the Kings of the Goths, Vandals and Suevi),讲述了自 265 年到 624 年哥特人的历史。与《编年史》相类似,《哥特人、汪达尔人和苏维汇国王的历史》大部分也只是前人史著的摘编,基本只有 590 年到 624 年西班牙的历史事件才是伊西多尔自己所创作的。应该承认,伊西多尔在史学上缺少独创与深度,但在一个斯文凋落的大时代中,保全性与普及性的历史书写,更符合时代的需求。而他试图将神圣与世俗历史整合为单一总体的撰史意识,以及字里行间对"母亲西班牙"的族群热爱,仍予后世以重要影响。将以往浩劫归因于莫测神意,把未来前景寄望于自我族群,是这位当

时代最有学识的智者,在面对劫余后那些断简残篇时的另一种深刻关怀。

(3) 格雷戈里与《法兰克人史》

图尔的格雷戈里(Gregory of Tours,538—594年),也是古典向中世纪过渡期中的典型知识分子。格雷戈里出生于高卢中部一个高卢—罗马人的上层家庭,家族的基督教背景相当浓厚。他自小就接受了良好的教会教育,并在538年出任图尔教区的主教。他一生著述颇丰,写作了大量为基督教服务的作品,诸如《圣徒列传》《忏悔者的荣耀》《殉道者的荣耀》《圣马丁传》等。而真正使格雷戈里成为一位优秀的蛮族历史学家,甚至是"第一位中世纪历史学家""法国史之父"的,还是要归功于他所撰写的10卷本巨著《法兰克人史》(History of the Franks)①。

格雷戈里

正如格雷戈里自己在《法兰克人史》序言中所喟叹的:"学问的研究已经离开我们而消逝,在我们各族人中间也找不出一个能够把当代的事件写成一本书的人了。"那么,为当时撰写一部优秀的史著,就是他重要的撰史动因。因此这位主教没有过多着墨于远古,只是简单地因袭前辈教会史家的编年史,以第1卷的短小篇幅,就浓缩了自创世记直至圣马丁逝世的5000多年历史。而自397年到591年的不到200年的历史,格雷戈里则以余下9卷的篇幅浓墨重彩地书写。其中,第2卷主要讲述法兰克帝国创始者克洛维,第3卷则延续到了提奥德贝尔特时期(548年),故而第4卷到第10卷,就是格雷戈里在记叙自己时代的事件。该书又集中地以法兰克族群为中心,为后世描绘了相当难得的墨洛温王朝的形成历史。因而如其所愿地,格雷戈里为所置身的时代与族群提供了一部弥足珍贵并流传久远的当代史。

在《法兰克人史》中,格雷戈里曾自谦其言辞不加修饰,但他善于刻画人物,有着高超的讲述故事的技巧。得益于常年与墨洛温王朝重要人物与事件的接触,他生动地撰述出一部法兰克族群的王朝历史。只不过他通俗化的激情讲述,也使作品中充斥着阴谋、暴力与杀戮。而格雷戈里致力于世俗王朝史的记叙,终究是服务于基督教信仰的。在《法兰克人史》中,这位图尔主教不仅开篇就表明其正统的基督教信仰,而且将基督教与异教及异端的斗争贯穿始终,并将许多重大历史事件的转折归因于神意,至于各种匪夷所思的奇迹,也在其叙事中屡屡得见。尤其格雷戈里着意强调皈依正统基督教之后的法兰克蛮族群体,与那些异教及

---

① 参阅格雷戈里:《法兰克人史》,寿纪瑜、戚国淦译,商务印书馆1981年版。

异端分子之间的善恶两分,以及最终由神意来惩恶扬善的世俗命运。应当说,格雷戈里不仅以神意来为蛮族的兴起加持,更为皈依后的蛮族群体构建出新的身份认同——"基督徒",从而在历史书写中为蛮族提供了一条由野蛮人向"基督徒"转化的新路径。

(4) 比德及其《英吉利教会史》

与前几位史家相异,比德(Bede, 672/673—735 年)并没有将蛮族群体作为其撰史的主要内容。在其传世名作《英吉利教会史》(*Ecclesiastical History of the English People*)①中,比德叙述的主要是基督教传入英吉利的历程。他同样是一位虔诚的基督教徒,据其自述来推测,他应出生于英国芒克威尔茅斯与贾罗这两个结对修道院(位于今英国英格兰东北部)的土地上,且家境殷实。比德自幼接受教会教育,19 岁时被任命为执事,30 岁时成为神父。他一生撰写了大量的宗教作品,以及一些其他方面的读物,尽管大多原创性不高,还是为世人传承了许多珍贵的知识。真正代表其学养,并为他赢得崇高声誉的,则是《英吉利教会史》。

《英吉利教会史》共 5 卷,首卷以部分篇幅概述了不列颠及爱尔兰的地理与古代居民,自公元前 55 年以来罗马对不列颠的入侵,及之后罗马、不列颠的基督教简况与帝国晚期不列颠人的遭遇。全书其余的大部分内容,则从 597 年教皇格雷戈里派遣奥古斯丁传教团体向英格兰传教开始,讲述基督教在英吉利的传教历史,其叙事一直延续到比德自己的时代。作为一位书斋型的学者,比德的著作中很多是对前人资料的收集与整合,但他的编选较为审慎并富有技巧。即便对那些神迹奇事,他也尽量挑选在当时代较为权威的事例,以便不违背教义。他的撰史态度也相对客观,并非一味吹捧基督教会,而是对于教会丑恶也秉笔直书。而且,比德此书不仅保存了大量珍贵的宗教文献与实录,也为后世提供了不少政治、经济、军事、文化等方面的史料。他对历史纪年与日期的重视,以及对"公元前"概念的推算,都影响后世深远。

比德因其信仰、学识与品格,被后人尊称为"尊者比德"(Venerable Bede)。他在史学上的成就,长期以来也被后世给予了很高的评价,甚至被誉为"英国史学之父"。但在比德的历史叙述中,他非常强调材料应该服务于宗教目的。许多无从考证的史料,往往被他加以采信,这也导致他对史料的真实性不够注重。

---

① 参阅比德:《英吉利教会史》,陈维振、周清民译,商务印书馆 1996 年版。

四、加洛林文艺复兴时期史学及随后的民族化趋势

查理大帝

公元 800 年 12 月 25 日,法兰克国王查理曼(Charlemagne,742—814 年)被加冕为罗马皇帝。该事件对于西方历史有着关键的象征意义。它标志着一个统一的西欧基督教文明的确立,区别于东方的拜占庭文明与南方的伊斯兰文明。查理曼历经多年征伐,终将西欧大部分地区归于其治下。而且他不仅崇尚军功,也注重文治,加之当时教会各修道团体热衷学术,使得西欧在 9 世纪前后出现了"加洛林文艺复兴"的文化繁荣局面。但查理曼离世后不久,帝国逐渐分离瓦解。西欧遂进入了诸多王朝割据混战的乱局。另外,在 8—11 世纪期间,西欧长期承受着外部势力的攻击,主要有维京人、马扎尔人以及穆斯林群体。他们对西欧的大规模入侵极具破坏性,劫掠城镇,烧毁修道院,屠戮居民。初兴的西欧文明,就在这内忧外患中,艰难并缓慢地生存与成长起来。

1. 加洛林文艺复兴时期的历史学

历史学的发展,也在这繁荣与危机并存的时局中显得格外错综复杂。总体来讲,原有的蛮族群体完成了由"野蛮人"向"基督徒"的转化。加洛林文艺复兴也完成了对罗马古典文化的整合,催生出新的中世纪文化。因此,8—11 世纪的历史学,较之蛮族史学时代在数量与质量上皆有所提高。但也不宜过高评价,毕竟史家们守旧远多于创新。不过,从加洛林王朝向大一统帝国的迈进,到帝国分裂后的诸王朝分立纷争,以及始终伴随的外部势力入侵,使得此时期的史学,在旧有的传记、编年史、年代记等形式中,开始展现出一种基于领土与政治来构建"民族"身份认同的新趋势。

查理曼统治期间,采取了许多措施来提高国民的整体文化水平。他要求在全国开办学校,并招揽许多知名学者到其宫廷中,予以厚待,还建立图书馆,广泛搜集各种典籍。其本人也以身作则,努力学习并要求儿女们接受艺文诸科的教授。并且,历经之前的积累,当时的基督教学者们普遍已能够读写拉丁文,研究古典著作。遍布全国的各修道院群体间也互通有无,合力治学,形成了初步的学术共同体。上述 9 世纪前后的文化繁荣景象,常被誉为"加洛林文艺复兴"

(Carolingian Renaissance)。当然,相比欧洲文艺复兴的伟大时代,9 世纪的成就可谓差距甚远。加洛林学者们的工作大多是对古典文化的吸收与传承,而非原创。然而,正是在 9 世纪的修道院中,众多修道士青灯黄卷抄写着典籍,我们现知 90% 以上的古罗马典籍,方凭他们以加洛林小写字体逐字抄录的手稿得以流传至今。离开他们,后来任何的中世纪文明与文艺复兴均无从谈起。

史学方面,人物传记的书写是加洛林时代的一个重要特色。旧有的圣徒传体裁,在以阿尔昆(Alcuin,735—804 年)的《威利布劳德传》(*Life of the Willibrord*)与威利鲍尔德(Willibald)的《圣博法尼斯传》(*The Life of Saint Boniface*)为代表的作品中得到延续并提高。而艾因哈德(Einhard,775—840 年)的《查理大帝传》(*The Life of Charlemagne*)①,则将原先的君主传记体裁推向了新的高度,过去人们常将这部作品视为中世纪最优秀的历史传记。作为查理曼极为恩宠的学者兼亲近之人,艾因哈德以其深厚的古典学养与动人文笔,为这位伟大人物留下了一部杰出的传记。但该书以古罗马史家苏维托尼乌斯的《罗马十二帝王传》为范式,不乏盲目效仿之处。且由于艾因哈德对查理曼的报恩之情,也导致全书几近一部颂歌。该时期另一部代表性的君主传记《阿尔弗雷德大帝传》(*The Life of King Alfred*),则由舍伯恩主教阿瑟(Asser,?—909 年)为英格兰韦塞克斯王朝国王阿尔弗雷德所写,书中同样对传主充满了溢美之词,却也保留了不少重要的历史资料。

艾因哈德

加洛林时期,古老的年代记体裁重新风行,并涌现出不少重要的作品。其中,记载 741 年到 829 年间加洛林君主们事迹的《法兰克王室年代记》(*Royal Frankish Annals*),因其强烈的官方色彩而引人注目,与那些由个人或者睽违政治的修道院群体编撰的年代记区别很大,在中世纪并不多见。此外,大部分编写于洛尔施修道院的《洛尔施年代记》(*Annals of Lorsch*),记述了 703—803 年间法兰克王国的历史;编撰于富尔达修道院的《富尔达年代记》(*Annals of Fulda*),则主要记录东法兰克史事,时间跨度起于"虔诚者路易"(778—840 年)的晚年,止于 901 年。另有发现于圣波尔廷修道院并以此命名的《圣波尔廷年代记》(*Annals of Saint Bertin*),记载了 830—882 年间的史事,尤其详细记录了秃头查理时期西法兰克的历史,该书后一部分由著名教会人物兴克马(Hincmar,

---

① 参阅艾因哈德:《查理大帝传》,威国淦译,商务印书馆 1999 年版。

806—882年)续写,以其亲身经历为后人提供了难得的一手资料。

　　加洛林时期的编年史书写,也在延续旧有范式中有所进步。编年史在王朝各地皆有出现,其中尤其值一提的是执事保罗(Paul the Deacon,720—799年)的《伦巴第人史》(History of the Lombards)。保罗出生于意大利的一个伦巴第上层家庭,后来成为了加洛林文艺复兴中的重要人物。这部《伦巴第人史》共6卷,并未全部写完。内容从伦巴第人传说中的斯堪的纳维亚起源开始,一直到744年伦巴第国王利乌特普兰德去世。全书主要记述了"蛮族"伦巴第人的历史,故也可视为此前"蛮族史学"在加洛林文艺复兴时期的延续。保罗在书中对伦巴第人在历史上与其他族群的互动着墨颇多,体现出相当宏观的历史视野。其撰史态度也较为客观,不轻信传闻,也很少描绘神迹奇事,于当时可说难能可贵。保罗的另一部作品《罗马史》,以及圣高尔的诺特科(Notker of Saint Gall,840—912年)、维埃纳的阿多(Ado of Vienne,？—875年)、普鲁姆的雷吉诺(Regino of Prüm,？—915年)等人所撰写的编年史,也是值得关注的作品。另有尼撒德(Nithard,795—844年)的《历史》(4篇),涵盖了自814年到843年加洛林王朝的史事,作者是查理曼的外孙,亲历了书中记载的大多数事件,为后世提供了不少可贵的史料。且他行文平实,立场也较中立,故该书常被认为是加洛林文艺复兴晚期最好的史学作品。基于查理曼死后王朝的每况愈下,全书因作者身份也自然充满了怀旧的伤逝气息。

2. 史学的民族化趋势

　　843年,《凡尔登条约》将帝国三分天下。加洛林王朝愈益衰败,西欧社会进入了一个诸多王朝纷争的混乱局面,各路外敌的入侵与劫掠亦时时有之。在此内部割据纷乱、外敌征伐攻占的历史背景中,9—11世纪的史学中,原先那种为族群叙事的趋向进一步加强。在党同伐异的时代要求下,许多历史写作者民族化地来记叙"当地"或者"王国"的族群历史,这也可以被阐释为西欧近现代意义上民族/国家较早的史学建构[①]。

　　(1) 意大利史学

　　就加洛林王朝而言,帝国三分之后,洛塔尔一世继承皇帝称号,并成为中部法兰克王国的领导者。不过该王国统治一直孱弱,并屡遭分割。因此,意大利在中世纪时代更多的是一个笼统的地理概念。并且,作为罗马拉丁文化的最初发源地,教皇国的所在地,意大利同时也是穆斯林长期进犯的地区。9—11世纪间的意大利,文化上相对保守,宗教色彩浓厚,政局则动荡不堪。同期的意大利史学编撰也显得守旧与凌乱,很难说有什么重大的进步,但也出现了一些应予重视

---

① 参阅莫米利亚诺:《现代史学的古典基础》,洪洁音译,华东师范大学出版社2009年版,第105—144页。

的优秀历史学家。

首先值得一提的是利乌特普兰德(Liutprand, 920—972 年),此人出生于意大利的帕维亚地区,家世显赫,曾任克雷莫纳的主教。他与意大利的统治者们关系亲近,并做过贝伦加尔二世(Berengar II)的宠臣。失宠后,他又改弦更张加入了德意志国王奥托一世的阵营。利乌特普兰德主要的历史作品有 3 部,分别是:《惩罚》,共 6 卷,叙述 888 年至 950 年间的历史;《奥托国王的历史》叙述 960 年到 964 年间的历史;《出使君士坦丁堡记述》叙述 968 年到 969 年间的历史。基于他一生中多变的政治立场以及经常的外交经历,利乌特普兰德的历史作品中既有许多当时重大历史事件的亲身见闻,也有明显的个人政治倾向性。这些史书的文学性同样很强,书中讲述的不少故事皆流传久远。尽管利乌特普兰德持有支持奥托而反意大利的态度,但他叙事还是以意大利及罗马为中心。总体上,他为 10 世纪的意大利保留了相当宝贵的历史见证。

与利乌特普兰德支持奥托兼并意大利的态度相似,另一位蒙特卡西诺的阿马图斯(Amatus of Montecassino)所写的《诺曼人的历史》,也是支持诺曼人征服南部意大利的史书。这部共 8 卷的历史作品有着很强的神意史观,将诺曼人对南部意大利的征服,构建为上帝对诺曼人的庇佑,以及对意大利伦巴第人的惩罚。但许多关于当时诺曼人进入意大利的历史情形,也依赖该书的生动叙述方为后世知晓。至于同样产生于蒙特卡西诺修道院的《蒙特卡西诺的编年史》,则是一部由奥斯蒂亚的利奥(Leo of Ostia, 1046—1115 年)撰写的编年史。此书第 3 卷中关于修道院长德西迪里厄斯再造修道院建筑的记载,对研究意大利中世纪建筑艺术相当关键,广为后人征引。另外,意大利的"教皇史"书写也值得关注。

相较于其他的民族史学,意大利史学在 9—11 世纪间的成就不高。某些著名史家的作品还有着强烈的"反意大利"色彩,但抛开笔端的爱恨情仇不谈,他们或隐或现以意大利为核心的叙事情结,依旧挥之不去,对后世产生了深刻影响。

(2) 法兰西史学

公元 987 年,西法兰克国王路易五世(Louis V)死后绝嗣,王国的一些贵族和主教们便推选出卡佩家族中的首领雨果·卡佩(Hugh Capet)继承王位。加洛林王室在西法兰克的统治遂告终止,这一更迭也常被视为"法兰西王国"的开端。总体上,10—11 世纪的法兰西王权并不强大,封建诸侯各自为政,国家只是由他们构成的松散联盟。这种政治上的割据严重阻碍了地区间的交流,加上法兰西当时种族、语言乃至文化上的多元性,使得许多史学作者更加注重本地区内部的历史记叙。

兰斯的弗劳铎尔德(Flodoard of Reims, 893/894—966 年)撰写的年代记,就对南部地区基本予以忽略,该书主要记载加洛林王朝 919 年到 966 年间的历史。

此外,他还撰写了兰斯教会历史,从远古一直写到他的时代。他曾掌管过主教的档案,从而得以在书中插入了许多当时的原始文献,且他立论公允,故在10世纪的法兰西史学中有非常高的地位。另一位兰斯的里歇尔(Richer of Reims),曾受教于当时最为著名的博学者吉尔伯特(Gerbert,即教皇西尔维斯特二世)。里歇尔写作的《历史》共4部,涵盖了888年至995年间的历史,在前两部中,他广泛利用了前述弗劳铎尔德的作品,其余则大多为原创。他在书中着重记叙与阐发了其师吉尔伯特的博学与成就,将时代的整体文化进步归因于这位杰出人物,未免夸张。且该书中有着浓厚的法兰西至上色彩,常为近代西方历史学家所诟病。不过,书中有关987年王朝更迭的记录,则是目前所存的重要原始文献。

911年,西法兰克国王"单纯的查理"将塞纳河口周围的土地割让给维京人首领罗洛,后者则皈依基督教,成为维京人在诺曼底的首位统治者。不久,诺曼人(即前述维京人)便将势力扩展到诺曼底全部地区。一位名为都多(Dudo,约965—1043年)的历史学家,就为他们撰写了《诺曼人史》。此人生于圣昆廷,并曾担任过该地区的主神父。他曾受韦尔芒杜瓦伯爵之命出使诺曼底,对诺曼人的宫廷印象上佳,在此地盘桓了数年。当他再来时,就接受诺曼底理查公爵的委托,写作了这部历史。都多的著作对当时文献材料利用极少,大多取材于时人口述,因而叙事上的传奇色彩甚浓,有不少难以置信之处,但仍不失为反映诺曼人历史的重要史料。全书共四个部分、六十节,记叙了自852年到996年间诺曼人的历史。作者有着明显的亲诺曼人立场,比如:他将诺曼人的侵略阐释为族群在人口压力与生存环境恶化下的无奈之举;罗洛、威廉与理查等领袖更是如圣徒一般几近完美;诺曼人的入侵及定居完全是神意的决定与眷顾。

(3) 德意志史学

911年,康拉德一世在东法兰克国王"孩童路易"死后被推选为国王,加洛林王朝在东法兰克的统治遂告终止,这也在习惯上被视为东法兰克王国向德意志王国转变的开端。康拉德一世死后,萨克森公爵亨利一世继位,创立了萨克森王朝。962年,德意志国王奥托一世(Otto I)被教皇加冕为皇帝,为日后的神圣罗马帝国奠定了基础。概览之,10—11世纪的德意志,王权相对强大,教会更是君主政治的重要助力。到1046年萨利安王朝的亨利三世在罗马加冕为帝时,德意志神权君主政体达到巅峰。

10—11世纪的德意志史学也相对繁荣,史家们注重对历史加以解释,以较高的叙事艺术来增强文本的说服力,为后世留下了许多珍贵文献。他们通常有着亲德意志的倾向,展现出较明显的民族/国家意识。在这些史家中,首先应予以介绍的是科维的维都肯德(Widukind of Corvey,925—973年)。关于其生平,人们所知甚少,普遍认为他年少时就进入了知名的学术中心科维修道院。维都肯德的名作《萨克森人的事迹》是一本共3卷的编年史书,先后有3个版本。伴随着强烈的民族自豪感,作者在第 1 卷中,以口头传说为基础,简述了萨克森人的起源以及他们与法兰克人之间的艰苦斗争,将萨克森人描绘为不畏艰苦而骁勇善战的民族,随后叙述早期萨克森公爵们的历史;第 2 卷主要讲述奥托一世的历史,但他讲述了奥托一世的许多事迹与征战,却对其远征意大利的事迹予以忽略,对教皇也只字未提;第 3 卷则继续讲述奥托的事迹,一直到 973 年奥托去世。维都肯德的民族自尊限制了他的历史视野,不过其作品还是有较高的史学价值,部分叙事也是目前唯一可资参考的权威资料。

希耶特玛(Thietmar,975—1018 年)所著的《编年史》,则是一部历史视野相对开阔的作品。全书共 8 卷,讲述了 908 年到 1018 年间的德意志历史,还涵盖了当时德意志在意大利的统治,并涉及颇多宗教、文化、艺术、教育乃至文学等方面的内容。书中的早期叙事对维都肯德的作品颇多借鉴,后面大半部分则源于作者的自身经历。希耶特玛出身于贵族,自幼接受教会教育,曾担任梅泽堡的主教,有机会参与和见证了许多当时的重要政治事件,从而能描绘出一幅关于德意志诸王在内政外交上的生动画面。基于作者的宗教信仰,神意史观仍然是他解释历史的首要原则,书中不乏神迹异事,但也展现出了维护王权并宣扬王室庇护教会的倾向。希耶特玛对异教信仰,比如斯拉夫人的宗教崇拜也着墨甚多;对政治事件中妇女的活动与才能,他也不吝笔墨。这都有助于后人理解中世纪的真实状况。

教会神权与世俗政权间的关系,是塑造整个中世纪历史的重要因素。到 11 世纪下半叶,代表教权的罗马教皇与代表世俗政权的神圣罗马帝国皇帝之间,基于"主教叙任权之争"而日益斗争激烈。同时期历史学家中就有人以笔为旗,为其所支持的一方呐喊。赫斯菲尔德的兰帕德(Lampert of Hersfeld,1028—1082/1085 年)就是其中一位典型人物。他所撰写的《编年史》从创世记开始叙事,但主要着眼于 1040 年至 1077 年的历史,对 1075 年到 1077 年的叙事尤多,占到全书三分之一的篇幅。在这大部分的当代史记述中,兰帕德展现出明显支持教皇的立场,将亨利四世描绘为恶魔,对那些与皇帝作对的叛乱者予以高度同情。因其偏袒的立场,近世历史学家对他批评很多。但这本书凭借其文雅的古典风格,连同极高的叙事水平,总体上依旧被视为西欧同时代最为杰出的历史著作之一。另一位编年史家——米歇尔斯堡的弗卢托福(Frutolf of Michelsberg,约 1038—1103 年),则站在帝国立场来看待此时的政教斗争。他所撰写的《世界编年史》从创世记一直写到 1099 年,常被视为一部结构完备的佳作。

(4)英格兰史学

1066 年,诺曼底公爵威廉征服英格兰,中断了之前盎格鲁—撒克逊的统治,英格兰国家成为"盎格鲁—诺曼"的混合式国家。诺曼人的征服虽具有破坏性,但他们在征服后广泛地兴建教堂、修道院与教会学校,引入知识和人才,促进了英格兰史学的发展。总体上，10—11世纪的英格兰史学，表现出相当高的水平，可与同期的德意志史学媲美。

记载了诺曼征服事件的《盎格鲁—撒克逊编年史》，是英格兰早期史学中的辉煌篇章。该书起源于几部地方性年代记的合编，后又陆续被人加以续写与整合，叙述了自罗马征服不列颠直到11世纪的历史。目前有9种抄本存世，彼此间有差异。该书以古英语写就，侧重于世俗历史的记载，不仅是研究罗马统治到诺曼征服之后的重要史料，也是研究古英语历史的珍贵文献。关于诺曼征服的记载，还有一部由厄德麦（Eadmer，1060—1126年）撰写的《英格兰新历史》(Historia novorum in Anglia)值得关注，这部书基本是一部当代史，书中内容主要围绕教会事务展开，被视为同时代中的杰出作品。厄德麦还曾为其导师、中世纪著名神学家安瑟伦（Anselm）写过传记。此类对当时教会杰出人士的传记写作，也是此时期英格兰史学中的一个亮点，涌现了不少作品。

安瑟伦

朱密日的威廉（William of Jumièges）也是较早记叙诺曼征服的史家，他所写的《诺曼公爵们的事迹》是一部编年史作品，该书先借鉴前人资料讲述了哥特人、诺曼人的起源，随后对前已述及的都多的作品加以修正补充，再对作者同时代的历史进行了原创性的记叙。书中关于诺曼征服的叙事（止于1070年）价值很高，在中世纪就广为流传，也是现知最早的当时代史料。另一位普瓦提埃的威廉（William of Poitiers，1020—1090年）所撰写的《诺曼底公爵与英格兰国王威廉的事迹》，也对诺曼征服的历史进行了叙述。该书是一部献给威廉公爵的颂歌作品，现存版本的前后部分皆有散佚，叙述了1047年到1068年间的史事。不同于朱密日的威廉，普瓦提埃的威廉曾有过真正的沙场经历，因而书中关于军事方面，尤其是对黑斯廷斯战役（1066年）的描述具有较高的历史价值。这两位威廉都以诺曼人的立场来撰写作品，也都将诺曼征服解释为神意的安排。

两位出生于11世纪晚期的史家及作品在此也稍作简介。一位是奥德里克·维塔利斯（Orderic Vitalis，1075—1142年），他所著《教会史》(The Ecclesiastical History)的内容起自耶稣诞生，止于1141年，主要着眼于11—12世纪的英格兰历史，常被视为中世纪杰出的社会历史著述。尽管该书有着强烈的宗教色彩，但后世对其真实性评价甚高。另一位是马姆斯伯里的威廉（William of Malmesbury，1095—1143年），他常被誉为比德之后最有才华的英格兰史家，一生著述颇丰，有《英格兰诸主教事迹》《英格兰诸国王编年史》等史学作品传世。在这两位史家的作品中,之前的诺曼人立场已经淡出,转而以英格兰王国的视角来撰述历史。马姆斯伯里的威廉更是在追求历史"真实性"上,比如他注重时间序列与一手文献、相对中立的撰史态度,开始将英格兰史学带入了一个新的高度。

五、中世纪盛期的史学

12—13世纪是中世纪的全盛时期,人口、财富与生产力都明显提升。西方开始有力量进行以十字军运动为表征的对外扩张。国王们威权日盛,政府效率提高,机制也开始改变。到13世纪,英格兰的议会制度崭露头角,对后世意义深远。同时,教会达到了精神与世俗权力上的顶峰。强大的王权与教权之间展开了激烈的斗争,教会总体上占据优势。中世纪的经济体制也发生了根本性变化,贸易复兴,货币流通量增加,专业技术方兴未艾,城市加速发展。工匠与商人们为主的新兴中产阶层,改变了旧有的社会结构。这个全盛时期,同样见证了拉丁文和方言文学创作的繁荣。当然,这仍然是一个人类预期寿命只有35岁的时代,它远远优于过去,但也远远落后于未来。

1. 对十字军的历史撰述

史学在此时代中也走向兴盛,原有的各种史学样式日趋完善,史家们叙事与选材的技巧大幅度提高,神意史观仍在延续,民族史学意识则在加强,一些史学新形态、新观念也开始萌发。这既是时代特征的反映,也使这些特征得以显现,比如对十字军东征的撰述,对政教斗争的阐述,以及13世纪新兴的城市编年史等。总体上,人们较以往更加关注当前时代,关心现实世界,一些优秀的历史学者开始致力于搜集综合详尽的史料并加以分析、整合。

公元1096年到1291年间的十字军东征,是西方历史上著名的宗教性军事行动。在近两百年的时间里,西方的封建领主与骑士,在罗马教皇的鼓舞与准许下,对地中海东岸的国家发动了共计9次(一说8次)战争。这是一件在当时就对整个西方基督教世界产生了巨大影响的历史事件,许多史家为此写作了专门的作品。诺根特的吉贝尔(Guibert of Nogent,1055—1124年)的《法兰克人完成的上帝的事迹》就是其中之一。该书较完整地记叙了第一次十字军东征的历史。在作者眼中,第一次十字军东征对耶路撒冷的占领,既是基督教世界在上帝眷顾下战胜异教徒的证明,也是作为参战主力的法兰西民族优于其他民族的明证。不过,在神意史观与民族骄傲之外,吉贝尔在书中也敏锐地觉察到,除开宗教因素，十字军运动还有经济与社会因素潜藏于后。他记载说，当时灾荒连年，百姓饥馑，奸商地主们趁机囤积粮食，大发不义之财。一旦十字军消息传来，民众顿时群起响应，首先就砸碎了商人与地主家的门锁，开仓放粮，昔日人为抬升的昂贵粮价，立即因远征而崩盘。作为十字军的同时代人，吉贝尔收录了许多当事人的记忆口述，加上他高超的写作技巧，使得这部十字军史学作品近来愈益受到学者们的重视。

提尔的威廉（William of Tyre，约 1130—1186 年）写作的《海洋对面事迹的历史》（又称《耶路撒冷史》），是一部在当时就颇为风行的著述。该书主要为耶路撒冷王国的创建与维系者而写，乃篇幅宏大的编年史，共 23 卷，但并未写完。该书所写时段上起 7 世纪，一直延续到作者生命中的最后几年，主要侧重于 1095 年到 1184 年间的史事叙述。威廉出生于西欧，生长于耶路撒冷，一生中又常常往返于两地，有很强的东西融合的特征，这也使其文本呈现出有别于西欧本土作者的视角与内容，对穆斯林的仇视较轻，甚至会对穆斯林的杰出领袖加以赞美。尤其他拉丁文的造诣高，文笔优美，能够以出色的叙事技巧将各种材料加以整合连贯，故而这部作品长期以来都被奉为圭臬。另一部由杰弗里（Geoffrey of Villehardouin，1150—1218 年）撰写的《君士坦丁堡征服记》，则是一部富有特色的作品，作者本人就是第四次十字军的领导者之一，深度参与了许多书中所叙述的历史事件。全书着重讲述十字军于 1204 年对君士坦丁堡的占领，以及相关背景与影响，提供了很多只有当事人才知道的详尽细节，是关于第四次十字军东征的重要文献。基于作者的世俗人士身份，他没有像教会人士那样使用拉丁语，而是以法语著述，全书叙事高明且语言生动，成为早期法语史学作品中的典范。另一位世俗人士茹安维尔（Jean de Joinville，1224—1317 年）则是路易九世的近臣，他为这位国王撰写了相当杰出的传记作品，同时以编年史方式对第七次十字军东征加以叙述，其作品也具有相当高的价值。

杰弗里的著作

十字军运动产生了一大批对其加以专门著述的历史文本，前述只是其中的很少部分。面对十字军这一大事件，史家们展现出的历史视野、阐释能力、叙事立场等，都为先前所少见。在对这场糅杂了宗教理想与人性之恶的代表性事件的叙述中,史家们的神意史观开始淡化,一种新的、对人自身予以重视的史学态度渐渐萌生。

2. 对城市的历史撰述

12—13世纪时的商业复兴,以及随之而来的城市发展,可以说是中世纪全盛时期的突出表现。工匠与商人们来到城市定居,一座座旧有或者新兴的城市由此焕发出生机。这一新画面不仅对旧有的经济格局加以再塑,也为政治、法律、文化等重新涂抹底色。同期的历史写作,作为时代特征的反映,则生发出城市编年史写作的新形态。

概言之,中世纪全盛期的城市历史写作,尽管其形式上仍然沿袭着旧有的编年史与年代记等体裁,但已出现一些新的特征:首先,中世纪写作城市历史的史家,绝大多数都是城市中的世俗人士而非教会内的神职人员;其次,关于城市史的撰述,史家们多关注城市生活中的事件,以及城市中的人物,其笔下以市政事务、豪强争夺和财商运作等为重点,而不是教会事迹、王朝更迭等;最后,撰史观念上,神意史观的影响日微,文本的字里行间散发着新兴市民阶层的生活情趣和商业欲望,不再是连篇累牍的宗教情操与道德劝诫。

区域方面,作为中世纪城市发展渊源与兴盛之地的意大利,一扫之前在史学上的相对平淡,在城市历史写作上不论数量还是质量都达到了相当的高度[1]。12世纪以来,米兰、贝加莫、布雷西亚、克雷莫纳、维琴察等城市都有了自己的城市编年史或年代记,皮亚琴察甚至有两部年代记,就连西北部的小镇阿斯蒂(Asti)也有了自己的《阿斯蒂编年史》。这些作品大多出自世俗人员,只有克雷莫纳的《编年史》由该城主教撰写。当时的三个临海城市威尼斯、热那亚、比萨,由于贸易发达及彼此争锋,各自的城市历史作品皆内容丰富并饶有趣味。至于地处意大利中部的佛罗伦萨,迪诺·坎帕尼(Dino Campagni,约1255—1324年)撰写的《佛罗伦萨编年史》尤为经典。全书共计3卷,记叙了1280年到1312年的佛罗伦萨历史,其时该城市乃欧洲最大的城市之一,也是贸易与文化的中心。迪诺·坎帕尼本人既是成功的商人,也曾担任过市政高官。作为一名史家,他在作品的第一卷第一章中,就表明他要力求真实,记载了本人亲历或源于权威的历史事件,并声称他对这些史事有着深刻的见解,没有人比他更能体察入微。至于他记载并阐释的,主要乃佛罗伦萨内部的党派倾轧与家族纷争,以及教皇与君王等外部力量的干涉及影响。身为城市党派斗争中的失败一方,迪诺·坎帕尼对

---

[1] 此外,在13世纪末的意大利,还出现了一本"奇书"——《马可·波罗游记》。该书首次向西方人广泛介绍了中国及其周边国家的地理环境、风土人情、科学文化及商业贸易等内容。这些介绍极大地促进了西方人在世界观上的转变,为西方世界向东方扩张注入了一剂强心针。

派系斗争的起因、诸多事件间的联系、各方参与者的动机乃至斗争的破坏性后果，都提供了个人的观察与反思。

在意大利之外，其他欧洲城市的历史撰述同样开始勃兴。阿诺德·菲兹·西德马（Arnold Fitz Thedmar，1201—1274/1475年）的《伦敦市长和治安官的编年史》就是其中的一部代表性作品。西德马出生于伦敦，其父母均为德意志血统，被伦敦的商业环境与特权吸引而移居来此。西德马自己也经商有成，还曾担任过伦敦某行政区的长官，以及某个活跃党派的领导者。这部编年史叙述了1188年到1274年间很多围绕伦敦展开的政治、军事、宗教事件。尤具特色的是，该书严格地按照编年顺序撰写，但并不像之前编年史那样以君王或教会为关键，而是以市长及治安官的任免为主线。当然，作为一名坚定的保王党人，尽管伦敦当时是反对亨利三世的桥头堡，但西德马的著作仍持有明显的保王立场。该书在叙事上还特别突出了城市中的各种市政、法律、经济等内容，也记载了很多城市生活中的传奇故事，因而常被后世视为一座研究中世纪城市生活的矿藏。总体上，通过前述中世纪盛期城市历史写作的发展，史学已经萌生出了不少新思想与新内容，为日后文艺复兴运动的到来铺设了道路。

3. 鄂图与马修

中世纪盛期的史学，在新的史学形态得以表现之外，也涌现出一些杰出的历史学家，其中有两位的成就较为突出。一位是弗莱辛的鄂图（Otto of Freising，又译"奥托"，1114—1158年），他出身显贵，是神圣罗马帝国皇帝腓特烈一世的叔父，并担任过弗莱辛的主教。他撰写有两部历史作品：《双城编年史》与《皇帝腓特烈的事迹》。基于作品中表现出的学识与洞见，鄂图常被视为12世纪西方史家中的翘楚。《双城编年史》，如其书名所示，延续了圣奥古斯丁的双城理论，鄂图在书中叙述了自创世以来直到自己时代的世界史。他引征广博，并且具有批判精神，比如他就指出君士坦丁赠礼乃源于伪造。尽管鄂图以上帝之城与世人之城的宗教思想统摄全书，但在具体历史阐释上却几乎从未借助于神迹，而是以高明的神学、哲学思考与叙事技巧来说服受众。该书共计8卷，最后由他人续写到1209年。也有论

鄂图

者批评奥托的编年史过于陈旧保守,更加推崇他的另一部杰作《皇帝腓特烈的事迹》。该书共 4 卷,前两卷为他所写,其余则由其学生瑞格温(Ragewin)续写(也有说法认为鄂图写作了后两卷的部分文本)。叙事上起于教皇格里高利七世与亨利四世的争端,止于 1156 年,后由其学生续写到 1160 年。鄂图作为传主的亲人兼近臣,自然近水楼台地记载了许多珍贵的历史事件,但亦囿于这种亲密关系,他对腓特烈的偏袒也相当明显。鄂图的拉丁文出色,古典学素养深厚,行文畅达古雅,并乐于在书中提供大量书信等一手材料,其作品不仅在当时也在后世享有盛誉。

另一位是巴黎的马修(Matthew of Paris,1200—1259 年),他出生于英格兰,早先在著名的圣阿尔班修道院学习,后来又去了巴黎接受教育(其名可能渊源于此)。他常年在圣阿尔班修道院中生活、学习与著述,该修院素以优良的撰史传统而著称,马修继承了修道院前辈史家温多弗的罗杰(Roger of Wendover)的衣钵,于 1235 年开始撰写其名作《大编年史》,这是一部自创世纪直到 1259 年的著作,尽管有对前人作品的编辑及修改,但大部分内容都是马修自己的创作。该书得益于众多重要人物的支持,使马修收录了许多重要的信件及文献资料。就连国王亨利三世本人,在得悉马修的撰史行动后,也特意花了一周时间与他朝夕答问。这些丰富的一手资料也使该书日后成为广被征引的权威作品。马修另有《英国史》《小编年史》两部手稿传世,均在《大编年史》基础上加以删节修订,也有一些内容的增加。此外他还写作了不少其他类型的作品。总体上,马修在其历史作品中既控诉了教会的贪婪和腐败,也批判了国王的敛财与暴政。他从众多重要人物那里得来资讯与材料,经过仔细挑选与考察,形成己见,并将文献材料随书附上以供读者参考,这都展现出他领先时代的史学意识。他叙事详尽,视野开阔,将欧洲各种主要势力之间的交往争斗都形诸笔端,为后人构建出当时欧洲历史的宏大画卷。饶有趣味的是,这位伟大的史家还是一位杰出的艺术家,他在手稿中插入了很多图片,对文字加以说明与润色。至今,在大英图书馆或者剑桥大学的圣体学院等地,人们依旧能欣赏到他的手稿。

4. 编年史范式的演变

昔日的编年史范式,也在中世纪延续并臻于成熟。比如西吉伯特(Sigebert of Gembloux,1030—1112 年)的《总体编年史》,尽管今天学者常批评它错误较多,且缺少第一手资料,但在中世纪晚期,该书就素有盛名并蔚为风行,引征及效仿者众多,至今有各种抄本传世。至于西吉伯特以著述支持皇权反对教权,虽是之前时代以史学参与政教斗争做法的延续,可他多次引用《圣经》,并结合自己的理性反思来批判教会,在当时还颇具积极意义。亨廷顿的亨利(Henry of Huntington,1088—1157 年)是一位著述颇丰的 12 世纪英格兰史家,主要作品《英格兰历史》在当时也具盛名,至少有 25 种抄本传到今日。该书充满了强烈的宗教道德驯化意识，不惜牺牲历史的真实与客观，却也广受信徒们的欢迎。另一位英格兰史家坎特伯雷的杰维斯（Gervase of Canterbury，约 1141—1210 年）写作的《编年史》，记载了 1100 年到 1199 年间的历史，作者在书中常有虚构演讲及描述幻梦的行文，对教会人物的过度赞美也屡见不鲜，神意史观强烈，多被近现代史家诟病。不过书中关于 1178 年 5 位修道士目睹月球被陨石撞击的描述，新近被天文科学家证实，因此又增加了该书在叙事上的可信度。

这一时期，编年史在延续中也有一些变化。伴随城市文化，特别是大学教育的快速发展，古典学术有所复兴。盛世中的人们有精力，也有能力对过去知识进行大规模的汇编整理。部分编年史家的作品因此展现出百科全书式的模样，内容广博而形式多样。前述马修的前辈罗杰（？—1236 年）所撰写的《历史之花》，就是一部综合前人著述的大型编辑性作品，记述了从创世到 1235 年的世界史。在该书序言中，罗杰说他的工作就像在不同的田地中采摘多彩的花朵，故书中内容多半来自往昔教会作品的名家名篇。另一位博韦的文森特（Vincent of Beauvais，1190—约 1264 年），编撰了中世纪著名的知识纲要集成《巨镜》。全书洋洋洒洒三百万言以上，由四个部分组成：《自然之镜》《学说之镜》《历史之镜》和《道德之镜》（这部分由后人增补）。其中《历史之镜》讲述了自创世到圣路易的全部历史，是对大量前人作品的汇编，作者道明其编排乃模仿《圣经》的叙事。奥帕瓦的马丁（Martin of Opava，？—1278 年）则以拉丁文编写了一部《教皇和皇帝编年史》，叙事时段从基督诞生一直到 1277 年教皇尼古拉三世就任，基本也是编辑性的摘录纪事。该书特色在于它的编排方式，马丁把教皇历史放在左页，把皇帝史事放在相对的右页，每页 50 行，每行叙述一年的史事，每页跨度 50 年，教皇与皇帝的纪事在左右页面中严格对称。马丁这种简明并能够对观的样式一度风靡，被翻译成多种语言，目前有超过 400 种以上的手抄本存世。还有居伊的伯纳德（Bernard of Gui，1262—1331 年）编纂的《编年史之花》，是一部截止到 1331 年的普世史，对此前教皇、皇帝、法王与伯爵们的编年史等文本加以选编汇集。

萨利姆本（Salimbene di Adam，又名 Salimbene of Parma，1221—1290 年）的《编年史》也是一部内容庞杂的著述。不过不同于上述几位史家的编辑性作品，该书是一部基于作者游历与见闻而创作的历史文本，涵盖时间自 1167 年到 1287 年。萨利姆本是一位方济各会的托钵修士，他旅行多处，交游广阔，其编年史是一部万花筒式的著作。书中既有作者旅行结识的教皇君王和平民乞丐，也有他沿途见闻的各地风俗与战争动乱。这本编年史很明显地突破了传统框架，尽管它失于散漫，但却以一种好奇与关怀的眼光发现与叙述着当时的现实人类世界。从以上这些编年史的变化中，我们看到中世纪盛期史家一方面在原创力上有所减弱，另一方面在历史视域上有明显扩大，这都说明旧有范式已经不太适应新的时代形势，修道院编年体裁在这盛期中已经展现出没落的端倪。

统观中世纪盛期的史学,神意史观与旧有史学范式依旧延续并且强盛,尽管有很多新因素与新理念正在孕育,但正像这个时期以成熟而非新生为后人所标志一样,旧有的力量仍然强势。真正的转折,将在之后的时代中出现。

六、中世纪史学的转折

经历12—13世纪的兴盛繁荣之后,西方社会出现了断崖式的下滑。14世纪常被视为"苦难的世纪",在这个几近崩溃的时代中,土地承载达到极限,农业停滞,商业萎缩,社会各个领域都遭遇了连锁性的紧张压力。十字军运动销声匿迹,西方的扩张梦想幻灭。一度鼎盛的教皇势力渐趋没落,教会分裂。英法间征伐断续达116年之久,破坏性极大,欧洲各地的王公贵族间也时常兵戎相见。经济萧条导致出现了许多无家可归的贫困者,农民与城市无产者的暴动此起彼伏。自然灾害频仍,1315年到1317年的灾荒席卷欧洲,饿殍遍野,英格兰、爱尔兰、波兰等地甚至出现了人相食的悲惨记载。14世纪中叶的黑死病更是可怕,瘟疫在整个西方肆虐,没有人能逃避死亡的威胁,完全一幅末日来临的景象。到1400年,欧洲人口比起鼠疫前减少了三分之一至二分之一。

然而,到了15世纪,西方社会逐渐恢复。1417年教皇马丁五世的当选,实际上结束了教会大分裂的状态。至15世纪末期,近代欧洲各大国都基本成型,相继建立起强大的君主统治,西班牙和葡萄牙还探索并发现了新世界。西方的经济、艺术、文学、技术领域又再度充满活力。

在这个时代的转折中,西方史学展现出一种过渡的性质,并没有太多激动人心的创新与突破。值得称道的是作品中更为多样化与深层次的人的存在。平民,包括底层贫困人群的活动与诉求,成为文本中的一个要素;而史家的个人记忆、批判思考,也在强调理性与注重细节中推动着史学的进步;神意史观遭到质疑甚至放弃,教会权威风光不再,国家情绪与世俗趣味日益跃然纸上。身处过去的中世纪盛期与将来的文艺复兴之间,史学处于相对沉淀与平静的状态。

1. 英法百年战争时期的历史撰写

英格兰与法兰西之间积怨已久,双方终于在1337年爆发战争,之后战火断断续续燃烧了116年,是世界上历时最长的战争,最终法国获胜。因为百年战争的影响巨大与旷日持久,该时期不少史家在作品中皆对其有所反映。托马斯·沃尔辛厄姆(Thomas Walsingham,约1355—1422年)就是其中之一,他是圣阿尔班修道院的一名修士,在这所中世纪时以历史编纂著称的修道院中,沃尔辛厄姆度过了他生命中的大部分时间。他生前负责修道院的写字间工作，埋首著述，离世后则常被认为是该院中最后一位重要的历史学家。其主要作品有《英格兰历史》（内容自 1272 年到 1422 年）、《英格兰编年史》（内容自 1328 年到 1388 年）、《诺曼底编年史》（内容自诺曼征服到 1419 年）等。部分作品是编辑性的成果，有不少对前人著述的借用。作为一名专职的修道院撰史家，沃尔辛厄姆有着良好的史学素养与选材眼光，虽然编年史传统使其叙事零散而欠缺逻辑，但他对于所经历的百年战争期间的相关史事，还是留下了较为可信的叙述。人们今日对当时理查德二世、亨利四世、亨利五世以及威克里夫等重要人物的了解，很多都源于他的权威记载。尤其他对 1381 年瓦特·泰勒农民起义的记载，至今仍是最有价值的材料，他并不支持这场反抗，但仍坦率地描绘了底层人民的状况与诉求。有近现代学者批评他更是一个史事的收集者而非历史学家，指责他有时会操纵事实。但他终究以毕生精力，为即将逝去的古老修道院撰史传统谱写了一曲挽歌。

傅华萨

傅华萨（Jean Froissart，约 1337—1405 年）也是百年战争时期的著名史家，他出生于瓦朗谢讷，24 岁来到英国，在宫廷中撰写诗篇和历史著作，为爱德华三世的妻子菲利帕王后服务。在王后死后，他又接受过布拉班特公爵夫人乔安娜等贵族的资助。1395 年，他回到英国，关于他的最后岁月，后人所知不多。傅华萨的历史著述主要是《编年史》，该书开始于 1327 年爱德华二世遭到废黜的各种事件，结束于 1400 年，主要叙述西欧史事，偶尔会提及土耳其与北非等地的事迹。叙事时间跨度不长，却是一部百万字以上的鸿篇巨制。该书长期以来被视为反映百年战争的重要文本，也是展现英国与法国骑士风貌的主要作品。作者擅长描绘动乱与战争中的人物与事件，广泛收录了西欧各地的风俗习惯与法律法规。傅华萨有较强的历史阐释意识，注重事件间的因果联系与人物间的交往互动。他出生于法语文化圈，但撰史立场中立，甚至更偏向英格兰一方。尤其可贵的是，傅华萨在叙述瓦特·泰勒起义时，认为英国贵族与高级神职人员对佃农们的长期盘剥，是反抗运动的起因之一。他还记载了许多底层民众的悲惨境遇。尽管他依然视动乱与起义者为暴徒，但在他所处的时代中，这种秉笔直书的史家品格实属可贵。且他淡化了神意史观，全书主要着墨于他所处时代中人类自身的宏图伟业。不过，在这部巨作中,错误数据与失实叙事也屡见不鲜,还有很多对于传闻的轻信。

昂格朗(Enguerrand de Monstrelet,14 世纪末—1453 年)的《编年史》,时间跨度从 1400 年到 1467 年,全书共三卷,后面部分(主要在第三卷中)被认为由他人续写。此书接续傅华萨的编年史,叙述了百年战争后半段的史事。作为一名法兰西史家,昂格朗出生于皮卡第(Picardy)的一个小贵族之家,具有良好的拉丁文功底。他的一生基本上都在康布雷度过,并曾效力于勃艮第公爵。昂格朗是他那个时代中杰出的历史学家,注重对历史事件的因果分析,既有大局观也细致入微,作品具有很高的说服力。该书保存了许多有价值的法规法令、条约协议、官方布告与私人信函等,被后世学者称赞为严肃可信。尤其值得关注的是,昂格朗几乎完全摈弃了神意史观,对神迹奇事与宗教预言极少着墨,显示出领先同时代的求真精神。昂格朗在前言中就表明他的撰史旨趣,乃是要将法兰西和其他国家中的伟大战功,勇敢者、高贵者乃至下层人士的战争技艺传诸后世,书中保存了很多珍贵的一手资料。昂格朗歌颂战功与英雄,但对下层民众在战乱中的痛苦遭遇也富有悲悯之情,他斥责军士们在战争中的人性扭曲与烧杀掠夺。该书的主要缺点在于时序混乱,编排冗杂。而且他的公正也有选择性,基于他的勃艮第背景,会时常有意略去不利于勃艮第一方的史事,比如他曾见证了勃艮第公爵与圣女贞德的会晤,却在书中对此没有怎么提及。

克里斯蒂娜·德·皮桑(Christine de Pizan,1364—1430 年)长期以来被视为西方历史上第一位以写作为职业的女性作家,在她 30 年的著述生涯中,共有 41 部作品传世。她出生后不久,父亲因投效法王查理五世而带着她前往巴黎。她自幼接受父亲的良好教育,并在宫廷中博览群书。克里斯蒂娜于 15 岁结婚,但丈夫早亡,生活一度拮据。遂以写作赢得贵族们的赏识,其后辗转于几位公爵府邸及皇家宫廷中以获得资助,她在世时就被民谣比作是缪斯九女神中的言辞最佳者。克里斯蒂娜的史学作品主要是《查理五世传记》,共 3 卷,分别以勇敢、骑士精神与智慧三个高贵品质歌颂查理五世,道德垂训意识浓厚。全书是一部歌功颂德之作,但在叙事与资料提供上基本平实。作为少有的专门描述查理五世的史著,又出自女性作家之手,使该书今日仍有相当的价值。此外,她的许多文学著作中也不乏对当时历史事件的描述,具有史学参考价值。

给男性授课的克里斯蒂娜

2. 走向文艺复兴

在 14—15 世纪这个转折的时代，史学涌现出一些过渡性史家，在新旧交织中预告着一个崭新纪元的即将来临。意大利史家乔瓦尼·维兰尼（Giovanni Villani，1276 或 1280—1348 年）就是其中的佼佼者①。菲利普·德·科明尼斯（Philippe de Commines，1445—1509 年）也是中世纪转折期中的著名史家，其名作《回忆录》，已略具近代史学的意识。该书共 8 卷，前 6 卷记叙自 1464 年到路易十一去世这段时间的事件，后两卷主要叙述意大利战争，终于法王查理八世去世（1498 年）。正如书名所示，科明尼斯在书中基本根据个人记忆来回顾路易十一的功业及当时历史，很少使用他人著作及当时的档案资料，更少有神意史观的痕迹。全书侧重于以史家的自我见解来评述史事，希冀为读者特别是君王们提供治国之术与历史镜鉴。上述两位史家的历史写作，代表性地展现了中世纪后期史学向文艺复兴史学的过渡与先导。

七、拜占庭史学

在近千年的西方中世纪中，拜占庭帝国始终保持了自己在政治上相对独立的地位和著史的特色，这是值得专门陈述的。

1. 一座"黄金桥梁"

话说在上古希腊城邦建立的时候（公元前 8—前 6 世纪），希腊人为开拓生存空间，四处向海外移民，纷纷建立新的栖居地。公元前 656 年，希腊航海家比柴斯最先来到位于博斯普鲁斯海峡的一侧，始建古城拜占庭（Byzantium），并把希腊文化的种子播撒在这块东方的土地上。

世事变异，沧海桑田，自建城至公元 4 世纪罗马皇帝君士坦丁大帝当政（公元 324—337 年在位），将近一千年过去了。正是由于这位"大帝"的扩建，又改名为君士坦丁堡（是年为公元 330 年），才使古城拜占庭旧貌换新颜，并迅速把这座"新罗马城"打造成当时的"世界名都"，犹如一颗珍珠，镶嵌在亚欧大陆交界处。

公元 395 年，国土广袤的罗马帝国一分为二，自此君士坦丁堡成了东部罗马帝国的政治中心。人们通常把公元 330 年至 1453 年作为东罗马帝国的存亡时期②，也通

---

① 关于维兰尼的生平与著述，详见下一章"意大利史学"相关部分，此不赘述。
② 关于拜占庭历史起始年代，学界众说不一。可参见陈志强：《拜占廷帝国史》，商务印书馆 2003 年版，第 6—7 页。

常称东罗马帝国为"拜占庭帝国"。

在西方历史发展的史册上,延续千余年之久的拜占庭帝国,留下了厚重的历史篇章。拜占庭史之重要,部分归之于帝国及其都城君士坦丁堡的特殊的地理位置:它地处亚欧大陆,黑海之滨,博斯普鲁斯海峡两侧的海角上,扼亚欧两洲交通之咽喉,这样的地理位置,不仅于东西方贸易便捷,于文化交流易于融通,而且在军事上无疑为君士坦丁堡御敌自保创造了有利条件,这是拜占庭帝国得以维系千年之久的一个重要原因。此其一。

拜占庭帝国疆土广阔,包括巴尔干半岛、小亚细亚、叙利亚、巴勒斯坦、埃及和美索不达米亚等地区。这广阔的地域一直为四邻强敌所虎视眈眈,但拜占庭人的政治智慧超凡,推行富国强兵的政策,御外敌于国门之外,并擅用外交手腕,如此这般,也使得帝国的统治持续了千年。顺便说一句,拜占庭人这超凡的政治智慧,也是它留给后世的一份珍贵的历史遗产。此其二。

拜占庭史之重要,不仅在于它留给后人的政治智慧,更在于它留给我们的文化遗产:保存古典文明的成果,与之的联系又连亘不断,才使宏富的希腊古典文献纷纷传至意大利,为西方刚燃起的文艺复兴之火助势,它不仅对接拉丁文化与希腊文化,而且也成了西方古典文明通向近代文明的一座桥梁;不仅如此,拜占庭还将东方的物质文化西传,其自身的文化因子又哺育了东欧斯拉夫人,这也起到了一种互通有无的桥梁作用。此其三。

总之,拜占庭帝国及其都城君士坦丁堡正如马克思所言,是一座"沟通东方和西方的黄金桥梁"。

2. 一位卓越史家

在拜占庭丰厚的文化遗产中,自然包括史学遗产。在世界中世纪史学史上,拜占庭史学虽从总体上远不及中国古代史学,但要比同时期的西欧史学略胜一筹,且颇具特色。在拜占庭帝国存在的一千年间,虽说不上史家辈出,但也不乏"良史",从首位史家攸内皮厄斯(Eunapius,约345—420年)、首位教会史家苏克拉底斯(Socrates,约380—450年)到为帝国写挽歌的帕西迈利斯(Pachyeres,1242—1310年)、哥里高拉斯(Gergoras,1290—1361年),从拜占庭史学上最卓越的史家普罗科匹厄斯(Procopius,约500—565年)到拜占庭史学中令人注目的女史家安娜·康尼娜(Anna Comnena,1083—1148年)等诸家,均有佳作留世①。这里仅以普罗科匹厄斯为代表,略说一二。

在拜占庭,世俗的王权势力总是凌驾于神权之上,"王权神圣不可侵犯"成了拜占庭帝国包括史家在内的精英知识分子的一种共识,因而以东正教为标志的

---

① 参见陈志强:《拜占廷帝国史》,第18—60页。该书将诸史家依次写来,颇为详尽。

基督教,始终未能像中世纪西欧地区那样,处于"万流归宗"的主宰地位。这一点深刻地影响了拜占庭史学。拜占庭历史学家更多地关心人事而非神事,关心政治事件、世俗英雄与凡人生活等,因此史学编纂的范围相对来说较为宽广,内容也较为丰富;而且由于古典文化在拜占庭具有根深蒂固的潜在影响,阅读与收藏古典著作也往往成了知识分子博学多才的一种象征,这也影响了历史学家,他们把希腊罗马等几位大史家当作精神上的祖师,并沿着他们的足迹前行。倘以普罗科匹厄斯为例,当可为之佐证。

普罗科匹厄斯生活在拜占庭帝国的盛世,其时,在皇帝查士丁尼一世(Justinian I,527—565 年在位)统治下,国势强盛,疆土辽阔,他力图建立"一个皇帝、一部法律、一个帝国"的新秩序,以重温昔日罗马帝国的梦想。这种形势于历史学家有利,它"给予世俗历史以一种新的力量和新的尊严;因此,可以说,拜占庭史学就是在他的统治下奠定基础的"①。

普罗科匹厄斯生于巴勒斯坦地区的凯撒里亚的贵族之家,早年受过良好的古典教育,熟读古典史家之名著,深谙古典史学的传统。后来他赴京城寻求发展,结识了朝廷宠臣、大将军贝利萨留,并随其南征北战,成了查士丁尼时代许多战事的直接参与者与目睹者。从 542 年回到京城之后的 20 年中,他历任朝廷各种官职,执掌机要,因而对查士丁尼时代的政事了然于胸。所有这些都有助于他的撰史工作。

普罗科匹厄斯的主要著作为《战记》《秘史》和《论建筑》。《战记》(即《查士丁尼皇帝征战记》),凡 8 卷,作者详细记载了查士丁尼的武力征讨、用兵经过,以异乎寻常的描绘才能,将自己的所见所闻直录,为后人提供了可贵的第一手史料。《秘史》则与前书反其道而行之,描述宫廷之丑闻,刻意贬低查士丁尼与贝利萨留,与《战记》中两人光芒四射的形象形成了鲜明的对照,以致后人怀疑该书与《战记》一书的作者并不是同一人,但经近代学者反复考证,两书的确出自普罗科匹厄斯一人之手。倘将两书对照起来阅读,便可察觉史家之境遇及其不同时期的写作心态对撰史所发生的重要影响,令人深思。《论建筑》则记载了查士丁尼时代所营建的宏伟工程和公共建筑。

普罗科匹厄斯是拜占庭史学的卓越代表,他继承西方古典史学的传统,效法希罗多德和修昔底德,尤其是后者,更是他学习的榜样,比如他的文笔、修辞技巧乃至叙事中夹杂演说词的写法,都是"修昔底德式的"。但普罗科匹厄斯并没有把这位杰出的前辈史家的求真精神学到手,事实表明,他对史料疏于考订,所作记载并非全都言之有据。但不管怎样,普罗科匹厄斯的史著为我们展示了一幅查士丁尼时代的生动的历史画卷,为后人的历史研究提供了资料、创

---

① 汤普森:《历史著作史》上卷,第 1 分册,第 430 页。

造了条件。

3. 一门国际显学

如前所述,延续千年之久的拜占庭帝国(或东罗马帝国),无论在世界历史上,还是在世界文化史上,都具有举足轻重的历史地位。因此,它引起了国际学术界的广泛关注,或建立研究中心以聚众探讨之,或出版学术专刊以深入阐发之,或设立硕博学位以蓄才培养之,而著名的国际拜占庭学研究会则成为展示与汇聚各国各地拜占庭学研究成果的"大本营"。可以这样认为,拜占庭学已成为当今国际学术界的一门显学。

何谓拜占庭学?简单说来,它是研究中古拜占庭(330—1453年)历史、语言、文字和文化的学科,自16世纪末发端,迄今已有四百多年的历史了①。拜占庭学如同我们说的埃及学、亚述学一样,也应当是史学史研究工作者予以关注的对象。

自16世纪末开始至今,拜占庭学可大体分为早期阶段(16世纪末至17世纪末)、停滞阶段(18世纪)、现代阶段(19世纪至20世纪80年代)、当代阶段(20世纪80年代至今)。研究主要集中在欧美地区,如德、法、俄、希腊等国,二战后,美国的拜占庭学异军突起,如今已拥有世界上最好的拜占庭学的专业图书馆,欲执国际拜占庭学之牛耳。

总之,当今国际拜占庭学研究呈现出生机勃勃的发展势头。据1997年国际拜占庭学研究会的总结报告中称,百年来拜占庭学发展的重要标志是:首先,它构建了比较完整的学科体系和内部构造;其次,世界各主要国家开展拜占庭学教育和培养高级后备力量的工作取得了长足的进步;再次,拜占庭学研究的国际化,其研究队伍从欧美扩展到世界各地等。

相较而言,中国的拜占庭学颇为落后,它起步于20世纪50年代,又相对滞后于其他学科。比如苏联学者列夫臣科的《拜占庭》这本简明的拜占庭史书竟在我国使用30年而无书可替代,由此可见一斑。可喜的是,新时期的中国拜占庭学研究,在学科建设、学术成果、人才培养、合作研究、研究机构等多个方面,都取得了重大的进步。有论者指出:"拜占庭学研究在国际学术界虽属'显学',但在我国仍属落后学科,改变这一局面有赖于中国学术界的共同努力。"②此语信然。不过,要改变"落后"局面的,岂止是拜占庭学,至少还应包括埃及学、亚述学等东方学的重要分支。

---

① 具体情况,可参见陈志强:《拜占廷学研究》,人民出版社2001年版。该书以翔实的资料,条分缕析地为我们展示了当今拜占庭学的研究情况。本小节资料也得益于该书。
② 陈志强:《拜占廷学研究》,第36页。

第四章 近代史学（Ⅰ）

西方社会走出中世纪，通常认为是从 14 世纪初的文艺复兴时代开始的。文艺复兴运动打碎了中世纪思想锁链的最初环节，给西方社会带来了一次思想解放，更开启了西欧历史的伟大转折。随着文艺复兴运动的播扬，中世纪的漫漫长夜即将破晓，而逐渐迎来了近代文明的曙光。

这当然取决于时代的变革。在 14 世纪，尤其在 15、16 世纪，那种长期稳定的、几乎被认为是静止的农本经济，率先在西欧的一些地区，逐渐滋生出越来越明显的否定它自身的力量——一股为打破这种闭塞、走出中世纪隔绝的力量。这股力量就是新的资本主义生产方式的产生。随着东西方新航路的开辟，分散的世界逐渐联系为一体。于是，在这种新的生产力与生产关系的作用下，在这种新的经济因素和政治结构的制约下，在世界历史发生大变革的形势下，其文化也发生了根本的变化，西方史学自然也发生了一次新的转折。

本章所述，属于近代西方史学的发轫阶段，大体从文艺复兴、宗教改革迄至 18 世纪初"博学时代"的结束。

一、近代文明的曙光

14—17世纪,即世界历史上通常所谓的文艺复兴时期,历史学面临着新问题,也呈现出新的特征。这些新因素的确有着厚实的社会土壤和学术基础。

1. 社会新发展和公民人文主义

"文艺复兴"正值欧洲资本主义的原始积累时期。资本主义发展较早的国家,除了在国内为资本运行营造便利条件外,还向海外肆意扩张,掠夺殖民地;政治上,欧洲国家上层市民和"王权"结为同盟,以实现其本土和海外利益的最大化;意识形态领域,宗教改革和反改革势力进行了惊心动魄的搏斗;受压迫和奴役的阶层奋起抗争,如佛罗伦萨梳毛工人发动起义,德意志爆发农民战争,尼德兰掀起革命运动等。这一时期各种势力的较量,在欧洲历史上是前所未有的。一幕幕学术剧就是在这样一个社会舞台上上演的。

随着近代知识的勃兴,人的精神走向世俗化。这一时期的人文主义者多是世俗生活的追求者,古奇说得很精辟:"与其说意大利的文艺复兴,是对权威的有意识的反抗,不如说它是一个思想世俗化的运动。对于人,对于人的智力和人体美的引以为自豪的喜悦心理,取代了中世纪理想中的忧郁的禁欲主义。对人类在世间的成就的研究,取代了对人的精神特质和死后情景的臆测。"①

世俗生活精神最集中的表述就是站在时代潮流前端的公民人文主义。人文主义的核心是以人权代替神权,以人本代替神本;而公民人文主义的最根本内容,则是积极介入公民事务的思想与精神倾向。文艺复兴期间,诞生了一批新型知识分子,他们多是一些视野开阔的政治家、外交家、律师或企业家。这就决定了其人生观、世界观、历史观是世俗的。他们使史学着眼于"人"和"人的事业",主张历史应当记载"人事",应当探讨社会现象的因果关系,应当以垂训为目的。正是这些具有学者和政治家双重身份的人们,把最初的人文主义推向了公民人文主义。但丁(Dante Alighieri, 1265—1321年)、薄伽丘(Giovanni Boccaccio, 1313—1375年)、布鲁尼(Leonardo Bruni, 1370—1444年)、比昂多(Biondo Flavio, 1392—1463年)、瓦拉(Lorenzò Valla, 1407—1457年)、马基雅维里(Niccolò Machiavelli, 1469—1527年)和圭恰迪尼(Francesco Guicciardini, 1483—1540年)等人,就是公民人文主义的倡导和践行者。近代西方史学就是

---

① 古奇:《十九世纪历史学与历史学家》上册,第68—69页。

在公民人文主义影响下逐渐成长起来的。

人文主义史学家模仿古典作家,用纯正的拉丁文写作,注重文笔的优美和辞藻的华丽,着力描写人物的性格和大规模的战争场面。他们强调历史为当前政治斗争提供借鉴,弘扬爱国主义,主张培养优秀公民和政治家,使公民人文主义城市史写作成为一种传统。此外,历史学分支学科,例如文献学、碑铭学、年代学、钱币学都得到发展。同时,从地域上而言,人文主义史学是意大利的产物,欧洲其他各地最初的人文主义历史学家都是意大利人,后来逐渐有许多本土人接受其思想,成为人文主义者。这样它就从意大利传播到了其他国家,并向欧洲其他地区广布。

2. 社会及学术活动的两重属性

克罗齐说:"任何过去有过的事情都不会返回,任何过去有过的事情都不能被取消。"①这句话发人深思。是的,中世纪的社会特征和文化特点,不会因为人文主义学者的涌现而完全消失。文艺复兴是新旧事物交替的阶段,无论是社会活动还是学术活动都存在着两重属性。

教会并非一无是处。事实上,教皇出于世俗需要,给予文艺活动以很大资助。例如,尤利乌斯二世将法国势力排挤出意大利以后,重建圣彼得大教堂,把布拉曼特等100位艺术家带到罗马,发掘并培育米开朗基罗和拉斐尔。莱奥十世的宫廷集聚着罗马的智士与才子,凡学者、教育家、诗人、艺术家及音乐家都受其庇荫。一时间,罗马成为欧洲的文化中心。教士中有不少腐化者,但是大部分足以作为他人楷模,教皇也曾经对教会的腐败进行整顿,例如庇护二世曾经通过免去多米尼克修会会长,来重新整顿威尼斯等地修道院松弛的纪律。

人文主义者一方面蔑视教会,但另一方面,他们的思想中仍残留着一些愚昧的想法。当时的意大利是一个神职人员充斥的国家,拥有的主教数量相当于其余西方天主教国家拥有的主教总和。而且,不容置疑的是,在意大利,教众的宗教热诚和神职人员是融为一体的,但是也存在相反的情况,那就是群众,特别是青年人,对神职人员报以蔑视态度。在一定程度上讲,反神职主义也恰好存在于真正的教徒之中,教会在满足他们精神生活需求的同时,神职人员却引起他们的愤恨和鄙视。人们对神职人员的无知、道德败坏和高薪厚禄的谴责积累越多,也就加深了对他们的仇视。但丁的态度就是既表现了这种对教皇和神职人员的蔑视,同时也表达了对教会和宗教的崇敬。他在《神曲》中,对于古代世界,除了保留基督教的记载外,也记录了异教的情况,在两者之间保持平衡。薄伽丘则接受了当时的算命和评梦学说,相信众魔之说,而且认为罗马早期的

---

① 克罗齐:《历史学的理论和实际》,第182页。

创建者阿尼亚斯游过冥府等。总之,那时的人文主义者自己常常屈服于精灵之下,在他们那雄辩滔滔的字里行间,充斥着周遭环境中那些关于鬼怪的故事或愚昧的想法。

这样看来,文艺复兴时期的文化就是教会和世俗的混合物。

就学者而言,大部分知识分子是天主教徒,参加神修运动的大部分是世俗人士。例如,彼特拉克(Francesco Petrarca, 1304—1374 年),善于模仿各种体裁的拉丁诗歌,力求用卷帙浩繁的历史和哲学著作来介绍古人的作品而不是去代替它们。正如保罗·奥斯卡·克利斯特勒所指出的,"宗教信仰和宗教虔诚在他的思想和著作中居核心地位,并且没有丝毫理由来怀疑他的陈述是否真诚。假如在宗教和古代哲学之间发生冲突的话,他将站在前者的教旨一边"①。这看似矛盾,其实不然,因为他既具有中世纪的特征,又有现代的气息,旧的和新的东西同样是他思想的基本组成部分。无疑,彼特拉克是他那个时代人文主义者的典型代表。

而且,就文化而言,大部分美术作品和严肃的文学作品仍是以宗教为题材的。例如美术,它的主要赞助者仍是教堂;主要目的仍是在下层人群中传播基督教,或用于与上帝有关的房屋的装饰;圣父、圣母、圣婴、受苦难的基督等仍是主要的创作对象。可是,人文主义者在进行这类创作时,已开始注重世俗性,崇拜健康的人体。正如丹尼斯·哈伊所说:"这几个世纪中知识领域里最明显的特征(用一句不太优美的话来表达),是它本质上是'世俗的',又是'天主教的'。"②

总之,在文艺复兴时期,新的生活方式,新的学习、思考的方法和内容确实出现了,但许多旧的传统,包括旧的生活习惯和思想方式依然存在。这种两重性在人文主义史学家身上都有所反映。

3. "古今之争"和"历史皮浪主义"

在文艺复兴时期,历史进步论是伴随着"古今之争"成长起来的。人文主义者最初首推古人为人们模仿和效法的榜样,但不久之后就遭到各种各样现代观念的挑战,争论的结果莫衷一是。这种相持状态持续了很长时间,直到 17、18 世纪之交路易十四统治时期法国论争和英国"书籍之战"的到来,才推向了高潮。

"古今之争"所围绕的主要问题是:第一,在哲学与自然科学知识方面,古人比今人懂得更多吗?第二,在文学与艺术方面,古人比今人更有成就吗?这场争论最初是在哲学、自然科学领域,后来发展到文学、艺术诸领域,可见,"该论争更像一场伴随有许许多多小冲突的持久战,而非只是大战一场;它铺天盖地地展开

---

① 保罗·奥斯卡·克利斯特勒:《意大利文艺复兴时期八个哲学家》,姚鹏、陶建平译,上海译文出版社 1987 年版,第 12 页。
② 丹尼斯·哈伊:《意大利文艺复兴的历史背景》,李玉成译,生活·读书·新知三联书店 1988 年版,第 36—37 页。

战斗,涉及了无数问题,但论战双方最终都没有(尽管不是完全没有)分出胜负,而是陷入了某种僵局"①。

"古今之争"本质上是历史退步说与历史进步说之争,它促使了近代历史进步论的形成,这场争论于18世纪初以尊今派的胜利而告终。文艺复兴时期,进步观念尚未完全挣脱宗教神学的束缚,又被套上古代权威这个枷锁。"古今之争"中,崇今派坚持历史进步学说,批判古代权威和宗教神学。这样一来,宗教神学的时间观念"末世论"受到质疑,厚古派"古胜于今"的仿古之风遭受打击。随着崇今派占据上风,"进步观念日益深入人心,于是形成了一种时代的思潮和信念"②。

文艺复兴时期,人文主义学者清算荒诞的古代故事,以怀疑精神审视文献和史料,这种精神凝聚成历史皮浪主义③,反过来又促进了史学的发展。

意大利的瓦拉证明了教会权威文献《君士坦丁赠与》的虚假性,辨析出李维《罗马史》中的错误记载,并质疑拉丁文《新约圣经》的可靠性,这些启发了后世学者对宗教文献的怀疑。无论当初出于怎样的动机,从阿格里帕、波丹、蒙田到笛卡儿,成就了近代早期的历史皮浪主义。

德国的阿格里帕(Henry Cornelius Agrippa,1486—1535年),出于维护宗教神学的目的,于1526年出版《关于艺术和科学的自负和不可靠性》,斥责了所有领域的知识探索,特别是对历史学作出这样的判断:"编史者之间的分歧竟有这么大,居然能把同一素材写得那样反复不定或说法不一。这足以显示这种研究是不可能的,它只是证明了许多史家可能是道地的撒谎者。"④法国怀疑主义者笛卡儿(René Descartes,1596—1650年)对阿格里帕反对知识探讨的做法提出质疑,可是他否认历史知识逻辑的正确性,在贬斥历史知识虚假性问题上,却走上了与阿格里帕相同的道路。

法国学者波丹(Jean Bodin,1530—1596年)的《理解历史简易法》,承认历史学家偏见的存在,在某种意义上是对阿格里帕的呼应。他认为,人们热爱祖国,隶属于某个宗派,信奉某种宗教,都可能导致历史学家产生偏见,因此,历史著作中的历史真相最终都要受到怀疑。随笔作家蒙田(Michel de Montaigne,1533—1592年)继承这一态度,他对历史知识的怀疑拥有更多受众。他说过:"人人都可以写历史。"⑤其怀疑主义思想表明,一方面意味着不存在正确的东

---

① 列维尼等:《维柯与古今之争》,林志猛等译,华夏出版社2008年版,第107—108页。
② 张广智、张广勇:《史学,文化中的文化》,浙江人民出版社1990年版,第190页。
③ 皮浪主义起于公元前3世纪希腊怀疑派哲学代表人物皮浪(Pyrrhon)。同是希腊怀疑论哲学家的塞克斯都斯·恩皮里库斯(Sextus Empiricus)写出《皮浪主义纲要》(Outlines of Pyrrhonism),阐释皮浪的怀疑论。简单说来,皮浪主义就是怀疑主义,而历史皮浪主义可以理解为历史学领域中的怀疑主义。
④ 转引自哈多克:《历史思想导论》,王加丰译,华夏出版社1989年版,第61页。
⑤ 蒙田:《几位大使的一个特征》,《蒙田随笔全集》上卷,潘丽珍等译,译林出版社1996年版,第77页。

西,另一方面又意味着不存在错误的东西;任何真理都是矛盾的,对一个真理的否定就会产生另一个真理。文德尔班指出,在《蒙田随笔集》中,"理论见解和伦理观点的相对性,感官的错觉,主观和客观之间的鸿沟,主观和客观的不断变化,一切理智活动均依赖于非常不可靠的论据——所有这些古代怀疑主义的论点,在这里我们都碰到了,只不过不是以系统阐述的形式,而是在具体问题的讨论中乘兴结合;也因为如此,反而感人更深"①。

总之,文艺复兴时期的历史皮浪主义,为批判中世纪史著中的作伪,为博学派的勃兴,为史学走向科学化,提供了理论基础。

二、意大利史学

意大利特别是佛罗伦萨,为文艺复兴发源地,其历史写作也处于文艺复兴时代的领先地位,在许多方面取得了卓越的成就。

1. 古文献、器物的搜集整理与文献学

被誉为"文艺复兴之父"的彼特拉克醉心于古文献的搜集与整理。他拥有希腊文的《荷马史诗》,并鼓励里昂吉奥·彼拉多译为拉丁文。1345年,他首先发现《西塞罗致沃罗纳和阿提库斯的书信》抄本和李维《建城以来史》的一些残卷,并对后者进行了注释。同时,他应皇帝查理四世之请,根据文风中的语言变迁,对所谓的把奥地利置于帝国司法体系之外的恺撒契约进行辨伪。特别要说明的是,他的工作促使了瓦拉研究李维和考辨《君士坦丁赠与》的真伪。

佛罗伦萨 Vecchio 广场

---

① 文德尔班:《哲学史教程》下卷,罗任达译,商务印书馆1993年版,第492页。

在彼特拉克影响下,许多人文主义者热心于搜求古典文献。薄伽丘找到塔西佗《编年史》和《罗马史》残卷。萨鲁塔提发现西塞罗书信全集。布拉奇奥里尼曾组织4次较大规模的考察活动,搜集到西塞罗演说词、罗马诗人卢克莱修长诗《物性论》、匡体兰《雄辩术》、塔西佗《编年史》和《历史》、拉丁诗人斯塔提乌斯《诗草集》等许多古代作家的作品,并把色诺芬的《居鲁士的教育》、戴奥多拉司的《西西里史》译成拉丁文,他由此成为文艺复兴时期成果最多的古典书稿收集家。尼科利则抄录和整理普林尼、卢克莱修的作品和古罗马喜剧作家普拉图斯的12部古代喜剧手稿,并在去世时将800多册藏书转给了科西莫,成为佛罗伦萨洛伦佐图书馆的珍贵藏品。布鲁尼对古典时期的作品非常着迷,为古典的复兴作出过重要贡献。他是那个时代最伟大的人文主义者萨鲁塔提的门徒,后师从希腊学者克立索罗拉斯学习希腊文,培养了对古典文学和历史学的爱好,成为15世纪最有成就的翻译者之一。在1403年之前,布鲁尼就翻译了色诺芬的《神圣》。后来,相继翻译了普鲁塔克《传记集》中的部分内容如《小伽图传》《安东尼传》《皮洛士传》《狄摩西尼传》等。从1405年到20年代,他先后翻译了《伊利亚特》中的演说词,《柏拉图的早期对话》,以及亚里士多德的《伦理学》《伪经济学》和《政治学》。这些译本"很快取代了中世纪的翻译,成为整个欧洲权威性的学院文本"①。此外,在教皇尼古拉五世赞助下,瓦拉翻译了希罗多德、修昔底德的著作,而佩罗蒂则翻译了波里比阿的作品。

人文主义学者在找寻搜集古典著作的同时,还对古典世界的铭文和文化古迹产生了浓厚兴趣。1430年前后,尼科利率先在佛罗伦萨收集古器。洛伦佐·德·美第奇在他的宫殿中建有博物馆,教皇保罗二世从1457年开始收集碑铭,他的后继者息克斯塔斯四世创建了卡彼托博物馆。马若基和阿尔贝蒂尼两人获得莱奥十世资助,出版了《罗马城之古隽语》一书,这是古典考古学上的一件大事。1516年,莱奥任命拉斐尔综理古物。拉斐尔建议教皇运用教会的权威来保存所有古典遗迹,还建议组成专家团,按照从前奥古斯丁所定14个区,对所有古迹进行仔细勘查与记录。此外,基里阿科对古典铭文和艺术品的研究成果最多,其《古物评述》曾是后世考古学和史料学的标准读物。其继承者莱图斯,在自己家里开办了一个钱币收藏馆,并在有关古罗马政治、宗教研究中运用铭文史料。比昂多的《著名的罗马》《复兴的罗马》《胜利的罗马》,则把以往的古物收集变成了考古学。汤普森认为:"新兴的考古学不但对古典文艺的复兴提供了有价值的诠释,而且对批判的方法和历史的解释也作了很大的贡献。"②据此,他认为考古学这门学科是由比昂多所奠基的。须知,比昂多不仅是一位考古学家,而且也是

---

① E. 科兰:《意大利文艺复兴时期的历史学家与历史学》,芝加哥大学出版社1981年英文版,第18页。
② 汤普森:《历史著作史》上卷,第2分册,第708页。

一位历史学家。他最著名的史学著作是《罗马帝国衰落之后的历史，472—1440》。在该书中，他把410年罗马遭受劫难至1440年这一千年作为一个连续发展的历史时期。学界通常认为，"中世纪"（the Middle Ages）的概念是由比昂多提出来的，他对这千年的"中世纪"历史地位的肯定，这一识见到了吉本及其后的浪漫主义史家那里受到了重视，这之后"古代—中世纪—近代"三段历史分期论，也渐为西方史学界所沿用，对后世西方史学产生了深远的影响。

比昂多的著作

文献学方面需要强调的是瓦拉的成就。他于1471年出版《拉丁语的优雅》，1440年发表《君士坦丁赠与的辨伪》，1521年出版《斐迪南统治阿拉贡的历史》，此外还有《〈新约〉注》等。其中，最值得一提的是他对《君士坦丁赠与》系伪造的考证。

公元756年，法兰克王国国王"矮子"丕平把取自伦巴德人的意大利中部的土地献给教皇，使教皇拥有世俗权力，史称"丕平献土"。然而教皇嫌丕平威望不够，便于8世纪中期之后伪造了一个文件，名为《君士坦丁赠与》，称4世纪初君士坦丁把帝国首都东移到拜占庭时便将统治帝国西部地区的所有权力割让给了教皇。12世纪中期，这一文件被吸收到基督教法律中，作为教皇国立国的根据，也成为教皇国与世俗政权之间理解、界定统治权出现冲突时，有利于教皇国的一项重要依据。

在瓦拉以前，就有人怀疑这一文献，但是举不出充分证据。瓦拉则从文件中找出4世纪初不可能出现的文字，逐段对文本进行分析，从而充分证明了《君士坦丁赠与》是8世纪某个人编造的。对于瓦拉辨伪的原因，有人认为是替阿尔方索发泄对教皇的愤恨，也有人归因于其正统思想促使他追溯基督教文献的渊源。但更重要的是其史学观念，即"历史学与颂词不一致"，"历史学和修辞也不可分离"[①]，引导他坚持实事求是的原则，使用修辞手段对文本进行研究，最终结出其文献学硕果。

瓦拉的这一工作，揭穿了西方世界最著名的一次作伪，为新教改革势力反对

---

① E. 科兰：《意大利文艺复兴时期的历史学家与历史学》，第148—149页。

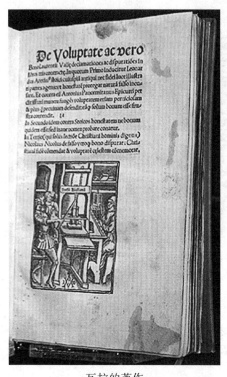

瓦拉的著作

教皇制度提供了有力武器,并唤醒了西方史学家的历史怀疑精神,那就是所谓的第一手材料或权威材料并非全是历史的真实。作为校勘的范例,他的成就可以说开创了下一个世纪伟大的文献校勘运动。在德国宗教改革运动中,马格德堡"世纪派"的一整套方法便可以追溯到瓦拉。

此外,拉丁文《新约》通常认为是由圣·杰罗姆翻译的,被教堂使用了千年之久。瓦拉对《新约》进行注释,就拉丁文《新约》文本进行了语言学上的细致考察,认定圣·杰罗姆并非拉丁文《新约》的翻译者。这一结论在当时引起了轩然大波。

此外,瓦拉还受彼特拉克的影响,为李维的《建城以来史》作注释工作。他在李维的著作中找出 185 处记载和传抄错误,并指出攸西比厄斯捏造了史实。

在瓦拉的影响下,伊拉斯谟等人开始用同样的方法来研究不同文本的《圣经》。特别是,瓦拉对于史料的怀疑态度,指出文献中语言和年代的错误,这是对古典史学中史料考证精神的最杰出的继承和发展,也是对文艺复兴时期史料考证方向的开拓。他为博学派奠定了方法论的基础,并启蒙了理性主义史学家的怀疑精神。

2. 人物传记写作的风行

文艺复兴恢复了人在历史上的中心地位,正如柯林武德所说:"史学思想又一次把人放到了它的画面上的中心地位","历史就这样变成了人类激情的历史,被看作是人性的一种必然体现"①。那时,人们特别看重个人声誉,而人文主义者还重视对他人进行评价,在历史和地方志写作中,非常注意不忽略当地每一个有名的人物,人物传记的写作盛极一时。

早在 14 世纪,维兰尼(Giovanni Villani, 1276 或 1280—1348 年)的《佛罗伦萨名人列传》,就记载了各种职业诸如诗人、法学家、医生、学者、艺术家、政治家和军人的事迹。彼特拉克则在威尼斯创作了他最伟大的作品《名人传》,其中包括从罗姆路斯到恺撒共 31 名罗马名人的传记。

1415—1416 年,布鲁尼撰写了《西塞罗新传》。1428 年,他的《斯特罗兹葬礼

---

① 柯林武德:《历史的观念》,第 99—100 页。

上的演说》把一些军事荣耀归功于某一个时期的斯特罗兹家族,可是那时这个家族的头目帕拉·斯特罗兹是很不得人心的,因此有学者一针见血地指出:"布鲁尼在《斯特罗兹葬礼上的演说》中大胆使历史屈从自己的目的。的确,演讲接近历史的虚构。"①1436 年,他还著有《但丁传》《彼特拉克传》。其写作动机非常明确。在这之前,薄伽丘曾写过《但丁传》,但布鲁尼认为,他"热衷于与爱情相关的部分,以致但丁生活中的严肃和重要的部分被搁置身后而被无声地忽略了。那些趣味性的小事情被记起了,涉及严肃的就只有沉默了",因此,他"为了再创造而重新写作但丁的传记,更多注意其更有价值的事情"。《亚里士多德传》是布鲁尼晚年的作品。这篇传记是其史学作品中最有代表性的一种。它具有广泛的史料基础,主要依据狄奥根尼和中世纪的《拉丁文传记》,也使用了西塞罗、普林尼、盖里乌斯、圣奥古斯丁等人的相关记载,还有来源不明的拜占庭的文献集、普鲁塔克和阿提卡的演讲,当然还有亚里士多德自己的作品。在形式上,该书继承了苏埃托尼乌斯和狄奥根尼的做法,其创新之处在于,把亚里士多德与柏拉图进行比较,与否定亚里士多德的观点进行辩论,同时努力在历史背景中讨论他与马其顿的亚历山大和菲利普、雅典和斯塔吉拉市民,以及与狄莫西尼斯、柏拉图等人的关系。这样,"《亚里士多德传》是一篇标志性的历史著作,远远超过了中世纪的《拉丁文传记》和波莱所汇编的简短传记,甚至在一些方面技术上超过了他的古代的传记作者。……亚里士多德第一次被表现为一个完整的人"②。

萨沃那罗拉则从 1440 年起开始写作《帕多瓦颂》,书中颂扬了带领特洛伊逃亡者建立帕多瓦的安特诺尔、神学家阿尔伯托、哲学家帕多万诺、诗人彼特拉克、历史学家李维等。

法奇奥(Bartolomeo Facio,1400—1457 年)的《名人录》作于 1455 年,至 1456 年完成。所记的名人,在时间上为 14 世纪后期到 15 世纪中期,即基本是其同时代或稍前的名人;在地域上主要是意大利人,艺术家和君主则有所例外。他把人物分为九类:诗人、演说家、法学家、医生、画家、雕刻家、有名望的公民、将领、君主等。在具体的人物排序上,不按时序、不论名声高低,而是随意安排。法奇奥的人物传记具有"述而不作"的特点,这导致他没有把相关人物与其社会环境联系起来进行考察,对学者们的作品也缺乏内容介绍和价值判断。正如布克哈特所说:"该书的体裁朴实而不尚修饰,其内容虽然简短,但充满了教训。遗憾的是法奇奥没有更全面地深入到他所描述的人物的个人关系和环境中去,也没

---

① J. 翰金斯:《修辞学、历史和意识形态:利奥那多·布鲁尼的公民颂文》,詹姆斯·翰金斯:《文艺复兴公民人文主义》,剑桥大学出版社 2000 年英文版,第 164 页。
② G. 格利菲斯等:《新哲学》,高顿·格利菲斯译:《利奥那多·布鲁尼的人文主义》,中世纪和早期文艺复兴研究中心 1987 年英文版,第 262 页。

有给他们的一系列作品附加一些有关内容和作品价值的介绍。"①

科尔蒂斯(Paolo Cortese，1645—1510年)在15世纪末写成《学者对话录》一书,以对话体的形式记录了以往的历史人物,与法奇奥"述而不作"的风格不同,该书轻事实重评论,延续人文主义者重修辞学的传统,对历史人物进行了大量评论。其缺点是事实过于简略,有时评论也不够透彻。

此外,曾担任教皇尼古拉五世秘书的米兰人德森布里奥(Piero Candido Decembrio，1399—1477年),模仿斯韦托尼阿,著有《佛朗西斯科·斯福查传》。其他著名的还有韦斯巴西安诺·达·比斯提西(Vespasiano da Bisticci，1421—1498年)的《十五世纪名人传》，1475年出版的普拉提那(Platina，1421—1481年)的《历任教皇本纪》等。

另外,1520年,马基雅维里写成并出版《卡斯特拉卡尼传》,这是为14世纪卢卡的一位君主卡斯特拉卡尼所写的短小传记。马基雅维里对传主的生活细节不感兴趣,而是关注如何剪裁和加工史料才能打动读者。一开始,他把卡斯特拉卡尼描写为一名弃儿,就命运女神在人类事物中的力量问题发表了看法;当接受了牧师教育的卡斯特拉卡尼开始埋头钻研兵器的时候,同样给作者一个机会去讨论关于文学与军事所具魅力比较的古典论题;这个悔恨的暴君临终发表演讲的情节设置,则符合古代编年史的传统。书的最后编排了许多卡斯特拉卡尼聪明机智的故事,也完全是为了获得修辞上的效果。

这一时期,有关妇女的传记也非常发达。薄伽丘的《名妇女传》,从夏娃开始,记载了埃及古代的97位以及中世纪的7位妇女,一直写到那不勒斯的约翰娜皇后。

在自传方面,有教皇庇护二世(Pius Ⅱ)的《回忆录》,雕刻家和作家切利尼的《自传》,医学家和数学家吉罗拉莫·卡尔达诺(Girolamo Cardano，1500—1576年)的《我的自传》。

总之,"文艺复兴时代的传记与其说是古典写作的反映,远远不如说它是那个时代自然而然的表现。文艺复兴是个奔放的时代。……写出自己的传记或画出自己的肖像成了那个时代许多意大利人至高无上的抱负"②。瓦萨里的《意大利艺苑名人传》(简称《传记》)是这些传记中最杰出的代表,以下展开具体论述。

瓦萨里(Giorgio Vasari，1511—1574年)出身于商人家庭,在绘画方面受到堂祖父拉卡·西格诺里的启蒙。其父安东尼奥·瓦萨里有着良好的社会关系,鼓励他发展其绘画天才。他名义上师从佛罗伦萨的米开朗基罗,实际上跟从安德里·德·萨托学艺,但与前者之间保持着亲密的关系。1540年,瓦萨里来到

---

① 布克哈特:《意大利文艺复兴时期的文化》,何新译,商务印书馆1979年版,第145页注释。
② 汤普森:《历史著作史》上卷,第2分册,第701页。

佛罗伦萨,在繁忙的工作之余从一个城镇漫游到另一个城镇,最远到了那不勒斯,为不同的保护人做油画或者壁画。在旅途中,他把所见到的艺术作品的草图、素描、速写和印刷品搜集起来,为后来的写作奠定了基础。

《传记》的写作受到当时一些著名人士的影响。那时最著名的史学家和传记作家保罗·乔维奥获得了艺术实践和艺术评论界的普遍认可,1546年,他建议瓦萨里以系列传记的形式重新撰写艺术史。同时,米开朗基罗也使瓦萨里认识到写作比绘画更适合自己。而具有良好文学素养的安尼鲍·卡罗则帮助他完善、提升了写作才干。

1550年,《传记》的最初版本出版。为了进一步修订和补充,瓦萨里继续在意大利城镇中游历,以检验书中的事实,同时搜集新材料。

瓦萨里

1568年,修订后的《传记》问世,这时的瓦萨里已经是罗马和塔斯坎尼艺术界元老级的人物了。

两种版本第一部分的序言都是从讨论古代艺术的杰出和受到尊重开始的,然后考察了它的衰落与遗存,进而是关于走向当前完美的艺术再生的论述,总体结构和理论性的文字没有什么变化。其区别在于:第二、三部分的序言在文风上有所变化。新版有20多个完整的新传记,许多新增传主当时尚健在,而且一些片段的描述更为细致,包含了更多的信息,例如对于君士坦丁的拱门的讨论。特别是,在新版中印刷史的分量增加了,这样,"《传记》"得以扩展,也就成为第一部印刷史"①。

今天所见的《传记》全本,除了上述提到的三部分"序言"外,还有全书的"序言"。瓦萨里把近代艺术分为三个阶段,即:以乔托为代表的童年时期,对中世纪的反叛;以马萨乔为代表的青年时期,辉煌的复兴;以达·芬奇和米开朗基罗为代表的成熟期,巨人的时代。从时间顺序上,大体上与14、15、16世纪相吻合。不过,传记写作的主线条,在第一部分序言中说得非常明了,即在传记中他将尽其所能遵照风格的顺序而不是年代顺序。这样一来,就有可能使风格顺序与时间顺序相冲突,并因此出现看似混乱的现象。例如,西格诺里和卡帕奇奥活跃于

---

① R. H. 盖茨切尔:《注释本瓦萨里艺术家传中的意大利和北方印刷史》,埃德文·麦伦出版社2003年英文版,第1页。

1550 年之后,却被放入第二部分;而达·芬奇和布拉门特活跃于 15 世纪的 70 年代和 80 年代,却被纳入第三部分。对于具体的传主而言,通常做法是,一个传记包含一个传主,即首先叙述艺术家孩提和早年所受的训练,接着按照年代顺序写其生平,然后描述其作品、技法,最后以记述死亡和适当的纪念仪式结束。当然,也存在例外情况,如他采取"合传"的方式来处理一组艺术家,以第一个也是最重要的艺术家的名字来给传记命名,而实际上描写了艺术家的群体。

如果按照实证史学或者科学史学的眼光来看,《传记》存在着种种问题,如:对于一些事件的记载具有不可靠性;艺术家身份错误;对艺术家首字母的征引有误;对印刷品日期的使用不太严谨;由于不是印刷方面的行家,瓦萨里虽对印刷技术很熟悉,但不够精湛,因此对一些具体印刷技术的叙述存在不当等。但无论如何,《传记》仍具有极高的学术价值,可以概括为如下几个方面:第一,《传记》为我们提供了那个时代有关艺术家的大量的"史实",具有极为难得的史料价值。对此,过去就有学者指出:"他的《传记》对于文艺复兴艺术史的研究是基本史料。"[1]第二,《传记》是艺术史的开创之作。瓦萨里的《传记》第一次把艺术家推到主角的位置,并从细微处考察了艺术史。他本来就是画家和建筑师,能够平静地对待绘画与雕塑在历史上的雌雄之决、高下之争,从而提出雕塑和绘画是一对孪生姐妹,拥有同一个父亲——构图,是共生的。第三,经他最后认可的全书和三个部分的序言堪称《传记》的灵魂,其中提出的"艺术再生"的概念,以及他对写作方法的阐述,均对后世艺术史的发展与研究产生了深远的影响。难怪有人说:此书"是意大利文艺复兴的《圣经》——尽管不是全部的——然而是艺术史的"[2]。

《传记》是一部前所未有的鸿篇巨制,在以后的三个世纪中,凡涉及这一领域的作者均以其为范本,有论者认为,"瓦萨里艺术史模式的成功和影响是巨大的,直到今天许多艺术史家仍然把文艺复兴摆在整个艺术研究领域的中心就是一个有力的证明。进步的理念、历史地评价艺术作品和艺术家的观点、影响的观念——根据这点,一个艺术家或流派的风格特性可以追溯到连续几代人的影响关系,所有这些都是瓦萨里艺术史方法论特点保持到今天的标志"[3]。他在历史连续与进步中发现了古代艺术再生,积淀出"风格""构图""尺寸""比例"等艺术史的概念。在瓦萨里那里,艺术变成了一连串拒绝古典理想衰退、不断再生的过程。对再生的夸大必然会减弱复兴的历史意义:它很难掩饰这种历史进程的基

---

[1] P. L. 拉宾:《瓦萨里:艺术和历史·序言》,耶鲁大学出版社 1995 年英文版,第 7 页。
[2] D. 艾瑟吉恩:《导论》,瓦萨里:《著名画家、雕刻家、建筑家传》,人人丛书 1996 年英文版,第 15 页。
[3] 保罗·杜罗、迈克尔·格林哈尔希:《西方艺术史学——历史与现状》,汉斯·贝尔廷等:《艺术史的终结?》,常宁生译,中国人民大学出版社 2004 年版,第 28 页。

本不变的特征。因而,与其说瓦萨里《意大利艺苑名人传》提供了一种艺术史写作的模型,毋宁说它提供了一整套美学的规范。

3. 佛罗伦萨历史学派

但丁热情讴歌世俗生活,积极参与公民事务,强调个人努力的意义。薄伽丘也非常关注世俗事务,极力歌颂人的价值、人的尊严和人的力量。他们的这些思想和行为倾向,引导后世意大利城市史写作走向公民人文主义,涌现了像维兰尼、布鲁尼、马基雅维里、圭恰迪尼等史学家群体,我们姑且以地名称之为"佛罗伦萨历史学派"。

维兰尼于1300年访问罗马,罗马的历史沧桑感,促使他撰写了一部《佛罗伦萨编年史》。其后,他的弟弟马提奥和侄子脂力波又续写了几章,一直编到1363年。该书广泛考察了佛罗伦萨从神话时代到维兰尼所生活的时代的历史。书中虽然仍有中世纪编年史的痕迹,但与之不同的是,维兰尼所讲述的佛罗伦萨的故事是乐观、积极向上的,而且他使用了大量拉丁语和方言的文献,包括宗教、占星术和商业文献;并在写作中采用确定日期的做法,这使他的著作比最好的中世纪的编年史都要可靠。特别是,维兰尼曾担任过羊毛业行会执事、造币厂厂长、管理手工业的官员,还是国际银行家波鲁茨和布奥纳考西公司的合伙人和同事。而那时,佛罗伦萨正是全欧洲最繁荣的工业和银行业中心。因此,他关于佛罗伦萨经济状况的记载很有价值,汤普森对此评价说:"构成微拉尼(维兰尼)著作的主要价值的是关于经济和商业以及社会情况的丰富记述。"[①]

总之,维兰尼的《佛罗伦萨编年史》是了解13—14世纪意大利历史的重要著作,为后人撰写佛罗伦萨史奠定了基础。而且,他所建立的历史编纂传统也为后人所继承,在布鲁尼、马基雅维里、圭恰迪尼那里得到充分体现。

布鲁尼1416年撰写了《佛罗伦萨人民史》第一卷,1428年完成第六卷,1429年六卷本著作出版。此书从苏拉老兵建立佛罗伦萨开始,一直写到亨利七世越过阿尔卑斯山,教皇哥里格利去世引起混乱和教会的分裂。

布鲁尼特别强调史学对于社会的实际功用。关于《佛罗伦萨人民史》的写作,他这样说道:"这些行动对我来说似乎值得记录和记忆,我认为了解它们将对公众和个人的目标都有利。因为,假如我认为大些岁数的人们更明智,那是由于他们见识了更多的生活,如果我们细心阅读历史的话,那么它给予我们的明智将会多么大啊!"[②]这一史学价值观跟他的公民人文主义思想密切相关,有人把布鲁尼的公民人文主义概括为:活跃的生活优于沉静的生活,财富优于贫困,婚姻

[①] 汤普森:《历史著作史》上卷,第2分册,第683页。
[②] 布鲁尼:《佛罗伦萨人民史·序言》第1卷,哈佛大学出版社2001年英文版,第3页。

马基雅维里

优于独身,政治行当优于寺院行当。《佛罗伦萨人民史》具有强烈的公民人文主义色彩,在书中,布鲁尼把佛罗伦萨的成功归于其享有共和国的自由,自由孕育了美德、勇气、勤劳和强壮;而自由的衰落,就像罗马帝国和随后千年跌落进黑暗时代所证明的那样,将会摧毁所有的美德和伟大。共和国家和公民道德的力量、国家昌盛之间密切关联,是布鲁尼贯穿全书的主张与叙述的基调。《佛罗伦萨人民史》在后世享有崇高的地位,奠定了马基雅维里《佛罗伦萨史》的写作基础,尽管后者最终取代了前者。

人们一提到马基雅维里(Niccolò Machiavelli, 1469—1527年),就会联想到他的《君主论》。

是的,马基雅维里无愧为近代著名政治思想家,他于1513年问世的《君主论》,更成了阐发其政治思想的惊世骇俗之作。

马基雅维里在《君主论》中写道:

> 君主既然必须懂得善于运用野兽的方法,他就应当同时效法狐狸和狮子。由于狮子不能够防止自己落入陷阱,而狐狸则不能够抵御豺狼。因此,君主必须是一头狐狸,以便认识陷阱,同时又必须是一头狮子,以便使豺狼惊骇。
>
> 因此,一位君主必须有一种精神准备,随时顺应命运的风向和事物的变幻情况而转变。……如果可能的话,他还是不要背离善良之道,但是如果必须的话,他就要懂得怎样走上为非作恶之途。①

这篇作品,表面看来,似乎是揶揄君主,

马基雅维里《君主论》之扉页

---

① 尼科洛·马基雅维里:《君主论》,潘汉典译,商务印书馆1985年版,第83、84页。

实际上是为了取悦君主。他的确能揣摩君主的阴谋心理,并把这些和盘托出,在对伪善进行揭示的背后,其意图是把道德从政治领域里剥离出来,为君主治理天下献策。他所表述的这种政治与道德两分的观念,是出于意大利社会的现实诉求。

《君主论》全书26章,首章以"从古至今,统治人类的一切国家,一切政权,不是共和国就是君主国"的超然笔法开篇,却以意大利诗人佩脱拉克的激情诗篇结尾:"反暴虐的力量,将拿起枪/战斗不会很长/因为古人的勇气/在意大利人的心中至今没有消亡!"这种强烈的反差令人震撼,其中有"令读者刻骨铭心的意象,隐喻和劝告"①。正如利奥·施特劳斯所言:"它既是一部学术专著,又是一本特殊时代的宣传鼓动作品,既带有传统的外观形式,又隐匿着革命性内涵。"②也许正是这种相悖与落差,才使《君主论》成为一本"奇书",并由此散发出独特的思想魅力。

从传统意义上而言,《君主论》通常被认为是一本政治学著作,他对从政经验以及佛罗伦萨历史的理性思考与总结,可视为一种"政论"。不过,"政论"即"史论",从这一角度来看,《君主论》也是一本历史著作,以现当代史论证其政治理论,用其政治理论解读现当代史。由此可以说,马基雅维里还是意大利文艺复兴时代"最伟大的历史学家"③。

不过,马基雅维里由近及远,由对君主制的鼓吹到对古罗马共和政体的讴歌,借古思今,其旨都是力挽狂澜,重整河山,为意大利的未来出谋划策。这就说到了他的《论李维》一书。此书于1517年完成。众所周知,李维是古罗马三大史家之一(另二人为塔西佗、撒拉斯提乌斯),他的《罗马史》(《建城以来史》),凡142卷,目前留存于世的只有35卷及少量片断。马氏没有对这部长篇巨著作整体考察,只是选择了该书前十卷,以罗马古史映照当时的佛罗伦萨,以古喻今,字里行间寄托了他的政治思想。因此,他写作此书的目的,"并不是要将古代的体制和秩序,单纯地发掘出来,使之重见天日,而最重要的是要证明,现代人能够对它们加以效仿"④。

倘若我们把他的《论李维》说成是古代史,想来是不会有疑义的,因为他借李维之书(前十卷)说的是古罗马的共和制,是罗马古史。

1498年,马基雅维里出任佛罗伦萨共和政府中的国务秘书,集防务与外交两件要务于一身,大权独揽。然而,好景不长,1512年,美第奇家族在强邻西班牙人的扶植下,扼杀了佛罗伦萨共和国,造成僭主政治的复辟。他不仅失去了官

---

① 毛里齐奥·维罗列:《尼科洛的微笑:马基雅维里传》,段保良译,上海人民出版社2008年版,第145页。
② 利奥·施特劳斯:《关于马基雅维里的思考》,申彤译,译林出版社2004年版,第77页。
③ 汤普森:《历史著作史》上卷,第2分册,第711页。
④ 利奥·施特劳斯:《关于马基雅维里的思考》,第116页。

职，还因涉嫌一起反美第奇家族的阴谋案件，锒铛入狱。获释以后，他从此退出政界，息影山林。"塞翁失马，焉知非福。"退出政坛后，他专事著述，却反而成就了作为历史学家的马基雅维里。1520年，美第奇家族授予他"史官"的头衔，并要求他写一部佛罗伦萨的历史，其意在于为美第奇家族歌功颂德。不过，他却以史家之职志，以极其认真的态度，写了一部《佛罗伦萨史》。

这部历史著作，凡8卷，从蛮族入侵始，一直写到1492年豪华者洛伦佐之死。其中第一卷涉及自蛮族入侵以来的整个意大利史，第二卷概述佛罗伦萨自建城之初至14世纪的发展简史，这两卷可为全书之"导言"。从第三卷开始，即按照年代顺序，集中记叙佛罗伦萨城兴起及发展的经过，止于1492年。此书略古详今，是一部很典型的近现代史，被马克思称之为"杰作"①。在该书中，他继承和发扬了古典史学家们"以史为鉴"的思想，非常在意历史上的公民事务，例如以道德教诲的方式叙述雅典公爵于1342年作为一个暴君统治佛罗伦萨并在次年被赶下台，展示了1378年革命的道德以启示历史，讨论了美第奇如何兴起并夺得权力。在宣传祖先的功业以鼓励后人模仿方面，马基雅维里做得不仅不够，甚至完全是相反的。他指出：意大利各位君主对内对外所作所为"比不上古人的品德高尚和伟大那样值得景仰"，"我们还是可以看一看这些君主、武士和各共和国的领导者，为了维护他们从来都不配得到的荣誉，如何利用诡计、欺骗和狡黠手段指导他们的行动"②。因此整部《佛罗伦萨史》就是围绕着衰落和崩溃的主题写作的。马基雅维里的这些做法，表面上似与公民人文主义的旨趣不符，可是深究下来可以发现，他实际上强调了一般人文主义者所忽略了的历史上的消极一面。因此，可以说他把公民人文主义理解得更为全面了。

如果放开眼界，并不拘泥于历史学著作的严格含义，在我们看来，他的《君主论》《论李维》和《佛罗伦萨史》，是互为补充、相互照应的，实际上构成了一个系列：《论李维》说的是罗马古代史，《佛罗伦萨史》侧重写的是近现代史，《君主论》则是讲述当代史。对此，作为历史学家的马基雅维里，也许是始料未及的。

那个时候，能与马基雅维里相提并论的是圭恰迪尼（Francesco Guicciardini，1483—1540年）。他从1508年开始撰写《佛罗伦萨史》，原打算从1378年西奥莫皮反叛至少写到1509年，但中间几经断续，最后并未完成，而且后面的章节还处在粗糙的草稿或者零碎的笔记状态。书稿在1737年被重新发现，但是作者身份不明，直到1930年才被确定下来并被编辑出版。

圭恰迪尼的《佛罗伦萨史》从1378年教会的分裂写到意大利战争早期的1509年比萨被围，与马基雅维里一样，都着重于政治史，探索形成困境的原因和

---

① 《马克思恩格斯全集》第13卷，人民出版社1960年版，第475页。
② 尼科洛·马基雅维里：《佛罗伦萨史》，第233页。

摆脱困境的方法。但是与马基雅维里相比,圭恰迪尼更为悲观。另外他也在该书中回溯了城市的建立者,与马基雅维里不同,他对这些建立者的品质是予以赞赏的。由于他本来不打算出版书稿,而且书稿写于美第奇家族被放逐期间,因此在谈论洛伦佐时比马基雅维里更加不受拘束,也更为真实。

此书疏凿源流,扶隐钩沉,探究因果,且文笔活泼流畅,凡此种种,在佛罗伦萨城市史的书写中可称得上是上乘之作。

圭恰迪尼不只是为一个城市撰史,其视野摆脱了地方史的写作局限,力图把意大利看作一个整体,其史学实践就是他的《意大利史》,该书叙述 1490 年至 1534 年之间的历史。他为此广泛查阅原始资料,核对史实,在其生命的最后 4 年,对其书的一部分还改写了 7 次之多。在这方面,他是要远远超越当时的人文主义史家的。不过,

圭恰迪尼

后世史家对圭恰迪尼的评价不一。其实,若按照科学史学的观点来看,圭恰迪尼无疑在史料的真实性和确切性上尚存在着一些不足,但是,在文艺复兴时期,他能够把历史写作做到那一步已实属不易,堪称那个时代可与马基雅维里相匹敌的卓越的历史学家。

三、法 国 史 学

法国毗邻意大利,相互之间多有联姻,而且有多位法国人曾担任罗马教皇,具有接受意大利人文主义影响的得天独厚的条件。早在 14 世纪,法国国王查理五世就资助文化事业,从意大利搜集了许多古典文献和工艺品。后来,查理八世入侵意大利,一方面许多意大利人到法国政府任职,另一方面许多法国贵族子弟到意大利接受教育,使得法国在文化上搭上意大利的班车,法国史学也同样接受了人文主义的洗礼。

1. 历史写作形式与内容的扩展

文艺复兴时期,回忆录是法国历史写作的一种主要表现形式。曾任路易十一和查理八世顾问的科曼(Philippe de Commines,1447—1511 年),出使过意

大利,晚年撰写《回忆录》8卷,记载他在充当顾问期间的见闻。书中注重对某些重大事件和君主行为与心理的评析,还对意大利和法国的政治制度进行了比较。尽管书稿存在失真之处,但毕竟为研究这两位法国国王提供了重要参考资料,而且代表着法国史学世俗化的发展方向,科曼因此也被誉为法国第一位人文主义史学家。此外,路易十二时代的道顿(Jean d'Auton,1467—1528年)、之后的佛罗伦日(Marshal Fleuranges,1491?—1537?)、马丁·杜·培雷(Martin du Bellay,1495—1559年)及其兄弟基云(Guillaume du Bellay,1491—1543年)都写有《回忆录》。宗教战争期间,更多的回忆录被撰写出来,其中,佩尔·德·勒斯托瓦(Pierre de L'Estoile,1546—1611年)的《回忆杂录》、克罗德·哈顿(Claude Haton,1534—1605年)的《回忆录》等就是其中的佼佼者。前者从1574年写到1611年,由于其目的不是公之于众,因此具有比较强的可靠性;后者从1543年写到1586年,内容可分为通史、地方志、气象和轶事等方面,观点上则代表着法国农村普通百姓的立场。这些回忆录虽着重于宗教之争,但由于记载了关于宗教、疾病、人口、物价等方面的社会细节,为后人研究那个时期的历史提供了重要的依据,故被西方学者誉为"最好的回忆录和杂记"。

此外,钱币学、年代学与碑铭学也取得了开创性成果。布德(Bude,1467—1540年)在巴黎大学开设古希腊语和拉丁语讲座,研究、考证、校勘古典文献,并在古钱币研究方面卓有建树,他将其研究心得撰为一篇论文《论阿司》,开辟了钱币学研究的方向。斯卡利格(Scaliger,1540—1609年)写于1583年的《论年代的订正》,奠定了年代学的研究基础;并于1603年出版了12卷本的《希腊、拉丁铭文集》,对碑铭学也做出了贡献。这些虽然表面上与人文主义没有直接联系,但实际上却是意大利人文主义者崇尚和复兴古典传统的表现。

2. 民族史写作的勃兴

文艺复兴时期,意大利在语言学、法学、政治学和历史学方面对法国产生了重大影响①。在意大利人文主义思想的沐浴下,法国史学开始呈现出民族化特征。所谓民族化,就是淡化罗马对法兰西的影响,歌颂法兰西民族历史上的杰出人物,宣扬法兰西爱国主义。这里举出几位代表性史学家以见一斑。

罗伯·盖冈(Robert Gaguin,1433—1501年)是三位一体派总牧师,担任过巴黎大学教职,曾受路易十一、查理八世派遣,出使德、英、意大利等地。1495年,他出版了《法兰克人的起源和事业纪要》,并于生前作过4次修订。在这本书里,他剔除了关于高卢起源的各种传说,从头到尾都表现出爱国主义和法国文化自豪感。

---

① 这方面可以参考徐波:《文艺复兴时期法国民族史学研究》第一章"意大利人文主义对法国学术的影响",四川人民出版社2006年版。

克罗德·德·西塞尔(Claude de Seyssel,1450—1520年)于1519年出版《伟大的法兰西君主国》,把路易十二当成法国伟大的君主加以崇拜,并竭力批驳对于他的攻击。

迪埃朗(Bernard de Girard du Hailan,1535—?)于1576年出版《法国史》,歌颂法兰西的伟大和美德,力图表现法兰西的独特性和本土性。他是用俗语编写法国历史著作的第一人。

德·图(Jacques Auguste de Thou,1553—1617年),曾担任过教职、民政官员、巴黎高等法院法官、皇家图书馆馆长,著有《我们时代的历史》,前80卷出版于1604年,全书138卷出版于1620年。书中主要叙述了16世纪法国的政治和宗教,对教廷予以批判,并提倡民族认同。

艾蒂安·帕基耶(Étienne Pasquier,1529—1615年)著有《法兰西研究》,以语言史、法律史、封建制度等为研究内容,旨在阐释法兰西制度的独特性,被誉为"史学界的蒙田"。有论者指出:"他的著作中法兰西民族史观的充分展现,代表了文艺复兴时期历史学的最高水平。"①

3. 对历史认识的理论反思

文艺复兴时期,就历史认识问题进行反思的法国学者,当首推让·波丹(Jean Bodin,1530—1596年)。他被西方学者誉为16世纪的孟德斯鸠,于1566年发表《易于理解历史的方法》。

受文艺复兴思想的熏陶,波丹反对以赫西俄德为代表的历史倒退思想,明确提出历史进步观点,认为人类已经从自然状态中得到改良,在许多方面现代性意味着对旧的东西的改进。他反对从《但以理书》中引申而来的基督教静止的四帝国说,而代之以从地理环境出发来考察具体历史进程的世界史三阶段学说:埃及和美索不达米亚时期,希腊和罗马时期及北方民族时期。这一划分有相当的进步性,因为它抛弃了以前那种世界史的终极结果就是某个民族或某种精神最终居统治地位这一非常荒谬的理论,

让·波丹的著作

---

① 徐波:《文艺复兴时期法国民族史学研究》,第243页。

首次承认各个民族相继登上历史舞台,并对历史作出了各自独特的贡献。波丹的分期说是维柯关于三个时代划分——神的时代、英雄的时代和凡人的时代——的先声,而且与黑格尔把历史划分为东方、希腊罗马、德意志文化相似。他关注地理环境对于人类历史的作用,广泛论述了气候对人类历史的影响。就法国学者而言,孟德斯鸠和伏尔泰地理环境决定论的观点就受到了波丹的直接影响。保尔·艾维斯指出,波丹的"这一分期不是基于历史拯救的展开,而是人类存在的自然决定。在民族特征归因于环境和地理影响而不是神圣条例或者星球的地方,产生了这样的可能——人类特征将被看作有韧性的和开放地走向发展的"①。

波丹极力推崇历史写作,认为它不仅超越各种艺术,并且位居各种学科之上。他认为,历史学可以起到解释现在和预言未来、抑恶扬善、引导生活的作用。但是,这并不意味着人们可以随便书写历史,相反,波丹认为历史写作首先关心的是真理和公正。他从法律角度来理解历史的编纂。他认为,历史的形式有三种,即人类史、自然史、圣史。而首先应该关心的是人类史。人类的历史学与法律非常相似:第一,像法律一样描述和鉴定人类的意志行动;第二,像万民法一样覆盖整个世界的民族;第三,像法律工作者一样,历史从业者需要具有理解公共事务的能力;第四,历史学家跟法理学家需要法律证据一样,应秉持文献证据的观念。

但对于历史学家是否能做到真正的公正,波丹表示怀疑。他认为,由于人们习惯于热爱自己的祖国,或隶属于某个党派、信奉某个宗教,这些都可能导致历史学家在从事历史写作时产生偏见,因此,几乎关于任何话题,最终历史的真相都要受到怀疑。因此,历史学家应秉持诚实发表其知识的原则,叙述历史时既不应该过分称赞,也不要吹毛求疵。假如历史学家的语言是诗歌化的或者夸大的,或者假如他因为有趣的但是不相干的插曲而中断叙述的顺序,那么历史学家可能因为其风格而不受重视。这一点与波里比阿的观点是相通的。而他主张通过史料进行暗示以消除史学家的价值判断,这却成为兰克史学的先声。

就考证而言,波丹发展了前人卡诺(Cano)和鲍杜安(Baodouin)的思想,走向了系统和细致化。他对史料的本质和范围的界定、原始史料和二手史料的区别、建立文献权威的方法、一系列确定史料偏见的心理学上的标准等问题,都进行了论述。

就史学理论而言,16世纪后期是一个重要的变革时代。波丹对于西方史学思想和方法的形成做出了重要的贡献。古奇曾经指出,"这位法国政论家,在宗教战争最炽烈的时期把历史看作是一个世俗性的课题,并以科学精神来研究它。博丹(波丹)在孟德斯鸠之前指出了地理位置、气候和土壤对民族性格和民族命运的影响;另一方面他提醒人们注意,一位作家的个人地位、爱国的和宗教的倾向性以及

---

① 保尔·艾维斯:《近代史学思想的形成:从马基雅维里到维柯》,克鲁·海姆公司1986年英文版,第56页。

求知机会对他的见解和成就的影响。在他以前,没有一位思想家对于环境所起的作用有过这样深刻的见解,而且在他以后的二百年中也没有人添加什么新的东西。"①

这一时期法国史学的另一位重要人物是勒内·笛卡儿(René Descartes,1596—1650年),他是西方近代哲学创始人之一,其史学思想对西方史学的发展产生过重大影响。

1637年,笛卡儿发表《谈谈正确运用自己的理性在各门学问里寻求真理的方法》(简称《谈谈方法》)。文中,他充分肯定史学的社会价值,说:"史传上的丰功伟业,可以激励人心;精研史册,可以有助于英明善断;遍读好书,有如走访著书的前代高贤,同他们促膝谈心,古人向我们谈出的只是他们最精粹的思想。"②但同时指出过分阅读历史著作"每每会对现代的事情茫然无知"③。

笛卡儿怀疑历史知识的可靠性,严厉指陈其非科学性,他说:"就连最忠实的史书,如果不歪曲、不夸张史实以求动听,至少总要略去细微末节,因而不能尽如原貌;如果以此为榜样亦步亦趋,每每会同传奇里的侠客一样陷于浮夸,想出来的计划每每会无法实现。"④

特别是,1647年他为《哲学原理》法译本写的序言中说道,如果求真理的学问是棵树的话,那么哲学就是根,物理学是干,而医学、机械学和道德学则是树枝。在这里笛卡儿彻底在思想上把历史学逐出了科学殿堂。按照笛卡儿的说法,历史学完全失去了追求真理或者成为科学的资格。因为历史知识只能进行归纳,而不能像哲学那样进行演绎以发现普遍的东西;更因为历史学完全与数学的运用无缘。无论是天文学、物理学还是医学和机械学(解析几何自不待言),都是建立在数学的基础之上的,数学成为衡量知识是否科学的权舆。

尽管如此,笛卡儿对史学的沉思在西方史学史上仍产生了深远的影响。一方面,他对以往历史知识的怀疑,促成博学派的形成和发展;另一方面,他引发了后世学者为历史知识的合法性进行辩护,这些学者们的努力,促成了思辨的历史学的出炉,并为实证主义史学的产生做好了思想准备。

四、德 国 史 学

随着意大利人文主义思潮的兴起,德国的人文主义史学思想一度出现,可惜

---

① 古奇:《十九世纪历史学与历史学家》上册,第74页。
②③ 笛卡尔:《谈谈方法》,王太庆译,商务印书馆2000年版,第6页。
④ 同上书,第7页。

的是，随着宗教改革运动的开展，各派冲突激烈，人文主义史学被打断，宗教史研究成为史学主流。另一方面，由于论战各派都试图将对方证伪，这恰好为历史学求真提供了机会，而论战各方出于现实利益的考虑，也体现了人文主义史学以现实中的人为中心的根本理念。

1. 转瞬即逝的人文主义史学

兰克在研究这一时期德国史学时认为，中世纪德国史学直接过渡到宗教改革史学，而没有经过文艺复兴这个中间环节。此论不够确切，因为通过考察这一时期的德国史学，还是可以发现类似于其他国家人文主义史学的一般特征。

就像意大利一样，德国人文主义者最初也热心于搜求古典文献。他们到寺庙里搜寻古代的抄本，订正错误，研究古代语言和文法，翻译和出版古典著作。如塞尔提斯(Conrad Celtis，1459—1508年)于1500年再版塔西佗的《日耳曼尼亚志》，鲁希林(Reuchlin，1455—1522年)于1506年出版《希伯来文初阶》。从15世纪中期开始，德国一些城市陆续建立大学，并成为古典研究中心，这一点也与意大利颇为类似。

在这样的历史条件下，一些人文主义史学家相继登台亮相。雅各布·汪斐林(Jacob Wimpheling)于1505年出版《德国史纲》，虽然缺乏考证，但是用原始材料写成，充满了爱国主义精神。特利提密阿斯(Trithemius，1462—1516年)著述甚多，包括希尔骚和斯逢亥姆编年史、教会作家和君主传记，以及其他诸公爵的历史。他说："历史说明过去，教人智慧；指出古人的业绩，谆谆教导我们应当做什么，应当允许别人做什么。历史会增强信念，鼓舞希望，并点燃爱的火焰。它使气度狭小的人们聪慧，鼓励意志薄弱的人们行善。"他批评"把真伪掺杂在一起的作家使历史混乱"[①]。当然，在实践中，特利提密阿斯并没有完全贯彻重视史料考证的观点，具体说来，就像许多其他史学家一样，他对当代史料多有考证，而对古代材料却不加甄别。此外，佛兰克(Sebastian Franck，1499—1542年)著有《编年史》《世界志》。他的著作包容异教徒，没有狭隘的民族观念，表现了惊人的宽容态度。他对于史料有所批判，但是同样不够彻底，表现出类似于特利提密阿斯的特征。

总体而言，这一时期的德国史学在很大程度上仍受到中世纪的历史写作的影响。如佛兰克的《编年史》在写作形式和对历史总的认识方面，显然留有鄂图基督教史学的深刻痕迹，或者说没有突破鄂图的历史写作框架。而随着宗教改革和反宗教改革运动的出现，德国史学迅速转向宗教领域。

---

① 转引自汤普森：《历史著作史》上卷，第2分册，第752页。

2. 路德派的历史编纂

近代早期宗教史学的出炉,是从路德派学者开始的。

卡立温(John Carion,1499—1537年)撰写了《编年史》,把从亚当到1532年间的历史分为7个世界周期。之后的梅兰希顿(Philipp Melanchthon,1479—1560年)将之缩减为3个周期,即从创世记到亚伯拉罕时代、从亚伯拉罕到基督降生、从基督降生到1500年,每一个周期2000年。他使用拉丁文写作,利用古典史料,以四大国为线索,按照时间顺序进行编纂,从中可见文艺复兴的痕迹,更多的则是继承了基督教史学传统。作为路德的朋友与路德派忠实的拥护者,他既反对旧教势力的主张,又反对宗教改革民主派的意见,而替路德派张目。

斯莱顿(John Sleidan,1506—1556年)编写了《皇帝查理五世时代政治、宗教情况实录》,叙述从1517年路德发难到1555年缔结《奥格斯堡宗教和约》的德国当代史。书中凸显德国宗教改革,歌颂新教的贡献,是研究宗教改革时代德国史的重要参考资料。

马丁·路德

佛拉西阿斯(Flacius,1520—1575年)与6位同事一起编纂了13卷本《马格德堡世纪》。书中关于历史创造者、世界历史进程和历史发展动力的观点完全是中世纪的,而且从形式上看,完全是材料的堆积,甚至缺乏合理性。但由于他竭力攻击天主教会,力图证明教皇与基督的对立、天主教会是伪基督帝国,因此不仅受到新教人士的欢迎,也受到希望从天主教会手中夺回大权的世俗王公的推崇。

3. 天主教派的历史编纂

在新教势力咄咄逼人的攻势之下,天主教会也同样以历史编纂为武器进行回击。

特伦特宗教会议决定重新编写教会史以证明《马格德堡世纪》观点的错误。以枢机主教意大利人巴洛尼阿斯(Baronius,1538—1607年)为主编,组织10人为班底,最终编写出《教会编年史》,对《马格德堡世纪》提出的观点逐一进行批驳。其编纂形式也是以堆砌史料见长。

《教会编年史》的出版使新教徒暂时处于守势,"这位罗马枢机主教的巨大卷帙看来如此堂皇、令人敬畏,以致在一段时间内任何人都不敢对它的权威表示怀疑。两个宗教派别的地位似乎颠倒过来了,新教的学识似乎被天主教徒的渊博掩盖起来了"①。同时,它的出版引起更大地域范围的宗教改革和反改革的论争。加索朋(Casaubon,1559—1614年)无法忍受书中因知识贫乏所造成的错误,对该书进行了考证式的批评,但由于没有进行系统的批驳,因而并未对其造成根本性的损伤。而萨皮(Pier Paolo Sarpi,1552—1623年)和帕拉维西诺(1607—1667年)则分别代表改革派和反改革派,各自写出《特伦特宗教会议史》参加论战。

由路德教派引起的这场论战,最终以新教胜利而告结束。从学术层面而言,它是具有人文主义的历史写作的胜利;从社会层面上说,它是代表着历史发展方向的资本主义精神的胜利。其实,宗教论战的意义还不仅如此。宗教论战中的史学,表现出共同倾向,那就是既求真又致用。而这种倾向在古典史学中就已经孕育了,而且在后来的近代史学中越来越突出和强烈,成为史学发展的双翼。因而在某种意义上可以说,德国宗教史学完全可以看作是从古典史学向近代史学过渡形态中的一部分。

五、英 国 史 学

英国文艺复兴的进程比欧洲大陆要慢得多,到16世纪才孕育出具有英国特色的人文主义文化并走向繁荣,史学也从中世纪走向近代。

1. 走出编年史的传统

在英国,近代史学出现之前,同样存在着大量的城市编年史,如罗伯特·费边(Robert Fabyan,?—1513年)的《英格兰和法国新编年史》、理查·阿诺尔德(Richard Arnold,约1450—1521年)的《伦敦编年史》。但它们已经不同于由宗教人士以蹩脚拉丁文编写的、饱浸神意史观的中世纪的编年史,而是由世俗学者以古典拉丁文和英文写成的、反映世俗生活的编年史,为后世史学提供了比较真实的史料。

同时,一些具有近代意义的史著纷纷面世。伯纳德·安德烈(Bernard André,?—1521年)著有《亨利七世的生平和事业》《亨利七世年代记》。由于曾在亨利七世手下做过史官和桂冠诗人,他在书中极力颂扬自己的主人,如果说有什么价值的话,那就是当代人写当代史。同样曾服务于亨利七世的意大利人维吉尔(Polydore Vergil,1470—1555年)于1534年出版27卷本的《英国史》,从远古写到都铎王朝。他尽可能搜集一切材料,来阐述亨利七世在位时的历史,创造了近代英国历史写作中第一座宏伟的丰碑。威廉·坎顿(William Camden,1551—1623年)毕业于牛津

---

① 汤普森:《历史著作史》上卷,第2分册,第773页。

大学,著有《不列颠尼亚》。全书按照国别、郡别记载地理和历史,在 1594 年第 4 版中增加了许多新材料,取得巨大成功。他还撰有《伊丽莎白统治时期英格兰和爱尔兰年代记》,是关于伊丽莎白统治时期最有价值的记载。类似的史学家,还有托马斯·莫尔和弗兰西斯·培根,以下展开具体论述。

2. 莫尔

托马斯·莫尔(Thomas More,1478—1535 年)是闻名世界的《乌托邦》的作者,其历史著作则首推《国王理查三世的历史》,大约于 1510—1520 年间写成,有英文和拉丁文两个版本①。

莫尔对卢奇安、柏拉图、西塞罗、撒路斯提乌斯、塔西佗等人的古典作品非常熟悉。在结构上,莫尔写理查篡位之前爱德华四世统治的和谐和安定,显然是模仿塔西佗《编年史》在写暴君提贝里乌斯之前先写奥古斯都统治后期的繁荣。其对篡位者理查三世的描写,显然是对撒路斯提乌斯在《朱古达战争》中对那米底亚国王米奇普查的侄子朱古达弑王篡位描写的模仿。这种对古典作家的模仿,使得《国王理查三世的历史》具有人文主义史学的特征。其写作目的是借理查三世为其他政治活动家的职业生涯提供很好的教训。书中安排了大量演讲词,例如,他安排了爱德华四世临终前的一场托孤讲话,很有煽动性。书中有许多精辟的语句,例如,"每个人都以为谁也不会去做无价值的事情"②等。

但是,《国王理查三世的历史》一书存在着许多错误、省略和混乱。而且,更为突出的是,该书所依据的史料来源完全是模糊的,莫尔很少交代史料出处,即使使用口碑材料,他也甚少作任何交代。这样,他的著作显然不符合近代历史写作的考证标准。究其原因,有人认为,是由于他所写的相对来说是当前的历史,所牵涉的人物中一些有权势者还活着或者其子孙很有势力,因此莫尔需要掩盖其史料的来源。还有学者认为,莫尔

托马斯·莫尔

---

① 故事开始于 1483 年 4 月 9 日爱德华四世去世,拉丁文本写到理查加冕;英文本则继续描写了根据理查三世的命令对爱德华四世之子(王位的合理继承人)的屠杀,以及贝克汉姆公爵的背叛,其后突然中断。

② 莫尔:《国王理查三世的历史》,印第安纳大学出版社 2005 年英文版,第 31 页。

使用了一种修辞性的历史写作手法,这种手法是古希腊和罗马历史学家建立的,经由文艺复兴时期人文主义者复活的传统,那就是避免说出来源,不加引证①。但是,不说明史料来源并不等于莫尔对史料没有任何判断,书中经常出现如"根据我所获悉的信息""这很难说""我听说""应该是真实的"等插入语,以表明其对于所记事情的真实性的看法。这一点倒非常像希罗多德的做法。而且可以肯定的是,《国王理查三世的历史》中使用了大量的口碑史料。同时,该书应该还依据了大量的文献资料,以莫尔的社会地位他是有机会阅读公共记录的。

莫尔对人性弱点的认识极为深入,莎士比亚的历史悲剧《理查三世》便深受莫尔著作的启发并以之为创作蓝本。从16世纪后期开始,许多理查的捍卫者开始挑战莫尔对理查的看法,他们着力于揭示《国王理查三世的历史》中的错误和荒唐之处。而进入20世纪后,人们又为莫尔辩护,证明其所记述的基本史实是可靠的。而这些恰恰证明《国王理查三世的历史》一书的持久影响力。

3. 培根

弗朗西斯·培根(Francis Bacon,1561—1626年)在史学上颇有建树,如伏尔泰所说,"这位哲学先驱也是一位优秀作家、历史学家、才子"②。他的论著中与历史学直接相关的有1605年出版的《学术的进展》、1609年出版的《古人的智慧》、1622年出版的《国王亨利七世统治时期史》。尤其是《国王亨利七世统治时期史》,这是培根留存后世的唯一一部完整的史学著作。该书因其特点鲜明、文笔流畅而在当时产生了重要的影响。但是历来对该书的评价不一。尤其是培根带着强烈的主观色彩将特定的材料组织起来说明某些问题,即为了实现自己的主观目的而有意回避或篡改与论点相左的材料,这使许多史家对其没有忠实于原始材料进行了尖锐的批判。汤普森在《历史著作史》中对此有一段较为系统的评价:"虽然培根曾写出一篇文笔出众,分析透辟的论述亨利七世的著作……但近代学术批评家已经指出,培根并不像长期以来人们认为的那样是一位富有独创性的权威。"他还指出,"培根最严重的缺点就是篡改自己的材料来源这个事实。……尽管如此,他的用意却不在于欺骗,他把自己的意见塞进文件和其他资料中,目的只是为了澄清和阐明问题"③。此论较为中肯。诚如现代学者克拉克(Smart Clark)认为的那样,培根是一个生活在从中世纪向近代过渡的,具有很多新观念、新思想的思想家,认识这样一个历史人物,不能脱离他生活的时代,忽视他写作的历史大背景去批判他是不可取的。

另外,培根的历史观念也具有深远而持久的影响力。培根从人类智能的角

---

① G. M. 洛甘:《导论》,《国王理查三世的历史》,第24页。
② 伏尔泰:《哲学通信》,高达观等译,上海人民出版社2005年版,第59页。
③ 汤普森:《历史著作史》上卷,第2分册,第881页。

度论述了史学的产生,认为人类知识的区分正对应于人类的三种理解能力:历史对应于记忆,诗歌对应于想象,哲学对应于理智。他像人文主义史学家一样相信历史学的重要,并对历史学如何才能做到公正进行了思考。其答案是:第一,不为寓言所诬。第二,把历史跟议论分开。他对过去的史学进行了批判,认为以往的学术采用了某些无稽的谣传、含糊的流言或者经验的一些假态,并赋予它们以合法的证据,而真正的经验应该从适当的整理过和类编过的经验出发,而不是从随意拼凑的或者漫无定向的经验出发。

培根对历史学的结构作过系统的设想。他认为,历史可以分为自然史、社会史、宗教史、学术史。而自然历史可分为普通自然历史、变异自然历史、加工过的自然历史,也就是生物历史、奇异历史、技术

培根

历史。社会历史可分为纪事杂录、完美的历史、古代逸史。其中,纪事杂录是未完成的历史,或初步的、粗略的历史草稿;古代逸史是破损的历史,或者是侥幸逃脱了时间冲刷的历史残余。纪事杂录或称准备性的历史有两种:一种可以称作回忆录,另一种称作档案。古代逸史或称历史的残余,对历史而言是一种典型的腐蚀和蛀虫,因此应该从历史中排斥出去。宗教史或称教会的历史也可分为三种:普通的教会历史、预言历史、天意历史。

此外,培根强调了几种专门历史的重要性。首先,他看重学术史,认为学术史的范围应当包括学术的起源、派别、创新、传统、多样的管理和实施方式、繁荣的盛况、反对者的意见,以及变迁、衰落的缘由和情形,还有所有其他跟学术有关的事件,都要分门别类,按照年代顺序记载清楚。同时,他重视地方志,认为这种方志之学在现代的各种学问中是最为先进的。

培根认为事物是处在永恒变化之中的,他说:"凡物都是在不停地变化之中,永无停歇,这是的的确确的。"①此外,他还有地理环境论的思想,如他认为,由于北方气候寒冷,这种气候就是不假训练也能使人体力顽强、血气旺盛,因此北半球是天然好战的区域。而培根关于历史阶段性的观点是这样表述的:"在一个国家的少年时代,武事是最盛的;在它的壮年时代,学术是发达的;然后是一个时代武事与学术同时发达;在一个国家衰颓的时代,工艺与商业是发达的。"②

在评价历史人物方面,培根把是否具有知识以及是否资助知识的发展作为重

---

① 弗·培根:《论变易兴亡》,《培根论说文集》,水天同译,商务印书馆1988年版,第206页。
② 同上书,第206页。

要标准。例如,他对罗马皇帝涅瓦尔、图拉真、阿德里安、安东尼、康茂德的评价很高,原因就是他们要么很有学问,要么支持学问的繁荣;他非常推崇亚历山大、恺撒,原因即是他们对知识的重视和学习。这种观点有英雄史观的嫌疑,但培根强调了知识、学问在国家治理中的价值,这是有见地的,其历史进步性是不容否定的。

六、尼德兰等国史学

相比而言,尼德兰、西班牙、葡萄牙等国较晚受到人文主义思潮的影响,同时由于又受到宗教改革运动的影响,而具有博学时代的特征。

1. 尼德兰民族和宗教史学

历史上,尼德兰几经它属,革命以后,荷兰面临着民族性诉求的问题。法学家格劳修斯(Hugo Grotius,1583—1645年)在荷兰史和比利时历史方面开风气之先,著有《尼德兰革命史》和《荷兰共和国的古代史》。赫夫特(Pieter Cornelius Hooft,1581—1647年)是当时最伟大的人文主义史学家,有"荷兰的彼特拉克"或"荷兰塔西佗"之称,著有《亨利四世》《尼德兰史》。后者记载了1555年到1585年间的历史,揭露了西班牙占领军的凶残、宗教迫害的残酷,而极力赞美人民革命。全书用优美的荷兰文写成,对以后荷兰语言的发展有重要影响。

尼德兰也是新旧宗教冲突激烈的地区。天主教和新教都拿起历史武器,诉诸史实为自己观点辩护。天主教历史学家斯特拉达(Famianus Strada,1572—1649年)著有《比利时战争史》,记载了1555—1590年间的历史。尽管他在行文中巧妙掩盖了自己的宗教倾向,然而从其给予尼德兰天主教诸摄政以过多的篇幅中,仍可见其宗教偏向。而新教历史学家谷斯(John van de Goes,1545—1604年)曾亲自参加过独立革命,并曾出使英国,担任莱顿大学第一任校长,管理过荷兰国家档案,这些经历和条件使他的《荷兰年代记》极为出色,其中最值得称道的是,该书体现了新教"因信称义"的思想,作者以超然的态度考证史料,具有博学派学者的特征。

2. 伊拉斯谟的《新约》研究

伊拉斯谟(Desiderius Erasmus,1466—1536年)被誉为"十六世纪的伏尔泰"[1],其学术实践对于历史学有着不可忽视的意义。最值得称道的便是他对《新约》的编辑、翻译和注释。

---

[1] G. 桑迪拉纳:《冒险的时代——文艺复兴时期哲学家》,周建漳等译,光明日报出版社1989年版,第150页。

由于天主教钦定的杰罗姆翻译的拉丁文《圣经》段落含糊,错误百出,伊拉斯谟着手重译,并附上自己的评析,修正原译本中的理解错误及不符之处。伊拉斯谟的《圣经》研究是对瓦拉等人的继承,1505年,他在所编辑的瓦拉的注释的序言中指出,没有时间学习希腊文的人完全可以从瓦拉的著作中受益匪浅,而且他在注释性的段落中多次引用瓦拉的观点。伊拉斯谟整理翻译《新约》的目的,就是试图获得真正的名副其实的福音。他说:"一个新的版本能够消除拉丁读者和最初希腊文本之间的障碍,但是他首先不得不说服这些读者,这样的障碍是存在的。简言之,他不得不告诉他们其实他们并不了解,而他们认为自己了解。"①

伊拉斯谟对《新约》整理与翻译的成果,最早的一种于1516年在巴塞尔出版。此后到1535年,他陆续编辑了5个版本的《新约》。每一种文本都由3部分组成,即希腊文本、拉丁文本、关于希腊和拉丁文本的讨论。在编排形式上,伊拉斯谟的译文占据书页中央一列;希腊文本在左边,字号更小,占据更窄的一列;而杰罗姆的译文放在右边,字号最小,占据的一列也最窄。这种多文字并列比较的做法,前人已经有过,伊拉斯谟加以继承,并增加注释,说明他对于文字的正误判断与取舍,类似于中国学者在文献比勘后所加的按语或者说明。

作为一个翻译者,伊拉斯谟希望通过尽量确切地翻译最初的希腊文来解决拉丁文《圣经》的晦涩问题,以纠正对《圣经》更为普遍的误读。而且,他的注释纠正了过去的一些错误说法。尤其是希腊文《圣经》自身有些文字是含糊不清的,一些词汇很难从拉丁文中找到意义对等的词汇,而杰罗姆的翻译又过于讲究文字典雅,时有因词害义的情况。这样,后世读者在读《圣经》的时候就会层层累加上许多穿凿附会的东西。伊拉斯谟的注释就具体指出了这些情况,并提供了不同的理解。这些做法具有重要的文献学意义。具体而言,即:第一,提供多种文本,具有方法论意义,实际上已经达到了后来所谓的外部考证或者中国校勘法中的对校法水准;第二,通过剥去后世的穿凿附会,恢复文本的最初面目,成了后世史原(或者史源)探索的先行者;第三,也是更为重要的是,在翻译和注释的过程中,他表现出来的对传世文献的怀疑精神,是从事历史研究或者文献研究的最重要的素质。

伊拉斯谟在西方学术史上享有崇高的地位。人文主义者卡梅拉里乌斯说:"凡是想涉足文艺和科学的人无不钦佩他,崇拜他,赞美他。"②作为一名人文主义者,伊拉斯谟的理想不是对基督教权力的反叛,而是实现宗教的复兴,回归早期基督教派的纯洁性,重树基督教的理想。从这个角度而言,他是一位典型的基督教人文主义者,突出表现为"以怀疑的眼光反对形而上学的教条,宁愿通过学

---

① P. 波雷:《文艺复兴时期的拉丁文翻译》,剑桥大学出版社2004年英文版,第117页。
② 转引自斯·茨威格:《一个古老的梦——伊拉斯谟传》,姜瑞璋、廖采胜译,辽宁教育出版社1998年版,第56页。

术证据相信基督教而不是破坏它,他们强调原教旨而不是对教义的修正"①。无论如何,伊拉斯谟都堪称他那个时代最伟大的诠释家、评论家、教育家和导师,影响了蒙田、拉伯雷、斯宾诺塞、狄德罗、莱辛和伏尔泰等人。在某种程度上可以说,18世纪的许多启蒙思想家的思想都与他一脉相承。

3. 西班牙与葡萄牙史学

文艺复兴同样影响了西班牙和葡萄牙,并促使其民族史学兴起;而随着其海外扩张,殖民地的历史也被纳入学者书写的范围。

第一位西班牙史学大师图里塔(Zurita, 1512—1580年),曾担任阿拉贡档案官和史官,长期研究各种档案,在古钱币、古文字方面颇有造诣,著有《阿拉贡年代纪》。该书从阿拉伯人入侵开始一直写到1516年斐迪南一世去世。他剔除了大量神话传说,把阿拉贡的历史写作建立在坚实的史料基础之上。该书为阿拉贡民族史研究提供了不可或缺的材料,标志着西班牙近代史学的产生。马利亚那(Mariana, 1536—1624年)是一位激进的民族主义者,著有《西班牙史》。他的批判精神比起前辈图里塔要逊色得多,但是他力图消除人们对西班牙的误解,具有强烈的民族情结。

葡萄牙史学的创始人是罗佩斯(Lopes, 1380—1451年),他受国王杜阿特之命,写了一部通史,但该书至今保持完整的只有彼得一世、斐迪南和约翰一世这三个时期的情况。

在西班牙、葡萄牙开辟全球航路之前和其间,不少学者开始注意记载海外国家的历史。西班牙外交家克拉维约(Ruy Gonzalez de Clavijo, ?—1412年)于1403年出使帖木儿,三年后回到西班牙,撰有《东使记》,于1582年正式出版。该书对于了解15世纪初地中海、黑海和中亚,特别是帖木儿等地区的自然、经济、宗教、习俗和政治等方面的情况具有重要的史料价值;它是西方人将目光投向东方而写成的重要著作,扩大了西方学者历史写作的领域。拉斯·卡兹(Bartolomé de Las Casas, 1474—1566年)青年时代曾以传教士身份前往安的列斯群岛,后在墨西哥恰帕斯当主教,他为西班牙人对印第安人的暴行所震惊,著有《西印度灭亡简史》和《西印度史》,尖锐地批评了美洲的教会和殖民政府,是西班牙在美洲进行殖民侵略的最为真实的记载。哥马拉(Francisco Lopez de Gomara, 约1510—1590年)是墨西哥征服者亚南多·科多斯的牧师和秘书,著有《西印度群岛通史》,对征服者多有谀词。而卡斯蒂略(Bernal Díaz del Castillo)曾作为总督亚维拉的随员到美洲,后又作为科多斯部下,参加征服墨西哥之役,晚年担任危地马拉总督,撰有《历史》一书,在许多细节上与哥马拉相左。瓦尔对斯(Oviedo y Valdes, 1478—1557年),曾任南美卡塔赫纳和大里安省总

---

① G. H. R. 帕金森:《文艺复兴与17世纪理性主义》,劳特拉吉出版社1993年英文版,第75页。

督、矿务总监兼圣多明各港口要塞总督,撰有《西印度群岛通史》。

葡萄牙方面,组拉拉(Gomes Eannes de Zurara)描绘了1415年葡萄牙人从摩尔人手中夺取休达的激烈场面,作品收在《斐尼奥·罗佩斯和哥麦司·美尼斯·德·组拉拉的编年史》之中。历史学家谷斯(Damião de Goes,1501—1573年)著有《葡属印度史》。曾参与征服第乌岛和摩鹿加群岛战役的加斯佩·克累尔(? —1560年)则效力于葡萄牙殖民事业,撰有《印度史》。巴洛斯(João de Barros,1496—1570年)的《亚细亚》则记述了东印度群岛被征服的历史。

这些记载对于后人认识西班牙、葡萄牙的殖民扩张具有重要的史料价值,对于后来西欧世界观念的改变和世界历史的写作也产生了深远影响。

七、博学派史学

博学时代一般是指从16世纪后半期到18世纪初这一历史阶段。历史学中的博学派,是指在博学时代兴起的以整理和考证文献为表现形式的史学派别。

1. 博学派的缘起与特征

博学派的兴起有其复杂的社会原因,其中最主要的是宗教改革与反改革的较量。出于宗教论战的需要,基督教新派和旧派都以历史写作为武器参加战斗。如前文所述,路德派推出《马格德堡世纪》向教廷发难,罗马教廷则出版《教会编年史》作为回敬。同时,由于宗教较量从声讨发展到军事行动,尘封在各大图书馆、修道院的资料流落于世,被公之于众,为博学派的学术活动提供了资料上的便利。同时,其兴起也有着一定的学术基础:第一,中世纪编纂的圣徒记和修道院编年记,形成了持续的写作传统,也提供了一定的文献基础。博学派是新的历史条件下基督教历史学的继续和发展,只不过中世纪史学利用历史编纂来印证《圣经》,而博学派则转向证明历史事件的真实性。第二,许多意大利人文主义史学家中就有博学的倾向。例如比昂多以博学著称,代表着关注和研究古代的风气。而瓦拉对于《君士坦丁赠与》的辨伪和对拉丁文《新约》的注释,使关注和研究古代有了方法论。而这些恰好是博学派所坚持的。第三,笛卡儿的怀疑主义与博学者相呼应,促进了这场学术运动。汤普森便注意到这一点,他说:"笛卡儿和马比昂既是同时代人,又是同乡,尽管一位是怀疑论者,另一位是正统教士,但探索真理,坚决服从真理方面,他们二人的思想于无意中连在一起了。"①

---

① 汤普森:《历史著作史》下卷,第3分册,第27页。

开风气之先者是法国的皮埃尔·匹陶(Pierre Pithou，1539—1596年)，他整理了包括副主祭保罗、弗莱辛主教鄂图在内多人的著作，还曾致信好友建议整理中世纪的法国史料，这一建议由他之后的博学者实现了。之后，法国学者安得烈·度申(Duchesne，1584—1640年)编辑了《古代诺曼史家著作》《丕平统治时期以前的法国史家的著作》等，并著有《法国历代辉煌威仪的遗迹与研究》《英格兰、苏格兰和爱尔兰史》和《保罗五世以前的教皇史》。他因此被誉为"法国史学鼻祖"。杜·孔日(Charles du Fresne Du Cange，1610—1688年)撰有《中世纪拉丁文辞典》《中世纪希腊文辞典》等，并因此成为中世纪语言学的创立者和拜占庭学的奠基人。此外，英国人萨维尔(Sir Henry Savile，1549—1622年)所编的《比德以来诸作家著作汇览》、威廉·凯夫(1637—1713)所编的《教会历史著作汇览》、意大利人穆拉托里(Ludorico Antonio Muratori，1672—1751年)所编的《意大利作家汇览》等，都是博学派突出的成就。而博学派更为突出的成就是玻兰达斯派和圣摩尔派的贡献。

博学派重视史料特别是大量希腊文和拉丁文史料的搜集、整理和出版，为后世史家深入研究提供了可能；并且它开拓了法律史、国家史、民族史和史学史等新的领域和方向，推动了历史辅助学科如年代学、古文字学、考古学、碑铭学等的发展。当然其局限性也是很明显的，如博学派从事史料的整理与历史编纂工作主要是出于宗教论争的目的，其大部分成员是教界人士，其历史观仍然是中世纪的，而且作品中还充满着神迹、天意、四大君主国等。

2. 玻兰达斯派的贡献

玻兰达斯学派是耶稣会下的比利时学术团体，因其成员玻兰达斯(John Bollandus，1596—1665年)所起的重要的组织作用以及为文献编辑所作出的重大贡献，故以之命名。

该学派以搜集、整理和出版圣徒传为职志。赫伯特·路斯威德(Herbert Rosweyde，1569—1629年)是这一计划的第一个执行者。他原计划按照圣徒节的顺序编写15卷圣徒传，再辅以3卷考证、注释和索引性的文字，但因计划过于庞大，生前并没有完成。玻兰达斯继承了这一事业，他网罗了一批学识渊博、工作勤奋的学者分工协作，搜集到的资料是路斯威德搜集的4倍。《圣徒行传》从玻兰达斯的学生杰弗里·亨斯琴(Geoffrey Henschen，1600—1681年)开始编写，之后但以理·丕皮布洛奇(Daniel Papebroche，1628—1714年)继续未竟事业，他不仅编辑圣徒传记，还为每卷写序，这些序很好地表达出了该派历史写作的基本信念，他本人也成为这一学派最为杰出的成员。这一工作一直延续到19世纪末，直到65卷圣徒传出版，才大体告终，另一些重要但又不符合传记体例的文章，则以"玻兰达斯文选"为名刊布。

玻兰达斯派尽量把荒诞不经的成分从传记中剔除出去,体现了对于史料的审慎和对于学术的忠诚态度,他们的工作为后人研究中世纪基督教历史作了铺垫。

3. 圣摩尔派的成就

圣摩尔派由属于本笃会的法国圣摩尔修道院学者所组成,其创始人是路克·达希里(Luc D'Achery,1609—1685年)。他带领和影响了一大批学者借助古文字学、古文书学和年代学等辅助学科,整理和出版了大量中世纪文献。根据汤普森的说法,在17世纪,该派成员著名者就有105位[①]。在整个17、18世纪,这一派的学术都处于繁荣期。众多成员中最有成就者为马比昂和蒙福孔。

让·马比昂(Jean Mabillon,1632—1707年)是达希里整理《中世纪未刊文献集成》时的得力助手,该书从1655年到1657年共计出版13卷,在当时及后世均产生了很大影响。马比昂的研究领域较为广泛,他不仅在文献整理方面,而且在中世纪教会史、古文书学、古文字学、考古学等领域,都卓有建树。他编有《圣本笃住持全集》,于1667年出版。书中,他先按照内容对文章进行分类,然后按照时间顺序排列,并撰写了序言和评注。此外,在达希里所搜集材料的基础上,他与同仁一起编写了《本笃会圣徒传》,到1701年9卷全部出版。在该书序言中,马比昂对传中涉及的主要事件进行了说明,讨论了相关的寺院制度,并澄清了一些神话传说。他还与同事一起编有《圣本笃会年代记》,到1707年他去世时出版了4卷。另外,针对玻兰达斯派的丕皮布洛奇在《古文书真伪辨异序》中,对本笃会圣登尼修道院重要特许状真实性的质疑,1681年,马比昂出版了《古文书学》,从一般历史考证、古文字和古文书学角度进行了回击,并使丕皮布洛奇为之叹服,《古文书学》也成为古文字学和古文书学的经典著作。同时,为了弄清宗教史研究所涉及的圣骨问题,他到各地游历,研究各地的地下陵寝,最后写出《德国博物馆》和《意大利博物馆》两书,为考古学做出了重要贡献。

让·马比昂

[①] 汤普森:《历史著作史》下卷,第3分册,第17页。

蒙福孔

在编纂这些文献时,马比昂能够将不同国家和不同地方的文献相比勘,尽管有不重源头和缺乏内证的不足,然而他仍旧称得上是17世纪最伟大的历史学家之一。

蒙福孔(Bernard De Montfaucon,1655—1741年)于1708年出版《希腊古文字学》一书。书中,他参考上万份手稿,清楚地说明了希腊字体的演变,并提出根据字体断定手稿产生年代的法则,达到了与马比昂对中世纪拉丁古文字研究的同等水平,成为希腊古文字学的奠基人之一。1719—1724年,他出版的15卷本的《古代遗物说明》,附有1 120张巨大铜版画和成千幅小插图,按照宗教、习惯、物质生活、军事制度和丧礼等内容精细分类,将古典遗物系统呈现在世人面前。1739年,蒙福孔撰成《图书目录》两卷,这部书汇集了他40多年搜集的欧洲所有图书馆的全部书目,成为西欧目录学的经典著作。

总体而言,马比昂和蒙福孔代表了圣摩尔派的最高水平,圣摩尔派则代表了博学时代学术的最高水平。我们以为,博学时代的西方史学,如果从佛罗伦萨历史学派最后一位重要史家瓦萨里逝世(1574年),至博学时代的代表人物让·马比昂谢幕(1707年)计算,宽泛地说,即从16世纪后半期至18世纪初,乃是近代西方史学发轫成长的阶段,在西方史学发展的长河中,它具有继往开来的历史地位。倘说其特点,或可用"嬗变与转型"来概括。进而言之,这一时期的西方史学不同于或发展了前期的人文主义史学,此所谓"变";但又达不到18世纪理性主义史学水平,因此,它也可以称之为理性主义史学的"前史",具有"转型时期"或"过渡时期"的特点。不管怎么说,博学时代的西方史学及其对后世的深远影响,应当引起我们进一步的关注,从而作出更深入的研究①。

---

① 国内现有研究成果中,重要论文有:谭英华:《十六至十七世纪西方历史思想的更新》,《历史研究》1987年第4期;米辰峰:《马比荣与西方古文献学的发展》,《历史研究》2004年第5期;徐波:《博学好古研究与西方史学》,《四川大学学报》(哲学社会科学版)2005年第1期;张井梅:《浅论西方史学史上的"博学时代"》,《史学史研究》2008年第3期。

第五章 近代史学（Ⅱ）

近代西方社会，从17世纪中叶英国资产阶级革命至1789年法国大革命，尤其是18世纪发生的那场声势浩大的启蒙运动，有力地促进了西方社会和思想领域的变革。与此同时，在理性主义思潮的推动下，近代史学也获得了长足的进步。

近代史学发展的这一时段，通常是指18世纪前后。这时的历史学，继承与发扬了前一阶段人文主义史学的成就，同时在新的时代条件下，把西方史学推进到一个新的水平。一般来说，18世纪的西方史学是西方资产阶级史学最终确立的历史时期，它为19世纪西方史学的全盛创造了历史前提。

如同欧洲启蒙运动的中心在法国一样，18世纪西方史学发展的中心也在法国。必须指出，法国启蒙运动领袖伏尔泰是18世纪的史学大师，由他所奠立的理性主义史学派不仅在当时，而且对后世的西方史学都产生了深远的影响。

一、科学进步与社会嬗变

18世纪在欧洲历史上是一个重要的历史发展阶段。当时,社会生产力有了进一步的提高,近代科学技术发展迅速,17世纪中叶的英国资产阶级革命及18世纪开始的工业革命改变着人类的生活方式,以1789年法国资产阶级革命为代表,把欧美的资产阶级革命运动推入一个新阶段。所有这些,无疑都对这一时期的西方史学产生深刻的影响。

18世纪的自然科学有了新的重大突破。数学和力学的发展,实现了科学上的第一次大综合。生活在17世纪、18世纪之交的英国物理学家、数学家牛顿创立了奠定经典力学基础的"牛顿运动定律",提出了著名的万有引力学说,这是科学上的一次重大革命,对整个社会产生了巨大的影响。此外,自然科学的其他学科也都取得了重大的进展,如化学已从炼金术中解放出来;探险航行与地形勘察相结合,形成了完整的地理学;哈维证实的血液循环理论,推动了解剖生理学的研究;进化论思想的萌芽已在生物学中发生,这就为19世纪达尔文学说的问世奠定了基础。

尤其要指出的是,在自然科学各部门获得进一步发展的情况下,18世纪的西方学者试图通过揭示各门科学之间的相互联系,以确立关于自然科学的统一的知识体系,如狄德罗主编的《百科全书》,就是这种努力的尝试。

恩格斯对18世纪欧洲的自然科学的发展,作过这样的评述:"18世纪综合了过去历史上一直是零散地、偶然地出现的成果,并且揭示了它们的必然性和它们的内部联系。无数杂乱的认识资料得到清理,它们有了头绪,有了分类,彼此间有了因果联系;知识变成了科学,各门科学都接近于完成,即一方面和哲学,另一方面和实践结合了起来。18世纪以前根本没有科学;对自然的认识只是在18世纪(某些部门或者早几年)才取得了科学的形式。"①

但是,历史的发展总是不平衡的,18世纪前后的欧洲各国历史的发展也是这样。英国经过17世纪中叶的资产阶级革命,随着君主立宪政体的确立,建成了资产阶级的新贵族领导的政权,在政治上和经济上都处于领先地位。它的经济在18世纪上半叶继续得到较大的发展,尤其在毛纺织和棉纺织业方面的发展则更为迅速。手工工场由分散趋向集中及其专业化,为日后机器的使用创造了条件。在农村,排挤中小农户的过程在18世纪更为加剧,资本主义性质的大农

---

① 《马克思恩格斯全集》第1卷,人民出版社1956年版,第656—657页。

场不断增加，耕作技术较前也有所改进。在 18 世纪，除英国、荷兰外，包括法国、德意志和俄国等，绝大部分欧洲国家仍处于封建制度的统治下，但在 18 世纪的欧洲大陆上，处于腐朽没落的旧制度与正在封建社会母体内孕育成长起来的资本主义新兴力量之间的抗衡，正日益剧烈起来，这种情况在法国最为明显。

法国在路易十四（1643—1715 年在位）统治时期，曾称霸欧洲，盛极一时。但是，长期以来，封建生产关系所固有的各种矛盾正在不断激化。沉重的封建剥削与大肆压榨，加上路易十四晚年所发动的一系列的对外战争的失败，使得经济凋敝，国库空虚，民穷财尽。在政治上，封建专制王权的残暴与教会势力的猖獗，给法国各阶层人民的社会生活蒙上了阴影。及至路易十五即位，封建制度的腐朽本质已经暴露无遗。时代正在酝酿着新的变化，法国新兴的资本主义生产方式正在冲破重重阻力，在封建社会内部发展起来。阶级矛盾在日益激化着，农村的"饥民暴动"，城市的"无套裤汉"的反抗斗争，此伏彼起，尤其是"第三等级"，他们在资产阶级的领导下，力图打破封建专制制度的束缚，要求在政治上、经济上进行全面的革新。封建特权阶级与第三等级之间的矛盾已发展到不可调和的地步，终于在 1789 年爆发了法国资产阶级革命。这次革命发展迅猛异常，经过深入和高潮阶段，到雅各宾专政时期，阻碍生产力发展的桎梏被扫除了，完成了摧毁和根除封建制度的任务，使这次革命成为一次比较彻底的资产阶级革命。这次革命的胜利，无论对法国、欧洲还是整个人类世界的影响都是巨大的，自此开辟了一个资本主义更广泛发展的新的历史时期。

二、思想文化领域的变革

1. 启蒙运动

从 18 世纪初至 1789 年法国资产阶级革命爆发前，一般称为启蒙时代。其时发生的人类文明史上那场声势浩大的启蒙运动，是继文艺复兴运动之后思想文化领域内的又一次重大的变革。各国先进的启蒙思想家们，继承人文主义者的理想，纷纷揭櫫理性主义旗帜，无情地批判一切旨在维护封建专制统治的上层建筑及意识形态，勇敢地向腐朽的宗教势力与荒诞迷信进行挑战，用自然神论和无神论的思想来对抗天主教会的权威，以宗教宽容与信仰自由来对抗宗教迫害；他们反对封建专制制度，用资产阶级的政治自由对抗封建统治阶级的暴戾统治；他们用唯物主义反对唯心的"神授"的封建权力，倡导"天赋人权论"，主张国家的权力属于人民，要求在法律面前人人平等；他们崇尚知识，提倡科学，力图使人们从中世纪的蒙昧主义的桎梏中摆脱出来。总之,"他们不承认任何外界的权威,不管这种权威是什么样的。宗教、自然观、社会、国家制度,一切都受到了最无情的批判;一切都必须在理性的法庭面前为自己的存在作辩护或者放弃存在的权利"①。

  18 世纪的启蒙运动在整个人类文明史上具有重要的历史地位和进步意义。启蒙运动以近代资本主义经济和自然科学的发展为历史前提,但它又有力地推动了近代西方社会的前进,促进社会生产力的提高。启蒙运动为 18 世纪末叶的法国资产阶级革命作出舆论上的准备,在这过程中,启蒙思想家也日渐形成了一整套的思想体系,这就成为资产阶级日后用来改造社会强有力的思想武器。不仅如此,启蒙运动的影响还越出了欧洲大陆,在 19 世纪世界各地发生的一系列资产阶级革命运动中,包括我国的旧民主主义革命,无不可以看出 18 世纪启蒙运动家(尤其是法国启蒙思想家)的思想影响。18 世纪的启蒙运动也有其时代局限性。虽然启蒙思想家笃信人类社会的不断进步,并宣称要在封建社会的废墟上建立一个他们所梦寐以求的"理性的王国",但正如恩格斯所指出的:"理性的王国不过是资产阶级的理想化的王国;永恒的正义在资产阶级的司法中得到实现;平等归结为法律面前的资产阶级的平等;被宣布为最主要的人权之一的是资产阶级的所有权;而理性的国家、卢梭的社会契约在实践中表现为,而且也只能表现为,资产阶级的民主共和国。18 世纪的伟大思想家们,也同他们的一切先驱者一样,没有能够超出他们自己的时代使他们受到的限制。"②

  在谈到西方的启蒙运动时,有一点是不能忽视的,即中国的古代文明遗产曾对前者产生过不小的影响。西方启蒙思想家在寻求思想资料时,一方面求助于自己以往的思想传统,即从古希腊罗马以来的一切优秀的文化遗产中汲取营养;另一方面,又把眼光投向域外,中国悠久的历史和古代灿烂的文化,尤为欧洲启蒙思想家所重视。伏尔泰、孟德斯鸠、爱尔维修、狄德罗、卢梭、魁奈、杜谷等几乎所有著名的启蒙思想家都接触过中国的材料,对中国的各个方面,举凡政制、租赋、思想、礼仪、科技、文学、艺术、习俗等,无不关注,中国的文化曾引起过他们极大的兴趣与向往。伏尔泰说过:"在欧洲的君主们以及那些使君主们富裕起来的巨商们看来,所有这些地理发现只有一个目的:寻找新的宝藏。哲学家们则在这些新发现中,看到了一个精神的和物质的新天地。"③

  当然,在 18 世纪,中国与欧洲的交往还是相当艰难的,而欧洲启蒙思想家也未必到过中国,他们所获得的有关中国的资料,主要是通过来华的西方传教士们的译作和著述。因此,欧洲启蒙思想家所述很难做到正确无误,事实上,为他们

---

① 《马克思恩格斯选集》第 3 卷,人民出版社 1995 年版,第 719 页。
② 同上书,第 720 页。
③ 伏尔泰:《风俗论》下册,谢戊申等译,商务印书馆 1997 年版,第 16 页。

所称道的中国文化,已经多少被他们加工改造过了,这就说明,欧洲启蒙思想家对中国古老文明的推崇与向往,既不是一种令人不可思议的偶然现象,也不全是为他国异说的好奇心所吸引,中国古代文化给予西方启蒙思想家的影响程度,取决于18世纪欧洲社会对它的需要程度,而这种需要,是与他们所肩负的历史使命息息相关的。我们在高度评价欧洲启蒙运动的伟大历史功绩时,不应忘记我国古代文明对它的贡献。

2. 理性主义史学

有论者认为:"西方历史学由传统步入近代的开阔的大关键,第一幕是文艺复兴运动,第二幕是启蒙运动。"①此说很有见地。启蒙运动不仅迅速地促进着西方社会的变革,而且有力地推动着西方历史学的进步。在启蒙运动的影响下,西方史学在18世纪获得了很大的发展。

18世纪的西方史学,总的来说是以理性主义为主导思想的。在当时,理性主义是一股弥漫整个欧洲的社会思潮,在历史学领域中也不例外,理性主义史学在该世纪西方史学中也占据着支配地位。因此,启蒙时代的历史学家,大多服膺理性主义(只有少数人例外),持理性主义观点。在理性主义史家看来,理性的力量被认为是改造社会、拯救黎民百姓的灵丹妙药和唯一力量,是推动社会历史前进的动力。然而,人类历史不可能以理性为主线贯穿始终,理性的力量也不是万能的,这种对思想意识的力量的过分夸大,正是理性主义史家的共同历史局限性之所在,他们的历史观总的说来还是唯心的。此外,18世纪的一些理性主义史家,在形而上学和机械唯物论的影响下,从先验的原则出发,进行抽象的推理,强调历史发展进程的必然性和共性,轻视偶然性和个性,这就有可能导致种种非历史主义的弊端。不过,毋庸置疑,18世纪的西方理性主义史学,在反对宗教神学,推翻专制政权的斗争中,曾起过巨大的历史进步作用。

18世纪的理性主义史学,继承与发扬了文艺复兴时代的人文主义史学的传统,并把它推进到一个新的水平。他们摒弃虚妄的神学史观,反对把《圣经》中那些荒诞无稽的东西视为信史,并公开鼓吹"自由、平等、博爱",进而以历史为资产阶级政治服务,这要比人文主义史家在那时还打着复兴古典史学的旗号,显然要坚决得多了。他们从共同的人性出发,来探求社会历史变化的规律性,普遍相信历史运动的前进性和可预见性,认识到人类会有一个光辉灿烂的未来,可见这种历史观点比起人文主义史学家仅满足于探讨所谓人的价值又深化了;他们努力开拓历史编纂学的新天地,开始打破西方史学中的政治史传统,重视经济因素和

---

① 何兆武:《对历史的反思》,见唐纳德·R.凯利:《多面的历史:从希罗多德到赫尔德的历史探询》译序,第3页。

文化因素在历史发展中的作用,力图把人类活动的各个方面都列入历史研究的领域,并出现了近代意义上的世界通史,这与人文主义史家多局限于编撰一城一地的地区史形成鲜明的对照。

但是,历史上不同阶段,尤其是前后相衔接的思想文化运动,常常有着某种合乎逻辑的和历史的联系。如果说 18 世纪欧洲的理性主义思潮是昔时人文主义思潮在新条件下的继续,那么,这时的理性主义史学也是彼时人文主义史学遗产的继承与发展。其实,在以史学为新兴资产阶级作斗争的武器方面,在努力使史学世俗化并开展对神学史观的批判方面,在致力于探讨历史事件的因果关系、试图写出可信的历史著作等诸多方面,理性主义史学都继承了人文主义史学的遗产。只不过与前人相比,由于时代的前进,社会生产力的提高,主要是自然科学的进步,启蒙时代的理性主义史家把西方史学发展到了一个新的阶段,近代史学的体系日见成熟,这就标志着西方资产阶级史学的最终确立。

三、法 国 史 学

1. 孟德斯鸠

通常认为,从 1715 年法皇路易十四去世至 1789 年法国资产阶级革命爆发,是法国启蒙运动时期。17 世纪以降,欧洲文化的中心逐渐转移到法国,在 18 世纪,它领导了启蒙运动。法国启蒙时代的史学,在理性主义思想的指导下,史家以历史论证为法国的政治革命服务,为"行将到来的革命启发过人们头脑"①。因此,本阶段的法国史学与其他欧洲国家相比,具有更强烈的反封建的革命色彩。

孟德斯鸠

查理-路易·德·塞孔达·孟德斯鸠(Charles-Louis de Secondat, Baron de Montesquieu, 1689—1755 年)是 18 世纪法国启蒙运动的杰出思想家,他所提出的政治思想,尤其是"三权分立"说,曾对后世产生过巨大的影响。但他也毕生致力于社会历史问题的研究,他所写的《波斯人信札》(1721 年)、《罗马盛衰原因论》(1734 年)和《论法的精神》(1748 年)三部主要作品,也非常鲜明地体现了他的历史观。孟

---

① 《马克思恩格斯选集》第 3 卷,第 719 页。

氏的理性决定论,显示了这一时代理性主义历史观的共同特征,而他提出的"地理史观",又是特具影响的个人特色的学说;当然,他的历史观中的精髓则是关于人类社会历史发展具有规律性的思想。

孟德斯鸠十分注重探索社会发展的客观规律性问题。早在《波斯人信札》中,作者就表述了世界是发展变化的观点。他的主要历史著作《罗马盛衰原因论》的问世,在这方面具有重大的意义。在该书中,作者第一次概括地阐述了自己的社会历史观,探索了社会历史演变的基本原因。在作者看来,罗马之所以兴盛在于建立了共和制度,严于法纪,统治者贤明,每个公民享有国家政治权利,民风淳朴,战士勇敢,人人都关心国家的命运。而罗马衰亡的原因,则是因为君主残暴,战争频繁,法纪败坏,财富不均,于是世风日下,公民们不再热爱自己的祖国,这样罗马便一天天衰落下去了。通过罗马兴衰原因的阐述,他说明社会历史的发展是受因果制约的,有其客观的必然性。此外,他也是为了借古喻今,宣扬其政治主张,进而达到反封建专制暴政的目的,这就有力地表明了他的历史观在当时所起的进步作用。

孟德斯鸠在《论法的精神》一书中,更进一步地提出了世界上一切存在物都有它各自发展规律的思想。他指出:"从最广泛的意义来说,法(一译规律)是由事物的性质产生出来的必然关系。在这个意义上,一切存在物都有它们的法。"①在这里,该书作者是把"法"同"规律"相提并论的,认为人类社会也存在"在性质上也是不可变易的"②规律。难能可贵的是,他不仅把人类社会视为一个有规律的发展过程,而且是把这个社会发展规律看作是社会本身所固有的,非外部强加给它的客观存在。当然,他对规律的看法也常常陷入自相矛盾之中,如他有时把法规同社会规律混为一谈,甚至得出人可以"更改自己所创定的规律"这样错误的论断。同他未能发现推动社会发展的终极原因一样,他关于人类社会历史发展具有规律性的思想也不可能是很彻底的。

孟德斯鸠提出的"地理环境决定论",在一定程度上颇能反映他的史学思想的特征。当然,阐明地理环境对社会历史发生影响的并不始于他,单就法国来说,16世纪的让·布丹就作出过具体的表述。孟德斯鸠的贡献在于使之系统化,并从这一角度探讨人类社会发展的原因问题,以致在西方史学中曾把他称作"地理环境决定论"的代表。他在这方面的论点可概述如下。

其一,他认为气候对一个民族的性格、感情、道德、风俗、宗教及法律等会产生巨大的影响。如他在解释生活在热带地区的南方人与生活在寒冷地区的北方人之间的差异时,认为前者因气候炎热,故体格纤细、脆弱,像老头儿一样怯懦、

---

①② 孟德斯鸠:《论法的精神》上册,张雁深译,商务印书馆1978年版,第1页。文中"法"一词的法文为"loi",该词包含有法、法律、规律等意义,有关孟氏著作的中译本中,对"loi"一词译法不尽相同。

怠惰,故而易于忍受奴役;而后者因气候寒冷,故身材魁伟,精力充沛,如青年人一样勇敢、耐劳、热爱自由,往往能够保持独立。他赞美英国的君主立宪政体,并想方设法用不列颠群岛的气候特点来解释这种政体的优点。他还用印度炎热的气候来解释佛教教义的产生。孟氏把气候因素看得如此重要,乃至成了决定人类社会历史发展的根本动力。

其二,他认为土壤同居民性格之间,尤其是同民族的政治制度之间也有非常密切的依赖关系。他写道:"土地贫瘠,使人勤奋、俭朴、耐劳、勇敢和适宜于战争……土地膏腴使人因生活宽裕而柔弱、怠惰、贪生怕死。"①因此,"土地肥沃的国家常常是'单人统治的政体',土地不太肥沃的国家常常是'数人统治的政体'"②等。

其三,他还认为一个国家疆域的大小,也同国家的政治制度有极为密切的依赖关系。他指出,小国宜于共和政体,中等国宜于君主治理,大帝国宜于由专制君主治理。

必须指出,孟德斯鸠的"地理环境决定论"是错误的。因为地理环境对社会历史的发展只能起到加速或延缓的作用,而不能起决定作用。只有物质资料的生产方式才是社会发展的决定力量。但他的理论在当时仍有进步意义。中世纪的宗教史观总是把政制或法律归之于神意,社会发展的动因要到上帝那里去寻求,在神学史观笼罩的那个时代,孟德斯鸠能到物质因素中去寻找社会历史发展的动因,不仅在当时具有反封建神学的进步作用,而且也不乏唯物主义的成分,这在人类探讨社会历史问题方面又向科学迈出了重要的一步。还应当指出,他的这个理论同后来法西斯主义的"地理政治学派"的观点不同,也同一些人所鼓吹的种族主义学说有别,因为孟德斯鸠并不想去论证某个民族的优劣,事实上,他对世界上所有的民族几乎都充满着人道主义的情感。

孟德斯鸠的历史观显然继承和发展了维柯的思想,但同时他的历史观点又极大地影响了黑格尔,应当说,它对马克思主义的唯物史观的形成,也不乏积极的意义。

2. 伏尔泰

伏尔泰(Voltaire,本名 François-Marie Arouet,1694—1778 年)的名字是和18 世纪欧洲启蒙运动联系在一起的。在占整个 18 世纪四分之三的时间里,他俨然以一位启蒙运动的领袖和导师的身份,大胆揭露封建专制制度的黑暗统治,

---

①② 孟德斯鸠:《论法的精神》上册,第 282、280 页。

奋起抨击天主教会的野蛮行径,进行了持久且卓有成效的战斗,为即将到来的法国大革命作了舆论准备。他学识渊博,涉猎广泛,活跃在该世纪思想文化领域的各个方面,差不多在每个领域都取得了非凡的成就。他不仅是著名的哲学家、小说家、诗人和剧作家,而且还是一位颇有才干的历史学家,被称为理性主义历史学派的奠基者。正如维克多·雨果所说,伏尔泰的名字所代表的不是一个人,而是整整一个时代。

伏尔泰一生著述甚丰,仅 18 世纪编辑的第一部《伏尔泰全集》8 开本便有 70 卷,12 开本达到 90 卷之巨。在这内容丰富、涉猎广泛的作品中,也包括他的历史著作。伏尔泰的历史著作主要有以下几部。

伏尔泰

《查理十二史》。此书写于 1731 年,是伏尔泰最早的历史著作之一。它记述北欧瑞典国王查理十二一生的事迹。作者用犀利明快的讽刺手法,生动地刻画了"一个好战的流氓国王"的形象,极富文学色彩,故有些论者认为它是一部历史小说,实际上是一部稗史性质的人物传记。与伏尔泰后期更著名的历史著作相比,它还显得不够成熟。但作者在该书中所表现出来的主题,即:那种不讲理性、违背人民的意志和愿望,恣意发动侵略战争的黩武主义者,是一些愚不可及的蠢人,最终必将落得个身败名裂的可耻下场。这种反战思想是颇有进步意义的。

《路易十四时代》。此书从搜集资料到最终完成,前后花了 20 余年,是作者呕心沥血之作,历来为西方学者所推崇,被认为是近代历史编纂学的开山之作。与传统的欧洲史学相比,本书的内容要广泛和开阔得多。作者虽用自己的主观愿望描绘了一个理想化的国王形象,但该书无论如何不只是对路易十四个人的赞颂,而是包含着对法国历史上一个

路易十四

重要时代的详尽叙述。他浓墨重彩、酣畅淋漓地记载了这个被称为法国文化史上的"黄金时代"的文学艺术，堪称近代文化史之滥觞，其书因包含有丰富的历史资料，迄今仍被人们认为是研究这个时代的权威之作。

《论世界各国的风俗和精神》（中文本译为《风俗论》）。这是一部从古代世界延伸到伏尔泰时代的世界史，突破了基督教的世界史体系和政治史传统，独具创见。作者在书中努力要表述这样一个有意义的主题：人类在长期的历史发展进程中，已逐步摆脱了偏见、迷信和奴役，尽管他们遇到无数次的错误和失败，但总是向着理性、公正，向着物质和精神不断改善的方向前进的。这部从内容和方法都属全新的作品一问世，即受到了学术界的普遍欢迎，仅在1756—1768年这短短的10多年中就再版过16次。

《彼得大帝统治时代的俄国史》。在伏尔泰看来，彼得大帝是一个不同凡响的人物，是一位天才。对彼得大帝改革后的俄国所出现的变化，作者不胜赞美，视为"奇迹"。因此，书中的彼得大帝是作为俄国的伟大改革者和开明君主的形象而出现的，事实上，该书寄托着作者的政治理想，他认为可以通过这些"开明君主"的明智，去改变旧制度，建立一个符合理性的社会。

此外，伏尔泰还撰有《路易十五时代》和《巴黎议会史》等。

在伏尔泰的历史著述中，似乎体现了这样一个总的倾向：力图冲破旧史学的樊篱，显示了他那个时代理性主义的批判精神；他无意于为一国作志，却想努力描绘出世界各民族各地区历史发展的全貌；有时虽也为一人立传，从中却不难窥见整个时代。

伏尔泰对西方史学的发展是卓有建树的。首先，他第一次打破了独霸西方2000多年的以政治、军事史为主要内容的史学传统，为历史编纂学开拓了新天地。在西方史学传统上，希罗多德开博通之先河，属意社会文化现象，风物人情等无所不包，但修昔底德的政治史传统却一直占据西方史坛，到了伏尔泰，西方史学才开始发生了重大变化。在伏尔泰看来，撰写历史，不仅限于政治、军事，还应包括更广泛的内容，诸如农工商业、科学技术、文学艺术、民情风俗乃至饮食起居、日常娱乐等，总之，举凡人类社会生活的各个方面的活动记录，都应当属于历史编纂的对象。他的《路易十四时代》一书，即以军政大事为纲，不仅写了法皇路易十四的雄才大略、显赫武功和卓越政绩，而且还包括该时代内政、司法、商业、治安、科学、习俗等各方面的情况。需要指出的是，在近代西方史学发展史上，伏尔泰最先把文化史引入历史学领域，倡导"文化史观"。他在《路易十四时代》一书中指出，发生过的事并非全都值得一写，史家的任务应是"致力于叙述值得各个时代注意"①，即人类历史上的"值得重视"的四个时代（伯利克里时代、奥古斯

---

① 伏尔泰：《路易十四时代》，吴模信等译，商务印书馆1982年版，第10页。

都时代、文艺复兴时代和路易十四时代),这是因为"四个兴盛昌隆的时代是文化技艺臻于完美的时代"①。在《论世界各国的风俗和精神》一书中,他不仅再次提出了撰写文化史的重要性,而且还具体考察了文艺复兴运动,并把它放到西方文化发展的长河中加以研讨。由于作者的努力,为后人尤为布克哈特撰写的《意大利文艺复兴时期的文化》铺平了道路。因此,伏尔泰在西方史学界掀起的新潮流,就不是简单地回到希罗多德,而是在新的条件下的一个突破,对西方史学的发展产生了重大的影响。

其次,伏尔泰有力地批判了神学史观,使史学变成新兴资产阶级手中有力的思想武器。他对禁锢人的理性的宗教迷信所作的深刻批判,在启蒙时代的思想家中是十分突出的。但是,作为一个历史学家,他并没有停留在用猛烈的言词对宗教迷信与教会权威进行攻击这一点上,他的矛头所指是盘踞在史学领域内的神学史观。从对奥古斯丁的《上帝之城》到法国主教博絮埃撰《世界史论》(1681年),这种史观在法国乃至欧洲史学界控制了1000多年之久。伏尔泰反其道而行之,他指出,要摒弃宗教迷信的束缚来研究全人类的历史。他认为,人类历史在不断前进,社会在不断发展,并终将在荡涤一切污泥浊水后到达一个理想的境界,而这与神的意志是毫不相关的。在他的笔下,《圣经》绝不是出于上帝之手的"圣书",也不再是用来解释历史的最高权威。在伏尔泰看来,世界诸民族文明的起源,比《圣经》所载要早得多,而在地域上则远远超过早年犹太人与基督教徒所知的一隅之地。伏尔泰以人类历史进步的思想取代了神应主宰世间命运的观念,他这种对神学史观的摒弃,论者多认为是他在史学上的主要功绩。

再次,他敢于否定传统的世界史体系,开始把人类历史当作一个整体进行综合的和比较的研究。在伏尔泰那里,人类历史的发展是一个统一的整体,虽则它在各个地区和各个民族中的表现形式是不一样的,他的《论世界各国的风俗和精神》一书,历来被认为是创立新型世界史的最初尝试。在这本书中,他总是把眼光时时扩及整个世界,给欧洲以外的世界其他地区,尤其是亚洲各国的历史以相当重要的地位,对中国、阿拉伯、印度、波斯人的历史作了描述。他非常重视东方各国的文化,常把东西方文化加以比较,借以说明西方文明多么依赖于东方,东方诸民族在欧洲文明史的发展进程中,曾经起过多么巨大的历史作用。作者能把人类文明史当作一个整体加以通盘考察,然后落笔成书,这种被后世学者称之为"世界主义"的观念,的确显示了他那非凡的勇气和卓越的史才。

伏尔泰对中国古老文化的关注与仰慕更加令人瞩目。在《路易十四时代》《论世界各国的风俗和精神》及《哲学辞典》等作品中,他对中国作了大量的记述与评论。他还写了《中国书简》,又据《赵氏孤儿》法译本改写成诗剧《中国孤儿》。

---

① 伏尔泰:《路易十四时代》,第5页。

在诗剧中,作者称赞了中国哲学的智慧,剧中那个崇尚武功、企图以暴力取胜的成吉思汗,最后亦被崇高的道义所折服。当然,伏尔泰最崇拜的莫过于中国古代的儒家学说了。他十分赞美儒家思想的博大品格与宽容精神,盛赞儒家思想在中国开明政治中的作用,认为孔子的教诲在于劝人向善,以德教人,既无荒诞的迷信色彩,也没有虚无缥缈的神秘观念,而"己所不欲,勿施于人"的道德规范更为伏尔泰的"自然神论"提供了思想基础。虽然他的这些见解与中国社会发展的史实并不完全吻合,而且在理论上也未必精当,但伏尔泰却渴望从中国古代的文化遗产中,尤其是儒家学派所宣扬的政治思想与伦理道德中汲取思想资料,为他那个时代的政治斗争效劳。可见,他的这种努力还是很有积极意义的。

伏尔泰是理性主义史学派的奠基者,因此他对抽象理性的崇拜,把理性的力量说成是推动历史前进的动力,就成了他治史的基本出发点,这也是理性主义史学派的共同特征。把哲学引入史学,使历史学成了一门以事实为训的哲学,这是伏尔泰治史的又一个特点。伏尔泰认为,一个历史学家的任务不仅仅在于确定事实,更重要的是要用哲学思想之光来正确阐明事实。这使他具有深邃的洞察力以及对史料的深刻的批判能力,因而就能从一片混乱中获得一幅完整和谐的历史图画。正因为伏尔泰的努力,使近代西方史学开拓了一条新路,他俨然成了这种新型的资产阶级史学的开山之祖。伏尔泰史学的广泛博通的特点与狭隘的政治史传统形成了鲜明的对比。此外,伏尔泰对历史事件与各等人物所作的描述,不是平淡与抽象的,而是处处以一位文学家的手笔精心写成,读一下他的《路易十四时代》,不难得出这样的结论。因此,他的著作的史学价值与文学价值并存,法国历史学家米什莱和朗松都欣赏他的《路易十四时代》,说"每一章都是一篇明晰畅达和才思横溢的杰作"①。

当然,伏尔泰的史学并不能避开理性主义史学的根本缺陷,他对"自然神论"的信仰,对中世纪历史的蔑视等,如同他在政治上主张"开明君主论"一样,都体现了他的历史局限性。

但是,伏尔泰对当时及后世西方史学的影响是深远的。在本国和英、德等欧洲国家,都有他的门生和追随者。如法国的孔多塞,英国的吉本、罗伯逊,德国的施洛塞尔、斯毕特勒等,都是伏尔泰理性主义史学派的传人和崇拜者。19世纪上半叶法国王政复辟时期的史学思想有着重大的进展,但这一时期史学上的代表人物如米什莱、米涅、梯叶里、基佐等人实际上都是沿着伏尔泰当年所开辟的方向前进的。伏尔泰治史追求广与博的这一特点,对现代法国"新史学派"史家亦有影响,如法国"年鉴学派"的治史风格,就其根源来说,也是受到过伏尔泰史学思想的影响。可见,伏尔泰在西方史学史上的杰出地位同其在文学、哲学等方

---

① 转引自《路易十四时代》中译本序言,第6页。

面的成就与影响一样,将一直为后人所注目。

3. 狄德罗与"百科全书派"

《百科全书》全名为《百科全书,或科学、艺术和工艺详解辞典》,由狄德罗(Denis Diderot,1713—1784年)任主编。从1751年10月第1卷问世,历时20余年,至1772年共出版28卷,其中辞典17卷、图片11卷。后来又有续编补遗5卷(1777年)和索引2卷(1780年)问世。参与《百科全书》撰写的总共达160余人。撰稿者的出身与观点各异,在世界观和政治倾向上都不尽一致,因此"百科全书派"不可能是一个在思想上或学术观点上完全统一的学派,但是由于狄德罗的努力,在当时反封建总目标上使他们形成了一个颇有力量的联盟。

这里,我们以百科全书派的主要代表人物狄德罗及霍尔巴赫、爱尔维修等人为例,介绍一下他们在社会政治历史方面的一些观点。

"百科全书派"关于社会政治历史的观点是与他们的唯物主义哲学思想密切相关的,他们的唯物主义哲学思想达到了比17世纪英国、荷兰唯物主义哲学更高的阶段。他们捍卫了世界物质性的观念,不求助于任何外在的原因、求助于宗教神学,而是从自然本身来研究和解释自然。他们用这种唯物主义的自然观来探索一切自然现象,也用这种唯物主义的自然观来阐述社会政治历史问题。

《百科全书》书影

"百科全书派"社会政治史观的基本出发点是人。在他们看来,人既然作为自然的人,便是不依赖神而独立自主的人,因此,他们坚决摒弃神学观念对人类生活的干扰,高度重视人的利益和人的幸福,认为人本身才是历史活动的主人,这种卓越的思想在当时曾起过非常大的进步作用。尽管"百科全书派"诸家对人性的表述各异,但都高度重视人的理性,并说这是人性的基础,是决定人性的基本要素。他们对人类的历史抱有较为坚定的进步观念,这

狄德罗

种进步观念突出地表现在相信理性进步上。狄德罗指出,人类历史发展的总的趋势是理智和理性的日趋觉醒。人类幸福和社会前进都可以通过理性的进步来获取,而一旦理性迷失方向,历史运动也会脱离正轨;理性一旦恢复,人类必将重见光明。可见,他们的社会政治史观同启蒙时代的历史学家一样,也是以理性为基础的。

狄德罗认为人在自然状态中是自由的,从这一观念出发,他提出了"社会契约论"。他希望单独的个人根据自己的需要,以自由意志同其他人缔结契约,把自愿割让的部分权利交给一个人,即君主,由他来承担管理社会的责任,而国家政权亦是作为社会契约的结果。应当引起我们注意的是,他在《政治权威》一文中以缔结契约为前提而论述国家起源的学说,较之卢梭在《社会契约论》中类似的观点要早 11 年。爱尔维修亦持社会契约论的观点,所不同的是,他更强调人们的生理需要。在爱尔维修那里,人们的生理需要构成了一个原则,这就是作为人的本性的自爱。在他看来,自爱不仅是推动个人前进的力量,而且也是促进社会发展的前提。为了满足生理需要,实现自爱,即趋乐避苦的目的,人们进行生产劳动,从而创造社会历史。从对自然作斗争的最原始的手段,到解决生活问题的较高级的方式,都渊源于需要。在对社会契约论的阐述中,他重视人们的基本需要,着力从物质基础方面来考察历史运动。这是他比其他"百科全书派"思想家高明之处。

一般地说,"百科全书派"把改造社会的希望大多寄托在杰出的人物身上,如狄德罗和霍尔巴赫都向往开明君主的出现,以推动社会的前进。但需要注意的是,爱尔维修关于伟人的观点同狄德罗与霍尔巴赫相比,前进了一大步。爱尔维修认为,伟人出来为民众解除患难,为社会谋求福利,那么这样的伟大人物是必然要出现的,这是合乎规律的现象。他的这一观点,得到了马克思的肯定:"如爱尔维修所说的,每一个社会时代都需要有自己的大人物,如果没有这样的人物,它就要把他们创造出来。"①

综上所述,"百科全书派"在用唯物主义的自然观解释社会政治历史问题方面,作出了有益的尝试,提出了一些较前人进步的卓越思想,这些观点的出现,也是历史学认识不断深化的标志。

此外,近代意义上的百科全书这种编纂形式的出现,也是史学史应当关注的。无疑,史学史也包括阐明知识积累的过程,以及记录这种知识的形式的嬗变过程。到近代,随着自然科学的进步,知识日趋丰富,这种具有各种知识汇编形式的百科全书就应运而生了。狄德罗所主编的《百科全书》,大体根据培根的意见,按照人类三种的认识能力即记忆、理性、想象,把全部知识分为三大类:一为历史,是从记忆来的;二为哲学,是从理性来的;三为诗,是从想象来的。然后又

---

① 《马克思恩格斯选集》第 1 卷,第 432 页。

把各门科学都编排在这三大知识总类之下。当然,这种分类离科学的分类法尚有距离。但主编者认为,他们按照人的主观能力所作的这种分类可以体现出人类认识历史发展的进程。总之,狄德罗力图在当时科学发展的水平上,以百科全书的形式把以往各门学科的知识成果作为有联系的统一的整体表现出来,这无疑是一次成功的尝试。他奠定了近代百科全书的基础,此后"百科全书"这一名称方为人们所普遍接受。继狄德罗主编的《百科全书》之后,1771年第1版《英国百科全书》问世,至19世纪西方历史学大盛,作为历史辅助学科之一的各种百科全书在西方各国盛行,且过若干年就要增补、修订。到了20世纪,世界各国编纂的各种类型的百科全书竞相出版,但狄德罗主编的《百科全书》所作出的开拓性努力在史学史上当有它的历史地位。

在此,我们还应提到卢梭。不仅是他那激进的民主主义思想,他的史学思想也对后世的西方史学产生过很大的影响。他对人类自身发展运动所作的考察具有唯物史观的因素,对"自然状态"下原始平等的歌颂,曾被19世纪浪漫主义历史学家重新提出过,对浪漫主义的思想家们产生了影响。另外,他在一些文艺作品中,突出情感对人的支配地位,这在近代西方起了解放情感的作用,表现出了浪漫主义的基本精神。他是浪漫主义的先驱者,因此,无怪乎罗素要把他称作为"浪漫主义运动之父"了[①]。

四、英 国 史 学

1. 休谟

18世纪的英国是欧洲的一个先进国家。不过,在史学上,英国却从法国的理性主义史学派那里吸收了营养,18世纪英国史学中的几位大家,大抵上都是伏尔泰历史观念的追随者与模仿者。但本阶段的英国史学也有其自身的特点,史家撰史多以他们的作品来巩固和论证英国现存的政治制度和社会秩序,显示出了某种保守性。

大卫·休谟(David Hume,1711—1776年)是英国经验主义哲学集大成者,近代"不可知论"的创始人,同时也是一位历史学家。休谟在世时,他的哲学著作很少有人问津,相反,他的历史作品却拥有广泛的读者。其名著《英国史》问世后,传诵甚广,可以这样说,休谟在史学方面的成就,却使他的哲学观点得以昭之

[①] 罗素:《西方哲学史》下卷,马元德译,商务印书馆1976年版,第225页。

于世,但在后世,他的史学家的地位反为其哲学家的显赫名声所掩盖了。

休谟的重要作品有《人性论》《人类理解研究》《道德原理研究》《自然宗教对话录》等,《英国史》是他在史学上的代表作。

休谟撰写《英国史》是经历过曲折的,1754 年该书第 5 卷(即最先出版的那一卷)问世前,他自以为这本能"把现世的权力、利益和权威,以及一般成见的呼声,都弃而不顾"①的英国史,出版后能得到社会普遍的欢迎。可是,由于他在书中对查理一世的同情态度,此书一出版立即引起了社会舆论的谴责,结果这一卷的英国史一年之内只售出 45 本,这使他感到绝望,甚至一度想改名换姓,隐居他乡,永不归国。但休谟终于没有消沉下去,而是以顽强的自制力,重新振作精神,精心修改尚未出版的第 6 卷,由于在这一卷中,他对"光荣革命"及现行制度的歌颂,出版后大受赞扬,其余各卷陆续出版后,亦广受欢迎,终使他成为一名享誉文坛的历史学家。

休谟编纂的《英国史》是一部在 18 世纪问世的最完备的英国通史,第 1 卷与第 2 卷追述了从公元前 55 年恺撒入侵不列颠至公元 1485 年都铎王朝的建立约 1500 年间的英国古史;第 3 卷与第 4 卷记述了从 1485 年至 1603 年间的英国史事,大体包括都铎王朝约 120 年的历史;第 5 卷与第 6 卷叙述了斯图亚特王朝时期的英国史,包括 1603 年至 1688 年"光荣革命"为止 80 多年的英国史事。作者编纂的方法是由近及远、略古详今的,其书出版的时间正与该书所载的历史顺序相倒置,这 6 卷书合在一起,即构成了一部自恺撒入侵至 1688 年间的英国通史。

休谟作为这个时代的一名资产阶级历史学家,一方面代表了迅速发展的资本主义社会的进步要求,故他对这个社会作了"进步的和乐观的赞扬"②。如他反对封建教权派干预国政,反对他们所煽动的宗教狂热,主张宗教宽容,维护公众自由,提倡理性与科学的进步,强调发展实业等。另一方面,他的史学思想又反映了已取得统治地位的英国资产阶级的保守心理。从他的《英国史》一书中,人们可以窥见 18 世纪英国史学的这种保守性,如他把革命时期的暴君、英王查理一世及其宠臣斯特洛甫描述为"殉道者",并为之洒一掬同情之泪。他谴责革命时期议会党人破坏了英国传统的法制,而不应过分责怪斯图亚特王朝那几位命运不佳的君主。他希望资产阶级的新贵族的代表人物要维系两者之间的政治联盟,不要因相互之间的派系斗争而忽视了人民运动的兴起和封建制度复辟的某种可能性,以便为迅速发展社会生产力提供安定的政治环境。他称颂 1688 年的"光荣革命",认为这个妥协所带来的政治体制,即君主立宪制是英国最好的政治制度,说它是当时那些正在争取自由权利的欧洲人和美洲人所羡慕的对象。

---

① 休谟:《人类理解研究》,关文运译,商务印书馆 1972 年版,第 4 页。
② 《马克思恩格斯选集》第 3 卷,第 589 页。

在休谟看来,英国人民应当为他们当年所争得的自由权利而欢欣鼓舞,因为他们现在都可以在新的政治制度下安居乐业,再也不需要像1649年那样"暴力"了。休谟的历史观与辉格党人对英国历史的解释迥然不同,反映了托利党人保守的政治立场。这也是休谟哲学上所持调和、中庸的态度在史学上的一种折射。

休谟与罗伯逊、吉本一起,通称为18世纪英国三大史家,具有重要的地位。他主张要扩大历史写作的范围,在他的《英国史》中,除记载政治、军事等重大事件外,而且还记录文学艺术、伦理道德及人民生活等方面的内容,具有社会文化史的因素。他还认为他的哲学观点可以通过历史事实而得以阐明,十分注重探求历史事件之间的因果关系,在他看来,唯有因果关系才能使我们能够从某个事件推论到其他历史事件。他指出历史学家的重要职责就是要寻求历史现象的"原因",就是从结果推至原因,而所有历史上的变化无不以这个"原因"为依据。他蔑视中世纪的历史地位,称它为人类文化史上的"千年空白",认为人类历史是从15世纪的文艺复兴时代才开始的,只有到了这个时代,知识的太阳普照大地,从此人类有了真正的文明,这样的历史才有研究的价值。休谟还认为历史是心理活动的记录,研究历史旨在发现人性的普遍性,为现实提供借鉴。可见他的史学思想的菁芜驳杂的情况,不仅体现了18世纪欧洲启蒙运动时代的特点,而且也是这一时期英国社会特点的反映。

2. 罗伯逊

威廉·罗伯逊(William Robertson,1721—1793年)大体与休谟属于同时代人。他是一名长老会教的牧师,又曾担任过爱丁堡大学的校长,在当时宗教界与学术界都享有威望。罗伯逊的历史著作主要有以下几部:《苏格兰史》《查理五世在位时期史》《美洲史》《印度古史研究》等。《苏格兰史》记述16世纪的苏格兰之政事,尤其对女王玛丽及长子詹姆斯六世在位时期的历史,对苏格兰宗教改革时代的情况,记载颇为翔实,全书止于1603年,即詹姆斯六世入主英格兰(称詹姆斯一世),是为英国历史上斯图亚特王朝之始。此书文字畅达,叙事清楚,是罗伯逊的成名之作。《查理五世在位时期史》记述中世纪晚期,即西班牙国王兼神圣罗马帝国皇帝查理五世在位时期(1519—1556年)的历史,并借此来记载中世纪晚期所发生的巨大变化。此书的"序论",另撰标题,实为单独的一卷,在这里,他完全以一位史家的手笔,在广泛研究的基础上,概括综合,表达了他对中世纪的看法。这本书一问世,即受到伏尔泰和吉本的高度评价,罗伯逊在欧洲史学界的声誉,在很大程度上是鉴于此书的价值。《美洲史》记述美洲的山川风貌、印第安人的风俗习惯、欧洲殖民者的冒险事迹等,大抵可以认为是迄于作者所在时代西方人编撰美洲史(实际上限于西班牙美洲)的开山之作。19世纪美国历史学家普列斯科特所撰《墨西哥征服史》及《秘鲁征服史》即是对这种撰史传统的继承与发扬。《印度古史研究》则写得过于仓促,错误之处甚多,与前三部著作相比,不免大为逊色。

罗伯逊是18世纪英国著名的史家,他具有与同时代理性主义史家相接近的历史观念,如他认为中世纪是一个"黑暗时代";又如对宗教,他是完全站在新教的立场上来著书撰史的,在《查理五世在位时期史》一书中,作者对马丁·路德及其他宗教改革家倍加赞扬,而对罗马天主教会则持批判的态度,这些都与伏尔泰、休谟等人的观点相合拍。但是,罗伯逊与他们又不尽相同,他虽然也认为中世纪是一个"黑暗时代",但他并不完全否定这个时代,对中世纪文化衰微之责难,措辞较温和,与休谟把这个时代说成是"千年空白"的过激言词有所不同。他甚至还看到,即使在这个时代,它也为近代欧洲播下了文明的种子;他重视16世纪作为历史转折时期的意义,说这是促成近代欧洲国家从野蛮走向文明、从愚昧走向进步的重要一步。他是一名虔诚的新教徒,但反对宗教狂热,认为宗教狂热对苏格兰民族是一种危险的武器,他又认为宗教改革运动是由神意造成的。

此外,罗伯逊还重视地理环境的作用,论及地理因素对某一个民族的素质及其历史所产生的影响。他用这个理论具体分析了美洲人的身体构造及禀赋能力,虽则粗疏,但却是18世纪的英国史学中最早运用孟德斯鸠的地理环境理论的先例。

罗伯逊治史比较严谨,注重史料的搜集,追求史书与客观的事实相符。他首创在史著的章末加上附注及参考书目,这是对历史编纂的一个具体贡献。但罗伯逊遵循政治史传统,这与伏尔泰等人不同,在他看来,历史应当着重表现众所周知的伟大人物,而废弃凡夫俗子和琐细杂事。这样,就使其史著的内容,束缚在西方传统的编史范围之内,未能有更多的突破。

3. 吉本

爱德华·吉本(Edward Gibbon,1737—1794年)不仅是18世纪英国最著名的历史学家,而且也是启蒙时代西方史家的杰出代表。

吉本的传世名著是《罗马帝国衰亡史》。他写作这部长篇巨著,是由一个偶然的事件所触发的。1764年他畅游意大利,是年10月15日那天,在凭吊古罗马遗迹时,他纵览古今,浮想联翩,不禁顿生怀古之情。后来他在《回忆录》中写道:"当我置身于卡皮托尔的废墟之中,独自冥想,听到赤脚托钵僧在朱庇特神庙中唱着晚祷词,编写罗马城衰亡史的意念,初次涌上了我的心头。"①

最初,吉本把主题局限在罗马城衰亡的历史上,后来他决定把范围扩大,倾

---

① 吉本:《回忆录》,收入威廉·史密斯编:密尔曼等三家集注的《罗马帝国衰亡史》英文本,第1卷,第150页。

全力写一部整个罗马帝国衰亡的历史。他在编纂这部鸿篇巨制时,曾刻意加工,精益求精,第1章三易其稿,第2、3章也写了两遍,著名的第15、16两章,曾作过三次删改。第1卷在1776年出现后,立即轰动了整个英国文坛,被认为是当时学术界的一件大事。书一问世,即付阙如,短期内印行了3次,成为那时的一部畅销书,并获得了休谟、罗伯逊等人的好评。不过,书中第15、16两章,因抨击了基督教会,在宗教界中引起了轩然大波,遭到了教会人士的猛烈攻击。1779年,他发表了有名的《辩护词》给予回答,显示了作者对这些无理指责的绝不屈服的斗争精神。他继续坚持把《罗马帝国衰亡史》写下去。1781年,此书第2卷和第3卷出版。

1787年6月27日深夜,吉本写完了最后一章。他在记述完成这一长篇巨著的心情时写道:"我搁下笔,在阳台和树木遮盖的走道上漫步徘徊着,从这里可以眺望到田园风光,湖光山色,空气是温馨的,天空是宁静的,月亮的银辉洒在湖面上,整个大自然万籁俱寂,我掩饰不住首次如释重负以及可望成名而感到的欢欣。但是,我的自豪之情迅即消沉下去了,而不禁悲从中来。想着我业已同一个伴我多年的挚友诀别了,不管我的《历史》将来的命运如何,历史学家的生命必然是短促而无常的。"①第二年5月8日,《罗马帝国衰亡史》第4、5、6卷同时出版,正值他51岁生日,吉本说这部书花去了他一生20年的时间,事实上,作者为此呕心沥血,付出了毕生的精力。《罗马帝国衰亡史》的全部问世,博得了欧洲学术界的一片赞扬。著名的《国富论》作者亚当·斯密特地写信向吉本祝贺,称颂这部书的出版使他可以列入当时欧洲文史界之首位。

吉本

吉本的《罗马帝国衰亡史》是一部卷帙浩繁的巨著。它以基督教与蛮族的胜利为主题,主旨明确,结构严密。全书6卷,凡71章,大体可分成两部分:第1卷到第4卷为第一部分(第1—47章),在这一部分,作者在简略回顾公元98年至180年间罗马帝国的历史以后,主要记述公元180年至641年,近500年间的史事;第5、6两卷为第二部分(第48—71章),记述公元641年至1453年土耳其人攻占君士坦丁堡,直至拜占庭帝国灭亡为止的800多年间的史学。吉本把重点放在第一部分,第二部分则写得简明扼要。全书包括后期罗马帝国和整个拜占庭帝国的历史事件,称得上是一部体大思精的通史之作。

---

① 吉本:《回忆录》,收入威廉·史密斯编:密尔曼等三家集注的《罗马帝国衰亡史》英文本,第1卷,第190页。

《罗马帝国衰亡史》的作者具有宽广的视野,它上起古罗马安东尼时代,下迄欧洲文艺复兴运动发轫,其间跨越了 1300 多年,范围遍及古代世界的三大洲。此书不仅记述了罗马帝国之兴衰,也涉及波斯、匈奴、日耳曼、阿拉伯帝国以及土耳其帝国的历史。作者能够把这样一部时间长、国家多、范围广、史事繁的通史之作写得如此提要钩玄、井然有序,足见其具有高超的驾驭史事的才能。正是由于吉本的努力,在欧洲史学上第一个搭起了一座桥梁,把古代和近代的历史连接起来,在他之前,欧洲史坛还不曾出现过这样规模巨大的通史著作。吉本重视原始资料,尤其留意 17 世纪、18 世纪史家所搜集到的原始材料。他从小就阅读和仔细钻研过希腊和拉丁文的古典原作,遍览罗马帝国创立以来至西罗马帝国时期的各种文献资料,从中搜集第一手资料。他悉心研究古代文物,搜集古代货币,考证古代铭刻。他广征博引,详加考订,几乎每一页都有详细的注解,或交代史料之来源,或补充正文之不足,或罗列诸家之见解。正因为其书包含有丰富的史料,迄今为止此书依然是人们用来判断古代和中世纪史事的圭臬,被现代史家视为权威之作。

《罗马帝国衰亡史》还颇具文学价值。其文笔优美,并有独特的风格,辞藻华丽凝重,句式整齐,对句与排比不时出现;书中还穿插有许多逸闻轶事,情节曲折,颇富传奇性。这就为该书增加了文学欣赏方面的价值。

当然,吉本的《罗马帝国衰亡史》也有缺陷,如仍恪守政治史的旧传统,内容不够广泛,把历史归结为少数显贵人物的活动,认为中世纪的文化基本上没有什么可取之处等。但这毕竟是瑕不掩瑜,他的作品的熠熠光彩是不能因此而泯灭的。

《罗马帝国衰亡史》无疑是西方启蒙运动在史学上引起的重大回响,它从史学领域反映了 18 世纪西方的理性主义思潮对正在消失的封建时代的历史批判。吉本历史观中最突出的即是这种体现时代特点的大胆的批判精神。

吉本对基督教的传统教义、信条及教规等持批判态度。他在该书最引起争议的第 15、16 两章①里,专论基督教的兴起及其本质。作者的叙述貌似平静、客观,其实包含着强烈的褒贬,他的议论随机触发,寓嘲讽于含蓄之中,把它作为一个"久居地上"的世俗现象,从而剥去了历来神学家所加于基督教身上的一件圣洁外衣。吉本认为,传统的罗马英武精神在基督教的影响下消失了,基督教所起的破坏作用正是罗马帝国衰亡的主要原因。他否定《旧约圣经》中所宣扬之上帝全能说,但采用了曲笔。他还批判了禁欲主义,认为基督教的禁欲主义违反人性、闭人心智,这与人的理性求知是不相容的。吉本对基督教所作的批判,实际上是把人的理性的发展作为判断基督教是非的标准。在他看来,凡阻碍人类理性进步的,不管是基督教还是其他什么东西,都必将受到人的理性的否定。吉本

---

① 吉本这两章的中译文,已收入吴于廑主编的《外国史学名著选》(商务印书馆 1987 年版)下册中。

用这种理性主义的态度考察的结果,曾引起正统护教者的强烈责难。但是,作者对宗教的态度,基本上是属于自然神论的。自然神论者并不否认上帝的存在,但这个上帝已不是以意志主宰一切的上帝,而是自然的上帝,它是由人的理性认知,按固定规律而运行的自然的最初动力①。

此外,吉本还对专制君主作过批判。他尤其擅长用犀利的笔调,着力鞭笞如罗马皇帝尼禄之流的暴君,谴责他们暴戾无道、戕害忠良与荒淫腐化,即使对戴克里先、君士坦丁、查士丁尼等一类"明君",作者也是有褒有贬,写他们的功绩,也揭露他们的过错。不过,吉本在这方面的历史批判却有一定的限度,甚至是留有余地的,实际上,吉本并没有对一切专制主义都采取批判的态度。

吉本所述是与其政治思想相关的。他反对专制暴君,但却拥护开明专制,这个观点与伏尔泰所主张的"开明君主论"是相近的。当然,吉本所向往的政制是古罗马时代的贵族共和政体,他十分称颂这种制度下的公民平等与美德,并认为罗马共和制最符合近代三权分立的原则,可见,他的思想受到了古罗马史家塔西佗及近代孟德斯鸠等人思想的深刻影响。

吉本在西方史学史上具有重要的地位。学术界一般倾向于把《罗马帝国衰亡史》列为18世纪西方史学所能达到的最高水平。他是继希罗多德、修昔底德、塔西佗、马基雅维里等史家之后西方史学界又一杰出代表。他的非凡史才和鸿篇巨制,对后世产生了深远的影响。如今,吉本的名著越出了一国的范围,成为人类文明的共同遗产,已被译成法文、德文、意大利文、俄文、波兰文、现代希腊文、匈牙利文等多种文字,与众多的古典史学名著一样,跻身于世界名作之林,在各国广为流传。书中不少章节,曾被选作大学教材,深受师生们的欢迎。书中不少语句,已成为英语中的名句。许多西方著名学者曾为该书作过精详的注解,现代英国史家伯立为校订吉本的这部书附撰了大量的注释,使之声誉日盛,流传更广。一般说来,在近代西方,还没有哪一部史书能够像吉本的《罗马帝国衰亡史》那样,受到如此高度的重视,对世人产生如此深刻的影响。

五、德 国 史 学

1. 莫泽尔

18世纪的德国,国情与法、英不同。由于政治上的分裂状态和资产阶级力

---

① 本处及下段参见吴于廑:《吉本的历史批判与理性主义思潮》,《社会科学战线》1982年第1期。

量的弱小,这就决定了德国启蒙运动的任务区别于欧洲其他国家,它的直接目标不在于进行资产阶级革命,而在于德意志民族的统一。与同时代的英、法等国相比,在文化领域内,德国也显得落后些,法国的学术思想曾长期统治着德国思想界,迄至18世纪末,德国的一些著名思想家大多在法国留学过。18世纪德国远没有产生过足以影响全欧的历史名篇,因此,伏尔泰等人的历史著作在德国拥有广泛的读者群,并被竞相模仿。尤其是伏尔泰的史学观念,对德国曾产生重大的影响。但在18世纪中叶以后,随着启蒙运动的进一步展开,德国文化也得到了勃兴。60年代哥丁根学派的崛起,标志着德国史学有了新的进展。到了70年代,在全德范围内,发生了一场颇有声势的狂飙突进运动,在这场旨在反对封建束缚、争取个性解放的文学运动中,涌现了像莱辛、赫尔德等著名的人物,它有力地促进了包括史学在内的整个德意志民族文化的进展。

尤斯图斯·莫泽尔(Justus Moser,1720—1794年)在18世纪德国是一位值得注意的历史学家,他与一般德国史家相比,较少受到法国理性主义史学的影响,而具有自己的特点。这种特点从他的《奥斯纳布律克史》来看,大概有以下一些。

与18世纪的理性主义史家都鄙视中世纪不同,莫泽尔并不认为中世纪是黑暗时代,相反却大力赞美它,指出中世纪是德意志民族非常光荣而伟大的时代。这一观点,博得了后来的浪漫主义史家的激赏,称他为第一个具有德意志头脑和心智的历史学家。

莫泽尔否定伏尔泰等人倡导的"世界主义",而是充满了强烈的德意志民族的爱国主义思想。他的《奥斯纳布律克史》不只是从一个小邦的角度去叙写史事,而是把它作为德意志帝国一个不可缺少的组成部分来谋篇撰史的。

在史著内容的侧重点上,莫泽尔又与18世纪史家的文化史概念大体吻合,认为文化可以表现民族性格,可以发出民族心声。他亦重视政治制度史的研究,注意探寻政治制度与社会经济之间的内在联系,并力求把那些构成为历史整体的地理、社会、经济等诸多因素都包括进去,认为历史发展的全过程是各种社会经济因素以及它们对变动中各阶级的影响交互作用的综合,这种思想曾对后世的德国史家,尤其是尼布尔和尼茨施等人产生过深刻的影响。

在历史方法上,作者提出了"逆转推理法",即用现在的情况去推知过去的事实,通过实地考察,他在一个有着600多年历史的农村中,发觉那里的农民家庭仍然过着古老的乡间生活,由今溯古,他相信德国古代的确存在过自由的马克公社。

莫泽尔还十分注意利用原始资料,特别是档案材料,据此深入研讨历史事件的意义,对历史作出系统的叙述。对德国历史学曾起过作用的文学家和启蒙思想家莱辛说过这样的话:德国聪明的作家很少是学者,而学者们则很少是聪明的作家。因为聪明的作家不愿搜集资料,探幽索微,而学者们除此之外又不愿做其他的事情。在德国史家中,既是聪明的作家又是学者,能使莱辛满意的人,当为莫泽尔①。

2. 哥丁根学派

哥丁根大学创建于1734年,它是由汉诺威选帝侯乔治二世资助建立的。在1810年柏林大学创办之前,它几乎成了当时德意志境内最有影响的历史研究的场所。因该派的代表人物都在哥丁根大学执教,故而得名。

哥丁根学派大体形成于18世纪60年代,在近代西方史学史上,它可以说是第一个具有近代意义的历史学派。代表人物主要有伽特勒、施洛塞尔、斯毕特勒、赫伦等人。正是由于他们的努力,使哥丁根学派从18世纪60年代至19世纪初,成了德国史学发展的主要中心。就个人声誉而言,哥丁根学派的历史学家当不及同时代的伏尔泰或吉本,但它作为一个学术团体,却显示了若干比较接近的历史观念及治史方法,无疑为西方史学的发展作出过重大的贡献。

为认识哥丁根学派的历史观念和治史方法,有必要对该派的几个代表人物,作些简略的介绍。

约翰·克利斯蒂安·伽特勒(Johann Christian Gatterer,1729—1799年)。1757年,哥丁根大学在欧洲最早设置历史讲座,两年后,伽特勒应聘主持这个历史讲座,哥丁根学派大体就是从这时开始的。因此,伽特勒似乎成了这一学派的创始人。

在伽特勒执教期间,他痛陈德国史学落后的现状,批评当时各种历史著作的种种弊端。如内容单调,只是罗列一些王朝世系、党派纠葛、战争和约等;形式千篇一律,完全忽视历史事件之间的有机联系,而成了一些支离破碎的东西。他力图把历史建成一门严谨的学科,据此,一方面创建历史专题研究班(习明纳尔);另一方面,又广泛涉猎历史学的各个领域,还重视古文书学、钱币学、纹章学、谱系学等各种历史辅助学科的研究。他还在德国大学中率先开设世界史课程,其代表作《世界史》,初步建立了世界通史的体系,主张要拓宽世界史的内容,扩大地域范围,提出了将世界分为古代、中世纪和近代三段的世界分期法,所有这些都对历史学的发展产生过积极的影响。

奥古斯特·路德维希·冯·施洛塞尔(August Ludwig von Schlozer,1735—1809年)。哥丁根派的史家们大多受到了伏尔泰的治史观念的影响,施洛塞尔尤甚。他从哥丁根大学毕业后,曾分别前往瑞典研究北欧史,前往俄国研究俄国史。1769年,返回母校执教,主持历史讲座。哥丁根学派在他那里,达到了全盛时期,因此他亦被认为是这一学派的真正领袖。施洛塞尔虽著有《北欧史》《俄国史》,但生平最重要的著作则为《世界通史》。在构建世界史体系的问题上,他比伽特勒做出过更多的贡献。

---

① 参见孙秉莹:《欧洲近代史学史》,湖南人民出版社1984年版,第123—124页。

施洛塞尔强调世界历史的整体性,提出不能搞成各个国家和地区历史细节的松散、杂乱的汇编。他认为世界史应当包括"各个历史时期、各个国家和地区、一切已知的重大事件",不能以欧洲诸国的历史取而代之;又认为,世界史要着重阐明历史事件之间的内在联系,而不能只罗列人名、地名和年代;还主张世界史不能被政治史的框框所束缚,必须叙述文化的进展,如应当记载人类的各种创造发明等。只有这样,世界史才能反映出这多彩多姿的人类社会的发展的全貌。当然,他尚不能指出人类社会的前进方向,"人性论"的偏见使他对历史事件的解释陷于循环论的错误之中。

施洛塞尔对历史方法也有贡献,他对手稿的校勘、原始版本的复原、谬误的鉴别、资料的溯源等方面,都从古典学者和《圣经》研究者那里吸取了一套方法。他还提出语言学在历史研究中的价值问题,认为研究各种语言的亲属关系有助于人们了解远古时代人类社会的历史。由他倡导的这种语言学方法被19世纪德国历史学家广泛采用,成为近代德国史学的一个显著的长处。

路德维希·蒂莫托伊斯·斯毕特勒(Ludwig Timotheus Spittler, 1752—1810年)。他与施洛塞尔一样,也受到过伏尔泰的治史观念的影响。他致力于教会史和德意志各邦历史的研究,重要著作有《基督教会史》和《欧洲各国史要》,前书侧重阐述基督教在历史上所起的作用,后者主要是叙述西欧诸国文化的演进及其发展趋向。

阿诺尔德·赫尔曼·路德维希·赫伦(Arnold Hermann Ludwig Heeren,1760—1842年)。他是哥丁根学派的后期代表[①]。赫伦在哥丁根大学执教约50年,从1819年起担任该校校长,主要著作有《古代主要国家的政治、交通和商业》和《欧洲国家制度及殖民地史》等。

作为一个卓越的史家,赫伦充分认识到国家物质基础的重要性,并试图探索人类基本物质需要的手段及其对政治的影响。他发展了伏尔泰的文化史观念,赫伦笔下的文化不只是其前辈所宣扬的文学、艺术等精神文化,而是更注重科学技术、海外贸易等物质文化的研究。他对世界的整体性也提出了自己的看法,认为古代国家彼此孤立,近代欧洲已发展为一个统一的整体,甚至认为近代欧洲是一个统一的民族,只是在政治上划分为不同的国家而已。因此,近世欧洲发生的一些重大事件都应从全欧的角度进行探讨。赫伦把早期哥丁根学派史学的世界主义观念,缩小成近代欧洲国家体系的观念,这种体系后来被兰克进一步发展成为系统的"西欧中心论",成为长期霸持西方史坛的传统观念。

哥丁根学派的全盛时代是在18世纪的最后30年。在赫伦之后,它再也没

[①] 为了集中叙述这一学派的情况,本节把主要活跃在19世纪的哥丁根学派史家赫伦,也一并放在这里介绍。

有出现过著名的史家,自19世纪30年代兰克在柏林大学崭露头角之后,这一学派就此从德国史坛上淡出了。

但是,哥丁根学派在西方史学发展史上应有它的独特地位。由于哥丁根学派史家的史学实践,在短短的三四十年的时间里,改变了德意志史学的落后状态,为19世纪德国史学成为西方史学的中心打下了良好的基础;它为19世纪的德国史坛和其他国家造就了大批历史学专业人才,如在柏林大学担任过校长的洪堡、海德堡学派的领袖施洛泽尔、美国史学的奠基人班克罗夫特等人,都出自这一学派的门下。在史学观念上,哥丁根学派把18世纪下半叶存在的两种对立的历史思想(理性主义和浪漫主义)融合起来了,一方面他们继承伏尔泰理性主义史学中的"世界主义"观念和文化史的传统;另一方面又积极吸取浪漫主义史学中注重历史的连续性和发展性,肯定中世纪的历史地位等长处,这就使这一学派成了18世纪欧洲理性主义史学向19世纪浪漫主义史学转变的一座桥梁。在历史方法上,他们重视原始史料的搜集辨析,反对抽象思维,倡导专题研究与分工合作,重视历史辅助学科,这就为19世纪以尼布尔和兰克为代表的批判史学奠定了基础。总之,哥丁根学派在近代西方史学的转变过程中,具有重要的历史地位,不可小觑。

六、历史哲学的发展

1. 维柯

人们通常所讲的历史,一般是指人类社会发生、发展的运动过程。历史过程是复杂的,它常常不是完全以人们个人的目的确定最终的结局。历史活动的这种特殊的复杂性,就要求人们在研究历史时,不只局限于了解或确定事实而已,还应进一步对纷繁复杂的历史事件和汗牛充栋的史料进行综合与归纳,从而形成某种理论体系,这是一个从片面到全面、从相对到绝对的无限发展的反思的过程。如维柯撰写《关于各民族共同性的新科学原则》旨在总结人类社会发展的历史进程。他所总结的理论,我们就可以称之为"历史哲学"。这个时期的历史哲学基本上都可以归之于思辨的历史哲学范畴内。

近代历史哲学在18世纪得到了勃兴,一般说来这要归之于启蒙时代的理性主义思想的作用。在理性主义史家的笔下,常称自己所生活的时代为"理性的时代"或"哲学的世纪",在他们看来,哲学和理性几乎是同义词。于是,在该世纪,闪光的思想与哲人的睿智纷纷出现,史学与哲学交叉,对搜罗的史实希求一种哲学的理解,而历史则被视为一门以事实为训的哲学。

一般说来,"历史哲学"一词是伏尔泰最早开始运用的。俄国著名诗人普希金说过:"伏尔泰第一个走上了新的道路,他把哲学的明灯带进了黑暗的历史档案库中。"①但是,伏尔泰并没有刻意去研讨历史哲学,他指的是人们对于历史不应该以堆积史实为能事,还应该达到一种哲学或理论的理解。近代西方历史哲学的渊源,还可能再追溯得稍远些,文艺复兴时期让·波丹撰写的《理解历史的方法》,实际上包含了近代历史哲学的最初含义。再早一些,生活在14世纪的阿拉伯史家伊本·卡尔顿,他在《通史·导论》中所阐发的历史哲学,如文明发展的三阶段论,地理环境对历史发展进程的影响,历史应作为一门科学来看待等观点的提出,都要早于欧洲思想家三四百年。西方学者普遍认为,在维柯的著作问世之前,伊本·卡尔顿的历史理论无人可以与之相匹敌。伊本·卡尔顿的历史哲学,实为近代西方资产阶级历史哲学的先声②。

维柯

通常认为,詹巴蒂斯塔·维柯(Giambattista Vico,1668—1744年)是西方最早系统提出历史理论的人,学术界倾向把他称作为历史哲学的真正奠基者。

维柯的最重要著作是《关于各民族共同性的新科学原则》(简称《新科学》,1725年初版)。全书分为5卷:(1)原则的奠定,(2)诗性智慧,(3)发现真正的荷马,(4)世界各民族所经历的历史过程,(5)各民族复兴时人类制度的复归历程,附全书的结论。这是一部范围广阔,而主要是详论人类社会历史发展的鸿著。作者的意图是要把历史学系统地改造成一门与中古思想相异的"新科学",并把它引入近代历史科学的殿堂,使之发展成一门专门的"新科学"。在文化思想的传统上,维柯继承了意大利文艺复兴时代的人文主义思想,但他对笛卡儿的理性主义却持异议。在他看来,笛卡儿的"我思故我在"的命题不能成为哲学知识的基础,思维不可能是存在的原因,而存在的事物并不都能思维。维柯强调知与行、实践与真理的内在联系,认为人类能创造世界,因而也能认识世界。人的认识内容来自创造的实践活动,真理即创造的实践,由此很容易得出真理的标准不是笛卡儿的我思,而是实践这一重要结论,这是他的一大功绩。

---

① 转引自维·彼·沃尔金:《18世纪法国社会思想的发展》,杨穆等译,商务印书馆1983年版,第34页。
② 参见张广智:《中世纪时期的阿拉伯史学》,《复旦学报》1985年第2期。

维柯另一个卓越功绩是建立了历史发展的观点,并企图为它寻求出一个有规律的发展过程。他把历史发展的过程理解为一个从低级向高级发展的进化过程,认为每个民族在其历史发展的过程中,都要经过三个阶段:神祇时代,英雄时代,人的时代。在神祇时代,人类还处于茹毛饮血的野蛮状态,他们体格魁伟,毛发遍身,似人似兽,尚不具备人的自我意识。随着第一次电闪雷鸣,恐惧感迫使他们躲入洞穴山谷,人类的社会生活随之而生,出现了原始的家庭。在超自然、可怕的景观面前,上苍被神化了,于是产生对诸神的崇拜,如古希腊和罗马神话中的天神。在维柯看来,语言和艺术是与这种原始崇拜的观念紧密联系在一起的,神祇时代的政治形态为神权政治,父系家长制是这种统治的最初形式,家长被认为是神与人之间作媒介的人物,因此他们可以为神立言,发号施令,具有无限的权力。维柯对人类孩提时代的描述,其中不乏与现代关于原始社会的观念相吻合之处。

英雄时代开始于神祇时代的后期,在维柯看来,如每个民族有它的雷神一样,每个民族在自己的发展过程中也有自己的海格立斯。荷马史诗所描述的阿基理斯和俄底修斯,就是两种不同类型的英雄人物。在这个时代里,强者征服了弱者,前者为了征服后者的反抗,于是联合起来组成为国家,在这里,维柯提出了社会阶级斗争是国家出现原因的思想,它的兴起旨在防止平民或奴隶们的反抗斗争。

这个时代的政治形态是奉行由少数英雄掌权的贵族政体。据维柯之见,国家的最早形式是贵族政治。这和理性主义者的主张是相悖的,他们认为君主制是国家的最初形式。还需要指出的是,维柯在《新科学》一书的第 3 卷(题为"发现真正的荷马")中,首次否定了荷马其人的真实性,指出他不过是古希腊吟诵神祇的英雄业绩的众多民间诗人的象征。在他看来,"希腊各族人民自己就是荷马"①,荷马史诗也不是一人一时之作,而是古希腊人长时期的集体创作。此论一出,石破天惊,一时轰动西方文坛,聚讼纷纭的"荷马问题"由此而起。

在人的时代,平民登上了历史舞台,建立了新的民主制度,出现了政治平等、经济发达、文化繁荣的局面。这时人们的思维方式也发生了变化,由英雄时代的形象思维转为抽象思维。于是,神话被遗忘了,诗让位于哲学,但人的时代并非历史发展的终点,因为在维柯看来,民主制度下的贫者与富者激烈斗争,内战频仍,社会动乱,即使是改行君主制也无济于事,整个社会腐化堕落,世风日下,这个邪恶的社会已无可救药。在这里,维柯看到了欲摆脱这种困境的两种前途,较好的出路是,由那些富有朝气的蛮族征服这个已颓废的社会,如公元 5 世纪日耳曼人征服西罗马帝国那样。中古欧洲的"蛮族国家"是新的神祇时代的开始。另

---

① 维柯:《新科学》,第 875 段,朱光潜译,人民文学出版社 1986 年版,第 443 页。

一种可能性是,在衰朽的社会附近没有蛮族前来征服,于是这个社会只得听天由命,内讧与纷争终于使它再一次陷于野蛮状态。不管是出现哪一种情况,社会又开始了一个新的周期性运动,三个时代就这样周而复始,由此推动人类社会的不断前进。

我们认为,维柯笔下的三阶段的周期性运动,并不是一个裹足不前的封闭式的圆圈,因此,不应该把他的人类发展经历的三个阶段的周期性运动,理解为一种封闭式的单纯的循环,也不能把第二周期性运动的复演过程理解为同第一次周期运动的简单重复,而应该把它看作是渐进的螺旋式的上升运动。那种把维柯的三阶段发展论列为西方历史循环论的代表的观点似不足取。

还应当注意的是,在维柯那里,三个时代的更迭又总是与社会变革相联系的,社会变革则往往通过阶级斗争的形式表现出来。他提出的阶级斗争推动社会发展的原则,虽然还比较原始,但却是一个光辉的思想,对19世纪法国王政复辟时期史家所主张的阶级斗争学说有着直接的影响。但维柯的思想是矛盾的,他一方面试图设计一个没有神的干预的历史系统,因而提出"世界确实是由人类创造出来的"[①]著名论断;但另一方面又认为,神是指导历史走向一定目标的动力。他没有也不可能真正找到人类社会发展的客观规律,这是他的历史局限性所致。

在18世纪西方理性主义占统治地位的时代,维柯的思想是很难为人们所接受的。他的名字在他那个时代还鲜为人知,他的《新科学》一书在当时也成了一部很少为人理解的奇书。18世纪注重研究维柯思想的是德国学者赫尔德。直至1835年,他的《新科学》由法国史家译成法文出版,其名声旋即在全欧传布,如同天空中新发现了一颗明星那样,突然放射出熠熠光辉,产生了巨大的影响。马克思称赞维柯的思想中"有不少天才的闪光"[②],如他的实践观点、历史发展具有规律性的观点、人类在创造世界的同时也创造自身的观点等,与马克思的观点确有不少可比较之处。维柯的历史哲学对西方史学做出了重大的贡献,可以称得上是西方近代历史哲学的真正奠基者。

2. 孔多塞

启蒙时代的思想家尤其是法国启蒙运动中的一些杰出代表人物,如伏尔泰、卢梭等人,给人们的思想深深注入了这样一种信念:人类要摆脱愚昧无知和追求社会进步,只有求助于人类理性的觉醒,唯其如此,才能使人理解世界,并掌握自己的命运。在法国,企图从理论上总结理性对于人类文明发展的贡献,比较完整

[①] 维柯:《新科学》,第331段,第134页。
[②] 《马克思恩格斯全集》第30卷,人民出版社1975年版,第618页。

地提出历史哲学的当数让·孔多塞（Jean Condorcet，1743—1794年）。不过，孔多塞的历史哲学就其思想渊源来说，是直接得益于杜谷的。因此，在叙述孔多塞之前，有必要简单介绍一下杜谷的历史哲学。

孔多塞

安那·罗伯特·雅克·杜谷（Anne Robert Jacques Turgot，1727—1781年）是重农学派的主要代表之一，曾于1774年在法皇路易十六朝任财政总监，推行重商主义的改革纲领，因遭反对，被迫辞职，后专事著述。他坚持理性促进人类文明进步的观点，在他看来，历史的进步也就是人性的不断完美、才智的增长以及情感的丰富。他指出，利益、权势欲和虚荣心制约着世界舞台上各种事件的不断更替，并用人类的鲜血浇灌大地。可是在它们所引起的毁灭性的大变革的过程中，性格变得温和，人类理性得到启迪，被隔绝的各民族接近起来，商业和政治终于把整个世界联结起来。人类时而过着幸福的岁月，时而经历灾难的时期，然而人类理性的进步却是从不间断的①。他笃信理性进步的观点，坚持人类社会历史不断前进和有规律性的思想，为孔多塞的历史哲学提供了思想资料。他根据知识进步的程度，把历史划分为神学、哲学和自然科学三个时期，成为孔多塞划分历史时期的依据。

孔多塞是杜谷的朋友，并且是为杜氏作传记的人。早年他曾参加过百科全书派的活动，后来以满腔热忱参加了法国大革命，因持吉伦特派的政见，被掌权的雅各宾派通缉，藏匿期间写出了一部充满乐观主义的历史名作《人类精神进步史表纲要》，被后世称为启蒙运动时代的思想名篇。书中不仅显示了作者对扼杀人类理性的专制主义和愚民政策的强烈不满，也寄托着他那乌托邦式的政治理想。

孔多塞在《人类精神进步史表纲要》中提出了人类理性不断进步的观念。18世纪的启蒙思想家一般都把社会进步的原因归之于理性，孔多塞的新贡献在于不仅指出历史就是人类理性发展的历史，而且提出了科学推动社会进步的卓越观点。他崇信知识的积累和增进对人类社会进步的重要性，甚至进而认为科学是社会进步的根本动因。作者在书中回顾了西方科学发展的历史，具体论证了"科学的进步是必然的和不可避免的"。他确信，随着科学的进步，每种科学发现

---

① 参见维·彼·沃尔金：《18世纪法国社会思想的发展》，第96页。

与科学理论都将给人类生活带来福音,此外,他还认为自然科学的进步必然要引起社会科学的进步,从而推动社会政治、道德、法律和艺术等的进步,而所有这些,都是推动人类社会向着幸福与真理的方向前进的。

孔多塞企图寻求历史发展的规律,并认为揭示社会进步的规律应当成为一门指导人类进步的新科学的基础。为此,需要观察、记录人类社会的变化,分析社会"进步的不同阶段","揭示变化的秩序"和各个阶段发展的连续性。他从历史进步的角度对人类历史发展阶段的划分,是这种工作的有益尝试。他把世界历史分成十个发展阶段(时代),即:最初的三个阶段依次是原始时代、牧畜时代及耕稼时代;第四与第五个阶段则分别为古希腊和古罗马时代;第六个阶段为黑暗时代,其时科学完全衰微;第七个阶段为文艺复兴时代,从此人类文明史开始酝酿着巨大的变革;因印刷术发明而成就的革命开始了第八个阶段;在笛卡儿演说影响下所发生的科学革命,又启发了一个新时代,第九个阶段以法兰西共和国的成立而结束。在他看来,前面这九个阶段都已过去了,而在尚未到来的人类第十个发展阶段中,将是社会空前繁荣和幸福的时代①。当然,他的历史分期法尚未能揭示出每个阶段的本质特征,因而仍是稚拙的。但人们从中不难看出,他的历史哲学使之居于18世纪先进思想家的行列之中,并给后世以深刻的影响。

3. 康德②

伊曼纽尔·康德(Immanuel Kant,1724—1804年)是德国古典哲学的奠基人,但他对历史哲学也具有独到的见解。1784年,康德写成了《一个世界公民观点之下的普遍历史观念》,这篇历史哲学论文从理论上典型地发挥了他本人乃至整个启蒙时代的历史观念,从而大大地推进了18世纪的历史哲学,并成为后来许多更为周详的历史哲学的先导。

如同康德所指出的,整个人类历史好似一张错综难测的大网,那么,历史是如混沌一样,还是有规律的?对此,康德作了肯定后者的回答。他指出:"从普遍的历史范围出发来观察人类自由的历史,就可望发现,历史是在运动中有规律地前进的。因此,从整个人类历史出发,表面上杂乱无章互不相关的事件恰恰反映出人类历史缓慢而持续地前进,人类的禀赋在此过程中得到了发展。"③

在康德看来,历史不是由个人,而是由人类集体共同创造的。康德指出,人作为地球上唯一有理性的生物,他那由理性支配的禀赋是逐步趋于完美的。这

---

① 关于这十个阶段(时代)的具体阐述,参见中译本《人类精神进步史表纲要》,何兆武等译,生活·读书·新知三联书店1998年版。
② 本章关于康德与赫尔德的叙述,可与第七章相关部分对照与互补。
③ 康德:《一个世界公民观点之下的普遍历史观念》,载伽地纳编:《历史理论》,1959年英文版,第22页。本节所述康德言论,均引自该书,不另加注。

一实现过程便是历史。但这种实现不可能由某一个人完成，而只能在人类的集体之中，在全部的历史过程之中完成。这是因为，超越动物本能之理性的发展可以引向无限，这是一个从低级向高级发展的漫长的过程。个人的生命如此短暂，难以在短时期内使人类禀赋趋于完美，只有代代相传，最后才达到使人类禀赋全面发展的阶段。于是，整个人类历史将呈现出一幅长江后浪推前浪的壮观图景，而人类社会就在这前仆后继的奋斗中日益完美，这就是康德所说的，人类"通过理性的努力达到自己的目的，这才是最高的幸福之所在"。

康德

人类禀赋由粗陋趋于完美这一过程的动因（亦即历史发展的动因）是什么呢？康德也有出色的阐释。他指出："人们在社会上的互相对抗的秉性乃是自然促使人们将自己的能力充分发展的手段，对抗最终将受规律的支配，导致人类社会的安定。"这种人类社会中的"对抗性"，康德就称之为"人的非社会的社会性"，即人具有组成社会和促使社会解体的双重倾向。人具有社会化的倾向，因为只有在同他人的交往中，人们才体会到自己不仅仅是自然的人；同时人又具有强烈的个体化倾向，因为人具有企图随心所欲摆布一切的本性，己所不欲，要施于人，因而造成对抗。正是这种互相竞争唤醒了人的全部能力，驱使人们去克服懒散的习性，去追求荣誉、权力和财富。"这样，就迈出了从野蛮到文明的第一步。""正是由于嫉妒、虚荣、贪得无厌的占有欲和权力欲这类非社会的倾向才使自然赋予人类的一切才能不至于长眠不醒，难以展现。"这就是说，人性中的恶或自私之表现于每个人的身上，就恰好成就了人类全体的美好。在这里，康德显然得出了恶推动历史的结论，后来黑格尔的有关论述，显然是受到了康德这些说法的影响。不过，康德希望竞争者要遵守一定的法则，各以不侵犯对方的自由为原则，以求互相促进，而非你死我活。

康德认为，历史的最终目的是要建立一个内部是立宪共和政体，外部是国际永久和平，人人在和平竞争中充分发挥各自才智的理想境界。他认为，只有在国内建立一个完善的立宪共和政体，才能使人类的禀赋得到充分的发展；在国际关系上，一个自由而文明的、在立宪政府统治下的各民族组成的"国际联盟"，才能使人类保持永久的和平。人类的永久和平不仅是可行的，而且是历史发展的必然归宿。

就这样，康德把历史纳入了一个富有辩证色彩的思辨体系之中，后来黑格尔（也只有他）接替康德，作出了更出色的阐述。康德的历史哲学被某些学者称之为构成他的三大批判(《纯粹理性批判》《实践理性批判》《批判力批判》)之外的第四个批判,即《历史理性批判》。不过,康德的这篇论文是直接受了赫尔德的启发而写的。

4. 赫尔德

约翰·戈特弗里特·赫尔德(Johann Gottfried Herder,1744—1803年)是康德的学生,他们之间曾有过激烈的论争,他受到过康德思想的影响,但学生的作品在不少地方又给老师以启发。赫尔德著述甚丰,对文学、哲学、史学、社会学、人类学、民俗学等均有涉猎。1784—1791年,赫尔德出版了重要著作《人类历史哲学观念》,这是作者在研讨了各国历史、哲学、艺术与科学之后写就的,他的历史哲学主要体现在这部著作中。

赫尔德系统地探讨了人类历史的发展进程,坚信人类历史是不断进步的,他曾把人类社会分成三个依次递进的发展阶段:最初是"诗歌时代",这是人类的童年时期;接着是"散文时代",这是人类的壮年时期;最后是"哲学时代",这是人类最成熟的时期。赫尔德关于社会发展阶段的划分,显然是受到了维柯的影响。在18世纪,当全欧对维柯的思想都置若罔闻的时候,只有赫尔德在全力研讨这位意大利哲人。此后,一些西方思想家则用不同的表述方法,大体重复了他们两人关于历史发展阶段的理论。

赫尔德认为,人类历史的前进不可能是直线上升的。这与同时代启蒙学者以为人类社会的发展并无曲折的想法是不同的。在他看来,自然界的发展是有规律的,处在不断地从低级向高级发展的状态之中;人类社会发展的规律与自然界具有同样的性质,其演化如同生物体的生长衰亡一样,是一个自然的发展过程。谁要是以为前进就是一帆风顺,每日都在进步而无坎坷,对社会发展的矛盾性缺乏了解,那是非常幼稚可笑的。

赫尔德反对理性主义所宣扬的"永恒人性"。他认为人乃是不同民族、不同社会在不同历史条件之下的产物,因此不同时代的人性并不一致,无疑这对18世纪多数启蒙学者把人性视为常数或永远不变的观点是一个有力的突破。他在探求社会发展的原因时,认为应当从内部因素和外部因素相互作用的观点来进行考察。他把内在的、有机的力量视为社会发展的主要动因,它的作用要比外部因素的影响大得多。在研讨外部因素对社会发展的进程时,他曾求助过孟德斯鸠的"地理环境决定论",但他并不

赫尔德

笃信环境的万能。他指出,那些经历过繁荣或衰落的国家,其外部环境都未发生变化或者变化甚微。赫氏之见,当比孟德斯鸠要略高一筹。

赫尔德是近代西方首批文化史家之一。他曾试图探索人类在其文化发展进程中所经历过的道路。在他看来,人类历史就是文化史。文化是人们社会活动的产物,它是使人们团结与聚合的一种手段。他认为,各民族的文化并无高下之分。在赫尔德那里,我们既不可能找到民族主义的意图,也不可能找到沙文主义的傲慢自负。他宣称:"地球上的任何一个民族也不是精选的民族;欧洲文化是最不可能被当作人类的善良和价值的标准的。"①显然,其论与西方学者文化史观中的"欧洲中心论"是相悖的。与伏尔泰一样,他指出并十分重视亚洲诸国人民对人类文明所作出的巨大贡献,认为研究世界文化史,而不留意东方诸民族的文化成就,那是相当片面的。但由于语言上的隔阂,史料文献的匮乏,妨碍了赫尔德对中国、阿拉伯地区、印度、日本、朝鲜等文化作出更为详尽的评述。

赫尔德与同时代启蒙学者还有一点不同,那就是他不把中世纪说成是人类历史发展的一种中断,恰恰相反,他认为中世纪是人类文化进步中的一个必然的、重要的环节,如同链条一样,它们是彼此相连、前后衔接的。由此,他指出各民族的文化都有先后继承的关系,人们应当尊重历史传统,不能用后人的标准去评论过去。他的史学观念促进了历史主义思想的发展,开浪漫主义史学之先河,在史学史上有其独特的贡献和历史地位。

总之,在历史哲学方面,赫尔德有许多超出前人的卓越思想,他对后世的历史哲学,尤其是对黑格尔和兰克的历史哲学,无疑都产生过巨大的影响。当然,赫尔德同前述的这些历史哲学家一样,还不可能最终正确地揭示出人类历史发展的客观规律,这一任务还有待马克思的历史唯物主义来承担,但这一时期历史哲学家们的进步思想与睿智确为19世纪西方历史哲学的兴盛,奠定了坚实的基础。

---

① 阿·符·古留加:《赫尔德》,侯鸿勋译,上海人民出版社1985年版,第101页。

第六章　近代史学（Ⅲ）

18世纪末至20世纪初，亦即包括整个19世纪，由英国发端的现代化浪潮极大地推动了西欧和北美等地区资本主义的发展。这一时期，西方资产阶级雄视天下，可谓志得意满。于是，反映在史学上，也进入了近代西方资产阶级史学的全盛时代，以至整个19世纪都被冠以"历史学的世纪"之名。

19世纪西方史学的中心在德国。是时，在德国形成了闻名遐迩的兰克学派，它标榜"如实直书"，强调掌握原始资料，注重考证等，因此被尊为"科学历史学"的圭臬而风行一时，俨然成为19世纪西方史学发展的主流，并对后世史学产生了重大而深远的影响。

19世纪的西方史学内容之宏富，需要我们用两章的篇幅，对其作出概述。

本章为国别篇。

一、"历史学的世纪"

英国历史学家爱德华·卡尔在《历史是什么?》一书中这样写道:"19世纪是个尊重事实的伟大时代。《艰难时世》这部小说里的葛雷格来德先生说:'我所需要的是事实……生活之中所需要的只有事实而已。'19世纪的历史学家总的说来是同意他的。在19世纪30年代,当朗克(兰克)很正当地抗议把历史当作说教时,他说历史学家的任务只在于'如实地说明历史'(Wie es eigentlich gewesen)。这句并不怎么深刻的格言却得到惊人的成功。"①

这句并不怎么惊人的"格言"何以能得到如此"惊人的成功"? 这取决于时代,即前述"西方资产阶级雄视天下,可谓志得意满"这样的一种时代条件。可以这样说,一个时代的思想(包括史学思想)归根到底是这个时代与社会的反映或折射。19世纪坊间盛行的"尊重事实"也好,历史学家所标榜的"如实直书"(如实地说明历史)也罢,都缘起于此。对此,吴于廑作出了很精到的分析:"他们(19世纪的欧洲资产阶级——引者)对于欧洲历史近乎狂热的信心,反映了西方资产阶级所经历的这一发展和野蛮扩张的时代。那些追随朗克(兰克)传统、埋首于档案资料、只对窄小的问题进行专门研究的部分史家,虽然对通史这样的大题目避而不论,但其内心也接受这样的假定:即人类的历史问题已经解决,以欧洲为中心的无穷进步已经是不可移易的准则,历史家只要根据新发现的客观材料,对若干枝节问题修正补缀,使历史的写作更谨严、更客观,也就够了,此外已经不存在可供历史家讨论的问题。"②

在这种史学潮流与史学思想的影响下,在19世纪的西方资产阶级历史学家看来,只要皓首穷经、探幽索微、抉隐钩沉,就可以写出"信史",就可以还历史以本来面目了。这自然反映了他们的虚妄自大与一厢情愿。不过,相对于这之前的西方史学而言,我们说兰克的客观主义史学和实证主义史学还是最接近于近代科学的概念,这个概念当来自19世纪自然科学的巨大进步。

不管怎样,从19世纪初至20世纪初西方史学在众多方面的发展,的确表明了它已进入了近代史学的全盛时代。正如19世纪的法国历史学家梯叶里以不无自豪的心情说的:"恰恰是历史学给19世纪打下了烙印,给19世纪以命名,正

---

① 爱德华·卡尔:《历史是什么?》,吴柱存译,商务印书馆1981年版,第3页。
② 吴于廑:《巴拉克劳夫的史学观点与欧洲历史末世感》,见《吴于廑学术论著自选集》,首都师范大学出版社1995年版,第246页。

像哲学给18世纪以命名一样。"且看——

历史思想，推陈出新。如其时弥漫的历史主义思潮可谓是人类历史思想发展进程道路上的一个重大的进步；又如德国哲人黑格尔对世界历史的发展进程所作的辩证的论说，当是19世纪西方历史思想的又一重大成就；再如日趋完整的历史进化思想，在达尔文的影响下，也发展到一个全新的阶段，等等。

史学流派，蕃衍不绝。先是浪漫主义史学占据史坛，继而是兰克的客观主义史学称雄，与兰克及其学派大体同时的巴克尔等人的实证主义史学风行，此消彼长，各领风骚，但德国的兰克史学，百年来几乎一直被奉为近代西方史学的正宗。以上就史学流派的大势而言，此外还有丛生的各家各派，更不必说当时西方各国史学派别之纷争了。

历史学发展为一门独立的学科，跃居人文科学之首。是时，由于历史学的专业化，历史研究的分工日益精细，历史学高级专业人才不断地被培养出来，尤其在当时西方各国的国民教育中，历史课程的设置与教学，都被放到重要的位置，如法国在历史学家杜罗伊任教育部长时，曾在各级学校中加强历史教学，把历史课列为国民教育的基础课。此外，史料的整理与编纂工作，档案文献的利用与保管工作，都取得了显著的成就；历史辅助学科，诸如考古学、人类学、古文字学等的发展，也有力地推动了历史学的前进；随之而来的是欧美各国普遍地创办了历史学会与历史杂志，如1859年德国创办《历史杂志》，1876年法国创办《历史评论》，1886年英国创办《英国历史评论》，1895年美国创办《美国历史评论》等；特别要提到的是，此时历史小说风靡一时，成了这一时代文化的一个显著特征，如沃尔特·司各特的历史小说相当盛行，既影响了文学，也影响了史学。

需要指出的是，在19世纪40年代，马克思和恩格斯创立了唯物史观，科学地揭示了人类历史发展的客观规律，这是历史学发展进程中的一次巨大的革命。要把历史学引向科学和正规，在史学理论与方法上构建更严格的科学体系，对此，马克思主义史学及其史学家肩负有艰巨的和不可推卸的责任，真是任重而道远。

二、德 国 史 学

1. 民族复兴与史学进步

法国大革命中，拿破仑的军事征服"使德意志人敏锐地意识到了国家"①。

---

① 帕尔默·科尔海顿：《近现代世界史》（中），孙福生、陈敦全、周颖如译，商务印书馆1988年版，第546页。

历经外族入侵和解放战争的德意志人民逐渐意识到"自己的同属性"①，并开始运用这种同属性来强化民族内部的统一。1807 年至 1808 年，费希特（Johann Gottlieb Fichte，1762—1814 年）发表《对德意志民族的演讲》，以宣扬德意志民族的独特性、优越性来鼓舞民族情绪②。1815 年在基尔大学举办纪念滑铁卢战役大会上，达尔曼（Friedrich Christoph Dahlman，1785—1860 年）提出"德意志重生"（Wiedergeburt Deuschland），号召德意志人民复兴德意志。这一思想很快得到德意志学者、学生的响应。一时之间，民族复兴的思潮风起云涌，全德意志人认识到迫切需要建立起在政治、经济、文化等方面都独立而统一的民族国家。

在当时情况下，发掘德意志的历史，重塑德意志民族的自信心，是建立强大统一的德意志民族国家最现实的，也是最有效的途径。于是，"透过历史研究表述民族情感也逐渐成为风潮"③。作为这一思潮的领军人物，达尔曼不但大力提倡研究德意志本民族的历史，还自己亲自参与编辑德意志史的档案史料。斯坦因（Baron vom und zum Stein，1757—1831 年）则组建"德国古代史料学会"，以期"唤起对德国历史的兴趣，促进德国历史的基本研究，从而保持对祖国的热爱和伟大祖先的怀念"。在他的组织下，该学会出版了大量中世纪德意志史料来激发民族热情。这些都在不同程度上促进了德意志史学的发展。

1811 年 10 月柏林大学的建立则为德意志史学的繁荣奠定了坚实的基础。1807 年普鲁士国王威廉三世面对拿破仑铁蹄侵入普鲁士的困境，在号召成立柏林大学的演讲中声称："国家必须用精神力量补偿在物质上受到的损失。"在这种民族主义氛围中成立的柏林大学汇集了众多欧洲一流的学者，不但很快成为德意志学术的中心，更迅速发展成为德意志史学的重镇。当时，"在欧洲，也许没有任何其他时期像德国 19 世纪的坚实的学问和大胆的阐释相结合的这种极富挑战性的东西了。历史家把对人类有重要性或有利害关系的任何一个问题都拿来探讨，从而使无数有倾向性的历史学派发展起来"④。其中尼布尔（Barthold Niebuhr，1776—1831 年）、伯克（Philipp August Böckh，1785—1867 年）、缪勒（Karl Otfried Müller，1797—1840 年）、艾希霍恩（Karl Friedrich Eichhorn，1781—1854 年）、萨维尼（Friedrich Carl von Savigny，1779—1861 年）、格林（Jakob Grimm，1785—1863 年）等学者为德意志史学的兴盛做出了卓绝的贡献。

柏林大学刚成立时，身为政治家的尼布尔接受了普鲁士皇家史官称号及柏

---

① 卡尔·艾利希·博恩等：《德意志史》第三卷（上），张载扬等译，商务印书馆 1991 年版，第 110 页。
② 费希特：《对德意志民族的演讲》，梁志学、沈真等译，辽宁教育出版社 2003 年版。
③ 周惠民：《兰克与"普鲁士中心论"的形成》，《辅仁历史学报》2005 年第 16 期，第 12 页。
④ 汤普森：《历史著作史》下卷，第 3 分册，第 224、202 页。

林大学教授职位,专职讲授罗马史课程。课堂上,尼布尔对古罗马经济及政治的分析、对罗马帝国兴衰的阐释,极大地鼓舞了学生的民族主义热情①。这些课堂讲义后来成为尼布尔代表作——《罗马史》的前两卷,于 1812 年出版。1827—1828 年,多年来一直坚持搜罗整理罗马史料的尼布尔决定重写《罗马史》②,并于临终前完成三卷本《罗马史》。

尼布尔的《罗马史》从远古时代一直写到第一次布匿战争结束为止,部分内容涉及奥古斯都执政时期。全书以翔实的考证著称。尼布尔对吉本在《罗马帝国衰亡史》一书中"对罗马历史的野蛮处理和过分处理"不满,提出,"我们必须试图杜绝虚构和伪造,控制住我们的想象力,以认知那隐藏在这些外壳之下的历史真实";强调撰写历史著作只能严谨地依据确信的史料,而不能借助一些未经证实甚至是无法证实的材料来捏造历史,也不能将自身的主观因素加入到历史撰述之中,更不能因党派、利益之争而去评判历史。

尼布尔认为,历史学家的首要任务就是要考证史料,"将古人的宣言陈述与实际事物结合起来,将证据与那尽管是相对立的证据结合起来"。其次,历史学家研究历史应当在考订史料基础之上揭示历史内在的联系。虽然尼布尔表示,"我的目标是尽最大可能地使用完整的证据,得出完整的结论",但是他认为这种"精细的研究"并不等同于史学研究本身,不过"只是收集关于那个时代(李维的著作所没有论及的时代)的一些无生命的碎片";历史学家在考订史料后,还需作进一步的研究——"至少他必须揭示那事件之间的一般的可能的联系"③。

尼布尔运用经过严格考证的史料,通过对罗马政治、法律、经济等制度历史沿革的叙述,视罗马国家和罗马文化为一个整体④,全面解读古代罗马,从而将一直为人们所误解的罗马历史之真相展现在世人面前⑤。这一研究取得巨大成功,普鲁士国王威廉三世曾盛赞这部《罗马史》"真实而生动","勾勒了罗马世界广阔而清晰的轮廓,而未囿于繁琐细节……此书对遥远古代这一众人一无所知的世界做了批判性的研究探索"⑥。

---

① 彼得·汉斯·瑞尔:《巴塞尔德·格奥尔格·尼布尔及启蒙传统》,《德国研究评论》1980 年第 3 卷第 1 期,第 9—26 页。
② 在担任驻罗马大使期间,尼布尔发现并出版了西塞罗、李维等人的著作残篇,并与本森(Christian Charles Josias von Bunsen,1791—1860 年)、普拉纳(Ernst Zacharias Platner,1773—1855 年)等人合作撰写《罗马城市类别》一书。
③ 巴塞尔德·格奥尔格·尼布尔:《罗马史》第 1 卷,柏林 1853 年德文版,第 X、XI、XVI、XIV、X 页。
④ 恩斯特·布雷塞赫:《史学史》,芝加哥大学出版社 1983 年英文版,第 230 页。
⑤ 瑞纳特·布瑞登赛尔:《罗马荷马存在吗?——论尼布尔论文及其批评者》,《历史与理论》1972 年第 11 卷第 2 期,第 193—213 页。
⑥ 巴塞尔德·格奥尔格·尼布尔:《罗马史》第 1 卷,柏林 1853 年德文版,第 V 页。

尼布尔这部著作最大贡献在于确立了"历史研究方法的典范"①，使得"处于从属地位的史学提高为一门尊严的独立科学"。尼布尔的研究方法成为无数后世史家治史的圭臬，史家蒙森曾说，"所有的历史学家，只要他们是不辜负这个称号的，都是尼布尔的学生"②。

　　受尼布尔的影响，柏林大学讲授雄辩术、古典文学的伯克将研究的重点转向了语言文字学。他认为，语言文字学并不仅仅是寻章摘句、专注于历史文献考订的学问，而是包括古物鉴定、历史研究、哲学思考等在内的全部知识，而且语言文字学研究是对全部文化、精神物质产品的一种历史建构，一种永无止境地探寻历史真实的研究③。

　　1817 年，伯克采用语言文字学方法深入研究古代希腊。他在考订大量希腊文献的基础上，从雅典人日常生活中的经济现象入手分析雅典城邦经济，考察雅典人衣、食、住、行的价格以及国家机构的公共性支出、战争时期的税收等，通过论述阿提卡的物价、薪水与利率，雅典财务支出及其管理，雅典国家的财政收入等三个方面内容，阐释雅典整个国家的经济状况④，写成了《雅典国家经济》一书。书中，伯克将雅典各个经济现象看作是有着内在关联、相互影响、共同构成雅典这一有机整体的各个要素，并采用大量希腊文献、铭文碑刻材料，具体而微地展示了一幅古代雅典生活的全景图。其后，伯克将其在长期古典研究中搜罗的大量铭文汇编成《铭文年代学研究》，著有《古代度量衡》《文献学发展概况》等。伯克这些建立在严格考证基础之上的著述及其所展示的求真方法，不但进一步推动了历史研究的专业化与科学化，而且为后学者研究古希腊历史奠定了坚实的基础。伯克也因此成为德意志语言文字学派的创始者。

　　伯克的学生缪勒深受语言文字学的熏陶，主张结合古希腊神话及文学作品，从语言的发展演变这一角度来研究古希腊历史。面对研究古希腊早期历史缺乏确信可靠的文字史料这一窘迫状况，缪勒认为应当深入分析古希腊文学作品以及神话传说，挖掘其中蕴含的合理内核——"内在观念"，探求背后的历史真相。在《希腊文学史》一书中，缪勒指出，"在《伊利亚特》《奥德赛》中，我们能清楚地探知史诗所涉民族早期的发展轨迹。尽管这些民族精神世界简单而质朴，但这是人类童年时期独有的特质"。在他看来，"虽然希腊文学在最初阶段并未无任何完美记忆，但这些文学作品所彰显的古希腊先民们的无知与愚昧，正是希腊国家诞生之初的特征"。在缺乏史料的历史研究方面，借助体现了人类精神的文学作

---

① 列奥波德·冯·兰克：《书信集》，W. P. 福斯主编，汉堡 1949 年德文版，第 229 页。
② 古奇：《十九世纪历史学与历史学家》上册，第 92、106 页。
③ 阿克塞尔·霍斯特曼：《论奥古斯都·伯克的语言文字学与哲学》，《文学杂志》2010 年第 3 卷第 2 期，第 64—78 页。
④ 菲利普·奥古斯都·伯克：《雅典国家经济》，柏林 1886 年德文版，第 1 页。

缪勒

品,在某种程度上就能揭示蕴含在文学作品之中的先民精神与认知的真实状态。

缪勒认为,"语言是人类精神最初的产物,是人类智能的最初表现,也是一个民族区别于另一民族最显著的证明。因此,比较各语言有助于我们对那没有任何其他记忆、传统或文献记录时期的民族历史,形成认知"。在他看来,"比较各种体现了希腊人精神状态的古希腊语言,如同在历史学家们一无所知的古代希腊投入一束不可思议的光,照亮那黑暗的世界"①。缪勒指出,要注重从语言学的角度来研究历史,强调历史研究离不开语言学这一研究手段。

缪勒在历史研究方面影响最大的是其开创性地将赫尔德关于语言、神话的理论与具体历史研究结合起来,为研究古希腊早期历史提供了一种全新的研究方法。在其代表作《多利亚族的历史与遗迹》(又译为《古希腊人及希腊城邦史》)、《神话学科学体系导言》中,缪勒指出,神话是古老民族的民众共同创造的,是一个民族思想深处观念的一种表达形式,通过神话可以感知远古先民们的思想精神,进而去理解先民们的所作所为,勾勒先民所创造的历史之轮廓。因此神话实际上是揭示古希腊早期历史的一把钥匙。在他看来,"神话中那些涉及民族、城邦、山川、河流等夸张的叙述……历史学家们不应当将其视为纯粹的臆想,这其中有确切的证据与事实,当时古人就是视其为真实的"②,神话中的这种"内在观念"是理解先民所思所想以及历史的可靠依据③,突出了神话学方法在古希腊历史研究中的重要性,强调研究古希腊神话是研究古希腊早期历史的必由之路。《多利亚族的历史与遗迹》一书虽然只完成了两卷,但书中所采用的神话学研究方法、追溯多利亚先民的起源及其早期历史,为廓清古希腊历史发展的轨迹提供了一种精确的研究手段。此后,缪勒还借用这种方法研究古罗马早期历史,完成《伊特鲁里亚人》等著作。

在历史研究中,缪勒强调求真考证,但他研究历史不拘泥于文字史料,主张广泛采用神话、文学、艺术、考古等诸多方面的材料,来揭示古代世界的真相,并著有《艺术考古学手册》《古代艺术文物》等,为后人从事古代社会早期历史的研究指明了道路,进一步促进了德意志历史学朝专业化、科学化方向发展。

---

① 卡尔·奥特菲尔德·缪勒:《古希腊文学史》,格奥尔格·科恩华尔·里维斯译,伦敦1847年英文版,第2、3、4页。
② 卡尔·奥特菲尔德·缪勒:《多利亚族的历史与遗迹》第1卷,亨利·图福内尔译,伦敦1839年英文版,第490页。
③ 卡尔·奥特菲尔德·缪勒:《神话学科学体系导言》,哥廷根1825年英文版,第267页。

2. 学术繁荣与历史法学派

柏林大学的历史学家们不但在政治史、经济史、文化史等方面成果斐然，以艾希霍恩、萨维尼等为代表的历史法学派在法律史研究方面更是取得了令人惊叹的成就。艾希霍恩受其老师、历史法学派创立人胡果（Gustav von Hugo, 1764—1844年）的影响，决心将德意志国家政治制度方面最重要的组成部分——法律发展演变的过程弄清楚，以期增强德意志人的民族自豪感与凝聚力[1]。在《德意志国家与法律史》一书中，艾希霍恩以中世纪以来德意志国家政治发展为线索，精心解析德意志法律是如何演变成当下德意志国家法律制度的。在他看来，德意志法律制度产生与发展的因素都源自德意志人的社会生活，与其紧密相连，直至现今社会亦是如此；德意志法律制度发展的每一个阶段实际上就是德意志人国家意识、民族精神发展的新起点。

为推动德意志法律制度研究的进一步发展，更好地鼓舞德意志民族主义热情，艾希霍恩还撰写了《德意志私法导论》《德意志教会法》等众多法律史论著，并于1815年和萨维尼、格森（Johann Friedrich Ludwig Göschen, 1778—1837年）一同创办了《法律史杂志》，为德意志历史学派的发展奠定了坚实的基础。

在《法律史杂志》发刊词中，萨维尼在分析人类历史连续性的基础上确立了历史法学派的主旨：法律是人类历史的产物，是随着人类社会的发展演变而变化的。他指出，过去、现在密切联系在一起，每个时代都会接纳过去时代的因素。萨维尼尤其强调这种接纳是必要的，更是自愿主动的[2]。萨维尼此论意在针对《拿破仑法典》在德意志地区的扩散，强调德意志地区法律制度的演变发展是德意志民族在漫长历史发展过程中自愿自觉的一种结果，而不是外力强制可以介入的。另外，萨维尼认为德意志法律制度是德意志民族精神意志的一种体现，是德意志民族赖以存续的根基，也是德意志民族独立的一种体现[3]。萨维尼的这一发刊词，奠定了历史法学派的基本思想；文字中涉及对历史整体与个体的阐释，是德意志甚至整个西方史学史上首次在历史类专业学术刊物上明确表达对历史本身的认知与思考[4]，标志着历史研究的一种进步。

创办《法律史杂志》的同时，萨维尼出版了巨著《中世纪罗马法》，通过具体的历史分析，展示历史法学派的主要原则。在书中，萨维尼考察了从11世纪到他所生活时代罗马法的发展演变。他认为，法律深植于民族的历史之中，普遍信

---

[1] 卡尔·弗里德里希·艾希霍恩：《德意志国家与法律史》，哥廷根1843年英文版，第Ⅲ—Ⅳ页。
[2] 弗里德里希·卡尔·冯·萨维尼：《发刊词》，《法律史杂志》第1卷，柏林1815年德文版，第2—3页。
[3] 同上书，第4页。
[4] 萨维尼对历史发展整体性（或者历史进步）的阐释，此前早有学者论述类似的观点，比如康德、赫尔德等，但在历史专业期刊上发表这样的见解，萨维尼当属第一人。

念、风俗习惯以及"民族的共同意识"是法律的根本源泉;法律和民族的语言、民族构成、习惯等一样,是由民族的特性——"民族精神"(Volksgeist)所决定的①。

此后,萨维尼进一步阐述历史法学派的思想。是时,海德堡大学教授蒂博特(Anton Friedrich Justus Thibaut,1772—1840年)提出在罗马法和《拿破仑法典》基础上,对德意志地区的法律与习惯进行编辑,以便使法律前后一贯。萨维尼猛烈抨击此种做法,撰写《论立法和法理学在当代的使命》一文,强调法律是"内在、默默地起作用力量"的产物,和民族语言一样,法律不是专断意志的产物,也不是刻意设计的结果,而是随着民族历史缓慢、渐进发展的结果;"法律随着民族的成长而成长,随着民族的强大而强大,最后随着民族个体的消亡而消亡";并且只要民族个体存在,法律的影响就一直不会消亡。换言之,法律一经产生,其影响是潜移默化、历久弥新的。比如,罗马法早已荒废,但依然对现今意大利人的地方习俗、城镇生活、教会、学校教育等产生深远的影响。在萨维尼看来,法律以及促成法律产生的民族语言、民族构成、风俗习惯、民族精神等绝不是孤立存在的,"把它们联结为一体的,乃是这个民族共同信仰和具有内在必然性的共同意识,而不是因偶然和专断的缘故而产生的观念"②;因而,研究法律,实际上就是研究那些形成法律的民族传统、习惯以及民族精神等,所谓法律史的研究,就是探求这些方面的过程。

以艾希霍恩、萨维尼等为首的历史法学派在法律史研究方面所取得的成就,一方面使得法律史研究建立在科学基础之上,从政治史研究中分离出来,成为一门独立而科学的学科体系;另一方面,历史法学派注重从民族语言、习惯、民族构成、民族精神等角度研究历史,这种多视角的研究方法、开放性的研究态度,扩展了历史研究的视角,开拓了历史研究的新领域。

《格林童话》的编辑者雅各布·格林就曾说,正是萨维尼唤起了他对历史以及古典学的浓厚兴趣③。受萨维尼的影响,格林专注于古代语言、神话、诗歌、法律的研究,著有《德意志语言史》《德文语法》《古代法律制度》等著作。在他看来,古代语言、诗歌、法律等,"毫无疑问是与我们共同的民族国家紧密联系在一起的"④;并且语言、诗歌以及法律等都是与人们日常生活紧密相关的,伴随着人类社会生活的发展变化而演变,是人类在漫长历史过程中逐步形成的,体现了各个民族各自独有的特质,也展示了各个民族内在的精神内容。格林的研究实际上就是将历史法学派所倡导的研究理念,具体落实到古代语言语法、神话故事、诗

---

① 弗里德里希·卡尔·冯·萨维尼:《中世纪罗马法》,柏林1840年德文版,第Ⅰ、14页。
② 弗里德里希·卡尔·冯·萨维尼:《论立法和法理学在当代的使命》,亚伯拉罕·海沃德译,伦敦1831年英文版,第30、27、24页。
③ 雅各布·格林:《德文语法》第1卷,柏林1870年德文版,第Ⅵ页。
④ 雅各布·格林:《格林论文集》第3卷,柏林1866年德文版,第3页。

歌传说、法律制度等研究领域。这印证了历史法学派观点的科学性,凸显了历史研究的进步性。

3. 史学科学化与专业化

随着历史法学派的兴起,德意志史学步入欧洲先进行列,而真正让德意志史学在欧洲执牛耳的是兰克(Leopold von Ranke,1795—1886年)、蒙森(Theodor Mommsen,1817—1903年)等继承尼布尔史学传统的史学家们。正是他们在史学科学化、专业化方面所做的努力,使得德国成为19世纪西方史学的中心。

1824年,兰克的处女作《拉丁和条顿民族史》出版。在该书序言中,他明确指出:"历史向来把为了将来的利益而评论过去、教导现在作为自己的任务。对于这样崇高的任务,本书是不敢企望的。它的目的只不过是如实直书而已。"①在书中,兰克贯彻"如实直书"原则,运用史料批判方法严格考订各种史料,强调以第一手档案文献材料为基础来撰写历史。在书后附录《对近代历史学家的批判》一文中,兰克通过对近代一些著名的历史学家,如马基雅维里、圭恰迪尼等进行分析研究,系统总结了"如实直书"的理论,形成了一整套批判分析史料的原则。

在兰克看来,历史研究的基础——史料,"一旦人们错误地理解了它,那这种错误就像多米诺骨牌一样发展下去。历史真相就会在错误的伪装下变成谬误"②。史料在漫长的传承过程中,被人不断修改润色,其性质也因此而发生变化。此外,史料本身也是有一定倾向性的,在反映历史事实方面只能是片面地、局部地反映部分真实情况而已。所以,就历史研究而言,第一步就是要对史料的确切性进行研究。

鉴定史料实际上就是质疑任何文献记录,评判分析史料。兰克说,"当我们研究我们习惯上称之为史料作家——那些描述历史事件原始情况的作家,并把他们的著作看成是原始材料的时候,应该首先提出的一个问题就是:他们这些人是不是那些历史事件的参与者、见证人,还是仅仅是和那些事件同时代的人"③。在他看来,对后世的历史研究者而言,当事人、见证人是最有发言权的,他们所说的、所记录的是比较可信的。亲身经历过历史事件的人所写的著作,基本上是第一手的史料;除此之外的史料,则是第二手的史料。

在兰克的观念里,无论是第一手还是第二手的材料,都具有不同程度的研究价值。他曾言,"人们使用他的著作以前,必须先问问,他的材料是不是原始的;如果是抄来的,那就要问是用什么方式抄的,收集这些材料时用的是什么样的调

---

① 列奥波德·冯·兰克:《拉丁和条顿民族史》,威利·安德鲁斯主编,威斯巴登1957年德文版,第4页。
② 列奥波德·冯·兰克:《世界历史的秘密》,罗格·文斯主编,纽约1981年英文版,第76页。
③ 同上书,第84页。

查研究方法"①。对第二手的材料,重要的不是急于去否定其价值,而是应该考察其形成的过程,确定其与第一手材料的关系。此外,并不是所有历史事件的亲历者所写的著作都会成为第一手史料。第一手史料主要是指一些档案文献和事件当事人的一些信件。

这些史料区分原则在兰克其后的历史著作,如《教皇史》《宗教改革时期的德国史》《法国史》《英国史》《1793—1813 年的哈登贝格与普鲁士国家历史》《普鲁士史十二书》《华伦斯坦传》《世界史》等中不断完善,成为后世史家治史必当遵循的准则。也正是由于兰克强调史料之于历史研究的重要性,使得史著由充斥着个人回忆录、未经考证材料的作品,转变成严格建立在经过查证考订史料或第一手档案文献基础之上的著作;历史研究逐渐获得客观、科学的美誉。这是德意志历史研究进步的表现,也进一步促进了历史研究迈向更为科学的阶段。

特别是兰克继承并发展了"习明纳尔"(Seminar)这一教学科研方式,培养了大量的史学研究高级人才,从而为 19 世纪历史学的勃兴与发展储备了人才。在研讨班里,除了传授具体的历史语言学研究方法之外,兰克将客观公正的治史原则上升为历史学的最高标准。研讨班的学生依据这一原则进行研究,而研究成果的优劣也完全依据是否遵循客观公正这一原则进行判别。这样一来,兰克一方面将各种各样收集、考证史料的方法,如古文书学、古钱币学、故铭文学、金石学等传授给学生;另一方面将史学研究中的"严谨性、一丝不苟的治学态度"以及"对史实进行辛勤而艰苦的考证"态度传递给学员。

兰克的历史专题研讨班不但促进了大量史学人才的培养,而且这种教学模式使历史高级人才的培养实现了标准化。这种标准化不是为了"激发创造性和天才的火花,而是建立规则,批评和限制标新立异的行为,为研究工作设立标准并强迫人们去遵守"②。因此,史学研讨班这种教学培养模式的推行,一则,使得兰克的信徒遍及欧美各大高等学府的历史学系,让德国历史学派名扬天下。汤普森曾说:"德国大部分伟大史学家,除少数例外,都是由他这位导师办的柏林大学研究班培养出来的。把兰克的弟子列一张表,读起来就像一部史学界名人录。"③二则,这些从兰克历史研讨班走出来的、受过专业史学训练的史学人才,改变了从事历史写作主体的性质,于是历史研究者群体开始呈现出专业化、职业化的倾向:历史学摆脱了以往任由撰写回忆录的退休政客、收罗古物手稿的博物学家把持的状况;促使历史研究者以通过艰苦准确的考订工作而

---

① 列奥波德·冯·兰克:《世界历史的秘密》,第 84 页。
② 彼得·诺维克:《那高尚的梦想——"客观性问题与美国历史学界"》,杨豫译,生活·读书·新知三联书店 2009 年版,第 71 页。
③ 汤普森:《历史著作史》下卷,第 3 分册,第 255 页。

成为受人尊敬的史学家作为奋斗的目标,使得有崇高目标的、探索历史知识的专门人士与"粗俗的从业人士"区分开来。在19世纪,"决定一位历史学家及其著作价值并在很大程度上决定其一生道路的不再是市场那只看不见的手,而是学术界可见的以及一致公认的判断"①。在这种情况下,历史研究者是专业的,也是职业的。

兰克及其史学人才培养模式,促进了历史学科学化、专业化,推动德意志史学迈向一个新的台阶。蒙森则将德意志史学提高到世界一流的水准。1843年获得法学博士学位的蒙森因《论古罗马民社的起源》一文在德国学术界崭露头角。蒙森是当时少有的博学之士,他在法学、考古学、语言学、碑铭学、钱币学、历史学等众多领域均取得不俗的成就。在其长达60余年的学术生涯中,蒙森留下了《罗马史》《罗马皇帝史》《拉丁铭文集》《罗马公法》《罗马帝国行省》等卷帙浩繁的著作以及1500余篇论文。其中影响最大的是《罗马史》。

这部记述古罗马历史的专著现共出版四卷。其中,第1—3卷于1854—1856年出版,第4卷未写,第5卷于1885年出版。前3卷记载自远古到罗马共和国末期塔普萨斯战役(公元前46年)的罗马史。第5卷则描写从奥古斯都时代(公元前27—公元14年)到戴克里先时代(公元184—305年)罗马各行省的史事,是全书的精华所在。这部著作较为全面地概括了罗马共和国的历史。在书中,蒙森不但将其研究范围扩大到罗马帝国全境,而且旁征博引,使用了许多不为一般人所知的冷僻材料,来说明罗马人是如何统治地跨欧、亚、非三洲的大帝国的。由于这部巨著的主体建立在作者搜集的铭文资料的基础之上,这使得全书史料翔实可靠,几近完美无缺。加上蒙森扎实的资料基础、富有感情的描述与解释,一个活灵活现的罗马共和国呈现在读者面前,于是《罗马史》很快便传遍了欧洲,成为这一领域的权威之作。此书于1902年获得诺贝尔文学奖,至今仍被公认为西方罗马史研究的典范。

从蒙森的史学成就来看,他注重史料考证,强调扎实的史料收集整理。他曾说:"历史学说到底只不过是实际事件的清晰知识,它一方面发现和检验可获得的证据,另一方面依据对造成事件起主要

蒙森

---

① 彼得·诺维克:《那高尚的梦想——"客观性问题与美国历史学界"》,第30、73页。

作用的人和当时环境的理解把这些证据编写成叙事文。"①对蒙森而言,进行历史研究的首要任务便是发现和检验可获得的证据,即搜集并考证资料的真实性。1852年,蒙森出版了《那不勒斯王国铭文集》,随后他开始主编出版《拉丁铭文集成》。这部铭文集从1863年开始出版,历时近50余年共完成15卷,分为36册出版发行。在蒙森生前出版的20册中,他除了担任主编外,一半以上的铭文是他亲自编订的。可以说,这一卷帙浩繁的铭文集充分体现了蒙森对史料收集整理工作的重视。

在《罗马史》中,蒙森坚持严谨的治史态度,强调在确切史料的基础上描述历史现象、分析历史问题。对于臆造而毫无根据的传说,蒙森指出,"这些故事自命为历史,其实只是不甚聪明的粗糙解释,历史的首要任务恰恰在于排斥它们"。不仅如此,他在论及古罗马历史事件时,总是以是否"有依据"或"有史料"这一标准来衡量其真伪。他曾从语言学、社会学、文化人类学等多学科角度对拉丁远古征战进行分析,强调历史研究要详细考察各种史料,在精确材料基础上来分析研究历史。

蒙森撰写史著的严谨性不但表现为强调在确切史料基础上撰写历史、分析历史现象;而且表现在他撰写、修订《罗马史》时不断将最新的研究成果纳入书中。在第二版前言中,蒙森曾提到,"一系列新的研究,如关于罗马臣民的国家法地位,关于创作艺术和造型艺术的发展,已按其成果之大小纳入整个版本"②。而第三版至第九版前言中,蒙森表示,"像本书这样一部著作的作者必须为自己的新版本而利用,亦即重复在此期间出现的专门研究的每一成果。在此期间,即是从第二版问世以来,在别人或自己的研究成果中,凡是作者认为是弄错或失误的,均已如实作了陈述"③。这种精益求精的治史态度是蒙森史学的最大特点,亦是其获得崇高学术地位的重要原因。

此外,蒙森对罗马法律的研究也使他成为这一领域的权威。他撰写的《罗马公法》对罗马政治制度进行了专门而系统的研究。他单独研究每一个专题,却又根据罗马法的根本精神将它们构成一个罗马公法的有机体系,从总体上阐述它们的演进。他认为,法律史的研究必须与历史学、语言学的研究相结合,这样才能相辅相成;否则,任何人都别想进入真正的罗马世界。《罗马史》证明了蒙森是一位杰出的历史学家,他对意大利古代方言的研究成果《奥斯坎语言研究》和《意大利南方方言》,则证明了他同时也是一位优秀的语言学家。而多学科的结合使《罗马公法》成为蒙森的得意之作,也令学术界对蒙森的成

---

① 蒙森:《谈谈如何培养历史学者》(文名系译者所加),程钢译,见何兆武主编:《历史理论与史学理论——近现代西方史学著作选》,商务印书馆1999年版,第292页。
② 特奥多尔·蒙森:《罗马史》第一卷,李稼年译,商务印书馆2004年版,第43、89、1页。
③ 同上书,第3页。

就惊叹不已。

然而，蒙森的成就不止于此，他的著作还在另外两个重要领域中具有里程碑式的价值。蒙森的《年代学》引起了学界对共和时期年代学问题的广泛争论，其重要性在于这部著作具有筚路蓝缕之功，开拓了一个新领域。1860年蒙森的《罗马货币史》出版，这部著作分析了币制的发展，货币的流通、使用，铸币权以及由此引发的贸易、财政问题。他将钱币学置于历史学的基础之上，一方面奠定了钱币学研究的历史学基础，另一方面又用历代货币丰富了历史学研究的资料来源。

兰克、蒙森等人所取得的史学成就，使得德国史学成为欧美史学中的翘楚；德国学术特别是史学方面的巨大成就吸引了欧美世界众多学者前往求学。法国、英国、美国立志从事历史研究的年轻人纷纷涌向德国的大学。美国学者布利斯·佩里（Bliss Perry，1860—1954年）就曾说过，"德国人掌握学术的独有秘密，而我们19世纪的那些年轻人从不怀疑这一点。1814年，当乔治·蒂克纳（Geroge Ticknor，1791—1871年）、爱德华·埃弗里特（Edward Everett，1794—1865年）在波士顿登上客轮，驰往哥廷根去求学时，他们对此更加坚信不疑"。

4. 历史哲学的科学探索

"历史哲学"一词在19世纪是指一种"纯推理解释的宏大体系"，而且历史哲学"这种用法获得声誉，无论在美国还是在欧洲，都与建立历史学新的学术规范不可分割"①。19世纪，德国学者在探求史学科学化的道路上不断对历史学本身的问题进行分析、总结，留下为数众多、影响深远的反思史学的论著。

德国哲学家赫尔德（Johann Gottfried von Herder，1744—1803年）除了1774年的《另一种历史哲学：关于人类教育》《人类历史哲学观念》等历史哲学著作外，在其《德国近代文学片论》《论语言的起源》等著述中亦有不少涉及历史哲学的片段。他对历史学的思索是杂乱而琐碎的，涉及内容繁杂，但都是史学研究的真知灼见。

19世纪初的哲学家对史学的反思大多还停留在只言片语上，绝大部分论著如赫尔德的著作一样是一种"转瞬即逝的、包罗万象的观点"②。德国文学家、哲学家施莱格尔（Karl Wilhelm Friedrich von Schlegel，1772—1829年）亦是如此。1809年，施莱格尔写下《历史》一书表达了对历史的一些认知，1811年又出

---

① 彼得·诺维克：《那高尚的梦想——"客观性问题与美国历史学界"》，第28、39页。
② 康德：《历史理性批判文集·评赫尔德〈人类历史哲学观念〉》，何兆武译，商务印书馆1997年版，第33页。

版《论最近以来的历史》,进一步阐发其历史哲学观点;其后于 1815 年出版的《论旧新文学》、1828 年出版的《生活哲学》以及《雅典娜神殿断篇》等都只是涉及一些零散的观点。严格来说,只有 1829 年出版的《历史哲学》一书才算是比较完整而系统展现了施莱格尔的史学观念。但就是这一论著也只不过是其演说稿汇集而成的,主要涉及施莱格尔在维也纳讲学期间发表的十八篇演讲稿。在历史哲学史上,负有盛名的黑格尔(Georg Wilhelm Friedrich Hegel,1770—1831 年)的《历史哲学》也是依据其在柏林大学课堂的演讲内容,由其学生爱德华·甘斯(Edward Gans)整理而成的。可以说,这一时期,这些哲学家对历史的反思大多是零碎的,远不如其哲学思想体系那样清晰、完整。

兰克之后,这一情况发生了较大的变化。兰克开始有意建构、梳理历史研究的内在体系。1830 年左右,兰克写成《论历史科学的特点》,1836 年兰克就任柏林大学正式教授之职发表演说——《论历史与哲学的关系》,还有《历史哲学的缺陷》《论近代历史时期》《世界历史研究之中的"一般"与"特殊"》等先后发表。在这些论述中他对史学研究的方法、理路、目的等已经形成比较完整的认知。

首先,兰克逐渐理清了历史学与文学、艺术的关系,从而为历史学确立了学科的性质。19 世纪初,"在整个欧洲,很多历史著作依然被当做小说和戏剧来阅读",即使史学工作者也未能意识到历史著作与文学作品的区别,即便是在历来严谨的德意志大学里,"历史写作也不是纯粹针对学术圈,作者脑子里想到的还有更广大的公众读者"①。而这一情况随着 1824 年兰克《拉丁和条顿民族史》的出版而发生改变。兰克在其著作中宣称要"如实直书",要用确定无误的史实来征服读者,而不是靠虚构的内容、华丽的文辞来吸引人。

在兰克那里,历史研究不同于文学创作。历史研究追求的是以确定可靠的史料,排除个人的主观性,客观公正地来描述发生在过去的历史事实。而涉及历史内容的文学作品,实际上只是以特定历史时代作为情节发生的背景,文学创作的内容不需要确切性和真实性,作者甚至还可以对历史真实存在过的历史人物事件进行虚构、再创造,至于具体的细节则有时是完全错误的。而历史研究的主体是已经发生了的、真实的过去,历史研究的结果——历史著作的目的是"说明事情的本来面目",真实性、客观性是其起码的要求②。依据这一要求,历史著作不能有任何主观性的成分,更不能有任何虚构的成分。因此,"历史著作的写作,至少在理论上是不可能像写文学作品那样自由地对材料进

---

① 格奥尔格·伊格尔斯、王晴佳等:《全球史学史》,杨豫译,北京大学出版社 2011 年版,第 77 页。
② 列奥波德·冯·兰克:《法国史》第 1 卷,第 5 页。

行发挥"①。

其次，兰克还对史学与艺术做了全面的分析，从理论上为史学科学化定位。在他看来，历史研究是按照严格的史料考证方法、依据客观公正的撰史原则，将史料转化为历史著作的过程。在这一过程中，历史研究通过史料考证方法确保收集、整理、辨别史料的科学性，通过"消灭自我"排除了主观性，其表现符合一门科学的要求。与此同时，这一过程也是一个再创造、描述的过程——在历史研究的过程中，历史学家要对所找到的史料以及所认识到的事件进行再创造和描述；而其他的科学只是简单地记录它所发现的事实。在兰克看来，历史学的这种再创造的能力，使之成为一门艺术。由此，历史学不仅仅是一门不同于文学的科学，而且还是一门不同于其他科学的独特学科——它同时也是一门艺术。

到了德罗伊森那里，这种系统表述史学观念的做法更为成熟。1857年德罗伊森(Johann Gustav Droysen，1808—1884年)《历史理论》的出版，标志着他站在更高的层次上对史学本身进行了系统的分析。其后1861年他对巴克尔《英国文明史》发表评论，1868年又出版《历史学纲要》，进一步将其历史学的理念宣告于世。其中，《历史理论》一书体现了德罗伊森对历史学本身科学化、专业化的思考。关于历史学的自主性，德罗伊森认为诠释学的求知方式是历史知识所特有的，历史学与哲学、自然科学、神学等都是有区别的。这种知识划分，实际上将历史学与其他学科所立足的一些基本互异的意识行为划分清楚了②，为历史学的独立、科学化扫清了理论障碍。

经过德罗伊森等大批史家的努力，19世纪末产生了批判的历史哲学。这时的西方历史哲学家对历史的反思不再只是关注历史过程本身，而是进一步专注于历史学这门学科本身的问题，探讨诸如历史知识的性质、历史研究方法等。1896年，兰普勒希特(Carl Gotthard Lamprechte，1856—1915年)的《历史学中的新旧趋势》《什么是文化史？》出版。这些论著专门讨论了史学本身或史学方法方面的问题，这意味着西方史学家已经能自觉地对历史研究进行反思并总结历史研究的方法。1900年，兰普勒希特《文化史方法》一书的问世，就标志着西方史学在历史哲学层面上达到了一个新的高度，昭示着新的方向。

5. 历史求真与史学致用

19世纪德意志学术的勃兴与德意志民族主义的兴起密切相关，实际上，德意志的学者们大多都是通过史学求真以期实现史学致用的功能。其中首先要提

---

① 列奥波德·冯·兰克:《拉丁与条顿民族史》，第7页。
② 德罗伊森:《历史知识理论》，胡昌智译，北京大学出版社2006年版，第16页。

到是洪堡(Carl Wilhelm von Humboldt，1767—1835年)。这位杰出的语言学家曾担任普鲁士教育部长，并借柏林大学建立之际，网罗大批优秀历史学家，为柏林大学成为19世纪西方史学的中心做出了巨大贡献。

1821年，洪堡在柏林科学院作《论历史学家的任务》的演讲。在演讲中，洪堡指出，历史学家所面对的纷繁芜杂的历史现象，不过是蕴含在历史深处永恒观念的外在表现而已；而永恒观念并不是抽象的或普遍有效的，这些永恒观念通过各个具体的历史个体展示自我；"任何人类个体都植根于永恒观念"，历史中的渺小的个人，诸如大国、民族这样伟大的社会机构等，都是展示永恒观念的历史个体；而研究历史就应当透过历史的个体，去探究背后的永恒观念。具体而言，虽然"历史学家的任务是陈述实际发生的事情"，但是应该看到的是，"历史研究追求的是描绘人类的命运"，因而作为历史学家，"理解这样的人类命运的头脑，应当全心全意地接受其引导，从而使属于个性范畴的那些观点、情感和要求都融化于这个共同的命运之中而消失不见"①。实际上，洪堡认为，研究历史的历史学家在实现求真这一目的同时，应当通过历史研究而投身于民族主义复兴这一"共同的命运之中"，应当通过历史研究去描绘德意志人民的命运，将历史研究与德意志民族结合起来，发挥史学的致用功能。

洪堡

洪堡主张历史学家应当求真以致用，实际上，德意志史家们都不约而同地在研究中贯彻了这一思想。其中最有代表性的即是从事《德意志史料集成》整理编辑工作的学者们。

《德意志史料集成》是德意志民族主义在史学上最突出的成果。这一卷帙浩繁的史料汇编，汇集了当时德国一大批一流的史学家与文献学专家，像艾希霍恩、劳麦、赫棱、尼布尔、洪堡、格林、歌德、斯腾策尔、施罗塞、达尔曼等都曾是发起人或赞助人②。其中起关键性作用的是斯坦因(Heinrich Friedrich Karl von Stein，1757—1831年)、佩茨(Georg Heinrich Pertz，1795—1876年)、博默(Johann Friedrich Böhmer，1795—1863年)三人；正是由于这三位学者的杰出工作，《德意志史料集成》成为西方历史资料整理方面的一座丰碑。

1815年，斯坦因受当时德意志地区高涨的民族

---

① 威廉·冯·洪堡：《著作集》第4卷，柏林1923年德文版，第35—41页。
② 古奇：《十九世纪历史学与历史学家》上册，第161页。

主义的影响,重新拾起对德意志民族历史的兴趣。在他看来,收集整理德意志民族的史料就是为了通过了解德意志祖先的伟大而激起更大的爱国心,还可以为历史研究的进一步展开奠定基础。1819年2月,斯坦因在其法兰克福的住所召开了史料整理协会的成立大会,并确立协会以"神圣的爱国心给了我们精神的力量"作为格言。至此,德国古代史料学会成立,标志着《德意志史料集成》的编撰工作正式展开。

1820年,受斯坦因的邀请,年轻的佩茨参与了史料的整理工作①,一直为此工作到1874年退休。在长达54年时间里,佩茨以其广博的学识、筛选文献的突出才华、处理手稿的杰出手法等,使得这项牵涉甚广、影响至深的史料整理工作取得了惊人的成就。虽然佩茨还曾编辑过《莱布尼茨文集》并撰写了6卷本的描述拿破仑时代德意志政治思想史的《斯坦因的生平》,但是所有这些都不及他在《德意志史料集成》中的贡献大。

1823年,博默加入德意志古代史料协会,参与编辑中世纪史料。这位以马比昂为偶像的史学家一生并无叙述性的历史著作,他将全部精力都投入史料的收集整理编辑工作之中,先后编辑出版了《文书要览》《德意志史源》《德意志发源》《帝国法令:900—1400》《巴伐利亚公爵时期至1340年期间文书汇要》等。

在编辑古史史料时,他认为对德意志的爱国心是这一史料整理工作最根本的动力,也是史料整理取得成功的保证。他在《文书要览》第二卷中提到,"总而言之,我对未来最大的祈愿就是史料整理工作不是源自利己主义的,不是源自虚荣心,更不是出自好奇,而是源自爱国心"。这种爱国之情并不意味着,史料的整理将从现实的目的出发,为了验证某种目的而生编硬造所谓的历史依据。在整个史料整理工作中,求真以及史料考证是收集整理史料的第一要求。博默曾说,"我将研究历史,将全身心地投入探求真相之中;但是艺术我也不会丢弃,因为我认为真相也是艺术的最高形式"②。博默把求真视为史料整理的最重要的原则;在整理史料时,他是严格依据这一原则进行史料整理的。也正是因为这一严谨的做法,使得整个史料收集整理工作取得辉煌的成就。

汤普森曾说,"《德意志史料集成》在撰写历史上、在批判上的科学性已成为世界的典范;这是德国第一流史家的贡献"③。史学家们编辑《德意志史料集成》的最大贡献在于,为欧洲其他国家类似的史料整理工作确立了规范、树立了榜样。

参与《德意志史料集成》的学者们大多受德意志民族主义思潮的鼓舞,立志

---

① 约翰·罗伯特·西莱:《斯坦因生平及其时代》第3卷,剑桥大学出版社1878年英文版,第434、440—441、443—444页。
② 约翰·弗里德里希·博默:《博默生平、书信及杂文集》,弗里堡1869年德文版,第98页。
③ 汤普森:《历史著作史》下卷,第3分册,第227页。

以历史研究来激发德意志民族的爱国热情,治史而致用。实际上,德意志史学家们一直有结合社会现实研究历史的传统。

1843 年,兰克、吉泽布雷希特、阿道夫·施密特创办了《民族历史评论》杂志。发刊词这样说道:"历史尽管是个有限的学科,但它比任何其他学科都有助于全体德国人民的统一。……实际上,历史是政治的母亲与老师。"①

倡导"如实直书"的兰克主张"史学家是服务于上帝而教育人民的人"。实际上,他为历史研究、历史学家确立的任务,"一是,保卫我们国家发展现状,使之不受外来的、源自一种假设理论的洪水猛兽的冲击;二是,抵制那些以新观念之名而行捣乱破坏之实的力量"②,主张历史研究与政治诉求紧密结合起来。兰克指出,"从过去所发生的事件中得出对国家本质的认知,并指引我们理解这种国家本质,这是历史的任务。而政治的任务是,在成功地认知并理解国家的本质之后,继续并发展这种国家本质"。现实政治与历史研究之间是紧密相连的,历史学的专业化与为现实政治服务这两者之间并不矛盾。

兰克史学著述中贯穿着浓厚的民族国家情怀。1836 年,他曾说:"不管我们身在何处,祖国都将与我们同在,在我们内心深处里自始至终都是以此为基础的,并且绝无脱离之可能。"③兰克也从不讳言历史研究与弘扬民族主义的密切关系。在他看来,"通过阅读这些历史著作,民族国家将会有一种完美的自我意识,并且人们通过这些历史故事而感触到民族生活中的震动,从而对民族自身的产生、成长以及特点从而深入了解民族自身的产生,成长以及特点"④。

真正意义上主动与政治结合,强烈要求历史研究以现实为轴心的莫过于普鲁士政治史学派。其中,达尔曼(Friedrich Christoph Dahlmann, 1785—1860 年)、德罗伊森(Johann Gustav Droysen, 1808—1884 年)、息贝尔(Heinrich Karl Ludolf von Sybel, 1817—1895 年)、特赖齐克(Heinrich Gotthard von Treitschke, 1834—1896 年)等是代表性人物。

达尔曼一生狂热地投身于现实的政治活动,并不断地著书立说,借历史著作来宣传其政治理念。他的主要历史著作有《丹麦史》《英国革命史》《法国革命史》《德国历史史料探源》《历史领域的研究》《希罗多德:生平与著作》等。

达尔曼认为,过去的历史与现今社会之间有着密切的联系。在《英国革命史》中,他曾说,英国革命中的现象,"都是富有指导意义的,与此同时也展示了更为遥远时代的画卷,并与困扰现今的问题牵连,甚至能揭开未来面纱的一部分"。已经过去的历史与现在、未来都有着紧密的关系。因此,历史学家应当带着"为

---

① 安托万·基扬:《近代德国及其历史学家》,黄艳红译,北京大学出版社 2010 年版,第 17 页。
② 列奥波德·冯·兰克:《书信集》,W. P. 福斯主编,汉堡 1949 年德文版,第 285、243、251 页。
③ 列奥波德·冯·兰克:《世界历史的秘密》,罗格·文斯编,纽约 1981 年英文版,第 114、116 页。
④ 列奥波德·冯·兰克:《英国史》,威利·安德鲁斯主编,威斯巴登 1957 年德文版,第 3 页。

我们自身时代最为重要的事件提供精确判断"这一目的来研究历史①。

达尔曼时刻不忘鼓吹德意志统一,他每一部历史著作几乎都与德意志统一大业有着千丝万缕的联系。他说他所研究的丹麦史"绝不会仅仅只是考证史料,而是致力于揭开覆盖在历史之上的盖子,展现历史最原始的本质"②。实际上,达尔曼就是通过对丹麦历史的叙述而为德意志的统一做宣传。这位史学家不辞疲倦地身兼政治宣传家之职,他每一部历史著作都极力宣扬在全德意志建立集权国家的必要性。

普鲁士学派的得力干将德罗伊森则认为,历史教学的目的,就在于激发人们的爱国心,使之乐于为祖国的光荣而效命疆场。《普鲁士政治史》(或《普鲁士政策史》)这部著作充分展示了他运用史学为政治服务的意图。

达尔曼

在该书中,德罗伊森出于为普鲁士军国主义服务的目的,试图从历史上证明只有普鲁士方能担当得起德意志民族复兴的重任,硬把普鲁士国家君主制度的起源和发展说成是德意志民族发展的需要,并将奥地利排除在德意志统一大业之外。此外,他还从民族沙文主义立场出发,把普鲁士的历史硬塞进德意志民族中,把普鲁士的历史当作是霍亨索伦王朝的扩张史以及德意志帝国的历史。德罗伊森运用历史解释的巨大能量,将普鲁士王国的起源与发展解释为德意志民族发展内在必然性的显现,从而为普鲁士统一德国的大业寻找历史和理论的依据。他还鼓吹建立强大的帝国军队,推崇强权政治。在他看来,为了国家,可以牺牲自由主义所追求的、个人可以反对国家的自由权。换言之,为了国家的利益,个人应当牺牲一切。

在《历史知识理论》中,德罗伊森批判了兰克史学式的史料考证。他认为,这种历史客观主义是"太监式"的。在他看来,历史最重要的工作不是史料考证,而是追求历史之中的脉络,是"从现今、从发展的结果,回溯、重建而得,它根本不会自动显示在史料上"③。历史研究就是从现实出发,依据现实的要求而倒溯到过去。

---

① 弗里德里希·克里斯托弗·达尔曼:《英国革命史》,H. 伊文思·利奥伊德译,伦敦 1844 年英文版,第 1—2 页。
② 弗里德里希·克里斯托弗·达尔曼:《丹麦史》第 1 卷,汉堡 1840 年德文版,第Ⅷ—Ⅻ页。
③ 德罗伊森:《历史知识理论》,第 20 页。

德罗伊森之后,普鲁士学派在历史主义史学道路上走得更远,他们将兰克史学中的政治意图发挥到了极致。特赖齐克深受达尔曼的影响,力主在德意志实行议会政府,建立宪政国家,扫除一切小国小邦,实现德意志地区的统一。在他看来,"每一个强大的民族都应当建立起殖民强国,所有伟大的民族都应当竭尽全力在野蛮人的土地上树立自己的国土界碑"①。在这种观念的主宰下,特赖齐克认为,在德意志统一过程中吞并小邦国是理所当然的事情②。他声称,在德意志统一时代,"使徒们那种重复和平的陈词滥调以及神父们围着守财奴转的墨守成规,或者是对目前时代悲惨境地的熟视无睹,这些都不合适德意志民族。确实,我们现在的时代是战争的时代,是铁与血的时代"。他认为,只有普鲁士才是德意志地区的强者,才能担当统一德意志的重任并完成使命;并且"每一位善良的普鲁士人都应当支持政府"③。作为历史学家,就更应该站在普鲁士的立场上用笔与舌为德意志统一摇旗呐喊。

特赖齐克

特赖齐克这一思想在其代表作《19世纪德国史》中表现得尤为突出。在谈到这部书的写作目的时,特赖齐克曾说:"它应简洁明了、通俗易懂,应向麻木的大众表明,我们缺少一切政治生活的基础:法律、权威、自由;应向他们表明,除了消灭那些小邦国之外,我们没有其他的安全保障。……因为我知道这本书对于年轻人来说是一名多么出色的教师,而它也能使我更能影响新的一代。"全书充满了鲜明而浓厚的政治色彩。

息贝尔也认为,历史是政治的工具。他在《法国大革命时期的历史》中指责法国的革命者以抽象的原则作为革命的依据,认为整个革命带来的是混乱、暴力、破坏;特赖齐克罔顾事实、肆意攻击法国大革命,其目的就是为了拥护秩序和纪律,反对激进主义,阻止革命在德意志地区发生,隔断革命思想在德意志的传播。虽然息贝尔的史学著作充满了浓厚的政治色彩,书中有不顾历史事实之处,但从总体上而言,他还是继承了兰克所主

---

① 海因里希·格特哈德·冯·特赖奇克:《特赖奇克:生平及著作》,阿道夫·豪斯拉斯主编,鹿特丹1914年德文版,第45页。
② 迈克·布尔雷格:《德国种族状况(1933—1945)》,剑桥大学出版社1993年英文版,第27页。
③ 海因里希·格特哈德·冯·特赖奇克:《德意志十年战争》,格奥尔格莱默尔1897年德文版,第275、153页。

张的史料考证方法与原则。他的《法国大革命时期的历史》"在搜集政府文档,对其进行甄别分析、去伪存真、鉴别相互矛盾的史料等方面"①,都堪称典范。

普鲁士学派还有不少其他的知名史家,比如豪塞尔(Ludwig Häusser,1818—1867 年)、顿科尔(Maximilian Wolfgang Duncker,1811—1886 年)、费科尔(Julius von Ficker,1826—1902 年)、阿尔内特(Alfred Ritter von Arneth,1819—1897 年)、西科尔(Theodor von Sickel,1826—1908 年)等人。他们都是从现实的政治出发来研究历史,主张历史应当为政治服务。

三、法 国 史 学

1. 法国大革命与历史研究

在谈到 19 世纪的法国史学时,汤普森曾说,"19 世纪法国史学中压倒一切的思想可以归结为一个词:革命"②。19 世纪整个法国的著名历史学家,甚至整个欧洲的史学家们都在关注这一人类历史上宏大史诗般的革命,他们的研究或多或少都与法国大革命有着千丝万缕的联系。其中尤以夏多布里昂(François-René de Chateaubriand,1768—1840 年)、米什莱(Jules Michelet 1798—1874年)、梯叶里(Augustin Thierry,1795—1856 年)等史家表现最为突出。

法国贵族夏多布里昂是率先对法国大革命做出反应的历史学家。早在 1797 年他就撰写了《论革命》一书,对法国大革命以及历史上一切革命及其带来的破坏性结果进行了批判,重申了革命的"不合法性"。对于如何处理革命中出现的各种混乱,夏多布里昂这名基督教徒则开具了宗教式的处方:"远离革命,解放者的宗教信仰就进入这政治时期的第三阶段——自由、平等、博爱中的博爱阶段。"他认为,唯有博爱才能化解革命中的戾气,扭转各种革命带来的混乱局面。

在《基督教的精神》《殉道者》中,夏多布里昂出于对法国革命的恐惧,向基督教求助,期盼从信仰层面上来缓和革命所带来的破坏与创伤。在《基督教的精神》一书中,他热烈地歌颂基督教的真善美,美化中世纪,推崇未开化民族的野性、洒脱的生活③,以纯朴生活和异国情调来抚慰人们因革命而造成的紧张与不

---

① 安托万·基扬:《近代德国及其历史学家》,黄艳红译,北京大学出版社 2010 年版,第 206—207、157 页。
② 汤普森:《历史著作史》下卷,第 3 分册,第 307 页。
③ 夏多布里昂:《基督教的精神》第 1 卷,布鲁塞尔 1850 年法文版,第 1—2、5 页。

安,填补人们因为动荡生活所造成的心理空虚,在欧洲文化界掀起了一股颂古非今的思潮,也激起了后辈从事史学研究的热情。

梯叶里就是在阅读了夏多布里昂的著作后,决心走上史学研究的道路的。他的代表作《诺曼人征服英国史》《墨洛温王朝时代纪事》一经出版,就因文笔简洁生动、内容翔实、条理清晰、分析精准而备受欢迎。1826年,失明的梯叶里在基佐的建议下,开始《法国第三等级的产生与发展》的撰写工作,直到逝世前方才完成。

在史学上,梯叶里致力于创新,着眼于采用新的方法实现对历史更准确的认知。他所找到的方法,即是运用想象力描绘过去的生动图画。历史想象是梯叶里进行历史解释的武器,他认为司各特的历史小说表现出的对历史的理解远远超过某些著名的历史学家,因此他在历史写作中效法司各特,而不是专业的史学家。

凡尔赛宫之镜厅

除去想象之外,情感也是梯叶里撰史的法宝。梯叶里说,"在这政治热情充斥的时代,一个积极的心灵是无法避免卷入这场骚动之中的。……我投身于历史之中的所有的时代、所有的地方,众人会体会到和我一样的抱负与愿望,即便他的立场、观点与我不同"。他认为,这种情感是研究历史必然具有的,也是历史研究取得进展的一种好方式①。

在具体的史学实践中,梯叶里始终坚持将浓烈的情感融入历史写作之中。这在他的代表作《诺曼人征服英国史》中表现得非常明显。在《法国第三等级的产生与发展》中,梯叶里生动而精确地勾勒了法国大革命中最主要的人物和事件,看到了任何时代、任何国家的进步性。不仅如此,在他的眼里,所有的国家、民族和时代都是平等的,没有优劣等级的区别。正如他所言,每个历史个体都是组成历史整体的重要部分,只有理解了历史整体,历史个体才能得到正确而全面

---

① 斯特恩:《各种各样的历史》,纽约1973年英文版,第67页。

的理解。

难能可贵的是,梯叶里在著作中深切地同情群众,提出了阶级斗争学说,这种思想是如火如荼的法国大革命的产物,更是他长期史学实践的智慧结晶,其后也为马克思等人所吸收。

另一位历史学家米什莱历来注重从现实出发研究历史,以想象来认知历史,以浓烈的情感写作历史,其代表作有《近代史纲》《世界史导论》《法国史》《法国革命史》等。

从史学角度来看,米什莱的历史写作充满了想象。他以历史想象来处理写作的题材。米什莱以"复活历史"为旗号①,将历史学家的职责定位于重新发现和解读在时间流逝中逐渐被人们淡忘和遗失的人。他认为历史写作就是要使历史"复活",而只有通过历史想象才能实现"复活"计划。

在米什莱看来,想象是历史研究一种重要的手段。在撰写文艺复兴到法国大革命这一段时期的法国史时,缺乏史料的米什莱靠的就是设身处地想象、移情,把自己当作过去的历史人物,从而克服史料短缺所造成的困难。在《人民》一书中,米什莱也毫不掩饰他在研究中所运用的想象。他说:"我将这本书看作是我自己,我自己生活的反映,也是我的心声,这是我生活阅历的成果,而不是我研究的结果。我是在我的观察以及与朋友、邻居们交流的基础上而写出这一著作……要了解人民的生活,他们的辛勤与痛苦,我只要审视我的记忆即可。"

米什莱

米什莱还认为,在历史研究中,情感也是重要的因素。他多次表示,在撰写《人民》时,"当我以自身深入其生活,当我叙述他们时,我感到的是即将燃烧的热情"。他指出,全部历史研究的出发点就是感情。在谈到《法国革命史》时,米什莱表示,"我们所有研究工作都源自同一个鲜活的根源:对法兰西的感情,我们祖国的观念"②。他在该书中,讴歌大革命中的人民,宣称"全书从第一页到最后一页只有一个主角,那就是人民"。米什莱同情人民,并将这种浓郁的感情色彩带进了历史作品中,结果导致专业历史学家的批评,这也是米什莱史学的一大特点。

---

① 米什莱:《人民》,伊利诺斯1973年英文版,第19页。
② 同上书,第Ⅴ、Ⅵ、Ⅳ页。

古奇曾说：米什莱"把庄严雄壮和诗情画意同他对人民的热爱结合起来；因而成为法国最伟大的一个专心致力于历史的文学家"①。尽管古奇在他的著作中给予米什莱很高的评价，但还是将他定义为"文学家"。这或许与米什莱论著中藏有如文学家一般激情洋溢的情感有着莫大的关系。

2. 阶级斗争与政治史研究

法国一群与政治有着紧密联系的政治家、学者以其政治经验，从其政治观点出发，对发生在身边的历史现象展开理性的分析，他们的著作也有情感，也有想象，但更多的是冷静而成熟的政治见解。这群热衷于政治的历史学家组成了19世纪法国的政治史学派。代表人物有基佐（Francois Guizot，1787—1874年）、梯也尔（Thierry，1795—1856年）、米涅（Mignet，1796—1884年）、托克维尔（Tocqueville，1805—1859年）等。

基佐是政治史学派中的领军人物。他非常看重历史个体之间的联系，注重历史个体与历史整体之间的关系。在其代表作《1640年英国革命史》中，基佐虽然写的是英国革命，但他的目的是寻求英国革命与法国革命之间的共同点，即同一性。基佐承认英国革命与法国革命之间有着不同的道路和成就②，但他认为，历史个体现象的研究，最终需要上升到现象之间的内在联系之上。他曾说，"历史涉及一系列的事件，描述各种各样的特性；但是我们会知道，彻底理解单个特性或者单独的事件是很困难的"③，历史研究绝不能停留在对单个历史个体的叙述上，而是要在历史整体之中去理解个体；对于历史学家而言，"我们需要找到一个将它们和谐地联系在一起的纽带，这个纽带就存在于事实之中"④。历史学家就是要在历史个体之中找到这种连接的关系与纽带，从而推动历史理解的深化。

基佐认为，不但历史个体之间横向上存在着联系，其纵向上的联系更为紧密，而这种纵向的联系是历史学家关注的重点。在论及1640年的革命时，他提到："革命不但远远没有中断欧洲事务的自然进程，而且可以说，不论在英国或法国革命中，人们所说、所望、所做的，都是在革命爆发前已经被人说过、做过或者企求过一百次的"，而"那些被认为专属于英国或法国革命的原则、意图、努力，事实上不但早于法国、英国革命前几个世纪已经存在，而且恰恰正是归功于同样的

---

① 古奇：《十九世纪历史学与历史学家》上册，第328、318页。
② 基佐：《一六四〇年英国革命史》，伍光建译，商务印书馆2007年版，第9页。
③ 弗朗索瓦·基佐：《历史论文及演说》，斯坦利·梅隆主编，芝加哥 & 伦敦1972年英文版，第4页。
④ 弗朗索瓦·基佐：《欧洲代议制政府的历史起源》，张清津、袁淑娟译，复旦大学出版社2008年版，第11页。

原则和努力,欧洲的社会才取得它的一切进步"①。

在具体的史学实践中,基佐通过其《欧洲文明史》展现了他的总体史观。他"更多的是从一个民族的内部来深入探讨人类精神的发展和进步,较他的先辈伏尔泰的文化史观念要明确与深化"②。基佐认为,一个文明可以划分为外部与内部两个方面,前者指的是自然环境、物质因素、社会关系和社会制度等,后者包括宗教、艺术、文学、哲学与科学等。从总体上考察欧洲文明,可以看出这内外两个方面显示出高度的、和谐的发展,欧洲历史前进的原动力就部分归因于它们之间有效的相互作用。

此外,基佐在梯叶里思想基础上进一步发展了阶级斗争学说,并指出阶级斗争的最终原因在于物质财产关系。在《欧洲文明史》中,他曾明确提出,阶级斗争"构成为近代历史的基本事实,并且充满于近代历史之中……近代欧洲就是从这种不同的社会阶级之间的斗争中诞生出来的"。

除了基佐之外,都曾撰写过《法国革命史》的米涅、梯也尔也是热衷于政治,以历史著述来阐述其政治理念并对现实政治作出理性分析的政治史家③。其中,米涅强调法国大革命是一个有机的整体,大革命中的众多历史事件有一个符合逻辑发展的历程,革命前后的众多现象之间具有线性的连贯性,而作为大革命中渺小的个体——个人是很难控制自己命运的。米涅的挚友梯也尔则结合自身的政治理念,仿效梯叶里运用阶级斗争学说来分析各种政治斗争的形成和演变,对当时法国及欧洲的社会政治乃至文明都作了比较全面而理性的分析,得出了令人信服的结论。其代表作《法国革命史》《执政府和帝国史》等都是叙述清晰、分析精当、引人入胜的史学著述。值得一提的是,基佐、米涅、梯也尔三人都擅长以阶级斗争观念来解释历史,这是政治史家们最大的成就,也是他们最大的特色。

法国史家托克维尔也以研究法国大革命著称。这位史家政治上颇不得意,但这也使他能比其他政治史家们更深入地洞悉政治、研究历史。在提到历史著作的党派性时,这位史家说:"人们都殷切地希望我成为一个有党派的人,而我绝不这样。人们叫我振奋激情,而我则认为,与其振奋激情,不如爱自由和珍惜人的自尊。在我看来,各式各样的统治形势,只能是比较完善地满足人的这种神圣而合法的激情。"④也正是出于这种理念,凡是涉及民主的事件与现象,都是托克维尔所关心的。所以,他研究的范围从美国的民主制度到欧洲

---

① 基佐:《一六四〇年英国革命史》,第3、4页。
② 张广智、张广勇:《史学,文化中的文化:文化视野中的西方史学》,第311页。
③ 古奇:《十九世纪历史学与历史学家》上册,第350页。
④ 托克维尔:《托克维尔回忆录》,董果良译,商务印书馆2004年版,第6页。

世界的民主自由,曾围绕美国的政治制度撰写了《论美国的民主》,以宣扬民主观念。

托克维尔注重历史个体之间的内在联系。在《论美国的民主》中,他说,"我们把视线转向美国,并不是为了亦步亦趋地仿效它所建立的制度,而是为了更好地学习适用于我们的东西"①。在这位历史学家看来,发生在遥远的美洲的历史现象一定会对欧洲的政治产生影响。

托克维尔

在《旧制度与大革命》一书中,分析大革命前旧制度的政治结构以及法国民族的特性时,他指出:"法国革命对于那些只愿观察革命本身的人将是一片黑暗,只有在大革命以前的各个时代才能找到照亮大革命的灯火。对旧社会,对它的法律、它的弊病、它的偏见、它的苦难、它的伟大,若无清晰的透视,就绝对不能理解旧社会衰亡以来60年间法国人的所作所为;但是人们若不深入到我们民族的性格中去,这种透视还不足以解决问题。"②对他而言,法国革命与旧制度之间看似千差万别,从本质上说却存在着连续性和反复性,而这种历史的延续性才是历史学家需要关注的。

托克维尔曾在《论美国的民主》中区分两种不同类型的历史学家——民主时代的历史学家和贵族时代的历史学家。其中,民主时代的史家主张"个人对人类的命运几乎不发生影响,而少数公民也不能影响全民的命运";而贵族时代的史家则"通常把一切史实同某些个人的独特意志和性格联系起来,喜欢将重大的革命归因于一些并不重要的偶然事件"。托克维尔认为,这两种倾向应当结合起来,"当代的人十分怀疑意志自由,因为每个人都觉得自己在各方面都是软弱无力的;但是,他们仍然承认人结成团体是有力量和自主的。应当发扬这个思想,因为现在需要振奋人的精神,而不应当压抑人的精神"③。

在分析社会矛盾时,这位历史学家有点过于看重精神因素的影响。在谈到

---

① 托克维尔:《论美国的民主》(上卷),董果良译,商务印书馆1988年版,第1、3页。
② 托克维尔:《旧制度与大革命》,冯棠译,商务印书馆1997年版,第240—241页。
③ 托克维尔:《论美国的民主》(下卷),第610、612—613页。

巴黎工人起义时,他认为起义的原因就在于工人贪婪而盲目的愿望以及错误的思想[1],这一观点比起其他的政治史家而言,是一种退步。这也说明了托克维尔在追求所谓的自由与尊严时,忘记了人最重要的权力是什么。

除上述几位外,19世纪与基佐、托克维尔等史家有着相同研究旨趣的历史学家,还有著有《1789年法国革命史》的路易·博朗(Blanc,1812—1882年)、著有《欧洲和法国革命》的亚尔伯特·索雷尔(Sorel,1842—1906年)以及著有《自远古至大革命时期的法国史》《自大革命至一九一九年和约时期的法国当代史》的拉维斯(Ernest Lavisse,1842—1922年)等,他们都从政治史的角度对法国大革命进行了分析与阐释。

总体而言,这些史家从政治立场出发,以政治理念为指导,对历史现象,特别是法国大革命时期的法国与欧洲做了比较理性的分析,得出了比较可靠的结论。而且部分政治史家已经能从社会政治结构的分析中敏锐地觉察到阶级斗争的根源,这是政治史家们最大的成就。

3. 历史教育与历史学杂志

19世纪后半叶的法国史家中,杜罗伊(Victor Duruy,1811—1894年)为法国史学的繁荣作出了重大的贡献。这位历史学家出身于工人家庭,经过自己的刻苦努力考入高等师范学院,师从于米什莱等人,深受其影响而对历史学产生了浓厚的兴趣。杜罗伊勤于写作,著有《罗马史》《希腊史》《蛮族入侵之前的罗马史》《古代希腊史》《法国史》《法国人民史》《法国当代史》《1453—1789年期间的法国近代史》等。

杜罗伊在史学方面最突出的成绩就是为历史教育的普及做出了杰出的贡献。最初他编写罗马史、希腊史以及地理学等方面课本教材是迫于生计,一生编写的教材多达74种,其中将近60多种是涉及古典历史的[2]。这些教材惠及了大批法国人。1861年,杜罗伊出任法国教育部部长,着手进行教育制度改革,创建免费自治村学校,实行义务教育制,并提高教师待遇。对历史学科而言最重要的举措,一是将历史课设定为义务教育中的基础课之一,从而有效地提高了历史学科的地位;二是经其不懈努力争取,1868年法国政府设立了高等研究学校。学校的成立以及相关的课程设置,促进了法兰西学术的复兴,鼓舞了法兰西学院和古文书学院所从事的科学历史研究。

杜罗伊在古典知识普及方面亦成绩斐然。他不但通过编写教材普及古典知识,而且还潜心撰写了《罗马史》《希腊史》等古典著作。杜罗伊文笔优美而洗练,

---

[1] 托克维尔:《托克维尔回忆录》,第151—152页。
[2] 汤普森:《历史著作史》下卷,第3分册,第360页。

文辞浅显易懂,常用对比手法来展示古典世界的特质。在他的笔下,古代罗马是"冷漠、静谧而又严肃的",而希腊世界则是"充满生活情绪、轻快而又美丽的"①;罗马的"伟大"不体现在其外在的印象,而是体现在精神上的内敛、长期以来尚武而沉稳的个性特征等。大体上而言,杜罗伊的古典历史研究类似于古典知识通俗读本,并无太多创见,主要是依据已有的研究成果编辑而成的一种简易读本,其最大特点就是条理清晰、文字生动吸引人。这些著作虽然缺少个人的独创性,却很好地展现出了那一时期历史学家在这些研究领域中的成就,因而具有很高的参考价值。也正是由于杜罗伊不辞辛劳地编写古典知识读本、推广古典历史教育,法国历史研究的专业化进程才得以在短时间内取得重大进展。

1876 年 1 月《历史评论》创刊,这是法国史学界的一件大事。该刊由法国史学家摩诺(Gabriel Monod,1844—1912 年)、法尼埃(Gustav Charlse Fagniez,1842—1927 年)等人创办。在创刊号上,摩诺发表了《十六世纪以来法国历史研究的进步》一文,对创刊的宗旨做了明确的阐释:"在我们这个时代,历史研究日益重要。在整个广阔的学术领域里,每天都会有很多新的发现和新的认知,要及时掌握这一切,即使是以历史为职业的学者,也日益感到困难。所以我们相信,我们创办《历史评论》这个刊物是有助于历史各个领域具有独创性作品出版的,并且刊物还将提供外国和法国历史研究动态方面准确而完整的报道。即,我们为了满足学术界一大部分人的需要而创办这一杂志。"这是 19 世纪的史学家对历史专业期刊的认知,他们希望通过专业学术杂志为史学工作者创造一个演绎"实证科学"、提供"自由讨论"的园地。

摩诺等创刊者们还对这一刊物所刊载文章的类型做了明确的规定:《历史评论》将严格依据兰克为代表的客观主义史学治史原则审核要刊载的史学研究成果,强调论著的原创性与严谨性;除此之外,论著还要保留一点文艺性②。在他们看来,历史研究的严谨客观与历史文辞的优美这两者之间并不矛盾,相反,这两者还能相互促进发展。

正是因为《历史评论》的创刊者们深受兰克史学的影响,强调史料批判,故而他们对这一史学刊物所涉及的历史时段有明确的规定:公元 395—1815 年的欧洲史。摩诺等人认为,这一历史时期档案文献丰足,研究这一历史因有了确信的史料而能得到真实可信的对过去的认知;此外,这一时段的历史远离现实,故而能"尽可能避免当代的一切争论"。在他们看来,有档案文献材料才有确信的历史研究;研究远离现实世界的过去,才可以避免现实对历史研究的干扰。很显

---

① 维克多·杜罗伊:《罗马史》,巴黎 1848 年法文版,第 1 页。
② 加百利·摩诺:《十六世纪以来法国历史研究的进步》,《历史评论》1876 年第 1 卷,第 30、31 页。

然,这是深受兰克史学影响的一种体现。

4.《历史研究导论》

1897年8月,巴黎大学历史学教授朗格诺瓦(Charlse Victor Langlois,1863—1929年)、瑟诺博斯(Charles Seignobos,1854—1942年)合著的《历史研究导论》一书出版。此书汇集了欧洲近代以来史学方法论的研究成果,集中反映了19世纪法国甚至整个欧洲史学的基本原则,标志着19世纪法国史学科学化达到了顶峰。

无论是朗格诺瓦还是瑟诺博斯,都服膺德国史学,特别是兰克所倡导的科学历史学。《历史研究导论》一书围绕历史研究以可信的史料为基础这一中心内容展开,系统讲述了收集史料、鉴别史料、综合史料的方法。全书除结论及两则附篇之外,还分为上、中、下三篇,分别以"初基智识""分析工作""综合工作"命名。

在书中,朗格诺瓦和瑟诺博斯多次提到史料对历史研究的重要意义。书开篇即提出:"历史由史料构成……以缺乏史料之故,人类历史过去无量时期之历史,每成为不可知晓,盖以彼毫无史料之供给故,无史料斯无历史矣"。朗格诺瓦和瑟诺博斯在总结近代以来欧洲史学,特别是德国史学方法论的基础上,提出任何一个历史研究者的研究工作都必须经历这样一个程式:收集史料、外证、内证,最后将史料置于更宽广的语境中进行综合理解。他们认为,在这一过程中,史料始终是最重要的,即,"历史之事仅在利用史料"①。朗格诺瓦、瑟诺博斯不但强调史料的重要意义,还进一步探讨了获取精确史料的意义与价值。他们彻底否定了弗劳德式的史料处理方法,指出克服弗劳德式弊病的唯一方法就是校雠考证。

虽然朗格诺瓦、瑟诺博斯推崇德国兰克式的历史研究方法,但他们也看到了当时德国史学"沦入于无关要旨之琐碎状况,其校对比照之徒,唯知以校对比照为乐,或以过度之审虑,仅建立一无价值之史料"②的弊病,指出历史研究不等同于琐碎繁冗的史料考证,最终是在确信史料的基础之上理解历史全部,并且"历史之为科学"是有其更高的追求与目的的。从这一点来看,朗格诺瓦与瑟诺博斯在总结前人研究的基础上,对历史研究方法论有了更为深入的认知,他们在反思德国史学的基础上开始探索法国史学科学化、专业化的最佳途径。

就朗格诺瓦、瑟诺博斯的史学贡献而言,诚如巴勒克拉夫所说:"历史研究工

---

① 朗格诺瓦、塞诺博司:《历史研究导论》,李思纯译,中国人民大学出版社2011年版,第3、179、59页。
② 同上书,第61页。

作指导手册(即《历史研究导论》)的问世把业已形成的批判式研究原则固定下来,而且实质上毫无变化地一代一代传下去。这是19、20世纪之交历史研究状况的一种典型特征,标志着历史学的解放,也标志着历史作为一门独立的学科已经诞生。在这类指导手册中,以1898年出版的朗格卢瓦和塞纽博斯的指导手册最负盛名,影响也最大。历史研究按职业方式组织起来了。随着历史研究专业化的不断增强,研究技术不仅应当列为大学的正式课程,而且应当作为衡量职业水平的标准,这也许是无可非议的。"①

四、英 国 史 学

1. 辉格派与托利派史家

19世纪初,英国史学界还是由一些将历史写作视为文化休闲方式的"绅士们"把持着②,历史小说甚至成为比历史著作更吸引人的读物。在这一氛围之中,业余历史学家依据自己的兴趣与爱好,以优美的文笔向世人展示历史的魅力,而历史专业化与科学化还只是刚刚起步。不仅如此,在这个世纪中,受英国政治传统的影响,辉格党人、托利党人通过历史著述表达各自的政治观点③。

自17世纪以来,英国政治上就有辉格党、托利党之分。18世纪末19世纪初,辉格党在政治上失势,一些赞同辉格主义的文人率先拿起笔为辉格党人呐喊助威,而托利党人也针锋相对应战。双方除了在《爱丁堡评论》、伦敦《评论季刊》等舆论阵地上唇枪舌剑之外,还通过撰写历史著作表明各自的政治立场,形成了英国史学中的辉格派与托利派。其中,辉格党人向往自由,反对宗教控制与政治专制,著名的代表人物有柏克(Edmund Burke, 1727—1797年)、哈兰(Henry Hallam, 1777—1859年)、林加德(John Lingard, 1771—1851年)、麦考莱(Thomas Babington Macaulay, 1800—1859年)等人。托利党人则以强调秩序、思想保守著称,代表人物有艾利森(Sir Archibald Alison, 1792—1867年)等。

辉格派史学家柏克在思想上注重自由,曾发表《对国家当前状况的考察》《论

---

① 杰弗里·巴勒克拉夫:《当代史学主要趋势》,第7页。
② 格奥尔格·伊格尔斯、王晴佳等:《全球史学史》,第27页。
③ 马克思:《英国的选举——托利党和辉格党》,《马克思恩格斯全集》第8卷,人民出版社1956年版,第381页。

当前不满的原因》等众多论著阐述政治思想。在 1790 年之前,他被视为辉格党人的政策发言人。1790 年,柏克出版了《法国革命论》一书,以极大的激情对法国大革命以及革命过程中出现的专制主义进行了全面的批判,从而被视为欧洲保守主义思想的代表人物。

柏克反对抽象的理性,尤其反对以抽象的理性来指导实际的政治生活。在《法国革命论》中,他一再强调:任何一个国家都是历史地形成的,是神圣不可侵犯的、许多代人的"合作事业",不能用颠覆的方式对之进行改革;法国大革命是以启蒙思想家鼓吹的抽象理性为依据的,并没有实实在在的现实生活基础,因而它对法国乃至整个欧洲的文化传统和历史进程造成了毁灭性的破坏,而且它还将导致更变本加厉的专制主义强权的出现。柏克反对法国大革命,是因为"法国大革命乃是以抽象的理性(或者说形而上学)观念为基础的。归根结底,指导政治的理论应当是以现实生活为依据,而不是空想的或哲理的概念为依据"①。在具体史学实践上,柏克反对理性主义对抽象一般、普遍性的强调而忽视个体性。他曾说,"历史是智慧的导师,而不是原理规范的导师"②。在他看来,历史研究可以用于指导现实生活的众多方面,但是不能用来做理性抽象的原则。此外,柏克主张同等对待各个民族国家。在他看来,每个国家都是民族性的,都有其独特的民族特征,因而绝不能盲目地模仿外国,随意地改变本国现存的法律制度和既有的社会秩序。

哈兰著有《中世纪欧洲简史》《宪政史,自亨利七世登位至乔治二世逝世》《15—17 世纪欧洲文学导论》等论著,是辉格派重要的代表人物。他认为,历史写作必须是充满感情的。他曾在其自传性的文集中指出,一名历史学家不能"太爱慕虚荣,太容易受别人的影响,又不能在写作时即便面对那交错困扰的情感也没有一丁点儿触动"③,这样的历史学家是无法写好历史的。在他看来,历史学家应当以自身不受他人干扰地深入历史现象之中,并对历史现象充满同情与情感,与历史之中的现象共呼吸、同欢乐;只有这样才有可能将真正的历史写好。

此外,哈兰在其历史著作中还表达了一个重要的思想,即欧洲各国,无论是英国、法国、德国,还是意大利、西班牙等国现行的政治与法律都能在中世纪历史中找到依据④。这一思想在其《宪政史,自亨利七世登位至乔治二世逝世》中进一步深化。在哈兰看来,欧洲各民族国家的根源不在别处,而是在长期以来人们了解不多的中世纪之中;每一个民族国家政治生活以及精神生活中的发展变化,

---

① 何兆武:《法国革命论·译者序言》,商务印书馆 2003 年版,第Ⅰ、Ⅵ页。
② 埃蒙德·柏克:《柏克著作及演说选集》,彼得·詹姆士·斯坦利斯主编,纽约 2006 年英文版,第 33 页。
③ 亨利·哈兰:《哈兰散文韵文集》,伦敦 1863 年英文版,第 269—270 页。
④ 亨利·哈兰:《中世纪欧洲简史》第 1 卷,波士顿 1864 年英文版,第 380—415、118 页。

其原因不在于外部的力量,而是在其自身,是在自身历史演变之中形成的。从这一点上来看,历史之中的个体因为各自独特的发展历程而各具特色,在精神层面上的地位是相等的。

在哈兰看来,历史研究绝不是史料的堆积,历史是精神内容道德的一种体现,无须在史料上精益求精,也不需要在哲学上追求高深,历史著作必须文笔优美、生动而有趣。也正是从这一观点出发,哈兰对史料问题不甚重视,他甚至曾在其著作中公开承认他所使用的史料大部分是第二手史料。在他看来,史料只要正确,无须强调第一手还是第二手,关键要能展现历史真实[1]。

哈兰对历史的认知还有诸多的不足,比如在对历史认识能否反映历史真实问题上,哈兰认为,历史是已经成为过去的历史现象,这其中真正的内容是属于精神世界的;历史学家所能做到的就是历史个体现象的复原与再现,但无论使用想象还是情感,都无法做到让过去的历史现象中的精神内容重新活过来。

林加德于1806年出版《盎格鲁撒克逊教会的古制》一书。此书文风优雅、史料翔实,学术界赞誉有加。而后林加德又撰写了《英国史》,在此书中,他强调历史叙述的严谨性,提出,一切围绕展现历史事实的真相而进行;对史料采取谨慎的态度;叙述历史时只陈述事实,不发表评论,尽量克制自己的情感,不偏不倚地对待对立的双方,努力做到客观公正。此书再版时,林加德在前言中重申其撰史的原则:"撰写这一有着众多史料来源的英国史,我将严格遵照我此前版本中所制定的准则进行写作:写出事实真相而不发表任何评论;谨慎衡量我所依据的史料的价值,并带着挑剔的眼光审视我自身情感与偏好的潜在影响。"[2]

林加德主张历史学家与历史叙述对象要保持一定距离,以保证叙述的客观公正,确保历史叙述不受个人情感与偏好的左右。这种严谨的态度和对历史真实的坚决捍卫,使得他名声大噪,后人也因此称其为"英国的兰克"[3]。

麦考莱是辉格派最出名的史学家。其代表作《英国史》原计划是从1688年光荣革命一直写到1820年乔治三世逝世为止,最后只写到了1720年威廉三世的年代。在书中,麦考莱热情洋溢地肯定资产阶级的价值观,颂扬领导这场革命的辉格党人的优秀品质。

兰克的《拉丁和条顿民族史》出版后的第四年,麦考莱在《论历史》一文中阐述了与兰克不同的史学旨趣。针对兰克对史学科学性的强调,麦考莱指出,

---

[1] 亨利·哈兰:《中世纪欧洲简史》第1卷,第Ⅳ页。
[2] 约翰·林加德:《英国史》第1卷,波士顿1853年英文版,第ⅩⅤ—ⅩⅥ页。
[3] 唐纳德·F.谢:《英国的兰克:林加德》,纽约1969年英文版,第3页。

"历史学,是诗歌和哲学的混合物",公开否认兰克的史学主张。虽然他曾经称赞兰克的《教皇史》是一部"既适合细微的研究又适合重大的考虑的思想著作"①,但就整体而言,麦考莱对整个德国历史学界的评价都不甚高。他甚至认为,在他所处的那个时代,德国没有一个历史学家是值得称道的②,包括赫赫有名的兰克。在麦考莱看来,德国史学对文辞不甚讲究,专注于史料考证,导致历史著作的可读性大大减低,完全没有文学作品那么吸引人,因而这样的历史著作并不是真正好的历史著作,德国历史学家也不是真正完美的历史学家。

麦考莱在《论历史》中提到,"一个完美的历史学家必须具有足够的想象力,才能使他的叙述既生动又感人。但他必须绝对地掌握自己的想象,将它限制在他所发现的材料上,避免添枝加叶,损害其真实性。他必须既能进行深入而巧妙的推论,又具有充分的自制力,以免将事实纳入假说的框架"。历史学家必须具有"史才",才能让历史著作成为生动的读物;历史学家还要有一定的想象,在确保真实性的前提下,充分发挥想象力,将历史事实所蕴含的内容活生生地再现出来。

在他看来,作为历史学家,要写出一部完美的历史著作,除了史料与想象力之外,还需要有把握全局的能力。对于历史研究而言,虽然历史描述的是具体事件,它们都是特殊的,然而一个时代的精神和特征却呈现出那个时代的普遍性。这就需要理性和思辨来完成这个更为艰巨的任务。麦考莱曾指出:"一部每个细节都真实的历史,从整体上看未必是真实的。"理解历史个体需要将其置于历史整体之中去思考;作为历史学家,很重要的一个素质就是把握历史个体与整体的关系。

麦考莱认为,在历史事实、历史个体之下,是抽象的真理,这种真理是历史研究的最终目的③。历史学家需要去认知这种真理,而不能停留在琐细的具体事实描述上。在他看来,"任何过去的事件,都没有内在的意义。历史的知识只有当它们引导我们对未来形成正确的估计时,才有价值"④。历史研究与历史写作的目的必将直接指向未来,历史及历史学存在的意义也只能在未来实现。

麦考莱的史著文笔优美、情感真挚,比畅销小说还引人入胜。后辈史家古奇对此大加赞扬:"麦考莱史论为17、18世纪所完成的工作,殊不下于莎士比亚的

---

① 托马斯·巴宾顿·麦考莱:《历史文集》,牛津大学出版社1923年英文版,第1、475页。
② 阿克顿:《德国历史学派》,《英国历史评论》1886年第1卷第1期,第7页。
③ 麦考莱:《论历史》,刘鑫译,见何兆武主编:《历史理论与史学理论——近现代西方史学著作选》,商务印书馆1999年版,第260、274、270、268页。
④ 同上书,第274页。

戏剧为15世纪所完成的工作。麦考莱是第一个使人人对历史感兴趣的英国作家。"

　　托利党人艾利森撰写了诸如《1815—1845年间的英格兰》《马尔伯勒·约翰公爵生平》《人口原则》《苏格兰刑事法律原则》等一系列论著来阐明托利派的政治主张。其中最具代表性的著作是1842年完成的《从法国革命初期到波旁王朝复辟时期的历史》。在这部著作中，艾利森以法国革命为切入点来看待整个欧洲社会的政治状况。他通过此书宣扬一种保守主义的政治观点——维持现状、不要革命；他认为，民主政治比贵族统治更可怕，声称："如果说法国大革命的探讨对人们有什么重大启示的话，那便是潮流的危险性；因为投身于政治革新浪潮的人已经被卷入其中"，"行动者们在一个看不见的力量之下受到制服，这力量恰恰把他们的罪恶与野心变成了伸张天理正义的工具，因而使道德最后战胜邪恶，整个人类得到拯救"①。从这一点上来看，艾利森与辉格派的柏克看法相似，都是极端保守地看待革命这一新兴事物，内心恐惧革命带来的变化，渴望维持稳定。

　　为了进一步阐述革命的弊端、论证军事独裁是革命带来的必然结果这一观点，艾利森数度前往法国寻找证据，其后依据所收集的材料写成《从复辟时代到拿破仑即位时期的历史》，专门阐释1815—1825年这一时段法国动荡不安的历史时期。艾利森在书中将革命所带来的变化全部斥之为骚动、混乱、破坏等，他以如椽的文笔营造了一种对革命的恐惧氛围。此书在当时影响甚大，一度使托利派占据了舆论上风。

2. 文学家中的历史学家

　　英国19世纪的史学家大多文笔优美，力求将史学著作写得如同文学著作一般受欢迎。无论是辉格派还是托利派的史家都十分注重文辞修养，其史学著作也多以华丽绚烂的文笔著称。在英国史学史上，这种类型的史家的还有卡莱尔（Thomas Carlyle，1795—1881年）及其弟子弗劳德（James Anthony Froude，1818—1894年）。

　　卡莱尔以其主张的"英雄崇拜论"著称于世，其主要著作有《论历史》《法国革命史》《论英雄、英雄崇拜与历史上的英雄业绩》《过去与现在》《克伦威尔的书简和演说》《腓特烈大帝传》等。

　　1841年，卡莱尔的《论英雄、英雄崇拜与历史上的英雄业绩》（简称《英雄与英雄崇拜》）出版。在这部著作中，他系统地论述了英雄史观，主张将历史上的英

---

① 古奇：《十九世纪历史学与历史学家》下册，第489、499页。

雄放在叙述的中心位置上,甚至认为"整个世界历史的精华,就是伟人的历史"①。卡莱尔说,"我们必须更好地崇拜英雄,越来越好地崇拜英雄,意思是把民族的灵魂从衰竭中唤醒,把幸福的生活——上苍保佑的生活,而不是财神爷给的生活——重新还给我们"②,英雄是民族与时代的象征。

卡莱尔

卡莱尔将英雄分为六类:神明英雄(如奥丁)、先知英雄(如穆罕默德)、诗人英雄(如但丁)、教士英雄(如路德)、文人英雄(如卢梭)、帝王英雄(如克伦威尔)。他认为,英雄的特征就是"真诚"。换言之,只要具有了对创造者真诚的灵魂,他就是英雄。但是,英雄并非人人能做。在他看来,英雄这种神创的灵魂是具有某种神性的,是被神赋予了绝对力量的极少数人。此外,英雄还能"洞察到人生中神的意义",具有超乎寻常的历史洞察力。这样一来,英雄就拥有了促进历史发展的绝对力量,人民群众于是除了崇拜英雄之外就不需要再做什么了,只要有一个英雄统治国家就足够了,有了英雄,"那个国家就有了一个完美的政府;什么投票箱、议会辩论、选举、制定宪法以及其他机制都不能对它有所超越"③。很显然,卡莱尔将人民群众看做无意识、无判断能力的绵羊,只要找到英雄这一牧羊人就可建立理想的世界。

在历史撰述上,一方面,卡莱尔指出,"记述历史的才能,可以说是我们与生俱来的;它是我们的主要禀赋。在某种意义上,人人都是历史学家"。另一方面,卡莱尔认为,"真正的历史学,即处理重大历史事件的那部分历史学,无论在古代还是近代都被视为最高的艺术"④。以此为标准,卡莱尔将历史学家分为两种,一种是历史学中的艺术家,另一种是历史学中的匠人。匠人们"在一个部门从事机械劳动,看不到整体,也不觉得有整体",而艺术家"以整体的观念使一个卑微的领域变得崇高起来,为人们所熟悉并且习惯性地认识到,唯有在整体中部分才能得到真正的确认"⑤。

卡莱尔文笔优美,其作品可当作文学作品来欣赏。他对兰克那种所谓的冷

---

① 卡莱尔:《论英雄、英雄崇拜与历史上的英雄业绩》,周祖达译,商务印书馆2005年版,第1页。
② 卡莱尔:《文明的忧思》,宁小银译,中国档案出版社1999年版,第13—18页。
③ 卡莱尔:《论英雄、英雄崇拜与历史上的英雄业绩》,第136、86、221页。
④ 卡莱尔:《论历史》,见何兆武主编:《历史理论与史学理论——近现代西方史学著作选》,第231、232、237页。
⑤ 托马斯·卡莱尔:《著作集》第7卷,伦敦1869年英文版,第351页。

漠笔调和科学方法相当反感。1859年前后,卡莱尔的《普鲁士腓特烈二世传》出版。与兰克1848年前后出版的《普鲁士史》相比,该书以优美的笔调向世人描述了这位普鲁士君王。卡莱尔对兰克只关注腓特烈二世的军事政治才能的做法非常不满,更不喜欢兰克用干瘪的语言来描绘这位君主伟大的一生,甚至怒不可遏地称兰克是"愚昧糊涂的蠢东西"、"枯燥乏味的普鲁士老学究"①。

和柏克一样,在政治方面,卡莱尔是厌恶法国大革命的。在《法国革命史》中,他用生动的文笔向世人描述一个充满骇人听闻的破坏、可怕的烈焰的世界。可以说,几乎所有的英国史学家都对法国大革命无好感,而青睐于英国式的发展模式。

值得一提的是,卡莱尔极为厌恶资产阶级物欲横流的生活,他崇尚劳动,对工业社会的种种现象进行抨击,指摘社会弊端,直陈所有的丑陋现象之实质,并对下层人民群众充满同情。马克思、恩格斯在谈到卡莱尔时说:"托马斯·卡莱尔的功绩在于:当资产阶级的观念、趣味和思想在整个英国正统文学中居于绝对统治地位的时候,他在文学方面反对了资产阶级,而且他的言论有时甚至具有革命性。"②这是对卡莱尔较为客观的评述。

卡莱尔的弟子弗劳德的主要著作有《英国史,从乌尔赛倒台到西班牙无敌舰队的失败》(简称《英国史》)、《托马斯·卡莱尔》、《英格兰及其殖民地的历史》等。其中《英国史》是历时20余年完成的,全书共12卷,于1856—1870年间分批出版。时间上,此书始于1529年枢机主教乌尔塞(Cardinal Wolsey)被罢黜,止于1588年英国舰队击溃西班牙的无敌舰队。弗劳德依据大量手稿材料,详细叙述了这60年间英国的社会政治状况,将英国宗教改革期间的历史作了生动而翔实的阐释。

弗劳德著作中的夸张手法与曲折吸引人的情节胜过著作本身所应有的科学性③。虽然为写作这一巨著,他四处搜罗史料,曾在西班牙档案馆翻阅了九百多卷用多种文字写成的手稿,但是他在使用史料方面不够严谨,以致在其史著中出现了诸多的谬误。而且在弗里曼的恶意宣扬下,不严谨、错误百出几乎成了弗劳德著作的代名词,而"弗劳德病"(Froude's Disease)或"弗劳德式的鲁莽",也成了史学史上的一个专有名词,特指粗心大意、治史不严谨的做法。

在书中,弗劳德站在英国资产阶级利益的立场上,赞同英国宗教改革。他声称,英国宗教改革"拯救了整个英格兰,使其免于灾祸","决定了整个现代历史的方向"。他认为,英国在宗教上挣脱罗马教廷的束缚,立清教为国教,完全

---

① 托马斯·卡莱尔:《普鲁士腓特烈二世传》第12卷,伦敦1897年英文版,第6页。
② 《马克思恩格斯全集》第7卷,人民出版社1959年版,第300页。
③ 赫伯特·保罗:《弗劳德生平》,纽约1906年英文版,第72页。

是正义的和有必要的；并且英国国教的建立，是英国国力开始迅速发展的动因之一。在他的笔下，推行宗教改革的亨利八世和伊丽莎白一世都是为国为民的"贤君"。他对亨利八世的残暴行为视而不见，一味称颂他的功绩；尽管他在研究中不断发现伊丽莎白女王与他所设定的形象相距甚远，他还是不为所动地依据自己的主观构想运用史料塑造女王的光辉形象①。

从这一点上来看，弗劳德不是一名讲究科学研究的专业历史学家，更像是一名文艺小说家。提到弗劳德，古奇说，"他从没有认识到，历史家的责任既非颂扬也非谩骂，而是对复杂的过程与矛盾的思想冷静地进行解释"②。这揭示了"弗劳德式鲁莽"之本质。

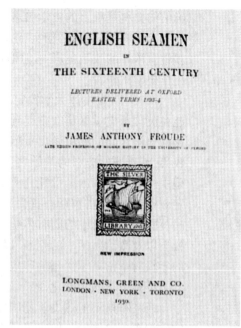

弗劳德的著作

3. 牛津学派与剑桥学派

19世纪，英国从事历史写作的有两类人：一类是文人雅士，将历史研究视为怡情养性之事，他们撰写的历史著作大多面向市民阶层，以取悦于读者、获得市场认可为目的；另一类则是受过历史专业训练的学院派。19世纪中后期，在史学科学化、专业化的潮流下，学院派重视运用专业手段进行研究，积极向欧洲大陆历史研究的先进水平靠拢。其中，牛津学派与剑桥学派的出现标志着历史学作为一门专门学科在英国建立起来，是19世纪英国职业历史学走向成熟的标志。

牛津学派的主要成员是斯塔布斯（William Stubbs，1825—1901年）、弗里曼（Edward Augustus Freeman，1823—1892年）和格林（John Richard Green，1837—1883年）；剑桥学派的代表人物有斯麦斯（Wiliam Smyth，1765—1849年）、斯蒂芬（Sir. James Stephen，1789—1859年）、金斯利（Charlse Kingsley，1819—1875年）、西莱（John Robert Seeley，1834—1895年）、阿克顿（Lord Acton，1834—1902年）等。

斯塔布斯对英国历史学的主要贡献是其倡导历史研究应当严谨而规范。其《亨利二世、理查德一世御位时期编年史》《英国宪政史》等著述均是建立在翔实、

---

① 赫伯特·保罗：《弗劳德生平》，第95、72、119—120页。
② 古奇：《十九世纪历史学与历史学家》下册，第548页。

确信的史料基础上的史学名著。特别《英国宪政史》征引了当时条件下所能找到的所有史料,其史料之翔实、论述之精深令人赞叹不已。虽然斯塔布斯的研究大多带有浓厚的政治色彩[1],但他认为自己既不是哲学家,也不是政治家,而只是一位史学工作者。

1866年,在牛津大学钦定教授就职典礼上,斯塔布斯明确表示,他期望自己能在英国历史学派建立中起到一点作用,为缩小英国史学与德、法等欧洲大陆国家的史学之间的差距做出贡献。他认为,英国历史学派"应当建立在系统广泛地收集、编排原始史料的基础之上"。为此,他将德国的治学方法介绍给英国人,期望牛津大学培养出一批扎扎实实的专业历史研究者。在担任牛津大学近代史钦定教授期间,斯塔布斯一直为这一目标不断努力。虽然他最终并未彻底改变当时英国历史教育中的固有传统,但他强调历史教育的最终目的就是"培育道德、社会以及政治生活中的判断"以及对科学历史研究的不断追求,给英国历史学界的年轻后辈留下了深刻的印象[2],促使他们致力于严谨科学的历史研究,从而推动了英国史学的专业化。

斯塔布斯不但热衷于德国史学的研究方法,而且还特别推崇当时德国盛行的政治军事史传统。他主张历史研究要关注"那些在历史上留下难以磨灭痕迹的人,这些历史伟人具备的特性值得对其进行最细致的研究",他强调历史专业的学生应关注时代伟大的历史人物,而那些无足轻重的事件与人物对整个历史过程而言是可以忽视的,而且研究这些不重要的历史现象是无法实现历史研究的垂训功能的[3]。

这一思想经斯塔布斯的挚友——弗里曼进一步倡导而成为影响英国19世纪后期史学发展的重要因素。弗里曼最为著名的一句话就是:"历史是过去的政治,政治是未来的历史。"在他看来,历史就是要研究政治军事事件,而当下的社会政治现象必将成为历史研究的对象。进言之,研究过去的政治就是为了指导现在的政治。在史学实践中,弗里曼关注影响历史进程的大人物,围绕政治军事主题展开历史叙述;其代表作《诺曼征英史》《诺曼底与缅因记行》《自远古以来英国宪政发展史》《美国印象》《西西里史》等完全是政治性的史著。弗里曼认为,历史发展中起关键作用的都是政治家们,普通民众的行为微不足道,因此不必纳入历史叙述。

就英国19世纪后期史学专业化进程而言,弗里曼的史学贡献主要体现在两个方面:一是,他突出了历史的连续性与统一性。在《西西里史》等一系列著述

---

[1] 威廉·斯塔布斯:《英国宪政史》,牛津大学出版社1870年英文版,第V—VI页。
[2] 威廉·斯塔布斯:《就职演说》,牛津大学出版社1867年英文版,第19、2、16页。
[3] 威廉·斯塔布斯:《亨利二世、理查德一世御位时期编年史》第2卷,伦敦1867年英文版,第Ⅶ—Ⅷ页。

中,弗里曼指出从希腊到罗马、再到中世纪和近代欧洲,历史的发展从无间断。他强调历史发展的统一性,认为历史不应被"横亘中间的墙分割开来",他甚至反对将历史分割成"近代史""古代史"。二是,他主张在原始史料基础上研究历史,坚信历史研究的科学性。弗里曼也像斯塔布斯一样强调史料研究的重要性,主张"彻底地、细致地从原始史料中挖掘过去的时代"。在牛津大学讲堂上,弗里曼多次向学生讲述历史学与自然科学的异同,强调研究历史需要运用"纯粹历史的精神与纯粹历史的方法",历史学是有着自身精神、研究方法的独立学科。

虽然弗里曼强调历史研究的独立性与特殊性,但他并不主张将历史学与其他学科隔离开来。他在历史教学以及具体的史学实践中总是不遗余力地倡导历史研究借鉴其他学科的成就,如语言学、地理学等。弗里曼还认识到,了解历史事件发生地的地理环境有助于再现历史事实[①]。在这种史学旨趣的引导下,他热衷于历史地理的研究,并著有《近代欧洲历史地理》一书。

与弗里曼正好相反,格林认为人民的历史才是真正值得书写的,"人民"才是历史真正的英雄。在《英国人民简史》中,他阐述了人民创造的文化,讴歌民众不懈追求自由的精神。在这部包含激情的著作中,格林将人民视作历史真正的主角,将普通民众当作历史叙述的重点,与英国史学传统中围绕历史精英人物展开历史叙述迥然不然。这是其著作最为显著的特征,亦是其史学思想中最大的亮色。另外,这部著作在结构安排上也是颇具特色的。格林抛开以朝代或王朝划分历史的传统做法,而以历史时代的主要特征来划分各个历史时期。他在总结各个时代的特征以及划分历史时期方面所展示出来的独特才华,让弗里曼大为赞赏[②]。在这部"具有传记式的生动趣味与史诗般的连贯剧情"[③]的著作中,格林还突出了历史的连续性观念。作为弗里曼的忘年交,格林也同样主张历史的连续性[④]。

格林及其《英国人民简史》对 19 世纪英国史学发展产生了巨大影响。古奇曾说:"1874 年《简史》的问世是历史学上一件划时代的大事,因为英语世界第一次获得了一部关于自己过去世代的系统连贯而又令人满意的记载。"[⑤]这部著作流传甚广,在当年就售出 32 000 余本,超过了麦考莱所写的文辞考究、情节跌宕的《詹姆士二世以来的英格兰史》[⑥]。这表明英国史学正逐步脱掉风雅趣事的外

---

① 爱德华·奥古斯特斯·弗里曼:《历史研究方法》,伦敦 1886 年英文版,第 44、22、71、296—329 页。
② 勒斯莱·斯蒂芬:《格林书信集》,纽约 1901 年英文版,第 63 页。
③ 古奇:《十九世纪历史学与历史学家》下册,第 569 页。
④ 勒斯莱·斯蒂芬:《格林书信集》,第 176 页。
⑤ 古奇:《十九世纪历史学与历史学家》下册,第 568 页。
⑥ 安瑟尼·布伦戴奇:《人民史家:格林及其英国史》,格林伍德 1994 年英文版,第 1 页。

衣,史学家们开始关注历史中真正的主角——人民;这也在一定程度上表明了英国史学的专业化程度。

在牛津学派之外,剑桥学派也为英国史学的专业化做出了重要贡献,其中最杰出的代表是西莱。西莱对史学最大的贡献是他所倡导的历史教育。继查尔斯·金斯利担任剑桥近代史讲座教授后,西莱大力推动近代史的教学与研究。他意图将剑桥大学变成培养政治家的园地,而丰富的历史知识能够使人们对政治作出合乎理性的判断。因此,西莱将历史教学看做是培养政治外交人才的一门专业。在史学实践中,他强调历史应当为现实服务,特别是为现实政治服务。在《英国的扩张》《英国政策的形成》等著作中,西莱指出,英国在印度的殖民政策符合印度利益的最大化,而英国扩展政策亦是合情合理的。而其代表著作——《斯泰因的生活与时代,或拿破仑时代的德意志与普鲁士》也是一部政治史。虽然西莱热衷于将史学与政治联姻,但他推崇德国史学,特别是以兰克为代表的客观主义史学,强调历史学是一门独立的学科。他曾依据德国大学培养历史研究人才的模式来建构英国史学人才培养体系,在剑桥创立了历史研究讨论班的教学方式,并设立了历史荣誉学位考试制度①。鉴于其对英国史学的杰出贡献,1897年剑桥大学历史图书馆改名为"西莱历史图书馆",以纪念这位伟大的历史教育家。

阿克顿是剑桥学派另外一名重要代表人物。曾在德国留学的阿克顿深受以兰克为代表的客观主义史学的影响,逐渐摆脱英国式的撰史风格,而将历史看作是一门科学。他主张历史学家的职责就是通过收集尽可能多的史料,并对史料进行客观的评价。

1895年,在其就任剑桥近代史讲座教授不久,阿克顿受剑桥大学出版社之邀主编《剑桥近代史》。在其编辑计划中,阿克顿声称:"我们将力避发挥不必要的议论或拥护某一立场。撰稿者必须懂得,我们所编写的滑铁卢战役必须使得不论法人、英人、德人与荷兰人阅后都能感到满意。"②在阿克顿看来,历史学的首要任务就是客观公正、不偏不倚。他甚至认为,英国史学要改变落后地位,"应当学习的主要事情还不是如何

阿克顿

---

① 德博拉·沃梅尔:《西莱及历史用途》,剑桥大学出版社1980年版,第76、1页。
② 古奇:《十九世纪历史学与历史学家》下册,第617页。

收集材料的艺术,而是调查材料、分辨真伪、由疑得信的那种更高的艺术。正是由于考据的坚实,而不是由于学识广博,历史研究便强化了并扩展了我们的心灵"①。这实际上表明19世纪末英国史学家已经充分认识到史料批判的重要性,这也在一定程度上说明了英国史学在这一时期科学化、专业化历程中所取得的进展。此外,阿克顿等史学家所编撰的《剑桥近代史》及其后来对西方史学界的影响意味着:在近代史研究方面,英国史学研究的水平已经和欧洲大陆的水平相当了。

4. 格罗特与希腊史研究

古典文化研究在英国被公认为是一门真正的学问,提尔华尔、格罗特对希腊史的研究,亚诺尔、梅里韦尔对罗马史的研究都堪称楷模。其中,尤以格罗特的贡献最大,他将19世纪的英国史学研究推上最高峰,成为19世纪英国成就最大的历史学家。

在历史学研究方面,格罗特(George Grote,1794—1871年)并非科班出身,而完全是凭借其卓越的自学能力踏入学术界的。

格罗特从小受到母亲的教育,学会了拉丁文,并大量阅读古典作家的著作。16岁那年,他便到父亲开的银行中实习。从小养成的对古典文化的爱好,促使他利用一切业余时间来读书、学习各种语言,并自学了历史、哲学和政治经济学。这位博学的学者通晓希腊文、德文、法文、意大利文等多种欧洲古典、现代语言,这为他研究古典文化奠定了良好的基础。从1822年开始,格罗特步入希腊史领域,开始了系统的研究,在经过了24年的辛勤工作之后,1846年他的巨著《希腊史》头两卷出版,该书立即获得广泛的认同,格罗特也由此奠定了他在学术界的地位,1856年,《希腊史》的最后一卷第12卷出版。该书在希腊史研究上具有里程碑式的意义。

《希腊史》史料翔实、结构严谨,起自传说时期,迄于马其顿王亚历山大的军事扩张。格罗特继承了启蒙时期欧洲史学家的优秀传统,将"理性主义"的精神贯彻在历史研究中,坚持历史著述必须记录真实事件,以公元前776年所举行的第一次奥林匹克竞技会作为希腊信史的开端。约翰·穆勒在评价此部著作时曾说:"在他未重新作出论断以前,希腊历史上有许多重大的事都是暧昧不明的;而在这以后,一部希腊史便完全可以理解了。"此书的不足之处在于详于政事,略于社会经济;详于雅典,略于希腊其他各邦。但它仍以丰赡的材料、谨慎的论述成为近代西方史学名著之一。

---

① 阿克顿:《历史研究讲演录》,刘鑫译,见何兆武主编:《历史理论与史学理论——近现代西方史学著作选》,第353页。

格罗特

《希腊史》的成功首先在于广泛搜集各种有关希腊文化的材料,严格区分信史与希腊神话传说。对神话与传说持怀疑态度是19世纪西方史家在古代史研究中取得进展的重要因素,格罗特正是如此,而且他最初开始研究希腊史时便认识到了这一点。在1823年,他就运用比较的方法,将希腊早期历史中类似的文献摆在一起,分析哪些可能是胡编乱造的,哪些是有史实依据的。通过对希腊神话与传说的考证,格罗特否认了它们在过去长期被认为是信史的说法。不过,他也承认它们虽不能作为证据使用,却也是当时希腊思想的反映。

在《希腊史》中,格罗特关于雅典民主政治的论述是这部著作获得成功的重要原因之一。书中,格罗特歌颂了雅典社会中主权在民的观念,认为它已经明确地提出法律面前人人平等,通过一个拥有主权的公民大会来执行法律,代替暴力。对待僭主政治和寡头政治,格罗特则大力批判。他指出,希腊文化虽然在文学、哲学及其他人文艺术方面留下了众多不朽之作,然而它遗留给人类文明的最宝贵的东西却是政治自由。格罗特在他所处的现实之中不断追求着政治的民主与自由,应该说,这正是他深入研究希腊史,并在研究中得出如此结论的重要的现实因素。当然,由于格罗特在史料方面有着扎实的工作,这就为他对雅典民主政治及其历史事件的解释提供了坚实的基础。在提尔华尔等同行看来,其最显著的特点就是让人觉得这部著作可信。从这一点上可以说,正是格罗特的出色成果,希腊史研究才首次以真实的面貌呈现在读者面前。尽管随后几十年中在希腊考古及文献整理方面不断取得了丰硕的成果,但他的12卷本的《希腊史》影响依然巨大,并就此奠定了他在19世纪西方学界的重要地位。

五、美国史学

1. 源不远,流不长

美国史学起步甚晚,从它的历史来看,源不远,流不长,不像欧洲诸国具有悠久的传统。追溯历史，美国史学当滥觞于殖民地时期①，这时出版了若干回忆录和早期的编年史，出现了美国历史上第一代的"清教徒史家"，他们的作品大多记录欧洲殖民者对大西洋沿岸的开拓情况，用基督教观点来阐述殖民地化的经过。独立战争的胜利，开创了美国史学发展的新阶段，这时不仅出版了许多新的历史作品，而且企图用理性主义的观点去解释历史，以取代从前在神学史观支配下所造成的谬误。这时的历史学家还不是专业史家，他们多出身贵族家庭，是一些政界人物、种植园主、商人、律师、医生等，人称"贵族史家"。政治家本杰明·富兰克林、托马斯·杰斐逊以及大法官约翰·马歇尔等人都写有历史著作。

美国作为一个移民国家，在它的史学发展过程中，也充满了移民的特色。在19世纪，美国史学依然比较落后，赴欧洲尤其是德国留学是当时的时尚。随着最初一批历史学家的学成归国，欧洲史学家的治史理论与方法也"移居"过来。浪漫主义和实证主义思潮蔓延，英国赫伯特·斯宾塞的学说在美国得到了广泛的传播，社会达尔文主义颇受美国学者重视，尤其是德国兰克学派的治史理论与方法对美国史学产生了重大的影响。1836年，约翰·霍普金斯大学建立了培养研究生的研究机构。1839年，斯巴克士在哈佛大学首次开设历史课程，1884年美国历史学会成立，1895年《美国历史评论》创刊，历史学终于由非专业史家让位于专业史家，历史学作为一门专业在美国已经确立。此后，美国史学才迅速地成长起来。

在整个19世纪，美国主要有以下三个历史学派。

（1）浪漫主义学派，或称美国"早期学派"

这一学派统治19世纪上半叶的美国史坛，约有半个世纪之久。就其思想倾向而言，大体可以归入西方浪漫主义史学中的资产阶级自由派。他们宣扬资产阶级的民主自由精神，崇仰爱国主义思想，注重以优美的文笔去感染读者。代表人物有乔治·班克罗夫特、普列斯科特和摩特莱等人，其中以班克罗夫特最为著名。

班克罗夫特（George Bancroft，1800—1891年）是美国史学的奠基者。他出生在一个有文化教养的家庭里，父亲也是历史学家。在家庭的影响下，他自小养成了对历史的爱好。哈佛大学毕业后，他前往德国留学，先后就读于海德堡大学、哥丁根大学和柏林大学，深得近世德国史学之风韵，归国后返回母校任教。后来他在任驻英、德公使期间，又受到英国史家麦考莱和德国史家兰克的影响。

他著有10卷本《美国史》，堪称近代美国史学的一部名著，文笔优美，观点鲜明，充满了爱国激情。他之撰史以传之后世，意在说明：美国是继往开来者，它是世界走向自由的标志，它对人类的前途负有特殊的历史使命。然而，他的《美国

---

① 参见德门齐也夫等：《近代现代美国史学概论》，黄巨兴等译，生活·读书·新知三联书店1962年版，第3页。

班克罗夫特

史》难免有夸张失实之憾①。

班克罗夫特书写到独立战争为止,后有詹姆士·斯库勒续写的《美国史》6 卷,从独立战争一直写到内战结束。他虽追随班克罗夫特的撰史传统,但这个学派到他的时代已日趋衰落,不再引起公众的注意了。

(2) 废奴派

19 世纪中叶,奴隶制问题已成为当时美国政治生活中最突出的问题。南方奴隶主与北方各阶层的人士,就奴隶制的存废问题,有过激烈的争论。北方的资产阶级联合各阶层人士,发动了声势浩大的"废奴运动",这一运动在史学上也有反映,其代表人物是希尔德烈斯。

南北战争前,在美国有两部谴责奴隶制、歌颂奴隶争取自由解放的著名小说:《汤姆叔叔的小屋》②和《奴隶》。前者由斯托夫人所著,于 1851 年问世,后者即是希尔德烈斯的作品。他比斯托夫人的小说要早 15 年行世(1836 年),称得上是美国文学史上最早的一部反奴隶制的小说。这两部小说在当时的"废奴运动"中,都起过制造舆论、鼓舞斗志的进步作用。

希尔德烈斯是一位激进的资产阶级民主主义者,他从哈佛大学毕业后,曾从事过律师与新闻工作,并积极投身于当时如火如荼的"废奴运动"洪流中,后去南方目睹奴隶们的悲惨境遇,写成中篇小说《奴隶》③,它以主人公阿尔诺·摩尔的回忆展开全书情节,故又名《阿尔诺·摩尔回忆录》。作为一个"废奴派"史家,他于 1849—1856 年间写了名著《美国史》6 卷,书中强烈谴责南方的奴隶制,认为奴隶制与《独立宣言》所揭示的"人人生而平等"的原则是不相容的,这与他在小说中所表现的进步思想一脉相承。

在南北战争期间以及随后的"重建时期"(1865—1877 年),在史学上有"南派"与"北派"的激烈斗争,这是内战前"废奴运动"斗争的延续。贺拉斯·格里利撰《美国的冲突》和约翰·德拉帕撰《美国内战史》等,都揭露了黑奴制的罪恶,论证了南北战争对美国历史发展的进步意义等,无疑这是前一阶段"废奴派"史学

---

① 参见苏格:《美国史学纵横》,中国留美历史学会编:《当代欧美史学评析》,人民出版社 1990 年版,第 47 页。
② 此书问世半个世纪之后,于 1901 年间传入我国,由林纾和魏易合作译成中文,名曰《黑奴吁天录》。重译本名曰《汤姆大伯的小屋》,上海译文出版社 1982 年版。
③ 此书于 1852 年经作者扩充为长篇小说,易名《白奴》再版。在我国,此书的中译本曾于 1979 年重印。

的继续。

(3) 盎格鲁-撒克逊学派

这个学派盛行于19世纪下半叶至20世纪初,该派代表人物颂扬盎格鲁-撒克逊人的"高贵"与"优越",说只有他们才能把个人主义与强大的国家政权结合起来,把地方自治与联邦制结合起来。为了从历史上说明日耳曼人与盎格鲁-撒克逊人之间的渊源关系,他们认为是盎格鲁-撒克逊人把"日耳曼人的政治遗产"的"生源"(germ)带到了5世纪的英国,后来英国的清教徒又把它传到了北美,最后体现在美国宪法中。他们还试图证明美国政治等级与古代日耳曼部落之间的联系,以寻找美国资产阶级民主政治的理论依据。这就是美国文明的"欧来说"之一种——"生源论"。

盎格鲁-撒克逊学派的中心在约翰·霍普金斯大学,海伯特·亚当士(1850—1901年)是这个流派的主要鼓吹者。他把兰克学派的一套治史方法移入美国,在"习明纳尔"(seminar)班中宣传他的"生源论"。他在《美洲的萨克森什一税》《新英格兰诸城镇的日耳曼起源》等著作中,把新英格兰的移民和塔西佗笔下的古代日耳曼人的政治制度与土地关系作了对比,并用史实说明美洲早期殖民地保留了农村公社的一些成分,以此得出结论说,美国新教徒和古代日耳曼人,因为"种族上的共同性"而具有"政治上的血统关系",因此这支盎格鲁-撒克逊人后裔的"特殊品质"造就了美国的民主制度。

海伯特·亚当士

约翰·菲斯克也是一个典型的种族主义学派的代表人物。他在《从世界史的角度看美国的政治思想》中,鼓吹盎格鲁-撒克逊人的血统高贵与特殊性;在《美国历史上的关键时期(1783—1789年)》中,宣扬美国宪法是"人类头脑所能设想出来的最伟大的杰作";在《美国革命史》中,认为美国独立战争是1688年英国"光荣革命"的延伸,它们都显示了盎格鲁-撒克逊人的尊重自由的精神;在《美洲的发现》中,指出英国人在北美殖民中最后战胜了对手西班牙人和法国人,由此可以反映出盎格鲁-撒克逊人的"优越性"。

美国的种族主义史学派受到了19世纪下半叶欧洲实证主义思想的影响,尤其是英国社会学家赫伯特·斯宾塞的庸俗进化论的思想的影响,达尔文的"物竞天择,适者生存"也成了他们用来解释人类社会历史演进的信条,这显然是一种种族主义的谬见。此外,普鲁士学派,尤其是特赖齐克所鼓吹的"大日耳曼主义",也对美国盎格鲁-撒克逊学派的形成产生过重要的影响。

2. 边疆学派的兴起

1893年,在芝加哥举行的美国历史学会的年会上,一个30余岁的青年——弗雷德里克·杰克逊·特纳(Frederick Jackson Turner,1861—1932年)宣读了一篇著名的论文《边疆在美国历史上的重要性》,说道:"直到现在,一部美国史大部分可说是对于西部的拓殖史,一个自由土地区域的存在及其不断的收缩,以及美国向西的拓殖,就可以说明美国的发展。"①这篇论文包括了特纳关于美国历史的主要看法,他以后的论著无非是对该文所持论点的引申与补充,它的发表无疑是美国史学中的一个里程碑,引起了当时美国史学界的极大震动。

特纳

特纳在约翰·霍普金斯大学求学时,曾在海伯特·亚当士的指导下完成了博士学业。但他后来的史学思想却与其师相悖。他不满老师的"生源论",企图另辟蹊径,摆脱当时统治史坛的"欧来说",以西部环境为背景,寻找一种新的解释,来揭开近代美国文明与社会发展之谜,建立起他的"边疆论"。

一位历史学家用如下一段话概括了美国"西进运动"的历史意义:广袤无垠的西部对美国资本主义发展的意义十分巨大,美国西进运动是资本主义向广阔发展的一个典型。西部为美国资本主义发展提供了广大的国内市场和原料、粮食供给地。西部交通的发展,特别是铁路的延伸,便于资本和移民大军的长驱直入。一个国家以这么短的时间,开发了这么一片广大的土地,这无疑是一篇壮丽的史诗。这种现象在历史上,虽不能说是绝后的,但可以说是空前的。马克思主义经典作家一再提到广阔土地、丰富资源、移民洪流、铁路运输等因素对于美国资本主义迅速发展的至关紧要的影响。西部土地对于美国资本主义发展的作用,无论用什么动听的字眼来形容,恐怕也都不能称作过分的②。

特纳的边疆理论,适逢其时,正是对美国历史上具有史诗般意义的西进运动在史学上的反映。他的理论如史学家杨生茂所归纳的,有以下一些要点③。

特纳认为,在19世纪末叶以前,美国西部存在着一条不断向西移动的边疆。

---

① 特纳:《边疆在美国历史上的重要性》,见杨生茂编:《美国历史学家特纳及其学派》,商务印书馆1983年版,第3页。
②③ 参见杨生茂:《论弗雷德里克·杰克逊·特纳的边疆和区域说》,载《美国历史学家特纳及其学派》一书。

关于"边疆",特纳的解释是多义的。他或把边疆视为一条线,或称作"自由土地这一边的边缘",有时又把它视作一种波浪。他把边疆的扩张视作"文明"的扩张,是"文明"对"野蛮"的讨伐。在他看来,美国历史在很大程度上就是一部不断向西部拓殖的历史。

特纳认为,西部自由土地是支配美国社会发展的力量。西部就是"机会",它为"最机敏和最勇敢的人"敞开着。这种可以为美国居民所任意获取的自由土地,成了一个"安全阀",人们不满于自己的境遇,便可以自由地向西拓殖,使社会经常处于流动状态,通过自由竞争达到繁荣。

特纳认为,这条不断向西移动的边疆的存在,是产生民主主义、个人主义以及民族主义的主要因素和决定性因素,是美国不同于西欧国家的特点之所在。他写道,美国的民主制度并不是从普利茅斯"五月花"号船上运来的,它"来自美国森林,在同边疆的每一次接触中都获得了新的力量",而不是来自欧洲文化和思想的移植。

特纳认为,美国文明是人与自然互相作用的结果,在边疆消失以后,地域间的冲突仍然存在。在特纳看来,地域是具有一定经济结构和居民心理气质的地理方位。他原本的出发点是承认区域间的多样性,但他却走向极端,夸大了地理环境的作用,认为是地理环境最终决定了各个不同区域的社会经济结构,认为地域冲突是始终存在的,这样,整个美国的历史就成了一部地域间的冲突史。他声称,"各个迅速扩大的地区"之间的斗争及其向西部的推进,就是18—19世纪美国史的内容。

特纳的边疆理论受到欧洲史学已经在运用的经济史观的影响(如德国史家兰普勒希特),也受到斯宾塞等人所宣扬的庸俗进化论的影响,受后者的影响更甚。如特纳宣称一种新的自然环境可以产生一种新的"社会物种",片面强调了地理环境的决定作用,抹杀了人的主观能动性,这是社会达尔文主义者的通病。

特纳的理论有其根本的缺陷,在许多方面并不能对美国历史作出完整的解释。他突出西进运动对美国历史的重要性,但贬低东部和来自欧洲的影响,失之片面,有狭隘地方主义的偏见。倘若追本溯源,美国的民主制度、个人主义等,归根结底还是欧洲和东部资本主义社会制度的产物。作为经济唯物论者,他固然也从经济观点去分析社会矛盾,但他却把经济因素"地域化"了。他曾经夸耀美国国会能以调和与妥协的方式解决各州之间的利害冲突,但却忽视了阶级矛盾与阶级斗争。尽管如此,他的边疆理论在相当长的一段时间内,为西方资产阶级历史学家所公认。1906年,他的《新西部之兴起》问世,更系统地阐述了他的边疆论与区域论,声誉日盛,从此他的信者甚众,在20世纪初叶的美国,遂形成了一个力量雄厚的边疆学派。可以这样说,特纳史学在美国史学发展史上具有继往开来的历史地位。前特纳时期,美国史学不仅还未完全形成一门独立的学科,而且史学思想多受欧洲史家的影响,正是从特纳开始,美国史学摆脱了依附欧洲史学的附庸地位,逐渐形成自己的特色。特纳的边疆学派的理论,不管怎样,终究是美国本土生长的一个流派。

第七章 近代史学（Ⅳ）

本章为专题篇。

现代英国史学史家古奇以其皇皇巨著《十九世纪历史学与历史学家》，对19世纪的历史学（主要是西方史学）作出了自己的阐述与归纳，自然是精彩纷呈，但由于古氏的眼界及方法上的缺陷，同样也有颇多失误，以至于被学界所訾议。可见，历史或历史学的编纂，要做到取舍得当不易，要做到陈述公正更难。在本书中，我们力图做得周到些。

在这个"历史学的世纪"里，各流派、各思潮此起彼伏，各专项成就亦颇有可称道之处，在这有限的篇幅里不可能全部囊括。在我们看来，德国的兰克史学和风靡19世纪史坛的历史主义思潮、实证主义史学、浪漫主义史学以及西方学者对东方古代文明的研究等都是不可不论及的。

在这里，必须指出的一点是，在19世纪世界史学的发展中，马克思主义史学的产生与发展乃世界史坛之大事，应给予其重要的历史地位。

一、浪漫主义史学

1. 浪漫主义思潮的特征

一般认为,浪漫主义思潮始于 18 世纪末 19 世纪初,是在人们对启蒙运动"理性王国"失望,对资产阶级革命中"自由、平等、博爱"口号幻灭和对资本主义社会秩序不满的历史条件下产生的。这股思潮可溯源到法国启蒙思想家卢梭。他赞美"自然状态"下的原始平等,否定近代文明,强调情感对人的支配作用等观点,无疑体现了后世浪漫主义者的基本精神,他也因此被誉为"浪漫主义运动之父"。其后,浪漫主义思潮逐渐渗透到了文化领域的各个学科中,对当时的社会思想和社会科学产生了强有力的影响。在这种思潮的广泛影响下,形成了 19 世纪前期支配西方史坛的浪漫主义史学。

浪漫主义群英会

第一位给启蒙理性主义以最沉重打击并启动了浪漫主义进程的思想家是德国人约翰·格奥尔格·哈曼(Johann Georg Hamann,1730—1788 年)。这位影响过赫尔德、歌德、克尔凯郭尔等人的伟大学者一生笔耕不辍,著有《圣经沉思录》《人生感悟》《残篇》《苏格拉底言行录》《语言学家的十字军东征》《论文学上的问题》《作者与评论家》《读者与评论家》《语言学的观念与诘难》《纯粹理性元批判》等。

哈曼在其著作,尤其是在《纯粹理性元批判》中旗帜鲜明地质疑理性至上,反对理性主义所倡导的普遍性。他认为,所有真理都是特殊的而非普遍的,只有特殊性才是有价值、有意义的,那种试图用理性来批判、统辖人类社会的做法是必定要失败的[①]。

[①] 约翰·格奥尔格·哈曼:《书信集》第 5 卷,阿瑟·汉高主编,威斯巴登 & 法兰克福1955 年至 1975 年德文版,第 432 页。

在他看来,理性主义的整套理论都是在扼杀人的活力,他们以苍白的理性为旗号,将人的热情抹杀,将丰富的感官世界变成了万物毫无特色的所谓的"永恒世界",人也就成了无生命、无创造的模型。哈曼甚至认为,以理性作为行动的标尺,造就的只是所谓的"正常人",在某种程度上,那些超凡脱俗的大师们(如埃阿斯、苏格拉底、梭伦、希伯来的先知等),都是不正常的,都不具有符合理性的"正常心智"。在哈曼看来,真正有创造性的人都是情感浓烈、充满激情、不符合理性的。

哈曼进一步指出,理性主义者所强调的理性只不过是一个方便分类和组织材料的工具而已,它并没有能力证明任何事物的存在与否;并且理性"所依据的原则无视生命世界丰富的多样性和人们多姿多彩的内心生活,为了一些与构成现实世界的灵肉统一性毫无关系的意识形态狂想而强求一律"。用机械、理性来认知世界,实质上是依据数学、物理学等自然科学的建构原则,以极其教条的方式粗暴地将绵延不绝、不能分析的现实整体进行分解,从而将分解后的世界纳入所谓的体系、结构之中。哈曼坚决反对这样的做法,指出这对人类认知事物毫无用处,甚至会歪曲、阻碍人类对世界的认知。

一方面,哈曼认为,所谓理性的分解、分析无异于是对认知的一种谋杀。这种观点不但否定了理性主义者所推崇的普遍性,肯定了个性,而且还进一步指出寻求真理的方法绝不是理性主义者所谓的理性。另一方面,哈曼主张认知充满个性的世界必须依据"激情",因为只有纯粹的激情才是有创造性的;只有充满激情、创造性,才不会脱离现实,才能深入到多面的真实世界中去,从而触及真相与真理。

在哈曼看来,理性主义忽视个性、强调普遍性,其最后的结果是不但寻求不到真理,而且还抹杀了人类生活的真实性。他认为,人类历史是由形形色色的、各自矛盾又相互依存的人、事、时代等构成的,每个人、每一个团体、每一个宗派、每件事、每个时代等的独特性是世界的真实性最本真的体现,每个历史事件都有其独特的意义,每一个历史时代都有其特殊的存在价值。因此,"唯有历史,尤其是以热情的语言和充沛灵感的想象描述自己世界的诗人,才能提供具体的真理"[①],而历史研究也绝不是理性主义者所想的那样——仅仅是为了印证某种哲学理论而存在的,而是要将人类历史中的个性意义展示出来。

哈曼在其众多著述中,不厌其烦地批判理性主义,将理性主义者的坚固理论堡垒打开了一个小缺口,为浪漫主义的兴盛创造了条件。但他还只是将理性主义的理论缺陷暴露出来,并描述了浪漫主义的一些形态,其对理性主义的批判还未系统化,真正开始系统批判理性主义的是德国的哲学家。

---

① 约翰·格奥尔格·哈曼:《哈曼全集》第 3 卷,约瑟夫·纳德勒主编,伍珀塔尔:布罗克豪斯出版社 1999 年德文第二版,第 32—40、221—225 页。

伊曼纽尔·康德(Immanuel Kant，1724—1804年)虽属德国古典哲学的阵营，但他的《纯粹理性批判》《实践理性批判》《判断力批判》三大批判精粹对浪漫主义的理论构建有着重要的意义，因而被以赛亚·伯林称为"拘谨的浪漫主义者"。在论及启蒙运动时，康德指出，"启蒙运动就是人类脱离自己所加之于自己的不成熟状态。不成熟状态就是不经别人的引导，就对运用自己的理智无能为力"①。启蒙理性主义通过强化理性，似乎是在促使人类在认知上成熟，但是实际上理性主义对理性权威的确立让人更加不成熟、更加不自由。依据理性主义思维，理性决定一切。这种决定论思想在康德看来，不过是把人当作了一只钟表，只能被调好后滴答滴答地走，却不能自己调控，自己决定自己的一切，这就是不自由。理性主义只能以外在的他律性来规范人类，而这恰恰是施加给人类自由意志一种噩梦般的限制，让人类意志无法实现自律性。康德反对这种理性至上，他指出，每个人都有自己的情感倾向、欲望、激情，这种欲望和情感是无拘无束的意志，是人之为人唯一值得拥有的。由此，康德批驳理性主义对人性的束缚，倡导自由意志。

浪漫主义另一先驱——施莱格尔(Friedrich Schlegel，1772—1829年)进一步否定启蒙理性主义，强调人类自由意志。施莱格尔把启蒙看作是剪除热情的火焰的"蜡烛剪"，而理性则是反对欲望与爱情的"清泻剂"。在其创作的《卢琴德》中，他突破理性主义思维，描述了人与人之间可能有的自由关系。书中多次用婴儿来类比人所向往的自由，字里行间流露出对懒散、任性、享受式生活的向往，以及对理性主义因果论的否定与厌恶。

为了全面对抗纯粹理性，施莱格尔将被理性主义唾弃的、中世纪时代的艺术作品奉为典范，倡导回到中世纪②。他认为，充满激情的古代作品具有很高的价值与意义；过去的时代绝不是落后、愚昧的象征，与之相反，人类的过往有着最朴实、最纯真、最具创造力的激情。

在施莱格尔看来，历史学家就必须重视过去的时代，应当成为"面对过去的先知"。这是因为人类社会自诞生之日起，就是由不断变化的一个个个体、一个个人而组成的；而历史研究也应当将所有的过往，包括中世纪都纳入研究的范围。施莱格尔指出，历史学家应当秉承一种"和谐的、包罗万象"的历史哲学，平等对待所有时代与民族，不能失之偏颇，也不要去寻求历史现象背后的规律。这是因为，一方面，人类历史是一个无限的整体，没有规律可循，所谓规律只是自然领域的事物而已；另一方面，历史研究是一种调查研究，其研究对象和结果都是

---

① 康德:《历史理性批判文集·答复这个问题:"什么是启蒙运动?"》，何兆武译，商务印书馆1997年版，第22页。
② 亨利希·海涅:《浪漫派》，薛华译，上海人民出版社2003年版，第36页。

事实,即历史研究的过程是从事实到事实,无须寻求所谓的规律①。

另一位浪漫主义先驱施莱尔马赫(Friedrich Daniel Ernst Schleiermacher,1768—1843年)则从诠释学、神学、伦理学等角度进一步阐述浪漫主义的诉求。他认为,人类世界起源于人的意识和心灵。而人是充满创造性的个体,由这些具有创造性的个体组成的世界是不受任何约束的自由意志发展的结果;社会和世界是多样性的,是无法用逻辑框架来约束的。因此,人要认知世界、理解事物,就要破除启蒙理性主义者的观点,要注重个体,注重"一个个个别存在的自由构造、表达和自由表现"②。换言之,在认知事物时,人首先要明确认知的对象不是启蒙理性主义者所说的那种无生气的普遍性,而是生机勃勃、充满创造性的个体性。

此外,施莱尔马赫认为,要理解一部著作,必须理解著作中的每一个文字、每一句话;反过来,对著作每一个文字、每一句话的理解也必须结合整部著作来进行。这就是施莱尔马赫在诠释学方面的名言:"绝对整体的东西,要再次成为个体性的东西,个体应该再次进入整体。"③依据这一观点,要理解人类全部历史,就必须熟知每一段历史、每一个方面的历史;反过来,要理解某一段历史、某个方面的历史,不仅仅要认真研究这一段历史留下来的原始资料,还应该将其放到整个历史长河中去研究。于是,历史学家"最根本的任务,即世界史",应包括所有民族、所有时代的历史。在这一观念的影响下,历史研究不再专注于某一时代、某一民族,而应该研究所有的时代与民族的历史,并从历史本身来理解世界史的全部历程。

施莱尔马赫进一步从伦理学角度强化其诠释学方面的成果。他认为:"一切道德行为似乎目标都指向理性与自然的统一。这种统一决定了一般道德,道德律只能是理性生活的自然规律;这种统一又决定了每个个人的具体任务,每个个人应以他的特殊方式表现这种统一。"④在他看来,人并不是被动地作为宇宙大机器中的一个部件存在,而是主动地、以突出个体性的特殊方式体现出整个的统一。这表现在历史方面,就是浪漫主义关注不同时代、不同的个体,并将它们一视同仁,因为它们各自以自己特殊的方式表现出理性与自然的统一,都具有同等的价值与意义。

浪漫主义先驱们对理性主义的激烈反抗,对自由无羁的意志的热烈推崇,对逻辑推理的反感,对情感的崇拜,对普遍性的否认,对个体性的鼓吹,对世界多样

---

① 施莱格尔:《〈雅典娜神殿〉断片集》,《浪漫派风格:施莱格尔批评文集》,李伯杰译,华夏出版社2005年版,第63—66、78—105页。
② 施莱尔马赫:《辩证法》,曼弗雷德·弗兰克编,法兰克福2001年德文版,第569—578页。
③ 施莱尔马赫:《诠释学》,海因茨·基默尔勒依据手稿编辑,海德堡1974年德文第二版,第46页。
④ 文德尔班:《哲学史教程》下卷,罗达仁译,商务印书馆1993年版,第829—830页。

性的认同,对所有时代、所有民族的平等对待等观念,均对当时的历史研究产生了深远的影响,并由此形成了浪漫主义史学流派。

2. 浪漫主义史学的内涵

柯林伍德在论及19世纪的历史学时说:"在历史学思想能作出更进一步的任何进展之前,有两件事是必要的:首先,历史学的事业必须放得开阔,以一种更同情的态度去研究被启蒙运动看作是未启蒙的或野蛮的并听任其默默无闻的那些过去的时代;第二,人性作为某种一致的和不变的东西这一概念,必须加以抨击。正是赫尔德首先在这两个方面做出了实质性的进步。"[①]虽然卢梭被誉为"浪漫主义运动之父",但就浪漫主义,特别是浪漫主义史学的理论而言,赫尔德(Johann Gottfried Herder,1744—1803年)的贡献更为突出,堪称真正的"浪漫主义之父""浪漫主义史学之父"。

1774年,赫尔德的《有关人类发展的另一种历史哲学》(简称《另一种历史哲学》)出版,首次对浪漫主义史学的内涵进行了阐释。十年之后,《人类历史哲学观念》(1784—1791年间写成,是一部未完的著作)四卷本出版。在这部著作中,赫尔德更为系统地阐释了浪漫主义史学思想的根本内涵。其后,在《人性进步的书简》(1793—1797年)一书中,他结合法国大革命这一历史事件对浪漫主义史学的原则作了进一步阐发。

大体而言,依据赫尔德的观点,浪漫主义史学的根本内涵大致包含四个方面的内容。

第一,历史的个体性与多样性。

赫尔德非常反感启蒙理性主义秉持理性,依据这种整齐划一的标准对任何事物进行衡量,从而强调普遍性的做法,他在《人类历史哲学观念》中指出:"每一种人类的知识均有它自己的特质,那就是说,有它自己的特性、时间、地点和生命的阶段,例如希腊文化按照时间、地点和环境生长,并由此而衰落。"各个民族的特性是一种鲜活的生命,是一种内在精神;虽然民族特性的外在形式会像生命一样不断地发展变化,但是其独特性和个体性是不变的,其内在的精神也是不变的。赫尔德强调各民族的独特性,非常注重民族的个体性与纯粹性。为了强化民族的个体性,他甚至认为,各个民族的禀赋、气质、精神等是不可以相互学习的;各个民族的内在独特性是其赖以存在的思想基础,是不能被彻底改变的,也正是这种个体性构成了世界的多样性。

就历史研究而言,他认为人类的历史"是千变万化,盘根错节的",作为历史学家,不能像理性主义史学家们那样,热衷于将历史事实当作是构建哲学体系的

[①] 柯林伍德:《历史的观念》,第137页。

素材,将历史中每个个体、每个时代、每个民族的独特性与个体性抹杀,而是要以认知个体性为职责,理解历史的个体性。在他看来,所谓的理性是无法认知充满个体性的生命的,而只可能创造没有生命的概念与逻辑结构。

第二,历史的民族性与世界历史的平等性。

赫尔德认为,"历史是一个不断变化的过程,在这一漫长的历程中充斥着个体性、特定时代的人"①。他指出,历史当中的每个个体都是平等的,没有什么统一的标准能划分其优劣,每个个体都有自己的表达方式,不存在一个适用于一切个体的衡量尺度。这就要求历史学家在历史研究中平等对待每个个人、时代、民族。赫尔德反对那些以自己的成见或者时代文化的价值观去评价一切历史的优劣好坏的做法,反对文化史中的欧洲中心论,批评那种过分抬高古代而贬抑中世纪的观点。他认为,历史学家的任务就在于弄懂和解释历史中每一个事实、每一个独立的文化的特征,并承认世界的多样性,以一种真正的世界历史的观念去研究历史。

第三,历史的连续性。

赫尔德认为,每一个历史时代都是自然地由前一个历史时代进化而来的,他甚至把自然作为一切事物起源的源头。在《另一种历史哲学》中,他叙述了从人类在自然状态中出现到民族诞生的人类精神的发展史,描述了自然界不断发展,最终形成人类的知性,进入人类社会的发展历程。

在赫尔德看来,自然界的发展如同一个完整的链条,其中任何一种现象都既是目的,又是手段,是整个发展链条中的一环,同时又是其中独立的一部分;人类社会亦是如此。不仅如此,他还将自然历史与社会历史直接相连在一起,共同构成一个完整的链条。在其中,人类历史是不断变化发展的、不断趋向进步的。

赫尔德指出,实际上,每个民族的特性都是由自然和历史塑造的,人类的责任应该是沿着历史和自然铺设的路线去发展自己的民族,保持这种连续性。因此,每一个民族都必须按照自己天生的能力和文化去发展;对于一个民族而言,如果民族文化发展的基础不是自己的,而是外来的,那就意味着割断自己和过去历史的连续性和分裂民族的有机统一。这样做的后果是本民族文化发生断绝,最终导致民族的死亡②。

就历史研究而言,赫尔德认为,历史学家的职责在于从变化着的历史事实中发现这种统一性,从而揭示出历史发展的连续性,并在历史的连续性中理解各个文化或个体对象的价值与意义。

---

① 赫尔德:《人类历史哲学观念》,沃尔夫冈·普洛斯编,泽尔 2003 年版,第 83、7 页。
② 以上相关论述可参见赫尔德:《有关人类发展的另一种历史哲学》,汉斯·迪特里希·伊姆舍尔编,可辛格出版社 2009 年德文版,第 181、501—509、535—537、542、558—559 页。

第四,历史理解的情感性。

赫尔德认为,要理解历史,就必须深入到历史之中去,"你必须深入一个民族的精神,然后才能与它具有同样的一种思想和行为"。他提出,要深入历史、理解个体对象的精神,就必须尽最大可能去想象,从而进入那些时空之中,用想象重构历史对象的生活方式、律法、道德准则、各种各样的价值观,甚至是其时的街道。只有通过这种移情的方式、设身处地的原则,努力使自己同化于被研究对象,才能领悟其精神。

赫尔德认为,历史学家一方面要运用想象、情感等非理性的方式去理解历史;另一方面要力求真,切不可因此而导致历史著作失真。但是,赫尔德所追求的历史真实性并不妨碍撰史的过程中融入强烈的情感等非理性的因素。他认为,真实性与情感性是可以完美结合在一起的,并且情感的介入,不但对历史研究没有害处,还可以增加历史研究的魅力;历史学家可以借助情感来尽可能再现过去的情景,通过移情最大可能地理解历史对象,更真实地反映个体对象;历史学家在历史撰述中无须排斥非理性的情感,反过来还可以用情感来"抓住人们的心灵和意念"。

通过赫尔德的系统论述,浪漫主义史学的根本内涵成为19世纪上半叶史学家所奉行的历史哲学,历史学家们以此为尺度,通过史学实践,为历史提供了新的解释。

3. 浪漫主义史家及其影响

在以赫尔德为代表的历史哲学家的影响下,浪漫主义史学在历史舞台上逐步壮大,成为显赫一时的史学流派。就其史学特点而言,主要表现为:浪漫主义史家撰写历史不再被理性所支配;他们认为历史的发展具有个体的和独特的性质,而不存在普遍性和规律性。由于主张历史应当充分展示各国和各民族历史发展的具体特征,体现每个民族所固有的"民族精神",因此,他们特别重视编写民族史和国别史。同时,他们强调历史现象的连续性和继承性,重视中世纪的历史地位,并将之理想化。此外,他们崇尚直觉与情感的作用,重视对历史作具体的描述,借以抒发作家个人的情怀①。

首先将浪漫主义史学思想变成史学实践的是瑞士历史学家缪勒(Johannes von Müller,1752—1809年)。这位被誉为"当时最博学的历史学家"一生著述颇丰,著有《瑞士史》(1780年)、《瑞士联邦史》(5卷本,1786—1808年)、《教皇的旅行》(1782年)、《诸侯同盟记事》(1787年)、《欧洲各国通史》(24卷,又称为《世界史》,1779—1783年)。在《世界史》中,虽然缪勒主要是以欧洲各个国家近四千年的历史为叙述对象,但也涉及了当时所能知道的几乎所有民族与国家的历

---

① 参见张广智:《克丽奥之路——历史长河中的西方史学》,复旦大学出版社1989年版,第132页。

史,甚至包括了中国。缪勒曾说过,他写《世界史》的目的是"寻求世界上不同民族、不同时代中,政治的、民主的、文学等文化的特征中的主导性观念"。在他看来,历史学家眼中的每一个民族、每一个时代都是平等的,诸如瑞士这样的小邦也和法兰西一样伟大,也拥有自己的文化、民族以及精神,在世界历史上占有一席之地。缪勒指出,任何民族与时代都有其辉煌灿烂之处,它们之间没有什么可比性,更没有什么整齐划一的标准能够决定其优劣。他表示,"不管怎样,我现在以及将来仍会坚持的原则就是,只要那些族群曾经存在过,我就会在著作中不吝惜我对它们的同情"。

虽然缪勒为写作24卷本的《世界史》曾在欧洲各大图书馆、档案馆查找资料,在书中也使用了不少第一手的材料(比如手稿),但是他对材料的辨别并不仔细,以至于将一些未经考证的材料作为确信无疑的史料写入书中。尽管如此,缪勒的著作仍然在当时的欧洲享有很高的地位,其作品因所体现出来的浪漫主义特质而广受欢迎[1],曾被译为多国文字出版,成为享誉一时的浪漫主义史学的代表作。

缪勒承认,自己的著作是以一种"诗化的情感来描写历史中的人与冲突"的。他认为,在历史写作中融入非理性的情感并不是什么坏事情。相反,理解与写作历史是离不开情感的,设身处地深入历史对象的具体情景之中,才能理解其内在的精神,才能真正使历史著作更接近历史事实。如在写到穆罕默德时,缪勒尽可能通过想象深入穆斯林这一不同的宗教世界,设身处地理解他所不熟悉的一切。他认为,只有以这种移情的方式才能真正触及穆罕默德的精神,并了解其精神世界。此外,历史对象的个体性与整体性是相辅相成的——要理解个体,必须结合整个历史;反之,对整体的研究也离不开对历史个体的认知。正是出于这样的考虑,缪勒在《世界史》中容纳了尽可能多的民族与时代,目的就是为了更好地理解整个世界历史。

缪勒极度反感法国大革命。作为历史学家,他自认为面对这场使"整个欧洲显而易见正在走向毁灭"的大骚乱,"身处其中的我很难以平和的心态来看待这一切"。虽然他刻意在《世界史》中回避了法国大革命这段历史,但在导论部分却毫不掩饰地用了很多笔墨来描述对法国大革命的厌恶。缪勒认为,历史的功能有二:一是探讨各个历史对象,以便从中获得经验教训;二是通过对各个历史对象的研究,来对未来事物作出睿智的判断。法国大革命中的种种现象,让缪勒感到的只是一片混乱、骚动,无法满足其历史研究的目的,因而在史学实践中断然否定了法国大革命。

德国是浪漫主义的沃土,其浪漫主义史学以"过去的时代因其久远将永远光荣"为座右铭,在历史撰述上推崇中世纪,甚至美化中世纪。德国知名的浪漫主

---

[1] 缪勒:《世界史·英译者序》,伦敦1818年英文版,第4—8页。

义史学家有鲁登(Heinrich Luden,1780—1847年)、斯腾策尔(Gustav Adolf Harald Stenzel,1792—1854年)、施罗塞(Friedrich Christoph Schlosser,1776—1861年)、葛菲努斯(Georg Gottfried Gervinus,1805—1871年)、豪泽(Ludwig Husser,1818—1867年)等,其中最出名的是劳麦(Friedrich Ludwig Georg von Raumer,1781—1873年)。

劳麦被誉为"德国浪漫主义学派最后一位也是最伟大的一位历史学家"①,著有《论普鲁士城市法令》《论帝国、国家、政治等概念的历史发展》《巴黎书简:16、17世纪历史例证》《15世纪末以来的欧洲史》《历史杂记》《波兰的衰亡》等,其中以《霍亨斯陶芬时期的德国史》最为有名。在谈到撰写这部著作的目的时,劳麦坦承,"追溯德国历史,是为了阐明德国是如何通过中世纪的发展而走上历史舞台的"②。他从中世纪开始叙述德国历史,将中世纪这一时期描述为德国发展历程中不可或缺的一个阶段。他认为,德国在中世纪就已经奠定了走上欧洲政治大舞台的基础;而中世纪并不是一无是处的,中世纪的文化、艺术、政治、宗教等方面都是颇有建树的,作为一个历史时代,它和其他时代一样美好而令人神往。不仅如此,劳麦对任何时代、任何民族都尽可能以比较公正的态度看待。他在自传性的《回忆录》中提到,他"在历史研究中,从不会将全部的重心放在一个方面,相反,会关注各种各样、各个不同的方面,这就像历史本身的历程一样"③。劳麦认为,以强烈的、富于同情心的想象深入到历史对象的时空,设身处地进行易位思考,对历史学家研究历史而言,是具有重要意义的。这深刻地体现在他的史学实践中。

埃德蒙·柏克

在英国,浪漫主义史学的第一位代表人物是埃德蒙·柏克(Edmund Burke,1727—1797年)。柏克主张在历史著作中倾注浓烈情感,他说,"情感能增加著作的魅力,使之更加吸引人",倡导以强烈的感情去书写过去的时代,并在写史的过程中融入个人的爱憎和价值观,达到与时代的情感相通,从而引起读者的共鸣。他在《法国革命论》中以"激情而又酣畅淋漓的文笔,猛烈地攻击了法国大革命的原则",指责法国大革命破坏了在漫长

---

① 汤普森:《历史著作史》下卷,第3分册,第196页。
② 劳麦:《霍亨斯陶芬时期的德国史》,莱比锡1840年德文版,第9—12页。
③ 劳麦:《1835年的英国·回忆录》,伦敦1836年英文版,第23页。

历史中所形成的一切美好事物①;在《大不列颠政府》中,则以无比热烈的情感大声称赞英国的光荣革命。虽然柏克的著述"是由感情在支配着理智",但是他在浓烈的情感支配下,依然能做到对其他民族、国家以及其他时代的平等对待。如在《宽抚美洲的演说》中,柏克对英国施加给北美的重税政策非常反感,对重税下的北美人民充满同情,指出北美人民是有权决定自己事务的②。

另两位浪漫主义史家麦考莱和卡莱尔也以历史写作中浓烈的情感著称,而且由于其文笔优美,更多地被视为政治家或文学家。麦考莱的历史著作中充斥着"自由而活力十足的笔调、脱口而出的演说、笼统的论述",充满了浪漫主义情调。他认为历史学家在研究历史时,要在史著中融入"爱国热情"③。他甚至认为,历史学家没有必要像兰克那样为追求历史真实而舍弃立场与情感。在麦考莱看来,他的历史著作"是一种明证,而非诡辩。这其中运用的是情感,以强劲有力、具有倾向的情感去体验行为"是理解历史的一把钥匙,浓烈而夸张的情感只会让历史著作更加接近历史真实④。虽然麦考莱的历史研究缺乏精确度和深度,其著作的主旨是为了颂扬英国的优越与美好,但其史著文笔优美、情感真挚,比畅销小说还引人入胜。

卡莱尔则以宣扬英雄史观著称,他主张在历史著述中将历史上的英雄置于叙述的中心位置。他说:"我们必须更好地崇拜英雄,越来越好地崇拜英雄,意思是把民族的灵魂从衰竭中唤醒,把幸福的生活——上苍保佑的生活,而不是财神爷给的生活——重新还给我们。"⑤

在历史撰述方面,一方面,卡莱尔认为历史研究者应该是"历史艺术家"而不是"历史工匠"。他认为,历史工匠只能像操作机器一样来研究历史,没有整体观念,见树木而不见森林,只会习惯性地将历史整体中的碎片如实叙述而已。卡莱尔指出,"社会生活是由构成社会的、不计其数的个人生活所组成的",因此,"历史艺术家必须明白:历史整体的精神只有通过最卑微细小的个体才能为人所感知与体会,只有在历史整体中历史个体才能被认知清楚"。在他看来,"要理解一段历史,就必须向前追溯离其久远的历史",必须具有整体的观念⑥。另一方面,卡莱尔反对将历史纳入理性主义的因果论中,认为历史是多样性的,历史中的个体精神各具特色、不分伯仲,"古代和现代一样都有杰出的艺术",历史学家要平等地看待每一个时代。

---

① 柏克:《埃德蒙·柏克演说集:自传及历史导论》,都柏林1854年英文版,第4页。
② 柏克:《柏克文选·美洲及殖民地》,丹尼斯·V.托马斯主编,纽约1911年英文版,第53—189页。
③ 麦考莱:《历史论文集》,乔治·A.沃特斯编,纽约1901年英文版,第7—10页。
④ 麦考莱:《生活与书信》,格奥尔格·奥托·屈威廉编,伦敦1876年英文版,第13—14页。
⑤ 卡莱尔:《文明的忧思》,宁小银译,中国档案出版社1999年版,第13—18页。
⑥ 卡莱尔:《文学大师卡莱尔文集·论历史》,A.W.伊文斯编,伦敦1909年英文版,第39—45页。

与柏克一样,几乎所有的英国浪漫主义史学家都青睐于英国式的发展模式,而对法国大革命没有好感。卡莱尔也一样,在《法国革命史》中,他用生动的文笔向世人描述了一个骇人听闻的充满破坏与可怕的烈焰的世界①。

在法国,梯叶里、夏多布里昂、米什莱等都是浪漫主义史家的典型代表。梯叶里是法国最早尝试浪漫主义史学实践的史家。在代表作《诺曼人征服英国史》中,情感贯穿始终;《法国第三等级的产生与发展》则生动而精确地勾勒了法国大革命中最主要的人物和事件,并认为任何时代、任何国家均有其进步性②。在梯叶里的眼里,所有的国家、民族和时代都是平等的,没有优劣等级的区别。而夏多布里昂则在《基督教真髓》中"倾注了一个儿子全部的热情"③,他热烈地歌颂基督教的真善美,美化中世纪,推崇未开化民族的野性、洒脱的生活,试图以纯朴生活和异国情调来抚慰人们因革命而造成的紧张与不安,并填补人们因为动荡生活所造成的心灵空虚。米什莱则反对写史像法官断案那样,采取超然的态度,他以"复活历史"为旗号④,将历史学家的职责定位于重新发现、解读在时间流逝中逐渐被人们淡忘和遗失的过去的声音;他用热情的语言、空灵的想象将人们带入田园牧歌式的中世纪,强调以满腔激情融入当时的历史环境。

综上所述,浪漫主义史学在19世纪初期的西方史坛独领风骚。这股史学思潮对史学本身的发展有着重要的意义与影响。

第一,浪漫主义史学对僵死的理性主义史学的攻击,促使西方史学发展进入一个新的阶段。浪漫主义史学自诞生起就与理性主义史学针锋相对,以多样性、个体性抗击理性主义史学的单一性、普遍性,将西方史学从逐渐僵化的理性主义史学的束缚下解放出来,将理性主义史学所设立的理性上帝拉下神坛,真正从人性的角度来思考历史、研究历史,纠正了理性主义史学的理性神化倾向,将人真正放到了历史研究的中心位置。不仅如此,浪漫主义史学对个体性的强调,也使历史学家对不同国家、民族或地区的文化,特别是对欧洲之外的文化的兴趣大大增加,形成了一种平等看待任何国家、民族、时代的新的世界历史观念。

第二,浪漫主义史学强调整体性,在时间和空间上拓宽了历史学家的视野。在浪漫主义思潮的影响下,历史学家将被遗忘的中世纪等历史时期都纳入了研究的范畴,克罗齐所说的那种"还乡性"史学和"复古性"史学大行其道⑤。柯林武德在总结浪漫主义史学的意义时说:"这种浪漫主义者对于过去的同情……并未掩饰把过去同现在分割开来的那条鸿沟,而且实际上还假定了那条鸿沟的存

---

① E. B. 哈姆雷:《卡莱尔杂记:选自〈布莱克伍德杂志〉》,伦敦1881年英文版,第5页。
② 梯叶里:《法国第三等级的产生与发展》,伦敦1859年英文版,第2页。
③ 夏多布里昂:《基督教真髓》,巴尔的摩1871年英文版,第5页。
④ 米什莱:《人民》,伊利诺斯1973年英文版,第19页。
⑤ 克罗齐:《历史学的理论与实际》,第210—211页。

在,同时有意识地坚持今天的生活同过去的生活两者间的巨大的歧义。因而启蒙运动仅仅关怀着现在和最近的过去的倾向就被它抵消了,于是人们就被引向认为过去全部都是值得研究的,而且是一个整体。历史学思想的范围大为开阔了,于是历史学家就开始把人类的全部历史认为是从野蛮状态开始而以一个完全理性的和文明的社会告终的一场单一的发展过程。"①这样,时空的拓展使得真正的世界历史在理论上成为可能。

第三,浪漫主义史学强调移情式的理解,开启了历史理解发展的新阶段,并推动了史学撰写的新方式与新传统的确立。重视非理性的情感,偏重抒发个体的主观感受是浪漫主义史学的特征之一。以同情、假设和复古性为特征的浪漫主义史学,在反抗理性主义史学的冷酷理性过程中,创造了新的历史理解的方式与方法,推动了历史理解的进步与发展,将浓烈的情感等非理性因素纳入历史撰述之中,确立了历史写作的新范式。

第四,浪漫主义史学对整体观念的重视,促进了历史发展观念的发展。克罗齐论及浪漫主义的功劳时提到,"在浪漫主义时期,发展的概念不再是没有听众的一个孤独思想家的思想,而扩大成为一般的信念"②。这种观念,"它那被浪漫主义学派保存下来作为一份永久财产的唯一部分,乃是这一习惯,即反观原始时代作为是代表着具有自身价值的一种社会形式,具有一种已被文明的发展所丧失了的价值"③。

第五,浪漫主义史学第一次把研究本民族的历史提到首位,推动了民族史学的发展,推进了民族国家史料的整理工作,为史学的进一步发展奠定了基础。"很多浪漫主义者成为民族主义者,同样,很多民族主义者成为浪漫主义者。浪漫主义的思想显示了能够去证明民族主义原则的合理性"④。浪漫主义史学对民族史研究的重视,推动了各个国家民族史研究的发展,而民族史研究却又促使欧洲各国普遍开始搜集和出版本国历史资料。一方面,浪漫主义者把语言当作民族精神的重要体现而掀起语言研究的热潮,而近代语言浪漫主义又推动了民族史和国别史的编写。浪漫主义史学盛行时,仅德意志就出版了大量这样的著作,如鲁登的《德意志民族史》、斯腾策尔的《普鲁士史》、豪泽的《德意志史》等。一批爱国主义史学家则编纂大型史料丛书《德意志史料集成》,这项伟大的工程持续了 100 年之久,共出版 120 卷,囊括了 6—15 世纪间几乎所有关于德意志的文献资料。整理史料之风因此而兴盛,英国、法国等史家亦纷纷投入史料整理之中,这就为后世西方史学研究奠定了坚实的基础。

---

① ③ 柯林武德:《历史的观念》,第 140—141、139 页。
② 克罗齐:《历史学的理论与实际》,第 215 页。
④ 科佩尔·S. 平森:《德国民族主义运动兴起中的虔信主义因素》,剑桥大学出版社 1934 年英文版,第 203—204 页。

第六，浪漫主义思潮还在恰当的时机丰富了职业化过程中的历史学思想。在19世纪以前，西方史学的实际工作是以博学著称，许多历史学家一生致力于收集、整理档案资料，而浪漫主义思想凭借其解释能力为考据型历史学带来了发展的新思路与新方向。克罗齐对此予以高度评价："我们还得感谢浪漫主义的是，由于它的缘故，学者与历史学家之间，即寻求材料的人和思想家之间第一次建立了关系，实现了融合。"①从此，西方史学家逐步开始自觉地运用史学思想将大量的文献资料结合在一起，对文献进行全新的解读，并因而不断涌现出新的史学潮流，西方历史学也由此进入了百家争鸣的时代。

二、客观主义史学

1. 兰克与客观主义史学

客观主义史学，一般指源于古希腊史家修昔底德，而成于近代德国史家兰克的一种史学观念及方法论体系，是西方史学中的一个重要的史学流派。在公元

兰克

前5世纪，修昔底德对客观史学已作过许多有益的论述，但还没有客观主义的理论背景，其史学理论在西方古典时代影响不大，在中世纪更是寂寞无闻。文艺复兴以来，在复兴古典史学传统的同时，修昔底德史学才又重新焕发出光彩，尤其是他对史料的重视、客观冷静的叙述笔法等更为近代史家所称道。到了19世纪，西方资本主义的发展与相对稳定的社会环境为客观主义史学的成长造就了某种时代条件。1824年，兰克发表了他的成名作《拉丁和条顿民族史》，在该书序言中，他明确指出："历史向来把为了将来的利益而评论过去、教导现在作为自己的任务。对于这样崇高的任务，本书是不敢企望的。它的目的只不过是如实直书而已。"至此，客观主义的史学思想才成为体系，兰克亦被称作西方"客观主义史

---

① 克罗齐：《历史学的理论与实际》，第220页。

学的祖师"①。

以兰克为代表的客观主义史学理论体系有其独特的内涵,主要是指兰克所提出并倡导的一整套收集、辨别、运用史料的方法,以及由此而形成的一套撰写历史著作的基本原则。这是客观主义史学研究的基本问题,也是最为关键的方面。具体而言,分为四个层次的内容。

(1) 史料批判原则

客观主义史学的史料批判原则有两层意思:一是对史料的分类及其各自价值的认知,二是史料考证方法。

关于史料的分类及其各自价值的认知,其精髓主要体现在兰克的《对近代历史学家的批判》一文中,此文附录在兰克的代表作——《拉丁和条顿民族史》一书后。在这篇附录中,兰克对近代一些著名的历史学家,如马基雅维里、圭恰迪尼等进行了分析研究,其中尤以对圭恰迪尼的批判研究最为出名。通过对圭恰迪尼的批判,兰克将他对史料的一些认知理论化了。

其一,史料按照来源的不同,可以分为第一手史料和第二手史料,它们都是历史研究必不可少的材料来源。史料是历史研究的基础,对后世的历史研究者而言,当事人或见证人(即目击者)是最有发言权的,他们所说的、所记录的也是比较可信的。而并非自己亲身经历的,或道听途说的,或是从别人著作中转述过来的文献,则属于第二手史料。第二手的史料绝不是完全没有用而必须被彻底舍弃的,兰克认为:"人们使用他的著作以前,必须先问问,他的材料是不是原始的;如果是抄来的,那就要问是用什么方式抄的,收集这些材料时用的是什么样的调查研究方法。"对第二手史料,重要的不是急于否定其价值,而是应该考察其形成的过程,确定其与第一手史料的关系。无论是第一手史料还是第二手史料,对历史研究而言,都是具有价值的材料来源。

其二,第一手史料主要是指一些官方档案文献、当事人的书信回忆录等。兰克认为,第一手史料是事件的见证人所写的著作,但并不是所有的历史事件的亲历者所写的著作都会成为第一手史料。在兰克看来,虽然历史事件见证人的叙述比较可信,但是当事人因为这样或那样的原因,会自觉或不自觉地隐瞒事实真相,只有那些官方的档案文献以及当事人书信及回忆录是比较真实无伪的。

其三,第一手史料是可信的、真实的,第二手史料是值得怀疑的、需要考证的。兰克发现,即便是当事人亲身经历的事情,在撰写历史事件之时,也有可能是根据别人的著作来写的。他认为,使用第二手史料,容易导致当事人在一些问题上得出错误的结论,因此,对于具有一定价值的第二手史料需要进行鉴别,不

---

① 蒋大椿、陈启能:《史学理论大辞典》,安徽教育出版社 2000 年版,第 572—573 页。

能不加鉴别就应用于历史撰述之中。

关于史料考证方法,兰克曾在其读书笔记中这样写道:"没有什么能帮助我们理解过去的历史,除了回到原始的第一手的史料上。"①历史研究的第一要务就是史料问题,这是"如实直书"的基本内容之一。为了能确保史料的准确性,兰克总结出一整套史料批判方法。这就是我们通常所说的"外证"与"内证"。

所谓"外证"(external criticism),指的是比较并鉴别不同国家、地区的相关史料,不同历史学家的相关著作,以及同时代其他相关记录等,以确定历史事实。

兰克认为,历史事件是复杂而牵涉甚广的,这就要求撰写历史著作时应以大量的史料作为基础与依据。为了弄清楚某一民族国家的某一段历史,兰克的足迹曾遍布欧洲各大小图书馆、档案馆,翻阅了大量档案文献,查找当事人留下的史料。虽然他认为最好的证据来自最接近事件的人,当事人留下的档案文献等是最可靠的第一手的、原始的史料。但是,确实可信的档案材料只是代表了当时记录者的想法与意图,这必然带有浓厚的主观性与倾向性。为了消除第一手史料中的倾向性与主观性、确保其客观地反映历史真相,兰克指出,第一手史料越多,每一个史料中的主观性与倾向性就暴露得越明显;历史学家应当将不同国家、地区的相关史料,不同历史学家的相关著作,以及同时代其他相关记录都纳入考察范围,在这些相互矛盾又相互佐证的史料中,历史学家能很清楚地识别出真正准确无误的史料,或者是通过史料之间的相互印证而对历史事件得出正确的认知。

所谓"内证"(internal criticism),主要是指依据著作内部的相关情况,并结合作者的身世、性格、心理以及所处的立场等,来鉴别史料的真伪。

"内证"方法实际上就是依据作者的立场,参照撰述人的身世、性格、心理等各方面的因素,细查历史著作本身内在的矛盾,并结合当时的社会政治文化背景,去辨别其史料的价值。这其中最为重要的是作者的立场与意图,这是"内证"方法的关键和主要辨别方式。在兰克看来,史家们出于各种各样的意图从事撰史活动,作者的各自目的不同,基本上决定了著作的主旨和选用史料的标准,这些都具有很强的主观性,其各自具有的价值也因此而有所不同。所以,在分析一部历史著作时,作者的立场意图是不能忽视的重要因素。"内证"方法主要就是针对这些作者们的意图的重要史料分析方法。

(2)"直觉"理解

历史著作的撰写是一个包含史料收集、整理、编排并使之运用于写作的过程。其中,史料批判原则解决了史料的真伪问题,而史料的整理、编排是连接史料与写作的中间环节。确信无误的史料要被历史著作的作者所理解,才能被运

---

① 兰克:《世界历史的秘密》,第244页。

用于历史著作之中,史料的理解,在兰克看来主要靠"直觉"。

兰克指出,在历史研究中,单个事件是散乱的、脱节的和孤立的,而史料考证方法关注单个历史事物的外在内容,这种以单个历史事件为依托的史料考证方法,最多只能观察到与单一事件有着时序上联系,或者有着空间上联系的另一些单个事件。而支配这些单个事件的内在因果关系、最终动因是无法探知的。因此,仅凭借史料考证方法,历史学家是无法触及深藏起来的历史事件的那一部分内容的,而这一部分内容又是历史事件的本质内容。兰克认识到,"纯粹的事实也有精神的内容",依靠史料考证方法是无法认知事实所附带的精神内容的,还需借用精神的方法,即"直觉"来认知。这种"直觉",按照兰克的理解,有多种表述形式,例如,"感悟""移情"等。兰克把"直觉"与"调查研究"(即史料考证)视为理解历史的两种方法①。作为一种重要的理解方式,"直觉"有如下作用。

首先,"直觉"能深入地理解单个历史事件和历史整体。

兰克认为,"现象的精髓要素,现象的内容,这些只能通过精神领悟(即直觉或感悟)被理解",深入理解单个历史事实的内容与实质,是史料考证方法所鞭长莫及的;历史学家要进一步深入这部分内容,只能依靠神秘的"直觉"。

此外,深入理解单个历史事件和"整体",就必然要追溯其最终根源;而"对每一个个体、每一整体的最后分析都是一种精神的分析,这种精神分析只能通过一种精神的领悟而被理解"。所以,对单个历史事件以及整体进行深入的分析,本身就是一种"直觉"理解。

其次,"直觉"能触及单个事件之间的一般联系。

在兰克看来,"单个事件是作为蕴涵着精神的一系列行动的结果而出现的,我们的任务是在组成历史的这些系列事实中认识事情的本来面目,而这些系列事实的总和就是历史"。他认为,历史研究应该关注单个历史事件之间的一般联系,这是由历史的构成性质所决定的。

对历史研究者而言,兰克认为,历史的研究对象,"从来不是彼此单独呈现出来的,而总是一起共同出现的。我们必须对所有这些方面投入同等的研究兴趣,否则我们将因为失去对其他方面的理解而丧失了解某一个方面的能力"。而要理解单个历史事件,唯一可行的方法就是研究事件之间存在的一般联系,而这种一般联系实质上是一种"精神的内容",只能通过"精神领悟"(即直觉)来理解。

最后,"直觉"是历史理解的最高方式,也是其最后方式。

在兰克的观念里,与史料考证方式相比,"直觉"(精神领悟)是一种更高的认

---

① 兰克:《宗教改革时期的德国史》,莱比锡1924年德文版,第381页。

知方式。不仅如此,"直觉"所触及的正是历史研究的本质与核心内容,并且这些内容只有通过"直觉"才能理解,除此之外,别无他法。所以这种理解方式也是历史的最终理解方式。

从历史研究的认知的整个过程来看,史料考证方法和"直觉"这两种方式,都是实现"如实直书"这一历史认识目标不可或缺的部分。这两者都是客观主义史学的重要组成内容,都为把"如实直书"这种理想转变为现实作出了贡献。

(3) 客观公正的撰史原则

史料考证方法、"直觉"理解解决的是历史研究的第一步的问题——准备好了历史叙述的材料。而将这些阶段性成果转化成历史著作,才是历史研究的最后关键的一步。这就涉及史学中的一个关键问题,即采取什么样的叙述方式来展现历史真实。

无论采取何种表现方式,都不能改变历史学的重要特性——历史著作不同于文艺小说,对历史真实的追求始终是历史赖以存在的基础。但是,历史是由人来叙述的,人的主观性始终是历史叙述无法摆脱的梦魇。从这一点来说,历史学要成为科学,要与自然科学并驾齐驱,就必然要想办法消除历史研究者的主观性的影响,确保历史著作能够反映历史真实。

针对史学研究存在的主观性问题,兰克已经通过史料考证方法,将史料编辑者的主观性排除在历史研究之外,剩下的问题,就是研究者本人的主观性这一问题了。

兰克解决这一问题的第一个方案就是主张史料等同于历史真实,"史料所蕴涵的历史事实"会自动展现出来。如此一来,史料的强大功效便消弭了撰写者潜在的主观性。但经过严格考证的史实为人所知,就必然需要借助历史著作这一文字形式。于是,兰克又提出了第二个方案——客观公正、不偏不倚的撰史原则。兰克认为,历史撰述中的主观性主要来自撰写者,并且这种主观性取决于撰写者的价值判断,只要"将对权威文献的批判研究、公正无偏见的理解,以及客观的叙述结合起来——这样的目标就能使整个真相苏醒过来"。具体而言,即在撰写历史著作时,"首先就是不折不挠地而且严格驯服地遵循着他那些权威材料的引导。他决心做到把诗人、爱国者、宗教的和政治的党派都压抑下去,决不袒护任何一方,把自己从自己的书中驱逐出去,决不写任何可以满足自己情感或者宣示个人信念的东西"。这就是我们通常所说的"消灭自我"。

在兰克看来,"肤浅地来判定历史事物的特征和道德",不但会在历史撰述中带入一种主观性与倾向性,甚至连史料的收集、整理也会因撰写者先入为主的观念而变得主观化,最终不能反映历史真实,或者说,不能反映全部历史真实。就历史研究而言,"对真相以及所获得的档案著作进行彻底全面的批判,搜罗没有被伪造的现代历史著作；这是最重要也是最纯粹的学术目的"。在兰克看来，这种历史研究的学术目的决定了历史学家既不能撰写史料之外的内容，更不能超越事实之外作任何价值判断。他把这一学术目的归结为"忠实而审慎的爱好是克丽奥的职责"。他认为，把当前时代的利益引入到历史学家的历史著作中去，是违背历史研究的原则的。

（4）历史研究以政治军事史内容为主

兰克继承了自修昔底德以来的政治军事史传统，并进一步将这种历史撰述的传统发扬光大。在兰克的观念里，历史著作应该"翔实地探讨每一个处在十分活跃或者霸主地位的国家、政权以及个人"，因为这些国家、政权以及个人的存在是不可忽视的，历史研究者通过探讨这些政治内容，"就能够更好地把握这些事物发展的主要脉络、它们的发展方向以及决定它们行为动机的思想观念"①，最终更好地理解整个历史。在他看来，历史著作的主角只能是那些在历史舞台上最耀眼的人物、民族与国家。此外，历史研究需要以确实可信的大量史料为基础，而古往今来遗留下来的原始材料，按材料所涉及的内容而言，绝大多数属于政治、外交、军事内容的档案文献，因而，这也使倡导史料考证方法的兰克比较容易偏向于以政治、外交内容作为历史著作的主题。

兰克虽然反对"将当前的利益引入历史研究"②，但是他并不否认当前政治的需求是推动历史研究发展的因素之一。在他看来，"人类社会的稳步向前发展，使得我们不再对产生于以往时代的那些问题有兴趣，而是只关心与我们时代有关的各种问题"③。历史研究的兴趣也因此与现实社会政治的需要密切相关。兰克自己也曾经坦承，正是现实政治的需要，促使他研究历史的兴趣由古代转向了近代④。

从兰克的著作来看，无论是其成名作《拉丁和条顿民族史》，还是《教皇史》《宗教改革时期的德国史》《法国史》《英国史》《尼德兰革命史》等，都是围绕政治军事展开叙述的。他的门徒所关注、撰写的，也无不以政治军事为中心。可以说，修昔底德所创立的政治军事史传统，经由以兰克为代表的客观主义史学的发展，进入了鼎盛时期。

2. 客观主义史学的发展

作为一种史学体系，客观主义史学在 19 世纪的西方曾被奉为"科学的历史学"的圭臬，并成了这一时期资产阶级史学发展的主流。在英国，通过阿克顿创

---

① 兰克：《拉丁和条顿民族史》，第 4 页。
② 兰克：《英国史》，安德鲁斯编，柏林 1957 年德文版，第 8、113 页。
③ 兰克：《世界历史的秘密》，第 59、74、108 页。
④ 兰克：《兰克书信集》，富斯编，汉堡 1949 年德文版，第 519、58—59 页。

立的剑桥学派的宣传;在法国,通过莫诺创办《历史评论》的宣传;在美国,通过班克罗夫特的宣传,客观主义史学得以快速传播,并蔚然成风。

客观主义史学之所以如此快速传播,一个重要的原因就是兰克的"习明纳尔"(seminar)专题研讨班培养了无数的传人。兰克的"如实直书"理念、客观公正的精神,以及史料研究的方法,在很大程度上都是通过这种专题研讨班的形式传播开来的。不仅如此,这种专题研讨班所带来的协作研究,还大大促进了历史研究的进步。最重要的是,专题研讨班在培养历史学高级人才方面的影响也是非常深远的,在19世纪有着巨大影响的客观主义史学流派之形成、发展都与这种专题研讨班紧密相连。

兰克确立"习明纳尔"教学研究方式的目的是培养从事史学研究的高级人才。自1833年起,他把最亲近的几个弟子召集在其书斋中,让其自由选择研究课题、集体讨论,其间时而穿插着他的评判。这便是对后世历史教学研究工作影响至深的"习明纳尔"专题研讨班的表现形式。在专题研讨班上,兰克注重让学生自己动手从事具体的研究。他选取一个历史问题作为研讨班的主题,允许学生根据自己的专长与需要,选择不同的研究方向,然后所有的参与者聚在一起,共同讨论各个研究成果的得与失。兰克本人在整个过程中则主要是宣扬一些基本的研究方法与理念。"习明纳尔"培养了大量的史学专才,众多出自兰克门下的专才秉承其治史理念,成为客观主义史学流派的支柱。其中最出名的是兰克的三大弟子,即魏茨(Georg Waitz,1813—1886年)、吉泽布雷希特(Wilhelm von Giesebrecht,1814—1889年)、息贝尔(Heinrich von Sybel,1817—1895年)。其中,息贝尔后来致力于让史学服务于政治,成为普鲁士学派的代表人物,不再以追求客观作为史学研究的目的,在史学理念上与兰克分道扬镳。

兰克最为欣赏的弟子是魏茨。1833年,魏茨进入兰克的研讨班,并很快展现出在收集、编撰史料方面的特殊才能。进入研讨班不久,魏茨和希尔施就共同证明了中世纪的《科维编年史》是杜撰的。在兰克的指导下,他还完成了《亨利一世年鉴》并获征文大奖。1836年,兰克把魏茨介绍给正在编撰《德意志史料集成》的佩茨,使其才能得到充分体现。1841年,魏茨发现了对研究基督教传入德国之前的历史有着重要意义的《梅则堡咒文》,随后整理出版了《伯廷年鉴》。《伯廷年鉴》的发现与整理,为研究公元830—882年之间法兰克王国的历史提供了重要的史料来源。对此,兰克无比欣喜地称赞他为"莫拉托里"[①]

[①] 路德维克·安东尼奥·莫拉托里(1672—1750年),意大利近代史学的先驱。他曾经花费15年的时间专心编校《意大利史学家汇览》,这部著作是6—15世纪意大利诸史学家著作的汇总。其后,他出版了这部书的补编《意大利古事记》,是一部记述意大利中世纪的政治、制度、军事、经济和社会等方面的历史的诸多文献的汇总。

式的人才。

　　魏茨在史学实践中始终贯彻兰克所传授的史学原则。1844年《德意志法制史》第一卷出版时,魏茨在献辞中写道,"这本书是我对您的忠诚与敬爱的一个证明"。虽然在编写的过程中困难重重,但是他依然坚守兰克的信条,"我只是整理相关材料,而对材料不加任何解释或对其进行评价……因为这会对真实造成伤害……我没有接受片面的史料,更不会容纳虚假的史料,我所追求的是真正准确无误的史料"。对于自己的工作,魏茨很自信地向兰克表示,"您知道,我只是如实记录而已"①。

　　魏茨一生致力于中世纪史料的研究与整理工作,他的《汉萨同盟时期施勒苏益格与荷尔斯泰因的文物与档案》《施勒苏益格-荷尔斯泰因史》《于尔根·伍伦威弗治下的吕贝克与欧洲政治》等都是关于德国中世纪历史的杰出著作。特别是到哥丁根大学任教之后,魏茨通过持续长达25年之久的"习明纳尔"研讨班这种方式,以中世纪研究为主题,将客观公正的治史信条传给大批学生,培养了大量的史学专才。在魏茨的努力下,哥丁根大学成了柏林大学之外德国历史学的另一个中心,并形成了德国第一流的中世纪历史流派。

　　吉泽布雷希特也是兰克珍爱的弟子。早在兰克的研讨班学习时,他精于考证、文笔古典而优美的特点就为兰克所称赞。他的著作以知识渊博、文笔优美而著称,在其耗时数十年编成的《德意志皇朝时代史》(又称《德意志帝国史》)中,吉泽布雷希特立志"要在科学与民众之间的鸿沟上架起一座桥梁,我愿意人们根据我在这方面所作的努力来衡量我"。他作了大量注释,采用了大量真实无误的史料,使整部著作因其史料方面的价值而备受当时学术界的推崇,阿克顿就曾称赞这部著作是"最深入而有教益的资料讨论"。此外,吉泽布雷希特在著作中融入了自己的道德情感,字里行间流露出民族自豪感和对帝国的崇拜,甚至在前言中声称,"德意志历史科学是照耀我们道路的火炬,它既向前又向后放射其光芒",历史学并非仅仅只是寻章摘句的考证,它也可以供人镜鉴②。对此,向来主张历史学不要"为了将来的利益而评论过去、教导现在"的兰克并无异议,甚至还对这部著作赞誉有加。

　　而有相似行为的息贝尔则被兰克视为背叛了客观主义史学传统、背叛了师门。息贝尔曾以严格的考据撰写了《第一次十字军东征》,并且因这部著作而获得兰克的好评。但他在一些理念上与以兰克为代表的客观主义史学渐行渐远。他强调"真正的学院方针,应当是把对公共事务的兴趣贯穿到每一种学术里,并应当经常想到它对民族事业的价值",认为撰写历史著作像兰克那样"如实直

---

① 魏茨:《德意志法制史》第1卷,基尔1844年德文版,第1—2页。
② 吉泽布雷希特:《德意志皇朝时代史·前言》,汉诺威1855年德文版,第6、5页。

书",没有"愤怒和热情"是错误的。虽然息贝尔在《威廉一世创建德意志帝国史》一书中所用的材料都源自官方档案,使用了大量的内阁法令、驻外使臣文稿、回忆备忘录、电文与大量源自外交诸国的外交派遣和外交交涉、议院的重要的会议记录以及新闻报纸的剪辑等第一手材料①,但是这些都是为其政治目的服务的,兰克的"如实直书"原则、"消灭自我"的主张都被放在了第二位。这些都与兰克所倡导的客观主义史学原则不符,并成为兰克厌弃息贝尔的原因,直至晚年兰克都不能原谅他,提都不愿意提到这位学生。

应该看到的是,此时的兰克史学形象已经被简化,其史学思想被贴上诸如"如实直书""消灭自我""无色彩""不偏不倚"等单一标签,以兰克为代表的客观主义史学几乎成了强调史料考证的典型,"如实直书"、史料考证成了此派史学不容置疑的第一原则。并且,这种观念随着自然科学所带来的乐观情绪的高涨,而迅速扩展成为对史学科学化的信心、对史料即史学的信仰。1884 年,美国历史学家赫伯特·亚当士(Herbert B. Adams)称兰克为"科学历史学之父",同年成立的美国历史学会将兰克吸收为唯一的海外会员,以示对他的敬意。以兰克为代表的客观主义史学在美国历史学家的心目中就是批判地考证史料以便确认事实,"如实直书"成了"科学"历史学追求精细描述、反对一切概念或哲学的箴言。在英国,客观主义史家阿克顿在阐述《剑桥近代史》的写作原则时说:"我们将力避发挥不必要的议论或拥护某一立场。撰稿人必须懂得,我们所编写的滑铁卢战役必须使得不论法人、英人、德人与荷兰人阅后都能感到满意。"②1886 年,英国史学权威刊物《英国历史评论》在创刊词中声明:"历史的任务是发现和陈述事实。为了避免党派之嫌,本刊拒绝接受涉及与当代论证有关的问题的来稿。"③至此,客观主义史学就只剩下了史学研究中采用的考证方法以及与此相关的只言片语。

由内涵丰富的兰克史学到只强调史料考证的客观主义史学,这一过程反映了 19 世纪自然科学的深入人心,"客观性"成了人们衡量某种知识或某门学科的价值准则。盛行于 19 世纪之初的科学主义思潮所带来的乐观主义情绪成为欧洲人的一种普遍心理。在他们看来,没有什么是不能认识的,也没有什么是做不到的。在这种思潮的影响下,其他学科的研究也充满了乐观主义情绪,研究者们满怀信心地积极探索各自领域,并相信能够认知所在领域的事物。在这种观念的影响下,19 世纪的历史学家们相信历史的整体虽然尚未被发现,但只是尚待被发现而已,历史学家完全有可能发现历史真相。而在当时很多历史学家看来,

---

① 息贝尔:《威廉一世创建德意志帝国史》,纽约 1890 年英文版,第 2 页。
② 转引自古奇:《十九世纪历史学与历史学家》下册,第 617 页。
③ 转引自张广智、张广勇:《史学,文化中的文化:文化视野中的西方史学》,第 100 页。

历史研究的任务仅仅在于收集更多史料而已。这是科学理性的胜利，却是人文精神的悲哀。

3. 客观主义史学的影响

客观主义史学对后世史学界的影响是广泛而深远的，对于整个西方史学的意义不言而喻。虽然兰克对西方史学界的影响是多方面、多层次的，但从其实质而言，不外乎"如实直书"和"习明纳尔"这两个方面。这两者既是以兰克为代表的客观主义史学的主要内容，也是这一史学得以广泛传播的方式方法，还是其在现今仍有强大生命力的根本原因。

兰克"如实直书"这一理论的最终结果是试图使历史学成为一门科学。按照兰克的理解，历史著作的基础是史料，史料的准确无误得到了保证，也就保障了历史著作的真实性；而且各种历史事实是独立于史家的主观意识之外的，史家运用正确的方法就能获取这些历史事实。史学家如实直书，以不偏不倚、客观公正和超然事外的态度，站在中间立场上叙述史实，并结合确定可靠的史料，所写的历史著作就能反映真实的情况，历史学就能依据自身独特的认知方法，像自然科学一样成为一门科学。

在史学实践上，兰克恪守"如实直书"的原则，严格按照一整套考订史料的方法、客观的叙述方式来从事史学研究。他在史料考证方面的杰出贡献，促使历史研究摆脱了史料不够严谨的状况。自兰克开始，"历史研究从建立在个人回忆录基础之上，转变成为建立在档案研究基础之上"，兰克本人也成为"研究档案这一崇高事业的真正首创者"，他的史料考证方法是历史研究者"学习技术处理的最好导论"。

1824年，兰克的处女作《拉丁和条顿民族史》出版，为了获得学界的认可，他曾经将书寄给当时德国史学大家赫伦、劳麦等，请其批评指正，后者对兰克所从事的批判研究赞许有加。除了亨利·利奥或许是出于个人妒忌而对他大肆攻击之外，兰克所倡导的史学研究，基本上得到了德国史学界的一致认可[①]。此后，兰克在德国史学界地位日益上升，其研究方法被奉为颠扑不破的真理，其学派成为德国史学界的正统与主流。

虽然当时英国史家麦考莱、卡莱尔等人抨击兰克史学模式，但这只是代表了英国历史学界的一种意见。随着兰克影响的逐步扩展、兰克学派的渐渐壮大，英国历史学界对兰克所倡导的科学历史学的态度也发生了变化。特别是在留学德国的阿克顿勋爵回国之后，英国历史学界基本上成了兰克史学的海外发展重地。在《德国历史学派》一文中，阿克顿对兰克史学高度赞扬，指出，"兰克是不为任何

---

① 汤普森：《历史著作史》下卷，第3分册，第236—239页。

目的而研究历史的第一人",兰克的重大贡献就是"使用证据的新技术",其不偏不倚绝不是对历史事件冷漠,而是一种稳健和有节制①。这基本上代表了当时英国史学界对兰克科学历史学的认知,也反映了对兰克"如实直书"的认同以及对客观主义史学的崇拜与追慕。英国的历史学家在编写"剑桥三史"时,就宣称他们的研究目标就是兰克所谓的"如实直书"。

但是兰克的"如实直书"在欧洲大陆得到的回应远不及在大洋彼岸得到的多。美国史学创始之初,曾有不少学者前往当时欧洲史学的重心——德国取经,而他们在德国便主要是受兰克史学的熏陶,兰克那一整套史学方法让他们尤为着迷。归国之后,这些历史学家大力宣扬兰克的史学方法论,将兰克视为实证主义的思想鼻祖,兰克俨然成了科学史学的象征。如前述赫伯特·亚当士在《历史研究的新方法》(1884年)与《在约翰·霍布金斯大学和以前在史密斯学院实行的历史研究的特殊方法》(1885年)中,就曾经把兰克奉为"科学历史学之父"。

另一方面,兰克对史料考证的强调以及他始终不渝力图捍卫史学的客观性,加上这一时期西方资产阶级所取得的辉煌成就,使兰克的追随者们坚信历史学家可以依据"如实直书"理论实现认知历史真实的目标,甚至因此认为历史研究只剩下收集、整理史料这些工作了。于是,兰克的"如实直书"成了一种极具蛊惑力的魔咒,促使无数史学工作者为之奋斗。英国现代历史学家卡尔讥笑兰克的后学者们"像念咒文似地高唱这些有魔力的词句:'如实地说明历史'——这句咒文也像大多数咒文一样,编制出来就在于使他们释去一切重负,不再进行独立思考"②。这一讥讽也从侧面反映了兰克史学的巨大影响力。

受兰克这种鼓舞人心的理念的影响,19世纪历史学得到了前所未有的发展。特别是大量史料的整理与编撰工作在这一口号的指引下,如火如荼地开展。历史学家们注重史料的收集、整理,这不仅促进了当时历史学研究的进步,也使后人获得了大量可靠的史料。

综上所述,可以这样认为,以兰克为代表的客观主义史学最主要的贡献在于,通过一系列的研究方法使历史学独立化、科学化,使人们相信历史学可以成为一门与自然科学并驾齐驱的科学。以兰克为代表的客观主义史学带来的是整个历史学界对历史学的信心与日俱增,历史学在19世纪成为一门显学,历史研究也因此得到了长足的进步与发展。

---

① 阿克顿:《德国历史学派》,《英国历史评论》1886年第1卷第1期,第7—42页。
② 爱德华·卡尔:《历史是什么?》,第3页。

三、实证主义史学

1. 实证主义思潮

实证主义是自古希腊以来的西方哲学的重要传统,其源头可以追溯到古希腊斯多葛学派的怀疑论。实证主义的思想在 17 世纪开始呈现最初形态,其时最主要的代表作是笛卡儿的《方法论》《第一哲学沉思集》和莱布尼茨的《单子论》。到 18 世纪,休谟(David Hume,1711—1776 年)在西方近代实证主义思想的形成中起了重要作用,被誉为"实证主义哲学的真正鼻祖"。而对实证主义哲学传统进行系统论证的则是 19 世纪的哲人们。

19 世纪中叶,随着自然科学的进步,科学实验和抽象规律的研究取得了巨大成就。这使得人文科学不满于西方古典哲学中那种传统的机械唯物主义和思辨唯心主义,渴望通过对自然科学的最新成果进行新的哲学概括与总结,从而摆脱近代西方哲学思维方式的影响,实现自身的科学化、确定化。以孔德(Auguste Comte,1798—1857 年)为代表的实证主义哲学在这一历史条件下应运而生。孔德第一次使用"实证主义"一词来命名自己的哲学,自 1830 年开始他陆续出版了《实证哲学教程》《实证政治体系》《实证宗教教义问答》等书,分别阐明了他对哲学、社会政治和宗教的一些看法。1844 年出版的《论实证精神》则系统地阐述了其实证哲学的主要思想,标志着实证主义哲学的形成。

孔德

孔德的实证主义是在考察人类思辨历史的基础上建立的。他认为,人类所有的思辨都经历了三个不同的理论阶段,即神学或虚构阶段、形而上学或抽象阶段、科学或实证阶段。第一阶段是临时的和预备的阶段。在这一阶段中,理性的作用逐步增大,"理性越来越限制想象的先前支配地位,同时,视一切自然现象必然服从于不变规律的普遍感觉则逐步发展起来"。第二阶段是过渡性的阶段。这一阶段主要是运用推理来解释事物和现象,而不注重观察,因此,它"只能自发地进行精神方面尤其是社会方面的批判行动或摧毁行动,而绝不能建立任何属于自己的东西"。第三阶段是"唯一完全正常的阶段,人类理性的定型体制的各个方面均寓于此阶段之中"。在这一阶段,人们不再借助凭空想象来追求绝对的知识,而是集中力量进行真实的观察,只关心实证的事实。

孔德认为,实证主义科学研究包括两个步骤,首先是确定事实,其次是发现规律。自然科学的研究是如此,社会科学的研究亦是如此。而且实证科学的事实必须通过合乎科学纪律的严格观察才能够被确定,通过对现象的观察,就可能发现事物诸现象之间经常、重复出现的规律。实证科学的任务就在于此。因此,作为"科学中的科学东西"的实证主义,也就需要对各种实证科学的研究对象、方法、规律进行比较和分析。

孔德进一步指出,单纯的事实并不能构成科学,而只能是科学的材料;真正的科学,也绝不是仅仅凭观察就能完成;要认识科学,就需要构成实证精神主要特性的"合理的预测"的引导。换言之,所谓实证哲学就是在实证精神的引导下,对单纯的事实进行观察,并在此基础上探寻其规律,然后依据所探求的规律对未来进行预测。这就是实证主义哲学研究的全部过程。

孔德关于人类思辨发展三个阶段的描述本身就表明了人类社会是不断发展进步的。他曾明确指出,实证精神代表着一种进步的精神,实证精神发展的历程本身就是一种思辨发展史,体现了进步的观念和历史规律。并且,孔德的进步观念充分表现了一种连续发展的递进关系。而这种关系正是深受自然科学所带来的乐观情绪影响、急切希望自身能实现科学化的社会学科所盼望已久的,特别是对历史学科而言。历史学科历经以兰克为代表的客观主义史学的洗礼,已经具有把握具体历史事实的真伪的能力;而依据孔德的观点,人类历史是不断向前发展的,也是有规律的,而且这种规律与自然科学的规律一样,是可以被认知的;而历史学科通过对具体历史事实的考察能像自然科学一样揭示人类历史之中的规律。这样一来,历史学科就能像自然科学一样,不但有严谨的理论体系,还具有自身的发展规律。这是以孔德为代表的实证主义哲学对历史学科发展的启示与影响。

实际上,在孔德的实证哲学中,历史学占据着极其重要的位置。在他看来,自然科学各个部分都已进入实证状态,唯独人文科学仍游离于实证科学之外。所以他的任务就是要"把社会现象作为不可避免地遵循那能赖以进行合理预见的真正的自然规律的东西来把握",从而建立起一套完整的实证科学体系,用自然科学来说明人类社会。孔德认为,人只是生物界的一个类,同样受制于自然法则;人类社会其实不过是自然界的延伸、一部分,同样也受自然规律的制约。这样一来,人类社会秩序本身也就是自然秩序的"延续",而研究人类社会的历史科学也只是自然科学的"延续"而已,是与自然科学一样的科学。此外,孔德认为,研究人类历史必须依赖于自然科学原理,并借助于自然科学方法,历史研究的目的与自然科学一样,就是寻求人类历史发展中的规律。

孔德进一步为历史研究的改进开出了药方。他指出,历史研究的专门化倾向实际上把"历史降低到一大堆互不连贯的描述,此外什么都没有的地步,在这一大堆乱七八糟的描述中各种事件真正的来源全都不见了",这样的历史研究是没有任何意义的,也是不科学的。要改变这一研究现状,就要让"想象系统地、直接地、持续地服从观察这个办法,使被观察到的实际情况去占领阵地"①。这样就可以发现人类社会的一般规律,而历史学家只要从得出的一般规律出发就可以推演未来。他断言在社会科学和历史学领域内,也可以得出像几何学结论那样可靠的结论来。

在孔德之后,实证主义在英国得到了约翰·穆勒(John Mill,1806—1873 年)和斯宾塞(Herbert Spencer,1820—1903 年)两位杰出学者的发扬。

穆勒从英国的经验主义传统出发,强调一切人类知识都起源于经验,经验之外的世界本质上是不存在的。穆勒运用心理学的方法来解释物质的存在,认为外部对象的存在是人的记忆、想象和联想的存在。他广泛地运用经验归纳法,指出事物的证明与真理的发现都不是自明的,而是源于归纳法和对归纳法的解释。在社会伦理方面,他试图发现人类行为的自然规律,并将心理学规律置于最根本的位置,认为社会的任何规律都从个人人性的心理规律推导而来。

穆勒

斯宾塞

斯宾塞是 19 世纪下半叶实证主义的代表人物,他认为人们通常认识的概念并非实在的和绝对的,而是现象世界内的相对概念。现象世界是不断运动、变化着的,受进化律的规定,而只有进化律是永恒的、绝对的。斯宾塞也将他的主要精力放在对社会规律的解释上,他将生物学中优胜劣汰的原则及生物机体运作的原则引入对社会现象的解释中,从而为种族优越论与阶级合理性寻找到了理论依据。

实证主义哲学是时代的产物,是资本主义上升时期乐观精神的表现。实证哲学家们对科学的理解

---

① 汤普森:《历史著作史》下卷,第 4 分册,第 609 页。

和他们对社会与人类行为的评价极大地启发了当时的历史学家,后者纷纷仿效实证哲学的思路和方法,对人类历史进行实证式的解释,从而获得了对历史本质与规律的新的理解。

2. 实证主义史家

孔德的实证主义哲学中从个别到一般、从分析到综合的研究理路与史学研究方法相吻合,这使史学与实证主义哲学易于融合。更为重要的是,与自然科学的方法一样,实证主义哲学强调要在确定性知识的基础上进一步归纳出规律,这正符合19世纪的历史学家渴望历史学成为一门真正的科学的愿望,也适应了史学科学化的进步要求。于是,史学家自觉或不自觉地把实证主义思想引入历史研究中,在西方史学界逐渐形成了名噪一时的实证主义史学流派。大体而言,实证主义史家忽略了孔德哲学里的思辨部分,而专注于他所倡导的方法。他们强调历史研究者必须从文献与文献所揭示的事实入手,然后依据科学范型归纳出普遍性的结论。他们主张,谨慎收集文献,耐心研究比较,逐渐累积信息,这样就能揭示出决定历史发展的法则。

实证主义史学最重要的代表是英国人巴克尔(Henry Thomas Buckle,1821—1862年)、法国人泰纳(Hippolyte Taine,1828—1893年)和古朗治(Fustel de Coulanges,1830—1889年)、瑞士人布克哈特(Jacob Christoph Burckhardt,1818—1897年)及德国人兰普勒希特(Karl Lamprecht,1856—1915年)等。

巴克尔是19世纪第一位真正将实证主义的精神引入历史研究的史学家。他博学多才,精通十余种语言,广泛涉猎自然科学和人文科学诸多领域;他两卷本的未竟之作《英国文明史》被后人视为实证主义史学的宣言书。

巴克尔指出,历史知识是人类最高级别的知识,对这一知识进行研究的史家绝不能把自己的任务仅仅限定在琐碎的材料收集、考证上。虽然"与自然科学相比,历史学科的研究对象为那些显然是最毫无规则可言的事件,然而在这些反复无常的历史事件中蕴涵着某种固定不变、普遍的规律"。巴克尔非常乐观地告诉历史工作者,历史学科依据自然科学的方式进行研究,就能成为像自然科学一样的科学。在他看来,"历史学家的责任就是说明各民族的历史进程都是有规律的,只有通过揭示因果关系来阐明这种规律才能把历史上升为科学",因此必须注重对人类历史中规

巴克尔

律的认知。

巴克尔认为,人类社会也和自然世界一样,有着一定的发展轨迹,具有特定的规律性;而要认知历史发展中的规律,历史学家应当将历史看作自然科学,并借用自然科学的方法来研究历史、寻找历史规律。在这一过程中,自然科学的思维与方法是历史学成为科学的关键,"离开了自然科学,历史学也不成其为历史学了"。事实上,巴克尔认为,自然科学的很多方法完全可以运用于历史研究,比如,数据统计的方法。历史学家可以借助数据了解诸如各类罪犯数量、不同类型罪犯所占的比例以及他们各自的年龄、性别、喜好、教育程度等这些涉及人类道德的事物,这就如同自然科学记录气候变化、测量山脉的高度一样,都是同一性质的。在巴克尔看来,社会领域是自然领域的延伸,自然科学的方法同样适用于包括历史学在内的社会学科。是故,历史学家要像自然科学家一样观察并收集一切数据,比如种族比例、结婚率、出生比例、就业情况、生活必需品的价格等。巴克尔认为,历史研究和自然科学研究一样,对研究对象观察得越仔细,材料收集得越丰富,对历史事物的认知就有可能越深入。对所收集的材料,历史学家应当进行必要的鉴别,区分其真伪,务必保证材料的精确。

但是,历史研究绝不能只停留在确定事实这一阶段,历史著作也绝不能仅仅限定在史料既成这一层次上。巴克尔对单纯编辑历史事实和资料的著作非常不满,他在《英国文明史》第一章的开头就这样写道,"叙述历史研究的方法和人类活动的规律性证明,这些活动受精神和自然规律的支配,因此必须对此两组规律进行研究",表明他的著作就是要寻求人类历史发展中的规律,而不是单纯的资料汇编。他认为,正统史学在材料收集、整理方面确实做出了很多贡献,但是人类并没有因此而增加多少见识,这其中最关键的原因就在于单纯的史料考证与收集没有揭示历史发展的规律,无法给人们带来新的知识。

巴克尔指出,历史哲学家对历史规律的总结,并没有借鉴自然科学的研究,而是凭借一些主观偏见与激情得出一些错误、漏洞百出的结论,只能说明他们"勇气惊人"。真正从事历史研究,试图发掘历史之中规律的人,应当像自然科学一样,第一阶段就是从具体、细小的事物出发,因为"看似每一个事件都是独立的、彼此隔绝的,但是它们之间存在一个看不见的联系……随着对历史事件考察结果的累积,随着它们触及更为广阔的表层,这些原本不可能趋向同一的历史事件就逐渐趋同,这使得它们产生的源头——偶然性逐渐减弱。此时只要再向前一小步,抽象的理性就跳了出来……其中的必然性逐渐明晰"。在巴克尔看来,历史研究只要从观察、考证具体事物出发,必然会导向历史之中的必然性——规律,即"观察应当在发现之前,收集了事实才能发现规律"①。

从具体历史事实出发,最终就能导向历史之中的规律,带着这样一种乐观信念,巴克尔坚信历史学是一门科学,历史学家能使历史著作成为像自然科学一样经得起时间考验的经典。为此,他广泛收集各种资料,其《英国文明史》第一卷仅引用的材料目录就有二十多页,并在正文之中用浩繁的注释对史料进行了考证和评论。巴克尔也相信历史学的发展必须从其他自然学科和人文学科中不断汲取新知识、新方法,因此他广泛涉猎地理学、生物学、数学、物理学、化学、医学、哲学、语言学、文字学、社会学、法学等几十门学科,这大大扩展了历史学研究的视野,促进了历史学与诸多学科的结合。

不过,巴克尔在史学实践中也有诸多不足之处。其中最突出的是他将某一学科的理论生搬硬套在历史资料上,而提出某种解释,结果使复杂、生动的历史现象简单化和僵硬化。对此,有论者这样评价:巴克尔的"史学理论和方法混淆人类社会和自然界的区别,无视社会历史发展自身的特点,离开了人的社会实践来考察历史,因而导致了把社会历史现象简单化、公式化的流弊。他的史学体系是非科学的"②。这也正是当时实证主义史学思想时代局限性的最显著体现。

法国史家泰纳也是实证主义哲学的信徒。他多才多艺、笔耕不辍,著有《英国文学史》《古代政体》等。泰纳一生醉心于从心理学的角度来确立历史学科的地位,把历史学看作是一个机械学问题,而历史研究则是"心理解剖学"。1863年,在其代表作《英国文学史》导论中,他指出研究文学中"人的情感与思想,才使得人意识到他是万物之灵这一事实",而彻底地了解文学中的情感与思想等灵魂方面的事物,就必须像"动物学那样找到它的解剖术",从所在地的土壤、气候、食物生产等方面逐一进行分析。只有这样,才能真正了解人的本性与精神。

对专注于史料考证的传统史学,泰纳是不认同的。他指出,历史研究就如同生物学家研究化石贝壳一样。生物学家研究化石绝对不是为了探讨石头质地,而是为了弄清楚化石之中的动物;同样,历史学家研究史料,绝对不是为了史料本身,而是为了探知躲在史料背后的"人"。史料和化石都是死的、无生命的一种躯壳,历史学家要认识到历史研究的对象是鲜活的人与事,所要做的就是让这些曾经鲜活的事物再生、重演。他说:"只有当历史学家穿过流逝的岁月,不费力地、充满激情地融入那些活生生的人之中,并且不改变他们的固有习惯——而那些人的言行举止、他们的衣着都与我们所熟悉的人截然不同,真正的历史学才确

---

① 巴克尔:《英国文明史》第1卷,伦敦1903年英文版,第1—6,8—9页。
② 谭英华:《试论博克尔的史学》,《历史研究》1980年第6期,第172—179页。

立起来。"①要做到这一点,历史学家必须借助自然科学的研究态度与研究方法,对历史进行全面的解剖,通过解剖出来的规律深化对历史的认知。在1876年出版的《古代政体》中,泰纳提到,"可以允许历史学家享有博物学家的特权:我观察我的研究对象就像人们观察昆虫蜕变那样"②。在这部著作中,他将旧制度看作一种机械结构,把古代政体描绘成一个严密衔接的统治机械,突出了古代政体各个部分之间的明确关系。这就向世人指明了一条看似便捷的历史科学化的道路——将历史研究看作如生物学、心理学所作的解析那样,弄清楚了其中事物之间确定的关系,即找到了历史之中的规律。

而泰纳最大的史学贡献在于他突破了传统史学,尤其是倡导政治军事史传统的兰克史学的影响,阐明了"历史关心的不只是政治史,而是各个民族整个的社会生活"③。其史学研究的范围从古希腊到当代,从文艺到政治军事等,涉猎十分广泛。他曾说,一个民族的特征的形成源自它所处地方的气候、土壤、食物以及与地域相关的所有其他事物,"这种民族特征是特定文化的某种精神的源泉,同时也对其是一种限制。……一方水土养一方人"④,因此每一个民族及其精神在实质上是没有优劣区别的。泰纳也正是依据这一信条,平等对待其著作中所涉及的民族国家。并且,他注重各个民族国家深层次的精神内容与文化现象,认为这些精神内容是一个民族国家、一方水土的突出表现,要理解历史之中的规律、寻找历史事物发展中的某种确定关系,就必须从理解这些精神内容入手。在史学实践上,泰纳也不遗余力地贯彻这一信条,他的多部著作都侧重于从社会生活、精神心理世界的角度来描述历史事物。他曾在《智力论》中提到,从本质上来说,"历史学就是应用心理学。历史学家记录和探索一个人的分子或一群人的分子所表现出来的变化,并根据他们的心理来说明变化"。不仅如此,历史学家在研究单个个人、某个时代、特定国家之时,"不可避免地要涉及个人的精神,或者整个人类的精神特征"⑤,因而要深入研究其中的一切,离不开心理学。

与泰纳相似的是,法国史家古朗治也主张将历史看作与自然科学一样的学科。早期的古朗治相信历史研究就和数学研究一样,只要把数学论证形式和逻辑原理运用于史料分析,历史研究过程实际上便已完结。在他看来,历史学家在研究历史时所要做的事情就是揭示,而不是去解释。因为只要历史研究的方法运用正确,历史文献是可以自己说话的。古朗治对这种历史研究模式充满信心,

---

① 泰纳:《英国文学史》,纽约1873年英文版,第17、18页。
② 泰纳:《古代政体》,巴黎1910年法文版,第2页。
③ 汤普森:《历史著作史》下卷,第4分册,第618页。
④ 泰纳:《让·德·拉封丹寓言诗》,巴黎1861年法文版,第8页。
⑤ 泰纳:《智力论》,巴黎1888年法文版,第11页。

他曾经对其学生说,"这不是我在讲话,而是历史通过我在讲话"。这是一种典型的实证主义史家的观点。

然而,古朗治更以注重精神研究著称。其著作《古代法国政治制度史》《土地所有权的起源》《希腊罗马古代社会研究》等都强调从精神信仰的视角来阐释历史。在研究古代精神史的过程中,他的史学观念也发生了一定的变化。他认为,"历史是,也应该是一门科学",但是"历史并不是一门容易的科学",而是一门特殊的科学,这门科学所研究的对象是不断变化、无限复杂的人类自身,"所以研究人的科学——历史学不可能像植物学家研究植物或生理学家研究人的肉体一样"。换言之,自然科学所研究的对象不会随着岁月的流逝而发生变化,只需要简单地观察记录即可;而历史学所面对的是在每个时期其所思所想都不一样的人,历史研究需要不断地在历史长河中考察其精神变化与发展。

基于这种认知,古朗治提出了很多具有重要意义的历史思想:其一,历史研究的目的是"描述人类精神变化及人类的进步"。他认为,哪里有人类生存,哪里就有人留下的并烙上其精神印记的细微痕迹,哪里就有历史;所谓的历史就是描述人类精神变化及进步的正统记录。其二,历史研究"应当涵盖所有的世纪"。他认为,历史研究的目的是描述人类的精神,要实现这一目标,就必须追根溯源,在整个历史长河中考察历史事物,即:历史学要想彻底了解不断变化的人,就必须将人放到人类所生活的所有时期中去考察,从而"让我们彻底完全地了解人类曾经存在过的每一个阶段"。其三,史料不仅指档案文献等官方记录,也包括神话、寓言等虚幻的事物。古朗治认为,人类历史研究应当囊括所有的时代,包括没有文字记录的时期。他指出,对这些时代进行研究,一方面需要借助已消失的语言,通过对这些语言形式以及它们每一字眼所代表的意义,不断地探究曾经使用它们的古人之思想;另一方面必须使用神话和寓言这些看似虚幻的事物,他认为神话、寓言是反映了古人生活及精神印记的一种细微痕迹,透过这些虚幻的事物可以接近历史真实。其四,历史研究完全可以揭示其中的规律。古朗治认为,"长久而细致地研究各个个体是形成一般性认知的唯一途径",历史研究的目的之一就是寻求历史规律,要做到这一点,就"应当通过对所有公众生活的各个方面进行寻根究底的研究"①。简言之,研究历史应当将每一个细节都纳入考察,只有认知了历史之中的特殊性,才能对一般性有比较全面的认知,才能探知人类社会发展的内在规律。

古朗治的史学思想与泰纳相似,但前者的思想更科学一些——古朗治在长期的史学实践中已经摆脱了将实证主义教条化引入史学研究的做法。他承认历

---

① 古朗治:《古代法国政治制度史》,巴黎1875年法文版,第2—3页。

史学科是科学,但指出历史学因研究对象的特殊性,而与自然科学的研究方法不可一模一样。从这一点来说,古朗治的认知要比机械套用自然科学方法来研究历史要先进得多。除此之外,与泰纳相比,古朗治更像一位文化史家。泰纳将历史研究从政治军事史传统中解救出来,并把布克哈特的《意大利文艺复兴时期的文化》介绍给法国读者;而古朗治则将全部的精力投入文化研究之中,从理论上、实践上对人类文化研究的合理性与必要性作了比较全面的诠释。

瑞士史家布克哈特也是实证主义的信徒。他师从兰克,在史学旨趣上却与以兰克为代表的客观主义史学有很大的区别。兰克史学注重政治军事史的研究,而布克哈特的著作,诸如《意大利文艺复兴时期的文化》《建筑史》《希腊文化史》《导游:意大利艺术鉴赏导论》《君士坦丁大帝时代》《奥特马赛姆教会》《文艺复兴史》《鲁本斯传》①等大都是从艺术、宗教、建筑等文化视角来展现人类精神的演变,他本人也因此被誉为文化史家的代表。

布克哈特

虽然出自兰克门下,但布克哈特对客观主义史学所倡导的"如实直书",以及专注于史料考证的做法表示怀疑。他认为,过去的历史已经"死亡",后人只凭遗留下的史料是难以再现历史的,并且历史研究仅仅满足于"如实直书",就好比妄图挖穿"史学大山"一般,挖得越深并不意味着在史学上越有价值,相反,这种笨拙的做法无法留下任何具有史学价值的东西,"唯一留下的便是挖洞时遗留在洞外的淤泥垃圾而已"。在他看来,与其花费太多的精力在史料考证上,不如运用有限的材料去揭示更多的历史真实。在其著作中,布克哈特便不太注重寻求或考证新材料,而是着力于利用已有的材料去揭示人的精神以及人类社会的文化。

布克哈特强烈反对客观主义史学将史料考证当作史学研究的唯一目的,认为历史研究的对象是人的精神及人类社会的文化,不应停留在史料考证层次,而是要在史料基础之上寻找蕴涵在人的精神及人类社会文化之中的"一个更高的必然性"。具体而言,历史学家需要通过史实去"展现时代相似的方面,区分其细微的不同",以此逐步揭示这些外衣之下世界历史之中的某种稳固联系。要做到这一点,最好的方式就是研究艺术、建筑、文化等内容。布克哈特认为,通过这些与精神生活紧密相连的方面,可以更加真实地展现过去时代的精神世界,从而实现史学研究的目的。

布克哈特信奉实证主义哲学,但并不将历史学看作是与自然科学一样的学

---

① 彼得·保罗·鲁本斯(Peter Paul Rubens,1577—1640年),17世纪西欧绘画的代表。

科。他说:"历史学科与自然科学并不是同一回事,它的产生、发展以及逐渐衰落都是以与自然科学不一样的方式进行的",历史研究的对象,即处于不断变化之中的精神及人类社会的文化,是无法用自然科学的方法进行解析的①。历史学科所追求的规律也不同于自然科学的规律,也不是历史哲学家所说的人类社会发展阶段式的规律,而是体现在一切历史现象之间的联系——这种联系只是一种因果关系。特别要指出的是,布克哈特对历史哲学家所谓人类历史不断向前发展的观点持怀疑的态度,他只承认历史变化及历史变化的因果关系,不认可历史时代有所谓优劣、先进与落后之分。在他看来,每个时代的精神生活都是值得赞美的,都是人类世界历史中的一部分。就此而言,布克哈特对历史所作的反思比当时盛行的历史哲学思想要更深刻一些。

在史学实践上,和大多数实证主义史家一样,布克哈特也很重视人的心理,他将心理学的研究方法充分运用于历史分析,侧重于从心理层次揭示人的精神与社会文化。在这一点上,兰普勒希特走得更远一些。他声称"历史就是一门社会心理科学",决定人类历史发展的就是社会群体心理,而不是个人②。他甚至认为,只要依循社会全体心理发展的规律就能找到历史发展的轨迹。

3. 实证主义史学的特征

虽然有其历史局限性,但实证主义史学"无疑具有拓新的意义,它把史学从考核史实、记叙历史现象之学引向探索规律、研究历史本质之学。这是自文艺复兴迄十九世纪中叶西方资产阶级史学所能提出的最接近于近代科学的概念"③。英国史学家巴勒克拉夫在《当代史学主要趋势》一书中也指出,20世纪的历史学有两大趋势,一是从研究个别和具体转向研究普遍规律,把历史学同社会科学作为最终以人类为研究对象的科学;二是历史学家的视野在时间和空间上的扩展。追根溯源,这些都是以实证主义史学为理论源头的。

实证主义史学在19世纪的西方史坛影响深远,与以兰克为代表的客观主义史学相呼应,堪称"历史学世纪"里的双雄。在史学研究方法上,两者存在相似之处:都注重以史料为基础,从确信无疑的史料出发来研究历史。特别是1898年法国史家朗格诺瓦(Langlois, 1863—1929年)和瑟诺博斯(Seignobos, 1854—1942年)合著的《历史研究导论》的出版更加强化了两者的相似性。此书将实证主义史学方法概括为,在考证史料的真实性之后,将历史事实连接起来形成一个事实整体,而淡化了巴克尔、泰纳等所倡导的历史规律。由此,两

---

① 布克哈特:《强权与自由》,纽约1955年英文版,第48、75、91页。
② 兰普勒希特:《什么是历史?》,纽约1905年英文版,第3页。
③ 吴于廑:《引远室之光,照古老史学之殿堂》,《世界历史》1986年第3期。

种史学流派经常被混为一谈。但与客观主义史学相比,实证主义史学具有如下特点。

第一,在历史研究目的上,注重对历史规律的探求。实证主义史学认为,历史研究应当包括两个阶段:确定事实与发现规律。在实证主义史家看来,作为一门科学的历史学,不能止于客观描述已经发生过了的史实,还必须对客观历史进程中的因果规律进行探索,阐明人类社会历史发展的规律性。他们深信人类历史像自然界一样有规律可循,并且可以借助自然科学的方法来认识。如巴克尔所指出的,人类历史发展过程中"渗透了一条光辉的原则,这就是普遍的、不离正规的、有条不紊的原则"①。

第二,在史学方法上,注重归纳、演绎等,并引入心理学、生物学等自然科学或社会科学的新方法。实证主义史家强调在史料考证的基础上运用归纳、概括和分析的方法,并重视把自然科学和社会科学的一些新方法(如心理学、统计学、社会学、经济学、地理学等)引入历史研究,认为要抛弃一切不可知论和超自然因素,像自然科学家一样从内部精神、外部自然环境两个方面进行具体分析,借助观察、收集并经过考证的各类典型事实,"按照科学归纳的一切法则",不但可以得到历史当中的规律,还将这些法则"应用于尚未观察到的其他事例"②。在实证主义史家看来,"我们如能熟知前因的全部和它们所有的运动法则,我们就能确实无讹地预言它们的直接结果的全部"③。

第三,在史学研究对象上,主张史学应该从狭隘的政治事件中解脱出来,把社会整体当作史学研究的对象。如巴克尔主张史学家应当记述人类的全部活动,阐明"不同文明的创造和发展"。古朗治提出,"历史学,要完成其任务,就必须覆盖所有的世纪"④。布克哈特指出,"最忠实的国家历史应该是将我们自己的国家置于和其他国家平等的地位,并且将其与整个世界历史以及世界历史的规律联系起来"。

第四,以人为中心撰写历史,重视普通大众在历史发展中的作用。巴克尔一再指出,人类社会、民族及其文化是历史的主体。他在评价英国革命史时写道,"这是一次来自下面,来自基层,或如某些人说的来自社会底层的暴动","是民主精神的爆发"⑤,突出了普通大众在革命中的作用。布克哈特在论著中再三强调,历史研究应当"从那所有事物的最终中心——人出发来撰写历史,描绘人现

---

① 爱德华·卡尔:《历史是什么?》,第60页。
② 泰纳:《泰纳的生活与书信》,伦敦1902年英文版,第186页。
③ J. B. 伯里:《思想自由史》,宋桂煌译,吉林人民出版社1999年版,第99页。
④ 古朗治:《一名科学的历史学家之气质》,斯特恩主编:《多样的历史:从伏尔泰到现今》,纽约1973年英文版,第179—181页。
⑤ 谭英华:《试论博克尔的史学》,《历史研究》1980年第6期,第172—179页。

在、过去、将来的痛苦、激动、行为等等"。兰普勒希特则认为历史舞台的主角是群众,而不是英雄豪杰,主张以社会集体代替个人作为历史研究的中心。实证主义史学把普通群众而不是杰出人物看成是历史发展中起重大作用的力量,从而促使史学研究从杰出人物转向普通大众。

第五,反对形而上的历史哲学,强调实证研究。实证主义哲学反对形而上的思维方式,拒绝探讨世界观、本体论的问题,以中性哲学自居。在孔德看来,人类在实证阶段"放弃了对宇宙起源和命运诸现象内在原因的探讨。它只是通过理性和观察的结合,使自己限于发现统治着诸现象的继承的和类似的实际规律"。受此种思想的影响,实证主义史学家为了在众多的学科中保持历史学得来不易的科学地位,无心进行渺无边际的探讨,而将全部精力投入到寻求方法论的科学突破上。他们讽刺历史哲学是"把过去的历史看作是我们当今时代的一个对照和整个人类发展阶段的最初的阶段。我们应当研究就好像我们时代的回音一样,能为我们所了解的那些不断出现的、经常性的、典型的事物"①。

第六,注重精神文化史。实证主义史家对人的精神及人类社会文化艺术尤其有兴趣。他们认为一切历史现象之中都蕴涵着精神的内容,归根结底都是精神在起作用。因此,历史学家必须注重对精神的研究,而研究精神最好的视角就是各个时代的艺术、文化、政治制度、宗教习俗等。在他们看来,"精神如同其他事物一样,是不断变化的,而且时代的变更承载着无穷无尽的变化,并且这些变化是精神生活的物质外衣",历史研究的任务就是通过事实去揭开这些外衣,展示精神的内容。无论是巴克尔、泰纳,还是古朗治、布克哈特、兰普勒希特,他们的著作都是围绕精神、文化等内容展开的。从这一点来说,绝大多数实证主义史家都可算作是文化史家。

在自然科学高歌猛进的19世纪,实证主义史家们将自然科学所带来的乐观气息注入历史学中,并在历史研究中引入自然科学的某些视角与方法,大大促进了史学的科学化。实证主义史学流派本身也以其鲜明的特点成为19世纪西方史坛的亮点之一,并为历史学的繁荣与进步做出了卓越的贡献。

四、历史主义史学

1. 历史主义的起源

据当代美国历史学家伊格尔斯考证,"历史主义"一词最早可以追溯到弗里

---

① 布克哈特:《强权与自由》,第91、73—75页。

德里希·施莱格尔写于1797年的有关语言学的笔记。在笔记中,施莱格尔指出温克尔曼所主张的"古代文化的独一无二的性质"这一观点,实际上是一种历史主义。施莱格尔所谓的"历史主义"是指"一种特别强调历史的哲学",是与"理论的但非历史的态度……无视个别的人"的观点相对立的。此外,德国史家迈纳克在《历史主义的兴起》一书中则将"历史主义"概念的最早使用归于卡尔·维尔纳(Karl Werner,1821—1888年)1879年出版的《作为哲学和学术研究者的维柯》。在书中,维尔纳提到了"维柯哲学的历史主义",指出维柯将历史看作是循环进化的,各个国家的观念、制度、价值观完全受其历史发展所决定。他认为,维柯这一观点揭示了历史背后人的意图①。这种历史主义指的是"一种哲学的独特性:人类的思想不能认识任何历史之外的实在,因为人类思想构成的就是历史"②。

具体而言,维柯认为,人类社会与自然界是不同的——自然界属于上帝,人类社会属于人类自己;与自然界有关的认知是一种"科学知识",而与人类社会有关的是"实践智慧"。前者"寻求用一个原因来解释很多自然结果",是依据推理、依据"事物应当如何"来判断事物的,但后者"寻求用尽可能多的原因来说明一个事物,以便通过归纳来达到真理"。维柯认为,人类社会并不受理性的支配,而是受"任性或命运支配",要揭示充满或然性的人类社会就必须从具体的历史个体出发,依据从特殊到一般的理路,去探求历史背后的意图③。维柯指出,历史背后的意图实际上是一种历史发展的连续性,"每个民族在时间上都要经历这种理想的永恒的历史,从兴起、发展、成熟以至于衰败和灭亡"④,在这种动态的运动之中,人类历史随着时间的变化而变化。在这一过程中,每一个时代、每一个民族、每一个历史个体都是历史发展必然性的一种体现。自此之后,"历史主义"一词强调历史与个体化、连续性、精神价值等概念紧密相关。

西方近现代历史主义真正意义上的开创者是赫尔德。伊格尔斯曾说:"18世纪历史主义观点的头两部重要著作,很可能是1725年首次出版的吉安巴蒂斯塔·维柯的《新科学》,以及约翰·戈特弗里德·赫尔德1774年发表的《另一种历史哲学》……只有在赫尔德1774年的早期著作中,我们才发现了激进形式的历史主义主张:每一个时代都必须通过它自己当时的价值来考察的观点;历史中没有进步或者衰落,有的只是充满价值的多样性。"⑤可以说,德国近现代历史主

---

① 迈纳克:《历史主义的兴起》,伦敦1972年英文版,第54页。
② 卡洛·安东尼:《历史主义》,黄艳红译,上海人民出版社2010年版,第2页。
③ 维柯:《维柯著作选》,陆晓禾译,商务印书馆1997年版,第75—77页。
④ 维柯:《新科学》,第128页。
⑤ 格奥尔格·G.伊格尔斯:《德国的历史观》,彭刚、顾杭译,译林出版社2006年版,第36页。

义真正意义上的开创者是赫尔德。赫尔德的历史主义观点和方法是受维柯的影响,在温克尔曼、莱辛美学论争的启发下,通过研究诗和语言的起源和发展而逐渐形成并系统化的。

早在1769年,赫尔德在《批评之林》(即《批评之林或根据最近发表的论文的尺度对美的科学和艺术的一些看法》)中评价温克尔曼的历史主义方法,认为其重大功绩就在于"从古代特别是从希腊出发产生了对美的一种历史的形而上学"。1774年,赫尔德在评论苏尔策的《美的艺术的普通理论》时指出,没有历史就不可能有美的艺术的哲学理论,人的审美意识和艺术是随着历史不断变化发展的。他在《另一种历史哲学》和《论不同民族健康的审美趣味繁荣的原因》中指出,古希腊罗马艺术确实是完美无缺的,但这不可能是我们最高的美,因为历史是不断向更高阶段发展变化的,所以艺术也随着向更高阶段发展。他认为,民族文化是一个民族根据自己的历史、时代精神、习俗、见解、语言、民族偏见、传统和爱好创造出来的,历史时代发生了变化,民族文化也应该相应变化,因此了解民族文化更要依据特定的历史来进行。在他看来,"各个时代的语言、习俗和族类都像秋天的叶子一样枯萎零落",现在处于先进的事物,将来会被更先进的事物所取代,人类历史就是这样随着时代、民族、环境的变化发展而不断向前发展的。

赫尔德认为,历史学家的作用在于从变化的历史中发现统一性,从而揭示出历史发展的连续性。在《人类历史哲学观念》中,他描述了自然界统一的、不断发展的过程,并把这一过程推广到人类社会,但他认为,人类社会是不同于自然界的充满或然性的世界,在人类世界中,生气勃勃的人的力量是历史的推动力,而人性是某种可变的东西,民族与民族之间也是各不相同的,其产生变化、存在区别的根源在于各个时代、各个民族、各个历史个体的内在精神是不同的,各成一体的。因此,研究人类历史就要求在特殊事物中进行单独的调查研究。赫尔德这一观点,"就是要清晰地思想出来自然和人类之间的区别这个问题:自然作为一个过程或许多过程的总和,是被盲目在服从着的规律所支配的,而人类作为一个过程或许多过程的总和则不单纯是被规律所支配,而且是被对规律的意识所支配"。这种区分的目的在于得出这一结论:"历史乃是这第二种类型的一个过程,那就是说,人类的生活是一种历史性的生活,因为它是一种心灵的或精神的生活。"①

需要特别指出的是,赫尔德是浪漫主义与历史主义两股思潮的理论建设者,但这并不意味着历史主义等同于浪漫主义,至多只表明历史主义与浪漫主义相伴随,在众多方面存在相似之处:两者都反理性主义,强调历史的个体性、多样

---

① 柯林伍德:《历史的观念》,第145—146页。

性、连续性等,都强调历史领域之中的各种因果力量的运动。但两者在不同的因果力量所处的价值阶层是不一样的。在浪漫主义的"因果能效阶层"中,自然处于最高位置,其次是个人,然后才是人类社会;但在"价值阶层"上,个人是最重要的,其次是自然,最后是人类社会。而在历史主义看来,自然是一种被动的力量,它不过是提供给人类活动的环境而已,个人和人类社会才是历史发展的真正决定力量;在价值上,则人类社会最重要,个人因其生命是有限的,没有人类社会的永恒性,因而居于其次,而自然居于最低层次①。

伊格尔斯指出,赫尔德对历史主义的主要贡献体现于两个基本观念,即个体观念和乐观主义。前者是指价值和认识是个体的、历史的,历史不断运动变化,作为有机体的民族充满活力,民族精神是一切价值的源泉;而后者相信历史是有意义的进步过程②。其后,历史主义的观念经众多学者的阐述,逐渐成为19世纪影响深远的一股思潮。

2. 德国历史主义史学

赫尔德奠定了历史主义的基本观念,而黑格尔(Georg Wilhelm Friedrich Hegel,1770—1831年)则对历史主义作了系统、全面的理论构建。恩格斯称黑格尔"是第一个想证明历史有一种发展、有一种内在联系的人"③。在赫尔德的基础上,黑格尔以更完整的形式阐述了支配着人类社会辩证运动的历史必然性和合理性。

黑格尔认为,历史就是精神(或理念)充分实现并回复到自己的辩证过程。在他看来,历史的发展进程同绝对理念的逻辑展开是完全一致的,"世界历史无非是'自由'意识的进展",无非是"世界精神"合理而必然的展开过程。这个过程是辩证的,更是连续的。他认为,自由意识的发展程度,代表了世界历史发展的三个不同阶段,即东方世界、希腊罗马世界、日耳曼世界。在第一阶段中,"'精神'汩没于'自然'之中",只有一个人的自由;第二阶段,精神进展到它的自由意识,是故一部分人享有自由;第三阶段,精神的自由上升到纯粹的普遍性,提高到了精神性本质的自我意识和自我感觉,一切人都拥有绝对的自由。在这连续的过程中,整个世界历史实际上就是逐步展现出精神由不自由到自由,再到绝对自由的一个进程。不仅整个世界历史遵循连续性原则,而且世界历史之中的任何特定文明的历史亦是如此。黑格尔将任何特定文明的历史以及作为一个整体的文明的历史统统分解成四个阶段:诞生和最初成长阶段、成熟阶段、"老年"阶段,

---

① 海登·怀特:《浪漫主义、历史主义、现实主义:19世纪早期精神历史中一个特定的概念》,怀特主编:《历史的功用》,底特律1968年英文版,第52—58页。
② 伊格尔斯:《德国的历史观》,彭刚译,译林出版社2006年版,第41—46页。
③ 《马克思恩格斯选集》第2卷,第121页。

黑格尔

以及解体和死亡阶段。

黑格尔通过对世界历史发展进程的先验构建,一方面展现了人类历史的连续性,另一方面他也注重历史的个体性。他曾说:"每一个阶段都和任何其它阶段不同,所以都有它一定的特殊原则。在历史当中,这种原则便是'精神'的特性——一种特别的'民族精神'。民族精神便是在这种特性的限度内,具体地表现了出来,表示它意识和意志的每一方面——它整个现实。民族的宗教、民族的政体、民族的伦理、民族的立法、民族的风俗,甚至民族的科学、艺术和机械的技术,都具有民族精神的标记。这些特殊的特质要从那个共同的特质——即一个民族特殊的原则来了解,就像反过来要从历史上记载的事实细节来找出那种特殊性共同的东西一样。"每个历史个体都不一样,对历史学家而言,试图从历史中获取经验教训是不明智的,因为"每个时代都有它特殊的环境,都具有一种个别的情况,使它的举动行事,不得不全由自己来考虑、自己来决定"。历史学家所要做的就是尊重这种历史个体性,注重从"民族精神"层面上去把握历史的个体性,从经验上去归纳,从历史上去证明"民族精神"的要素①。

与赫尔德不同的是,黑格尔研究历史的起点不是自然界,也不是原始社会,而是出现国家之后的阶级社会;他也没有将人类社会视为自然界的延伸,而是很坚决地将两者区分开。他认为,人类社会的历史变化是与自然完全不同的:自然变化遵循着固有的法则,但是它自身对于其起源和目的并没有一个明确的意识,因此就不可能有自身的目的性,因而是盲目的,自然界的变化仅仅是展示某些固定法则的永恒性和循环性而已;而人类历史的发展是从自然的黑暗状态中逐步趋向历史的光明,从受自然的束缚转向自我意识的自我决定领域,这一过程尽管并不处于人类的完全控制之中,但却非盲目的,而是自我意识发展的体现,包含了人类对于其自身目标的不断改进,以及在理论和实践中实现这些目标的手段。为此,历史学家在研究中不能模仿自然科学的做法,去关注一个样式的重复的个体,而是应当注重新的、不同的个体。

虽然很多观点与赫尔德相似,但黑格尔在历史主义理论构建方面更为彻底。应当看到的是,赫尔德和黑格尔都不是专业历史学家,他们所关注的不是具体的

---

① 黑格尔:《历史哲学》,王造时译,上海书店出版社1999年版,第66—67、6页。

历史事实,而是人类历史和文化演进的一般进程、意义以及规律等哲学范畴。虽然黑格尔曾在《历史哲学》中描述了从早期文明到法国大革命这一漫长历史进程,但总体而言,他所列举的历史事件不过是印证其历史哲学的材料而已,其目的是超越这些材料以揭示世界历史的意义;他的历史哲学就是关于历史的沉思,其本质上不是历史的,而是哲学的,是一种思辨的历史哲学。

黑格尔之后,德国历史主义出现了反对思辨历史哲学的倾向。这时的历史主义者大多是专业的历史学家和文化史学家。他们更多地注重历史而不是哲学,更多地关注具体的历史事实而不是抽象的历史意义。

德国史学界率先对历史主义的内涵进行阐述的是洪堡(Wilhelm von Humboldt,1767—1835年),他因此被称为19世纪德国历史主义史学的奠基者。他的著作,如《苏格拉底、柏拉图论神》《希腊共和国的衰亡史》《比较人类学纲要》《论18世纪》《论史学家的任务》《有关世界史的思考》《论人类精神》《论国家的作用》(全称为《有关尝试确定国家行动范围界限的一些观点》)等都享誉一时。洪堡的思想影响深远,在德国,几乎影响了整整一代人,其中包括兰克、德罗伊森等,以至于兰普勒希特曾称洪堡为"最伟大的理念论理论家",而德罗伊森则称之为"历史学中的培根"。

洪堡认为,"这个世界种种事务的一种巨大、层叠混乱的状态,部分是因为国家本质、人性,以及民族个体的特征所致;部分并无什么原因,就像从奇迹中创生,依赖的是朦胧感觉到,并且明显是由深植于人类灵魂中的永恒理念激发起来的力量——所有这一切组成了一种无限,精神不可能将它压缩为一种单一形式"。在他看来,人类历史现象包括两个方面的内容:一是纷繁复杂的表面现象,二是贯穿在现象之中的理念——人类的精神。其中后者是起决定性作用的。因此,如果历史学家仅仅将这些单个历史事实拼凑起来,并赋予它们一个统一的形式,这样的历史研究是没有意义的。他指出,历史研究除了要对单个历史事实进行理解之外,还需对单个历史事实之间的一般联系进行研究,即要研究单个历史事实"拼图"的根本一致性。

要实现这两个历史认识的目标,洪堡提出了两种同时并存的认知历史的方法:第一,对事件作精确的、不偏不倚的、批判的研究;第二,连接所探究的事件,并且以直觉理解那些无法经由第一种手段达到的事件。第一种方法是历史批判方法的运用,也就是历史事实的建立,但单个历史事件仅能被部分地认知,历史研究者经由第一种方法所能获致的仅是历史的必要基础,即它的材料,而非历史自身;其余的部分必须经由直觉、推论与想象,历史学家必须运用"连接能力"将这些片段聚集成为一个整体。换言之,历史研究者运用史料考证方法只能认知历史事实的一部分而已,其余无法认知的部分,需要借用"直觉"的理解。由此,洪堡赋予历史研究的任务不仅仅是"简单描述""实际发生的事情",而是了解历史观念,即了解单个历史事实之间的一般联系①。在洪堡的整个历史主义思想中,他着重强调了以下两点。

一是历史的整体性与历史的个体性的统一。一方面,他指出,"作为一个整体的人类,只存在于永远不可能达到的所有个体——他们都是相继存在的——的总和之中"②,历史个体是历史研究的基础,正是各个散乱的历史个体构成了历史本身。这使得洪堡特别在意民族国家统一过程中各个地区、各个小邦的命运,他担心所谓的统一会破坏历史个体的各自特点。另一方面,他也非常注重历史的整体性。他说:"一个人必须寻求主体在其所有不同活动中曾经达到的最好状态和最高水平。我们将这与一个整体联系在一起,我们认为这一整体构成了它的独特之处和基本特征。不能与这一特征相适应的任何一切,我们都视之为偶然的。"③在他看来,"每件事"都是"整体中的一部分",或者说"每一件被描绘的事件"都揭示了"历史形式本身"。

二是通过直觉、推论及想象来理解观念、理解历史。洪堡认为,所有的历史现象都是其内在精神理念的体现,因而只有理解了历史现象之中的精神理念,才能获得真正的历史知识。而唯一有效的认知方式就是史学家运用他的"直觉、推论及想象","通过充实和连接起直接观察到的那些脱节的碎片,以陈述揭示事件的真实性",再由事件的真实性上升到事件内部及其之间的精神理念。

洪堡通过一系列论著否定了理性主义史学的机械性与所宣扬的同一性,批判了浪漫主义史学对历史事实所作的主观情感式的表述,主张历史学家对历史的理解源自历史文献,并由对文献的理解上升到对世界的一种领悟。这样,通过直觉、想象、移情等方式来把握和理解历史对象,将个体置于变化过程中就其本身来进行考察,肯定个体的独特价值和意义,构成了历史主义思想传统中最为重要的内容。

伯克(Philipp August Boeckh,1785—1867 年)继承了洪堡的历史主义观念,并在史学实践中不断完善历史主义原则。他通过《雅典国家经济》《古代度量衡》等著作,不断追求历史上种种"居于领导地位的观念"。他认为,"所有的事物都服从于精神力量",而"精神力量"绝对不仅仅体现在艺术、诗歌等反映精神生活的事物之中,而是存在于一切历史现象中;这种精神力量也绝对不是一种不管世事、自给自足的一种力量,而是贯穿于整个历史并不断起作用的,它决定了所有人的外在行为,规定了所有人的行为动机,是一个时代、一个国

---

① 洪堡:《论史学家的任务》,《洪堡全集》第四卷,柏林 1903—1936 年德文版,第 37—46 页。
② 洪堡:《有关世界史的思考》,《洪堡全集》第三卷,柏林 1903—1936 年德文版,第 357 页。
③ 洪堡:《论 18 世纪》,《洪堡全集》第二卷,柏林 1903—1936 年德文版,第 98 页。

家、一个民族在世界历史中地位高低的决定性因素①。因此,历史学家在研究历史时,除了要仔细考证历史事实之外,还需要对历史事实中蕴涵的精神力量进行研究。

真正对洪堡的观点全面继承并发扬光大的是兰克。在洪堡学说的基础上,兰克指出,历史学不是哲学,历史学应当致力于历史事实的研究而不是思辨理论的构造。据此,他提出要以科学实证的精神和原则来建立客观的历史科学以取代思辨的历史哲学。他把重建历史作为历史研究的目的,提倡"如实直书",主张批判史料,用翔实无误的史料通过客观中立的撰史原则表现历史真实。

兰克倡导"如实直书",一方面是为了对抗以黑格尔为代表的重思辨、轻史实的历史哲学,另一方面是为了进一步深入理解历史之中的"居于领导地位的精神"。与洪堡含蓄表达历史之中的内在精神不同,兰克旗帜鲜明地将历史与上帝联系在一起。他认为,人的生活以及国家的生活等都是由精神与肉体两个部分组成的;并且"在精神、肉体这两者中,精神是高于肉体的",甚至可以这样说,历史领域中的"每一事物都依赖于精神"。兰克进一步指出,历史之中的精神就是最高存在——上帝,并且上帝这种精神存在无处不在、无所不能,决定了历史中的一切,而历史之中的全部内容都是上帝意志的体现。因此,历史学家除了要"如实直书"之外,还需要体认"上帝之手"。

在兰克看来,最能证明上帝存在的是历史的伟大连续性。自远古以来,历史事物之间就存在着一种"伟大连续性",这种连续性决定了"世界历史的进程"。在具体的历史现实之中,任何历史事物都是前后相继、彼此联系、相辅相成、相互影响的。表面看来,这种连续性意味着一种因果关联性。实际上,这种连续性"源自对即将到来事件的快速而正确的判断",在这一过程中起作用的绝不是表面的因果关联性,而是"一种神圣的神秘力量"②。只有神圣的上帝才能在这一过程中起着决定性的作用。因为万事万物都源自上帝,只有创造这一切的上帝才能对历史发展的这种"伟大连续性"作出快速而准确的判断。进言之,历史之中的这种伟大连续性只能借助上帝来说明其合理性,这恰好说明了它是上帝存在、上帝神圣而伟大力量的体现。

依据这一观点,兰克反对一切将历史演进作线性化处理的做法。他认为,历史发展的连续性与所谓的进步观念是有区别的。按照进步的观点,人类历史就成了线性的、机械的发展过程,人类在这样的历史发展过程中就变成了没有自己意志的、自觉的工具了。不仅如此,这一观点在史学上成立的话,人类就可以预

---

① 伯克:《雅典国家经济》,伦敦1857年英文版,第3—4页。
② 兰克:《宗教改革时期的德国史》,莱比锡1924年德文版,第46页。

测此后历史的发展。这在兰克看来是不可思议的,他认为只有创造出一切历史事物的上帝才有可能知晓整个历史发展的秘密,倘若人能够预知历史,那么人就和上帝没有区别了。最后,兰克认为,所有的时代在上帝面前都具有平等价值,不存在前一时代比后一时代落后这样的情况;而强调时代的进步性,实际上就是认为后继的时代要比此前的时代先进,兰克认为,这种思想不是在否定上帝的安排,就是想表明人类像上帝一样可以预知将来,无论何者,都是对上帝不敬的表现,因而也是错误的。兰克一再说明进步观念是错误的,是与上帝相违背的,是想突出每一个时代的独有价值与意义。在他看来,历史连续性,即各个完全不同时代之间的前后相继,这一复杂而神奇的过程得以实现是上帝安排的结果,是上帝意志的体现。

但是,并不是所有的历史时代、所有的民族都会被纳入世界历史之中。虽然"世界历史要求对人类一般普遍的生活以及民族国家的特性进行考察与理解",但并不要求平等地考察所有的民族国家。在兰克看来,世界历史首先应该考察"那些占据统治地位的民族国家",只研究那些将"所有的国家连接在一起,并掌控这些国家的命运"的伟大事件①。兰克的历史实践便基本上是围绕欧洲民族国家,特别是日耳曼民族国家展开的。

至于如何通过历史研究来体认上帝的意志,兰克指出,"历史研究者的天分在于对历史本质的直接感知。而我是循着精神的轨迹研究下去……在这种知识论中,最主观的,同时也就是最接近一般真理的"②。历史研究者运用"直接感知",可以绕开表象世界的干扰,直接深入真理世界,触及上帝以及上帝意志这种精神存在,从而最大限度地接近一般真理。而这种"直接感知",也就是"直觉",实际上是一种内在的感情。兰克曾经说过,"个人应从内在的感情去理解历史——这种感情是从对历史的确信到评判历史著作这一转变过程中产生的"。这种内在的感情实质上就是一种"移情"。在兰克看来,其他理解历史的方法都"有助于还原历史的本质与内容",但要最终认识、理解历史,最终确保史实的正确,只能"依据同情、移情的方式来理解所有一切"。

兰克对历史主义理论的最大贡献是将历史主义的核心内容之一——"居于领导之地位的精神"直接与上帝联系在一起,使历史研究成为一种历史神学,并在此基础之上将历史的整体性、个体的平等性融合在历史主义之中。兰克认为,"上帝——因为在上帝面前不存在时间——是在人类整体中通观整个历史的人类,并且发现任何人都具有同样价值",在上帝面前任何时代都是平等的。而且,"每个时代都直接与上帝联系在一起,它的价值并不在于它创造了什么,而在于

---

① 兰克:《世界史》,莱比锡1922年德文版,第4—5页。
② 兰克:《兰克书信集》,富斯主编,汉堡1949年德文版,第252页。

它自身的存在,在于其自身"。如此一来,历史之中的个体都是由其自身的内在精神所决定的,都是各具特色的,并且共同统一于上帝意志这一旗帜之下。另外,依据兰克的观点,由于每一个时代都各有其价值,都是平等的,因此都是值得纳入历史研究范畴去考察的①。

兰克的历史主义观点是对洪堡史学思想的发扬,也是对以黑格尔为代表的历史哲学的批判继承。至此,西方史学流派中的历史主义史学不再是重哲学轻史实了,历史主义者们主张:历史世界就是由各个个体构成的,个人、民族、国家、时代都是这样的个体,它们各自都是精神的载体,都具有独特而不可替代的价值和意义。世界上并没有什么永恒不变的普遍真理和价值,一切思想和价值都是在某一特定的社会历史条件下产生的,都是某一变化过程中的一个环节;只有在不断变化的历史中对个体进行个别化的把握,才能正确理解世界历史。自然现象与历史现象之间有着根本性的区别,历史研究以不断变化的个别的和个性化的个体为目的,因此历史学家所采用的研究方式就不可能像自然科学家那样,将自己与研究对象对立起来,而只能力图通过直觉、移情等方式把握历史事件中的精神之所在。

3. 历史主义史学的发展

如果说兰克是德国历史主义史学的集大成者,那么德罗伊森(Johann Gustav Droysen,1808—1884年)则在洪堡、兰克的基础上,将历史主义史学再向前推进了一大步。兰克对历史主义的论述大多散见于各种论文及演说之中,德罗伊森则在1857年以后再版的《历史理论》、1861年对巴克尔《英国史》的评论以及1868年出版的《历史学纲要》中,将兰克那些散落的想法作了更细致的表述。

德罗伊森认为,历史研究的对象是"此时此地,还没有完全逝去的过去"。与现今世界是否有联系,是历史现象是否成为历史研究对象的衡量标准。这是因为历史演变是连续的,任何历史现象都是历史演变的结果,历史研究的价值与意义都系于历史的连续性之上,即没有历史的连续性,就无历史研究的必要性与可能性了。因此,只有历史的这种连续性依然存在,并延续到现今的生活,历史研究才有意义;历史现象只有融化于现实之中,才能被纳入历史研究的范畴。换言之,历史学家所研究的历史,实际上是与现实有着千丝万缕联系的过去。不仅如此,在德罗伊森看来,是否与现实有关联,完全取决于历史学家个人的兴趣与知识能力等主观性因素。德罗伊森将历史的连续性以这样一种绝对的方式纳入历史主义史学原则之中,这成为后世柯林伍德、克罗齐等人的绝对历史主义的思想

---

① 兰克:《世界历史的秘密》,第112、40、157、158、44、38、259、159页。

先导之一。

德罗伊森对历史研究对象的限定，突出了历史研究者的主体性，而在具体的历史研究过程中，他又进一步突出了历史学家认知历史的乐观情绪。他提出，历史研究要成为一门科学，就要求"历史研究工作所追寻的是真的"。作为历史学家，丝毫不用担心无法把握历史之中的"真"，因为"没有任何真的事物——与思想相和的事物——不能被我们的心智掌握。也没有任何真的思想，没有道出它所关注的事物的本质"。是故，理解历史，就是寻求历史之中的思想与精神，历史学家完全有信心认知历史之中的"真"，从而保证历史学的科学性。

要实现求"真"的史学目的，德罗伊森提出首先要批判考订史料，在大量确信的材料基础之上，才有可能认识历史真实；其次，他认为，历史研究还需要认知史实内在的思想以及历史之中的一致性。但要做到这一点，历史学家是不能运用自然科学的演绎或归纳方法的，而是要借助于他所说的"人所能达到的认识的最完善形式"——"理解"（Verstechen）。这是因为：

第一，历史学所研究的对象不同于自然科学，人类历史是无休止的进步，是无法像自然事物一样定期重复的，这样一来，自然科学的方法在历史学领域便无用武之地了。

第二，"事物的真理性质必须就证于思想，而思想的真理性质也必须就证于事物"，思想的真理性本身是事物的题中之义，因而对事物真理性的认知是再容易不过的一件事情了。

第三，"理解"这一方法意味着高度主观的、个人的活动，而历史研究的对象体现着一系列的意义与思想。于是，由"理解"而深入历史研究对象，这"正好像一个心灵潜入到另一个心灵一样……具有无限的创造力"。借助"理解"才能揭开历史之中的"真"。

第四，历史个体与历史整体是相辅相成的。不但整个历史演进过程是充满连续性的，而且单个历史个体也是整个历史连续性的一种体现与组成部分。德罗伊森认为，"人性只是所有这些道德的力量和形式构成的整体，而每一单个的人只在这些道德力量的连续性和共同性中存在"，历史学家可以从众多历史个体表现出来的整体性中重构个别，也可以根据历史个体在其中表达的特殊性重构整体，即由对单个的历史个体的"理解"完全可以上升到对整个历史的认知，反之亦然。

第五，德罗伊森认为，"我们相信在任何事物中，哪怕是最细微的细节中，上帝的永恒指引都强有力地、引人注目地发挥着作用。人及其自由意志、自然法则及其中断、偶然性的看似专断的作用……所有这一切都只是我们信仰的伟大和普遍的必然性的工具。追寻这一必然性的痕迹、与它和谐相处、谦卑地服从它是我们知识的唯一有价值内容,也是我们行动的唯一坚实基础"①。他将上帝作为历史研究求真的最后保证。

值得注意的是,无论兰克还是德罗伊森,他们都相信历史研究的目的是为了感知历史现象背后的神意。德罗伊森借用无所不能的神意,将历史的整体性、连续性以及个体性等历史主义原则都纳入一个完整的理论整体,从而向前推进了历史主义史学。

德罗伊森之后,普鲁士学派在历史主义史学道路上走得更远,他们将兰克史学中的政治意图发挥到了极致,甚至损害到了历史真实本身,历史主义之中的保守倾向与主观主义思想经普鲁士学派的倡导而逐步深化。

总而言之,首先,德国的历史主义是启蒙运动、法国大革命以后伴随着浪漫主义的兴起而产生的。这种历史主义与浪漫主义一道反对启蒙的进步史观,但它并不反对进步史观中蕴涵的乐观主义。无论是赫尔德、黑格尔,还是洪堡、兰克、德罗伊森,都对历史研究目标的实现充满了乐观情绪。正如伊格尔斯所分析的那样:历史主义否认历史是单线前进或依照某一方向发展的,但在另一意义上,历史主义者甚至比那些信奉古典进步思想的人更为乐观。可以说,乐观主义是德国历史主义的特征之一。

其次,个体性、个别性或个性化的原则是历史主义思想传统的另一个重要原则。历史主义史家们认为,每一个体都是独特、不可重复而又具有内在价值的,而历史世界就是由这样的个体所构成的,因而必须就个体事物本身来理解它们,精神之体现于个体就构成了历史的意义之所在。迈纳克曾在《历史主义的兴起》中提到,"无论如何,个性和个别的发展这两个互相联系的基本观念,最好地表明了所谓历史主义看待历史的态度"。

再次,历史主义史学家都主张历史发展的连续性,主张在特定历史环境中解读历史事件,并将历史认知置于历史语境中进行考察。

最后,德国历史主义的产生和发展,伴随着从反对拿破仑入侵、争取民族独立的解放战争,一直到普法战争和普鲁士统一德国的一系列政治事件,带有浓厚的民族主义色彩。德国历史主义史学虽然在基本思路上与黑格尔哲学有所不同,却又在很大程度上带有黑格尔哲学的色彩。黑格尔哲学把国家抬高到了前所未有的地位,在他看来,国家代表了道德与文明的最高成就,是伦理价值的最高体现,个人的伦理价值只有在国家中才能真正得到实现,这些思想在德国历史主义史学中随处可见。可以说,历史著作叙述国家、政权和权力等事物,即史学研究中的政治倾向性,也是德国历史主义学派的传统之一。

---

① 以上有关德罗伊森观点的引文分见于德罗伊森:《历史知识理论》,胡昌智译,北京大学出版社2006年版,第9、3、18、2、10、11、20、22、27、28、417、14、325、328、203页。

19世纪末20世纪初,德国历史主义史学逐步传播到欧美各地,使众多史学家深受影响。对此,伊格尔斯曾说:"在德国,19世纪末以前历史主义的观点一直深植于各种社会和文化科学之上,德国以外的地区,当学术研究逐渐职业化,并集中到大学时,历史主义的理论和方法也被学者所采用。"①可以说,19世纪的历史主义史学极大地丰富了西方史学思想,其史学原则至今仍是西方史学思想中的宝贵财富。

五、西方学者对古代东方文明的研究

1. 埃及学与亚述学

古奇指出:"古代东方的复活是19世纪最动人视听的事件之一。现在我们才知道,希腊和罗马并不是接近有记录的历史的发轫点,而是一系列成熟的文明的继承者。我们的整个看法改变了。古代东方已经不仅仅是走向基督教欧洲的前厅,是按持续时间说占据有记录的历史的较大部分。"②古氏之论甚是。在19世纪的西方史学发展史上,西方学者对古史的研究,成绩斐然,这里不仅有德国考古学家施里曼、英国考古学家伊文思等人对特洛伊、迈锡尼和克里特岛等地区的考古发现,使爱琴文明得以重见天日,而且对古代东方文明研究也颇有建树,以至被古奇称之为"古代东方的复活"。的确,"古代东方的复活",也应当作为"历史学世纪"的西方史学的一项重大成就。

19世纪西方学者对古代东方文明的研究,由于埃及学与亚述学的建立,取得了突破性的进展③。

早在公元前4000年,古代埃及人就发明了象形文字。公元4世纪,由于基督教势力日盛,旧日宗教信仰的动摇,神庙封闭,原来一些研究象形文字的祭司也慢慢地绝迹了,后来竟无人能够识别这种古老的文字。至18世纪末,法国拿破仑军队入侵埃及,布萨尔在尼罗河口的罗塞达城郊发现一块石碑,上面刻有三种文字——象形文、俗体文和希腊文,是孟斐斯祭司于公元前195年呈献给托勒密五世的一篇颂词。这块石碑的发现,为译解古埃及象形文字提供了一把钥匙。

---

① 伊格尔斯:《历史主义》,见张京媛主编:《新历史主义与文学批评》,北京大学出版社1993年版,第291页。
② 古奇:《十九世纪历史学与历史学家》下册,第700页。
③ 本节所述,除参见《十九世纪历史学与历史学家》外,另参见孙秉莹:《欧洲近代史学史》第十三章,湖南人民出版社1984年版。

用这把钥匙揭开古埃及象形文字哑谜的是法国年轻的学者让·弗朗索瓦·商博良(Jean Francois Champollion,1790—1832年),他被公认为埃及学的奠基人。商博良谙熟多种语言,具有敏锐的洞察力,经过他的刻苦努力,终于在1822年读通这块石碑上的古埃及象形文字,这一年通常被认为是埃及学诞生的年代。

商博良去世后,领导这门新学科的是德国著名学者卡尔·列卜修司。他的新贡献在于把批判的分析方法引入到埃及学的领域中。30岁时,他奉命领导一支考古队赴埃及访古。过去商博良赴埃及,主要是做发掘工作,而列卜修司领导的考古队,主要是从事研究。他详尽而细致地研究了每一件出土文物,并按照历史年代顺序进行整理。他在埃及考察了3年,运回了大量文物,编成了12卷本的《埃及与埃塞俄比亚的纪念物》,并附有图片1 000余幅。1866年,他第二次到埃及访问,在塔尼斯遗迹中发现了卡诺帕斯城的台桌,被称为"第二块罗塞达石"。他的研究成果证明了商博良的方法是正确的,为埃及学的发展做出了成绩。

在埃及古迹的发掘方面,德国考古学家奥古斯特·马列特有更多的发现:在塞累匹昂发掘出神牛64个,还有更多的铭文;在吉萨发掘出一座巨大的神庙;在塔尼斯神庙中发掘出狮身人面像;在孟斐斯发掘出300多个长方形的建筑物;在阿卑多斯发掘出第十九王朝锡提一世的神庙并发现了"诸王表";1867年,他送给当时国际博览会的许多著名的雕像及宝石,都赢得了人们的赞赏。马列特卒于开罗的工作岗位上,他死后被埋葬在位处吉萨附近的布拉克博物馆的花园内,他为埃及学耗尽了毕生的精力。

马列特之后,在埃及继续进行考古发掘的是法国的加斯顿·马斯伯乐。他最重大的考古收获是在萨卡拉发现了古王国时期金字塔铭文,搜集到第五、第六王朝的遗物,其中4 000多件文物具有重要的价值;在第伊尔·厄尔·巴里,他发现了新王国法老的木乃伊地窖。马斯伯乐还改变了前任对文物的疏忽态度,采取有力的措施,保护全埃及的文物古迹。他在埃及主持的研究所,对各国学者都开放。在他的努力下,埃及学获得了进一步的普及与发展。

两河流域的古代文字写在泥板上,用尖头的芦苇秆当笔书写,其形如木楔,故称之为楔形文字。楔形文字大约形成于公元前3000年,为苏美尔人所创造,后来巴比伦人、亚述人、赫梯人、波斯人等都使用过。至公元前后,这种古老的文字也逐渐被人们遗忘了。译解这种文字,比译解埃及象形文字还要困难。

19世纪初,德国学者格罗特芬开始译释楔形文字,取得了一定的成就。其后,英国学者亨利·罗林逊为此作出了杰出的贡献。他是英国外交家和军人,曾任英国驻伊朗公使等职。1835—1837年,他在伊朗西部发现了《贝希斯登铭文》①,并制成拓本,1846年他的《贝希斯登的波斯楔形文字》一文发表,宣称他已能释解其中的古波斯文。其后,他受不列颠博物馆的委托,代为该馆搜集并发掘东方古国文物。1853年,罗林逊发现了一个黏土的圆柱体,上有亚述国王提格拉-毗色的年代记。四年后,罗林逊和爱德华·兴克斯、朱理亚·奥柏特、福克斯·托尔巴特这几位学者,各自独立地译读这段铭文,他们彼此并无联系,但4篇译文的结果基本上是一致的,1857年就标志着一门新的东方学分支亚述学的诞生,也成了打开西亚地区许多奥秘的一把钥匙。

其实,西方学者在西亚地区的考古发掘,首先是在两河流域的北部——亚述地区展开的,因此释读与研究楔形文字就以亚述学来命名了。当然,这门学科所研究的除了亚述,还包括使用楔形文字的各个民族的语言、文字、历史和文化。英国人雷雅德在当地人的帮助下,在科萨巴发掘出萨尔贡(公元前8世纪)的王宫废墟,尤其重要的是在古城尼尼微的遗址中发现了亚述巴尼拔国王(公元前668—前631年)的王宫图书馆,该处藏有2万多块泥板文书,其中包括条约、法律、书信、命令等文献以及各种宗教铭文、文学作品、科学著作、王宫经济报表等,内容极为丰富,为研究两河流域地区的历史提供了重要的资料。

两河流域西部的考古发掘稍晚,是从19世纪末开始大规模地进行的。通过发掘,一些最古老的城市如拉格什、尼普尔、乌尔、巴比伦等遗址都被重新发现了。值得一提的是,1901年末至翌年初,法国考古队在埃兰古都苏萨遗址发现了著名的汉谟拉比法典石碑。石碑由三块黑色玄武岩合成,上半部是太阳神、正义神沙马什授予汉谟拉比王权标的浮雕,下半部是用楔形文字刻着法典全文。这是19世纪中叶以来西方一系列考古发掘中最重大的发现。汉谟拉比法典是目前所知的人类历史上第一部较完备的成文法典,它反映了当时社会各个方面的情况,具有无可置疑的史料价值。由于汉谟拉比法典原文的出土,不仅巴比伦历史应当重新研究,西亚地区乃至整个东方的历史,也应当重新认识,部分需要重新改写。

19世纪西方学者对东方一系列的考古发掘,不仅使人们对古代东方文明产生了浓厚的兴趣,提出了新的看法,而且也为学者们综合研究世界古代史创造了条件,因此,出现了一些有名的著作,譬如,德国历史学家爱德华·迈耶著有《古代史》(5卷),其特点是强调古代历史的统一性,把古代诸国视为历史整体的一部分,并把许多文化方面的内容纳入到自己的书中,但缺点是宣扬循环论,并把古史现象现代化,如他错误地把公元前5世纪至前4世纪的希腊社会

---

① 《贝希斯登铭文》,波斯国王大流士一世在位时(公元前522—前486年)建立的记功碑,用三种楔形文字(古波斯文、新埃兰文和巴比伦文)记载了他镇压高马达政变、各地起义和取得王位的经过。其铭文刻在伊朗西部克尔曼沙赫附近的贝希斯登山岩上,故名。

说成是资本主义社会。马斯伯乐在1875年写成一本综合研究东方各族人民史纲要,后来他把此书定名为《东方各族人民史》。1895—1897年他又出版了《东方诸民族古代史》(3卷),向读者展示了一幅从远古直至亚历山大征服时期的整个近东地区历史发展的全面图景。此外,亨利·罗林逊的弟弟乔治·罗林逊也写有《五大君主国》一书,包括迦勒底、亚述、巴比伦、米堤和波斯等地区的历史、地理、宗教、习俗、艺术、建筑等多方面的内容,还附有许多插图和照片。此书后来为《第六大东方君主国》(帕提亚)和《第七大东方君主国》(新波斯)所补充,更为完备。

虽然还有谬说,还有当时西方人观察东方文明时所常有的偏见,还有不少历史的奥秘等待进一步的发现,但是与前人相比,这时人们对东方古代文明的了解与认识,毕竟是前进了一大步。

2. 宗教与宗教学

近代尤其是19世纪自然科学的巨大进展,加深了神学与科学的冲突,而史学家运用批判原则与方法的成熟,也使宗教恢复了它同其他世俗学问一样的平等地位。正因为如此,西方学者对古代东方文明的研究不只是反映在考古发掘或译解古文字上,而且也体现在对宗教以及宗教典籍的研究方面。

19世纪,西方学者对宗教特别是对东方民族的宗教研究,也取得了广泛的进展,包括古代东方诸国的各个教派,从古老的《吠陀经》到《阿维斯陀》①,都有人在作深入的研讨,埃及象形文字与西亚楔形文字的译释成功,为深入研究这些地区的古代宗教文献创造了有利的条件。这些研究显示,各种宗教尤其是各种高级宗教之间有许多相似的特色,因而在19世纪产生了一种新的学科——比较宗教学。研究进一步表明,宗教的基本观念和实践,在很大程度上是一致的,这就促使学者们要用历史的方法去解决宗教学上所面临的一系列问题②。

进一步揭示古代东方文明的真实面貌,在很大程度上依赖于对《旧约全书》的批判研究。这种系统性的研究开始于19世纪中叶。以非宗教态度检视《圣经》的"圣经学"起源于法国的让·阿斯特吕克,他在《摩西据以编著〈创世记〉之初本考》一书中,首先以确凿的证据指出《圣经》的矛盾抵牾之处。经韦特、胡普费尔、格拉夫等学者的考证,《圣经》重现它的"六经皆史"的真相。19世纪中叶,在西方形成了《圣经》考证学派。美国东方学会主席、著名《圣经》研究学者穆尔指出:这个学派是"历史学家把用在古籍研究上的批判的原则和方法,用到了《圣

---

① 《吠陀经》,婆罗门教最古老的经典。《阿维斯陀》,波斯琐罗亚斯德教(我国称祆教或拜火教)的圣书,亦称《波斯古经》。
② 参见穆尔:《基督教简史》,张会森等译,商务印书馆1981年版,第301页。

经》上来,并把属于近代史学基本概念的发展观点,应用于犹太教和基督教历史的研究上"。这种方法后来也扩大到《新约全书》的研究中。

就这样,在19世纪像耶稣基督在人们的心目中失却了神圣的灵光一样,这时的基督教一方面失去了昔日自封的在各宗教中的至上地位。另一方面,《圣经》也恢复了它同其他世俗历史资料受到科学检视的平等的地位,它不再是科学所不准涉猎的"禁区"了,它再也不能用那些据说是万古不易的教义,来使那些不信教的人们对它顶礼膜拜。这一意识形态领域中革命性的变化,的确要归功于19世纪下半叶西方一系列的科学发现。科学终于使人们认识到,《圣经》不过是一部世俗的(当然是珍贵的)历史文献罢了。波兰历史学家科西多夫斯基曾指出:"《圣经》是世界文学宝库中的璀璨明珠,是人类文化的一份珍贵遗产。它是一部洋溢着鲜明的生活气息,充满现实主义精神的伟大作品。这样一部千变万化,造型优美,色泽绚丽,人物形象鲜明生动的作品,出现在那样遥远的古代,并且一直流传到今,这简直是不可思议的,因而也更加显示出它的非凡魅力和崇高价值。"①这段话,从把《圣经》视为世俗的文学作品这一立场出发,高度地评价了《圣经》的文学价值,用来评价《圣经》的历史价值也未尝不可。过去由于世人对《圣经》尊重太过,反使其失去真相,使之愈益神圣,而它与历史也相距愈远,倘若拨开它上面的神学迷雾,可以看到,它确是一部有魅力的文学作品,也是一部极有史料价值的历史作品。

需要顺便指出的是,对《圣经》的批判性研究,也推动了把犹太文明引到东方各国历史研究的领域中,以德国历史学家利奥波德·聪茨为代表的一批学者开始尝试用科学方法研究犹太民族史,法学家里塞尔创办了《犹太人》杂志,倡导以科学态度研究犹太民族的往昔。19世纪末叶,尤利乌斯·韦尔豪森的《以色列史绪论》、亨利希·格莱茨的《犹太人史》等巨著相继出版。20世纪以来,由于在巴勒斯坦地区考古的新发现,各种珍贵的手抄本稿卷的出土(如"死海古卷"),不仅大大改变了犹太文明研究中文献单一的局面,也为犹太历史与文化的实证研究提供了重要的条件。

3. 汉学②

何谓汉学(Sinology)?如同我们在前面界定"拜占庭学"一样,简单说来,它是研究中国历史、语言、文字和文化的学科。但实际上,对"汉学"的界定远非如此简单。首先,我们这里所说的"汉学",不是指我国的"古典汉学",而是指外国

---

① 科西多夫斯基:《圣经故事集》,福建师范大学外语系编译室译,新华出版社1981年版,第2—3页。
② "汉学"放在这里叙述,主要是考虑到只有至19世纪,才正式出现专业性的汉学研究。对此,当然需要上溯下延。

学者对中国历史文化等的研究,称之为"西方汉学"(或"国际汉学"),它大体兴起于欧洲启蒙运动所出现的第一次"中国热"时。指代汉学的 Sinology 一词最早出现在 18 世纪末,直至 1814 年 12 月 11 日,法国法兰西学院首次举办了第一个"汉学讲座",自此开创了西方专业性的汉学研究。

那么,当今学界流行的"中国学"(Chinese Studies)与"汉学"又是什么关系呢？大体说来,盛行于欧洲的汉学,以法国为中心,一般称之为"传统汉学";而在 20 世纪特别是二战后在美国勃兴的"现代汉学",以其强势与学术个性彰显其特点,现一般称之为"中国学"。论者认为,传统汉学以文献研究和古典研究为中心,包括哲学、宗教、历史、文学、语言等；而现代汉学(中国学)则以现实为中心,以实用为原则。但其发展趋势是两种汉学的交流与融通①。"汉学"一词,在这里其内涵当应包括上述两类学术形态。

汉学有其自身发生与发展的历史,于是出现了各种分期法,我们大体倾向于把汉学史分为以下三个阶段：游记汉学时期、传教士汉学时期、专业汉学时期。据莫东寅《汉学发达史》②一书所言,西人关于中国人之知识,最早可以追溯到西方"史学之父"希罗多德,当然那时是较为空泛的。直至 1500 年以前,西方关于中国的知识,半是传说,半是真实,多以游记的形式给西方人留下了最初的"中国印象"。在众多的游记作品中,其影响最著者当数 13 世纪末出现的《马可·波罗游记》,它奠定了西方这一时期"游记汉学"的基础,是为汉学的"萌芽"时期。

传教士汉学时期,大体可划定在 16 世纪至 19 世纪,对这一阶段,有论者作过这样的归纳：正是在 1500—1800 年这三百年的中国和西方文化交流中,欧洲人关于中国的认识开始大踏步地前进,在古老的欧洲东方学谱系中开始形成一门新的学问：汉学。这个时期欧洲汉学的主角是来华传教士③。在这一阶段,前面说到 18 世纪欧洲掀起的第一次"中国热",标志着西方关于中国知识的进步,比如在法国启蒙思想家伏尔泰等人心目中,中国是一个由一群有理性的哲人治理的"模范国家",当然,18 世纪西人关于"中国的印象"是经他们"改造"或"美化"过了的。

关于传教士与中西文化,论者夥矣。他们与汉学当然有着密切的关系。自 16 世纪末利玛窦入华到 19 世纪末中国的"出洋留学"潮止,这三个世纪的中西文化的交往,其主要媒介传教士,自然也成了西方(欧洲)汉学的主角。这些人兼有传教使命与研究中国的双重身份,他们中有一些人披着宗教外衣在中国从事非学术活动,但也确有一些研究中国文化的"高僧",这部分人成了西方汉学家阵营中的重要组成者。其实,上述这两者的"边界"不甚清楚,需要作具体分析,不能一概而论。在

---

① 阎纯德：《汉学历史和学术形态》,《列国汉学史书系》序二,学苑出版社 2007 年版。
② 上海书店 1989 年影印本。又,如今研究汉学史的作品甚多,而莫东寅的这本薄薄的《汉学发达史》是不可或缺的一种参考文献。
③ 张西平：《欧洲早期汉学史——中西文化交流与西方汉学的兴起》,中华书局 2009 年版,第 4 页。

西方汉学先驱的名单中,像利玛窦、蒙多萨、柏应理、卫匡国、白晋、马若瑟等传教士汉学家都当名载史册,正是由于他们所提供的关于中国的知识,滋润了欧洲本土研究中国的第一批世俗汉学家,并使欧洲汉学逐步走出了"传教士汉学"的框架①。

专业汉学时期或可从1814年12月法国人雷穆沙在法兰西学院开设第一个汉学讲座开始,它与传教士汉学时期在时间上有交叉重叠。不过,有一点可以肯定,在整个19世纪,法国汉学始终"领跑"于西方汉学界,且成为拥有当时汉学家最多的国家,其中需要特别提到的是沙畹的汉学研究,他上承传教士汉学家钱德明,下启国际汉学研究一代宗师伯希和,成就卓著。沙畹的弟子除伯希和外,另有马伯乐、葛兰言、戴密微,通称为"四大弟子",都为汉学研究,尤为汉学的"国际化"作出了各自的贡献。由于他们一代又一代人的努力,在西方终于诞生了现代东方学一个新的分支学科,可与西方的埃及学、亚述学等东方学分支学科比肩的一门新学科:汉学。

到了20世纪,现代汉学在美国勃兴,并演变为中国学,世界汉学研究的中心,就此由欧洲的法国向美国转移。其开拓者与奠基人费正清功不可没,以他的名字命名的哈佛大学费正清东亚研究中心,不仅是世界东亚研究的王国,更是现代汉学(美国中国学)研究的大本营,比如其中的裴宜理、傅高义、孔飞力、柯文、麦克法夸尔等,都是国人耳熟能详的大家②。试看今日之汉学,竟是谁家之天下?答曰:美国。

六、马克思主义史学

1. 开辟史学新时代

在世界史学史上,19世纪40年代诞生的马克思主义史学,无疑是一件大事,因为这是一场历史学的革命,正如有论者所揭示的:"马克思恩格斯首创唯物主义历史观,提出用唯物主义解释历史,是历史学的一次革命。"③在19世纪的欧洲,正当西方资产阶级史学如日中天之时,马克思主义史学横空出世,不仅冲破了前者的一统天下,而且对后世也产生了持久而深远的巨大影响。

马克思主义史学发端于欧洲,那是一个被历史学家称为"历史学世纪"的时

---

① 参见张西平:《欧洲早期汉学史——中西文化交流与西方汉学的兴起》,第5页。
② 参见朱政惠:《美国中国学史研究——海外中国学探索的理论与实践》,上海古籍出版社2004年版,第301—321页。
③ 黎澍:《马克思主义与中国历史学》,《历史研究》1983年第2期。

代。是时,这颗在 19 世纪璀璨夺目的"科学皇后"(历史学)头上的宝石,不仅因有西方资产阶级史学的宏富为其增光,当然也有马克思主义史学的兴起为其添彩;不仅涌现出了像兰克那样的一批西方史学大师,也诞生了像具有天才的历史学家禀赋的马克思及其后来者。马克思主义史学在 19 世纪的诞生,不愧为"历史学世纪"的瑰宝、19 世纪世界历史学的重大成果。

在人类文明史上,还没有哪一种思想能像以马克思命名①的思想那样,引导亿万人民的前行,不断地推动着时代与社会的进步。马克思不仅毕生致力于全人类的解放事业,而且还毕生致力于全人类精神文化遗产的批判、继承与创新。在这一方面,最明显地表现在他对人类全部先行学说和学术成果的"剖析发丝"(hair-splitting)般的研究与思考。由马克思所奠基的马克思主义史学,从诞生以来,虽历经曲折坎坷,但总是在引导着历史学前行。

马克思主义是世界历史发展的产物,马克思主义史学也是如此。自英国工业革命完成之后,欧洲大陆诸国在 19 世纪也加速了工业革命的进程。社会生产力的高度发展,尤其是科学技术在 19 世纪的全面进步,对物质生产和社会生活直接产生了巨大的推动作用。与此同时,无产阶级的力量壮大了,1831 年和 1834 年法国里昂工人的两次起义,1836 年开始的英国宪章运动,1844 年德国西里西亚纺织工人起义,有力地表明了无产阶级已作为一支独立的政治力量,登上了历史舞台。无产阶级需要与此相适应的学说与理论,马克思主义产生了,于是马克思主义史学应运而生。

由此,我们进而认识到,马克思主义与马克思主义史学不仅是历史发展与时代进步的产物,亦是世界历史发展到 19 世纪的产物,而且这种存在反映到思想上,也是马克思主义世界历史理论发展到 19 世纪中叶的产物,亦即马克思批判地继承了近代西方资产阶级的世界观,尤其是批判地继承了黑格尔世界历史理论的合理内核,并对其进行了革命性的变革的产物。

马克思主义的三个来源,即德国古典哲学、法国空想社会主义和英国古典政治经济学,也与马克思主义史学的产生有着密切的关系。进而言之,作为一种史学思想,马克思主义史学的产生同西方史学也不无关联,同样也是"由它的先驱传给它而它便由此出发的特定的思想材料作为前提"的②。的确,马克思主义史学是吸收和改造包括西方史学在内的人类一切优秀史学遗产的结果。以西方史学而言,马克思批判地继承了自西方古典史学迄至近代资产阶级史学的诸多成

---

① 必须说明的一点是,本文所指马克思往往也包括恩格斯在内,严格说来,马克思主义是马克思与恩格斯共同的思想成果,正如时贤所说,马克思和恩格斯,是两个人,又是一个人。他们各有自己的特点和风格,但又是同一种思想体系的共同创始人,这当然包括恩格斯对创立和捍卫唯物史观所作出的贡献。参见陈先达:《走向历史的深处:马克思历史观研究》,上海人民出版社 1987 年版,第 2—3 页。
② 《马克思恩格斯选集》第 4 卷,人民出版社 1995 年版,第 703—704 页。

果,马克思主义史学的历史观(唯物史观)与古代史家阿庇安及其名著《罗马史》一书中所阐发的史学思想、与近代意大利历史哲学家维柯及其在《新科学》中所阐发的史学思想,特别是与法国王朝复辟时期诸多史家关于阶级斗争的学说等,都有着难以割舍的传承与革新的思想联系。

我们之所以说由马克思所奠立的马克思主义史学开辟了历史学的新时代,这不是凭空的,而是由马克思、恩格斯通过具体的史学实践活动确立的。在这里,有必要列出马克思和恩格斯在19世纪40年代中期以后具有代表性的历史著作。

《共产党宣言》,马克思与恩格斯合撰,1848年发表。

此书是"无产阶级所负的世界历史革命使命的学说"[1],也是一部历史著作。它以唯物史观的基本原理贯穿全书,深刻地分析了人类社会各个发展阶段的历史进程,它们的物质生产、经济结构以及政治、法律、思想等;深刻揭示了从原始公社解体时开始的阶级斗争的历史,尤其是资本主义社会兴衰的客观规律;深刻地指出了无产阶级的历史地位和它的历史使命。《共产党宣言》不愧为马克思主义史学的创始人在其发轫时的经典名著,它总结了1848年欧洲革命发生前政治斗争的经验,成为无产阶级革命运动的"教科书"。

《1848年至1850年的法兰西阶级斗争》,1850年发表。

马克思非常熟悉近代法国历史的变革,尤其对当时发生的事变有一种深刻的洞察力,他卓越地总结与分析了1848年法国革命的经验,形象地提出了"革命是历史的火车头"[2]的论断,指出应充分发挥人民群众的创造力,从而加速社会发展的进程。在这里,马克思第一次运用史学研究的成果来验证唯物史观的正确性。

《路易·波拿巴的雾月十八日》,1852年发表。

本书是《1848年至1850年的法兰西阶级斗争》的续编,典型地反映了马克思的史学天才。书中,马克思以1851年12月2日路易·波拿巴发动政变这段法国历史,检验了由他最先发现的历史运动规律:"一切历史上的斗争,无论是在政治、宗教、哲学的领域中进行的,还是在其他意识形态领域中进行的,实际上只是或多或少明显地表现了各社会阶级的斗争,而这些阶级的存在以及它们之间的冲突,又为它们的经济状况程度、它们的生产的性质和方式以及由生产所决定的变换的性质和方式所制约。"[3]

可以这样说,马克思和恩格斯合撰的《共产党宣言》及上述马克思的两本历

---

[1] 《列宁全集》第21卷,人民出版社1959年版,第30页。
[2] 《马克思恩格斯选集》第1卷,人民出版社1995年版,第456页。
[3] 恩格斯为《路易·波拿巴的雾月十八日》1885年第三版所写的序言。见《马克思恩格斯选集》第1卷,第583页。

史著作,标志着马克思主义历史科学的正式诞生。

《法兰西内战》,1871年发表。

1871年3月18日,巴黎无产阶级举行武装起义,宣布成立巴黎公社,在它存在的72天中,为无产阶级革命留下了丰富的历史遗产和经验教训。马克思这部杰出的历史著作如同他的"天才的著作"《路易·波拿巴的雾月十八日》一样,表现出作者的"惊人的才能,即在伟大历史事变还在我们眼前展开或者刚刚终结时,就能准确地把握住这些事变的性质、意义及其必然后果"①。

由此可见,马克思的史学实践及其成果,既服务于无产阶级革命事业,又为马克思主义史学奠定了基础。恩格斯的史学实践及其成果也同样如此。

恩格斯(1820—1895年)与马克思一起,同为马克思主义史学的创始人。马克思主义唯物史观,是两人共同的思想成果,恩格斯"在马克思主义唯物史观创立后,通过对唯物史观命题的界定及其阐述,极大地丰富和发展了马克思主义历史观体系"②。此外,恩格斯的史学实践工作也是历史研究与社会现实紧密结合的范例。除上述与马克思合撰的《共产党宣言》外,恩格斯其他代表性的历史著作有以下几种。

《德国农民战争》,1850年发表。

1525年的德国农民战争是近世欧洲历史上的一件大事。恩格斯在这部历史著作中,通过历史比较方法指出了1525年革命与1848—1849年革命失败的共同原因,揭示了无产阶级革命必须与农民结盟的重要性。这是运用唯物史观研究历史事件的一个成功的例证。

《德国的革命与反革命》,1851—1852年发表。

在这部历史著作中,恩格斯正确地阐述了革命的前提、性质、阶级力量的对比、各个阶级的作用以及革命失败的原因等,是一部用唯物史观系统研究1848—1849年德国革命的杰作。在这里,恩格斯以丰富的材料深刻地分析了1848年德国革命,其体现出的史才,可与马克思在《1848年至1850年的法兰西阶级斗争》一书中对1848年法国革命所作出的卓越分析相媲美。

《家庭、私有制和国家的起源》,1884年发表。

此书缘起于马克思的写作计划,当年马克思曾打算根据美国学者摩尔根《古代社会》一书的研究成果,从唯物史观出发撰写一部关于人类童年时代的作品,后未果。恩格斯的这本书,在一定意义上是为了实现马克思的遗愿。

综上所述,马克思主义史学是以创始人厚重的历史著作作为铺垫的,因此,

---

① 恩格斯语,见《马克思恩格斯选集》第1卷,第1页。
② 张艳国在《恩格斯与唯物史观命题》一文中,通过考察恩格斯在三个历史时期对唯物史观的几次界定以及对它所作的发挥,论证了恩格斯的卓越贡献。参观张艳国:《唯物史观与史学理论》,华中理工大学出版社1997年版,第117页。

认真发掘马克思、恩格斯这些著作的史学内涵,应是当下一项全新的学术命题,而在过去这一点常为我们有意或无意地忽视。

概括而言,由马克思所奠立的马克思主义史学,其史学遗产包括两个方面:一是它的历史理论(或历史观),这里主要说的是唯物史观;一是它的史学理论,亦即时下所说的马克思主义史学思想的基本内容。可以这样认为,由马克思、恩格斯所确立的唯物史观,是对人类历史发展的客观进程的一种科学的归纳与总结,是世界史学史上较为科学的历史理论。对此,学界论述甚多,此处只揭示两点。

一是 1859 年马克思在《〈政治经济学批判〉序言》中对唯物史观的本质作出了精辟的表述:"人们在自己生活的社会生产中发生一定的、必然的、不以他们的意志为转移的关系,即同他们的物质生产力的一定发展阶段相适合的生产关系。这些生产关系的总和构成社会的经济结构,即有法律的和政治的上层建筑竖立其上并有一定的社会意识形式与之相适应的现实基础。物质生活的生产方式制约着整个社会生活、政治生活和精神生活的过程。不是人们的意识决定人们的存在,相反,是人们的社会存在决定人们的意识。社会的物质生产力发展到一定阶段,便同它们一直在其中运动的现存生产关系或财产关系(这只是生产关系的法律用语)发生矛盾。于是这些关系便由生产力的发展形式变成生产力的桎梏。那时社会革命的时代就到来了。"[①]马克思还指出:"无论哪一个社会形态,在它所能容纳的全部生产力发挥出来以前,是决不会灭亡的;而新的更高的生产关系,在它的物质存在条件在旧社会的胎胞里成熟以前,是决不会出现的。所以人类始终只提出自己能够解决的任务,因为只要仔细考察就可以发现,任务本身,只有在解决它的物质条件已经存在或者至少是在生成过程中的时候,才会产生。"[②]后来,恩格斯从 1872 年开始将这一新的历史观正式命名为"唯物史观"[③]。

二是唯物史观的基本原理是常青的,具有强大的生命力,但它又绝不是凝固

---

① 《马克思恩格斯选集》第 2 卷,人民出版社 1995 年版,第 32—33 页。
② 同上书,第 33 页。
③ 有学者认为,这种唯物史观是一种"传统的唯物史观理论形态",正是马克思本人所要超越的旧唯物主义,并认为唯物史观的理论应当充分反映出人是历史主体这一中心思想。参见邹诗鹏:《开放唯物史观的理论研究》,《学术月刊》2005 年第 5 期。该刊首栏发了令人瞩目的一组以"唯物史观在当代的发展和创新"为题的学术笔谈,颇可参看。从历史哲学的视角进一步阐释马克思的历史观,近来屡有作品发表,不乏新见,如郭艳君的《历史与人的生成——马克思历史观的人学阐释》(载《学习与探索》2005 年第 6 期)。哲学界的学者于此多有贡献,且为先行。当然,中国史学界对此也并不滞后,《历史研究》2001 年第 4 期发表了蒋大椿的《当代中国史学思潮与马克思主义历史观的发展》,对唯物史观作了系统的理论分析,他认为唯物史观自身存在着理论缺陷,应当在新的社会实践中加以改造。是年,北京师范大学史学理论与史学史研究中心举办了"唯物史观与 21 世纪史学研讨会"。于是,新一轮的对唯物史观的讨论在史学界兴起,相继发表了不少争鸣文章。参见李振宏:《近五年来国内史学理论研究热点问题述评》,《史学理论研究》2004 年第 1 期。

的与一成不变的。正如论者所指出的:"马克思的历史理论必须既对以往的历史开放,又对今天的现实开放;既对社会实践开放,又对一切科学开放;既对马克思主义以前的人类思想文化遗产开放,又对它产生以后的新探索、新学科、新成果开放;既对赞同或合乎马克思主义的思想、观点开放,又对非马克思主义,甚至反马克思主义而有价值的学说开放。"①

马克思主义的史学遗产,就其主要的和基本的方面而言,当然是如上所说的唯物史观。但是,倘把马克思主义史学遗产仅仅归纳为唯物史观,则是不够全面的,其史学理论方面的成就,也不应忽视。

作为历史学家的马克思,一生写下了诸多的历史著作,比如被恩格斯称之为"天才的著作"②的《路易·波拿巴的雾月十八日》,倘加细读,我们便可了解马克思是如何运用丰富的材料和已有的知识,去认识与分析事件和人物,以及如何运用卓越的历史编纂才能撰写历史的,尤其是他那引人入胜的叙事手段,与实现历史学的社会功能和教育功能的现实思考,尤其令人叹服。马克思其他的历史著作,也是如此,但令人遗憾的是,当今我国学界还很少有人从历史学自身的视角来关注马克思在史学上的业绩。

总之,马克思的史学遗产,丰赡而幽深。我们认为,马克思主义史学的出现,其意义或者说贡献,是引领我们去"开辟史学的新时代",作为一场"史学革命",它指引着人们拨开陈腐与偏见的阴霾。在马克思主义史学及其唯物史观诞生以前,人们对于社会历史发展进程的认识,始终被唯心史观的阴霾所笼罩着。这种历史观的缺陷,已被列宁揭橥:"第一,以往一切历史理论,至多是考察了人们历史活动的思想动机,而没有考究产生这些动机的原因,没有发现社会关系体系发展的客观规律性,没有看出物质生产发展程度是这种关系的根源;第二,过去的历史理论恰恰没有说明人民群众的活动,只有历史唯物主义才第一次使我们能以自然历史的精确性去考察群众生活的社会条件以及这些条件的变更。"③这一论述,精到地点明了旧史学的要害,显示出马克思主义史学的产生对后世史学发展所带来的革命性影响。

总之,马克思主义史学的诞生、由马克思所开创的史学事业,冲破了旧史学的逼仄,打破了唯心史观的桎梏,为现代新史学(包括现当代的西方资产阶级史学)的发展拓展了前进的道路,这种开拓性的贡献,对世界史学的未来发展将会产生深远的影响。

---

① 庄国雄等:《西方历史哲学》,复旦大学出版社 2005 年版,第 20—21 页。
② 《马克思恩格斯选集》第 1 卷,第 582 页。
③ 《列宁全集》第 21 卷,人民出版社 1959 年版,第 38 页。

2. 晨光熹微的岁月

马克思主义史学作为一股新的史学思潮,一经问世,便以其锐不可当之势,在欧洲蔓延。经历了半个多世纪的传播,马克思主义史学逐渐立足,并为20世纪的发展奠定了坚实的基础。

事实上,当马克思主义起于青蘋之末,马克思主义的唯物史观就开始向外扩展它的影响了。正是由于早期一些马克思主义历史学家的共同努力,马克思主义史学在欧洲得到了最初的传播,不过,其影响与声势,都是有一定限度的,如同熹微的晨光。

马克思主义史学在欧洲的最初传播及其影响,有其时代条件。19世纪下半期,随着资本主义的发展,资本主义国家间矛盾日深,国内无产阶级的状况不断恶化,国际工人运动在经过巴黎公社失败后的短期沉寂之后,从70年代开始又获得了广泛的开展。随之而来的是,以科学社会主义为理论基础的工人阶级政党在德国及其他欧美国家纷纷建立,并在80年代末成立了国际无产阶级新的组织——第二国际。1883年马克思逝世后,恩格斯承担了领导国际无产阶级与工人阶级政党的重大使命,捍卫并进一步发展马克思主义的学说。与此同时,各种非马克思主义思潮也日益泛滥起来。马克思主义史学就是在这种蓬勃与错落、繁茂与杂沓的时代氛围中,从西方资产阶级史学独霸的史坛中争得了一席之地。

在马克思、恩格斯巨大的理论贡献与史学实践之外,欧洲早期的一批马克思主义历史学家为马克思主义史学的最初实践和传播,做出了积极的贡献。他们中有的是马克思和恩格斯的战友,有的是他们的学生,有的受到过他们的影响。在马克思和恩格斯直接关怀和指导下,这批早期的马克思主义历史学家,积极宣传和发展马克思主义的唯物史观,在马克思主义史学发展史上留下了他们的足迹。他们是:德国的弗兰茨·梅林、卡尔·考茨基,法国的保尔·拉法格,意大利的安东尼奥·拉布里奥拉与俄国的格·瓦·普列汉诺夫等。同马克思和恩格斯一样,他们都不是职业的历史学家,马克思主义史学的职业化要远晚于西方资产阶级史学的职业化①。从史学史的发展进程看,19世纪下半期还是马克思主义史学的初始阶段,而西方资产阶级史学已走过好几百年的路程了。弗兰茨·梅林等人都是马克思主义者,是马克思主义的政治活动家、思想家、理论家,他们学识渊博,涉及领域众多,有过多方面的业绩,其中当然有作为历史学家的贡献。

---

① 马克思史学职业化之开始大约不会早于20世纪的一战之后。如果以西方资产阶级史学职业化的代表人物兰克1824年进入柏林大学时算起,马克思主义史学职业化与前者相比,时间差距为一个世纪左右。

以下逐一作简单的介绍。

弗兰茨·梅林(1846—1919年),德国社会民主党人、社会活动家、理论家、历史学家、文艺评论家,为后人留下了许多领域的思想遗产。在他丰硕的著作中,大体属于历史学著作的有《德国社会民主党史》《中世纪末期以来的德国史》《马克思传》《莱辛传奇》及《论历史唯物主义》等,后两书曾得到了恩格斯的好评①。他的《保卫马克思主义》,闪烁着马克思主义的理论光彩与战斗锋芒,在当时有力地宣传和捍卫了马克思主义的唯物史观。他早就明确指出:"历史唯物主义并不是一个封闭的、以最后真理为其终点的体系;它只是研究人类发展过程的科学方法。"②他又说:19世纪革命的工人运动证明,它已经发展成为一个不可战胜的力量了;德国的工人阶级已经进入历史发展的重心,世界上任何一种力量都无法再把它挤出这个重心了,"现代工人阶级的解放斗争,是世界史上最光荣和最伟大的解放斗争,德国社会民主党率先进行这一斗争这个事实,可以洗刷德意志数百年的耻辱"③。重温这位先哲的话,会让我们对历史唯物主义的真谛和无产阶级的革命事业有一番新的认识。

卡尔·考茨基(1854—1938年),德国社会民主党人,历史学家、社会活动家、理论家。在第一次世界大战前,他是一位马克思主义者,一战后思想蜕变,成为被列宁所斥责的无产阶级的"叛徒"。不管怎样,他前期对马克思主义唯物史观的阐释与理论贡献不容泯灭。作为历史学家的考茨基,他的许多著作,我们仍不能绕过。其《伦理学和唯物史观》,力图用唯物史观探讨伦理道德,在正误交错的论述中,也提出了许多马克思主义的道德伦理观,发人深省。《基督教的起源》则阐述了早期基督教的历史,迄今为止仍是历史研究和宗教研究的必读书目之一。《社会革命》和《取得政权的道路》两书也是运用唯物史观分析无产阶级革命的佳作,后书曾被列宁视为考茨基"最后也是最好的一部反对机会主义的著作"④。

保尔·拉法格(1842—1911年),法国工人党创始人之一,社会活动家、理论家。他积极投身于法国的社会主义运动,在实践中为捍卫马克思主义作出了贡献。在理论上,他是科学社会主义天才而又渊博的传播者和学者,列宁称他为"马克思主义思想的最有天才、最渊博的传播者之一"⑤。拉法格把马克思主义学说运用于许多具体的研究,成果颇丰,其中有《财产及其起源》《唯心史观和唯物史观》《思想

---

① 《马克思恩格斯选集》第4卷,人民出版社1995年版,第725页。
② 梅林:《保卫马克思主义》,吉洪译,人民出版社1982年版,第25页。
③ 梅林:《德国社会民主党史》(Ⅳ),青载繁译,生活·读书·新知三联书店1966年版,第352页。
④ 《列宁全集》第25卷,人民出版社1958年版,第468页。
⑤ 《列宁全集》第17卷,人民出版社1959年版,第286页。

起源论》等,"它们全部都属于那些有永久意义的马克思主义的文献之列"①。

安东尼奥·拉布里奥拉(1843—1904年),意大利早期马克思主义思想家、社会活动家,罗马大学教授。他为了把马克思主义的一般原则与意大利的实践相结合,做了不少工作,主要有:把马克思和恩格斯的主要著作翻译成意大利文,大大加快了马克思主义在意大利的传播进程;走出书斋,投身意大利的工人运动之中,研究与分析意大利社会发展进程中的种种问题;对马克思主义唯物史观进行阐述、解读并捍卫。在拉布里奥拉看来,唯物史观的首要任务是揭示社会历史发展的客观规律,他指出:"唯物史观不是别的东西,而是试图借助一定的方式用思维来再现经历若干世纪的社会生活的起源和复杂化。"②这些识见均见于他的名著《关于历史唯物主义》,此书是他的代表作《唯物史观论丛》之一,另几种是《纪念共产党宣言》《社会主义和哲学家丛谈》《从一个世纪到另一个世纪》。克罗齐曾说:"安东尼奥·拉布里奥拉的著作对当时的意大利政治文化和史学起了重大作用,我们这些青年从中了解到纯真的马克思主义。"③

格·瓦·普列汉诺夫(1856—1918年),在中国读者中拥有很高的知名度。一是因为他是俄国马克思主义的先行者,同俄国最早的一批马克思主义者阿克雪里罗得、查苏利奇等人在瑞士日内瓦创立了俄国第一个马克思主义团体——劳动解放社,并把马克思和恩格斯的许多著作译成俄文,在国外刊印,国内流行。二是因为他前后期的变化令人注目。前期作为俄国革命者、马克思主义理论家,做出了卓越的贡献,并对民粹主义予以深刻批判;后期与主张温和的孟什维克关系密切。三是因为他作为学者的出色成就令人注目,他著作宏富,在我国广为人知的中译本就有《论唯物主义的历史观》《论一元论历史观的发展》《论个人在历史上的作用问题》等。其中,普列汉诺夫对历史唯物主义观点的阐述,都异常精彩,对此论者甚多,不再赘述④。

3. 从对抗到对话

马克思主义史学自19世纪40年代诞生,对近世以来的西方史学日渐形成一种巨大的挑战。至20世纪,马克思主义史学与现代西方新史学,成为国际史学的"两支巨流"⑤,两者之间既对立中有交流,矛盾中有糅合,给20世纪历史学

---

① 拉法格:《思想起源论》,王子野译,生活·读书·新知三联书店1963年版,第4页。
② 拉布里奥拉:《关于历史唯物主义》,杨启潾、孙魁、朱中文等译,人民出版社1984年版,第54页。
③ 董进泉等:《历史学》,四川人民出版社1989年版,第231页。
④ 我国哲学史家与史学史家对此都曾予以很多的关注。可参见黄楠森主编:《马克思主义哲学史》第四章第一节(高等教育出版社1998年版),又见庞卓恒:《唯物史观与历史科学》第一章第二节(高等教育出版社1999年版)。
⑤ 居伊·布瓦:《马克思主义和新史学》,《国外社会科学动态》1981年第4期。

的发展带来了深远的影响。具体来说,经历了如下三个阶段。

第一阶段:对立,从19世纪40年代马克思主义史学诞生至1917年的俄国十月革命。

马克思主义史学在其诞生最初的年代里,受到了西方资产阶级史家的仇视、疑惧与曲解。对此,当代西方历史学家杰弗里·巴勒克拉夫曾作过一些很中肯且有见地的分析。他写道,马克思主义史学受到敌视,"其中有多种多样的原因,但最根本的一个原因是1848年以来欧洲大陆普遍存在着对共产主义的仇恨和疑惧。在包括沙皇俄国在内的大多数国家里,高等学校的教学组织实质上排斥了马克思主义者和社会主义者。只有在具有长期革命传统的法国比较宽容,从饶勒斯到马蒂埃,从拉布鲁斯到费弗尔,马克思主义学者一代一代地沿袭下来。但在其他国家,尤其在德意志帝国,大多数职业历史学家既不懂又不想去弄懂马克思主义原理或历史唯物主义的解释。人数不多的马克思主义历史学家——例如梅林——又遭到排斥。如果说马克思主义在十九、二十世纪之交终于崭露头角的话,也还是被'当成流行的崇拜实证主义的变态形式,是一种特别有害的形式'。许多反对者在竭力加深这种假象,其中包括施塔姆勒和里克特这样一些批评家。直到1918年——而且事实上在那以后——马克思和马克思主义在英国的大学历史研究和教学中依然被完全忽视。1917年的俄国革命迫使俄国以外的历史学家开始认真地对待马克思主义对历史所作的解释。即使如此,他们的反应本质上仍然是敌意的"①。

第二阶段:接近,从1917年俄国十月革命至第二次世界大战结束。

马克思主义史学与西方史学逐渐消弭对立状态,大概从20世纪初就开始了。早在1902年,美国哥伦比亚大学教授塞利格曼就出版了《历史的经济解释》一书,专论唯物史观的发生、发展及其影响。虽则他把唯物史观片面地归结为"经济史观",因而也就不可能全面理解它的精髓,但这位西方史家却承认"我们全都必须承认它在激励学者们的思想和扩展历史学与经济学的观念与概念方面已经起到的有益影响……它将在精神发展和科学进步的记录上占有一个尊荣的地位"②。1912年,现代美国新史学派代表人物鲁滨逊在《论历史学》中这样评价马克思的史学贡献:"第一个对于科学的历史学作出巨大贡献的是来自一个意想不到的角落,这也是当时迫切需要一种合乎实际的学说的反映……作出这样贡献的是一位哲学家、经济学家、社会改革家,而不是一位职业历史学家。他提出了一系列的新奇问题。这些问题都是历史家研究过去时所应该注意的。他并

---

① 巴勒克拉夫:《当代史学主要趋势》,第31—32页。
② 转引自庞卓恒:《唯物史观与西方史学的危机和变迁》,《世界历史》1984年第4期。

且对于以前大家所不很了解的事情提供了科学的解释。"①

从以上两位西方史家的言论来看,他们对马克思及其唯物史观虽不能作出科学的认识,但敌意似乎不见了,对峙状态开始消解,这就为马克思主义史学与西方史学的对话创造了条件。

而1917年之后,特别是1929—1930年的世界性大萧条和资本主义社会的深刻危机,不仅使马克思的历史判断的正确性得到了证实,而且迫使西方史家开始认真对待马克思主义及其唯物史观,从而在总体上结束了前一阶段敌视马克思主义及其唯物史观的对立状态,开始真正地直面马克思主义史学。例如,1946年英国历史学家劳思指出:"在今天要成为一个好的历史学家,就要懂得一点马克思主义。"②西德弗里茨·凯恩(他是10卷本《世界史》的发起者)在谈及马克思主义的影响时也这样说:"总之,这种论断(即马克思主义)是对今天具有巨大意义的历史力量。"③这可视为20世纪40年代末西方学者对马克思主义的一种比较积极的回应。

第三阶段:对话,二战后迄今。

二战结束之后,马克思主义及其唯物史观对当代西方史学的影响得到了明显的加强,并更多地被运用于历史研究之中。由于时代的巨大变革,并为了应对这种变化了的世界形势,不管是马克思主义史学还是西方史学,都需要"与时俱进",为此它们之间更需要进行平心静气的对话,相互学习,携手共进。二战后史学发展的事实证明,无论是马克思主义史学还是西方史学都颇为明智地展开对话,且多有成效。这里以法国年鉴学派为例,阐述马克思主义史学与西方史学之间的对话,以及前者对后者的深刻影响。

法国年鉴学派的代表人物从不讳言从马克思主义那里所受到的巨大影响。年鉴学派创始人吕西安·费弗尔、马克·布洛赫和第二代代表人物费尔南·布罗代尔的相关论述,都证明了这一点:"没有马克思主义,就没有年鉴派。"④年鉴学派第三代代表人物之一勒高夫对年鉴学派与马克思主义史学之间的关系,曾作出过具体的归纳,他写道:"在很多方面(如在带着问题去研究历史、跨学科研究、长时段和整体观察等方面),马克思是新史学的大师之一。马克思和马克思主义的历史分期学说(奴隶社会、封建社会、资本主义社会)虽在形式上不为新史

---

① 鲁滨逊:《论历史学》(1912年英文版),转引自齐思和为鲁滨逊著《新学》一书中译本所写的序言,第Ⅶ—Ⅷ页。
② 劳思:《历史的用途》(伦敦1946年版),转引自康恩等:《穷途末路的资产阶级历史哲学》,张书生等译,生活·读书·新知三联书店1962年版,第60页。
③ 转引自康恩等:《穷途末路的资产阶级历史哲学》,第73页。
④ 姚蒙:《法国年鉴学派》,何兆武、陈启能:《当代西方史学理论》,中国社会科学出版社1996年版,第507页。

学所接受,但它仍是一种长时段的理论。即使关于经济基础和上层建筑的概念不能说明历史现实不同层次间的复杂关系,但这里毕竟揭示了代表新史学一个基本倾向的结构概念。把群众在历史上的作用放在首位,这与新史学重视研究生活于一定社会中的普通人也不谋而合。但是马克思主义把经济因素当作解释历史的首要因素,把心态列入上层建筑的范畴,并将历史看作是按照一种单纯演进模式直线发展的;而新史学则认为,心态虽然不是历史因果关系中的一个主要因素,但在新史学中占有较重要的地位。新史学又强调历史经验的差异性和历史研究途径的多重性,所有这些问题都表明,新史学可能被正统马克思主义认为是对自己的一种挑战。"①这段话虽指出了马克思主义史学与年鉴学派在一些问题上的分歧,但也深刻揭示了前者对后者的多重直接影响,两者之间不乏真正的对话。事实上,法国马克思主义史学也有与年鉴学派等相互合作的例证。

---

① J.勒高夫等主编:《新史学》,姚蒙编译,上海译文出版社1989年版,第35页。

第八章 现代史学（Ⅰ）

世界万物，新陈代谢。事实表明，历史学的新陈代谢与大千世界的诸多事物一样也是不可抗拒的，顺时代潮流者兴，逆时代潮流者衰。纵览20世纪以来的西方史学发展史，虽则它呈现出一种繁衍不绝与纷纭复杂的文化景观，但宏观地看来，却始终有一条主线贯穿着，那就是从传统史学走向新史学，新旧史学之间抗衡，新史学不断取得胜利，这是史学史上一个新陈代谢的历史过程。

需要强调的一点是，同以前相比，20世纪以来西方史学新陈代谢的过程明显地加快了，它取决于历史学自身发展的因素，更受到时代与社会大变革的影响，这是20世纪的时代特点所决定的。人们只要稍稍留意一下20世纪西方史学流派的嬗变，如法国年鉴学派的发展史，便可略知其情由了。

宽泛地说，我们可以把20世纪的世界称为现代世界①。倘如是，本章与下章所指的现代史学主要是20世纪以来的西方史学的发展与演变，又主要是西方新史学的发展与演变。

本章为国别篇。

---

① 当今中国学界往往以第二次世界大战的结束作为划分现代与当代世界历史的界标，称1900年以来至二战结束为世界现代史，1945年9月迄今为世界当代史。而巴勒克拉夫在《当代史导论》中则认为，"当代"一词的概念模糊，缺乏明确的含义，各人对此都有不同的理解，自1918年以来，曾对这一术语有长期的争论。参见《当代史导论》第1章，张广勇、张宇宏译，上海社会科学院出版社1996年版。

一、大变革的时代

  世事如烟,20世纪已经结束,人类迎来了第三个千禧之年。在这新的世纪,我们回首逝去的年代,不免徒增几分历史沧桑感,同时滋生出某种"斯宾格勒—汤因比式"的情怀,从而瞻前顾后,沉湎于对往事的思考与对未来的洞察之中。

  历史学家不会坐失良机。事实上,当下中外学人对20世纪的世界发展进程已经或正在作出系统性研究,可以预期,20世纪世界史将成为中外学界继续关注的一个热点。英国马克思主义史家艾瑞克·霍布斯鲍姆的名著《极端的年代:1914—1991》(上、下卷)对20世纪的世界史阐发了独到的见解,他试图告诉我们:两次世界大战及无数局部战争给人类所带来的灾难,40年冷战所造成的不安,科技进步的利与弊,社会文化变革的长与短,资本主义发展的荣与衰,社会主义进程的得与失……

  霍布斯鲍姆指出:"简单地说,这个世纪是在全球秩序大乱中落下帷幕。这种混乱现象,性质不明确,控制无方法,止息更遥遥无期。"①他进一步指出:"于是世纪末的人类,只好在弥漫全球的一片迷雾中摸索前进,透着朦胧足音,跌撞入第三个千年纪元的开始。"②

  于是,霍氏告诫世人:"人类若想要有一个看得清楚的未来,绝不会是靠着过去或现在的延续达到。如果我们打算在这个旧基败垣上建立新的千年,注定要失败。失败的代价,即人类社会若不大加改变,将会是一片黑暗。"③

  这是霍布斯鲍姆对20世纪世界历史发展进程所交出的一份"答卷",这自然是一个见仁见智的热点话题,有利的是我们非常幸运地处在联系历史与未来的连接点上,在憧憬人类文明发展远景的时候,还有足够的时间去回顾20世纪所走过的历程。于是,人们惊讶地发现,这一个世纪以来所发生的变革,无论在政治、经济还是在文化、社会等诸方面都有天翻地覆的变化,其范围之广,速度之快,影响之深,可谓史无前例。

  这的确是一个史无前例的大变革的时代。在20世纪世界史的发展进程中,我们可以看到:革命风雷激荡,社会主义的"凯歌行进"及其后来的曲折发展;中国革命的成功,有中国特色社会主义以及社会主义市场经济发展模式的奠立;争

---

① 霍布斯鲍姆:《极端的年代:1914—1991》(下),郑明萱译,江苏人民出版社1998年版,第833页。
② 同上书,第828页。
③ 同上书,第863页。

取民族独立和解放斗争的烽火燃遍全球,旧殖民体系的土崩瓦解;第三世界发展中国家崛起,作为一支新兴力量登上了世界舞台;现代资本主义经济所带来的巨大发展和客观存在的严重困扰,发展与衰朽的双重趋势及其波浪式的发展;科学进步,发明创造,特别是现代化与新技术革命的浪潮对人类的造福,同时气候变化、环境恶化、人口膨胀、贫困严重等灾难性后果的不断出现;各种社会思潮繁衍,各种价值观念流行,各种宗教信仰传播,形成了此消彼长与互争雄长的纷繁局面……

小小环球,大千世界,纷纭杂沓,色彩斑斓。在这巨幅历史画卷中,战争与和平交织,矛盾与妥协相伴,改革与发展重合,繁荣与腐朽兼存,历史的运动与运动的历史犹如一条奔腾的长河,永不停息。是的,展现在人们面前的现代(20世纪初以来的)世界,无疑是一个多样化的世界。这是由历史发展的多样性、不平衡性所决定的,它不以人的主观意志为转移。

然而,倘一味强调20世纪世界的不平衡性、多样性,而看不到它的统一性、普遍性的发展趋势,这也是不对的。马克思和恩格斯在《德意志意识形态》中提出了人类社会经历了"历史向世界历史的转变"①的重要论断,自15世纪、16世纪开始的人类社会从分散向整体发展的转变,有力地证明了这一论断的正确性。我们可以发觉,自那时开始,人类社会经过400多年的行程,至20世纪,世界历史已进入了一个整体发展的新阶段。在当代,和平与发展已成为世界各国与各民族的共同主题,在这一主潮流的推动与影响下,世界以一种前所未有的形式和速度发展为一个整体,发展为一个相互依存、互相制约、趋同存异的统一性的世界。因此,当代世界的全球化趋势亦不可逆转。

我们对20世纪世界的复杂进程和多种景观似可归纳为"多样性统一",历史研究工作者应把这种个性与共性统一的原理运用于20世纪世界史的研究中。在这种思想与视野的指导下,我们再来研究包括西方史学史在内的20世纪历史学的新陈代谢,就能看得更为分明,更为透彻一些。

二、从传统史学走向新史学

1. 世纪初的争论②

就大势而言,20世纪的西方史学是一个从传统史学向新史学转变的时代。

---

① 《马克思恩格斯选集》第1卷,第89页。
② 一般说来,现代西方史学是从19世纪末的新旧史学的这场争论发端。在此,需要说及的一点是,在19世纪与20世纪交替之际,于史学而言,发生了一个重大的历史事件,即于1900年在巴黎(转下页)

在这个史学转型的年代里,传统史学仍有雄厚的力量(至少就20世纪上半叶的情况是如此),而新史学也在不断蓄积力量,新旧的抗衡与反复的较量,使现代西方史学从一开始就呈现出了错综复杂的情况。

一方面,继承兰克史学传统的西方资产阶级史学,经历了19世纪的发展已达鼎盛时代,其编纂体例与方法都日趋完备,进入20世纪后,其声势虽不及当年,但也不是毫无作为。如英国历史学家阿克顿勋爵主编的《剑桥近代史》就充分体现了这种传统史学的编史风范;一些恪守陈规的传统史家,仍抱残守缺,局限于叙述1900年以前所发生的各种琐碎的政治事件,忽视这些事情与社会、经济和文化等因素之间的联系,他们写的历史学论文刊载在《英国历史评论》《美国历史评论》等专业性很强的史学杂志上,只在少数同行中交流,而缺少与广大读者的对话,失却与整个社会的联系,于是历史学被他们引向了一条狭窄的胡同。

另一方面,进入20世纪以来,现代自然科学取得了长足的进步,世界政治形势也发生了巨大的变化,第一次世界大战与俄国十月社会主义革命的胜利,战后无产阶级与民族解放运动的不断高涨,席卷资本主义世界的经济危机的发生,使西方社会日益显露出一种动荡不安的局面。在这种情况下,19世纪传统史学中所笃信的史料即史学,历史发展中的进步观念和乐观精神,以及西方文明优越论等观念开始动摇了。从19世纪末以雅各布·布克哈特为代表,率先从内部向兰克史学树起了反叛的旗帜,至20世纪方兴未艾的新史学的潮流,都在不断地冲击着传统史学的堤坝。

必须指出,德国不仅是西方传统史学的营垒,而且也是现代西方新史学的源头。这离不开卡尔·兰普勒希特为开创西方新史学而做出的贡献。1900年伊始,他发表了《文化史的方法论》,从历史研究的对象、主题和方法等方面,与兰克学派展开了一场大争论。归纳起来,兰普勒希特与兰克学派有以下一些分歧。

第一,兰普勒希特主张历史学要拓宽题材,扩大范围,不能束缚在政治史的狭隘的圈子里,而应扩大到经济、文化和民族等诸多方面。他不满于兰克史学中的英雄史观,认为历史舞台的主角不是少数豪杰,他要确立的一种新史学是要研究群众,而不是个别人物,它应当写人类集体的活动,而不是写名人的历史。因为在兰普勒希特看来,个人不能决定社会,但社会可以限制个人,历史学家应当把社会(人类的整体)看作自己著作的基本对象。

第二,兰普勒希特采取了一种不同于兰克学派的新方法。以兰克为代表的

(接上页)召开了第一届国际历史科学大会。此后,大体每五年召开一次,直至今日已是第二十二届了。回顾国际历史科学大会的百年史,它经历了创立时期—发展时期—国际化时期,举办地从偏于欧洲,延及北美,伸向亚太,落户中国(第二十二届),就地域而言,已经是"世界性"的了,我们可以这个"窗口",瞭望西方史学乃至国际史学的发展变化,更为中外(西)史学交流搭建一座桥梁。据此,以20世纪初开始的国际历史科学大会作为我们考察现代西方史学的新路标,庶几可矣。

传统史学仅仅要求弄清"事实是怎样发生的",而他认为应当说明"事实是为何如此的"。兰克要解决的是记叙历史,而兰普勒希特则要探明事实发生与变化的理论依据,并声称应当用发生学的方法来取代叙述的方法。

第三,兰普勒希特希求以社会心理学的理论来重新铸造历史学。在《什么是历史?》一书中,他劈头就说道:"历史学是一门研究社会心理现象的科学。"他指斥兰克学派漠视社会心理学,把历史仅仅看作是少数领导人物的一种"神秘的先验精神力量"的表现。他认为,每一个历史时期都有一种占支配地位的"时代精神",历史学家应当用这种"时代精神"来标示各个历史时期的精神。譬如,在德意志,从原始时代到公元10世纪为第一时期,它的时代精神是象征主义;第二时期(中世纪早期)是类型主义;第三时期(从13世纪到15世纪)是因袭主义;第四时期(从16世纪到18世纪上半叶)是个人主义;第五时期(包括浪漫主义和工业革命时期)是主观主义;而最后一个是敏感或神经紧张的时期,这是指作者所生活的时代。

兰普勒希特期望用一种心理学的方法,为历史提供一种真正解释的线索。这种企图与传统史学相比虽有耳目一新之感,但他的体系的构建与对这种体系的解释,恐怕还是成问题的。因此,他的论见在当时德国史学界引起了与兰克学派的激烈争论,从1891年他的《德意志史》第1卷出版之时起,持续有多年,其焦点集中在文化史与政治史上。这场争论从一个侧面反映了20世纪初西方史家对传统史学的不满情绪,以及力图摆脱兰克史学所作出的巨大努力。

兰普勒希特为寻求支持者,发展他的新史学,力图建立一个"新型文化史学派"。他于1909年5月开办了一所撒克逊皇家文化史和通史学院,开设课程相当广泛,有历史哲学、谱牒学、文献学、人种学、经济学、社会学、德国文化史以及外国文化史、儿童研究、朝廷礼仪、比较法律等,他亲自在学院中讲授文化史和历史方法论等课程。这个学院在兰普勒希特的领导下,一共出版了40部专著,总名为《兰普勒希特对文化史和世界史的贡献》,他的史学论见及业绩引起了一些外国学者的注意,但在德国这样一个传统史学根深蒂固的国家里,历史学界不少人对他的见解仍持怀疑态度。

2."特洛伊木马"

法国年鉴学派的创始人之一吕西安·费弗尔说,亨利·贝尔(Henri Berr, 1863—1954年)所创办的《历史综合评论》,是安放在传统史学营垒中的一匹"特洛伊木马"。这一形象的比喻,生动地道明了贝尔所创立的历史综合学派在批判传统史学中所起的重要作用。

贝尔早年在巴黎高等师范学院求学。从1896年开始,他有过一段30余年的教学生涯。贝尔才智卓识,对文、史、哲诸学科都有兴趣与建树,这为他倡导历史综合与跨学科研究创造了有利的条件。他还是一位杰出的学术活动组织者,1900年在他领导下,"国际综合中心"成立,同年他创办了《历史综合评论》杂志,由于他卓有成效的组织工作,把世界许多知名学者都吸引过来了,像著名物理学家爱因斯坦等也曾参与其事,费弗尔和布洛赫先后参加过《历史综合评论》杂志的工作。1911年,贝尔的代表作《历史的综合》一书问世,它标志着历史综合理论的成熟。

贝尔旨在建立一种与传统史学相异的新史学。贝尔说,他创办《历史综合杂志》的目的是要克服传统史学中的狭隘性和封闭性,使历史学加强与毗邻学科之间的联系。他指出,兰克的传统史学只是"事件的历史",仅仅叙述历史上发生过的事件,缺乏解决问题的明确认识;传统史学只重视从史料来研究历史,他们这样做,只能挖掘历史的一个角落,造成史学孤立于其他学科之外的不良倾向。在他看来,只有用综合的方法,才能克服传统史学中的这些弊端,以探求人类的进化和发展的规律。

贝尔所倡导的综合研究,就是跨学科的综合研究,就是试图把历史学与其他学科统一起来,用来解释历史。他认为,在人类社会和历史中,有三类因果关系:简单的连贯性关系,即一些事实被另一些所决定;经常的关系,即一些事实和另一些事实的必然联系;内部的关系,即事实之间互相合理的联系。与之相适应的亦有三种历史因素(或事实),即偶然性、必然性和逻辑性。他指出:偶然性是纯粹的秩序,必然性是不变性或重复,逻辑性是倾向和长期性。贝尔认为,用这三者来解释历史,就能改变历史学研究中过分专业化和孤立化的倾向[①]。

贝尔根据他的设想,提出了在一切科学成就的基础上,编纂一套完整地反映历史综合学派观点的100卷本的大型系列丛书"人类的进化"。1920年,这套丛书的第1卷出版,费弗尔和布洛赫也积极参加了丛书的编写工作。在贝尔80岁诞辰之际,费弗尔高度评价了《历史综合评论》及贝尔的史学业绩,称亨利·贝尔的《历史综合评论》孕育了年鉴学派。是的,年鉴学派的第一代领导人确实从这份杂志和这套丛书中摄取养料,找到了创建新的历史学派的出发点。贝尔的史学遗产也成了年鉴学派问世的理论前提之一。

3. 大洋彼岸的震荡

20世纪初的新史学潮流,还来自大洋彼岸。美国历史学家詹姆斯·鲁滨逊(James H. Robinson, 1863—1936年)于1912年发表了他的代表作《新史学》,宣称:历史学也"需要一个革命",向传统史学发出了有力的挑战。鲁氏之作的发表,被他的弟子说成是美国史学中划时代的大事,是美国"新史学"派的宣言书[②]。就这样,

---

[①] 参见井上幸治:《年鉴学派成立的基础——亨利·贝尔在法国史学史中的地位》,《国外社会科学》1980年第6期。

[②] 参见巴恩斯:《历史编纂史》,纽约1963年英文版,第375页。

詹姆斯·鲁滨逊

欧美两股对抗昔日传统史学的潮流汇合到一起来了,形成了20世纪以来颇为壮观的新史学运动。

鲁滨逊早年曾到德国留学,接受过传统史学的训练。其时,一方面他受到了欧洲传统史学治史理论与方法的熏陶;另一方面,欧洲史学界正在展开的对传统史学的批判以及蓬勃兴起的文化史运动,不能不对他产生强烈的影响。归国后,他曾在哥伦比亚大学执教达25年。在此期间,他著书立说,标新立异,因而门生不绝,信者日众。他的《新史学》就是这时的作品。于是,以鲁滨逊及哥伦比亚大学为中心,遂形成了一个名噪一时的"新史学派"。他的史学思想概括起来主要有以下几个方面。

第一,鲁滨逊的新史学,是一个无所不包的广阔领域。他在《新史学》中开门见山地指出:"从广义来说,一切关于人类在世界上出现以来所做的或所想的事业与痕迹,都包括在历史范围之内,大到可以描述各民族的兴亡,小到描写一个最平凡的人物的习惯与感情……历史是研究人类过去事业的一门极其广泛的学问。"[①]这就是说,举凡人类全部过去的活动都应包括在"新史学"的范畴之内,他的弟子又进一步把它引申到整个人类文化的发展进程。

朝代兴替,军功记载,外交阴谋与宫廷丑闻,历史学这种局限于政治史的弊端也弥漫到美国史学界,一些所谓史学名著也充斥于此。鲁滨逊对此不无愤懑,认为这种做法是一种把读者引入歧途的"庸俗观念",他主张要迅速医治"迄今仍保持它至高无上地位"的旧史学的这种通病。

第二,鲁滨逊的新史学,是以当时流行的威廉·詹姆士和杜威的实用主义哲学思想为理论基础的。因此,他特别重视史学的社会功用与实用价值。他说过:"历史可以满足我们的幻想,可以满足我们急切的或闲散的好奇心,也可以检验我们的记忆力,用布林勃劳克的话来说,那就是它能提供一种'可信的无知'。但是历史还有一件应做的而尚未做到的事情,那就是它可以帮助我们了解我们自己、我们的同类以及人类的种种问题和前景。这是历史最主要的功用,但一般人们所最忽略的恰恰就是历史所产生的最大效用。"[②]为此,他主张普及历史知识,广泛开展历史教育,《新史学》曾列专章谈论"普通人应该具有的历史知识"(第五

[①] 鲁滨逊:《新史学》,齐思和等译,商务印书馆1964年版,第3页。
[②] 同上书,第15页。

章),其中谈到了历史教育与现代工业之间的关系。总之,他认为历史学应该随着社会的进步而变化,历史也应当在我们的社会生活中占有比以前更加重要的地位。

第三,鲁滨逊的新史学还包括在方法上所需要进行的革新。在美国"新史学派"同人看来,"新史学"之所以"新",在于坚信历史研究的题材与兴趣应该是广阔的。为了达到这样的目的,治史者应该进行广泛的训练,掌握多方面的知识,必须了解人类学、史前考古学、社会心理学、动物心理学、比较宗教学、政治经济学、社会学、法律学、伦理学、地理学等,这就是鲁氏心目中的"新史学的同盟军"。唯其如此,"历史研究的范围不仅可以大大加以扩展和深化,而且在史学园地里将会取得比自古以来更有价值的成果"。

在现代美国史学史上,鲁滨逊倡导的"新史学",是有其历史功绩的。我们认为应当把他的史学思想视为19世纪60年代以来欧洲"文化史运动"的继续与延伸,不过,他却以一种全新的姿态出现于美国史坛,"在美国传播新史学的运动中,鲁滨逊的首要地位,却是无可争辩的"[①]。这一评论虽出自其门生之口,但还是符合现代美国史学发展的实际情况的。

平心而论,以鲁滨逊为代表的"新史学派",其史学包含着不少合理因素。如他们认为作用于历史运动的是由经济的、地理的、心理的等诸多因素决定的"多因素论";强调史学的综合研究,注重史学与其他学科之间的联系;重视史学的社会功能,留意历史知识与历史教育的普及以及力求把历史著作写得既内容丰富,而又明白晓畅。所有这些都是可以批判继承的史学遗产。

三、美 国 史 学

1. 史学新潮流

在我们看来,现代美国史学发端于19世纪末,即1893年特纳所提出的边疆学说。进入20世纪,不仅特纳的边疆学说信者甚众以至迅速发展为声名显赫的"边疆学派",而且由于美国在现代世界中的政治地位和经济实力,也促进了其他学派的繁衍,促进了史学的繁荣,并俨然雄踞于欧美史学界的首位。

特纳提出的边疆理论之所以不胫而走,一方面是因为他的学说适应了美国当时的政治需要,为美国的对外扩张论、美国资本主义发展例外论、垄断制度合理论和种族优秀论提供了理论依据;另一方面,从史学自身的发展来看,特纳的

[①] 巴恩斯:《历史编纂史》,第378页。

理论开始摆脱依附欧洲史学的附庸地位,形成了自己的特色,亦即开启了研究本国具体情况、摒弃美国传统史观的史学新潮流。在 20 世纪上半叶,特纳及其边疆学派是推动这股史学潮流的重要力量,他与帕林顿、比尔德成为当时美国史学界三巨擘和进步学派的领袖。

帕林顿(Vernon Louis Parrington,1871—1929 年)反对传统史学的治史准则,在思想文化领域里有力地贯彻了新史学观点,系统地阐述了美国思想文化的发展以及美国民族的特征。他把美国思想文化史视为特权和自由两种力量斗争的历史,即神权政治和宗教独立运动、旧世界暴政与新世界自由、联邦制和共和制、奴隶制和自由、边疆地区和沿海地带、土地平均主义和资本主义、工业资本家和劳工之间矛盾斗争和利益冲突的历史。他的名著《美国思想的主流》是体现这一史学思想的代表作。

比尔德

比尔德(Charles Austin Beard,1874—1948 年)因从经济角度阐述美国历史的发展以及宣扬历史认识的相对性而成为美国史学新潮流的有力推动者。他改变了以政治为中心的历史研究传统,把经济因素引入政治史的研究之中;他把社会的矛盾冲突,尤其是经济利益的矛盾冲突作为美国社会进步和历史发展的动力,建立了以利益冲突解释美国历史的新的历史理论,这就有力地拓宽了美国历史研究的领域。他的《美国宪法的经济观》《美国文明的兴起》是这种历史理论的代表作。

进步学派的共同点就是分析历史进程中的矛盾和斗争,特纳阐发了地域间的冲突,帕林顿研究了思想文化上的冲突,比尔德展现了经济利益的冲突,他们的史观可以称之为"冲突史观"。

美国的新史学潮流,由鲁滨逊发端而由进步学派诸家推波助澜,至 30 年代形成为现代美国新史学发展史上的一次高潮。现在主义史学派在这股潮流中扮演着重要的角色。

现代美国史学中的现在主义学派勃兴于 20 世纪 30 年代,其代表人物有比尔德、贝克尔、李德等人。这一学派的理论基础是意大利克罗齐的"一切真历史都是当代史"的历史哲学和杜威等人的实用主义哲学的糅合。以贝克尔(Carl Lotus Becker,1873—1945 年)为例,可见一斑。

贝克尔在 1931 年那篇题为"人人都是他自己的历史学家"的美国历史协会主席的著名演讲中,系统地阐发了现在主义的史学理论。他认为,有两种历史,一种是曾经发生过的,另一种保留在人们的记忆中。前者是实在的、绝对的和不变的,后者是构想的、相对的和变化的,历史学家的工作就是使两者达到相应的和谐,因而他们所写的历史也就成了事实和解释的混合物。他反对客观主义史学的"如实直书",坚持认为作为历史知识或历史认识的历史是主观的而不是客观的。客观的史实虽存在,但它是以历史学家的主观意志为转移的,历史学家通过历史说话,根据其所处的时代和人们的需要进行历史的再创造,而这种工作是随着时代的演进而不断变化和更新的。贝克尔提出的历史学与现时代具有密切联系,认识的主体作用于客观的思想,无疑具有积极的意义,但他过于强调现在的决定意义和认识主体的主观意志,从而走向了历史相对主义。现在主义史学的作用是双重的,一方面它对美国的实用主义历史研究倾向起了一种促进作用;另一方面,它也在很大程度上推动历史学家对史学理论的关注。

贝克尔

二战后,现在主义史学逐渐衰落了,适应美国世界霸权国"冷战政策"的需要,新保守派风靡一时。他们以全面批判 20 世纪上半叶的进步学派的"冲突史观"为己任,强调美国历史进程中的内在和谐与利益一致,他们的史观可以概称为"和谐史观"。

新保守派在战后迄至 50 年代的美国史学界影响很大,包括一些自称是自由派但实质上亦赞同"和谐史观"、反对冲突论的历史学家在内,这一学派①的史家人数众多,学术声望也高。其中,哈茨、丹尼尔·布尔斯廷、理查德·霍夫斯塔特等人都是战后才华出众的历史学家,布尔斯廷的《美国人》《发现者》《创造者》等中译本作品,曾在中国学界产生过广泛的影响。

至 60 年代,由于美国国内外形势发生了剧烈的变化,第三世界的兴起,殖民体系的崩溃,在史学领域内以西方文化为中心的研究取向受到了猛烈的冲击。在国内,勃发的工人运动、学生运动、妇女运动、反战运动和民权运动,声势浩大,不仅冲击了美国社会,也有力地冲击着史学界的保守思想。历史学家开始以一种新的视野来重新审视这个变化了的国际与国内社会,于是以威廉·威廉斯为代表的"新左派"史学流派(或称激进派)逐渐取代了新保守学派。新左派史家强烈谴责美国的现实政治和政策,由此出发用"冲突论"来全面地改写美国史,尤其

---

① 新保守派(neo-conservative school)的历史观因无视冲突,与 20 世纪前期的进步学派史家所主张的"冲突—进步"的论见相悖,故曰"保守"。该派前冠"新"字,以区别于进步学派前的老的保守学派。也有学者将霍夫斯塔特等自称自由派的史家另名为"新自由派",其实两者都赞同美国的"利益一致",反对"冲突史观",为此可以合称为"新保守派"。

是美国外交史。威廉斯率先向"和谐论"史学发难,首次在《美国外交悲剧》中用激进的观点对美国的外交史进行了全面阐述,在他的笔下,一部美国外交史就是一部赤裸裸的帝国主义扩张史。新左派史家在研究对象上,反对只注意社会上层而忽视社会下层,确立了"由下而上"考察美国历史的研究取向。

70年代以来,新左派史学也失去了原先的锐气,其势头也开始减弱。美国的社会科学史学派自50年代经过一段时间的蓄积,至60年代大盛,历史学与社会科学的结合,即历史学的社会科学化一度成为时尚。但是,在当今美国史坛,颇具实力的社会科学史学派也不能领导史学的新潮流,更不能独霸史坛,实际上,当代美国史学同其全部文化一样,也进入了多元化的时代。

晚近以来的事实表明,由于历史学的社会科学化,导致了现今美国史学的新的危机,在克服社会科学化危机的过程中,美国史学界发生了激烈的争论,但从目前的情况看来,争论已趋向缓和,无论对传统史学家还是对新史学家来说,解决当前史学危机的重要任务在于恢复历史学的自主性。面临各种新的挑战,新史学家开始进行对历史的综合性论述。可以说,从历史的"碎化"走向新的综合,这是20世纪末至今美国(或其他一些西方国家)新史学研究的特征,于是各种新的综合模式与新的综合性著作陆续面世。进入90年代,以新史学为主体的美国史学进入了一个新的综合发展的历史时期。

2. 实用、多元与国际化

现代美国史学在长达一个多世纪的发展演变中,各种思潮交替出现,诸多学派此消彼长,形形色色的史学理论与方法,像走马灯式地登上史坛。这里,我们试图对现代美国史学的特点作一尝试性的归纳,其特点即实用、多元与国际化。

讲究实用,是现代美国史学发展进程中的一个最基本的特点,它具体表现在以下两方面。

第一,理论与实践即史学理论的构建与具体历史研究的紧密结合表现得十分突出。在现代美国史学的发端者"边疆学派"那里,这种特征就有很强烈的展示,其后不管是二战前的进步学派,还是战后的新保守派、新左派、社会科学史学派等,其史学思想多是由具体历史研究引发出来的,而非纯思辨的理论构想。例如,比尔德通过对美国宪法的经济分析,即认为它是不动产利益集团和动产利益集团矛盾冲突、后者压倒前者的产物,所以1787年的宪法对动产者有利,它并不代表全体人民的利益。此书因提出这种别具一格的历史理论而被学界认为是美国史家撰写的最有影响、最有生命力的著作之一。又如,霍夫斯塔特通过其名著《改革的年代》对从1890年迄至第二次世界大战为止的美国改革史的具体进程的研究,以体现其"和谐史观"。即使到了当代,尽管也有少量纯理论、纯方法的研究作品,但这类作品不仅因空泛枯燥与故弄玄虚而远离大众社会,即使在史学界也鲜有"知音",难成气候。

第二,注重历史研究的现实效用。美国历史学家对历史研究的现实效用的关注,包含了多方面的内容。历史研究在国内外政治中的工具作用,即历史的工具性,此其一。纵观美国史学的发展,可以发现史家与社会现实政治的密切的关联性,美国历史协会主席李德在1949年所说的史家的"社会责任",即要求历史学家从现实政治出发来研究历史。如新保守派史家用"和谐论"对美国历史进行了重构,极力掩盖美国历史上的矛盾冲突,宣扬美利坚合众国的强大和统一,以适应当时国际政治的需要;新左派史家用"冲突论"对美国历史进行了又一次重构,号召历史学家丢弃对于美国历史的自豪感,揭露和谴责美国历史上的各种丑陋现象,进而去变革现实社会。总之,这两派史家论见尽管诸多歧异,但他们都是从社会的需要出发,对历史的解释都是"一种工具主义史观",足见其与现实政治密不可分。其二,历史对于人们生活的实用价值,即历史的实用性。注重历史研究的实用价值可以说是美国历史学根深蒂固的传统,从鲁滨逊所说的历史知识对于普通人的现实功用、贝克尔所提出的"历史的用处是什么"这一非常美国式的问题,到战后诸多学派的工具主义史观,都可以看出它在美国历史研究中是一以贯之的。对以社会大众为主体的新史学家诸派来说,他们更是关注于此了。

多元性,是现代美国史学尤其是20世纪60年代以来的一个最显著的特征。美国史学多元性的特点,既是美国社会急遽发展的一种反映,也是现代美国史学新陈代谢的必然结果。从学科动因来说,多元性史学的出现在于,历史学专业化趋势的不断加强,历史学与自然科学、社会人文科学各学科之间的融合与交流。进入60年代,史学界突出的变化是,许多史家尤其是年轻一代的历史学家致力于跨学科研究和计量史学,各种边缘学科和交叉学科不断被派生、衍变出来,无疑为多元性史学的产生起到了推动作用。另外,历史学家的观念的转变也许是更为重要的原因,这就是史学领域中对欧洲实证主义史学理论的批判,从而出现了史学理论与方法上的多重格局的争雄局面。

多元性的现当代美国史学,呈现了多彩多姿的史学景观——理论的多元、内容的多元、方法的多元,像一只变幻无穷的万花筒那样令人目不暇接。即使是昔日一个被遗弃的观念或陈旧的课题,善于标新立异的美国人也会搜肠刮肚,转换视界,网罗新材料,采用新方法,使其焕发出新的光彩。在多元性的旗帜下,美国历史学家的视野与历史学研究的领域都得到了前所未有的开拓和扩展,然而也带来了课题过细、范围狭窄、人员分散、崇尚技术等种种不良倾向,这当然在美国的社会科学史学派那里有着突出的表现。

多元性的美国史学,也是兼容并蓄、各占一方的,其中既包括马克思主义史学或意图运用马克思主义观点来进行历史研究的学派与史家,也包括传统史学。

对于后者,即使当新史学在美国史坛取得主导地位之后,也仍不失为一支力量,在1988年美国历史协会举行的年会上,就曾经发生过传统史家对新史学的攻讦,两派唇枪舌剑,争辩十分激烈①。与此同时,我们考察当代美国新史学与传统史学时,也不能过于绝对,认为要么是新史学家,要么就是传统史学家,似乎一切都是非此即彼,这种绝对化的二元思维定式,为我们所不取。事实上,今后史学的发展趋势,未必如敌我双方的交战,一方消灭另一方,而更多的是相互沟通交汇,相互取长补短。这不独是美国史学如此,其他国家史学的发展也大体如此。

历史学的国际化构成了现当代美国史学发展的又一个重要的特点。

历史学的国际化的发展趋势,从根本上来说,是当代世界全球化的发展趋势的一种反映。由于美国独特的国际地位,频繁的对外交流以及多种族、多国别的研究队伍,使这一发展趋势颇为令人注目。无论是从伯纳德·贝林称历史研究为一项"国际性事业"和1988年历史协会主席入江昭的《历史学的国际化》的"主席演说",还是颇具开放性的美国历史协会的构成状况(13 000名委员中约有500名国外人员,分别来自40多个国家),都可以看出这种发展态势。

美国历史学的国际化还可以从欧美史学的合流中寻觅其踪迹及其成因。考察近百年来的西方史学发展史,人们很明显地看到了这样一种状况,即早年深受欧洲影响的美国史学如何后来居上,一些产生于欧洲史学新理论与新方法的"种子"如何在美国的土地上"落地"与"生根开花"的。19世纪末20世纪初的欧洲新史学潮流在大洋彼岸回流,既有力地促进了美国史学的发展,也推动了历史学国际化的进程,二战后这种进程异乎寻常地加快了。不消说,战后这次欧美史学的合流无论在其规模还是在其内容上,都大大地超过了前一次,从而也就在更大程度上推动了美国史学的国际化。

当代美国史学的国际化趋势继续在增长。首先,美国史家在与欧洲史家的交流与影响下,继续受益匪浅。其次,美国历史学家不断开拓渠道,进一步与非欧国家的历史学家进行广泛的合作与交流,并加强了对非西方地区尤其是第三世界国家的历史研究。再次,更为重要的是,随着世界主义的研究取向与"全球历史观"的盛行,促使美国历史学家在史学思想上由种族地域观念向全球性观念转变,于是,整体性的综合研究、宏观的比较研究与跨国界研究等呼之而出,历史研究正朝着贝林所说的"国际性事业"的方向迈进。这种史学发展的趋势,虽然不只是美国所独有,但却是在美国最突出。

---

① 参见罗凤礼:《西方史学与传统史学的一场论战——美国历史协会1988年会上的辩论》,《世界史研究动态》1990年第2期。

四、法 国 史 学

1. 年鉴学派的崛起

在现代欧美诸国的史学中,现代法国史学似乎一枝独秀,它的发展进程是与年鉴学派的演进联系在一起的。关于年鉴学派的发展脉络,人们通常把它分为三个发展阶段,即创建阶段(1929—1945年)、发展阶段(1945—1968年)和转型阶段(1968年至今)。本节主要论述年鉴学派创建时的情况,虽则年鉴学派发挥其国际影响是在二战后,但它奠定基础,却是在战前。

年鉴学派是由吕西安·费弗尔(Lucien Febvre,1878—1956年)和马克·布洛赫(Marc Bloch,1886—1944年)于1929年创立的,它得名于是年发刊的《经济与社会史年鉴》(简称《年鉴》)。在创立的初期,年鉴学派只有几个人,在传统史学的汪洋大海中,就像人们所形容的那样,只不过是"一只小小的玩具船,然而它却使世界历史学改变了方向"。

第一次世界大战甫告结束,1919年费弗尔来到法国东北部边陲地区新建的斯特拉斯堡大学,与也来到这里的布洛赫结为好友与合作者,并于1929年创办了《年鉴》杂志。在该杂志创刊号的"发刊词"中,他们道出了办刊方针:一是打破学科之间的"围墙",明确提出要进行跨学科与多学科的研究;二是不尚方法论上的空谈,理论是需要"透过实例与具体研究"来显示的;三是它需要借鉴前人的经验,但又立意创新,即要"拥有自身所固有的精神与个性"。

自《年鉴》创刊以来,年鉴学派经历了创业时的艰辛,发展时的辉煌,转型时的困惑。不管怎样,在这发展的进程中,他们以这份杂志为阵地,集结力量,网罗人才,向传统史学挑战,为新史学呐喊,终于开辟出了一个新天地,一个旨在改变世界史学发展方向的新天地。

费弗尔早在1911年就完成了博士论文《腓力二世和弗朗什-孔泰:政治、宗教和社会史研究》,其后又有《土地与人类演变:地理历史学引论》《马丁·路德:一个命运》《16世纪的不信神问题:拉伯雷的宗教》。他的论文结集为《为历史而战斗》,反映了他对传统史学的批判精神。费弗尔还是一位出色的学术活动的组织者,曾多次倡导和领导多学科集体研究活动,积极参与法国大百科全书的编纂工作。

布洛赫著述甚丰,除博士论文《国王与农奴》外,主要有《国王的奇迹》《法国农村史的基本特性》《封建社会》《奇怪的溃败》《为历史学辩护》(英译本为《历史学家的技艺》)等。通常认为,布洛赫的学术成就要比费弗尔大一些,原因之一可能是后者将更多的精力用于学术组织活动上去了。

布洛赫在将《为历史学辩护》这本书题献给费弗尔的"献词"中写道,"长期以来,我们曾共同致力于拓宽历史学的领域,为了使历史学更富有人性而并肩努力"。这是年鉴学派第一代领导人的治史宗旨。于是他们从人出发,开辟出了一种新的历史,即总体史的道路。

费弗尔认为,历史就是人,人不但是历史的唯一的准则,而且是历史的生命。他在《为历史而战斗》一书中明确指出:"历史是关于人的科学,是关于人的过去的科学,而不是关于物或思想的科学,所以,在历史这门学科中,我们需要了解的是:'什么属于人,什么依赖于人,什么为人服务,什么表示人,什么证明他的存在、活动、爱好和存在方式。'"人,作为一定时空范围内的具体的人,既不是抽象的,也不是个别与孤立的个人,而是社会的、有组织的人群。为此,当历史学家去理解人时,应该把人及生活的实际和时空中的一切错综复杂的关系理解为统一的和不可分割的。

布洛赫也认为历史是一门人的科学。他指出,我们的前辈早就教导我们说历史的对象是人,但是,他们所说的在某种意义上而言还只是单数的人,而不是我们所确定的复数的人,历史科学的真正对象应是复数的或具体的人,而非单数的或抽象的人,并进而指出它还应是一门时间中的人的科学,因为历史学家并不考察抽象的人,他的思想畅游在时间环境的天地之中。正是由此出发,布洛赫打破了以政治军事史为构架、以上层人物为主体的传统史学研究的路数,从而抓住了真正推动历史前进的人的力量,以展现历史的全貌。

在年鉴学派创立前,费弗尔注重从物质因素来研究人,布洛赫则致力于从精神心理因素来说明人。以后,他俩的学术兴趣正好反过来。费弗尔在《马丁·路德:一个命运》等书中,已把注意力转移到对人类精神文明的研究。他运用集体心理方法考察了种种长时期支配以往人们的观念,揭示了一定时代人们的精神状态。为此,一个历史学家必须与其他学科的学者合作,进行跨学科与多学科的综合研究。而布洛赫在《封建社会》一书中,更注重分析人们生活的物质因素,即综合考察劳动着的人,并把封建制度作为一种社会结构来研究,分析其兴衰。

总之,由费弗尔与布洛赫所倡导的总体史,包含了整个人类的生活。换言之,历史学家应当把社会历史作为一个整体来研究,除了政治、军事之外,更应包括经济、思想、文化、宗教和人类生活等各个方面的内容,历史研究不仅是对这组成历史的各个方面的分别研究,更要重视对历史各方面、各层次的有机联系的综合研究。这样,历史学家再也不能固守一隅,坐而论道,而应该从封闭的、狭隘的传统历史学的圈子中走出来,在年鉴学派那里,历史学家的视野被无限地扩大了。

费弗尔与布洛赫的学术研究为年鉴学派的后辈们树立了典范。对总体史的追求,跨学科研究方法的运用,回溯复原方法的运用,对各个不同的历史时期特点的关注,对各种文字与文字史料的广泛采用等,所有这些都注入年鉴学派的研究模式之中,也为现当代法国史学乃至世界史学留下了宝贵的史学遗产。

2. 在主流之外

无疑,年鉴学派的学术业绩及其学术活动,构成为现当代法国史学的主流。但主流之外,必有分支,因此在现当代法国史坛,除年鉴学派辐射出巨大的影响外,尚有不少重要的史家与学派在活动,在发散出各自的影响。我们首先要提到的就是拉布卢斯及其学派的成就。

拉布卢斯(Ernest Labrousse,1895—1988年),曾任巴黎大学教授,并带动年轻一代年鉴学派史家从事计量历史的研究,包括布罗代尔在内的一些法国著名史家的博士学位论文,都受到过他的指导与评审。在长达50多年的学术生涯中,他的学术著作、课堂教学和学术活动培育和影响了几代法国史家,堪称法国史学界的一代宗师。法国史家肖努指出:"今天,整个法国历史学派都属于拉布卢斯派。"是的,特别是拉布卢斯对法国计量史学的贡献更是如此。可以这么说,正是他教会了法国整整一代史学家进行计算,并引发了以后系列史研究的热潮,他无愧于法国计量史学派的真正领袖。

拉布卢斯的一些著作,如《18世纪法国物价和收入变动概述》《旧制度末期和大革命初期的法国经济危机》等,成功地运用了计量史学的方法,把历史研究推向深入。在后一本书中,他不仅开创性地运用情势和结构等概念以分析社会经济的变化规律,并把这种分析同社会运动、政治危机、革命等因素相联系,以说明经济情势的变化是影响革命事态的一个重要因素;而且运用计量方法分析工资收入、食品价格、生活费用等一系列因素,揭示了不同的周期性的经济情势变化对18世纪法国社会阶级矛盾尖锐化和大革命爆发的影响。他的研究成果,为以后历史学家从社会经济角度运用计量方法来深入研究法国大革命史提供了全新的概念,创造了有利的条件。

在拉布卢斯的积极努力下,计量方法得到了日益推广与运用,而新的史料,大量过去未被注意和利用的材料,诸如第一帝国时期的显贵名录、1815—1848年的选举名录以及税收登记簿、死亡与婚约簿册、人口档案等都被发掘出来,加以整理研究。迄至晚年,他与布罗代尔合作,邀集包括他的众多学生在内的全国第一流历史学家编写了一部全面反映法国经济史和社会史研究成果的大作《法国经济与社会史》,在西方史坛引起了巨大的反响。

总之,拉布卢斯所倡导的理论,所运用的计量史学的方法,所开辟的研究领域,及其与年鉴学派的合作研究,都极大地改变了法国经济史和社会史乃至整个法国史学的研究情况,深刻地影响了现代法国史学的发展。

为研究法国大革命另辟蹊径并做出卓越贡献的是马迪厄及其学派。

马迪厄(Albert Mathiez,1874—1932年)是奥拉尔的弟子。长期以来,法国大革命是被当作意识形态和政治范畴内的一个事件提出来的,从基佐到奥拉尔,都集中于大革命中的政治史研究,形成了这一领域政治史研究的传统。以后,马迪厄与其师分道扬镳,从而开始了从大革命的政治史研究到社会经济史研究的转变,创立了法国大革命研究中的马迪厄学派。

马迪厄与奥拉尔的分歧,从表面看来,似乎是由于马迪厄推崇罗伯斯庇尔而其师颂扬丹东,但深层地看,却反映了两人对法国大革命的政治、军事、宗教等方面的不同看法,马迪厄尤其不满于奥拉尔对经济问题和人民群众的忽视。他团结了一些观点相同的史学家,其中有不少是他的学生,形成了一个马迪厄学派,开创了从社会原因的角度来解释法国大革命的传统。不过,马迪厄对法国革命史的研究曾受到饶勒斯的影响。饶勒斯认为,法国大革命是经济与社会长期演进的结果,因此他十分重视从社会和经济方面来解释法国大革命。马迪厄在饶勒斯研究成果的基础上,分析了雅各宾专政时期的最高限额、征调、通货膨胀、借款、国家对经济生活的控制等问题,考察了下层民众的生活状况和斗争,令人信服地证明了城市下层人民在大革命中的作用,确立了从"下层"研究大革命史的方向。

其后,为此做出贡献的有勒费弗尔(Georges Lefebvre,1874—1959年)。如果说马迪厄奠定了学派的基础(如创办了"罗伯斯庇尔协会",创立《法国革命史年鉴》),确定了研究方向,那么,勒费弗尔则在理论、方法和研究领域上为学派的发展作出了贡献。勒费弗尔也受过饶勒斯的影响,认为自己是饶勒斯思想上的门生。对马迪厄,勒费弗尔认为他虽确立了从下层研究法国大革命的方向,但却忽略了农民。由此,勒费弗尔通过分析广大农民,真正做到了从下层即把经济和社会因素放在首位来考察法国大革命,其《法国革命时期的诺尔郡农民》正是体现这种主张的力作。此外,勒费弗尔还运用集体心理方法,对大革命时期的社会历史心理进行分析,从而开创了法国大革命精神状态史研究的新领域。

二战后,对法国大革命研究作出贡献的还有法国的马克思主义历史学家索布尔(Albert Soboul,1914—1982年)和伏维尔(Michel Vovelle,1933—　)。对于他们两人的学术成就,我们将在下章述及。

在现代法国史界,勒努万及其学派对国际关系史的研究也应占有一定的地位。

勒努万(Pierre Renouvin,1893—1974年)对法国的国际关系史研究作出了开创性的贡献,领导和更新了这一研究领域,成为法国国际关系史学派受人尊敬的领袖,与布罗代尔、拉布卢斯一起被学界称为现代法国史学的"三巨头"。

勒努万早年受到过实证主义史学的影响,但在以后长期的史学实践中逐渐认识到了传统的国际关系史研究中的缺陷,力创新路。他指出,政治、经济、社会心理和意识形态是影响国际关系进程的四大因素,不同因素在不同时期和不同情况下起着不同的作用,因而没有一个固定的模式。由于受到了年鉴学派理论的影响,他在国际关系史的研究中轻视政治因素,注重考察精神状态、公众舆论、社会情绪等深层的力量。他还运用跨学科方法对外交史作了开创性研究。由于勒努万的努力,在这一领域确立了一种新的理论与方法,在现当代法国史坛产生了不小的影响。他的学生进一步阐发了其师的理论和方法,把法国的国际关系史研究推进到一个新的水平。

五、英 国 史 学

1. 学派纷争

20世纪以来,过去以"日不落帝国"而炫耀于世的英国"黄金时代"结束了。第一次世界大战后,这个老大的"不列颠帝国"先落后于美国,再落后于德国,显示出了一种"无可奈何花落去"的衰态。在这种时代条件下,19世纪占据英国史坛的资产阶级自由主义史学派的正宗地位被动摇了,代之而起的是诸多学派的纷争局面。

现代英国资产阶级自由派史学的代表人物是屈维廉(George MaCaulay Trevelyan,1876—1962年),其史学思想在许多方面继承了19世纪辉格党人的史学传统。他十分强调历史的教育作用,指出:"它的真正的价值是教育方面的。它能够使人们回想过去,从而教育人们的心智。"①于是,历史的任务,在他看来,就可以归纳为三种不同的任务:科学的、想象的或推测的和文学的。虽然英国的实证主义的史学传统以及阿克顿的治史方法对他也有影响,但在更多的方面则是吸取了其叔祖托马斯·麦考莱的史学思想。

屈维廉

---

① 屈维廉:《克莱奥——一位缪斯》,见田汝康等编:《现代西方史学流派文选》,上海人民出版社1982年版,第180页。

20世纪30年代前后,资产阶级自由派的史学传统受到了保守派的非议,其中以纳米尔(Lewis Bernstein Namier,1886—1960年)为代表。作为20世纪英国史学界的权威,纳米尔的建树是多方面的,最主要的一点是批判了长期霸持英国史坛的辉格自由派的观点,确立了"学术上的托利主义"。他的《乔治三世在位时期的政治结构》一书,旨在否定历史中的激烈的变革,强调历史的继承性与18世纪英国政治制度的长期稳定性的观点,借以取代辉格自由派的历史观。其后,纳米尔学派中的重要人物赫伯特·巴特菲尔德继续批判辉格自由派的历史观,张扬其师的史学思想。

现代英国工党史学的理论基础是由韦伯夫妇奠定的。他们于1894年合作出版了第一部著作《英国工会运动史》,接着又发表了巨著《工业民主》,在现代英国史学史上确立了工运史学科的方法论基础。工党派史学在20世纪的代表是科尔(George Cloe,1889—1959年)和托尼(Richard Henry Tawney,1880—1962年)。就其对工运史研究而言,科尔的贡献是很大的,从30年代至50年代,他的工运史观几乎垄断了工人运动史的论坛,对英国史学的发展产生了重大影响。就工运史观而言,托尼的观点似乎比科尔更激进一些,托尼对平等的鼓吹,对资本主义制度罪恶的谴责都是相当严厉的。不过,他所提出的从经济与社会的因素来解释英国革命,主张从内战以前一个世纪乡绅的兴起中寻求英国革命的起源,以及关于农业经济由封建所有制转向资本主义所有制、新的土地所有者经济繁荣的原因等问题,也遭到了一些保守派史家的激烈的批评,并由此引发了二战后由托尼关于乡绅兴起的观点而展开的多年的学术论战,在现代英国史学史上留下了明显的党同伐异的学派纷争的历史印记。

二战后,同其他大多数的欧美国家一样,英国史学也有一个流派纷呈的时期。从学派来说,资产阶级史学派的纷争,进步史学派主要是马克思主义史学派的成长壮大,使以E.P.汤普森与霍布斯鲍姆为代表的英国马克思主义史学派在当代西方成为与法国年鉴学派、美国的社会科学史学派并立的三大史学流派之一,对国际史坛产生着深刻的影响。此外,体现战后英国史学特点的还有它的历史人口学。1964年,英国剑桥大学成立了专门研究英国历史人口学的研究中心"人口史和社会结构研究组"。他们通过对各个不同历史时期的人口变动情况进行计量统计与分析,进行微观分析(为此创立"家庭重建法"),以构建一幅社会结构的解剖图式,很快地出版了不少学术成果,并涌现出了一批历史人口学家。

必须指出,在陈述现代英国史学派别时,我们不应遗忘批判的历史哲学派在英国的代表人物柯林武德(Robin George Collingwood,1889—1943年),虽则他与正宗的历史学派没有过多的直接瓜葛。的确,与以上通过具体的历史研究探索人类历史发展客观进程的历史学家不同,柯林武德主要不是以历史学家,而是以哲学家闻名于世的,他感兴趣的不是历史进程本身,而是历史学自身,诸如历史知识的性质和研究方法的批判等内容。当然,历史哲学的这种划分,是当代历史哲学家所做的事。一般说来,在20世纪以前,西方的历史哲学大体都可归之于思辨的历史哲学范畴内。最近一个世纪以来,西方历史哲学的发展是从思辨的走向批判的、分析的,后者有逐渐成为显学的趋势。

柯林武德的主要著作《历史的观念》所阐发的思想,不仅集中反映了他的历史哲学,而且代表了批判的历史哲学派发展的一个新阶段。

柯林武德在克罗齐之后,进一步继承与发展了前者的思想。他的主要观点如下:第一,"一切历史都是思想史"。这是克罗齐的"一切真历史都是当代史"口号的引申,在他看来,历史的过程不是单纯事件的过程而是行动的过程,它有一个由思想的过程所构成的内在方面,而历史学家所要寻求的正是这些思想过程。因此,历史学家的主要任务就是要把自己放到这个行动中去思想,去编织出其行动者的思想。总之,"对历史学来说,所要发现的对象并不是单纯的事件,而是其中所表现的思想"①。他坚决摒弃传统史学中的"剪刀加糨糊"式的历史,即那种将从文献资料爬梳出来的史料加以拼凑的东西。他认为,历史学家不仅不应该追随权威,甚至也不应该批判地追随权威,他必须用自己的方式,直接从第一手材料中归纳总结出思想。第二,"历史是过去思想的重演"。历史学家的任务就是要重演过去的思想,但这并不是简单的重现,而是把过去的思想纳入到现在的历史学家的活的思想之中。与克罗齐一样,柯林武德的历史研究是从现在的主观出发,这就难免陷入了相对主义的思想泥淖之中。

在柯林武德之外,现代英国史坛上古奇、卡尔与巴勒克拉夫等却是以正宗的历史学家身份对历史学自身作出深刻反省的。古奇(George Peabody Gooch,1873—1968年)以其名著《19世纪历史学与历史学家》对19世纪西方历史学作出了系统性的总结。卡尔(Edward Hallett Carr,1892—1982年)的《历史是什么?》阐发了历史的科学性质。巴勒克拉夫(Geoffery Barraclough,1908—1984年)则以其《当代史学的主要趋势》,宏论当代国际史学,此书成为风靡于当代欧美,也广泛传播于中国学界的史学理论著作。

2. 汤因比的文化形态学说

在20世纪英国史坛,出现了一位世界级的史学大家,即被评论界称为"近世以来最伟大的历史学家"的阿诺德·约瑟夫·汤因比(Arnold Joseph Toynbee,1889—1975年)。

汤因比著作宏富,其代表作无疑是流传甚广的《历史研究》。他对史学的一个卓越贡献就是对人类历史发展的客观进程作出了整体性与综合性的考察。汤

---

① 柯林武德:《历史的观念》,第302页。

因比也是如此立意的,他在《历史研究》自序里称:"我试图把人类的历史视为一个整体,换言之,即从世界性的角度去看待它。"①

作为"新斯宾格勒派",汤因比的"文化形态学说"在相当大的程度上,可以视为对斯宾格勒创立的文化形态理论的一种继承与发展。有关斯宾格勒及其学派,我们将在本章下一节述及。这里陈述汤因比对文化形态的一些基本看法,作为历史学家的汤因比,他的史学思想也就体现在其中。

历史研究的单位。汤因比认为:"历史研究的可以自行说明问题的单位既不是一个民族国家,也不是另一极端上的人类全体,而是我们称之为社会的某一群人类。"②必须指出,在这段引文中的"社会",即与"文明"同义,在汤因比《历史研究》一书的论述中,两者是可能混用的。在这里,他与斯宾格勒一样,都抛弃了传统史学中的国别史与断代史的概念,而代之以一个个文明(或社会),认为这才是"可以自行说明问题的研究范围"。

汤因比

文明的数量。在汤因比那里,文明考察的视界扩大了,从斯宾格勒的八种发展到二十一种,它们是:西方基督教文明、拜占庭东正教文明、俄罗斯东正教文明、伊朗文明、阿拉伯文明、印度文明、远东文明、日本朝鲜文明、希腊文明、叙利亚文明、古代印度文明、古代中国文明、米诺斯文明、苏美尔文明、赫梯文明、巴比伦文明、埃及文明、安第斯文明、墨西哥文明、于加丹文明、玛雅文明。后来,他又增加了五个"停滞发展的文明",即波里尼西亚文明、爱斯基摩文明、游牧文明、鄂图曼文明、斯巴达文明,总共为二十六个文明。在《历史研究》最后一卷(第12卷)中,他更把这种可供比较的文明的个数扩大到三十七个之多。

汤因比认为,在这些文明之间,存在着某种亲属关系(或血缘关系),即上代文明与下代文明的关系,如古代中国文明与远东文明、古代印度文明与印度文明等即是。在前述二十一个文明中,只有埃及文明、苏美尔文明、古代中国文明、玛雅文明、米诺斯文明、安第斯文明等六种文明是从原始社会直接产生的,其余的则是前者的晚辈或子体。因此,人类历史不是循着进步的直线发展,而是展现在这一系列的文明及其更嬗中,这与传统史学中的单线论迥异。

文明的可比性。在汤因比看来,以上这些文明尽管出现时间有先后,但都是

---

① 汤因比:《历史研究》,1979年英文版,1卷本,第10页。
② 汤因比:《历史研究》上册,索麦维尔节本,曹未风等译,上海人民出版社1986年重印本,第14页。

可以进行比较的。这是因为时间的长短是相对的,在已知的文明最初出现之日起到今天,其间还不足 6 000 年。这在人类诞生已有 30 万年(这是汤氏写作时的一般测算)的漫长生涯中,文明只占五十分之一。因此,"为了我们的研究目的,所有的这些文明社会都可以说完全是同时代的",它们"都可以假定在哲学上属于同一时代的,在哲学上是价值相等的"。

文明起源于"挑战与应战"。汤氏的这个说法,来自歌德的《浮士德》,在那里,上帝接受了魔鬼靡非斯特的挑战,并听任其破坏,以便使上帝有机会继续进行创造性活动,使宇宙万物更加完美,两者以"挑战"和"应战"的方法发生了冲突。他由此想到,如同打火石与铁片之间相互碰撞而发出创造性的火花那样,人类文明的诞生与此不也有相似之处吗?汤因比把这种从神话中获得的启示,视为全部文明诞生的规律。他分析了第一代六个文明的起源,得出了文明的产生是对一种特别困难的环境进行成功的应战的结果,如认为古代中国文明起源于黄河流域困难的自然条件的挑战,便是一例。而第二代文明的起源则更多地受到人为环境的挑战。当一个垂死的文明日渐走向灭亡的时候,在它的内部产生了一种足以摆脱前者的精神力量,即"无产者"。这些"子体文明"最初就是由"无产者"脱离腐朽文明这一积极行动而出现的。但是,要使挑战激起成功的应战,需要具备一定的条件,挑战不足,不能激起成功的应战;挑战过头,则又无以应付。因此,这种挑战必须适度,即它的刺激和强度必须处在最能激起应战的那一最佳位置上。

文明生长的尺度。汤因比认为,并不是所有文明都能顺利成长壮大的,事实上,有些文明流产了,有些文明则在它们生长的早期就停止了,这显然是因为挑战过量而致。汤氏指出,文明的生长并不等同于地理的扩张,因为由此而产生的军国主义导致自相残杀和激烈冲突,那恰恰是文明衰落的标志。他还认为,文明的成长也不等同于技术的进步,人们经常可以看到,技术进步了,而文明却在原地踏步或正在衰落;反之,技术停滞不前,而文明却在发生变化,比如差不多每一个停滞的文明都曾有过高度发达的技术水平。在汤因比看来,文明生长的尺度应当是,在一系列的挑战和应战的过程中,场所发生了转移,即从文明的外部环境移入到文明的内部。在这种逐渐升华的过程中表现出来的"自决能力",才是文明成长的标志。

那么,文明生长的动力是什么呢?汤因比认为是那些富有创造能力的少数人,他们通过退隐与复出的双重活动,实现了这个目的。退隐是为了让少数人获得某种神秘的启示,使自身更趋完美;复出是为了启发同类,并把他个人的思想变为大多数群众的行动,成为社会发展的方向。文明生成的过程最终归结为这个社会内"自决能力"的不断增长,而这正是由那些富有创造性的少数人所促成的。

文明衰落的原因。如同文明的生长是一个内在精神的发展那样,它的衰落也不可能是外在的,只能在社会自身中寻找。汤因比认为,文明衰落的原因是"自决能力"的丧失。对此,汤氏的思想主要是,创造性的少数人变为统治者,多数人("无产者")脱离了前者,社会各部分之间丧失了和谐状态,结果导致了社会机体的分裂。除了社会机体的分裂,更为严重的是灵魂的分裂,即该社会中的人们产生了与这个文明生长时期完全相反的思想感情与精神面貌,由积极变为消极,由苗壮变为垂死,从而在生活上也发生了变化,一是出现了"复古主义"和"未来主义"的两种极端的倾向,另一是出现了"漠不关心"和"神化"。

　　文明的解体。在汤氏所构建的起源、生长、衰落和解体的"四阶段论"中,这最后一个阶段显得十分重要,因为新旧文明之间的交替正是发生在这个阶段。这个过程可大体描述如下:经过了一段混乱时期后,由一个强大的力量挫败各方,创立了大一统的帝国,这种统一国家的出现,并不是文明发展的目的,而是少数统治者在某个文明发展到垂死阶段的最后手段;这个大一统的帝国,经过一段时间的发展,繁荣局面终于消失,出现了间歇时期,在平静中酝酿着新的危机,在这个时期,产生了某种宗教信仰,内部无产者及其他阶级团结在它的周围,建立起大一统的教会,它是一种"蛹体",也是两代文明之间新陈代谢过程中发生亲属关系的媒介;最后,由于外部无产者("蛮族")的入侵,出现了民族大迁移,大一统的帝国最终瓦解,一个新的文明便接踵而来,产生了第二代文明。这个新文明将重新走完前述起源、生长、衰落与解体的发展过程。不过,据汤因比的意见,今天的文明至多不过是发展到第三代而已。

　　需要指出的是,汤因比用大一统帝国——间歇时期——大一统教会——民族大迁移这样依序而进的模式来解释西方古史,似比传统史学有新意,也不无一定的道理。问题是,古往今来的世界其他地区的文明史,千姿百态,各具特点,恐怕不能都用这个"四阶段"的发展模式来生搬硬套。譬如他运用这个理论来分析中国古史,显然就有点捉襟见肘,难以自圆其说了①。

　　西方文明的前景。根据汤因比的研究结果,在二十六个文明中,大多数文明已经死亡,有的也正在衰落,看来也不可避免地要走向死亡。那么,西方文明是否也在劫难逃呢?每谈及此,汤因比总是忧心如焚。不过,他对西方文明仍保留着一线希望,祈求有奇迹出现。他不无信心地说道:"对于我们西方文明的子女来说……创造性的神火还在我们的身上暗暗地燃烧,如果我们托天之福能够把它点燃起来,那么天上的所有星宿也不能阻挠我们实现我们人类努力的目标。"②可见,汤因比反对他的前辈斯宾格勒对西方文明的发展前途所持的悲观

---

① 参见张广智:《汤因比史学散论》,《复旦学报》1987年第4期。
② 汤因比:《历史研究》中册,索麦维尔节本,第15页。

论调,认为只要处理得当,西方文明可以避免解体的命运而且可以保持活力,继续发展。从好奇到救世,从献身于历史到企图寻求出一帖济世药方,尤其是摆脱西方社会困境的救世良方,这正是这位历史学家所经历的人生道路。

汤因比的《历史研究》一问世,就与斯宾格勒的《西方的没落》一样,引起了西方学术界的巨大的反响,但也招来了无数的批评。他坦率地承认,由于他的偏见和极端主观的价值尺度,影响了他对许多重要问题的分析。如他感到,以往只用"希腊模式"来套其他文明的历史,确有牵强之处,也不足以包括整个人类文明发展史的形态,必须再加上"中国模式"和"犹太模式",并把"中国模式"与"希腊模式"等量齐观。汤因比关于"希腊模式""中国模式"和"犹太模式"这三种人类文明不同发展形态的论见,在一定程度上概括了人类文明发展进程中不同地区和民族发展的特征,为我们研究世界历史,研究人类社会与文明的结构(包括政治的、经济的和文化的三个层面),提供了求解的线索与门径,其启迪意义与学术价值是不容低估的。

愈到晚年,汤因比对西方社会的现状愈益感到忧虑、不安与失望,他预言西方的优势终将消失,瞻望未来,他把希望寄托在东方,认为"如果说,21世纪是东亚人的世纪,并非惊人之言"①。他晚年与日本学者、佛学家池田大作的对话中,一再称颂中华文明的美德能够代代相传,不断发扬,"就是在那屈辱的世纪里,也仍在继续发挥作用"。汤氏对中国文明的地位及在未来世纪中的作用,给予了更高的评价,他说道:"将来统一世界的大概不是西欧国家,也不是西欧化的国家,而是中国。并且正因为中国有担任这样的未来政治任务的征兆,所以今天中国在世界上才有令人惊叹的威望。中国的统一政府在以前的2 200年间,除了极短的空白时期外,一直是在政治上把几亿民众统一为一个整体的……实际上,中国从纪元前221年以来,几乎在所有时代,都成为影响半个世界的中心。"②当然,重要的是谁最能对人类作出更大的贡献,而不是现在就"预测"谁将能充当未来世界统一的领袖。

在其迟暮之年(1973年),汤因比写了一部《人类与大地母亲》,"以叙述形式对人类历史作一宏观鸟瞰",他终于从思辨型走向叙事型,实现了作为通向"良史"的两种路径的合一。与他早年所写的《历史研究》不同,《人类与大地母亲》是以年代为顺序的通史之作,从人类形成迄于1973年。行文乃长篇叙事型的史诗风格,环环相扣,引人入胜,且文采斐然,颇具可读性。细究全书,这部通史又与我们常见的世界通史不同,它的政治编年史极其简略,而是围绕人类与生存环境的相互关联这一中心展开叙述,这自然也是全书的旨趣。应当说,《人类与大地

---

① 汤因比:《半个世界——中日历史与文化》,中译本,台湾枫城出版社1979年版,第15页。
② 汤因比等:《展望二十一世纪》,荀春生等译,国际文化出版公司1985年版,第289页。

母亲》与《历史研究》虽笔法不一,但他关于人类文明所作出的整体性考察的不懈努力也充分显示在他的这部书中。进言之,在世界史学史上,以史学思想论,从思考西方文明的前途与出路到思考整个人类文明的前途与出路;以编史之才论,从思辨型之作走向叙事型之作,且互为补充,合二而一,汤因比他无愧为"近世以来最伟大的历史学家"之誉。

汤因比在谢世之前撰写的最后一篇文章名为《在黑暗中摸索》,结尾处他这样写道:"我正在黑暗中摸索。虽然,我们人类那种赤诚之情与理解能力是很有限的,但只要我一息尚存,我将一如既往,殚精竭虑,继续求索,而决不中辍。"[1] 综观其一生,他苦心构筑的史学体系与史学模式,虽然还不能避免历史的局限,但他的毕生探索不失真诚,在剖析许多具体问题时也不乏真知灼见。星移斗转,在当今西方,汤因比史学已经失去了昔日的威势,但他在现代西方史学史上的地位和影响却是不可动摇的。

六、德国史学

1. 传统的坚韧与延续

19世纪的德国是西方史学发展的中心。到20世纪,它的这种统治地位动摇了,随着这一世纪初的新史学潮流的勃发,西方各国史学也开始了各自变革的步伐。但是,德国史学的变革较之西方其他一些国家却显得步履缓慢,迄至50年代中叶,在联邦德国史学家中的一些人仍延续兰克史学的老传统。可以这样说,传统史学在德国有着根深蒂固的影响。

我们在前面已经指出,德国不仅是西方传统史学的营垒,而且也是现代西方新史学的源头。但是,由兰普勒希特发起的向兰克学派的挑战,并未撼动具有深厚基础的传统史学,因而,并未将德国历史研究引入新途径。伊格尔斯说:"相反,却导致人们强烈反对将概括引入历史写作,并有意识地加强德国历史专业,以捍卫传统的历史研究模式。"[2] 于是,现代德国史学中传统的政治史模式又被牢固地保持与延续下来了。

显然,从德国史学界对兰普勒希特为代表的新史学的反抗中,更从兰普勒希特把研究重点由政治史转移到社会文化史以及发展"规律"的探索中,新史学的反对者们发现了在这种学术转向中所引发的对德国政治和社会的潜在威胁。与

---

[1] 《汤因比著作选集》,托姆林编选本,牛津大学出版社1979年版,第321页。
[2] 伊格尔斯:《欧洲史学新方向》,赵世玲等译,华夏出版社1989年版,第88页。

西方其他国家(如法国或美国)不同,在德国,对传统史学的挑战更具有社会政治含义与意识形态方向的原因,恪守传统史学的人们对兰普勒希特新史学的反对,至少反映了这样一种企图,即有意贬低社会因素和理论的作用对于理解历史的重要性。

必须指出,要理解德国史学的墨守成规以及对兰普勒希特新史学的顽强的抵抗力,需要与20世纪以来的德国的政治形势联系起来。德国在第一次世界大战中的溃败、凡尔赛和约的签订和德国1918年十一月革命的爆发,都导致了国内阶级矛盾的激化以及各个政治派别力量的重新组合,这种情况便于统治集团在国内煽动民族沙文主义的复仇情绪。1933年,希特勒上台后,更把这种情绪导向了极端。总之,一战后德国所面临的国内外形势,在相当大的程度上助长了德国历史学家的保守主义的思想,助长了历史主义概念的复活与广布,助长了一大批历史学家向兰克史学回归。20世纪初的"新兰克学派",正是试图根据兰克当年分析国际政治的权力平衡概念来证明德国"海军主义"和殖民扩张的正确性。

德国在魏玛共和国时期(1919—1933年),对史学而言,依然在坚持与强化德国的历史编纂学的传统,从谢世于魏玛时代的马克斯·韦伯以及迈纳克那里可以说明这一点。

马克斯·韦伯(Max Weber,1860—1920年)是一个著述甚丰、思想庞杂的百科全书式的德国学者,被学界认为是与涂尔干(又译杜尔凯姆)、马克思齐名的"社会学家的现世神明"。他虽然以社会学家闻名于世,但他首先是一位历史学家,他的学术研究首先是从历史研究开始的,正是这种研究奠定了其全部理论的基石。他的思想,尤其是他的方法论,对现当代西方史学的影响与日俱增①。

马克斯·韦伯

韦伯受狄尔泰和新康德主义者的思想影响,并把它们引入社会历史研究的领域中。一方面,他强调文化科学同自然科学的区别;另一方面,他又强调人类作为一种"文化的生物",它的行为包含着某种特定的意图和目的,体现了特定的价值观。韦伯还提出了"理想类型"之类的"解释模式",对历史提出了一些新的见解,或对德国社会提供了一些温和的改革方案。从表面上看来,在他那

---

① 晚近以来,马克斯·韦伯的方法论在国际学术界引起了广泛的关注,如在1985年8月召开的第16届国际历史科学大会上,"马克斯·韦伯与史学方法论"被大会列入"方法论"部类的三大课题之一。

里,社会历史的研究者包含着较多的主观色彩的东西,而这似乎与兰克史学传统排斥归纳与概括有别,但在实质上却是对兰克学派的修正,是对它的一种维护。伊格尔斯指出,韦伯与下面要谈论的迈纳克代表同一倾向(温和的保守主义)中不同的两极,这真是一语破的。

在纳粹统治时期,德国史学沦为法西斯统治者手中的工具,竭力鼓吹种族主义、沙文主义、反犹太主义以及欧洲"新秩序主义"和德国人在欧洲的文化使命观等种种谬论,从而把那种具有强烈的政治色彩的普鲁士学派(兰克学派的变种)的史学观发展到极端。第二次世界大战开始后,法西斯政权更是注重借助历史为德国的对外扩张政策效劳。德国史学在二战的最后阶段近乎中断,连著名的《历史杂志》都已停刊,一些进步史家也受到了迫害,但德国传统史学的坚韧性依然保持与散发出它的强大影响。

在此需要提到迈纳克(Friedrich Meinecke,1862—1954年)。由于长寿,他饱经近现代德国历史巨变,是德国传统的历史主义思想在20世纪的主要代言人。迈纳克不仅对德国历史(尤其是德国现代史)的重新思考有着重大贡献,而且作为现代德国历史主义的主要代言人,对史学的思考也有其独特的建树。他于1936年写成的《历史主义的起源》,被认为是德国历史主义的巅峰之作。他认为,历史主义的实质就在于用对历史的个别理解来代替对历史的一般化的看法;个性与个别的发展最清楚不过地表明了历史主义对待历史的态度。很显然,这与兰克通过真实的个体或个别的反映与理解整体或一般的历史主义方法论原则是相吻合的。当然,他作为一名新兰克学派的成员,又表现出一些对兰克史学的背离,这是与时代的发展、学科自身的发展相关联的。不管怎样,从兰克到迈纳克,这一历史主义思潮的赓续与繁衍,对近现代德国史学的发展产生了重大的影响。第二次世界大战摧垮了历史主义的最后一道堤坝,1954年迈纳克的逝世,可以作为一个史学时代终结的标志。

2. 斯宾格勒与文化形态学派

在20世纪的德国乃至西方史学中,斯宾格勒(Oswald Spengler,1880—1936年)占有重要的地位,他是影响深远的文化形态学的创立者。

斯宾格勒并不是一位正宗的历史学家,学界通常把他称为思辨的历史哲学家。不过,他的代表作《西方的没落》却如一块燧石,敲打着万千读者的心田,产生了不灭的思想火花。于是,人们不由发问:西方文明的命运怎样?人类社会发展的前景又如何?人们在他的书中找到了某种契合点,引起了共鸣,从而产生了一种巨大的社会反响。

我们在这里要关注的,只是《西方的没落》所反映的文化形态学理论。所谓文化形态学,实际上是把文化(或文明)视为一种具有高度自律性,同时具有生、长、盛、衰等发展阶段的有机体,并试图通过比较各个文化的兴衰过程,揭示其不同的特点,以分析、解释人类历史的发展过程。近现代文化研究的勃兴,受到了生物进化学说的巨大影响,斯宾格勒作为文化形态学的首倡者,也不例外。文化形态学是20世纪以来西方文化研究中出现的新模式。

斯宾格勒

其实,斯宾格勒并没有给文化下个确切的定义。不过,通过他对文化与历史关系的释义,比较清楚地透露出斯宾格勒在这个问题上的看法。他认为,"文化是通贯过去与未来的世界历史的基本现象",所谓世界历史就是各文化的"集体传记"。这一点对理解他的历史文化观很有意义,因为正是由此引发了他对西方传统的历史观念的深刻批评。长期以来,西方人传统的历史意识总是以西欧为中心,沿用"古代—中古—近代"这种"令人难以置信的空洞无物且又毫无意义的体系"来编纂世界历史。他决意打破这种历史领域中的"托勒密体系",发动一场"哥白尼革命",以破除这种线形的、虚构的人类历史的幻象。于是,展现在人们面前的"是一群伟大文化组成的戏剧,其中每一种文化都以原始的力量从它的土生土壤中勃兴起来"①。在这一意义上,我们可以把他的文化形态学称为历史,称为世界史。换言之,历史就是文化,世界历史就是人类各种文化的"集体传记"。在他看来,研究人类历史的发展进程,就是研究世界上各个地区各种文化的历史。

斯宾格勒关于文化是一个有机体的论断更为著名,这或许是他构筑的文化形态学理论的核心之所在。按此观点,每种文化均为一个有机体,犹如一切有机体那样,也具有生、长、盛、衰等规律性和可测性的过程;或者用一种形象的说法,它也经历春、夏、秋、冬四季的更替。这一过程或生命节奏贯穿于每一文化中,它们都无法避免这一自然运动周期性的命运。

斯宾格勒认为,每一文化都有各自的"基本象征"。世界历史是人类各种文化的"集体传记",他在世界历史的舞台上,寻找出八种自成一体的文化系统,这就是:埃及文化、巴比伦文化、印度文化、中国文化、古典文化、阿拉伯文化、墨西哥文化、西方文化。每一种文化的基本象征表达了某种文化的特殊风格及历史形式,而在此等历史形式中,文化的灵魂不断地在实现它内在的可能的潜力时,便衍生出各个具体的基本象征。他进而指出,每种文化都各有自己的观念、情

---

① 斯宾格勒:《西方的没落》,齐世荣等译,商务印书馆1963年版,第39页。

欲、生活、愿望、感情等，这就使每一种文化都具有独特的个性。因此，在人类文化史上，就存在着代表不同文化的基本象征的多元现象。

斯宾格勒认为，每一种高级文化皆"各自独立"地走完其生命历程，都要经历如下三个大的发展阶段：前文化阶段、文化阶段、文明阶段。在这过程中，没有哪一种文化可以认为比另一种文化更先进。在这里，他将世界上存在过的各种文化个体在发展进程中的不同特点进行比较研究，用文化个体本身的兴衰来解释历史、预测未来。根据他的见解，世界上这八种高级文化，不管其特点如何，都要遵循同样的规律，"有生就有死，有青春就有老境，有生活一般地就有生活的形式和给予它的时限"。同样，西方文明也是不可逃避和超越于其他七种文化一样的死亡命运的。在西方资本主义不断出现危机的社会背景下，形形色色的文化归因论出现了，文化形态学即是其中之一。从这种社会动因所产生的研究视野，势必会带上特有的历史或文化宿命论，斯宾格勒所表露的文化形态学理论及其悲观思想，正是这一情况的反映。

3. 历史主义传统的终结

二战后，西方各国史学加快了发展与变革的步伐，但是由于德国传统史学的坚韧性，联邦德国①的发展较之其他西方各国总是慢了半拍。在战后10多年间，从总体上看，占据当时史坛的主要力量，仍是保守主义的史学派别，战后保守派史学领袖里特尔的史学主张，可资证明。然而，里特尔所奉行的从兰克到迈纳克的历史主义思想的传统，只不过是德国历史主义传统的一次回光返照而已。

德国历史主义风行的时代终于结束了。从20世纪50年代中叶开始，对德国历史主义的批判日益剧烈，保守派史学日暮途穷，新自由派史学即联邦德国史坛的一些新人，如汉斯·罗特菲尔斯、维纳尔·康策和特奥多·席德尔等人，逐渐取代了保守派史家而在德国史学界占据支配地位。由于这些人的努力，促成了现当代德国史学从传统的政治史向社会史和结构史的转向，从而有力地改变了德国历史主义传统的某些原则。

自20世纪50年代以来，在联邦德国产生了更激进的史学派别。这派历史学家主张政治上的革新，声称"同过去全面决裂"，在历史研究上又有悖于许多传统的定见，因而引起了激烈的争辩，这种激进的史学派别以汉堡学派和马尔堡学派（都以大学而得名）为代表。这里只简略提及以前一学派的创始人弗里茨·菲舍尔的姓氏而得名并给联邦德国史学留有重要一页的"菲舍尔大辩论"，因为这场争论标志着联邦德国历史研究的转折。

---

① 第二次世界大战后，德国分裂，1949年分别成立了德意志联邦共和国和德意志民主共和国。由于本书的体例，这里只略述战后联邦德国史学发展的情况。

"菲舍尔大辩论"是因 1961 年菲舍尔的著作《争雄世界：德意志帝国 1914—1918 年战争目标政策》出版后而引发的。他在该书中，以大量的第一手史料，对德意志帝国在 1914—1918 年的政策作了如实的分析，得出了颇不同于德国史学传统的见解，争论由此引发。这场争论主要集中在：关于德国在"世界政策"时期与德国在战时的战争目标之间的联系问题；关于德国对第一次世界大战发生所负多大责任的问题；关于德国政策在战时的连续性及其特点的问题。对此，保守派史家认为，德国无发动战争之罪，菲舍尔则认为德国是有意并毫不犹豫地投入了这一场战争，以企图称霸欧洲，争雄世界。又如，保守派史家认为，法西斯与德国或普鲁士传统并没有任何历史的联系，而菲舍尔及其学派同仁则推翻了此种法西斯是德国历史继承性中断的观点，认为从俾斯麦到希特勒具有历史的连续性，如此等等。激进派与保守派的争论日趋激烈，并由此从国内发展到国外，渐次向国际史学界展开，如在 1965 年维也纳举行的第 12 届国际历史科学大会上，保守派领袖里特尔向菲舍尔及其学派发起了挑战，遭到了后者的有力回击，如此一来，反倒扩大了菲舍尔史学的国际影响。

由菲舍尔大辩论催发了德国史学在 20 世纪 60 年代和 70 年代的变革与转向，即转向对德国近现代史的批判性研究，并形成了一个较为松散的新批判学派，学界称之为"政治史的批判学派"。这派史家（如汉斯-乌尔里希·韦勒、于尔根·科卡等）对德国政治史的发展进程持一种批判的态度，从传统的政治史只关注精英人物的描述转向于对政治家作出决策的广阔的社会政治背景的分析，崇尚理论，强调史学与社会科学的结合。这种政治史从社会整体的角度与社会生活的各个方面对德国政治史进行了批判性的考察，因此也可把它称为批判的社会史派（或新社会批判史学派），而这与西方其他国家删除政治或疏离政治的社会史则又是不同的。

德国新史学的政治史的批判学派于 70 年代趋于兴盛，这个学派成员之间的史学思想并非一致，但有一点却是共同的，那就是他们共同树起了对德国历史主义史学传统批判的旗帜，并在更大的程度上接近了当时西方史学发展的新潮流。

七、意大利等国史学

我们认为，现代西方史学不只是美、法、英、德这四家之天下，故本节力图提供这四国之外的一些情况。由于材料方面的原因，我们所述的下列诸国也只是它们史学（其实仅是几个史家）的一鳞半爪而已。

1. 意大利史学

在西方史学发展史上,意大利曾是西方古典史学的发源地之一。近世以来,在那里产生过一些卓越的历史学家,它所形成的传统迄今还在产生着影响。以马基雅维里为代表的"政治修辞学派"的史学,亦即强调史家的主体意识、用过去史实解释自己政治理想的那种史学范型,在现代意大利史家克罗齐那里,激起了回响。

贝奈戴托·克罗齐(Bencdetto Crocc,1866—1952年)是在诸多领域都颇有建树的学者,他不仅是西方第一流的哲学家(他与英国的柯林武德一起被学界认为是 20 世纪批判的历史哲学派的代表人物)、美学家和文学批评家,而且是世界性的历史学家、历史哲学家。

克罗齐

克罗齐的学术生涯是从研究历史开始的,他的历史观当然与唯物史观相悖,学界称之为"伦理政治史观"。他宣称,历史是某个时代固有的理想、希望和道德价值的自我发展和日益充分的体现,上层建筑领域内的现象在历史过程中起着决定性的作用,所谓"世界精神"是历史的唯一主体。因此,他虽然主张历史是由人创造的,但认为只有统治阶级的知识上层(即"政治贵族")才是历史的真正创造者。此外,他的"伦理政治史观"认为伦理政治史是高于一切的,其他一切的历史只是"生活史",这就有可能把原本丰富多彩的历史变得十分单调乏味。但作为意大利的"精神教皇"(葛兰西语)与一代宗师,克罗齐应是意大利民族文化的卓越代表。

克罗齐作为 20 世纪批判的历史哲学派的代表人物,其思想影响深远。历史哲学这一课题的研究,在近代西方多是哲学家的世袭领地,而正宗的历史学家则很少问津,像克罗齐这样一身兼两任——既是哲学家又是历史学家的人尚不多。在他看来,历史即哲学。一个历史学家如果不同时兼具哲学家的禀赋,那么他在浩如烟海的文献资料面前,只能望"史"兴叹,而不能写出有思想的历史著作来。据此,克罗齐提出了一个著名的论断:"一切真历史都是当代史。"他认为,人们研究历史和撰写历史总是从现实的兴趣出发,为当前的目的服务的。他写道:"当代史固然是直接从生活中涌现出来的,被称为非当代史的历史也是从生活中涌现出来的,因为,显而易见,只有现在生活中的兴趣方能使人去研究过去的事实。因此,这种过去的事实只要和现在生活的一种兴趣打成一片,它就不是针对一种过去的兴趣而是针对一种现在的兴趣的。"①这就是说,只有当现实生活的发展需要历史时,"死历史就会复活,过去的历史就会变成现在的"。

由克罗齐所构建起来的历史哲学理论,对现代西方史学产生了重大的影响,尤其影响了美国现在主义的史学家们,不管是贝克尔所声称的"历史是过去和做过事情的记忆",还是比尔德所说的历史只能反映"自我"等,实际上都是克罗齐史学观念的翻版。这种历史本体论上的主观唯心主义、历史认识论上的相对主义,在他们身上都有着充分的表现。

不管怎样,从克罗齐的史学中,我们既可以窥见意大利史学传统的明显印记,也可以发现现代史学的革新潮流的不可逆转。正是由于克罗齐的成就,为打破史学文化的民族樊篱与地域界线作出了独特的贡献,在现代意大利史学的舞台上,他成功地扮演了一个传统与革新的协奏者的角色。

二战后,从"克罗齐文化"向"葛兰西文化"的转向,是促进意大利史学革新的强大的推动力。对葛兰西理论的评价,应是西方马克思主义研究者的事情,但他的精神遗产(包括他的史学文化观),既奠定了对意大利(尤其是近现代史)和其他一些重要问题的马克思主义方法论的基础,也大大削弱了战后"克罗齐文化"的负面影响,成为战后鼓舞年轻一代历史学家沿着革新方向前进的重要驱动力,推动着意大利史学的发展进程。于是,更多的历史学家从克罗齐的"伦理政治史观"的束缚中解脱出来,在法国年鉴学派的影响下,他们致力于历史研究的广阔领域,出现了不少革新派的著作,如集体合撰的《意大利史》等。

这种革新方向,也可以从战后意大利史学的专题研究中体现出来。这种专题包括民族复兴运动史。二战后意大利民族复兴的问题,因与反法西斯主义问题纠缠在一起,各派的意见不一,争论纷起。在这一领域,意大利的马克思主义史家颇有成就。此外,还有法西斯主义史与工人运动史的专题研究,在这些方面也是派别丛生,免不了争论。

2. 比利时史学

对现代比利时史学的发展进程,我们鲜有认知。然而在这里,我们不能遗忘一位与法国年鉴学派创始人吕西安·费弗尔和马克·布洛赫同时代且齐名于西方史坛的比利时大史家亨利·皮朗(Henri Pirenne,1862—1935年)。

亨利·皮朗是研究中世纪的专家,他的史学思想中有两点值得引起我们的注意②。

---

① 克罗齐:《历史学的理论和实际》,第2页。
② 参见袁景:《亨利·皮朗和独特的社会过渡理论》,《世界史研究动态》1985年第11期。

第一，关于比利时民族的观点。这一点充分表现在他的 9 卷本巨著《比利时史》一书中，他从历史角度阐明了比利时民族的形成原因与民族统一性，而这与当时德国泛日耳曼主义者所宣扬的比利时不是统一的民族的观点正相反。皮朗从历史的角度驳斥了泛日耳曼主义者的谬见。他认为，比利时民族的历史当始于加洛林帝国趋于瓦解的历史时代，即 843 年凡尔登和约签订的那个时代，这比传统的比利时民族形成于 1830 年的陈说要早出将近 1 000 年之久。在他看来，那种因比利时缺乏地理上的整体性与种族、语言上的统一性就贸然否认比利时民族统一性的观点乃皮相之见，是不符合比利时历史发展进程的。

第二，关于社会过渡的理论。这里说的"社会过渡"，一是关于从古代向中世纪的过渡问题，另一是从中世纪向近代社会的过渡问题。关于前者，皮朗认为促使古代社会向中世纪过渡的不是公元 5 世纪日耳曼人的入侵，而是公元 7—8 世纪阿拉伯人的西侵。关于后者，他认为，中世纪社会结束于 11 世纪，主要是从那时候起，随着欧洲社会的相对稳定，城市的发达，商人与商业贸易活动的兴旺，促使国际商路的恢复与新的贸易路线的开辟，于是欧洲社会又从农本走向重商，破坏了中世纪处于闭塞状态的封建农本经济，从而使社会迈向近代。

亨利·皮朗的观点是独特的，但他显然夸大了商业贸易与商人阶层在历史上的作用，忽视了在这种社会形态过渡中所发生的社会经济结构与经济制度等方面更加深刻的变化，因而引起了国际学术界的激烈争论。

亨利·皮朗

在此顺便说及，亨利·皮朗的儿子小皮朗也是现当代比利时乃至西方史学的著名史家。二战后，在西方编纂新的整体性的世界史潮流的影响下，他于 1946—1957 年间编纂并出版了 7 卷本的世界史著作《世界史的诸大流派》。该书意在证明，在世界历史的发展中，形成了两种完全不同的类型："海洋文明"与"大陆文明"。前者拥有个人主义、自由、自由主义，它在与反个人主义、极权主义的"大陆文明"的斗争中总是胜利者。应当说，小皮朗的理论与世界历史发展的客观进程多有不合，其谬误也就可以想见了。

3. 荷兰史学

这里略述现代荷兰的著名史家约翰·赫伊津哈（Johan Huizinga，1872—

1945年)及其对文化史研究的卓越贡献。

作为20世纪一名杰出的文化史家,赫伊津哈对文化史的研究提出了自己独到的见解。首先是他的"均衡论",赫伊津哈写道:"一个社会,当其物质、道德和精神领域的支配力量允许一种比现存状态更高级、更完善的状态存在时,当这种存在状态进而被赋予一种物质和精神价值的和谐均衡的特性时,以及为一种决定该社会各种行为的理想所引导时,那么这个社会就处于文化状态中。"①这段言论,既反映了他对"文化"一词内涵所作的归纳,也是其文化"均衡论"的集中表述。如此说来,文化可以视作物质的和精神的力量之间的和谐均衡,两者关系的失衡就会导致社会危机的发生。

此外,赫伊津哈还提出了"游戏论"。在《游戏的人》一书中,他提出了游戏的含义,指出:"游戏是在某一固定时空中进行的自愿活动或事业,依照自觉接受并完全遵从的规则,有其自身的目标,并伴以紧张、愉悦的感受和'有别于''平常生活'的意识。"②可见,文化始终具有某种游戏的成分与特性,倘游戏成分在文化中衰退,势必会危及整个社会的存亡,"均衡论"与"游戏论"是他的文化思想中的核心内容,他的文化史研究都是据此而展开的。

对于历史与文化的关系,赫伊津哈倾向于在这两者之间画上等号,因为在他看来,历史本身就是一种文化现象,文化总是在历史发展的进程中才能显现;文化与历史都是一种形式,只有借助后者这种形式,才能阐明某种文化自身的来龙去脉。他提出了"文化只存在于整体之中"的观念,强调文化的"结构",认为文化史的研究可以归结为一种历史结构的研究或"文化形态学",这些卓越的见识恰与年鉴学派所倡导的总体史研究的学术路径相契合。

赫伊津哈的著作

我们还需要强调的一点是赫伊津哈对心态史(精神状态史)研究的贡献,他

---

① 转引自卡尔·温特劳布:《文化的视野》,芝加哥大学出版社1966年英文版,第219页。
② 赫伊津哈:《游戏的人》,多人译,中国美术学院出版社1997年版,第30页。

的代表作《中世纪的衰落》①虽然只着力于14—15世纪的法兰西、勃艮第、佛兰德斯等地区的研究,但是对人类心理状态和精神气质十分重视。诚如雅克·勒高夫所说,这在史学史上具有某种开创性的意义,原因就在于提出了"应当从社会表象系统以及这一系统在社会结构和'现实'中所占的地位出发来寻找一个社会的方向"②。这一方向从根本上来说就是上文所说的文化史的结构,这与以后年鉴学派所说的长时段中的"精神结构"也是吻合的。可以这样说,赫伊津哈无愧为当代西方史学中盛行的心态史学的先行者。

赫伊津哈的史学业绩,尤其是他对文化史研究的贡献,是现代西方史学的丰硕成果,如他的国家的风车、郁金香一样产生着持久的影响,从而为荷兰在现代西方史坛争得不容忽视的一席之地。

---

① 赫伊津哈:《中世纪的衰落》,刘军等译,中国美术学院出版社1997年版。
② 艾芙琳娜·帕特拉让:《想象史学》,见勒高夫等主编:《新史学》,姚蒙译,上海译文出版社1989年版,第304页。

第九章　现代史学（Ⅱ）

本章为专题篇。

第二次世界大战后，整个世界发生了更加深刻的变革，相应地，国际史学也发生了一次新的转向。就西方史学而论，这种"重新定向"，正如杰弗里·巴勒克拉夫在《处于变动世界中的历史学》一书中所揭示的，大体发生在20世纪50年代中叶前后。

在"重新定向"的口号下，二战后西方史学的发展与演变令人眼花缭乱，但总的发展趋势依然是从传统史学走向新史学，当然，其步伐更快捷了。战后西方史学的新与旧、变革与保守之间的抗衡未曾中断，即使当新史学的势力正盛的时候，传统史学没有也不可能销声匿迹。而马克思主义史学亦与西方新史学展开了对话，并对西方史学的发展产生了与日俱增的影响。

需要说明的一点是，为了与时贤称二战后的世界为"当代"这一说法相吻合，我们在本章所述的现代西方史学，即是阐述当代（二战后）西方史学的若干发展趋势。

一、战后西方史学的重新定向

1. 路标转换

现代社会是学术变革的温床,也是催发学术变革的动力。时代的变化与学术的革新,促进了现代西方史学的演变。

第二次世界大战后,随着当代世界发生的深刻变革,国际史学也发生了一次新的转向。就西方史学而论,这种重新定向大体发生在20世纪50年代中期。

从太空看地球

战后西方史学的重新定向有其深刻的社会与时代动因,也有其学科自身发展的原因。整个战后世界形势的急遽变化,尤其是50年代以来所发生的技术革命的浪潮,引发对社会政治体制、经济结构、观念形态乃至生活方式的变化,对历史学带来了重大的影响。但是,史学作为一种社会意识形态,它的变革也有其自身演进的规律与学科自身发展的要求。因此,考察战后西方史学的重新定向,还应归诸20世纪初以来西方史学新陈代谢的结果。在这里,首先有必要对二战前西方史学的情况稍说一二。

就大势而言,20世纪的西方史学是一个从传统史学向新史学转变的时代。但在20世纪上半叶,传统史学仍有雄厚的实力,著名的"剑桥三史"(即《剑桥古代史》《剑桥中世纪史》《剑桥近代史》)在这一世纪的前期出版,说明了传统史学在西方史学界所具有的影响。在西方有些国家(如原联邦德国),直至50年代,传统史学仍有很雄厚的实力。但毋庸置疑的事实是,在20世纪世界史学的大变革中,西方的传统史学受到了严峻的挑战。伊格尔斯在《二十世纪的历史科学——国际背景评述》一书中,归纳了西方传统史学自古希腊史学迄至兰克史学的共同点,这就是:

第一，历史叙述是描写真实存在过的人、真实发生过的行为，它必须符合这种真实性，也就是说要符合真实。

第二，它以历时性的顺序跟踪这些行为，换言之，它只了解一定变量的时间，在这段时间里，后来的事件紧随先前的事件，并且通过它而为人所理解。

第三，它以人的行为反映行为者的意思为其前提假设。

伊格尔斯在谈到20世纪历史科学的变化时指出："真实性、流逝的时间和有图的行为这三种前提假设决定了从修昔底德到兰克、从恺撒到丘吉尔的历史叙述的特点，而正是这些前提假设在20世纪的大变革的过程中却逐渐地成为了问题。"①

在时代变革的大浪潮中，西方乃至整个世界的传统史学确实遇到了问题，以至于它不能很好地适应现代社会的发展需要。因此，从传统史学向新史学转变的步伐，由于社会的进步尤其是现代技术革命新浪潮的冲击而在战后更加快了它的步伐。

英国历史学家杰弗里·巴勒克拉夫（Geoffrey Barraclough，1908—1984年）受联合国教科文组织的委托，主持撰写了《当代史学主要趋势》一书，阐明"当代历史学研究中显然具有普遍性意义的趋势"，作者所论大抵反映了现当代西方史学发展的主要趋向。我们充分注意到，巴勒克拉夫在释论当代史学时，是以20世纪50年代中期为界标的。总之，"大约从1955年起，历史学进入了一个迅速转变和反思的时期"②。把50年代中期作为战后西方史学发生转折的界标，也兼顾到世界其他地区（如苏联和东欧等）的情况，保罗·利科主编的《哲学主要趋势》一书认为："一般说来，我们可以把50年代中期以后的年月描绘为在西方对历史主义的论点和在东方对教条主义和程式化进行批判地再检讨的时期。"③的确，国际史学，至少就西方史学而言，从50年代中期开始，发生了一次新的"路标转换"，这也就是巴勒克拉夫在1955年出版的《处于变动世界中的历史学》一书所要揭示的主题——"重新定向"。

2. 新史学范型

战后西方史学所发生的转折，被巴勒克拉夫称之为："这个转折点，正像人们有时提到的那样，从其规模和重要程度来说，相当于预示着近代物理学诞生的哥白尼天体运行说。"不管怎么说，相对于此前西方史学的历次路标转换及其对史学发展产生的重大影响来看，这种转折在20世纪世界史学的发展史上是无与伦

---

① 伊格尔斯：《二十世纪的历史科学——国际背景评述》，何兆武、王燕生译，《史学理论研究》1995年第1期。
② 巴勒克拉夫：《当代史学主要趋势》，第1、147页。
③ 保罗·利科主编：《哲学主要趋势》，李幼蒸译，商务印书馆1988年版，第242页。

比的。总之,战后西方史学的变化是一种根本的转变①。

库恩

这里,我们借用当代美国科学哲学家库恩(Thomas Sammual Kuhn)的"范型"概念,以说明战后西方史学的变革,最基本的就是史学范型的变化,即从传统史学范型向新史学范型的进一步转变。所谓范型(paradigm)②,在库恩那里代表科学共同体成员所共有的信念、价值和技术手段等总体,是指为某一"科学共同体"所拥护并在进行研究时所应共同遵守的准则。在库恩看来,"科学革命"从根本上来说是一种"范型"的更替。

关于史学范型,尤其对西方史学范型的界定与分类,学界意见不尽相同,而南斯拉夫裔的美籍历史学家斯托亚诺维奇把自古迄今的西方史学分为三种范型说较为流行,这就是:鉴诫史学范型(指的是从古希腊至近代初期的西方史学)、叙述性范型即兰克式范型、"结构·功能"范型即年鉴学派范型。我们在这里从更为宽泛的意义上,亦即从史学观念及其研究的内容、范围和方法等方面把西方史学分为两大史学范型:传统史学范型与新史学范型。自然,兰克史学是前者的代表,而年鉴史学派则是后者的代表。

对兰克学派为代表的传统史学范型,吴于廑曾指出:"朗克(兰克)主张写历史必须如实、客观,而终不能免于有所不如实、不客观;主张超然于宗教及政治,而终不能免于有所不超然;主张不涉哲学和理论,而又自有其哲学与理论。"又说兰克的书,"揆之实际,却往往是从内阁官房的窗口,按照官方提供的示意图。认真观察而又不能尽得其实的滔滔政治人物行动的历史"③。这些论断,似可看作对兰克史学范型亦即西方传统史学范型的一种较为严谨与简练的概括。

新史学范型与以兰克学派为代表的西方传统史学范型是很不相同的。我们从以下几个方面,比照传统史学范型,借以揭示西方新史学范型的特点。

其一,从史学观念来看。

要更深刻地认识新史学的范型,首先要涉及史学观念的问题,因为任何史学

---

① 参见陈启能:《略论当代西方史学的观念变革》,《学习与探索》1996年第1期。
② 范型(paradigm),还可译为"模式""范式""范例""规约"等。
③ 吴于廑:《朗克史学与客观主义》,见《吴于廑学术论著自选集》,第340—341页。

的变革,首先是史学观念的变革,这如同其他领域发生的根本性变革也要以观念的变革为前导一样。所谓史学观念,也是一个宽泛的概念,从本质上来说,它主要指历史学家对历史与历史学的基本看法,如对现实与过去关系的认识、对史学研究中主体(历史学家)与客体(研究对象)关系的认识等。在以年鉴学派为代表的新史学家看来,历史研究是一个认识过程,这一过程也就是历史学家对过去构建的过程;历史学家写过去,同时也是在写现在,他是以过去来反映当代,亦即年鉴学派奠基者之一马克·布洛赫所云:"通过过去来理解现在,通过现在来理解过去。"这一新史学派的历史认识论最清楚不过地点明了在史学观念上与兰克学派的差异,明显的一点是,它突出了历史学家作为认识主体在历史研究中的中心地位与重要作用,而与那种试图通过文本考订描绘历史真相的传统史学家的认识不同。

其二,从史学研究的范围与内容来看。

现代西方新史学强调要把历史研究扩充到整个人类文明的发展过程,扩充到人类生活的各个方面。在这方面,战后西方史学发生了更加显著的变化,正如1981年美国历史协会主席伯纳德·贝林所指出的:"历史研究正朝着众多的方向发展……史学研究的范围日益宽广。"如以战后美国史坛而论,且看:现代美国社会的工业化与城市化运动,促进了区域流动、移民、公共教育、城市文化等主题的作品纷纷出版;战后美国蓬勃兴起的民主运动,特别是女权主义运动、黑人群众反对种族歧视的斗争,促使劳工史、妇女史、黑人史等成为历史研究的新的领域;70年代出现的"性解放运动"使"性"的研究及"同性恋史"也成了历史学家趋之若鹜的"热门课题";在70年代兴起的公共史学(public history)那里,历史研究的范围与内容更是从政府决策与咨询、文化资源的开发与管理,扩及婚嫁、饮食、衣着、娱乐等恓恓琐细之事。史学简直成了一种无所不包的东西。

历史研究范围与内容的拓宽,这里有史学自身的两点原因需要强调:第一,由于战后"全球历史观"的确立与影响,进一步疏离了欧洲中心论的陈说,而当代社会变革的新形势正急切地呼唤着历史学家要"跳出欧洲,跳出西方,将视线投射到所有的地区与所有的时代"①。于是,历史研究的内容与范围也就日益丰润与宽广了。第二,战后尤其在英国的马克思主义史家,如 E. P. 汤普森和霍布斯鲍姆等人的努力下,"自下往上看的历史学",亦即从普通民众的视角去观察与研究历史的风气日浓,这就进一步疏离了传统史学所信奉的"自上往下看的历史学",亦即只关注"精英人物"与政治史的传统。在多元化的旗号下,西方历史学家的视野与历史学研究的领域都得到了前所未有的开拓与扩展。

---

① 巴勒克拉夫:《处于变动世界中的历史学》,1955年英文版,第27页。

其三，从史学研究的方法来看。

战后西方史学向纵深的开掘，一般说来是以新的研究技术和方法的运用为前提条件的，这正如天文学的新发现往往要依赖于新研制出来的功能更强和效果更佳的望远镜一样。历史学借鉴吸收其他社会科学的新技术和方法，借鉴运用现代自然科学的最新技术与方法，在战后蔚为风气，出现了形形色色的史学研究新方法。方法的多彩，导致史学研究新领域的不断扩展，诸如：计量方法、电子计算机的运用为历史学家的研究开辟了新的前景，"计量革命"被视作"当代史学的突出特征"；心理方法深入到历史深处，有助于人们对历史和文化现象的深层了解；比较方法为进一步揭示历史（包括历史学）发展模式之间的共性与差异，在更广阔的背景上作出综合的分析提供门径；口述方法成了沟通历史学家与非历史学家之间的桥梁，并有望为前者提供更多的独创性观点与真实生动的历史创造条件；此外，还有系统方法、模糊方法、符号方法、影视方法等。这些方法的一个共同特点是要求打破学科之间的隔离，注重跨学科的研究。

史学的改革必须走跨学科研究的道路。由于上述这些方法的运用，传统史学那种内容狭隘、领域偏窄的界线被打破了，计量史学、心理史学、比较史学、口述史学乃至影视史学等竞相登台，各领风骚。事实证明，史学的跨学科研究，史学与自然科学、社会科学之间的交流融合，可以使史学的潜在功能得到充分的发挥，从而在了解过去、认识当代与预测未来的过程中，发挥出了更大的功用。

由此也带动与引发了历史研究的手段与组织形式方面的变化，这一变化最明显的是使历史学家从个人在文献故纸堆中爬梳史料的手工方式转为运用现代最新的科学技术（如电子计算机、网络）。正如布罗代尔所说的，历史学家越来越像实验人员那样"依靠设备"进行工作，从事历史研究的机构与组织也随之增加，今天历史学家所面临的史料太宏富了，学科门类又繁复，靠历史学家个体单枪匹马地去操作，拒绝使用任何集体组织形式，已无力适应现时代史学变化的这种新情况，这乃是时代使然。至于史著形式，由于新史学反对单纯的描述，从传统史学的那种描述性的历史转为分析性历史，而大量的现代自然科学方法的运用，便使史学成果数理模式化（如史著中充满大量的图表数据与曲线），这与传统史学著作在形式上也形成了很强烈的反差。

战后西方史学研究方法的革新并不是孤立的，而总是与史学观念的更新和历史研究范围、内容的拓展相关联，尤其是与前者息息相关的，也总是与一定的史学思想体系相联系的。因此，从某种意义上来说，战后西方史学方法的变化，不只是具体的技术手段的变革，而带有方法论的意义。

二、年鉴学派的演进

1. 法国史学的主流

法国年鉴学派在 20 世纪的崛起与发展是现代国际史学的重要篇章。如果我们把兰克史学称作 19 世纪史学发展主流的话,那么由年鉴学派所奠立的史学新范型,无疑应是 20 世纪西方新史学发展的一种主流。

年鉴学派由吕西安·费弗尔和马克·布洛赫于 1929 年创立后,在传统史学还颇具实力的 20 世纪上半叶,它并没有产生什么重大的影响。年鉴学派真正产生巨大的影响,并成为当代法国史学的主流,应当是二战以后的事。

第二次世界大战爆发,暂时中断了年鉴派史学的发展,在纳粹德国的统治下,法国史学的研究处于低潮。尤使法国史学界蒙受重大损失的是年鉴学派的第一代领导人布洛赫惨遭德国法西斯的杀害。二战结束,大地重光,法国历史学重新出现了蓬勃发展的局面,也迎来了年鉴学派的辉煌时期。

1946 年,《年鉴》杂志易名为《经济·社会·文明年鉴》。编者为刊物名称增加了"文明"这一复数名词,不仅进一步拓宽了史学研究的领域,而且着意把物质文明和精神文明联系起来加以考察,反映了编者认为历史和各门社会科学不能分隔而必须融合成为"人的科学"的信念,显示出史学力图成为综合学科的强烈愿望,体现了年鉴史学派的总体史的研究精神。改名后,杂志篇幅不断增加,1968 年起达到 1 300—1 700 页。杂志内容更加丰富,作者队伍也越出了法国。《年鉴》杂志在变动的世界和变动的世界历史学面前,以一种更新的面貌向学术界辐射出它的影响。

1947 年,费弗尔等人提请法国政府创建了同巴黎大学相抗衡的"高等研究实验学院"第六部(经济和社会科学部),费弗尔任部主任,后由布罗代尔接替。在这里虽然看不到"历史学"一词,但是在"经济与社会科学"这一名称下,费弗尔等年鉴派史家显示了对历史学的潜力及综合其他学科能力的信心。自此,在费弗尔和布罗代尔的领导下,第六部汇集了许多有名的历史学家、社会学家、地理学家、人类学家、经济学家等,他们通力合作,有力地促进了跨学科的总体史研究的进展。在第六部,史学始终是它的核心工作,第二代和第三代的代表人物如布罗代尔、勒高夫、勒华拉杜里、马克·费罗等迅速脱颖而出,成为知名历史学家。1963 年,布罗代尔创立"人文科学之家"。1975 年,"高等研究实验学院"第六部成为一个独立实体即"社会科学高等研究院",它的成立充分表明以年鉴学派史学为中心的跨学科体系已经确立。年鉴学派正是依靠这些基地,把史学新范型渗透到高等院校、学术组织、出版部门、报纸、电台、电视台等各个领域,广泛地扩散它的影响。

如果把1929—1945年以费弗尔和布洛赫为首的年鉴学派作为创建阶段的话,那么从战后至1968年布罗代尔辞去《年鉴》杂志主编就是年鉴学派的鼎盛阶段。年鉴学派的史学范型大体形成于前一时期,但年鉴学派在学术界统治地位的最终确立,换言之,以它为代表的史学潮流发展为法国史学的主流,年鉴史学派的新范型深入学界人心并产生国际影响,则发生在战后。

2. 布罗代尔时代

费尔南·布罗代尔(Fernand Braudel,1902—1985年)是战后法国新史学的巨擘、年鉴学派的第二代领袖和史学大师。不错,"费弗尔和布洛赫的历史观点以及方法论,与后来'年鉴派'的历史学家们的历史观点以及方法论,两者之间存在着一种连续性"①,但布罗代尔却在继承前人成就与第一代年鉴派史家史学业绩的基础上,作出了新的发展与创造,以至于1945—1968年这一阶段被称为"布罗代尔时代"。

布罗代尔

布罗代尔早年就读于巴黎大学文学院,1937年从巴西圣保罗大学归国途中与费弗尔不期而遇,从此与年鉴学派结下了不解之缘。二战爆发,即投笔从戎,后在被德军囚禁的五年战俘营生涯中,他开始写作《菲利普二世时代的地中海和地中海世界》(以下简称《地中海》)的初稿。这篇长达1 300多页的博士论文于1947年通过答辩,两年后正式出版,成为举世名作。布罗代尔自1946年进入《年鉴》杂志编委会,并与费弗尔共同创建了第六部,在费弗尔之后出任部主任。"人文科学之家"和"社会科学高等研究院"的设立也是他的贡献。在那里,荟萃了各部门社会科学的人才,从事跨学科的研究。历史学在这里以基础学科自居,担当了数学在自然科学中的角色,大有囊括整个社会科学之势。费弗尔逝世后,布罗代尔于1956—1968年任《年鉴》杂志主编,继承了前辈创业者的事业与全部权力,俨然成为年鉴学派第二代众望所归的旗手。正是由于布罗代尔的努力,年鉴学派成为法国史学的主流。

---

① 伊格尔斯:《二十世纪的历史科学——国际背景评述(续二)》,《史学理论研究》1995年第3期。

年鉴学派从创立时起，就体现出一个很明显的特点，即"实践突出地优先于理论；但是在实践中包含有重要的理论前提"①。这是因为，在他们看来，理论对于历史学的振兴与发展更为重要；然而，他们拒绝提出一些关于人类历史和文明发展的规律或体系之类的东西，更不消说用这种规律或体系去服务于某种抽象而玄妙的哲学思辨了。年鉴学派第一代历史学家倡导总体史，其理论主张主要还是见于他们的历史著述。布罗代尔继承了年鉴学派的这一传统，写出了体现整个学派思想（总体史研究）的皇皇巨著，特别是与贯穿于其中的历史时段理论紧密联系在一起。

布罗代尔的《地中海》是在费弗尔的启发下完成的。此书由三部分组成。第一部分论述地中海的地理环境，包括山川、平原、海岸、岛屿、气候、交通、城市等；第二部分为单篇论文，分别研究 16 世纪地中海地区的经济状况，如人口、物价、商业、财政等；第三部分是政治史，叙述土耳其和西班牙争霸地中海的过程。该书体现了三种不同的历史时间，即地理时间、社会时间、事件（个体）时间。后来他把这三种时间称为"长时段""中时段""短时段"，分别表示三种不同层次的历史运动，并提出了相应的"结构""情势""事件"的概念。他以这样的史学理论，有层次地、立体地展现了地中海世界的人类生活的全貌，《地中海》一书于是成了总体史研究的经典名著。

布罗代尔的《15 至 18 世纪的物质文明、经济和资本主义》一书，则从物质生活、市场经济和资本主义三个层次，对这一时期世界经济活动进行了整体考察。他的三层分立模式把人们最基本的物质生活列为最基层；第二层是市场经济，即生产与交换的机制；第三层是资本主义，这是一种由少数商人组成的垄断经济。在他看来，没有物质文明作为塔基，市场经济作为塔身，资本主义这个塔顶也成了空中楼阁。本书颇能体现年鉴学派的总体史理论，它综合利用了地理学、气象学、生态学、经济学、社会学、人口学、统计学、人类学等多学科的研究成果，内容宏富，在进行跨学科研究中，充分显示了年鉴学派史家以历史学综合其他学科的雄心，而又不失历史学的自身特点。这是布罗代尔历史时段理论又一次成功的尝试，揭示出了结构、情势和事件之间的有机联系。全书 3 卷，相互联系，被学界誉为"本世纪最宏大的历史书籍"。

晚年，布罗代尔着手撰写另一部巨著《法国史》。此书写作计划庞大，共分三大部分，是体大思精的关于法兰西民族的总体史，可惜天不假年，他完成第一部分《法兰西的特性》后与世长辞，其余两部分《法兰西的诞生》和《法兰西的命运》的手稿，根据作者的遗愿，将不再发表。

布罗代尔对史学的卓越贡献不仅在于他的上述名著及其他一系列的作品，

---

① 伊格尔斯：《二十世纪的历史科学——国际背景评述》，《史学理论研究》1995 年第 1 期。

更在于其作品所体现的史学思想,尤其是贯穿其中的历史时段理论。

1958年,布罗代尔在他的《地中海》一书出版将近10年的时候,在《长时段:历史和社会科学》这篇论文中明确提出了他的三种历史时段理论,这种划分是按时间的延续长度与节奏进行的。

(1) 长时段

它以变化极其缓慢、时间跨度很大为基本特征,"是一种缓慢地流逝,有时接近静止的时间"[1]运动。长时段历史对人类社会发展起长期的决定性的作用,这就是布罗代尔所称的长时段类型中最为重要的概念——结构。在他那里,结构是一种网络构造,一种长期延续的实在,一种能干扰时间的实在,它同时起着支撑或阻碍的作用。这种结构有地理结构、社会结构、经济结构和思想文化结构。在这种"近乎静止"的历史时间段内,人们可以观察到人类历史演进的深刻的内在运动。

(2) 中时段

它以节奏较慢、周期变化为特征。在这里,他借用经济学家的"情势"(conjuncture,在经济学中为"商情""行情"之意)一词,以表示某些社会历史现象的趋势或周期,如价格升降、人口消长、生产增减、利率变动、工资变化等。中时段揭示了一种较为开阔的时间度量,一种新的历史叙述方式也随之产生,即所谓"情势""周期"和"循环过程"的叙述方式,供历史学家选择的不是短时段中的几年、一年、几个月或几天,而是10年、25年或50年乃至100年的较长时间周期。中时段的历史波动跨越了短时段中的事件而包含了更长的时间跨度,它构成了短时段中事件发生、发展的基础。

(3) 短时段

它瞬息即变,一掠而过,指的是传统的历史学领域中的一些突发性事件,如革命、战争等。这些"事件"如大海表层的浪花,或如"闪光的尘埃",转瞬即逝,在整个历史的进程中,只能起到极其微小的作用,这种时段的历史运动节奏是短促的、快速的。在布罗代尔看来,这样对更深地认识历史无济于事,所以历史学家的任务就是要转移研究方向,改变研究方法,去扫除"事件的尘埃",分析历史的深层运动。

由上可知,布罗代尔的三种历史时段理论,犹如一座三层的大厦。第一层(基础部分)由被他称作结构的(诸如地理的、生态的、经济的、社会的、文化的、心态的等)因素组成,称为"地理时间";第二层次(中间部分)指影响人类生活的经济或人口变动的周期性变化,称为"社会时间";第三层次(最上层部分)是令人眼

---

[1] 布罗代尔:《长时段:历史和社会科学》,见布氏论文集《资本主义论丛》,顾良译,中央编译出版社1997年版,第182页。

花缭乱的政治、军事与人物的活动,称为"事件时间"(或"个体时间")。被称作"地理时间"的长时段构成了一切历史基础,其次才是发生在中时段("社会时间")内的"情态历史",最表层的是发生在短时段("事件时间")中的"事件历史"。布罗代尔的上述历史时间三分法,所强调的是第一层次和第二层次,尤其是第一层次,这种"结构的历史"在布罗代尔那里被赋予特别重要的地位。他的三种历史时段理论自20世纪60年代至80年代,影响了法国整整一代历史学家。

布罗代尔的长时段理论既是他对历史认识自我深化的结果,也是年鉴学派史家在新的历史条件下对史学认识论与方法论的一种更新。有论者指出:"第一代年鉴派史家从经济、社会史研究以及文化心态史的研究来追求对历史的整体认识……布罗代尔则更深一步,从历史时间性层次来揭示新史学与传统史学的本质差异。"[1]进而言之,在以布罗代尔为代表的年鉴派史家那里,不仅认为人类社会实在是有层次的,而且认为对人类社会历史的认识与理解也是有层次的。在他们的心目中,历史再也不是单向度的平面型,而是具有多向度、多层次的立体型。尽管他的长时段历史观有其片面性,他的历史时间三分法也并未能完全阐明结构、情势与事件三者之间的辩证关系,但他的历史时段理论"是一项独特的创造"[2],是对法国现当代新史学进步的一个具体而又重大的贡献。

3. 转型时期

年鉴学派在20世纪60年代末经历了从第二代到第三代的过渡。1968年法国发生了五月风暴,是年,布罗代尔辞去了《年鉴》杂志主编的职务,把它交给了年鉴学派的第三代历史学家雅克·勒高夫、勒华拉杜里和马克·费罗,年鉴学派进入了第三个发展阶段。1975年成立的社会科学高等研究院成为年鉴学派第三代的基地,继续出版《年鉴》杂志,并打出新史学的旗帜,从此他们被称为"年鉴—新史学派"。人们通常以这一名词指称布罗代尔辞去《年鉴》杂志主编后的第三代与第四代的年鉴学派。

战后的法国史学,在以年鉴学派为代表的新史学潮流的推动下,在第二代、第三代年鉴派史家的共同努力下,呈现出了一个研究领域不断扩展、研究主题不断丰富的新局面。

布罗代尔的长时段理论在地区史研究中得到了有力的体现,皮埃尔·古贝尔的《1600—1730年的博韦和博韦人》和勒华拉杜里的《朗格多克的农民》是这一领域的代表作,成为贯彻总体史研究的典范。

---

[1] 姚蒙:《法国年鉴学派》,见何兆武、陈启能主编:《当代西方史学理论》,中国社会科学出版社1996年版,第517页。

[2] 张芝联:《费尔南·布罗代尔的史学方法》,见氏著《从高卢到戴高乐》,生活·读书·新知三联书店1988年版,第247页。

对于心态史(或称精神状态史),年鉴学派史家虽然说法不一,但对其重要性却取得了共识,它在 20 世纪 70 年代至 80 年代的兴盛把年鉴学派的史学范型推向了顶点。勒华拉杜里的《蒙塔尤:1294—1324 年奥克西塔尼的一个山村》和《罗马人的狂欢节》充分显示了心态史作品的风貌。

心态史的繁荣有赖于历史人口学的发展,战后法国人口史是在 J. 默伏瑞、古贝尔和 L. 亨利等人研究的基础上而迅速发展的,由于借助电子计算机系统进行资料处理,至 20 世纪 60 年代达于大盛,不仅带动了新史学一系列领域的开创(如心态史),也推动了西欧诸国的(如英国)历史人口学研究的发展。

系列史是法国历史学家的独创,被菲雷认为是史学思想上的一次革命,影响遍及整个西方史学界。系列史是由计量史学发展而来的一种新的研究方法,它与经济史家所运用的计量经济史有别。年鉴学派史家所说的系列史,重视长时段中的统计系列与数据分析,这是他们所倡导的总体史观念的直接产物。系列史概念是由肖努夫妇在《1504—1650 年的塞维利亚和大西洋》一书中提出来的。

战后法国史学领域的开拓与方法的革新,在社会史、经济史、文化史等方面都取得了长足的进步,在不少领域(如经济史和历史人口学)均领先于国际史学界,但以年鉴学派为代表的法国新史学行之有年也发生了流弊,对它的批判日益猛烈。张芝联曾指出年鉴派史学的主要缺点是:它把历史弄得支离破碎,所谓"全面的历史",实际上无异于一个"万花筒",而不是一个整体,在各种历史现象之间看不出内在的有机联系;它虽然重视经济社会结构的研究,但往往只对这种结构作静态的分析与描绘,不注意质的变化;它鄙视政治史,忽视人民创造历史的作用,在年鉴派史学家的心目中,人完全成了消极被动的"傀儡"①。

来自外部和内部的一系列新的挑战,促使年鉴派史家对自己的史学思想进行反省,于 20 世纪 70 年代出版了两部史学有名的著作,那就是 1974 年勒高夫与皮埃尔·诺拉主编的《研究历史》,1978 年勒高夫与夏蒂埃、勒韦尔合编的《新史学》。两书互为补充,其主要目的是为了让人们"去了解如何构建今天所需要的史学"②。

由此,人们可以窥探到从年鉴学派到新史学派的演化轨迹,看到两者之间的联系与区别。20 世纪 70 年代以来,年鉴学派第三代历史学家继续奉行长时段理论,注重研究各种结构和变化缓慢但长期起作用的事物。他们热衷于研究历史人类学和心态史,重视历史认识论与方法论的更新,这是对年鉴史学新范型在认识论和方法论上的完善和发展。但是,过去被年鉴派史家忽视的政治史又得到了第三

---

① 张芝联:《历史学与社会学》,见氏著《从〈通鉴〉到人权研究》,生活·读书·新知三联书店 1995 年版,第 186—187 页。
② 勒高夫等:《研究历史》前言,见勒高夫等主编:《新史学》,姚蒙译,第 2 页。

代年鉴派史家的青睐,而这又反映了新一代史家与上一代史家的某些区别。

时代在前进,随着年鉴学派的新陈代谢,年鉴学派的学派性在削弱和淡化,对此,第三代年鉴学派代表人物勒高夫指出:"我们的学派性越来越弱,我们是一个群体,有着共同的观念基础,我们又是一个运动,我希望它继续存在与发展。"正是基于这一点,1978 年勒高夫倾向用"新史学"来包容这一运动的所有历史研究实践,来概括以年鉴学派为主要代表的当代法国的史学主流。

4. 走向世界

年鉴学派的迅速崛起,并逐渐成为当代法国史学主流,既有它所处时代的社会动因,也有与之相对应的历史学本身发展的动因。简言之,从法国史学传统来说,年鉴学派实际上是对 18 世纪伏尔泰学派的一种历史前进的回响,其间米什莱的史学、涂尔干的社会学理论直至亨利·贝尔的"历史综合论",都对年鉴学派产生过影响。年鉴学派的成长深深地植根于法国学术传统,从这一意义上说,"它始终保持一种独特的法国现象"[①]。

但是,年鉴学派又不仅是法国的,而且还是世界的,年鉴学派新范型是 20 世纪国际史学发展中最有意义、最受人们重视的史学派别,毫不夸张地说,年鉴学派是名副其实的世界性学派。这也从一个方面验证了"越是民族的,也就越是世界"的这个论断。

年鉴学派已走向世界,它的国际影响与日俱增。

年鉴学派的影响首先扩散到欧洲诸国,在意大利,年鉴史学范型促使历史学家逐渐摆脱克罗齐的史学理论。在德国,年鉴学派的影响通过战后新一代史家的倡导而得到弘扬。在英国,从 20 世纪 60 年代起,剑桥学派的人口史家与年鉴学派紧密合作,运用计量方法从事历史人口学的研究。在苏联与东欧诸国,史学界也与年鉴学派史家保持着经常的联系。

年鉴学派在大西洋彼岸的美国更产生了广泛的影响,引起了当代史家如伊格尔斯、斯托雅诺维奇等人的高度评价,后者称年鉴学派为当今历史研究之"典型",它"对史学研究和历史方法所作出的重大贡献,在 20 世纪任何国家里,没有一个学者团体能望其项背"[②]。布罗代尔的史学思想更是在美国享有盛誉,1976 年,纽约州立大学成立了"布罗代尔研究中心",该中心主持人沃勒斯坦的"现代世界体系"理论,基本上是建立在布罗代尔的研究成果基础上的。美国历史学家萨姆·金瑟指出,布罗代尔"是在美国最受欢迎的历史学家",又说"如果授予历史学家诺贝尔奖的话,那么获奖者一定是布罗代尔"。

---

① 伊格尔斯:《二十世纪的历史科学——国际背景评述(续二)》,《史学理论研究》1995 年第 3 期。
② 斯托雅诺维奇:《法国史学方法:年鉴派范型》,康奈尔大学出版社 1976 年英文版,第 235 页。

此外,年鉴学派相继在拉丁美洲、亚洲诸国等发生影响。我国改革开放以后,年鉴学派的几代史家名著不断地输入进来,在 30 多年间,年鉴学派史学在中国史学界得到了广泛的传播,乃至发展成我国西方史学研究中的一个"热点"。这或许也是中国学者在新时期西方史学研究中最富有成果的一个方面。

当然,年鉴学派也是有缺陷的,前文已指出,对它的批评既来自外部,也来自内部。把握这种批评所包含的正确程度固然重要,但更重要的还在于这种批评本身正在不断产生一种新的机制,它给年鉴学派注入了一种新的活力,推动年鉴史学范型的不断完善、不断更新。年鉴学派近 90 年的发展史,实现了对自古希腊史学以来所有的西方传统史学的超越,而成为当代国际史学界最有影响的史学流派。概言之,"他们为旧历史学转向新历史学开辟了道路"[①]。

三、西方马克思主义史学的崛起

1. 时代与史学的双重变奏

如前所述,时代的变化与学术的革新,促进了现代西方史学的演变。同样,这也是西方马克思主义史学崛起的原因。倘若从卢卡奇 1923 年发表《历史与阶级意识》一书算起,西方马克思主义史学迄今不过 80 多年,不过,它真正成气候并在国际史坛发生重大影响,还是要等到第二次世界大战之后。

国际形势的变革,在二战后甚烈,呈现在我们面前的是一幅复杂多变且斑驳陆离的历史画卷。有必要对这一时代景象稍作描述,以为西方马克思主义史学的崛起作历史的铺垫。

众所周知,社会主义与资本主义两大敌对阵营的对峙,冷战格局的形成,给战后世界政坛带来了重大的影响。尤其令人瞩目的是,国际共产主义运动在 20 世纪 50 年代的动荡,首先是战后不久的苏、南冲突,苏、南关系的彻底破裂,导致国际共产主义运动的第一次分裂;其后是苏共 20 大的召开,赫鲁晓夫在会上所作的《关于个人崇拜及其后果》的报告,引起了国际社会,尤其是东欧一些社会主义国家的强烈震撼,直接导致了波兹南事件、匈牙利事件等,这在各国共产党内部也激起了广泛的回响,并引发各国马克思主义者的深刻反思。

二战后国际共产主义运动的动荡,为在 20 年代发端的西方马克思主义思潮推波助澜,西方马克思主义思潮的创始人卢卡奇、葛兰西等人的思想和他们的著

[①] 巴勒克拉夫:《当代史学主要趋势》,第 58 页。

作在西方广泛流行,出现了"马克思热"以及种种诠释马克思主义的新论。西方马克思主义的政治思潮与哲学思潮的泛滥,在相当大的程度上制约与影响了历史学的发展,尤其对西方马克思主义史学的历史理论影响更甚。他们的历史理论,其思考的聚焦点是对历史唯物主义(唯物史观)某些基本原理的阐发与解释,诸如关于人的全面本质及其总体性问题、关于人类社会历史发展的根本动力问题、关于意识形态的独立性问题等①,诸见纷出,有时又大相径庭。不管怎么说,面对西方马克思主义思潮的泛滥与流传,面对西方马克思主义的众多派系及其代表人物,特别是它们对马克思主义唯物史观一些基本原理的解读,置身于西方社会的马克思主义历史学家们又怎么可能置若罔闻呢?

此外,20世纪50年代以来,在西方发达的资本主义国家发生了一场广泛的科技革命,它引起了对社会政治体制、经济结构、观念形态乃至生活方式的变化,这一方面助长了西方马克思主义思潮,如"存在主义的马克思主义"由此寻找到了它的源头;另一方面,也对包括马克思主义史学在内的整个史学产生了直接的影响,如二战后西方纷出的带"新"字号的史学各分支学科,比如计量史学、心理史学、比较史学、口述史学、影视史学等,无不与这一技术革命的新浪潮相关联。

然而,二战后西方马克思主义史学的勃兴,更有其史学自身方面的原因。这里略说几句。在20世纪,不论在西方还是在东方,整个世界的传统史学大多陷入了危机,因而,从传统史学走向新史学这一史学发展的轨迹在二战后更加快了步伐。至少就西方史学而言,从20世纪50年代中期开始,的确发生了一次新的"重新定向"。西方马克思主义史学也就在这种"重新定向"的鼓动声中,开始迈出了新的步伐。

2. 英法称雄

大体说来,西方马克思主义史学在其发展进程中体现出现时代、跨国界、多层次的特点。所谓"现时代",指的是二战后西方马克思主义史学成长的时代背景,即身处繁荣与衰朽兼存的现代资本主义社会,说的是它所体现出来的鲜明的"时代性";所谓"跨国界",指的是西方马克思主义史学思潮的蔓延,遍及欧洲,流传北美,兼及欧美,说的是它所体现出来的宽宏的"世界性";所谓"多层次",指的是西方马克思主义历史学家成员的结构,长者与年轻接榫,说的是它所体现出来的新旧交替的"延续性"。

马克思主义史学在西欧、北美及其他地区都取得了不少进展,而以英国和法国最有成就。

---

① 参见俞吾金、陈学明:《国外马克思主义哲学流派新编》(西方马克思主义卷),复旦大学出版社2002年版。

(1) 英国的马克思主义史学

在20世纪,英国马克思主义史学获得了不断的发展,这一方面归之于马克思在英国所奠定的学术传统;另一方面则归之于英国马克思主义历史学家自身的努力,他们从20—30年代开始,就组成了最早的马克思主义历史学家团体,二战后,他们的力量又有了明显的增强,并形成了一个足可与法国年鉴学派、美国社会科学史学派相鼎立的英国马克思主义史学流派。

当代英国马克思主义历史学家中最具盛名的有:莫里斯·多布,以研究早期资本主义发展史而著称;克里斯托弗·希尔,以研究17世纪革命史而著称;罗德仑·希尔顿,以研究封建主义和农民战争史而著称;埃里克·霍布斯鲍姆,以研究新社会史而著称;E. P. 汤普森,以研究英国工人阶级的形成而著称;另有雷蒙德·威廉斯,以研究社会文化史而著称,等等①。

其实,英国马克思主义史学派并不是一个有固定成员的学术团体,他们拥有多种学术观点和多种研究领域,但却有一个共同点,那就是他们都试图以马克思主义的理论指导他们的历史研究,E. P. 汤普森在给莱斯泽克·科拉克夫斯基的一封公开信中作过这样的描述:"在英国,以一位马克思主义历史学家的身份工作,它意味着在马克思所奠定的一种传统内工作,这种传统因威廉·莫里斯独立和补充性的识见而得以丰富,因近来一些人的专门研究而得以扩大。"②加拿大马克思主义历史学家布赖恩·帕尔默也曾这样评价这一史学流派:"作为一个整体,他们改变了人们对英国过去历史的看法。在长期以来仇视马克思主义的学术界,他们将马克思主义视为理论框架,确立了它的合法地位,他们证明,马克思主义历史研究能够产生丰富多彩的经验性作品。他们的成果向国际历史学界展示出历史唯物主义作为分析工具的威力。"③

突出的一点是,英国马克思主义历史学家明确地提出了"自下而上"(history from below)的史学观念,注重研究下层人民的历史,这与西方传统史学中历来把政治事件与"精英人物"的历史作为历史过程的主体是大相径庭的。在这一思想指导下,他们重视劳动者群体在历史过程中的创造性作用,因而十分留意普通群众的日常生活及思想感情,并认为应该站在他们的立场上去考察与解释历史。正如凯伊所言,"一般说来,自下而上的历史学表示了一种选择,即它的关注力淡出精英阶层或统治阶级,而聚焦于普通民众的生活、活动和他们的经历"。在这些为英国历史学家注目的普通人群中,不仅有构成工业国家最庞大群体的工人阶级,而且有社会最底层的群众,如佣奴、流浪汉、乞丐、盗匪等,以期全

---

① 进一步情况,参见哈维·凯伊的《英国马克思主义历史学家概论》,剑桥1984年英文版。
② E. P. 汤普森:《理论的贫困及其他》,伦敦1978年英文版,第333页。
③ 赵世玲:《西方马克思主义的发展——访加拿大学者布赖恩·帕尔默教授》,《当代西方史学思想的困惑》,中国社会科学出版社1991年版,第325页。

面地反映历史发展的面貌。由此,它反映了当代英国马克思主义历史学家在史学思想上的一种新的研究取向。

从学科角度而言,英国马克思主义史学派也可称为新社会史学派。在这里,他们既区别于屈维廉在《英国社会史》中所确立的社会史传统,又相悖于剑桥学派的社会结构史的研究,他们从史学理论与史学实践两个方面阐发了对新社会史的理解。但具体到个人,也不尽相同。在史家辈出的这一学派中,尤以 E. P. 汤普森与霍布斯鲍姆两人最为著名,对史学的贡献也最大。

E. P. 汤普森(Edward Palmer Thompson, 1924—1993 年)著述甚丰,最具代表性的是《英国工人阶级的形成》①一书,这是一部开创史学新学派的奠基之作,在国际史学界享有盛誉。

《英国工人阶级的形成》叙述了工业革命时期英国工人阶级的情况(1780—1832 年)。其书着力于从传统、道德、价值体系、意识形态等文化因素来分析问题,显示出了不同于从韦伯夫妇到哈蒙德夫妇英国劳工史研究传统的史学旨趣,因而汤普森常被人们称为"文化的马克思主义史家"。

汤普森确是一位对传统史学的有力挑战者,他的许多观点,确与"正统的"马克思主义相悖。在这部代表作中,他在许多方面作出了富有启示性的理论创造与发挥,使他成了国际史学界近年来最广为人知又最有争议的人物。

E. P. 汤普森

从汤普森所处的时代及其写作《英国工人阶级的形成》等著作的背景来看,作者痛恶那种思想僵化与教条主义的"马克思主义",亦即斯大林式的经济决定论对马克思的历史唯物主义的歪曲,正如霍布斯鲍姆所指出的,"当代西方马克思主义历史编纂学最典型的特征之一,就是对那种简单、机械的经济决定论模型的批判"②。总之,他力图打破旧传统,突破"正统的"马克思主义所设置的那些模式,为人们提供一幅更为完整的历史图景。在这种探索中,其论未必精当,其言未必周详,在某些提法上也许走过了头,有道是矫枉过正,汤普森在寻求史学新途径、探索史学新方向时确有失误之处,这是毫不足怪的。但不管怎样,汤普森对英国马克思主义史学奠基性与开创性的贡献,

---

① E. P. 汤普森:《英国工人阶级的形成》上、下册,钱乘旦等译,译林出版社 2001 年版。
② 埃里克·霍布斯鲍姆:《史学家:历史神话的终结者》,马俊亚、郭英剑译,上海人民出版社 2002 年版,第 179 页。

对战后西方新史学潮流的催发,对现当代世界史学进步的推动,其作用及其重要地位都是毋庸置疑的。

霍布斯鲍姆

与汤普森不同,霍布斯鲍姆(Eric Hobsbawm,1917—2012年)对新社会史作出了更为深层的思考,并立意建立总体性的社会历史。在他看来,新社会史应当成为一门把各种分析与概念加以综合而熔于一炉的科学,亦即把历史研究的整个领域作为社会史研究的领域。他的现代历史"四部曲"(《革命的年代》《资本的年代》《帝国的年代》《极端的年代》)就颇能体现这种总体性的社会史的构想,大受国际史学界青睐。

霍布斯鲍姆认为,新社会史还需要构建自己的方法论体系。他在1971年发表了《从社会史到社会的历史》,比较系统地总结了此前的社会史,进而对"社会的历史"提出了自己的看法:"树立这样一个小小的路标来指引或警示未来的交通,则不无益处。"不管怎么说,在英国新社会史家笔下的人不是抽象孤立的,而是与整个动态世界密切相联系且分属各个阶级与社会集团,也就是置于整个社会发展的背景中加以考察的具体的人。在"自下而上"这一史学新思想的指引下,他们更关注的是普通人、处于社会最底层的人。霍布斯鲍姆的名著《原始叛逆者》所写的就是一些"社会盗匪"。在史学与其他社会科学关系的问题上,他主张以历史学为主体,而把其他社会科学的成果视为历史研究的"配件"。

霍布斯鲍姆批判那种僵化地与教条主义地对待马克思主义的态度,主张把马克思与"粗俗的马克思主义"区分开来。他在新社会史的实践中捍卫马克思的唯物史观,声称:"为了可预见的未来,我们理应在史学领域内部和外部来捍卫马克思和马克思主义,反对那些在政治和意识形态领域向马克思和马克思主义发动进攻的人。"[①]是的,在他身上体现了当代马克思历史学家所走过的道路,那就是回到马克思和发展马克思这样一种行进轨迹。

(2) 法国的马克思主义史学

法国马克思主义史学与英国一样,也有着优良的传统,在战后更得到了很大的发展。马克思主义史家们十分注重用马克思主义的观点来说明现代社会的发

---

① 埃里克·霍布斯鲍姆:《史学家:历史神话的终结者》,第197页。

展,以及一些与此相关的历史问题和学术问题;1979年他们创立了马克思主义研究所,经常举办各种报告会和讨论会,定期出版各种杂志,如《思想》《历史学报》等,有力地推动了历史学的发展。

法国马克思主义史学研究的主要领域是法国大革命,以马迪厄、勒费弗尔为代表的史家在总结前人学术成果的基础上又作出了新的业绩。在这方面,索布尔功不可没。

索布尔(Albert Soboul,1914—1982年)是勒费弗尔和拉布鲁斯的学生,青年时代就投身人民阵线运动,并于1938年加入法国共产党,1958年他以《共和二年巴黎的无套裤汉》的论文获得国家级博士学位,1967年出任巴黎第一大学法国革命史讲座教授,直至去世。他继承了从下层研究法国大革命的传统,根据大量的文献深入探讨了巴黎下层平民的社会构成,论证了"无套裤汉"是法国大革命的主要动力之一。索布尔通过分析城市下层平民运动,发展了关于大革命时期的法国社会史研究。

自70年代中叶起,索布尔在对年鉴—新史学派的论战中,继续深化对法国大革命的研究。其时,年鉴学派史家菲雷与里歇合撰《法国大革命》一书,并在《年鉴》杂志上就这一专题发表系列论文,对法国大革命的性质、发展进程和结局提出了自己的看法,在他们看来,大革命没有带来任何根本的变革,只是历史短时段中的一个偶然事件,一个美妙的神话而已。他们的观点反映了年鉴学派贬低政治和事件史的态度。对此,索布尔作了有力的辩驳,为了更全面地阐释法国大革命的性质和意义,他写出了《法国革命史纲》《革命前夜的法国》《文明与法国革命》等著作,促进了法国大革命总体史研究的进展。索布尔曾于1981年来中国的华东师范大学历史学系和复旦大学历史学系讲学,留下了《法国大革命史论选》[①],对当时中国史学界产生了广泛的影响。

法国马克思主义史学开拓了新的研究领域,并由此显示了一种新的研究趋向,在这方面作出贡献的是伏维尔。

米歇尔·伏维尔(Michel Vovelle,1933—   )不仅是当代法国著名的马克思主义历史学家,同时对"新史学"的发展也做出了重大贡献。伏维尔认为,历史研究应当深入到人的精神生活领域,这是一种"从地窖到顶楼"式的发展;精神状态史并不是虚无缥缈的,而是社会的延续和更为精细的方面。他从社会的经济基础、人类的物质生活出发,综合考察了人类生活的各个方面,进而揭示了人们的精神状态,出版了不少这方面有影响的著作,其中以《巴洛克的虔诚与基督教运动:启蒙时期普罗斯旺人对死亡的态度》最为有名。这是一部很典型的精神状态史的作品,他以当时的遗嘱为史料,运用计量方法,通过考察法国南部部分居民在

[①] 阿·索布尔:《法国大革命史论选》,王养冲编,华东师范大学出版社1984年版。

17—18世纪这一历史长时段内对死亡态度的变化,说明了从18世纪60年代起,随着遗嘱内容的世俗化,人们精神状态所发生的变化。其作令人耳目一新。

3. "西马亦马"

西方马克思主义史学作为后马克思时代的马克思主义史学,二战后因在一些发达的西方资本主义国家有其成长繁茂的气候和土壤,而获得迅速的发展;又因其参与西方的社会实践,而与同时代的新史学纠结粘连,从这一意义上讲,它或许可以归入西方新史学的派别之列。然而,两者在互相影响的同时,又"和平共处",各成一派。我们看到,西方马克思主义史学与经典马克思主义史学之间,既有相互承接的传统本性,也有张扬个性特征的时代品格,昭示出一种新的史学发展趋向。与经典马克思主义史学相比,他们中一些人的史学思想,别样而又传统,疏离而又守护,它当然不是一种"残余的乡愁",而是一曲"时代的变奏"。从"奏"出来的"音符"来分析,"西马亦马",换言之,西方马克思主义史学依然是一种类型的马克思主义史学。历史学是多元的,马克思主义历史学也是如此,正如霍布斯鲍姆所说,"今天,马克思主义历史学是多元的"①。现当代的西方马克思主义史学,呈现出一些新的发展趋向,以当代最具代表性的英国马克思主义历史学家为个案,可大体概括如下②。

(1) "自下而上"历史观的新取向

历史研究的出发点是"自下而上"还是"自上而下",或可视为马克思主义史学与非马克思主义史学(除新史学外)的一条分界线。西方传统史学,如在兰克学派那里,历来关注的是"精英人物",内容几乎全是政治史,他们笃信"具有巨大内在力量的伟人";而马克思主义史学则始终关注普通民众及其在历史中的作用,留意处在社会底层的人们的生活状况、喜怒哀乐、前途命运。例如前面提及的霍布斯鲍姆的名著《原始叛逆者》所写的处于社会底层的"盗匪"这一独特的群体,尤能反映这一点。英国马克思主义历史学家希尔顿在回答中国学者的"英国马克思主义史学赢得西方非马克思主义史学家广泛承认的突破性史学成果是什么"这一问题时,这样答道:"我认为,从最一般意义上讲,英国马克思主义史学家得到非马克思主义史学家承认的主要成果的特征在于我们写作了'从下面着眼'(from below)的历史,也就是说,我们把历史研究的侧重点从封建的和资本主义的统治阶级及其制度转向劳动大众,无论是农民、工匠还是无产阶级。"③在这一点上,西方马克思主义史学不仅与经典马克思主义史学"接轨",而且与现当代西

---

① 埃里克·霍布斯鲍姆:《史学家:历史神话的终结者》,第196页。
② 参见张广智:《关于马克思主义史学遗产传承中的几个问题》,《复旦学报》2005年第5期。
③ 庞卓恒:《让马克思主义史学弘扬于国际史坛——访英国著名马克思主义史学家希尔顿》,《史学理论》1987年第3期。

方新史学也"不谋而合"①。这充分表明了时代的变革在不同类型的历史学家心中激起了同样的回响,虽则在他们之间还有差异,但关注普通民众及其在历史上的创造性作用,则是其共同点,也是二战后国际史学的一种潮流。正如识者所指出的,"认真关注平民思想,关注处于社会行为底层的论说",是当代西方马克思主义史学的一个明显的特征。这样看来,西方马克思主义史家难道不是经典马克思主义史学这种历史观的继承者与发扬光大者吗?

(2) 历史研究领域的开拓

历史研究领域的开拓,除了应归之于二战后时代变革的因素外,从历史学自身的发展看,有两点应提及:一是前述"自上而下"历史观的转向,自然会导致历史学家视野的扩展,历史研究范围亦随之延伸;另一是二战后"全球历史观"的确立与影响,"跳出欧洲,跳出西方,将视线投射到人类所有的地区与时代",成了包括西方马克思主义史家在内的西方史家的一种共同的呼唤。历史观的变化、历史视野的宽广,使历史研究的领域得到了前所未有的开拓与扩展。在这方面,与经典马克思主义史学相比,西方马克思主义史学的研究领域触及了前者所未曾涉及或并不被看中的领域,如关于心态史(精神状态史),被称为"当代最细致、最有想象力的马克思主义史学家"米歇尔·伏维尔前已述及的研究成果,即为显例。

(3) 历史研究方法的多元

西方马克思主义史学表现出与西方新史学趋同的倾向,但在研究方法上也还有其自身的特点,这个特点既呈现出马克思主义史学传承的历史轨迹,又打上了时代的印记。当代西方马克思主义史家历史研究方法的特征在于:宏观考察与微观分析的结合,即他们在倡导总体史观的同时,亦关注重构历史中的"细节";由"自下而上"出发,又与"自上而下"的观察相结合,即他们在关注历史上普通民众作用的同时,也不排斥上层,如希尔顿所言,"统治阶级并没有被忽视,正如克里斯托弗·希尔对17世纪的研究所表明的那样";运用跨学科与多学科的研究方法,其特点可从霍布斯鲍姆为他的新社会史所构建的方法论体系中略见一斑,等等。由此可见,西方马克思主义史学多元的研究方法,并不是孤立的,它总是与前面所说的历史观的转变与历史研究领域的开拓相关联的,总之,它是与历史学家的史学思想紧密联系在一起的。

(4) 以天下为己任的崇高情怀与撰史旨趣

"以天下为己任","先天下之忧而忧,后天下之乐而乐",这是中国历代优秀史家所崇尚的精神境界与高尚情怀,也可借用来形容现当代西方马克思主义历史学家的写作旨趣,这充分反映在他们的著作中。

---

① 勒高夫等主编:《新史学》,第35页。

必须强调指出,西方马克思主义历史学家在新的历史条件下,对马克思主义作了新的审视和反思,对当代世界出现的许多新的情况,也作出了新的思考与诠释。马克思主义需要在新的条件下不断丰富、不断发展,这与那种僵化的和教条主义的态度是相悖的。事实上,西方马克思主义史学在二战后之所以取得重大的进展,既与时代的变革、西方新史学所发生的变化相关,也在很大程度上归因于20世纪50年代以来马克思主义本身的变化。随着斯大林的教条主义受到批判,西方出现了"马克思主义复兴"的浪潮。"回到马克思,发展马克思",西方马克思主义历史学家也力图沿着这一轨迹行进。他们对马克思主义所作出的新的探索,有成就,也有失误,但正是由于他们的努力,才使马克思主义史学在众多西方史学流派中争得了一席之地,对于他们的史学业绩,我们应予以充分的重视,因为这也是需要加以批判地传承的马克思主义史学的现时代遗产。

"西马亦马",是我们对现当代西方马克思主义与马克思主义史学的一个基本看法,现当代西方马克思主义和马克思主义史学仍处于发展与变化之中,对一个动态的东西自然不应过早作出结论,但这并不妨碍我们对它有一个最基本的看法。

四、社会科学新史学派

1. 史学的社会科学化

在二战后世界新史学发展的潮流中,美国的社会科学新史学派通常被学术界称为与法国年鉴史学派、英国的马克思主义史学派鼎足而立的三大史学流派之一。就它们所取得的史学成就及其对战后历史学发生的重大影响而言,称其为战后国际史学尤其是西方史学界的三支最重要的新史学流派亦无不可。

从宏观的趋势来看,19世纪是历史学专业化、学科化的时代,到20世纪特别在二战后,历史学与其他学科交流、融合,显示出一种整体化与综合性的趋势。在这方面,年鉴派提出"整体历史"(总体史)与"历史综合"的口号,是历史学走向整体化而又不失史学自身特点的一个范例。史学的整体化必须以史学的科学化为前提。要使史学科学化,它必须伸开双手,一手伸向自然科学,引进与借鉴现代自然科学的方法;一手伸向社会科学,引进与借鉴社会科学的理论与方法,使自身社会科学化。可以这样认为,历史学与社会科学的结合,是现代史学的一种共同的特征,但在这一过程中,各国形成了各自的特征。以法美两国而言,前者表现为"社会科学的史学化",而后者显示出的特征则是"史学的社会科学化"。巴勒克拉夫特地把历史学与社会科学的紧密结合作为现当代美国史学的"显著特征"①。

基于美国的国情,在西方诸国中,美国历史编纂学的现代化同美国社会的现代化一样,超前而又迅速。倘从学科变化这一视角来考察,应当说美国史学现代化的学术背景来自社会科学。在20世纪上半叶,美国进步史学派兴起的学科动因正是美国社会科学。不过,在那时历史学家的努力还始终停留在向社会科学寻找新的认识能力上。史学与社会科学更紧密的结合开始于40年代。"1950年以后,社会科学为历史学家开拓的前景不仅极为丰富多彩,而且比以前更加明确了",在美国,情况尤其如此,丹尼尔·贝尔称50年代至60年代为美国学术发展史上的"社会科学的时代"②。正是由于战后社会科学的发展对历史学产生了巨大的影响,进而形成了社会科学和历史学一体化发展的趋势。历史学与社会科学的紧密结合是各自学科本身进一步发展的需要。从历史学来说,现代社会的发展使历史学由于其自身的理论与方法存在的不足而不断发生危机,为了克服和解决这种危机,历史学家要求与其他科学结盟,这也是20世纪上半叶以鲁滨逊为代表的新史学家所孜孜以求的"新的同盟军"。战后兴起的新史学,在使史学与社会科学结盟这一点上,不但目标一致,而且显得更加强烈。因为唯其如此,才能使历史学适应现时代的要求,以进一步了解与认识包罗万象的人类世界。

从社会科学来说,一方面,我们应充分看到,现代社会科学的长足发展所显示出来的优点,对历史学似乎形成了一种进攻性的态势。这是因为:各门社会科学的理论经过较长时间的发展和检验,日渐趋向成熟;社会科学研究技术的进步,电子计算机技术的革命和进步。另一方面,现代社会科学的发展,也需要吸纳历史学的营养以滋润自己,这两者的关系如同"人"字形的结构那样,需要互相支撑。新经济史家等就是如此产生的。

20世纪50年代以来,美国社会科学理事会采取了许多得力的措施,以推动历史学与社会科学的紧密结合。社会科学新史学具有两个很明显的特征:一是充分运用社会科学或行为科学的理论和方法,二是广泛采用计量研究方法和数据资料。美国社会科学新史学派是一个庞杂的概念,大体说来,它可以包括新经济史学派、新政治史学派和新社会史学派等几大流派,并衍化发展为城市史、劳工史、黑人史、妇女史、家庭史、儿童史、人口史、社区史、企业史、少数民族史等众

---

① 巴勒克拉夫:《当代史学主要趋势》,第45页。
② 丹尼尔·贝尔:《当代西方社会科学》,范岱年等译,社会科学文献出版社1988年版,第14页。

多分支学科,成了当代美国多元性史学最突出的表征。它有力地改变了往昔传统史学只注重叙述"精英人物"和"政治事件"的单一格局,使历史学家的视野与历史学研究的领域得到了前所未有的开拓与扩展;它更广泛地运用社会科学的理论模式、思维范畴,使历史学由一门描述性的人文科学转变为一门分析性的社会科学;它彻底改变了传统史学研究方式的落后面貌,一方面是新的技术手段的大量运用,另一方面是学术研究的组织形式从个体走向群体,犹如现代化工业生产那样井然有序地从事历史研究工作。从1967年至1987年这20年间,美国社会科学新史学派的作品风行一时,其中有8部历史著作获得了班克罗夫特奖。

美国的社会科学新史学极大地改变了美国史学的陈旧面貌,并与欧洲史学的革新潮流汇合,推动了战后史学的进步。但在发展进程中也遇到了困惑与曲折,如盲目地借鉴社会科学的结果,既导致了历史研究的碎化与专通比例的失衡,使广大读者对那种充满社会科学术语与数理模式的历史著作望而却步;又如一味崇信用更深奥、更高级的技术去研究历史,忽略用综合性和分析性的方法来展示历史的全貌,从而忘却了历史学的自主性。克服由史学社会科学化而产生的危机,使史学与社会科学建立在一种更平等与更正常的关系基础之上,恢复历史学的自主性,展开对历史的综合性论述,可以说是眼下美国新史学家尤其是社会科学新史学派诸家的重要的史学课题。

2. 新经济史学

巴勒克拉夫曾明确指出,当代史学的突出特征是"计量革命"。不管怎样,现代意义上的计量方法的广泛运用,不仅构成了对现代史学的一大挑战,也是西方史学近几十年来发生新的转折的重要标志。在美国,从20世纪50年代开始,计量研究开始渗透到历史研究领域,向传统的经济史、政治史等发起了猛烈的挑战。

新经济史学派①是以麻省理工学院、普渡、华盛顿、芝加哥、罗彻斯特和斯坦福等大学为基地的。1957年9月,迈耶和康拉德发表《经济理论、统计推理和经济史》一文,提出了用统计与计量方法研究经济史的主张。1960年新经济史学派诸家在普渡大学举行学术会议,规划与协调了他们的研究方向,引起了经济史家的重视。1963年,新经济史学的代表人物之一福格尔发表了《新经济史初探》,认为"新"经济史与"旧"经济史的区别首先在于计量对象的不同,它的重要任务之一就是复原那些一度有过但已不复存在的经济数据;其次,新经济史十分

---

① 新经济史学派,又称克丽奥学派(Cliometricians)。克丽奥(Clio),古希腊神话中的缪斯女神之一,司历史。以"克丽奥学派"为名,反映了新经济史学派力图使史学科学化的一种愿望。

注重如何组合原始数据,以便计量前人从未计量过的东西;再次,新经济史十分强调设法计量不能直接计量的东西①。此后,"新经济史"一词取代了原来的"计量史"或"计量经济史"而流传开来。次年,福格尔的《铁道和美国经济增长》一书出版,1974年他又与恩格尔曼合著《苦难时代:美国奴隶制经济》,书中的论述引发了学界的广泛争论,新经济史学派随之也扩大了影响。70年代,新经济史学家接办了《经济史杂志》,完全掌握了这一领域的支配地位。

新经济史学是对经济理论、统计推断与数学模式的综合运用,它的基本方法则是用计量方法,使它与一个结论或假设相关的所有因素与关系项明朗化。在这一过程中,确立预先的假设很重要,以福格尔为代表的新经济史学是以下列四项假设为基础的:一是存在着决定经济运行的铁的法则,如同亚当·斯密和大卫·李嘉图所总结的那种法则;二是资本主义经济是以不可遏止的增长为其特征的,这在所有近现代社会里都采取了类似的形式;三是经济上的现代化过程必然强制性地导致政治上的现代化;四是计量方法不仅可以在经济的而且也可以在社会的过程中加以运用②。

诚然,数学模式与电子计算机程序的运用是这些历史学家一种不可或缺的手段,但在方法论上,它的"根本特征是用行之有效的假设—演绎模式建立起对过去经济发展的全部解释"③。这一被福格尔所称的假设—演绎模式亦称反事实模式,可以这样说,它构成了新经济史学的本质特征,这是因为,这种模式充分利用了计量经济学精心设计的技术,目的在于用数学方法建立起各种变量因素在特定的环境下相互发生作用和影响的方式。

福格尔运用这种模式,在他的《铁道和美国经济的增长》一书中,对前人的铁路运输在19世纪美国经济发展过程中所起作用十分重要的观点(如罗斯托所揭示的铁路与美国经济起飞不可分割),提出了质疑。他指出,只有能证明采用铁路比采用其他最好的办法所带来的增值额,直接或间接地占19世纪美国经济产出的大部分,才能认为铁路是不可缺少的。福格尔运用假设—演绎模式,假设1890年美国没有铁路,以推断出各种未发生的情况,结果表明:在没有铁路的情况下美国国民生产总值至多减少3%多一点,所以他认为铁路在美国经济增长中并没有起过决定性的作用。

随后,福格尔和恩格尔曼在合著的《苦难时代:美国奴隶制经济》中,又提出了一个重要的假设:如果没有1861—1865年的南北战争,奴隶制种植园一直维持到1890年的情况会怎样呢?他们根据诸如棉花价格和产量、价格水平和利息

---

① 福格尔:《新经济史初探》,见项观奇编:《历史计量研究法》,山东教育出版社1987年版,第101页。
② 伊格尔斯:《二十世纪的历史科学——国际背景评述(续一)》,《史学理论研究》1995年第2期。
③ 项观奇编:《历史计量研究法》,第150页。

率等各种历史统计资料以及账簿、日记等大量前人不注意的资料,运用复杂的计算方法计算出1860—1890年间棉花价格和产量增长率、奴隶生活费变动率以及奴隶价格增长率等,得出到1890年奴隶制度较1860年时更具有活力的结论;并据此认为,奴隶制危机不是经济和社会危机,而是社会平等问题,或者说是道德问题,奴隶制就其经济实质来说,与资本主义制度并无区别,只是带有中世纪的形式而已。

两人的论见在学界引起了一场轩然大波,褒之者认为这是"新方法的精华",贬之者认为这是"糟糕的历史"。由此而触发的这场争论,使人们悟出用统计方法与电子计算机虽不失为一种有用的手段,但并不能由此使历史学家变成无所不能的"超级史家"。不过,反事实的假设—演绎模式对于历史研究仍是有积极意义的,因为它提示了历史发展进程中的各种可能性,从而有助于人们加强对客观历史的认识。

3. 新政治史学

美国的新政治史学同新经济史学一样,也是在战后社会科学的勃兴与"计量革命"的推动下出现的。1957年,本森在《美国政治史学研究中的若干问题》一文中呼吁历史学家更新对史料的认识,应当把报纸和手稿扩大为可以用数值来表示的史料,以开拓政治史研究的新局面。1961年,本森在新政治史学领域的代表作《杰克逊民主的概念》出版,它运用计量方法,借用社会科学的理论,分析19世纪中叶前后纽约州的民众选举行为,以此奠定了新政治史学的基本模式。20世纪70年代,新政治史学进一步扩大了研究领域,注重分析种族、文化和宗教这些因素在政治行为中的作用。这一新史学派以爱荷华、宾夕法尼亚、匹兹堡和威斯康星大学为基地,取得了不少成就。与传统的政治史相比,其新颖之处除运用计量方法外,更突出的是它把行为科学的理论引入了历史学。为此,新政治史学家又常被称为"行为历史学家"。新政治史学派所确立的"政治行为模式"以下列两种最为著名。

第一,政治重新组合模式。这是由凯伊最早提出的,1955年他在《临界选举论》一文中,对选举结果作出趋势分析,区分了不同性质的选举,一种是长期而缓慢的稳定性选举,另一种是短期而激烈的不稳定性选举,提出了研究政治变化的临界选举论或重要时期论。在凯伊看来,临界选举之所以重要,是因为在这一时期中选民的政治倾向发生了变更,这种变更便导致了政治的重新组合。这一理论为新政治史学家对政治行为和过程进行多因素分析提供了一个概念框架。

在凯伊理论的基础上,政治史研究者把选举分成三种:维持现状的选举、偏离的选举与政治重新组合或临界选举。他们把美国政治史看作是不同政党体制的更替演进,各个政党体制是以各个政治重新组合的时期来划分的,而政治的重新组合取决于选民对政党公共政策的态度,因而政党体制从根本上来说是一种政策体制。

第二,种族文化模式。这是由本森和海斯所确立的。在本森看来,不同对立集团的政治冲突,其原因可能不是比尔德所说的经济利益,而可能是种族和宗教的差别,若从人们的价值观念、宗教信仰和个性特征等出发,就会取得更大的成就。在《杰克逊民主的概念》中,他指出,属于同一种族和文化群体的成员的投票态度是同一的,这是解释大众投票行为和党派行为的关键。这之后,以克莱普那、詹森、佛米萨诺等为代表的新一代史学家,通过大量的地区研究,进一步阐明和验证了种族文化模式。他们都把种族、宗教、文化等因素视为大众选举行为的决定性因素,尤其强调宗教因素的重要性。

这种模式在新政治史学中占有重要的地位,产生了重大的影响。一些学者对此也提出了批评,有论者认为不能排除对选民的社会经济因素地位的分析。总之,新政治史学也遇到了同新经济史学同样的问题,都需要纠弊革新,以开创新的局面。

4. 新社会史学

战后,新社会史研究在欧美等国发展很快。以霍布斯鲍姆为代表的英国马克思主义史学家,通过社会整体的历史研究,尤注重社会下层民众日常生活的历史研究,形成了新社会史学派。美国的新社会史学派在20世纪60年代至70年代也获得了迅速的发展,以哈佛、加利福尼亚(伯克利)、普林斯顿、约翰·霍普金斯和卡内基-梅隆大学为基地,形成了自己的特点。

美国新社会史的突破口是社会流动研究,并以此确立了"社会流动模式"。60年代初,兰帕德在《美国史学家与城市化研究》《城市化和社会变迁》等文章中,把城市社会看作一个"生态复合体",认为应运用社会学、人口学和人类生态学理论研究"城市化过程",包括城市增长率的变化,以及人口、年龄、性别、职业、种族的分布和变化等。他认为,在研究城市化过程中应着重于人口、环境、经济、组织机构这些因素及其相互作用,尤其要注重社会流动这一美国社会特征及其在城市化过程中的作用。在他看来,城市化已为农民、劳工、移民等各种不同背景的人们提供了多种机会,使他们可以通过自身的努力跻身于社会上层,而原先处于社会上层的人由于在激烈竞争中失败而沦为社会的下层。因此,美国城市社会中这种社会流动应成为历史研究的重要内容。

在兰帕德的理论基础上,以塞恩斯特鲁姆等为代表的新一代史学家,通过大量的城市史研究,建立了社会流动模式。由于塞恩斯特鲁姆的《贫穷与进步:一个19世纪城市的社会流动情况》一书所引起的连锁反应,一些新社会史学家对美国社会阶级变动、城市人口变动、少数民族、移民等方面的研究,取得了丰硕的学术成果。塞恩斯特鲁姆等人所确立的社会流动模式,则主要关注以下几方面。

其一,人口流动状况。塞恩斯特鲁姆与耐斯合写的《流动的人群》一文指出,人口流向城市是一个复杂的、动态性的过程。由于"净流入人口"为数颇巨,城市飞快地发展起来,但城市的"总移入人口"要比"净流入人口"数多好几倍,因为城市移入人口在中年定居下来之前一般总要历经三个或更多的社区或城市。

其二,阶层和种族的空间流动差异。在19世纪和20世纪初的城市中,穷人、移民和黑人等处于社会低阶层的人群虽有聚居于某一特定区域的倾向,但却比处于社会高层的人群更具有流动性。

其三,社会流动性。塞恩斯特鲁姆在对马萨诸塞州纽贝里港以及波士顿的居民研究中指出,在美国城市化过程中因机会的增多而产生了较显著的社会流动,但这种社会上下流动并没有造成太大的社会地位的变动。也就是说,蓝领和白领阶层的变动是有限的,处于社会低阶层的人群要摆脱贫困是很困难的。

其四,移民与社会程度差异。土生土长的美国人比处于同一社会阶层的其他人享有更有利的机会。某些欧洲的移民群体,如英国人、德国人和犹太人,往往发迹很快,而爱尔兰和意大利移民则较为困顿[①]。

总的说来,社会流动模式研究推翻了过去把新政以前的繁荣时代称为黄金时代,并认为这个时代人人机会平等的普遍的观点。无疑,这些研究所挖掘和揭示出来的事实加深和丰富了人们对美国社会和历史的认识。

美国的新社会史是一个相当宽泛的研究领域,由社会史而衍化为城市史,如上述由塞恩斯特鲁姆撰写的《贫穷与进步:一个19世纪城市的社会流动情况》,既是新社会史的奠基之作,也是新城市史的代表作。他归纳新城市史的特征是:运用社会学尤其是行为科学的理论进行研究,运用计量方法,注重普通人群。由此可见,塞恩斯特鲁姆所归纳的新城市史的特征也是新社会史的特征。随着新社会史的发展,除新城市史外,又增列许多新的分支学科,如劳工史、企业史、家庭史等,但随着历史解释的多元化与课题的分散化,以至无法作出"融会贯通的解释"。如何走向新的综合,这既是美国新社会史学派,也是整个美国新史学所面临与需要解决的问题。

---

① 参见塞恩斯特鲁姆:《新城市史回顾》,转引自《当代史学研究》,台北明文书局1982年版,第318—322页。

五、历史学的新领域和新方法

1. 比较史学

历史学的新领域与新方法,从 20 世纪欧美新史学发展的情况来看,可谓分支繁衍,流派林立,令人目不暇接。这里主要指的是通过借鉴和运用新的方法而开辟的历史学的新领域,它既指某种研究领域的开拓,也是某一种研究方法的革新与运用。

用比较史学方法研究历史自古有之,甚至可以追溯到西方"史学之父"希罗多德。现代意义上的比较史学,兴起于 20 世纪初。1928 年,法国史家马克·布洛赫发表《欧洲社会历史的比较研究》,被学界视为"比较史学的滥觞",他所提出的"假设验证"的比较方法,使比较史学方法前进了一步。二战后,在全球一体化与史学的国际化进程中,比较史学得以发展。

20 世纪 50 年代以来,比较史学逐渐发展并风靡西方史坛。在西方诸国中,美国的比较史学发展得较为充分。在美国历史协会年会上及《美国历史评论》等刊物中,研讨比较史学的原理和方法,并在具体的历史比较研究中涌现出了一批有价值的学术成果。如由普林斯顿大学西里尔·布莱克教授主持的"比较现代化"的研究小组,推出了《现代化的动力》和《日本和俄国的现代化》等著作,由巴林顿·穆尔撰写的《独裁和民主的社会根源:现代世界上的地主和农民》,被学界认为"用宏观方法为比较史学提供了光辉范例"。有意思的是,在比较史学日渐盛行的当今美国史坛,一些比较史学家从"跨文明"的角度,对特纳的"边疆理论"作了重新考察,他们把美国的西进运动与加拿大、澳大利亚、南非、阿根廷和巴西等国的边疆扩张进行比较研究。有的史家甚至按照特纳学说研究了古罗马、中世纪欧洲、俄国和中国的边疆变化情况,发表了不少这方面的论著。从比较边疆史学的复活中可以看出,随着一种新的研究方法的运用,即使是一个陈旧的课题,也会在新的情况下,焕发出新的光彩。

关于现代(主要为二战后)西方比较史学的发展,美国学者雷蒙德·格鲁在 1980 年发表的《比较史学的论证》一文中较系统地作了回顾。他把历史比较研究著作大致上归纳为四类:一是"各文明体系的比较"研究,即如斯宾格勒、索罗金和汤因比那样的宏观比较;二主要是"对文明的某些中心题目进行比较研究,如比较宗教式国家与社会的关系",大多是一些较为具体的历史现象的比较;三是通过比较而"研究历史过程","它们涉及的范围非常广泛,从'可选择的生产方式'的比较研究到一个单独的行业实现工业化的速度和程度的比较,从革命这个永远受欢迎的题目的比较研究到限定得很明确的过程的比较研究(例如现代教育制度的普及),这种历史比较尤其与经济学、社会学或人类学的某些学派有密切的联系";四是"机构的比较",如教会、党派、银行之类的组织和机构的比较。格鲁的分类似有交叉与重叠,但对于我们研讨现代比较史学的发展进程还是有启发作用的。

作为一种研究历史的方法,比较史学有其自身的特点:它不像写作通史或断代史的历史学家那样在连续叙述人类的发展中寻找历史的意义,也不像历史哲学家那样在寻求全面的总体模式中获取历史的意义,而是从整个人类历史中一直在撞击着人类的那些永恒问题中寻找历史的意义。为此,比较史学按照某种规范和范畴,从人类历史中挑出两个或两个以上的对象,侧重探讨历史发展的一般规律及某种情况下的特殊规律,亦即寻求历史发展的普遍性与特殊性,以阐明它们之间的相互关系及其异同。格鲁认为,历史的比较研究在历史学家研究工作中的四个阶段(提出问题、鉴定历史问题、制订适当的研究规划、获得和验证重要结论)都是有帮助的。但比较方法有其局限性,正如布洛赫早就揭示的,它不是万能的。无论是以时间范畴来划分的共时性与历时性的比较,还是以空间范畴来划分的宏观比较、中观比较和微观比较,它都应具备这样一些条件:对要进行比较研究的双方或几方,要有一定的了解与研究;应透过现象,揭示本质,力求寻找比较研究的双方或各方的"异中之同和同中之异"[①];比较双方与各方应具有可比性,不能把毫不相关的事情硬搭配在一起,否则就会弄得不伦不类,谬误百出。比较史学方法之成效还在相当大的程度上受到社会历史观与认识论、方法论的制约,亦即不能摆脱研究者主体性的制约,这就使得崇奉非决定性的本体论和唯物主义认识论的学者,在用这种研究方法时会陷入某种困境,从而影响了他们研究对象的广度、深度和科学价值。

在此,需要指出的一点是,"比较历史"与"比较史学"有别,前者可与"历史的比较研究"相提并论,指的是历史发展进程中的比较研究;后者指的是历史学自身的问题,即研究一国史学与另一国或多国史学之间的异同,探讨不同国家史学之间的相互交汇与相互影响。可见,两者是既有联系而又有各自研究对象与研究内容的两个概念,不能相互混淆。当然,通过具体的历史与历史学比较研究的实践而总结归纳出来的理论与方法论体系,可称之为"广义的比较史学",而具体的史学比较研究则可称之为"狭义的比较史学"。在当前,为了深入开展中西史学的比较研究,似有必要把"狭义的比较史学"与"比较历史"区别开来,确立自己

---

① 黑格尔:《小逻辑》,贺麟译,商务印书馆 1981 年版,第 253 页。

的学科内涵,发展成独立的学科①。

2. 计量史学

历史研究中的计量史学方法同比较史学方法一样,也具有悠久的历史,但现代意义的计量研究始于二战之后。所谓现代意义的计量史学,它至少应包括以下一些方面:一是运用电子计算机。它的使用,使系统收集、利用史料及进行统计分析成为可能,并向研究者提供了处理大量情报资料和分析多变量现象的能力,从而为计量史学的发展奠定了基础。二是进行统计分析。这里所说的统计分析,不是指以往史学研究中那种描述性的统计,而是一种高级的数理统计学和多变量解析领域的分析,对此非使用电子计算机不可。三是制作数学模式,即借用社会科学尤其是经济学中的理论模式,以数理形式来表现历史文化现象。

计量史学与欧美诸国新史学的发展大体是同步进行的,其中尤以法国和美国开展为早,而且最为充分。两者相比,法国则走在前面。在20世纪30年代,法国经济学家西米昂运用计量方法分析货币流通的变化,就奠定了计量史学方法的基础。这之后,历史学家拉布卢斯进一步完善和发展了西米昂的方法,并把它运用到具体的历史研究中去。在美国,从50年代开始,计量史学方法向历史研究渗透,出现了以广泛采用计量方法与数学分析为特征的新经济史学派、新政治史学派和新社会史学派。

计量史学有其明显的优越性,比如:

它可以最大限度地运用与发掘史料,这是传统的定性分析的描述方法所无法解决的。由于借助电子计算机,新的史料被源源不断地发掘出来,诸如选民登记、教区档案、法庭记录、公私账本、公私藏书目录、病史记录、结婚登记、死者遗嘱、家谱、税单等,都可以视为"史料",都可以转化为机器可读出的数据,由此引起史料观的变化。

它可以使历史学家开阔视野,转换视角,加深对历史的认识。二战后西方史学界所确立的"自下往上看的历史学",在很大程度上得益于计量史学方法的普遍运用。福格尔认为,作为撰写群体历史的一种辅助手段,计量方法"似乎最有用武之地",如新政治史学关注的中心是选民群体,揭示普通选民在选举中的态度与行为;新社会史学关注的也是构成社会的不同的人群,他们在社会历史发展中的地位和作用,亦即社会底层的历史。的确,计量史学方法的推广,为历史学

---

① 对这个问题的进一步讨论,可参见下列论著:庞卓恒:《比较史学》导言,中国文化书院1987年版,第1页;杜维运:《史学方法论》,台湾三民书局1992年增订版,第339页以下;张广智:《关于深化西方史学研究的断想》,《社会科学》(沪版)1992年第3期。

家研究下层社会与普通群众的历史开辟了途径。

它使历史学家的研究更加精确化。历史学家应用电子计算机与数理统计方法,不仅仅可以更迅速地从事研究工作,而且还影响到历史学家史学思想上的变化,使研究者在对历史的解释、对史料的看法、对历史的表述方法等方面发生变化。总之,它会引起历史学家在历史认识论与方法论上发生变革。如传统史学通常应用定性分析与描述方法,随之带来语言文字上的模糊性与不确定性,但运用计量方法的"数学语言"却可以更精确地揭示历史现象与社会现象,把定量分析作为历史叙述的一个重要组成部分,使历史研究更准确、更客观。西方学者所谓的"计量革命"在很大程度上说的是计量史学的这种优越性,它反映了当代历史学家使史学精确化和科学化的一种巨大努力和趋势。

计量史学方法尽管在过去的几十年间取得了不少令人瞩目的成就,在史学研究的各个领域产生了广泛的影响,但它的局限性日益显露,历史学家对它的诘难也就不断产生了。计量史学方法作为一种技术性方法,其使用范围是有限的。从技术上讲,并非所有的史料都可以进行有效的计量分析,尤其是系列分析,电子计算机不可能把历史中的根本的人的因素输入进去,机器不可能进行本质上属于创造性的工作,"数学语言"不能揭示出参与历史活动的个体的独特个性,反倒有可能使原本栩栩如生的历史变成了充斥数字与图表的枯燥无味的东西,从而失去历史学的固有魅力。这不仅在专业圈中遭人责难,而且也很难为大众社会所接纳。关于史学研究的方法,今后的趋势是互补,而不是取代,企图以计量方法包办一切,声称不是计量的历史学就不是科学的历史学,那只能是痴人说梦。美国一些计量史学家在研究内战前美国奴隶制经济问题上所出现的失误,也着实告诉人们,一味迷恋与追求计量方法,确实有可能使历史学陷入技术主义的泥潭。在这里,计量史学方法同前面所说的比较史学方法及下面要谈到的心理史学方法、口述史学方法与影视史学方法一样,都需要借助科学的认识论与方法论,才能让计量史学方法在历史研究中充分地发挥出它的效用与潜能,并使当代开辟的这一新史学的领域迈入一个新的天地。

3. 心理史学

心理史学是历史学与心理学的嫁接而产生的一门新学科,它借助与运用心理学的理论与方法,来探索人类过去的种种行为,进而更全面与更深刻地阐明人类历史发展的客观进程。跨学科研究的方法是欧美新史学发展的一种强大趋势,心理史学及本节所述的其他史学新方法,都是这种跨学科研究趋势的突出表现。

心理史学发端于20世纪前期的奥地利心理学家弗洛伊德。他用精神分析学说,研究历史人物的行为,用"自我""本我""超我"这些心理学的理论渗入历史研究领域,这在一定程度上开拓了历史学家的视野。但他以生物学上的人的本能冲动(libido,"利比多")和欲望来解释人的行为,这难免使弗氏的研究成果掉入生物决定论的泥潭。

二战后的美国,以埃里克森为代表的新一代心理史学家,突破了弗洛伊德所设置的理论构架,重视社会文化因素的影响,进一步推动了心理史学的发展。他创立了"心理分析自我心理学",认定人格的发展是自我和社会文化相互作用的过程,在人格发展的每一个阶段中,都会受到社会文化因素的制约。埃里克森的研究成果为心理史学揭示了一条新的发展途径,但仍无法克服精神分析学说的缺陷,他对个人传记的心理分析仍然是从理论模式而不是从历史实际出发的。在美国,心理史学著作的内容除个人传记之外,还有对人类群体生活及其行为的心理分析方面的作品,最集中体现在家庭史或儿童史的研究中。在这方面,值得一提的是彼得·洛温伯格的《纳粹青年追随者的心理历史渊源》①,该书采用多学科的研究方法,依据扎实的历史资料,力戒主观臆断,讲究事实证据,在跨学科与多学科研究方法的观照下取得了成功,这或许是发展心理史学的一条坦途。

在现当代西方心理史学中,除了将弗洛伊德的精神分析学说运用于历史研究之外,还有运用行为主义和认知理论来研究与探索人类过去的种种行为。为了区分,我们称前者为"精神分析的心理史学",称后者为"非精神分析的心理史学",后者的主要园地也在美国。在西方心理史学的发展进程中,两派互不相容,存在着互相排斥的倾向,实际上未必有利于心理史学的发展。

从总体上来看,心理史学是现代欧美新史学潮流下的产物,但二战后欧洲从事心理史学研究的人却不多,心理史学的繁衍似乎成了美国现当代史学的一种特有的景观。对此,伊格尔斯指出:"实际上,弗洛伊德的方法和概念对欧洲心态史的直接影响微乎其微,心理历史学几乎只是美国的特有现象,直至今日,它与现代心态史的趋势背道而驰;集中注意出类拔萃的个人而没能建立这些个人与其社会环境之间的联系。"②伊格尔斯的这段话涉及心理史学与心态史学之间的区别。心态史的研究在欧洲有源远流长的历史传统,从 19 世纪德国历史学家卡尔·兰普勒希特对德意志民族的集体心理分析,到 20 世纪上半叶荷兰历史学家约翰·赫伊津哈在《中世纪的衰落》③中对中世纪晚期人们心态的分析,都是现代心态史学的先声。现代心态史学在法国得到了充分的发展,尤以勒费弗尔对 1789 年群众恐慌行为的研究最具代表性,其后在法国年鉴—新史学派那里,在

---

① 彼得·洛温伯格:《纳粹青年追随者的心理历史渊源》,《史学理论研究》1996 年第 3、4 期。
② 伊格尔斯:《欧洲史学新方向》,赵世玲、赵世瑜译,华夏出版社 1989 年版,第 205—206 页。
③ 约翰·赫伊津哈的《中世纪的衰落》自 1924 年出版以来被学界认为是对中世纪后期研究的主要著作,也是现代心态史学的代表作之一。

法国马克思主义历史学家如伏维尔那里都有了进步。由此可见,心理史学的中心在美国,心态史学的中心则在法国,两者在研究领域与方法等方面存有差异,但它们之间又有密切的联系,当用心理学的理论来研究人类群体心态的时候,两者就交叉重叠,没有必要截然分开了。

4. 口述史学

现代意义的口述史学发端于 20 世纪 30 年代至 40 年代,到 60 年代呈迅猛发展之势,其原因正如论者所指出的,一是历史学家对普通人生活和工作兴趣的增长,另一是现代音响技术尤其是大量廉价的录音机的上市。前者说的是在"自下往上看"史学理论的指引下,历史学家注重关心普通人的生活,于是口述史料就成了历史学家不可或缺的了;后者所说的反映了现代口述史学方法的复兴及发展,也必须以录音机之类的现代电讯技术的发展作为基础,犹如计量史学方法的广泛运用必须借助电子计算机并以它的推广作为其发展基础一样。此外,口述史学方法的勃兴,其学科动因是与社会史的发展相关联的。

口述史学的优点是:生动性,因为其史料来源于普通的民众,展现的是凡人凡事,运用的是大众语言;广泛性,在它那里,档案文献不再是唯一的史料,由于口述史料的多样与运用,这就为历史研究开拓了一个广阔的天地;民主性,在它那里,历史编纂者与历史创造者是直接接触的,并成为历史研究过程中共同的参与者,这就在相当大的程度上打破了编史者(专业史家)与非编史者之间的界线,使历史研究变得更具民主色彩。

作为一种新学科与新方法,口述史学也有其规范性的操作顺序,简言之,现代意义上的口述史学,实际上是通过有计划的访谈和录音技术,对某一个特定的问题获取第一手的口述证据,然后再经过筛选与比照,进行历史研究。目前,口述史学方法虽然获得了进展,但其学科地位还没有得到学术界的普遍认同。

5. 影视史学

影视史学(学界亦称影像史学)是现代欧美史学大家族的一个"新生儿"。1988年,美国历史学家海登·怀特首创了一个新名词"影视史学"(historiophoty),意思是通过视觉影像和影片的话语传达历史以及我们对历史的见解①。怀特一语惊人,在欧美史学界激起了广泛的回响。但是我们切不可望文生义,影视史学不仅仅是电影、电视等新媒体与历史相交汇的产物,这个名词所勾画的视觉影像(简称影视),还应包括各种影像,凡是静态平面的照相和图画,立体造型的雕塑、建

---

① 海登·怀特:《书写史学与影视史学》,《美国历史评论》第 93 卷第 5 期,1988 年,第 1193—1199 页。

筑、图像等，凡是所有影像视觉的媒体和图像，只要能呈现某种历史论述，都是影视史学所要研究的对象①。

影视史学这一新概念，从出现之日起，就构成了对传统的书写史学的挑战。以历史题材的故事片为例，由史蒂文·斯皮尔伯格执导的《辛德勒名单》，以其影像视觉的手段传达出一段往事，深刻地揭露了二战中德国纳粹残酷杀害犹太人的历史真相；由谢晋执导的《鸦片战争》，亦以其视觉影像的魅力，传达出一段发生在19世纪40年代的令人难忘与心酸的历史，因为"那一次我们挨打了"。这两部影片与众多的用书写形式陈述历史（如二战史，如鸦片战争史）的作品一样，都旨在唤起人们对往事的回忆，重新认识与评价历史，以作为现实的借鉴与走向未来的启示。然而，通过视觉影像来传达与再现历史，比借助于书写形式更具感染力，因而拥有更广泛的受众阶层，并能产生深刻和持久的影响。在这方面，书写史学是难以望其项背的。

追求历史的真实，这是千百年来书写史学家们的共同目标，但是影视史学家则追求更高的历史真实性，亦即符合历史本质的真实性，把历史事实的真实性与艺术的真实性有机地结合起来，这就允许必要的虚构和想象。于是在影视史学家那里，原先并非英雄的辛德勒在影片《辛德勒名单》中被塑造成英雄，虚构的蓉儿也成了《鸦片战争》中表现这幕历史悲剧的不可或缺的人物。总之，影视史学通过历史事实的真实性，需要进一步寻求历史本质的真实性，它所要表现的人物与场景都是典型化的，而绝不是一种对历史原型的复制。唯其如此，像《辛德勒名单》《鸦片战争》这类历史题材的影片，才能给人以强烈的振奋，揭示它们所含有的历史知识、所体现的历史意念、所传达的历史精神，这正是影视史学的题中应有之义。如今公众史学风气日盛，可以预期，影视史学作为它的一个分支，也有一个美好的前途。但它如前述的口述史学等一样，要确立其学科地位还要走一段很长的路。

6. "新克丽奥"的"边界"及其问题

影视史学是当代西方史学新趋势下的产物，因此它的基本定位应归属于史学的范畴，应为历史学家所研究；但影视史学又是历史学与视觉影像相匹配后的"混血儿"，它的这个特性也应当引起文学家、艺术家的关注。如此说来，这个"新克丽奥"的界限还不甚分明，难以定位，不仅影视史学，前述由跨学科交叉结合而产生的"新克丽奥"——历史学的分支学科，都牵扯到"边界"问题。

划定历史学的边界，当然不像数学上的一条切线那么容易、那么清晰。这里

---

① 参见周樑楷：《影视史学与历史思维》，(台北)《当代》1996年第118期。周氏对影视史学的广义理解，我们以为可取。又，historiophoty 由周氏首译为"影视史学"，这一译名也在学界与坊间流传。

就历史学的"边界"尤其是影视史学的相关问题略说一二。

关于真实性。前述当代美国史学史家伊格尔斯归纳了西方史学自古希腊迄至兰克史学的共同点,这就是:"真实性、流逝的时间和有图的行为"是西方传统史学(从古代到兰克时代)的"边界"。

由此可见,在划定历史学的边界时,"真实性"居于首位而且是不可或缺的。有论者说在史学上保持"真实性",仍是"独一无二"的。但问题并不那么简单,这种对历史学家历史著作的"真实性"诉求,如今却受到了质疑,成了不是问题的问题。不管怎样,"真实与虚假之间的这种区别,对于历史学家的工作始终都是根本性的"①。我们以为,伊格尔斯的这个意见应当视为历史学从业人员的一条"行规"、历史学家恪守的一条"边界"。

关于文史关系。历史学与文学"结缘",这是"克丽奥"与生俱来的特性。希罗多德是历史学家,但他也是文学家;司马迁亦然。这种文史难以割舍的联系,甚至还存在于兰克把历史学作为一种特定的著作形式而与文学划定边界的时候,19世纪的英国历史学家托马斯·麦考莱不就认为历史是"文学的一个分科"吗?到了海登·怀特等后现代主义历史学家那里,更是模糊了历史与文学、事实与虚构之间的界限,把历史变成了一种"诗性的比喻",认定"历史学不是一门科学,或者至多是一门原始的科学"。

问题是,历史学家需不需要想象力?回答当然是肯定的。历史学对"真实性"的基本诉求,在相当大的程度上制约了历史想象力的边界,但在边界之内,历史写作与想象力并不相悖。牛津大学历史学教授特雷弗-罗珀(H. R. Trevor-Roper)1980年作退休演讲时,便以"史学与想象力"为题,专门作过探讨,他指出,没有想象力的人是不配治史的。"不配治史"说得似乎重了一些,但缺少了历史想象力,我们认为,恐怕难以成为一个优秀的历史学家。

还是回到影视史学,回到历史影片与真实性,抑或历史想象力问题上来。符合历史真实,当然是一部历史电影(不管是广义的还是狭义的)的基本要求,但它不是历史教科书,它的制作还应遵循艺术创作的一般规律,正如吴晗在谈到历史剧与真实的历史之区别时所指出的:"历史剧作家有充分的虚构的自由,创造故事加以渲染、夸张、突出、集中,使之达到艺术上完整的要求,具体一点说,也就是要求现实主义与浪漫主义相结合,没有浪漫主义也是不能算历史剧的。"②在符合历史真实性的这个"边界"内,历史影片中想象力的运用也就有其必要性了。

---

① 伊格尔斯:《二十世纪的历史学——从科学的客观性到后现代的挑战》,何兆武译,辽宁教育出版社2003年版,第14页。
② 吴晗:《谈历史剧》,《文汇报》1960年12月25日。

六、世界史重构的新潮流

1. "全球历史观"

在当代,全球化的趋势令人瞩目。它的出现,从根本上来说,是现时代社会生产力和科技革命的产物,是当代社会经济发展的产物。全球化是一个过程,是一个不算短暂的历史发展的客观过程,绝非一个不切实际的构想。本节所要论及的"全球历史观",以及在这种史学思想指导下所出现的现当代西方学界的重构世界史的潮流,也应当作如是观。

世界历史是历史发展的结果,正如马克思所说:"世界史不是过去一直存在的;作为世界史的历史是结果。"①人类由彼此隔绝、互不往来的闭塞状态发展为相互依存、联成一体,曾经历了漫长的变迁过程。至20世纪,世界历史进入了一个以整体发展为特征的新阶段。世界历史客观进程的新变化,势必对历史学家的史学观念产生重大的影响,如20世纪上半叶文化形态学派的史家,以其思辨型的世界史著作,为人们描绘了一幅客观的世界历史的图景,对19世纪以西欧为中心的旧的世界史观进行了一次有力的挑战,为20世纪历史学家重构世界史提供了理论基础。

二战后,在史学新潮流的影响下,一些学者开始用全球文明的宏观视野来重新考察整个世界历史的发展进程,把20世纪世界史的重构工作推上了一个新的台阶,显示出了它的创新的特征。这种创新莫过于"全球历史观"这一新的世界史观的出现②。

一般说来,"全球历史观"是由当代英国历史学家杰弗里·巴勒克拉夫提出来的。这一思想直接导源于1955年他发表的《处于变动世界中的历史学》一书。他根据20世纪尤其是二战以来所发生的急遽变化,审时度势,明确表示要重新研究欧洲和整个世界的历史,并由此而省悟到传统的世界史已为现实所不容,也必须"重新定向"。于是,他急切地呼吁说:"主要从西欧观点来解释事件已经不够了,我们必须尝试采用更加广阔的世界史观。"③他指出,新时代的历史学家应当要"跳出欧洲,跳出西方,将视线投射到所有的地区与所有的时代"④。这里所

---

① 《马克思恩格斯选集》第2卷,第28页。
② 当代中国学者关于"全球史现"的评论,参见刘新城主编:《全球史评论》,商务印书馆2008年版。
③ 巴勒克拉夫:《处于变动世界中的历史学》,第133页。
④ 同上书,第27页。

说的"更加广阔的世界史观",在 1976 年问世的《当代史学主要趋势》一书中,更明确地指出是"全球历史观"。他这样写道:"认识到需要建立全球的历史观——即超越民族和地区的界限,理解整个世界的历史观——是当前的主要特征之一。"①

巴勒克拉夫所要建立的"全球历史观",是与陈腐的西欧中心论相对立的。这里不妨列出两点以作说明。

其一,"全球历史观"要求公正地对待与评价世界各国和各个地区的文明,而抛弃西欧中心论的成见与偏私。他提出要"公正地评价各个时代和世界各地区一切民族的建树"②,认为"世界上每个地区的各个民族和各个文明都处在平等的地位,都有权利要求对自己进行同等的思考和考察,不允许将任何民族或任何文明的经历只当作边缘的无意义的东西加以排斥",因此,"在形成了今天的这样结构的世界上,印度、中国和日本的历史,亚洲和非洲其他国家的历史如同欧洲的历史一样,都是至关重要的"。这是当代社会变革与世界政治的新格局在史学上所带来的一种积极的思想反映。

其二,用"全球历史观"重构世界历史,要注重世界各个民族或国家之间的相互联系与影响,而抛弃传统的国别汇编(或列国志)的世界史框架结构。在西方,1736—1765 年英国学者 J. 坎普贝尔辑集的《自远古迄今的世界史》(38 卷)、20 世纪初由 H. S. 威廉斯主编的《史学家的世界史》(25 卷),以及著名的"剑桥三史"(即《剑桥古代史》《剑桥中古史》和《剑桥近代史》),大体上还不能脱离国别史汇编的窠臼。巴勒克拉夫主张:"现代意义上的世界历史绝不只是综合已知的事实,或根据其相对重要性的次序来排列的各个大洲的历史或各种文化的历史。相反,它是探索超越政治和文化界限的相互联系和相互关系。"因而,要"特别注重世界各大文明及其联系和相互影响"。

显然,这是有的放矢,在相当大的程度上是针对传统的世界史即国别史汇编的旧体系而言的。正如我国学者吴于廑所说:"研究世界历史就必须以世界为一全局,考察它怎样由相互闭塞发展为密切联系,由分散演变为整体的全部历程,这个全部历程就是世界历史。"③此论与巴勒克拉夫的"全球历史观"可谓是珠联璧合的真知灼见。

从 20 世纪 50 年代起,以巴勒克拉夫为先导,在其新的世界史观的影响下,世界史的重构不绝如缕,在西方出现了一批比较重要和具有个性特点的世界史著作。其中有:科恩和瓦尔贾维克的《世界史》(1952—1961 年),曼恩的《普罗皮

---

① 巴勒克拉夫:《当代史学主要趋势》,第 242 页。
② 巴勒克拉夫主编:《泰晤士世界历史地图集》,生活·读书·新知三联书店 1985 年版,第 13 页。
③ 吴于廑:《世界历史——为〈中国大百科全书·外国历史卷〉作》,见《吴于廑学术论著自选集》,第 86 页。

兰世界史》(1960—1965年)，瓦格纳的《历史学家和世界史》(1965年)，麦克尼尔的《世界史》(1967年)，瓦特和斯宾塞及布朗的《20世纪世界史》(1967年)，伊斯顿的《1945年以来的世界史》(1968年)，丹斯的《大同世界史》(1971年)，巴特菲尔德的《论中国史和世界史》(1971年)，托马斯的《世界史》(1979年)，哈考特和罗宾逊的《20世纪世界史》(1979年)等。尤其是1963年麦克尼尔的成名作《西方的兴起：人类共同体史》及其后的新作，就为当下的全球史编纂奠定了根基，"全球史"的写作成了一个热点，在理论与实践上都取得了不俗的成就。

此外，晚近以来，西方一些被称为"新马克思主义学派"的学者，也对世界史的新的体系作过不少探索，并与前述的世界史重构发生交互的影响。这方面，最著名的当数美国历史学家伊曼纽尔·沃勒斯坦的"世界体系理论"。他在《现代世界体系》的第1卷《论资本主义农业及16世纪欧洲世界经济的起源》和第2卷《重商主义和欧洲世界经济的巩固(1600—1750年)》中，用自创的"核心地区""边缘地区""半边缘地区"的新术语，主要从经济、贸易角度纵论了"世界体系"，在20世纪70年代后期以来的国际学术界引起了重大的反响。沃勒斯坦仅从经济这一点来考察"世界体系"当然是不够的，但他从整体或全局着眼来探讨整个世界的宏观方法，不仅是当代西方学术整体化趋势的一种反映，而且对当代世界史的重构也产生了深刻的影响。

2.《当代史导论》

重构是革故鼎新，是对旧传统的批判和扬弃，它需要创新，需要历史学家在不断的工作实践中去完成。巴勒克拉夫不仅以其重构世界史的新说影响学术界，更以其成功的史学实践参与现当代的世界史的革新潮流。

这里要着重讨论巴勒克拉夫的《当代史导论》，这是他一生众多著作中最为成功的一部，在其学术生涯中占有重要地位。此书既是作者长久以来对当代世界史进行理论思考的结晶，也是他准备着手撰写的《1900年以来的世界史》一书的理论纲要，是现当代西方勃兴的世界史整体研究史学新潮流的具体反映。

《当代史导论》具有以下显著的特点。

第一，从世界整体，而不是从某个地区或国家来考察当代世界历史的发展进程。《当代史导论》的重大价值不在于作者对19世纪末(巴勒克拉夫一般把1890年作为当代史开端的年份)以来世界历史研究的具体结论，而在于全书所显示的"全球性眼光"[①]或"当代史研究需要新的视野和新的价值标准"。从总体上看，《当代史导论》不是从某一局部来陈述的地区史或国别史的总和，而是从全

---

① 巴勒克拉夫：《当代史导论》，张广勇、张宇宏译，上海社会科学院出版社1996年版，第2页。有关引文均见此书，不另加注。

球整体来考察的世界史。为此,他抛弃了西欧中心论,对这一陈说的批判,随机触发,贯穿全书。从当代世界经济与政治结构的巨大变化中,他看到,长久以来一直支配各国关系的欧洲均势时代正在为全球政治时代所取代。例如,巴勒克拉夫在具体分析了1898年至1905年间欧洲列强在中国的角逐与国际形势的变化后说道:"欧洲中心论正在迅速失去其有效性;实际上欧洲老大地位正在走向结束,其活动范围由于新的欧洲以外的强国登上历史舞台而正在收缩,决定全球政治结构的不再是欧洲均势体系。"于是他正确地提出:当代世界最显著的特征之一就是欧洲优势的衰退,以及世界重心向非欧地区的转移。在他看来,为了反映当代世界的新变化、新形势,历史学家不能只是在传统的世界史框架中加若干章节,而应从总体上作出考察与安排,这就必须具备他所说的"全球性眼光",亦即观察世界的整体性观念。

第二,《当代史导论》进一步开拓了当代史研究的视界,扩展了研究的领域。巴勒克拉夫指出:"我的首要任务是探讨当代社会新的框架和彼此依存的各种新的联系,这就是本书的主要内容。"全书8章,从总体上论述了当代世界各种基本结构及其发展变化,不仅包括政治、军事、经济、国际关系等内容,而且专章论列当代社会变迁、科学技术、人口因素、思想观念、文学艺术等方面的问题。总之,它不是一部以时间为序的逐一记述的当代政治军事史,而是广泛涉及当代世界历史发展的各个层面,这种范围广阔、色彩丰富的当代史,与内容狭隘、枯燥乏味的西方传统史学著作迥然不同。

第三,《当代史导论》的贡献还在于方法上的革新。巴勒克拉夫探索世界史发展进程的基本方法是宏观的方法,即前已述及的用一种辽阔的"全球性的眼光"来考察世界。需要另外提及的是,他运用的方法与传统的历史主义方法相悖。他反对历史主义史学家所沿用的"上古—中古—近代"三分法,而在《当代史导论》中贯彻了自己的主张。有史家提出用"地中海时代—欧洲时代—大西洋时代"来取代传统的三分法,巴勒克拉夫断然拒绝这一新的分期法,在他看来,以"地中海时代—欧洲时代—大西洋时代"的历史发展次序来取代"上古—中古—近代"的新三分法,都是欧洲中心论的一种反映。总之,他不赞同传统的线性的历史研究法,认为在某种程度上它会把人们引向歧途。他尤其反对历史主义史家那种把历史看作连续发展的观点,认为"连续性决不是历史最显著的特征"。在方法论上,他反对那种不把当代史视作一门学科的观点,而主张作为一门严谨的学科,他在这方面提出的一些构想都具有方法论的意义。

这里,还应提及巴勒克拉夫主编的《泰晤士世界历史地图集》。这本地图集,对从公元前9000年到公元1975年间的世界历史作了宏观性的考察。它以早期人类的世界、最初的文明、欧亚的古典文明、划分为地区的世界、新兴的西方世界、欧洲统治时期、全球文明时代这样七个题目,阐明了世界历史从孤立分散发展为密切联系的整体过程。这里,西欧中心论的旧的世界史观受到了有力的挑战,传统的世界史的三分法也不见了,主编者把世界各个地区与国家的史事置于世界全局之中,力图反映出人类历史发展为世界性的客观进程。这本地图集在1978年出版,是当代世界史重构中一项重要的学术成果,也是颇能体现巴勒克拉夫"全球历史观"理论的一次成功的实践。

3. 世界史体系的创新

平心而论,巴勒克拉夫的"全球历史观"受到过美国当代历史学家斯塔夫里阿诺斯思想的影响。这一点,在《泰晤士世界历史地图集》的前言中,巴勒克拉夫明确地告诉过读者。当然,不容忽视的是,前者也影响了后者。

斯塔夫里阿诺斯致力于世界史体系的创新,除出版影响广泛的《全球通史》外,又先后出版了《全球冲突:第三世界的历史进程》《世界历史的生命线》等重要著作,以构建符合现时代、体现"全球历史观"的新的体系。

创新离不开继承。所谓创新,实际上是在对旧传统与陈见予以批判、扬弃的基础上的一种继承。在史学发展史上,无论是某个学派的赓续,还是某种学说的繁衍,都离不开前人的思想遗产,世界史编纂体系的创新也是这样。因此,回顾与概括一下前人在世界史写作中的类型,更可显示斯塔夫里阿诺斯在这方面的成就。

吴于廑说过:"世界史的编写,如果不拘泥于世界史这个名词的现代含义,我看是从古就有的。当然,古代史学家所知道的世界不就是我们今天所知道的世界。在地理范围上,它要小得多,狭隘得多。尽管如此,这并不妨碍一个古代史学家为他所知道的世界,也就是为他那个时代的世界,写作世界的历史。"①如希腊史学家希罗多德所撰《历史》与罗马统治时代的希腊史家波里比阿所著《通史》,就是那个时代的世界史。这当然是世界史编纂中的稚拙形态阶段,此后编撰世界史的史学传统并未泯灭,而是一脉相传,直至现代意义上的世界史新作的问世。就其世界史的类型,自古迄今似可大体归纳为如下几种。

一是希罗多德—伏尔泰的总体型的世界史。希罗多德的《历史》就是当时希腊人所知的世界史,为我们展示了古代世界近20个国家和地区的民族的生动图景,俨然一部小型的"百科全书",是当时西亚、北非和希腊等地区的一部"通志",具有通史的特点。伏尔泰撰《论世界各国的风俗和精神》(中译本为《风俗论》),是一部从古代世界延伸到伏尔泰时代的世界史,被学术界公认为近代意义上的第一部真正的世界史著作。这种类型的世界通史著作的特点是:内容宏富,视野开阔,运用历史的比较研究的方法,力图展示人类历史发展的总体面貌。从某种

---

① 吴于廑:《关于编纂世界史的意见》,见《吴于廑学术论著自选集》,第16页。

意义上说，当代国际史学界所倡导的"总体史"或"全球史"，实际上是这种类型的世界史体系的复活与发展。

二是波里比阿——兰克的国际关系型的世界史。波里比阿的《通史》，以罗马世界的政治军事为中心，主要叙述那些与罗马产生关系的民族，反映它们之间的冲突和交往，他所要描述的"全部有人类栖息的世界"，不过是一个以罗马为主体、以周边"蛮族"为附体的"罗马世界"而已。兰克所撰《世界史》，无疑是一部以西欧为中心的世界史，意在揭示在西欧各民族力量的冲突和斗争之背后所展开的世界历史发展态势，关注国际关系。由于兰克的努力，形成了这种以政治、军事与外交为主要内容的国际关系史式的世界史编纂传统。

三是圣奥古斯丁——鄂图的基督教神学型的世界史。圣奥古斯丁撰《上帝之城》，称天地间有地上之城和上帝之城，前者是罪恶的，是黑暗的世界；后者是善良的，是光明的世界。一部世界史就是善战胜恶、光明取代黑暗的发展过程，这种进程依神意的安排而定，整个人类是朝着上帝规定的目标行进的。中古德意志史家鄂图在奥古斯丁双城说的基础上，撰《双城史》，综合叙述了自《圣经》中创世纪起至1146年的世界历史的发展过程。以基督教神学思想为指导而撰写的世界史，大都是一种普遍的、贯穿人类始终的世界通史，一种所有的人和所有的民族都包罗在上帝的旨意规划之中的世界通史，它已超出了国家和民族的界限，它是后世世界史编纂继续发展的沃土。

四是斯宾格勒——汤因比的思辨型的世界史。斯宾格勒撰《西方的没落》，开始打破西欧中心论的世界史体系，开创了一种新型的宏观的世界史编纂模式。汤因比撰《历史研究》，继续与发展了斯宾格勒的世界史体系，把斯宾格勒的八种文化发展为二十几种文明（社会），试图对世界历史作出整体上的归纳与概括。尽管他们为人们描绘了一幅宏观世界历史的壮丽图景，但严格说来，他们两人的理论探索并不能代替世界史编纂工作本身，无论是《西方的没落》还是《历史研究》，都不过是一种哲学的思辨。

通过以上的回顾，在这种学术背景下再来探讨斯塔夫里阿诺斯的《全球通史》，就可以看出他在当代的形势下所构建的世界史体系，既有继承又富有创意。通览全书，它体现出了如下几个特点。

（1）典范性

20世纪50年代以来，在重新构建的世界史潮流中，这部《全球通史》因大别于西欧中心论的世界史体系的陈见，运用全球观点来考察世界历史的发展进程，并由历史学家个人独著而别具一格，因其对同时代世界史的重构所起的最有力的推动作用而享誉学林，成为体现巴勒克拉夫所倡导的"全球历史观"的典范之作。

（2）整体性

这里所说的整体性是指斯塔夫里阿诺斯用新的全球眼光来重新考察世界历

史。在《全球通史》一开篇,著者就开宗明义地指出:"本书是一部世界史,其主要特点就在于:研究的是全球而不是某一国家或地区的历史;关注的是整个人类,而不是局限于西方人或非西方人。本书的观点,犹如一位栖身月球的观察者从整体上对我们所在的球体进行考察时形成的观点,因而,与居住伦敦或巴黎、北京或德里的观察者的观点截然不同。"①这是因为他打破了以兰克和黑格尔为代表的西欧中心论的传统世界史体系,从人类历史的整体视角来展开世界史,书中所要表述的重点不是依据旧传统或凭空而来,而是取决于哪些历史力量和历史运动会产生全球性的影响,以及取决于全球历史的发展趋势。所以,斯塔夫里阿诺斯在书中落笔之轻重,是从全球观点和全球范围出发,并服从于全书所追求的全球格局这一宗旨的。

(3) 当代性

在斯塔夫里阿诺斯看来,世界史的研究不应泥古不化,而应体现出全球性,还应显示出当代性。当代性决定了全球性,因为当今世界已进入了全球一体化发展的新阶段,而全球性不但体现了当代性,而且是世界史的灵魂。当代性的一层含义在于当代史就是世界史,另一层含义在于世界史与当代史之间的有机联系,这种联系要求历史学家从当代出发去考察和撰写世界史。从某种意义上说,他的《全球通史》是当今世界的一部《资治通鉴》,难怪汤因比在读了此书后说道:它给了我强烈的现实感,它是可以用来救治我们现在所面临的由于陶醉于技术进步而产生的深深的精神危机的一种思想武器,它有助于人们理解未来——包括各种选择和可能性的未来。如此看来,斯塔夫里阿诺斯的《全球通史》,已不是斯宾格勒—汤因比的思辨型的世界史,也不是保罗·肯尼迪在《大国的兴衰》一书中对五个世纪中大国间的相互关系与兴亡盛衰的考察,而是对人类进化越来越由自己决定的、今天所面临的共同问题与前景的思考和分析,这也是《全球通史》与希罗多德—伏尔泰的总体型的世界史相类似但又超越它的地方。

七、历史哲学发展的新走向

1. 从思辨走向批判

我们在前面讲到英国历史哲学家柯林武德时提过:一般说来,在20世纪以前,西方的历史哲学大体都可归之于思辨的历史哲学范畴内。最近一个世纪以

---

① 斯塔夫里阿诺斯:《全球通史:1500年以前的世界》,吴象婴等译,上海社会科学院出版社1988年版,第54页。

来,西方历史哲学的发展趋势是从思辨的走向批判的、分析的,后者有逐渐成为显学的趋势。为揭示战后西方哲学的新走向,有必要对上述这一段概括略作补白。

1951年,沃尔什在其名著《历史哲学——导论》中,用"思辨的历史哲学"和"批判的(分析的)历史哲学"两个专门术语,对近世以来的西方历史哲学作出了总结。不管怎样,这两个术语与历史的双重含义都是相对应的。简言之,思辨的历史哲学探讨历史Ⅰ(对人类社会发展过程本身的反思),批判的历史哲学探讨历史Ⅱ(对历史学的自身的反思)。可见,批判的或分析的历史哲学两者体现了一种大体相似的特点,即注重历史学的自身问题,而与思辨的历史哲学相悖。

我们认为,思辨的历史哲学自古有之。不过,严格来说,史学思想发展为历史哲学——思辨的历史哲学始于18世纪,是意大利人维柯所作出的贡献。在19世纪,思辨的历史哲学有了很大的发展。至20世纪,由斯宾格勒、汤因比所确定的"文化形态学",也可以说是用思辨的哲学体系去重构人类文明宏观图式的又一次重大尝试,这也许是最后一次大规模的尝试了。思辨的历史哲学现确已式微,一切以往确定的、一元的概念都被抛弃了,展示在人们面前的将是纷繁复杂的世界和人生。这也正是批判的、分析的历史哲学得以兴起和发展的基本条件。

批判的历史哲学产生于19世纪末。这种哲学又具体分为批判的历史哲学和分析的历史哲学两大流派。两者的研究倾向相同,但是哲学立场却有明显的区别,前者大都是唯心主义者,后者则基本上是新实证主义者。批判的历史哲学的早期重要代表是德国新康德主义的西南学派和历史哲学家狄尔泰,其后由于意大利的克罗齐与英国的柯林武德等人的努力,推动了批判的历史哲学的进一步发展。

第二次世界大战后,西方历史哲学发展的特点是分析的历史哲学的兴盛。其后又有存在主义历史哲学、结构主义历史哲学等,晚近以来的对历史叙述的结构及其意义的探讨,反映了这一领域最新的研究趋势。从1960年创刊的《历史与理论》杂志中,我们可以窥视二战后西方史家对理论研究尤其是对历史认识论的重视,也可观照出西方历史哲学发展的趋势与新走向。本节只是很简略地介绍二战后几个在当代西方流行的历史哲学派别与历史哲学家[①]。

2. 分析的历史哲学

20世纪的分析的历史哲学家致力于历史认识的本质问题的研究,强调历

[①] 关于这方面的详细内容,可参见张广智、张广勇:《现代西方史学》第八章"历史的哲学观",复旦大学出版社1996年版。

史学同自然科学和社会科学在方法论上的统一性,着意于探讨历史解释和历史认识的客观性等问题。他们所提出的"覆盖定律模型"很能说明这一派的论见。

早在1934年,英国历史哲学家波普尔(原籍奥地利)出版的《研究的逻辑》一书中就提出了"覆盖定律模型",不过直到该书1959年英译本问世后才产生影响。其后,亨佩尔更系统地阐述了历史解释的覆盖定律模型,所以这一模型一般又称为波普尔—亨佩尔覆盖定律模型。它的提出与流行在战后西方历史哲学中产生了广泛的影响,并由此挑起了长期的争论。

分析的历史哲学家所提出的覆盖定律模型与思辨的历史哲学家致力于历史发展进程及其客观规律的研究不同,这种历史解释模式强调历史与自然科学在方法论上的统一性,对史学的发展有着重要的意义。覆盖定律模型的特征如下。

首先,它指出解释和预见具有相同的逻辑结构,预见和解释之差异取决于描述情况所发生的时间不同。对史学来说,是按照某种解释所直接依据的认识来对历史事件作出论断,唯其如此,这种解释才是令人满意的。

其次,它揭示了所描述的情况与覆盖定律及初始条件之间的必然联系,因为前者被逻辑地包含在解释之中。因此,这样的解释不仅显示了事件为什么发生,而且也显示了它为什么不发生。

再次,它排斥了要求解释那些真正独一无二的事件,这是因为某一事件为某种"覆盖定律"或某组"覆盖定律"所导引,只在于它与那些由相同定律所导引的同类全部事例具有相关的性质,而独一无二的事件则不管在哪个方面,只要它是绝无仅有的,就根本不能被解释。

最后,它把英国历史学家兼哲学家大卫·休谟的某些历史理论(如一组系列事件因果关系的规律)具体化了①。

于是,分析的历史哲学家向思辨的历史哲学家树起了反叛的旗帜。在分析的历史哲学家看来,历史解释已不是那种普遍常识的解释,而是根据社会学、人类学、语言学、心理学、经济学等诸多学科总结出来的定律来加以解释。这就有助于历史学与社会科学各学科之间的交汇与沟通,所以覆盖定律模式是现当代跨学科研究的产物,但它一旦产生之后,又进一步推动了历史学跨学科研究的发展。

从波普尔—亨佩尔的覆盖定律模型,可窥探分析的历史哲学家对历史解释之一斑。但是,对于历史解释及其模型问题,在分析的历史哲学派别内,他们的看法也不尽相同,而是各有所见。其中基本赞同这一模型的有内格尔、曼德尔鲍姆、怀特、加尔丁纳等。提出修正意见的有加利、丹托、帕斯莫、德雷、阿特金森

---

① 参见路易斯·明克:《当代西方历史哲学述评》,《国外社会科学》1984年第12期。

等,他们对这一模型都有所取舍、保留,其中最受欢迎的是德雷所提出的理论。持反对意见的是多那更、斯克里文、库恩等人。不管怎样,他们都体现了一种与传统的思辨的历史哲学相异的学术思考。

还应当指出的是,这场关于解释模型的争论,实际上是19世纪末以来关于历史是一门科学还是一门艺术的争论的继续,不过现当代西方历史哲学家的争论进入了一个更高的层次,这就是如何获得科学的历史认识。由此也从一个侧面反映了现当代西方史学的发展。

3. 存在主义历史哲学

二战后,存在主义哲学在西方尤其在欧洲,通过海德格尔、雅斯贝斯、马塞尔和萨特等人的著作,影响日益广泛。存在主义的历史哲学,是这种思想的一个组成部分,我们以德国历史哲学家雅斯贝斯(Karl Jaspers,1883—1969年)和法国存在主义哲学家萨特(Jean Paul Sartre,1905—1980年)为例,略作陈述。

雅斯贝斯关于历史的识见,主要是认为历史研究的对象是整个人类及其意识。他从人类历史发展的整体性和共同精神基础出发,把人类历史分为下列四个时代:史前时代、人类文明诞生时代、轴心时代、科学技术时代。在人类历史的发展进程中,既有显赫峥嵘的巅峰,也有不值一提的低谷,在多事的历史年代产生的变革,深深影响着人的存在。他所谓的轴心时代,便是这样一个显赫峥嵘的多事的历史年代,这一时期的精神过程,建立了历史的轴心,为人类带来信念,提供了共同的历史观念。

雅斯贝斯

雅斯贝斯认为,历史对人类是超然存在并向我们显示说话的一个过程,因为虚幻无常的实存只有通过超然存在才能成为历史的实质。历史事实只是一些能显示人生的历史性、独特性和超越性的密码,我们通过这些历史密码领悟到起源上随时都可以历史地理解的超然存在的语言,正是人在自己身上发现了最根本的源泉,他可以借此凌驾于自身和世界之上。

他认为,历史的意识是实现人类意识的最高潜力。在历史舞台上,人的所作所为作为存在,与他的世界关联着;作为意识,与客体关联着;作为精神,与构成整体的任何事物的观念关联着;作为实存,与超然存在关联着。人只有通过关注存在的世界、客体不可穷尽的空间、观念和超然存在,他自身才能成为真实的。

因此，在他看来，历史是人的主观的历史，不存在确定的历史的终极目的，历史发展完全是随意的，是人创造和选择的。历史的终极目的虽不能确定，但能够假设一个目的——人类的统一，这是实现人类意识最高潜力的前提。当然，人类历史的统一是没有任何限定的，而仅仅是一种方向性的过程。

他认为，历史的真谛是"伟大"，"独一无二"，"不可更替"，整个历史是起源和终极目的之间的事态。这种事态有伟大与平庸之别，最伟大的则产生于变迁时期的伟大的精神作品。变迁总是一再发生，但一种变迁时期的深刻运动，带来了有关存在与真理的最清晰的见解。

雅斯贝斯用存在主义哲学探讨人类历史的上述论见，很充分地表现在他的《历史的起源和目的》一书中。

总的来说，存在主义哲学家关于历史过程的结论大致是相同的，即认为历史是杂乱的、不可知的、悲观的和荒诞的。但他们的观点也略有不同，如雅斯贝斯认为历史发展的内容问题直接通向宗教领域，真正的存在只有在天启中才能把握，存在主义所以是一种高超的哲学，因为它直接与上帝相关联。可见，雅氏的存在主义哲学是一种有神论历史哲学。但萨特的存在主义历史哲学却与此不同。

萨特称历史哲学为"人学辩证法""历史人学"或"历史辩证法"。他认为，人学辩证法是人学的普遍方法和普遍规律，人们创造历史的这种辩证过程分为三个阶段：第一是个人实践阶段，个人的行动、选择是历史的起点；第二是集体实践阶段；第三是共同实践的阶段，它是对第二阶段的否定之否定。总之，整个人类的历史发展进程就是人的实践的辩证发展过程。

萨特

萨特认为，人学辩证法为研究个人活动问题提供了一种新方法，它不同于历史唯物主义的地方是：历史唯物主义过于强调客观存在是人的行动的基础，而新方法则强调人的存在决定于自己的努力，客观存在固然对自己的未来起着某种约束作用，但人的行为是有目的的实践；人是历史的中心，也是外部自然界的中心。他声称，马克思主义的最大缺陷是忽略了作为这种中心的"人"，因而是一种僵化的唯物主义决定论教条。而他的存在主义哲学力图恢复作为中心的人的地位，强调人在历史创造过程中的主观能动性因素，借以"补充"和"克服"他所说的马克思主义历史理论的"不足"和"缺陷"。这就是萨特的存在主义历史哲学的基本精神和出发点。

4. 结构主义历史哲学

结构主义是20世纪60年代在法国继存在主义之后而风行一时的一种哲学思潮。作为一种研究方法，它普遍地运用于语言学和诸多的社会科学中。当代结构主义哲学思潮的理论渊源可以追溯到20世纪初瑞士语言学家索绪尔。索绪尔的语言结构观点，经布拉格学派语言学家雅可布森而为法国人类学家列维-斯特劳斯所继承发展，后者提出了结构人类学理论，并正式运用了结构主义这个哲学名词。

列维-斯特劳斯运用结构主义方法研究历史，批判了以黑格尔为代表的思辨的历史哲学。他指出，黑格尔的历史哲学是对历史发展的双重还原（即把空间差异还原为时间差异，把其他社会经历过的历史等同于我们历史上的一个片断）。他认为，每一个社会在时空中都是独一无二的个体，决不能把两种社会进行全面比较，黑格尔的错误在于把部分当作整体，从两种文明（一种为现在，一种为过去）在某些方面的类似性得出了所有方面都具有类似性的错误结论。

他还对存在主义历史哲学提出责难。事实上，结构主义历史哲学是作为存在主义历史哲学的对立物而兴起的，它否定了把历史看作连续不断的线性因果联系的历史发展观，而是把人类社会的历史当作一种结构，强调研究各个社会的内在结构。为此，他指出存在主义者把历史看作"个人"或"自我"的自由创造的观点是荒谬的，历史研究最根本的任务是揭示人类共同的本质特征，并寻求其中的普遍法则。因而他力图排除个人主观能动性的虚妄，并否定以个人和某一文明为基础的形形色色的"中心论"。

列维-斯特劳斯一再声明他的结构主义不是一种哲学理论，而是一种研究方法。作为一种方法，它的特征首先是强调整体性研究，反对局部探索；强调研究内在结构，反对罗列外部现象；强调共时性分析，反对历时性研究；强调研究结构的客观作用，反对考察人的主观能动作用。

列维-斯特劳斯的结构主义历史哲学对年鉴学派的第二代和第三代史家曾产生过相当大的影响。他提出"历史时间学说"，认为历史时间可以依据不同的时间单位加以分割，这些由不同时段划分的历史过程各属不同的历史序列，它的变化仅仅是不同结构的转换。这种理论与布罗代尔的历史时段理论有着密切的关系。从年鉴学派在20世纪60年代之后发生的强烈的结构主义倾向中，也可看出列维-斯特劳斯对年鉴—新史学派史家的深刻影响。

另一位把结构主义方法运用于历史研究的代表人物是米歇尔·福柯（Michel Foucault，1926—1984年），尽管他否认自己是一个结构主义者，其实，他在人文科学的研究中贯穿了结构主义的方法原理，通过对思想文化史的考察来探讨哲学问题,形成了其独特的历史哲学理论。

福柯抨击历史连续性原则,创立了一种非连续性的历史哲学,即关于历史和认识论中的断裂、变更、转换的历史哲学。他把一切发展、变化或历史现象都纳入共时性研究,强调非连续的变化过程。他提出的"知识型"这一术语,即指一个时期人类知识主要部分的基本规律(认识论规则)、前提和限制的总和,它是一种"理智空间"或一个时期文化的基本代码。从根本上说,"知识型"是一种从人类无意识本性中产生的类似语言结构的"无意识结构",是静止、孤立、纯粹共时性的结构,它们互不相同,也没有连续关系。在他看来,各种文化的表象之所以不同,是因为各自的无意识结构有差别。显然,福柯之论见是与西方传统的历史哲学相对立的。其思想,尤其是他对精神状态结构的关注,不仅对当代年鉴学派史家,而且在整个法国史坛都有很大的影响。

福柯

5. 叙述主义历史哲学

20世纪中期以来,叙述学研究最具影响的首先是文学与意识形态批判,然而,有关历史叙述(historical narrative)的哲学研究也已展开,它可以算作是西方叙述学研究的一个分支。由历史叙事研究引发的对历史叙述行为的讨论,导致了西方历史哲学界在20世纪六七十年代发生了一场新的变革。历史哲学在这一时期从分析的、批判的时代步入了后现代主义时代。叙述主义历史哲学作为这两个时代的共同主题,其内涵已经在不知不觉中变更了。

史学界和历史哲学界对narrative一词有两种理解。第一种理解是"表述历史的行为",不过,由于传统史家确信存在不以人的意志为转移的客观历史,同时又对语言在历史表现中的作用没有足够的认识,他们将注意力集中在被表现的内容方面,而把叙述问题看成是无关紧要的形式问题。第二种理解将narrative一词视为形容词"叙事的",这样就有了narrative history,即叙事史或叙事史学,它关注历史事件,被认为最典型地代表了西方传统史学,而与之相对的是西方新史学,即面向问题的史学。

劳伦斯·斯通(Lawrence Stone)在1979年提出"叙事史的复兴"(the revival of narrative),这里narrative一词的意义主要落在第二种理解上,即叙事。不过,叙述主义历史哲学研究取得的成果中,最重要的是将它的含义落在对第一种理解的反思上,即作为一种史学实践的叙述。

劳伦斯·斯通

叙述主义历史哲学的兴起首先得益于分析哲学的进展,后者直接引发历史叙述研究的问题主要有三个:覆盖律、历史解释和因果关系问题。其中亨佩尔的贡献最大,他的《普遍规律在历史中的作用》一文引发的有关上述三个主题的争论,对于历史哲学摆脱黑格尔式的思辨历史哲学而步入分析的历史哲学具有重大意义,但历史哲学家此时还没有自觉意识到历史学家(叙述者)、历史叙述行为、历史文本与读者之间更为广泛的联系,也没有对科学历史解释的核心观念"科学"一词进行反思。因此,有关历史解释的讨论不可能超越寻求科学解释方法的范围。分析的历史哲学家设想,对历史叙事过程的哲学分析一旦取得成功显然会有助于历史学家的史学实践,他们以后便能自觉地运用这种机制,实现预期的解释目的,从而使历史学成为一门遵循科学技艺的学科。

随后,沃尔什、丹托、加利、莫顿·怀特、曼德尔鲍姆、德雷等人进一步主导了这场有关叙事解释功能的研究。他们的讨论主要围绕着历史"叙事"仅仅是一种"客观的描述",还是应当视作一种历史解释这个问题进行。最后,认为叙事是一种历史解释的学者占据主导地位。他们认为客观存在的历史事件通过叙事的形式能够被展现在读者面前,而且叙事自身具备的解释功能使人们理解历史成为可能。

从覆盖律历史解释模型的讨论,到有关历史叙事与历史解释之间关系的争执,人们的注意力从抽象的历史认识论领域被吸引到具体历史文本的实证分析。前一阶段的讨论使大多数历史哲学家承认历史叙事具有解释的功能。在这种情况下,研究主流开始指向分析生成历史叙事文本及其历史解释的各种要素。

20世纪60年代初,一些富有前瞻性的历史哲学家已经着手对历史文本进行语言分析。最早的突破得益于波科克(Pocock)、赫克斯特(Hexter)和帕卢奇(Paluch)等人。波科克注意到了历史学中术语用法的多样性,其意义与历史学家的实际运用有关,也与当时社会的语言状态等有关。赫克斯特呼吁一场历史思想中的"革命"。1967年,他的《历史中的修辞》[①]一文试图通过对历史文本中

---

① 赫克斯特:《历史中的修辞》,《历史与理论》第6卷第1期,1967年,第3—13页。

修辞的分析,说明实践中的历史学是一门受规则限制的学科,但这些规则以及历史学的修辞方式与科学解释在本质上不同。因此,历史学家没有必要依据科学的模式来组织他们的解释。帕卢奇在《历史语言的特性》一文中认为,历史学不像自然科学那样有专门、特定的用语,它所运用的术语要么来自生活常识,要么借用自然科学的概念。从波科克、赫克斯特和帕卢奇那里,我们看到一种使历史学逃离自然科学阴影的反叛情绪正在一批历史哲学家心中暗暗滋生,他们希望通过对历史语言的实证分析(只有实证的东西才能被他们的实证主义反对者们承认)来表明历史叙述与科学解释之间的本质差异。此时,一个激进的反叛者——海登·怀特举起了赫克斯特所倡导的"革命"的旗帜,就历史学是科学还是艺术的问题,从观念、语义发展史的角度入手作出自己的回答。

海登·怀特在《历史的重负》①中将叙事视为再现历史的唯一可能模式,不过,他的研究从整体上已经超越了叙事研究的范围。怀特在语言学的层面上强调隐喻在历史故事的构成与再现过程中的重要作用,他要将历史学家(历史叙述者)纳入历史哲学的研究范围。这样,对历史事件本身的逻辑、解释能力的研究必然被对历史叙述行为的研究所取代。

20世纪60年代中期语言哲学开始逐步确立它在人文科学研究中的核心地位。在这种环境下,一种来自法国文学批评界的声音呼应了怀特的设想,罗兰·巴尔特发表了《历史的话语》,将历史叙述研究引领到了一个新的阶段。在分析中,巴尔特选择以话语(discourse)为分析的单位,这是一种"比语句更大的语言单位"②。以话语作为分析单位有助于将历史文本的主题纳入研究范围,同时,对文本主题的深入分析,还将促使研究者不得不考虑文本叙述者希望透过该主题表现出的个人意图。这样,像海登·怀特那样,巴尔特的历史叙述研究也给历史叙述者留出了一席之地,并且,他一针见血地揭示出,历史学家在叙述历史时完全在自身意识形态的影响之中。

1973年,海登·怀特出版了《元史学:十九世纪欧洲的历史想像》。他继续表述其在《历史的重负》中倡导的思想,希望比较完整地建构一种能够说明一切历史叙事文本的一般比喻理论,通过对比喻的分析阐明历史学家特意选择某个中心主题进行叙述的目的,揭示一个普通历史文本在总体上可能具有的意识形态蕴含,最终证明每一个历史文本中都包含着历史学家的某种思辨的历史哲学。怀特确认运用任何一种叙事形式构成的历史都是一种"元史学"的产物,这样便以其研究极大地促进了当代历史哲学研究中认识论与本体论

---

① 海登·怀特:《历史的重负》,《历史与理论》第5卷第2期,1966年,第111—134页。
② 罗兰·巴尔特:《历史的话语》,李幼蒸译,见张文杰主编:《现代西方历史哲学译文集》,上海译文出版社1984年版,第82页。

结合的进程。

80年代以来,安克斯密特是历史叙述研究的积极参与者,他的著作《叙述逻辑》①同样深刻影响着同行们的研究。其中,安克斯密特研究的对象是历史解释,试图从整体上考察各种历史解释理论的本质。他称这种本质为"叙述实体"(narrative substances),以便区别于历史实在(historical reality)。例如,"文艺复兴运动"这个词在传统历史学家看来,指的是一个过去实际存在的文化运动;以安克斯密特的观点,"文艺复兴运动"作为一个"叙述实体",并非过去发生的事件,而只是有关过去的叙事解释的一个专有名词而已。安克斯密特认为,"叙述实体"是通过历史学家叙述历史而创造出来的,它包含着历史学家在"叙述作品"(narratio)中表现的所有关于过去的看法、观点、立场。所有叙述作品都是历史解释的产物,而叙述逻辑的研究目的旨在揭示叙述作品中的陈述与叙述实体之间的关系。

在70年代以来的西方后现代主义思潮中,有一种现象值得重视,那就是跨学科研究的兴起。保罗·利科就是其中的一位代表人物。他一方面针对历史叙述文本进行叙述理论研究,同时也想提出一套针对一般叙述作品的解释学理论。与其他叙述主义历史哲学家一样,利科对文本的作者、读者以及文本的生成与被接受过程,进行过认真、细致的研究,特别强调历史性(即人类生活状况)在叙述研究中的重要地位,客观上将历史叙述研究推向了探索历史文本生成与接受的更为广阔的理解背景中。

上述诸位历史哲学家作为20世纪60年代末以来叙述主义历史哲学的代表,他们的思想体现了一种趋势,即历史叙述不再是一种历史"客观"事实之外的东西,没有历史叙述,任何真实性、客观性都无从表述,而忘记了历史文本是由具有历史性的历史学家所叙述,我们也得不到可理解的历史。

西方历史叙述研究获得深入发展的历史条件有这样三个方面。首先,英美分析哲学中逻辑实用主义与欧陆语言哲学的发展使人们将目光聚焦于人们用来交流思想的语言。其次,美国历史相对主义与现在主义在历史哲学界影响颇大,对历史实在论的排斥不时表现出来。并且,历史认识论研究没有为探索历史与历史学的本质问题,即两者的意义是什么提供新的途径。这样,一些历史哲学家试图发现历史的意义及其生成与历史理解之实现之间的关系,于是历史叙述作为两者之间的桥梁就被放在了研究的中心位置。再次,六七十年代以来,各学科学者之间的思想交融越来越频繁,人们不再将自己的研究领域局限在某个专门领域,其结果有利于一些跨学科问题的研究,如叙述问题,也造就了一批知识广博的学者,他们将各学科之精华聚于一身,这也是西方历史叙述研究得到深入发展的原因之一。

---

① 安克斯密特:《叙述逻辑:一项关于历史学家语言的语义分析》,格罗宁根1981年英文版。

第十章 现代史学（Ⅲ）

本章阐述现代西方史学的最新发展趋势，即20世纪70年代以来的西方史学，也可称为当代西方史学。

近几十年来，在全球化趋势下，在世界政治格局的变动中，由于后现代主义思潮的影响，西方新史学又发生了一些新的变化。20世纪70年代末的"叙事史复兴"已显露这种变化之端倪；微观史学与新文化史的兴起，更是西方新史学发展进程中对自身不断反思的产物，后现代主义思潮对史学也产生了重大的影响。

至于当代西方史学如何发展，我们且拭目以待，但有一点可以肯定，西方史学将遵循新陈代谢的规律继续前行。既然当代世界错综复杂的发展进程可以归纳为"多样性的统一"，那么国际史学包括西方新史学的发展也将是如此。

一、新史学的新变化

1. 叙事史的复兴

自 20 世纪 50 年代中叶以来,西方新史学日渐发展,曾昂首阔步,雄踞史坛,风行一时。但是,正当新史学家踌躇满志的时候,新史学也产生了种种弊端。例如,历史被无限切割而弄得支离破碎,在细微、割裂的各个题目之间缺少联系,成为"砸得粉碎的历史学";一味寻求"结构"与"深层",注重研究那种近乎静止不变的历史,忽视那些对历史进程确有影响的重大事件,栩栩如生的人物及人的能动作用不见了,历史学变成了"没有人的历史学";新史学家的作品,或为成百页的论文,或为数千页的宏著,由于非常喜好大量图表,充斥数理公式,以至于一般读者无法读懂,在专业学者群中也鲜有反应,失却了历史学所应负有的社会功能。虽然在史学内部,新史学的浪潮风起云涌,但在总体上,却使得历史学曲高和寡、少人问津。

新史学的现实必然会导致史学内部发生新的变化。这种变化甚至可以追溯到新史学最为蓬勃发展的年代[①],但是更明显的变化则是从 20 世纪 70 年代末开始的。首先是在法国,年鉴学派第三代代表人物勒高夫在劳伦斯·斯通提出"叙事史复兴"之前就这样指出:"按早期年鉴学派的方式研究的经济、社会史在今天已不再是新史学的先锋领域了,而在《年鉴》杂志创办初期尚无足轻重的人类学却超越了经济学、社会学和地理学,成为新史学的优先的对话者。排斥政治史已不再是一种信条,因为政治的概念已经发生了变化,而有关权力的一系列问题又向新史学提了出来。同样,正如皮埃尔·诺拉所指出的,历史事件由于建立在新的基础上从而重新恢复了名誉……"[②]

年鉴学派的变化在相当大的程度上反映了新史学内部这种变革的倾向。年鉴派史家历来反对 19 世纪传统史学赖以生存的"三大支柱",即叙述史、政治事件史和英雄传记,而提倡"长时段理论"和深层的结构功能研究,在一段相当长的时间里,确也取得了卓越成就。但至 20 世纪 70 年代末,年鉴学派的第三代领导人却针对日益暴露出来的问题作出反思,重新提出事件的历史在历史研究中的

[①] 1967 年,美国历史理论家莫里斯·曼德尔鲍姆在《关于叙事史札记》(载《历史与理论》第 6 卷第 3 期,1967 年)一文中公开声称:"当前历史研究的叙事倾向是不合时宜的,需要修正。"可见早在 20 世纪 60 年代末,正当新史学如日中天的时候,学界也不乏叙事史复归的呼声,并由此形成了叙事史复兴的最初阶段。

[②] 勒高夫等主编:《新史学》,第 36 页。

地位与意义,并以具体的史学成果来纠偏。如勒华拉杜里写出《蒙塔尤:1294—1324年奥克西坦尼的一个山村》、杜比写出《布维涅的星期天,1214年7月27日》等叙事体新作,研究重点也明显出现了向社会文化与精神状态史的转移。在法国年鉴学派之外的欧美诸国,叙事史复兴的趋势至70年代末也日益明显了。

1979年,劳伦斯·斯通在《叙事史的复兴:对新的传统史学的思考》[1]这篇轰动一时的论文中断言:"新叙事史"的问世,"标志着一个时代的终结:一种对昔日的变化作出井井有条的科学解释的企图的终结"。斯通此论,在西方学界激起了广泛的回响。如英国马克思主义历史学家埃里克·霍布斯鲍姆便在1980年撰文《叙事史的复兴:若干评论》[2],不赞同斯通的上述见解,他认为新史学目前所出现的一些变化只是方法上的改变,斯通所揭示的这些现象并不能说明新史学的破产,而只是使用望远镜还是显微镜的问题。

对"叙事史复兴"这一现象的分析,各派意见差异很大。但有一点是肯定的,那就是,新叙事史在20世纪80年代又重新得到了更多的历史学家的青睐,正如伊格尔斯在《80年代的历史学——十年回顾》一文中所指出的,"近十年来,叙事式的方法在历史著述中实际上起着越来越重要的作用……以民族国家为中心的叙事式的历史学现在已经极为流行了"。在《二十世纪的历史学——从科学的客观性到后现代的挑战》一书中,他更从理论上讨论了这一变化。他认为,斯通所提出的一个关键性的问题是,"历史学究竟(以及以什么方式)可不可以或应不应该把它自己理解为是一种科学"[3]。其所针对的既是五六十年代社会科学取向的历史学,也是以兰克为代表的传统的客观主义史学,他认为不应该在历史研究与想象的文学之间划定明确的界线,在分析之余不能否定叙述的作用。斯通所强调的摒弃"科学解释"的"叙事史的复兴",要求的是历

伊格尔斯

史写作中必要的文学形式,他并没有放弃对合理性的探索和事实的重构,更没有如一些后现代主义理论家那样走到"唯文本""唯叙述"的极端,也从来没有完全否定事实与虚构、历史与诗歌之间的区别。因此,叙事史复兴同叙述主义、"语言

---

[1] 载《过去与现在》第85期,1979年11月。
[2] 载《过去与现在》第86期,1980年2月。
[3] 伊格尔斯:《二十世纪的历史学——从科学的客观性到后现代的挑战》,第113页。

学转向"等是有着本质性区别的。

总体来说,"叙事史的复兴"是对战后西方史学的一次纠偏和发展,它是整个20世纪西方史学发展进程中的一个里程碑,它并未割裂史学整体的发展,只是在研究的主题和方法上,其重心"从结构与过程转移到普通人民的现实生活经验上面"[1]。因此,新叙事史与新史学并不构成绝对的对立,更不是要倒退到传统史学。叙事史的复兴带给当代史学最深刻的变化是,它使"碎化"了的历史重新综合,使"静止"的历史再起波澜,使"人"再次回到了历史舞台,从而将新史学所取得的成就更加栩栩如生地展现在世人眼前。

2. 新的盟友

现当代西方史学最重要的一个特征就是跨学科研究,而在20世纪最后的三十多年里,历史学最主要的盟友便是人类学,其中以文化人类学最为密切。斯通也将叙事史复兴的原因之一归于人类学的影响,后者在70年代中逐渐取代了社会学和经济学,成为社会科学中最具有影响力的学科,也成为历史学的新盟友。作为一门研究人类习俗乃至全部文化的学科,文化人类学自身也经历了深刻的转变,自1871年爱德华·泰勒《原始文化》一书发表以来,曾先后出现过进化论、传播论、功能论、结构论、象征论和符号论等多种理论或学派,并都对历史学家产生过或多或少的影响。两者结盟所引发的七八十年代西方史学的新变化,也常被称作历史研究的人类学转向。

在本质上,人类学与历史学有着许多相近之处。"过去即异邦",历史学与人类学的研究对象都是"他者",即与我们所处社会不同的社会,只不过分别由于时间或空间的差异而产生了研究的距离感。早在1950年,英国人类学家埃文思-普里查德就建议人类学家以历史学家为师。在18世纪以前,两者都主要关注于欧洲的历史,在过去中寻找"他者",只不过人类学更注重于文化和习俗,历史学则多研究政治与社会。进入19世纪以后,随着学科分类的细化以及欧洲文化的扩张,两个学科开始相对独立,人类学家更多地把视线投向欧洲以外的文化和文明。在方法上,如同钻研档案文献对历史学家的作用一样,田野工作成为人类学研究的主要手段,就像马林诺夫斯基所称的"资料存在于活着的人的行为和记忆中",获取它们的唯一办法就是直接的观察。工作方式的不同在实质上进一步扩大了两者间的分野,但在战后初期,随着传统人类学所依托的殖民体系的瓦解,也出现了一股从当地人的角度用人类学的资料重写地方史的潮流,而不再是高高在上地用欧洲人的眼光来俯视非欧洲的历史和文化,并补充了诸如殖民政府档案文件、口述史料以及考古和历史语言学的研究成果等。

---

[1] 伊格尔斯:《二十世纪的历史学——从科学的客观性到后现代的挑战》,第115页。

但在欧洲史中真正运用人类学的方式进行思考和研究,直接地借鉴人类学的理论和方法,要迟至20世纪70年代中后期。人类学本身在这一时期发生了文化的转向,即具有文化取向的象征和符号人类学取代社会取向的结构—功能主义人类学,从而在传统田野调查的基础上采用大量综合、描述的研究方法,研究者的视野也朝向更深层的结构。由此出现了所谓历史人类学的研究风气,人类学家和历史学家不约而同地走到了一起。如法国年鉴学派的心态史研究就借用了文化人类学对文化结构的深入剖析,将心态本身也作为一种结构。勒高夫在70年代便预测未来的史学发展趋势之一,"或许是史学、人类学和社会学这三门最接近的社会科学合并成一个新学科,关于这一学科,保罗·韦纳称其为'社会学史学',而我则更倾向于用'历史人类学'这一名称"①。

不论使用什么名目,借助于人类学的理论和方法,历史学家得以进一步改进自身的研究,运用新的资料、新的研究角度和对象,甚至新的叙述和解释的方式。在新一代历史学家中最富影响的人类学家无疑就是克利福德·吉尔茨,他对文化的定义被许多新文化史家所广泛采用,即文化的概念"从本质上讲,是一种符号学的概念。同马克斯·韦伯一样,我认为人是一种悬挂在自己编织的意义网中的动物;我认为文化就是这些网,因此关于文化的分析并不是一种寻找规律的实验科学,而是一种寻找意义的解释科学"。吉尔茨把文化比喻成文本,文化研究的任务就是用一种符号学的方法"来帮助我们进入到我们的研究对象所生活的概念世界,从而使我们能够在某种引申意义的条件下同它们进行交流"②,这也就是其所谓的"深描"(thick description)的方法,即强调对文化进行解释(或阐释),而非社会的功能—结构分析。于是乎,符号、仪式、事件以及历史遗物、社会配置、信仰体系等"文本"都可以放在符号学的结构之下进行审视,它们的内在关系构成了一个关于文化的意义体系。

在吉尔茨及其理论的影响下,在欧美史学界展开了一场对历史学与人类学的大讨论,越来越多的历史学家开始主动运用人类学方法进行研究实践。美国历史学家罗伯特·达恩顿曾与吉尔茨共事多年,曾联合授课探讨历史学与人类学的跨学科研究,在其代表作《屠猫记》中,达恩顿明确表示自己借鉴了文化人类学的方法,"采用了一种同人类学家研究异域文化时相同的方法来处理我们自己的文明。这是带有人种志特点的历史学"③。在研究中,他非常强调象征和符号在过去的物质文化和日常生活中的重要意义,如书中根据一群18世纪的印刷工人对猫进行屠杀的事件,分析猫在当时法国人心态中的种种象征意义,从而解释

---

① 勒高夫等主编:《新史学》,第40页。
② 克利福德·吉尔茨:《文化的解释》,纽约1973年英文版,第5、452页。
③ 罗伯特·达恩顿:《屠猫记》,纽约1985年英文版,第3页。

屠猫的行为所具有的仪式性和文化内涵。另一个比较典型的例子是英国历史学家西蒙·沙玛的代表作《财富的窘境》，在书中沙玛把17世纪荷兰历史中诸如尼德兰革命、八十年战争、"黄金时代"等宏大叙事仅仅作为其叙述的历史背景，而另辟蹊径关注日常生活中的细枝末节，如人们对法律和财富的态度、妇女在家庭中的地位和对孩子的教育、生活中的洁癖和种种日常琐碎等，探究其中的文化和象征意义，进而指出正是这些文化因素渐渐成为荷兰民族性的一部分。

此外，其他人类学流派的研究也被历史学家广为借鉴，历史学家纳塔莉·戴维斯在1975年出版的《近代早期法国的社会与文化》一书中吸收了包括马克斯·格鲁克曼、玛丽·道格拉斯和维克多·特纳等许多人类学家的成果。对人类学的借鉴并不意味着生搬硬套人类学的理论，戴维斯从自己的研究实践中深刻地体会到："人类学对我在自己的历史思考上的影响在于，不仅加深了我对不变的过去的理解，还有对人类经验多样性的认识。……人类学能够扩大可能性，帮助我们打开眼界，给予我们一个新的位置来看待过去并从早已熟知的历史文本中发现惊奇。"①社会史家小威廉·塞维尔根据自己的亲身体验，介绍了历史学家对人类学的接纳过程："当前文化概念的活跃已经完全不同于20世纪70年代当我最初开始用文化的方法研究社会史的时候。在当时，如果你想要学习文化，就必须求助于人类学家。虽然他们的观点并不完全统一，但在关于文化的意义及其在人类学研究中的中心地位上却有着普遍的一致。我开始借鉴文化人类学的方法和观念，作为更好地认识19世纪法国工人的一种方法。我希望，文化分析能够使我了解工人们行为的意义，这是我用当时所谓的'新社会史'研究者的标准工具——计量和实证主义的方法所无法获得的。我经历了同文化人类学的邂逅，从一种现实的、功利主义的和经验主义的唯物论转向一种对过去和现在人类可能性范围的更广泛的评判。由于确信在生活中除了对财富、地位和权力的无尽追逐之外还有更多，我认为文化人类学可以引导我们如何了解那'更多'之处。"②

人类学对历史学的影响是深刻而彻底的，20世纪后三十年中西方史学的诸多新变化，如微观史学、新文化史等背后，均有着人类学鲜明的痕迹。两者的结盟，使得历史学家们尝试用人类学的眼光看待过去，将过去看作是异国他邦，像人类学家一样去解释过去的文化及其意义。英国历史学家彼得·伯克认为，这种研究手段"也是一种文化翻译，即将过去的语言转化为现在的，将当时代人的概念转化为历史学家及其读者们的。其目标就是将过去的'他性'变得显而易见

---

① 纳塔莉·戴维斯：《20世纪80年代的人类学与历史学》，《跨学科历史杂志》第12卷第2期，1981年，第275页。
② 小威廉·塞维尔：《文化的概念》，维多利亚·邦奈尔、林恩·亨特主编：《超越文化转向》，伯克利1999年英文版，第35—36页。

和易于理解"①。历史学在借鉴人类学理论和方法时主要依循两个不同的角度：一是借用了人类学对研究对象的态度，把过去看作是可与之进行对话、可对之加以诠释和解读的活生生的世界，从而大大开拓了研究的维度，更新了研究的方法；二是主要借鉴了人类学家田野调查和"深描"的研究方法，不同的是历史学家进入的是过去的世界，运用的是无声的史料，由此形成的微观史学研究通过历史资料的重新挖掘和整理，运用大量细节的描述和解释，重建起一个微观化的个人、家族或社区，例如勒华拉杜里的《蒙塔尤》关注的是一个历史上的村落，金兹伯格的《奶酪与蛆虫》聚焦的则是一个平凡的小人物。

总之，依靠新盟友的不断加入，广泛开展跨学科历史研究，是西方史学在20世纪不断推陈出新、向前发展的重要动力。同19世纪学科界线森严、保守单一的史学传统相比，西方史学至20世纪末已经呈现出非常开放、多元的格局。

二、20世纪70年代以来的新变化

1. 微观史学

20世纪70年代以来，西方史学的发展与演变之快，是前所未有的。伊格尔斯对此曾作过这样的论断："在历史编纂学的方法上，它从精英们的身上转移到居民中的其他部分、从巨大的非个人的结构转移到日常生活的各个现实的方面、从宏观历史转移到微观历史、从社会史转移到文化史。"②当代西方史学的这几个"转移"，当然并不只是从此时才开始的，但作为某种整体性的研究趋势，其中众多新变化无疑可以界定在70年代末，这在斯通所谓的"叙事史复兴"中就可寻见此种变化的征兆了。在此，我们不妨先从"微观史学"来细看所发生的这些新变化。

微观与宏观的结合，是历史研究中经常遇到的问题，如何正确处理这两者的关系，一直是历史学的一项重要课题，对此微观史学突破了传统史学的"宏大叙事"而给出了新的解答。

微观史学是20世纪70年代以来新史学不断反省的产物。在年鉴史学派范型盛行之时，崇尚"结构"，尤其是"长时段的结构"研究，而不重视瞬间即逝的短时段；加之历史学的社会科学化，行之有年之后也渐生弊端，历史学变成了"没有人的历史学"，与人们所熟知的生活经验渐行渐远。如果说传统政治史学因其关

---

① 彼得·伯克：《文化史的多样性》，剑桥大学出版社1997年英文版，第193页。
② 伊格尔斯：《二十世纪的历史学——从科学的客观性到后现代的挑战》，中译本序言，第3页。

注上层、精英人物而忽略普通民众的话,那么社会科学史学所推崇的整体史是以完全消灭人的存在为代价的。倘长此以往,历史学如何能体现它的功能与特性?因此,在七八十年代,新史学和年鉴学派受到来自新史学内外的广泛批评与质疑,单纯强调计量方法和社会史研究、片面夸大"长时段"结构及热衷于所谓"静止的历史"的倾向受到严峻的挑战,甚至出现了"史学危机"之说。

正是在这样的背景下,微观史学应运而生,成为西方史学为应对、克服新史学弊端而出现的诸多新的史学潮流之一。有学者在论及微观史学兴起的背景时,明确指出微观史学是"针对关于大的社会群体和长期的、渐进的社会转型研究的一次反抗。最初的微观史家尤其不满于占统治地位的社会史方法,即集中于特别长时期的宽泛题材,也就是著名的长时段。微观史家们还反对受法国年鉴学派历史学家、剑桥人口史小组和美国克丽奥学派等影响而日益盛行的计量方法"①。在这股潮流中,意大利的微观史家开风气之先,首先在理论和实践中作出了有益且系统的探索,形成了独特的意大利微观史学派。不过,作为一种独特的史学现象,微观史学并不仅限于意大利一地,其影响遍及欧美各国。

70年代末,卡洛·金兹伯格、乔万尼·列维等一批历史学家率先提出了"微观史学"概念,用来界定"在本质上以缩小观察规模、进行微观分析和细致研究文献资料为基础"②的研究方法。此后,在意大利以外,类似的研究趋势也非常活跃,如法国年鉴学派第四代历史学家雅克·勒韦尔和贝尔纳·勒佩蒂就曾专门撰文讨论历史微观分析问题,并发展了意大利微观史学的若干方法,20世纪80年代年鉴学派史学研究中的一些趋势和法国的"日常生活史"、心态史对意大利的微观史学也有不同程度的影响。此外,德国和奥地利的"日常史"、英国的"个案史"等,可以说也都与意大利的微观史学有着相似之处。

史学界对于微观史学的定义,基本一致。"一般说来,微观史学是指这样一种历史研究,从事这种研究的史学家,不把注意力集中在涵盖辽阔地域、长时段和大量民众的宏观过程,而是注意个别的、具体的事实,一个或几个事实,或地方性事件。这种研究取得的结果往往是局部的,不可能推广到围绕某个被研究的事实的各种历史现象的所有层面。但它却有可能对整个背景提供某种补充的说明。也就是说,微观史学家的结论记录的或确定的虽只是一个局部现象,但这个看似孤立的现象却可以为深入研究整体结构提供帮助。总之,微观史学的特点并不在于它的研究对象的微小和分析规模的狭窄或带有地方性。"③以上对微观

---

① 卡尔·阿普恩:《微观史学》,彼得·斯特恩主编:《欧洲社会史百科全书,1350—2000年》第1卷,纽约2001年英文版,第105页。
② 乔瓦尼·列维:《论微观史学》,彼得·伯克主编:《历史写作新视野》,宾夕法尼亚大学出版社2001年英文版,第99页。
③ 陈启能:《略论微观史学》,《史学理论研究》2002年第1期,第22页。

史学特点的归纳,即是通常所说的"以小见大"或由个别见一般的研究方法。

在某种程度上讲,当代意大利史学最重要的一个特点就是其所倡导的微观史学研究。在众多代表作中,无疑以金兹伯格的《奶酪与蛆虫——一个16世纪磨坊主的精神世界》一书最为有名。作者通过对16世纪教会宗教法庭档案的挖掘和考察,以一个平凡的小人物麦诺齐奥为中心,探索了这个乡村磨坊主奇特的精神世界。金兹伯格通过对这个独特的个体及其个性的揭示,再现了麦诺齐奥的宗教观和宇宙观,揭示了一种与上层精英文化相对的"下层文化"或"通俗文化"的历史。麦诺齐奥的精神世界正是他所属文化的反映,其实质是"一度非常普遍且在16世纪空有其名的基督教社会依然存在的泛神论的一个变种"①。由此"以小见大",也反映了微观史学的特点与某些见微知著的优越性。此外,与该书齐名的,还有乔万尼·列维的《继承权力:一个被魔师的故事》等。

如前所及,微观史学从一开始就是一项国际性的运动和潮流,在意大利以外,与金兹伯格的《奶酪与蛆虫》齐名并列为微观史学经典之一的勒华拉杜里的《蒙塔尤》一书即出版于1975年,比前者甚至还早一年。在勒华拉杜里的身上更体现出从旧的、宏观的和量化的社会史模式向新的微观史学的转变。须知,1967年时对计量方法推崇备至的他还在发表着"未来的历史学家就是一个程序员,要么就不是历史学家"②的豪言壮语,1966年勒华拉杜里的成名作《郎格多克的农民》完全是一种布罗代尔式的长时段历史,或者如他自己所言,是"没有人物的历史"③。但在《蒙塔尤》中,却发生了急转,他不仅借用了文化人类学关于"文化"的概念,更看到了"直观和如实地考察农民社会已成为研究村落的最佳方式"④,从而把蒙塔尤这样一个小小社区生活中的方方面面放在了历史的显微镜下来细加观察。

正是在这一变化的进程中,法国年鉴学派内部在20世纪80年代中期发生了一场"批判性的重大转折",《年鉴》杂志将刊名由旧的副标题"经济、社会、文明"换成了"历史学、社会科学","年鉴学派"或"年鉴—新史学派"的称谓也在法国学术界悄然退去,而被笼统地代之以"法兰西历史学派"。新一代的历史学家号召抛弃"传统的包袱",跳出"长时段的樊笼",并开始出现了新的研究取向。雅克·勒维尔在谈到法国微观史学时,坦言是受到了意大利微观史家们的影响。

---

① 爱德华·缪尔:《导言:察微鉴细》,缪尔、基多·卢吉埃洛主编:《微观史学与被遗失的欧洲人》,约翰·霍普金斯大学出版社1991年英文版,第10页。
② 埃玛纽埃尔·勒华拉杜里:《历史学家的领地》,芝加哥大学出版社1979年英文版,第6页。
③ 同上书,第285页。
④ 埃马纽埃尔·勒华拉杜里:《蒙塔尤:1294—1324年奥克西坦尼的一个山村》,许明龙、马胜利译,商务印书馆1997年版,第11页。

他通过比较微观分析方法同社会史模式的差别,指出微观史学有如下独到之处:(1)对社会历史分析假设的重新界定;(2)对社会策略概念的重新界定;(3)对语境概念的重新界定;(4)对观察规模的重新界定①。

微观历史研究在德国也被广泛开展,并被称为日常生活史。70年代后,在德国展开了一系列对前工业化时代小型农村社会和家庭的大型研究计划,由此形成了一股强烈的微观史研究潮流;80年代,在社会科学史家与日常生活史家之间曾经发生激烈辩论,前者"号召严格的概念的和分析的指导路线",后者则"认为那类指导路线就意味着是活经验的丧钟,他们热衷相信活的经验才应该是历史学的真正题材"②。汉斯·梅狄克是德国日常生活史的代表人物之一,他宣称:唯有"小的才是美丽的"。但正如伊格尔斯所评价指出的,这并"不是指脱离了更大的语境之外的轶闻逸事史。事实上,梅狄克坚持说:历史学应该从对'中心'体制的关怀转移到边缘上面去,在那里可以发现并不符合既定规范的每个个人。然而,个人却只能是作为一个更大的文化整体的一部分而为人理解。因此他所追求的微观史,缺少了一个宏观社会的语境便不能成立"③。不过,德国的微观史学并不一概排斥量化、统计等社会史方法,仍然大量借助于计算机分析等社会科学方法进行基础的研究工作。

与德国相反,美国的微观史学研究显然更加偏重于文化的因素,而从符号、象征、仪式等之中细微的文化意义阐发开来。例如纳塔莉·戴维斯的《马丁·盖尔归来》和罗伯特·达恩顿的《屠猫记》,两书都是从特殊的个人、事件切入,运用大量的文学资料,复原并展开了微观历史的叙述,但在其中,不论是马丁的瘸腿,还是猫和屠猫的象征、作坊学徒的种种仪式等,都成为历史学家抽丝剥茧般解开文化症结的关键所在。戴维斯的《马丁·盖尔归来》一书常常同勒华拉里和金兹伯格的名著一起被并列为微观史学的代表,它反映了历史学与人类学之间的日益结合,尤其是吉尔茨所谓的"深描"和"地方性知识"在其中表现得尤为明显,"对于戴维斯来说,农民,尤其是农民妇女,是既有着经济的动力也有着性的冲动,以及有着在大多数正统历史学家眼中被忽视的文化传统和能力的人。这一侧重从因果分析向重建社会模式、从量化到定性评价的转移,其代价是视野的缩小和视线的放低;但它也为历史认识重新恢复了深度,以及人性和色彩"④。这一评价,同样适用于美国微观史学的整体。

在研究的理论和方法上,微观史学将研究视线投向了过去历史中特定的时

---

① 雅克·勒维尔:《微观分析与社会的建构》,勒维尔、林恩·亨特主编:《历史:法国对过去的建构》,纽约1996年英文版,第493页。
② 伊格尔斯:《二十世纪的历史学——从科学的客观性到后现代的挑战》,第119页。
③ 同上书,第121页。
④ 唐纳德·R.凯利:《书评》,《文艺复兴季刊》第37卷第2期,1984年,第254页。

间和空间内的个人和群体,虽然人类学为它指示了认识的角度和解释的手段,但在实践中,人类学田野调查的方法显然不能适用于历史学家,因此,如何从限定的对象、缩小的范围中搜集证据、鉴别史料,可以说是微观史学在方法论上首先必须解决的一个问题。金兹伯格以猎人为比喻,生动地说明了微观史家研究的特点,即从寻找各种琐碎细小的线索、痕迹,追踪而上,才能够最终发现并且捕获猎物。具体而言,微观史学在方法论上主要有两种基本的模式:提名法与证据范式。

所谓提名法,是指缩小历史考察的规模,精确到有具体身份的个人或小规模的群体。不论金兹伯格笔下的麦诺齐奥、戴维斯笔下的马丁·盖尔,还是史景迁笔下的妇人王氏,这些都是明确到具体的、有血有肉的个人身上的微观分析。微观史家称名字(包括人名和地名等)是"引导研究者走出档案迷宫的阿里阿德涅的线团","聚集到名字和从名字发散开的线索,交织组成了一张严密的网,为观察者提供一个社会关系网络的图像,而个人便处在这个网络之中"①。通过把名字作为基本关键词,研究者才有可能在浩繁纷乱的各种档案之中,追踪、比对和确认其中的共通之处。由一个人名不仅能够还原个人的生活轨迹及其内在的思想情感,更能够重建起个人周围的社会关系网络。

证据范式又被称为"推测范式",是指通过分析、整理将散落在档案文献中的琐碎证据组织起来,复原或构建历史的图景。史料总是零散、破碎和间接的,史料的整理不可能像其他社会科学那样有统一的、严谨的法则可以运用,因此不得不在很大程度上要依靠研究者将分散的蛛丝马迹整合在一起。纳塔莉·戴维斯在回顾她从收集资料到写作《马丁·盖尔归来》一书的过程时说道:"自始至终,我都像一个侦探一样在工作,确定我的原始资料和它们的构成原则,把从许多地方得来的线索整合在一起,确立一个能对 16 世纪的证据最合理的、最可能的推测性论点。"②证据范式或推测范式为微观史学确立了一个可行的原则,历史学家从有限的、不完整的资料中,通过必要的推测可以获得一个合理的解释,"质言之,微观史学从一系列惊人的事实出发,开始寻找一种帮助解释它们的理论。然而,它并不是要去证明这个理论,而只是说明一种特定的理论也许可以提供一项最可能获得的解释"③。

这种推测范式更多地借助于想象而非科学,自然成为微观史学最饱受批评的方面之一,尤其是那些倾向科学的、计量方法的历史学家,更是指责对史料的推测缺乏严格的证据作基础,反而增加了虚构性,最终可能会将历史变成传奇和

---

① 卡洛·金兹伯格、卡洛·波尼:《名字与游戏》,缪尔、基多·卢吉埃洛主编:《微观史学与被遗忘的欧洲人》,第 5、6 页。

② 纳塔莉·戴维斯:《论跛足》,《美国历史评论》第 93 卷第 3 期,1988 年,第 575 页。

③ 卡尔·阿普恩:《微观史学》,第 107 页。

小说。伊格尔斯在《二十世纪的历史学》一书中将针对微观史学的种种批评归纳为以下四个方面："(1) 他们的方法以及他们对小规模历史的专注,就把历史学归结为对轶闻逸事的发思古之幽情,(2) 他们把以往的文化浪漫化了,(3)……因为他们着意要研究相对稳定的文化,他们就没有能研究以迅速变化为其标志的近代和当代世界,以及(4) 就此而言,他们便没有能力研究政治。"①这些批评从反面说明了微观史学在客观上存在的一些局限性,但并不能因此否定它对当代史学的重要贡献。其中有些批评本身就是微观史学在对抽象的、量化的社会史方法的反动中所着力突破的,如第一点,假如否定了微观化的研究视角,就等于彻底推翻了整个微观史学赖以存在的根本基础。而且在宏观历史与微观历史的关系上,两者并不应是矛盾的,"没有任何理由说,一部研究广阔的社会转型的史学著作和一部把注意力集中在个体生存上的史学著作就不能共存并且互相补充。历史学家的任务应该是探索历史经验在这两个层次之间的联系"②。

见"木"亦见"林",如何在历史研究中把微观与宏观两种方法有机地结合起来,的确是摆在历史学家面前有待解决的难题。但不容置疑的是,微观史学的出现确实对长期以来崇尚宏观的、总体的历史学取向提供了有益的补充,两者不应是对立。我们相信未来的历史学家们能够实现"微观研究和宏观研究的结合,个案分析和结构、过程分析的结合"③。

2. 新文化史

与微观史学相比,新文化史在20世纪的最后三十年里更是异军突起,对社会史研究传统给予了更为有力的冲击,从而成为这一时期西方史学史最具代表性的一股史学潮流。新文化史的兴起,是在以所谓"文化转向"或"语言学转向"为标志的当代西方社会思潮的广泛影响下,同时针对50年代后形成的社会史或社会科学史研究所出现的问题,而发生的又一次史学风向的转变。新文化史是对旧的"新史学"的反动和发展,它"形成于20世纪七八十年代,被看作是对既成的社会史、经济史和人口史的一种突然暴发的批判"④。相较于之前的历史研究取向,新文化史有两个方面的特点:一方面,它注重考察历史中的文化因素和文化层面,也就是说,历史学的研究对象和研究领域从以往偏重于政治军事或经济社会等方面转移到社会文化的范畴之内;另一方面,它提出用文化的观念来解释历史,在方法上借助了文化人类学、语言学、文化研究等学科的理论和方法,通过对语言、符号、仪式等文化象征的分析,解释其中的文化内涵与意义。

---

① 伊格尔斯:《二十世纪的历史学——从科学的客观性到后现代的挑战》,第131页。
② 同上书,第119页。
③ 陈启能:《略论微观史学》,第29页。
④ 理查德·比尔纳基:《新文化史之后的方法与隐喻》,《超越文化转向》,第62页。

新文化史得名于1989年出版的《新文化史》一书,它将此前诸如社会文化史、历史人类学、人类学史学等名目都一统麾下。从历史学内部来讲,新文化史的兴起并不是少数几个历史学家个体的行为,也不仅限于一两个国家,它是一场国际性的集体运动,它源于法国,盛于欧美,影响遍及世界,近年来我国史学界也开始日益关注新文化史的发展,类似的研究取向在中国史的研究实践中也日渐增多。在历史学的主流中,新文化史(或社会文化史)取代了社会经济史(或社会科学史学);在一些相对独立的非文化史的史学分支,如政治史、经济史、科学史中,也出现了向文化史的转向,文化因素的考量成为这些学科研究中的重要内容;文化分析,微观研究,符号、象征和仪式的解读,对交流与传播过程的考察,注重表象与实践,关注日常生活和底层群众,强调叙述性和通俗性,这些都是新文化史的重要特征。由此,新文化史颠覆了之前社会史唯社会经济因素的简单决定论,将文化从一种被决定的"上层建筑"位置解放到了更加基础的层次,作为历史发展不可缺少的决定因素之一;新文化史也打破了传统文化史唯精英人物、知识阶层的狭隘偏见,用一种更广义和宽泛的文化概念,还原普通人的文化和生活。

从历史学外部而言,一方面新文化史的兴起是同以"文化转向"或"语言学转向"为标志的整个当代西方社会思潮和人文社会科学研究风气的转变相一致的,可以被包容在广义的文化研究的范畴之内,它既是一种在历史线索和框架下展开的文化研究,也是一种具有文化视野和取向的独立的历史研究。另一方面,它从其他学科的发展中也得到了非常有益的借鉴。整个当代西方史学发展的一个重要特点就是跨学科研究,历史学不再是孤立和封闭的,其开放性使得社会史在20世纪五六十年代依靠同社会学、经济学、人口学和统计学等社会科学的结盟而实现了第五次转折,成为当时历史研究的主流;新文化史则借鉴了另外一些不同的学科,它从人类学(尤其是文化人类学)那里获得了文化的概念、研究的视野和解释的手段,从文学理论、语言学和符号学那里得到了分析的武器,又从结构主义、后结构主义等后现代思潮中学会了批判的态度。

要讨论新文化史,首先碰到的难题就是如何定义"文化"和"文化史"。文化是一个非常模糊而且意义繁多的词,虽然大多数新文化史家倾向于借用来自人类学的文化定义,但在泰勒、吉尔茨、马歇尔·萨林斯等那里,即便人类学内部对文化的理解也不尽相同。而文化史正是要对这个无法给出统一界定的词所包含的内容进行研究,这似乎使这一学科陷于无所适从的境地。假如连一个明确的研究对象都无法确定,研究本身似乎就变得毫无意义了。但或许正由于文化概念的模糊性和巨大的包容性,一切皆文化,在广义的文化概念下,文化史是对历史学中出现的日益严重的"碎化"现象最好的纠偏。因此,在今天的新文化史研究中,出现了形形色色、各种内容和对象的文化史。

当然,研究对象的多样性的确给把握新文化史的整体面貌带来了困难,因此有必要转而从它们的研究方法中寻找共性。尽管也有许多不同的意见,但"文化史家们的共同点也许可以形容为对符号象征及其解释的一种关注。虽然在有意或无意中,符号从艺术到日常生活无处不在,但以符号学观点认识过去的方法却是有别于其他的一种独特方法"①。这种独特性是大多数新文化史研究的一个普遍的特点,也使它有别于社会史、经济史和政治史等。

根据《新文化史》一书的主编、有新文化史"旗手"之誉的美国历史学家林恩·亨特的理解,新文化史"探讨方向的焦点是人类的心智,把它看作是社会传统的贮藏地,是认同形成的地方,是以语言处理事实的地方。文化就驻在心智之中,而文化被定义为解释机制与价值系统的社会贮藏地。文化史研究者的任务就是往法律、文学、科学、艺术的底下挖掘,以寻找人们借以传达自己的价值和真理的密码、线索、暗示、手势、姿态。最重要的是,研究者开始明白,文化会使意义具体化,因为文化象征始终不断地在日常的社会接触中被重新塑造"②。不过,新文化史家也在不断地对自身进行反思和总结,亨特在1999年《新文化史》出版十年后,又以"超越文化转向"为题提出以"文化转向"代替"新文化史"的单一概念,并展望了超越单纯的文化转向之后的历史学的新发展。因此,新文化史的兴起与历史学的文化转向可以看作是基本一致的,"'新文化史'或'社会文化史'的兴起,它常被视为更广义的'文化转向'的一部分"③。

以新文化史兴起为标志的历史学领域的文化转向,并不仅仅是简单地在众多的历史研究取向中增加了一个"文化"的概念,而是一种全方位的史学风气的转变。具体而言,可以理解为三个层面或维度上的转变:第一,在西方史学主流中,出现了从社会史向新文化史的转向;第二,在文化史的学科内部,发生了从传统文化史向新文化史的转向;第三,在历史学其他分支领域中,也表现出由非文化向重视文化因素、采取文化分析的转向。正如伊格尔斯在对20世纪西方史学的总体描述中所说的,自从他于1975年发表《欧洲史学新方向》一书之后的四分之一世纪里,"尽管有许多旧式的历史研究和历史写作的形式还在继续着,然而已经发生了一场基本的重新定向"④。这场重新定向的方向所指,正是新兴的新文化史。

新文化史的矛头直指社会史,两者之间的差异主要表现在以下五个方面。

第一,不同于社会史更注重定量的证据和分析,新文化史主要是定性的,且

---

① 彼得·伯克:《什么是文化史?》,剑桥2004年英文版,第3页。
② 乔伊斯·阿普尔比、林恩·亨特、玛格利特·雅各布:《历史的真相》,刘北成等译,中央编译出版社1999年版,第198页。
③ 彼得·伯克:《西方新社会文化史》,《历史教学问题》2000年第4期,第25页。
④ 伊格尔斯:《二十世纪的历史学——从科学的客观性到后现代的挑战》,第1页。

集中在特定的案例上。

第二,社会史描述的是大多数人的生活,但新文化史则常常有意识地进行微观分析,聚焦小的社会群体,以了解更深层、更丰富和更生动的生活。

第三,社会史给出的是一种长期性态势的因果解释,关注那些当时代人所并未理解和意识到的趋势,而新文化史则恰恰相反,集中于克利福德·吉尔茨所谓的"深描"上,即根据一个特定社会自身的规则和类别给出其社会关系的解释。

第四,日常生活中的象征主义往往被文化史家(关注于"艺术作品")和社会史家(关注于社会"现实")所忽略,新文化史则将之作为自己的中心议题,并试图说明日常琐碎的活动和仪式对维持或加强某种世界观具有如何重要的作用,因而他们会关注诸如日常的服饰、饮食、言谈、举止,甚至手势和走路的方式等的意义。

第五,社会史一般都直接或间接地受到了马克思或马克斯·韦伯理论的影响,而新文化史的理论来源主要是来自从涂尔干经阿诺德·范·格内普和马赛尔·莫思,直到当代的吉尔茨、维克多·特纳和皮埃尔·布尔迪厄等人及其理论①。双方在研究对象、方法论和理论源流等方面存在迥然的差异,带动了这一时期西方史学主流的转变,呈现出由社会转向文化的清晰轨迹。由此,回顾20世纪后半期的西方史学进程总体走势,发生了"两次重大转变,一是自六十年代以来的'新史学'或'社会史'挑战了传统史学,逐渐成为历史学研究的主流。到了八十年代,'新文化史'取代'新史学'中的社会、经济、人口史成为学界的宠儿"②。

在西方史学长河中,文化史的写作自古以来便有非常突出的地位和悠久的传统,自希罗多德以降,文化史研究的传统始终断续相承、薪火赓继,至于当代,以新文化史为代表的文化史更焕发出新的活力,成为20世纪末史坛一股强劲的研究潮流。新文化史突破了传统文化史的局限,摒弃了社会与文化的传统对立或无文化的社会概念,尤其是彻底抛弃了"文明/野蛮"的简单二分法,而认为存在着多种多样不同形式的文化。在对文化的界定上,认为文化不是相对于政治、经济而言的概念,而在更宽泛的层面上把政治和经济都包容在内;而且文化不是一个被动的因素,而具有"建构"的功能,强调用文化的观念来思考和认识历史。因此,在新文化史的视野之下,一切皆文化,文化无处不在。

一切皆文化,在新文化史锐不可当的气势下,众多史学的分支领域也在文化

---

① 彼得·伯克:《近代早期意大利的历史人类学》,剑桥1987年英文版,第3—4页。
② 蒋竹山:《"文化转向"的转向或超越?——介绍四本论欧美新文化史的著作》,《新史学》第12卷第1期,2001年3月,第233页。

转向的洪流里进行了自我调整和适应,保持了生机,有些门类甚至还迸发出新的活力。这一方面的例子,不可胜数,比如在政治史领域出现的大量"政治文化"的讨论,在经济史中出现了由关注商品生产和流通转向物质的消费,在思想史研究中则由狭隘的哲学家们的思想领域跨越到普通人广阔的精神世界,成为一种观念的社会史和文化史。

总的来说,新文化史的"新",体现了它对传统的精英文化史的超越,也体现了它相对过去那种注重伟大人物及其伟大思想的思想史的进步,从"精英"到"大众",历史学家的眼界大大地扩展并深入到了更深的层面,而得以更具体、更多元地反映人类历史的精神与文化进程。新文化史的视野更多地投向了下层,它是对"自下而上看的"社会史的发展或转向,新文化史中的"文化"二字在观念上还原了社会史中那些被数字化和计量化了的普通人的生活和情感世界,文化的视野拓展了对历史本质和根本决定因素的认识,文化不再是被高高置于经济、社会基础之上的"上层建筑",而是有着同样作用和影响的决定性因素之一。此外,对"文化"的理解和解释,形成了一种新的历史认识论和方法论,文化的意义被赋予到各种事物和形式之中。这些研究特点,体现在了大量的当代西方历史论著当中,各个领域的历史学家都或多或少地受到了这一研究风气的影响,从而主动或被动地参与到新文化史的潮流之中。

当然,如同微观史学在纠偏那种大而无当的"宏大叙事"后又产生琐碎饾饤之弊,新文化史在实践中也不无矫枉过正。"文化"一词被广泛而普遍地使用于各个领域,不禁令人反问:"还有什么不是文化呢?"新文化史繁荣的背后,是新文化史研究所具有的多样性和通俗性的特点,这大大推动了当今历史学成为一门雅俗共赏、为人喜闻乐见的学科,这是对社会史时代历史碎化和静止化的一种有益的纠正;但在另一个方面,却又使得文化史缺乏一个整体性和统一性,而造成了历史的另一种碎化及庸俗化,也在客观上造成了人们对新文化史良莠不齐、杂而不精的印象。

三、后现代主义与西方史学

1. 后现代主义的兴起

后现代主义(postmodernism)思潮是西方在20世纪六七十年代在人文艺术领域逐渐发展起来的一股学术潮流。它影响广泛,最早在艺术领域兴起,之后在哲学界、文学批评界广为兴盛。自70年代后期开始,它逐渐在史学理论之中产生影响,并涉及具体历史研究领域,到如今,可以说后现代主义的一些原则,已经深入西方史家之根基。后现代主义有其哲学或思想的根源,法国思想家利奥塔、福柯、德里达是众所公认的后现代主义思潮代表,他们打出了反对启蒙思想、反对现代性、反对盲目崇拜科学理性、追求差异的旗号。后现代主义的核心思想认为,"追求真理是西方的一大幻想",他们要解构一切原来认为是统一、一致和静止固定的真理观,而把真理置于时间性的变动之中。

有人指出,"后现代主义的主要目的是,向知识的客观性与语言的稳定性等观念挑战"。"它的兴起,使得人们对进步的信念、历史时代划分的方法、个人能知能行的观念,都产生了疑问。"[①]后现代主义者认为,文本之外无他物,也就是说,根本没有直达文本以外世界的途径,与文本无关的人或文化都无从理解文本。这些观点都与传统史学理论中的相关论点截然不同,为此,了解后现代主义与西方史学的关系,成了我们理解 1970 年后西方史学的重要切入点。

2. 后现代主义挑战传统的"历史真实"概念

对历史学而言,后现代主义的最大影响是在史学理论层面;并且,借助于史学理论的传播,越来越多的历史学家接受了这样的思维方式。

法国哲学家罗兰·巴特 1967 年在《历史的话语》一文中对于历史文本的语言哲学分析已经体现出史学理论的语言学转向。在这个方向上,美国历史哲学家海登·怀特(Hayden White,1928—2018 年)迅速成为后现代主义在史学理论领域的代言人。怀特的后现代主义史学思想系统体现在 1973 年出版的《元史学:十九世纪欧洲的历史想像》[②]和 1978 年出版的《话语的比喻:文化批评论集》[③]中;1989 年,荷兰历史哲学家安克斯密特发表著名文章《历史编纂与后现代主义》[④];1994 年,波兰史学家托波尔斯主编了《现代主义与后现代主义之间的历史编纂:历史研究方法论文集》,随后还出现了有关后现代主义与历史学的读本,如 1997 年詹京斯的《后现代史学读本》,中国史学家彭刚的《后现代主义史学理论读本》[⑤]等。

后现代主义作为对现代主义的一种批判和反思,要了解它,必须深入到二者之间的差异之中,我们在史学理论领域中也能清晰地看到这种差异。

在史学理论中,后现代主义与现代主义争执的核心问题便是历史的真实性

---

① 乔伊斯·阿普尔比等:《历史的真相》,刘北成、薛绚译,中央编译出版社 1999 年版,第 184 页。
② 参见海登·怀特:《元史学:十九世纪欧洲的历史想像》,陈新译,译林出版社 2004 年版。
③ 巴尔的摩 1978 年英文版。
④ 参见安克斯密特:《历史编纂与后现代主义》,陈新译,载刘北成、陈新主编:《史学理论读本》,北京大学出版社 2006 年版。
⑤ 北京大学出版社 2016 年版。

海登·怀特

问题。

在后现代主义者眼中,历史叙述的形式与内容不可分割,历史的真实不仅需要其内容为真,更需要作为叙述形式的结构来支撑。相对于整个历史文本而言,形式之真与内容之真的融合才构成历史文本整体的真实或者"历史的真实"。现代史学与后现代史学的话语冲突的根源便在于,它们关于"真"的理解不同,这一点可以通过表明检验"历史的真实"的不同标准来确定。

现代主义史学中,检验历史研究是否真实的标准是:历史叙述是否与客观存在的过去相吻合,或者是否呈现了历史发展的客观规律。由于研究者明白,过去不可能重复出现,因此,判定历史真实所依赖的其实是过去的材料,以及依托这些材料进行的逻辑论证。

我们知道,在历史研究中,不断发现的新材料往往迫使历史学家重写历史,但每一次重写,历史学家们都相信这是又一次呈现或接近客观存在和客观规律。现代主义史学家认为,追求历史真实是一个不间断的永恒过程,历史学家们相信自己的研究正在越来越接近历史真实,这是一个累积进步的过程。即便某些研究成果,如通过历史认识获得的规律在当前的史学实践中被证明是不充分的,或者错误的,现代主义者仍然坚信,这是因为当下人们的认识能力有限,总有一天,人们能实现那种理想,描述真实的历史。

相对于现代主义史学的观点,后现代主义者认为,如果历史研究是一种有现实意义的活动,那么研究者就是历史学中使过去与现实相连的根本要素。历史学家的主观性与历史真实之间并不只是一种认识主体与认识对象之间的关系,它们彼此融为一体,融合在历史叙述这个实践活动之中。在历史叙述之外,不存在所谓的客观历史。检验历史叙述是否真实的标准是历史叙述这个实践活动的效用,现代主义史学采用的真实性标准,其实只是一个坚信过去客观存在的崇高梦想。

后现代主义者是通过采取不同的论证方式得出这些结论的。它首先假定过去存在,同时又指出预设一个理论前提是一种很好的研究策略。研究者不需要证明这个理论前提的真实性,他们能够追求的,只是历史叙述或历史表现的真实。这种真实要由实践来检验。例如,安克斯密特曾提供一个例子。他指出,现在多数历史学家认为,关于法国大革命的解释,托克维尔的要比米什莱的好。究其原因,是因为托克维尔的解释中体现出一种自由的个人主义价值观,而米什莱的解释表现的是左翼自由主义。之所以说前者好,只是因为当前读者中喜欢前一种解释的人更多。也就是说,托克维尔的政治或意识形态倾向更合乎当代历史学家和读者的意向,并在实践中有效运用。如果要在现代主义史学的话语系统中谈真实,人们通常会把托克维尔和米什莱的解释看成是自己描绘的接近绝对真实的道路上的一个驿站,而在后现代主义史学的话语系统中,人们并不过问谁的解释与绝对真实的关系更近还是更远,他只是说,此时,他认为托克维尔的解释是真实的,并且也理解他人为什么说米什莱的解释是真实的。

后现代主义者对上述情形的进一步表达是,历史文本完成之后,真实与否由读者决定。

读者往往根据自己当下具有的意识与认知水平在诸多历史表现文本中选择与自己的风格、习性相近的解释并把它当作真实的历史来接受,随后根据所获得的历史理解结合当下的情境进行实践,再以实践的效用作为再次判断文本是否真实的根据。这就意味着,在后现代主义情境下,人们随时都在把握真实,真实也随实践的效用不断在变更。故此,后现代主义认为,人们可以抛弃那种现代主义的遗骸,即不再认为材料更加丰富,史家就会比他的前辈对历史认识得更全面、更接近真实。他要放弃那种处于实践之外的一致性标准,而承认每一个人理解的过去都有其真实性,真实本身具有历史性,它从来就不曾是超时空的普遍存在。或许,在实践的检验之下,人们可以说历史叙述不存在真假,而只有好坏,然而,在这种个体化和私人化的理解中,检验历史真实的标准只能是个人在实际生活中的政治和伦理要求。

后现代主义史家海登·怀特指出,生活的真实是生活中矛盾重重,各种意识形态倾向错综复杂,任何一种宣称自身是唯一代表真实过去的历史文本都不可能获得普遍的认可,但现代主义史学家却从来以此为追求的目标,无视现实生活与实践活动中存在的多样性,结果总是以扼杀多样性的方式获得"历史真实"。后现代主义与之不同,它并不因为将"客观存在的"过去视为一种理论假设而放弃对真实性的追求,只是它所追求的是个人理解的真实,其表现是,在以多样性和差异为特征的生活和实践中,每个人都时刻面对理解过去和实现未来的多种可能,但在每一个时刻,他都只能从这些可能性中选择一种并通过实践使之成为现实性,进而根据选择的效用赋予那种理解和实践一种自我认可的真实性。

3. 后现代主义在西方史学研究中的具体表现

如果以传统的、职业化的或者现代主义的标准判断"什么样的历史作品是标准的后现代主义史学作品",那么,我们迄今也找不到一本这样的标准作品。但是,如果按照后现代主义的某些认识作为标准,我们就可以将福柯的众多作品,典型的如《规训与惩罚》,以及德里达的《马克思的幽灵》等视为后现代主义具体史学实践的经典之作。

福柯在《尼采、谱系学、历史》一文中指出,"传统史学喜欢把目光投向远处和高处:这是最高贵的时代,最高雅的形式,最抽象的观念,最纯粹的个体性。传统史学通过尽可能接近它们来完成这一点,将自己置于历史的高峰脚下,不惜冒接受那十足的青蛙的视角这样的危险"[①]。这样做,是因为传统史学身处那种起源的幻象之中,历史学家信奉形而上学,他们认为在起源之处,存在着一种不变的本质或真理,而研究便是揭开戴在"已经是的东西"之上的由偶然、诡计等因素组成的面具。

在《规训与惩罚》中,福柯通过精细的历史性分析呈现了现代监狱诞生的故事。他告诉人们,在监狱诞生的背后是一种权力技术学的发展、规训机制的普及和人性的逐渐被统一。一切论述都围绕着监狱这一主题,并以福柯自身及前人对该主题的深厚研究为基础,为一种惩罚方式提供了历史学、政治学和社会学的解释。不过,福柯研究规训与惩罚这一问题的目的并不只是要描述某种超时间的客观监狱的诞生,他同时为的是批判现代性及其后果,展示他所理解的带着历史感的谱系学[②]。福柯认为,谱系学是现实的历史学,它可以用来消除人们对现实事物怀有的起源幻象,并指出,任何现存的事物并不具有某种一以贯之的目的,过去、现在没有,将来也不会有。在此意义上,历史不是形而上学,如果其中存在某种形而上学,那也只是历史学家们的构造,事实上,历史是"一种不断生成的机体"[③]。

德里达在《马克思的幽灵》中分析了马克思主义的历史效果。他要论证的是,在马克思主义产生以后,马克思主义精神不止一种,而有多种。无论处于怎样的阶段,马克思主义精神却从来没有消失过,当然,它们也不会随着东欧、苏联剧变而消失。当西方国家某些学者在那里宣称共产主义已经失败,自由民主制度将在世界范围内取得胜利的时候,他们不只是高兴得太早,还更想用权力话语来压制马克思主义。其手段首先是将马克思主义的诸种精神同一化为一种,即认为那就是苏联、东欧国家持有的那一种。既然经验已经证明这种马克思主义精神的失败,自然也就能够实现彻底围剿马克思主义的目的。然而,悖论表现在,这一种占统治地位的话语并没有远离马克思,它本身就是"马克思的著作与思想的话语",即"关于马克思主义的话语,关于共产国际和世界革命的话语,关

---

① 福柯:《尼采、谱系学、历史学》,苏力译,载《史学理论读本》,北京大学出版社2006年版,第128页。
② 参见陈新:《历史认识:从现代到后现代》,北京大学出版社2010年版,第73—85页。
③ 参见福柯:《尼采、谱系学、历史学》。

于马克思主义所启发的革命或多或少的缓慢瓦解的话语,关于社会的迅速、仓惶、不断地解体的话语,如此等等"①。事实上,一切关于马克思主义或共产主义为"幽灵"的描述都是在为其招魂,一种在历史上发挥着巨大影响的思想,即使它的反对者也无法藐视它,更无法摆脱它。

福柯和德里达的研究在史料运用上都合乎传统历史学的要求,但这些著作的根本意图,都是希望揭示历史事物在现实生活中造成的历史效果是如何逐步生成与运作的,历史并没有一以贯之的目的,历史是一个开放的系统,它会在现实的实践中不断获得新的意义。

4. 后现代主义的问题与积极意义

面对后现代主义,传统历史学对它的批评往往是指它将造成相对主义的历史认识。人们很容易联想到,相对主义历史观会使得意见不同的历史学家失去确定的标准,造成理解的混乱。现代主义史学家以相对主义会造成恶果来批评后现代主义,他们举出的最典型例子便是20世纪的人为灾难。例如,如果持有后现代主义观点的话,20世纪的极端民族主义和纳粹主义造成的危害就有可能被放在它们生成的具体历史情境中得到理解而被后人所忽视。为此,现代主义史学家认为后现代主义缺乏某种道德感,是一种颓废的思潮。

后现代主义者则反唇相讥,他们认为,那种极端民族主义和纳粹主义事实上恰恰是现代主义思想的产物。例如在纳粹德国的情境下,存在的只是一种种族优越论的宏大叙事,毫无相对主义的痕迹。如果有人反对说,相对主义恰恰是存在于民族与民族之间或者国家与国家之间,那么,既然从来就没有一种人类普遍认可的世界主义存在,相对主义历史认识从来就存在于不同的时代之中。所以,在极端民族主义与纳粹主义的问题上,人们需要反思的是,为什么20世纪造成了这样的人类灾难呢?后现代主义史学认为,正是因为相对主义历史观仍然停留在国家或民族相对主义的层面,而没有扩展到个人层面。纳粹德国正是因为在国家或民族范围内极端地强调认同、抹杀差异、禁止相对主义历史观深入个体意识,这才导致了人类的灾难性后果。

也有人批评指出,后现代主义认为历史叙述是一种虚构。后现代主义者则认为,他们所说的虚构与人们在日常生活中谈到的虚构含义不同。这种观念并不认为历史可以无中生有,而是指历史叙述的形式或结构往往是历史学家诗性想象的产物。也正是因为这样,文学与史学的距离越来越接近,这不只是因为历史叙述中存在着想象的成分而接近文学,也在于人们认识到文学表现中存在着历史性成分而靠近历史。

---

① 德里达:《马克思的幽灵》,第75页。

在后现代主义的情境下,不论是文学家还是史学家,他们作为个人在社会中存在具有的历史性也构成了他们虚构的限度。并且,一旦文学家和史学家在写作中设想过他们的理想读者,那么,他们对读者具有的接受能力高低的认识,本身就构成了文本写作过程中的限制。读者正是根据各自具有的参差不齐的认识能力来确认文本是否真实的。

正如彭刚所言:"任何理论的进步,总是在一定程度上挑战并打破了此前人们习以为常的常识。"①相对于传统历史认识而言,后现代主义提出的根本问题是,主观认识在历史知识的生成和传播过程中有着不可忽略的作用,甚至决定性的作用,显然,这是传统历史认识没有充分认识到的。

在历史认识领域内,后现代主义的有益之处在于,它强调对历史之中差异的认知;它认为对历史生成过程的说明,以及对历史意义的阐释不能脱离历史存在与认识者存在这双重具体情境;它反对以单一的叙事模式来描述世界历史,主张文本理解与叙述的多元化。这些观念运用在具体的历史学实践中,将使得从认识论上批判历史学中的西方中心论成为可能。

在具体的历史研究领域,传统史学在后现代主义的冲击之下,产生了微观史学、日常生活史学、环境史学、新文化史等历史研究新视角,同时就不同学科共同关心的主题,促成了历史学与社会学、文学、政治学等学科的跨学科研究。这些研究有助于我们从多方面、多角度理解我们身处的社会,从而使人们认识到现实生活的复杂性、矛盾性,以及不同要素彼此之间的紧密关联。

不过,后现代主义同样存在认识上的局限与矛盾之处。一方面,当后现代主义者否认历史存在的客观性时,他们努力要做的,其实是要证明历史知识生成与传播的过程中,主观认识的作用是客观存在的;另一方面,当他们否认历史过程和历史发展有其统一性和规律性时,他们又不断在证明历史认识的过程有其规律可循。例如海登·怀特就在《元史学》一书中便试图证明18世纪以来至今欧洲历史意识存在某种循环。

还值得注意的是,后现代主义者如福柯、德里达、海登·怀特等人都声称深受马克思主义的影响。对他们而言,社会存在与社会意识之间关系的问题仍旧是不可超越的。尽管他们没有直接承认社会存在决定社会意识,但是,当他们在证明单一观念及其内涵的变迁受制于社会环境或一般社会存在状况时,实际上就在证明社会存在相对于社会意识具有的优先性。由此可见,马克思主义的基本假设在当代西方史学的前沿领域不仅仍有其价值,甚至仍然可以引导一代又一代史学家的实践。

---

① 彭刚:《叙事的转向:当代西方史学理论的考察》,北京大学出版社2017年第2版,第313页。

四、20 世纪的中外史学交流

1. 久远的传统

史学交流是人类文化的一种特质,也是史学生命力之所在。关注史学交流,开展对中外史学交流史的研究,也应当是史学史(包括中西史学史)开拓与创新的一个重要方面。需说明的一点是,这里的"20 世纪的中外"之"外",主要说的是西方。

中外史学交流源远流长,犹如一条长河,从最初的涓涓细流到如今的汹涌澎湃,百川归海,蔚为壮观。在这里,只是从这历史的长河中,激起几朵浪花,从各个历史时段中截取若干断面,说个大概。

先说古代。比如古代中国史学与域外文化之关联。

中国古代史学告别了它的"童年时代"(先秦),结束了它的"少年时代"(秦汉),从而迈入了它的"青年时代"(魏晋南北朝隋唐时代),即进入了"中国史学成长起来以后走向发展的时期"①。在这七百年左右的"青年时代"里,中国史学的发展可谓史家如云,史书如林,史风大盛,达到了一个新的水平。究其原因,除去时代与社会发展的动因外,恐怕在很大程度上与其时的中外文化交流密切相关。

在中国思想文化史上,发生在公元 1 世纪至 8 世纪的中印文化交流留下了令人难忘的篇章。从印度传入中国的佛教,自东汉时入华,经魏晋初传,至隋唐消化吸收而中国化,在这过程中,佛教与中国本身的儒道文化融通合流,其"本色化"的工作做得非常出色。毋庸置疑,佛教之东传及其"中国化",对中国社会及其思想文化的发展产生了深远的影响,于史学亦然。从直接的影响看,佛教在中国的广泛传播,有助于史学著作的多样化,从僧传开始,佛教史籍的撰述日益增多。其时,"佛教僧人在这方面的撰述颇为丰富,《法显传》《大唐西域记》《海内寄归传》《往五天竺国传》《高僧传》《续高僧传》等都是知名之作"②。尤其需要指出的是佛教经典的汉译成就,自汉末迄唐代开元中叶,总计有译者 176 人参与,所译佛教经典达 2 278 部,凡 7 046 卷,今存亦有 5 000 卷左右③。佛典的翻译成就,不啻为世界翻译史上一次规模无比宏大的"文化工程"。总之,佛典在中土的翻译与流传,佛教史著的撰写与兴旺,乃至"佛教史学"的繁荣与绵延,这一中外

---

① 白寿彝主编:《中国史学史教本》,北京师范大学出版社 2000 年版,第 91 页。
② 同上书,第 93 页。
③ 杜维运:《西方史学输入中国考》,氏著《与西方史家论中国史学》附录二,台北东大图书有限公司 1981 年版,第 329 页。

文化交流的"史学结晶",从其潜在的方面看,亦会对中国史学的发展产生巨大的影响,而这一点还需要作出深入的研究。但从总体来看,在古代历史条件下,中外史学交流呈现的形态,还只是"涓涓细流"。

降及近代,自"地理大发现"与新航路的开辟,世界形势在15—16世纪发生了大变,自此以后,各民族、各地区之间彼此隔绝、互相不往来的闭塞状态逐渐被打破,整个世界在愈来愈大的程度上联系在一起了。

在这样的时代背景与文化氛围下,自16世纪末开始,从明末到清末约三百年间,中外文化交流"梅开二度",这主要说的是欧美传教士入华以及由此而引发的"西学东渐"与"东学西渐"。在这双向的互动中,西方传教士都出演主角,夸张地说,这是中外史学交流史上的"传教士时代"。

先说"东学西渐",这里仅就伏尔泰与中国古代文明之关联作说明。17—18世纪,在中国传教的法国传教士,发回了大量报道中国的情况,涉及天文、地理、历史、文化等内容,引起了法国公众对古老中国文明的广泛兴趣与关注,尤其是《中华帝国全志》《耶稣会士书简集》和《北京耶稣会士中国纪要》等书在坊间流传,更增进了以伏尔泰为首的法国思想家们对中国的了解。伏尔泰说过:"欧洲王公及商人们发现东方,追求的只是财富,而哲学家在东方发现了一个新的精神和物质的世界。"①这位法国启蒙运动思想界的领袖不仅著有名作《路易十四时代》《风俗论》和《哲学辞典》,还写了《中国书简》、诗剧《中国孤儿》和大量评论,用许多美好的语言赞颂古老的中国文明。事实说明,伏尔泰对中国古代文明的推崇与向往,其作其论与中国社会发展的史实并不完全吻合,他的用意在于从东方文明古国的思想遗产(尤其是儒家学说)中汲取思想资料,得到启示,以找到一种能医治法国君主专制政体的救世良方,正如论者所言,"就是借玉攻错,通过表彰东方第一文明古国的法律、风尚和制度等等,来抨击路易十五时代同样属于君主制而正在全面腐败的法国现状"②。这就说明,中国古代的思想遗产对法国启蒙思想家们的影响程度,取决于当时社会对它的需要程度,而这种需要正是与他们所肩负的历史使命息息相关的。

这次"东学西渐"以及由此带来的中国文化对西方社会的影响,扩言之,对西方各界持续升温的"中国热"所产生的社会影响,尤其对学界的影响,比如说对东方社会的认知、对历史学家视野的开拓、对历史写作思想的深化等,将会产生多大的作用,我们仍需要作出更精深的研究。

次说"西学东渐"。有关这一问题的研究成果汗牛充栋,此处只涉及与中外史学交流相关的方面。同"东学西渐"一样,与"西学东渐"结下不解之缘的仍是

---

① 转引自利奇温:《十八世纪中国与欧洲文化的接触》,朱杰勤译,商务印书馆1962年版,第79页。
② 朱维铮:《走出中世纪二集》,复旦大学出版社2008年版,第243页。

西方传教士,从意大利耶稣会士利玛窦到英人马礼逊入华,一代又一代的西方传教士中虽掺杂一些怀有险恶用心的殖民主义者,但多数人是虔诚传道的宗教人士,这些人具有良好的文化素养,尤其是晚清来华的新教传教士,如丁韪良、慕维廉、艾约瑟、林乐知、傅兰雅、李提摩太等人,他们"出入侯门,游说公卿,广交士绅,歆动学林,实际上是步利玛窦的后尘,走所谓学术传教的道路"。正是这种"学术传教",使他们在此次大规模的中外史学交流的活动中充当了急先锋的角色。有论者曾以 1815—1900 年的西方新教传教士,如米怜、马礼逊父子、郭实猎、麦都思、裨治文、慕维廉、林乐知、谢卫楼、艾约瑟、李提摩太等人的历史译著实践为探讨对象,采用专题史的形式,表述这一时段西方史学在中国的传播及其对晚清史学界所产生的影响,演绎了这一时期中西史学通过"西史东渐"而相互交汇的历史进程①。

总之,近代以来的中外史学交流不管是"东学西渐"还是"西学东渐",传教士都承担了推波助澜的作用,其历史作用当不可抹杀。

至 19 世纪末,中外史学开始直接碰撞与对话,终于告别了多年来中外史学交流史上的"传教士时代",由初时的涓涓细流,中经潺潺涟涟,至此时已呈汹涌之势,最后以其恢宏之势在人类史学交流的史册上留下了浓墨重彩的一页。

对于这一时段的中外史学交流,或可作如下的描述:

> 20 世纪伊始,无论在东方还是在西方,都在萌动着新史学思潮。是时,中国学界通过借助东邻,传来了域外史学的新信息;五四以来,在欧风美雨的浸润下,中国史学终于艰难地剥离传统的脐带,走上了史学现代化的新途;与此同时,马克思主义史学自俄苏进入,由此开始了中国马克思主义史学曲折发展的历史行程;30 年代前后,西方史学大步东来,且迅速与思潮纷繁的中国史坛联结,一时流派丛生,诸家纷起,汇成中西史学交流之高潮;这种高潮的余绪,还延至战火纷飞的 40 年代;50 年代开始了又一次大规模的国外史学的引进,不过此次路标转换了,前方的标志是苏联的马克思主义史学;"文革"来临,彻底地关上了中外史学交流的大门,在闭关锁国的时代条件下,中国历史学家正苦苦地寻求着历史学自身的地位;改革开放,春风煦荡 30 年,迎来了西方史学引进的新一轮的高潮,迄今仍方兴未艾……②

漫长的中外史学交流史从古代发端,至近代生长,至现当代发展的历史进程,由此略现剪影。而这一学术课题所蕴涵的学术价值难以估量,它犹如一座"含金量"很高的"富矿",仍有待我们去开掘。

---

① 见邹振环:《西方传教士与晚清西史东渐》,上海古籍出版社 2007 年版。
② 参见张广智主编:《20 世纪中外史学交流》,北京师范大学出版社 2007 年版,第 1—2 页。

2. 历史的轨迹

自19世纪末迄今,中外史学直接交流已有百余年的历史了。承接上文整体的"描述",这里对这段历史再稍加"细化",以显现一百多年来中外史学交流的历史轨迹。

从中外史学交流的视角,我们可以把这一百多年的史学交流史分为如下几个时期,并略作评述[①]。

(1) 发轫时期(19世纪末—1919年)

众所周知,近代意义上西学之向东方传播,始于明代万历年间。1580年,意大利传教士利玛窦首先把西学带入中国。这时所谓的"西学",乃中国朝野人士所赏识的天文、历法、地理、数学等近代西方的一些自然科学知识,当不包括西方史学。鸦片战争后,随西方列强的炮火而步入中国大门的西方传教士,通过译书输入宗教和实用知识,继而引入了西方哲学社会科学的各种学说,而此间的有识之士,由于亡国之祸迫在眉睫,纷言变法图强,因而对域外历史的关注,也多以外国的兴亡史(如波兰、埃及、印度等)为鉴戒,以起到激发国人爱国思想与救国热情的作用[②],但外国史学的引进似乎还没有得到应有的重视,不仅远迟于西方自然科学的引进,亦晚于西方哲学、政治学、社会学等学科的引进,或至多只能作为这些学科传入时的伴生物。

就笔者看来,严格意义上的20世纪域外史学的输入,当始于梁启超。美国学者伯纳尔曾云:"毫无疑问,五四运动之前,在中国宣传西方思想最有影响的人物是梁启超。"[③]这一评论亦适用于梁启超对外国史学的输入与宣传。

戊戌变法失败后,梁启超流亡日本,1899年先在横滨创办《清议报》,1902年又主办《新民丛报》,并于是年在该报发表《新史学》,倡言"史界革命",进而提出了新的历史观念,为闭塞的中国学术界带来了近世西方资产阶级史学的最初信息。但是,梁启超不谙西文,他所获知并向国人介绍的西方史学的知识,主要是通过日本的间接输入。在20世纪初叶,日本成为中国学人了解西方乃至世界的一个窗口。

梁启超直接吸纳西方史学,是在《新史学》问世16年之后。1918年冬至1920年春,梁启超到欧洲漫游,归国后,于1921年在南开大学讲演,第二年即把讲稿结集为《中国历史研究法》出版。这部书,不消说留有欧洲之行所直接感受到的近世西方史学方法论的深刻印痕,也是他运用近世西方史学方法论来探讨

[①] 由于视角不同,这里的分期与前述导论中的学科史分期不尽相同,但两者又有紧密的联系。
[②] 参见俞旦初:《中国近代爱国主义的"亡国史鉴"初考》,《世界历史》1994年第1期。
[③] 伯纳尔:《一九〇七年以前中国的社会主义思潮》,丘权政等译,福建人民出版社1985年版,第76页。

中国史学的结晶。

不过,总的看来,本阶段基本上是通过日本近代史学的引进而间接引进外国史学的,不免粗疏,具有很大的局限性,充分反映了发轫阶段外国史学输入中国时的历史特征。而梁启超在外国史学输入中国的过程中,贡献尤多,堪称20世纪中外史学交流史发轫时期的代表人物。

(2) 初兴时期(1919—1949年)

1919年的五四运动,不仅在中国近代史上意义重大,中外史学交流史也由此揭开了新的一页。从1919年至1949年这30年中,尤其在30年代前后,出现了西方史学输入的第一次高潮,这次高潮似可与20世纪80年代那次大规模的输入西方史学的高潮相呼应。

归纳起来,这一时期引入西方史学的一个最显著的特点是:从前一阶段的间接介绍转为本阶段的直接接触。发生这种变化的一个重要原因即中国留学生不再仅是东渡扶桑,留学美国或欧洲成为一种新的时尚。如在20世纪一二十年代,何炳松、胡适等相继留美归国,傅斯年、姚从吾等则留学德国,他们归国后都把西方史学直接带入中国并为此做出了重要的贡献。这里主要介绍何炳松、胡适与傅斯年三人。

何、胡都曾先后留学美国(何于1916年归国,取得硕士学位;胡于1917年归国,获得博士学位),后同在北大任教,两人对于西方史学的输入分别作出了如下贡献:何炳松于现代西方史学尤其是以鲁滨逊为代表的现代美国新史学派的输入,做了许多切实的工作;胡适则输入了近世西方科学的治史方法,不仅轰动当世,而且影响深远,如疑古学派就深受其影响。但二人在对中西文化的态度上存在不同之处①。

傅斯年受过中国传统文化的严格训练,有深厚的国学根底。1920年,他赴英国留学,三年后转入德国柏林大学攻读,在欧洲的留学生涯长达七年之久。1926年学成归国,1928年中央研究院历史语言研究所正式成立,傅斯年出任所长。在此,我们需放开眼界,作些插叙。环顾20世纪30年代的国际史坛,1928年成立的中国史语所及其后所形成的学派(学界通称为"史料学派")与比它晚一年(1929年)由吕西安·费弗尔等奠基的法国年鉴学派,确实有许多相似之处,可试作比较:它们都是深深扎根于本国学术传统的现代史学派别,它们都历久而不衰并造就了一代又一代的一流史学人才,它们的创始者都具有宽广的历史视野并都是出类拔萃的学术组织者,它们在长期的发展进程中都对后世史学产生了深刻的影响等。当然,年鉴学派后来发展为世界性的史学流派(在布罗代尔时代及其后),而"史料学派"则没有达到这样的境界,但

---

① 参见王晴佳:《胡适与何炳松比较研究》,《史学理论研究》1996年第2期。

其在当今海峡两岸的学术界仍有不可低估的影响。年鉴学派与"史料学派"还有一个共同点,那就是:两者都积极吸纳外来学术营养以滋润与丰富自己。如"史料学派"在奠基及其后的发展进程中,很明显地摄取了西方史学尤其是兰克的史学遗产。

在本阶段直接输入西方史学的进程中,我们不能遗忘活跃于20世纪40年代前后的"战国策派"学人群,如林同济、雷海宗、陈铨、贺麟等人在引进西方文化形态史观等方面所作出的努力。当然,早在20年代初就有留德中国学生介绍斯宾格勒的学说,吴宓对斯宾格勒的学说在中国的最初传播也作出过贡献。1928年,张荫麟翻译了美国学者葛达德与吉朋斯撰写的《斯宾格勒之文化论》,也产生了一定的影响,但那时还不成气候。斯宾格勒与汤因比的文化形态史观于40年代在中国流传,是时代使然也。当神州大地战火纷飞、中华民族处在生死存亡的历史紧要关头,"战国策派"学人既要在那个战乱频仍的年代挑起"建设学术的责任"①,又要提出一套现代政治文化的构想以救世②,显示了中国知识分子兼济天下的情怀。不管怎样,"战国策派"学人在那样困难的岁月里,能及时把一种西方史学理论直接引入中国,在20世纪中西方史学交流史上应留下他们的身影。

此外,本阶段西方史学的输入,也还有马克思主义历史学家的功绩。如李大钊对传播西方史学,尤其是传播近代西方史学贡献殊多。他的《史学思想史》侧重于考察近代西方史家的历史观。他在这方面的努力与探索,都旨在构建马克思主义的唯物史观,在此,就不再展开了③。

与发轫期相比,本阶段介绍与引进的西方史学,不再是间接的与零星的,而是直接的与较为完整的,一批有影响的西方史学理论的经典作品被译成中文出版,如李思纯译朗格诺瓦、瑟诺博斯的《史学原论》、陈韬译伯伦汉的《史学方法论》、何炳松译鲁滨逊的《新史学》、董之学译班兹的《新史学与社会科学》、郭斌佳译弗林特的《历史哲学概论》、陈石孚译塞利格曼的《经济史观》等,以及同一时期国人所撰写的介绍近代欧美史学的作品(如朱谦之的《历史哲学》、卢绍稷的《史学概要》等)都显示了初兴期的特征与进步之处。

(3) 转折时期(1949—1978年)

1949年中华人民共和国成立,中国的史学发生了重大转折,马克思主义史学占据了主导地位。从中外史学交流史的角度而言,此时也发生了转折,这种转折的主要标志是从前一阶段引进西方资产阶级史学,转而从苏联引进马克思主

---

① 林同济:《民族主义与二十世纪》,《文化形态史观》,上海书店"民国丛书"第一编第44册,1989年,第46页。
② 参见胡继华:《中国现代性视野中的文化哲学——论中国20世纪30—40年代对斯宾格勒的接受与转换》,《史学理论研究》2002年第3期。
③ 进一步论述,参见张广智、张广勇:《论李大钊对西方史学史的研究》,《江海学刊》1986年第3期。

义史学,实质上是打上了斯大林印记的马克思主义史学。

从1949年至1978年,在中华人民共和国成立后的近30年的时间里,就其史学史的分期而言,至少还可以分为前后两个小阶段:前17年的中外史学交流,其总体情况是苏联史学的大量涌入,而西方史学的直接交流被阻断,其特点也表现为间接引进,不过这一次不是通过日本,而是借助苏联;从1966年"文革"开始,整个中国的文化事业也已走向绝境,遑论中外史学的交流。

这里稍稍谈一下前17年的特征,大体可以归纳如下:

其一,通过苏联引进了苏版的马克思主义史学。在20世纪中外史学交流史上,中国的马克思主义史学于20世纪20年代发端之际,就主要受到了苏俄史学的影响;随着中国的马克思主义史学于50年代初开始进入勃发时期,苏联史学更是以迅猛之势传入中国,深深地影响着新中国的史学发展。需要指出的一点是,中外史学交流的这种转折,有其历史必然性,苏联史学输入中国,不全是消极影响,也有其积极意义。这里还要提及的另一点是,借助苏联史学,在那个特定的历史时期,竟成了西方史学进入中国的主要渠道,让我们从夹缝中看到了被扭曲了的西方史学;然而,历史地看,这对于我们当时了解西方史学仍起过一点积极作用的。60年代初之后,随着中苏政治关系的恶化,不仅通过这种渠道引进西方史学被阻止了,而且连苏联史学自身的输入也被切断了。

其二,西方史学被批判,中西史学交流受阻。50年代以来,冷战时代中西敌对的国际政治形势,日益严重的国内"左"倾思潮,使原本在上一时期(初兴期)中越来越畅通的中西史学交流变得生疏与隔膜起来,与外界尤其是与西方学术界的交流基本上处于停滞与隔绝状态。是时,我国史学界对兰克的客观主义史学、美国鲁滨逊新史学派、斯宾格勒—汤因比的文化形态史观等近现代西方资产阶级史学理论大张挞伐,进行了无情的批判。通过大批判,西方资产阶级史学在表面上受到了清算,但这种批判实际上只是以简单的政治否定方式来取代严肃的学术研究,在这种情况下,也就谈不上中西史学的交流了。当然,虽然中西史学的直接交流被阻断,但西方史学著作的中译等项工作还是在缓慢地进行①。

其三,滞缓中的脚印。滞缓中的行进步伐,当然是徘徊趑趄,踟躅不前。然而,在那时困难的条件下,中国学人为引进西方史学也留下了他们的足迹。从中国的西方史学史学科建设的视角而言,事实上从60年代初进入了它的"奠基阶段"。这里要说到"南耿北齐",即复旦大学耿淡如师与北京大学齐思和先生。他们都曾留学美国,同在哈佛大学研究院深造,耿于1932年归国,齐于1935年归

---

① 参见张广智:《西方史学史(1949—1989)》,肖黎主编:《中国历史学四十年》,书目文献出版社1989年版,第797—798页。

国;他们都在50年代以治世界中世纪史而享誉新中国史坛;他们都致力于西方史学的输入,译作甚多,比如耿译古奇的《十九世纪历史学与历史学家》(商务印书馆1989年版)、齐重译鲁滨逊《新史学》(商务印书馆1964年版),都是一再被当代中国学人征引的西方史学名著;他们都是60年代初史学史问题大讨论中的中坚人物;他们都是60年代初高教部筹划的《外国史学史》的编写人员(会议决定由耿淡如师任该书主编);他们都在60年代前后发表了一些很有影响的史学论文①,如此等等。可以这样说,耿、齐二人成为"文革"之前17年中引入西方史学的代表人物。他们在极端困难的条件下为引入西方史学所做的工作,为中国新时期大规模地引进西方史学奠定了基础,不愧为中国西方史学史学科建设工作的奠基者。

(4) 兴盛时期(1978—)

从1978年开始,中国实行改革开放的政策,犹如骀荡的春风,极大地推动了外国(主要是西方)史学引进的步伐。在经历了1978年后几年的复苏期之后,西方史学的输入进入了兴盛期(80年代),出现了20世纪中西史学交流史上的第二次高潮,中国西方史学史的学科建设也步入了"快车道",是为前述的"发展时期"。从总体来看,本阶段所显示的主要特征有:

首先,重新评估,正确对待西方史学遗产,这是新时期中西史学直接交流与大量引进的前提。新时期的拨乱反正与思想解放的潮流,有力地推动了对西方史学遗产的重新评估,从而也就进一步促进了中外史学的交流与融会。这种重评,涉及了"文革"前所有被批判的西方史学派别,尤其是近现代西方资产阶级史学。

其次,门户开放,直接交流。70年代末以来政治环境的变化,为中外史学直接交流营造了一种如沐春风的时代氛围和客观环境,多年来国门紧锁的封闭状态被打破了,中国的历史学家从封闭状态中走了出来。一方面,他们迈步走向世界,有机会亲自同国外学者交流,亲自接触国外史学;另一方面,外国学者也纷纷应邀来华访问讲学,直接传播域外的史学新说,人数之多,实属空前。加之现时代条件下图书资料与信息传递等都较以前大为改观,所有这些都为中西史学的交流与对话创造了良好的条件。这种直接对话,是20世纪30年代前后的那一次所不能企及的。

再次,大量翻译与引进西方史学著作。在20世纪中外史学交流史上,本阶段尤其是80年代,与20世纪二三十年代那次相比,引进的西方史学著作无论就其数量还是范围,都要大大地超越了。杜维运谈及的西方史学输入中国的四种

---

① 如耿淡如的《什么是史学史?》(载《学术月刊》1961年第10期)、齐思和的《欧洲历史学的发展过程》(载《文史哲》1962年第3期)。

途径①,也是以翻译为首途的。新时期中西史学交流的频繁与深入,在相当大的程度上得益于译书工作的成就。

最后,老中青几代学者共同努力,为中外史学的交流与发展作出了贡献,这是新时期中外史学交流最显著的一个特点。对此,已无须多述了。

综上所述,在中外史学交流史上,20世纪与之前的时代相比,有如下的整体性特征:已如前述,20世纪是中外史学联系密切与交流最为频繁的历史时期,换言之,是两者直接对话与接触的历史时期;20世纪中外史学交流主角的移位,由中国的知识分子(主要是留学生)取代了外国的传教士,这使中外史学交流呈现出了与昔日迥异的文化景观;由于史学的滞后性,严格意义上的国外史学著作的翻译在20世纪的中国才有了大规模的开展,因之只有到了20世纪,中外史学的交流才有了名实相符的意义;由于大规模的译介及与国外史学的直接接触,才使外国史学在中国史学界广布,并对中国史学产生了更加深刻的影响。

以上诸点,我们不能说全是从20世纪才开始发生的,但只有到了20世纪才有了深刻的变化,而到了21世纪则更是面貌一新了。

3. "往来不穷谓之通"

"往来不穷谓之通",对于中外史学交流而言,亦然。对此,杜维运曾有过言简意赅的陈述,他在谈及西方史学输入中国时,说到了如下几种途径:"一为西方论史学的专书或专文的翻译,二为在大学讲堂上的讲述,三为通西方史学的中国史学家撰写专书或专文的介绍,四为西方学者来中国后的传布。"②

杜氏之论甚是,但只是从输入的视角立论,且语焉不详。本节试从史学交流双向的视角谈一下中外史学交流的多途贯通,并对杜氏之论作一点补白。

(1) 译书之交流功能

译书在中外史学交流史上,具有首要的地位。不管是前述古代佛教经典的大量汉译,还是近世西方传教士可观的历史译著,抑或是20世纪30年代和80年代前后两次大规模的西文史学著作以及50年代俄文史学著作的中译,都在中外史学交流史上留下了重要的篇章。梁启超尝言:"今日中国欲为自强,第一策,当以译书为第一义。"③梁氏之论仍是醒世之语,亦适用于中国西学之引进。诚然,现时代交通便捷,信息传播迅速,但译书于中外史学交流的意义仍不可低估,周谷城在中国新时期开始时也着重指出:"今天我们同世界的关系

---

① 杜维运:《西方史学输入中国考》,《与西方史家论中国史学》,第330页。
② 同上书,第328页。
③ 梁启超:《读日本书目志后》,《饮冰室合集》(一),中华书局1989年版,第53页。

日益密切,著的史书固要增加,译的史书也始终不能排斥,也要随着需要而增加。"①的确,译书仍为当今加快域外史学输入工作之要务。世界文明发展史也证明,人类正是凭借译书,而可望建立一座通向"大同世界"的"巴别塔"——通天之塔。

交流是一种双向的文化劳作。必须指出的一点是,这里所说的译事,不仅是指"外书中译",而且也包括"中书外译"。请问中国古典史学名著如《史记》《汉书》《资治通鉴》等,有哪一部已全译成可以畅行西方学术界的文本了呢?重视中书外译,应成为当今中国史学走向世界所面临的一项迫切任务。

有论者撰文指出,中国文化要走出去,其译介工作全靠中国人不行,还得借助"外力",即:"树立一个国际合作的眼光,要积极联合依靠国外广大从事中译外的汉学家、翻译家,加强与他们的交流和合作,摒弃那种以为向世界译介中国文学与文化'只能靠我们自己'、'不能指望外国人'的偏见。"②此见对于当代中国史学如何走出去,也许是有启发意义的。

(2) 教学之交流功能

课堂教学传授的理论与知识,因其生动直观最易先入为主,为学生乐于接受,乃至终生难忘。笔者个人的经历,很能说明这一点。耿淡如先生在1961年秋冬时分为复旦大学历史系学生(当时笔者为"大三",后于1964年秋考取了耿师的研究生)讲授《外国史学史》时的情景,恍如昨日,历历在目,体现耿师特色的话语,比如"史家类型""史家作风""钟摆现象""标本与模型"等,至今仍记忆犹新,并在笔者从事教学与研究的工作中得到了"实践"与"发扬"。"实践"师言,是为了"感恩";发扬"师言",是为了"回报"。这种纵向的"交流",不只是师生之情的对接,更是学术文脉的传承。薪尽火传,生生不息,唯其如此,才使历史学之树常青。

此外,这种课堂教学通过口述的传播功能,不仅为现代新闻媒体学所研讨,也应是接受史学的题中之义,因为在这方面,接受者的"期待视野"在某种情况下获得了比其他传播途径更好的满足与回应,于是大学讲堂也就成了史学交流的一个重要的传播渠道。

(3) 著述之交流功能

在域外史学输入中国的过程中,中国历史学家撰著的专书或专文,对国人了解域外史学,促进中外史学的交流,起着重大的作用。以中国新时期而言,自1978年以来,中国历史学家所撰写的史学理论与史学史方面的专著、专文,其数量之多、范围之广,恐怕是昔日任何一个时段所难以望其项背的,如此发

---

① 《周谷城史学论文选集》,人民出版社1983年版,第201页。
② 谢天振:《中国文化如何"走出去"?》,《文汇读书周报》2008年7月25日。

展下去，可望"演变为一个独立的学门"①。以笔者个人来看，我们首先应当撰写出可与法国历史学家马克·布洛赫的《历史学家的技艺》及英国历史学家巴勒克拉夫的《当代史学主要趋势》之类相媲美的世界级作品来，而不只是一般性的介绍与综述。当然，还需补充一句的是，应把它译成外文，让域外学者也知其然。

（4）讲学之交流功能

前文杜氏所说的第四种途径是域外学者来华讲学。确实，无论是大家早已熟知的杜威在20世纪20年代、苏联史家群体在50年代的中国讲学活动，还是20世纪70年代末以来的域外学者的来华讲学，都为传播域外史学之新说提供了便捷的通道，成绩斐然，不容低估。现在的问题是中国学者应该走出去，像历史学家张芝联生前那样致力于史学交流，穿梭东西，往返中外，或在东瀛论《史记》，或在英伦讲司马，在国际史坛上不时发出中国历史学家的声音。可惜这样的人才真是太少了。为此，我们寄希望于年轻一辈，他们远法先贤，近取同志，不囿陈说，摒弃俗流，其佼佼者已成长为英才俊彦，由他们充当中外史学交流的使者，庶几可矣。这些新一代的"何炳松们"，可望在中外史学交流中，起到先锋与桥梁的作用。另外，中国台港澳地区与海外的华裔学者，他们在中外史学交流中有着独特的优势，更是一支不可小觑的学术群体。

总之，"往来不穷谓之通"，只要人类文明还在延续，交流就不会止息，中外史学的交流也不会停止，眼下我们正需要努力寻求沟通中外史学文化交流的多重路径，并进而开辟一条联结异域文明与中华文明的大道。这对于正在走向世界的中国史学来说，意义重大。从中外史学交流的脉络中，可以看到：中国史学之进展，既需要以科学的和求真的精神，革新传统史学，也需要借鉴域外一切优秀史学成果。进言之，我们不仅要继承与发扬中国传统史学的丰厚遗产，也应以更加开放的心态与远大的抱负，设法使外来的史学成为改进和丰富中国史学的一种史学资源，当代的中国历史学家们应当全力投身到史学文化交流的实践中去。

---

① 王学典、陈峰：《一个从无到有的独立学门：近三十年中国大陆史学理论研究》，陈启能等主编：《消解历史的秩序》，山东大学出版社2006年版。

结　语

　　本书试图展示的是西方史学起自古希腊迄至现当代的发展脉络。回顾西方史学的历史进程,我们在此重申在导论中已表述的见解,即要构建与发展当代中国新史学,不能舍弃以下两个方面:一是我国的传统史学;一是外来的史学,主要是西方史学。史学更新的动力也应包括外力的推动,为此,我们需要以科学的眼光与求真的精神,审视包括西方史学在内的域外史学的一切优秀遗产,以充实自己,推动我国历史学的发展。

　　放眼当代国际史坛,我们感到,自己的研究工作与我国作为具有悠久传统的史学大国及其应担负的任务还是很不相称的。任重而道远,还有许多工作等待我们去做,这其中就包括进一步开拓与深化西方史学史的研究。这里仅就这一点,谈一些肤浅的看法,权作全书之结语。

　　第一,关于西方史学与马克思主义史学。

　　如何正确认识与处理西方史学与马克思主义史学的关系,是史学研究中的一个重要问题。回溯几十年来中国的现当代史学史研究,我们在如何正确处理与西方史学的关系问题上,有过不少教训。对西方史学一概排斥、视为"异端",或盲目信从、奉若神明,这两种错误的偏向最终都使我们吃了亏,在建设中国的马克思主义史学的进程中,走了弯路,付出了沉重的代价。曲折与坎坷教训了我们,那就是对西方史学理论既要摆脱封闭的狭隘的眼界,又要摒弃顶礼膜拜的心态。因此,确立一种正常的、健康的文化环境,对于开拓与深化 21 世纪中国的西方史学研究是至关重要的。蒋大椿在谈及 21 世纪我国史学理论研究的基本特征和发展态势时,曾作出这样的推断:"不断发展的马克思主义历史观及其支配下的史学理论和历史学,有能力和潜力居于我国史坛的主导地位。"他又说,21 世纪史学理论的多元多样化也是难以避免的,"多元多样化是指不同历史观支配下的多样化。新儒学的、西方各种各样历史观及其支配下的史学理论对我国史学的影响是难以避免的,即使主张解构一切的后现代化理论也未必不会在 21 世纪中国史学界寻找到同道"[①]。是的,在史学园地中,应该允

[①] 蒋大椿:《21 世纪史学理论研究断想》,《史学理论研究》2000 年第 1 期。

许各家各派(包括引入的西方资产阶级史学流派)都留有充分的发展空间。

如何对待与阐述西方史学与马克思主义史学之间的关系,不只是一个理论命题,重要的是贯彻到实际的研究工作中去。眼下就有两项工作(课题)应当引起我们的重视。

一个是研究20世纪西方史学入华史以及近百年来它与中国的马克思主义史学的相互影响。对于20世纪西方史学入华史,笔者近年来做过一些最基本的梳理工作①。学界也不时有这方面的论著面世。但把西方史学的引入及其与中国马克思主义史学的关系作出综合而系统的考察,至少从目前来说,仍暂付阙如。这分明是一个有吸引力的而且与21世纪中国的西方史学研究密切相关的课题,其学术价值与现实意义都是不言而喻的,有待于有志者进行深入的研究。

另一个是研究160多年以来,亦即自马克思与恩格斯创立唯物史观迄至今日的马克思主义史学与西方资产阶级史学之间的关系。在当代中国史学界,对此亦缺乏系统而又深入的研究,需要填补这个缺项。现在,我们需要弄清楚的是,这160多年来马克思主义史学在其每个发展阶段中与西方史学的关系,它们两者如何由对抗走向对话,如何既有矛盾、冲突又有融合、交流。进而言之,马克思主义史学如何影响了西方史学,它具体体现在哪些方面,反过来后者又给前者以什么影响,尤其是到了现当代是怎样的,如此等等,都值得中国学人以自己的视角,在现有个案研究工作所取得的成果基础上(如研究英法等国的马克思主义史学与西方史学的关系),进行全面和综合的研究。

第二,关于西方史学理论与西方史学史。

我们不去讨论一般的史与论的关系,那是需要进行专门探讨的一个问题。这里只是说,史学理论的发展要以史学史的学科建设作为它的支撑点。脱离了史学史的史学理论,就成为空中楼阁,缺乏根基。史学史之于史学理论,犹如水之于鱼。这已有改革开放以来中国的西方史学史研究成果与中国的西方史学理论研究成果可资说明。

当然,史学史并不只是为史学理论的发展作铺垫。事实上,史学史的研究中首先应包括史学理论,史学理论也应有机地融入史学史。这两者的互动与重合关系,表现为历史进程中的史学理论与史学史的本体理论这两个方面。史学理论可以通过史学史弄清自己的本源,批判地继承其优秀传统,并可帮助我们选择课题,确定当前史学理论所要解决的任务;同时,史学史也通过对过去史学理论的发掘、评述与阐发史学史本身的理论深度,构建史学史的本体理论②。

西方史学理论的研究是不能脱离对西方史学史的研究的,这也为近年来我

---

① 参见张广智主编:《20世纪中外史学交流》,北京师范大学出版社2007年版。
② 参见王建辉:《史学史与史学理论》,《历史教学》1990年第4期。

们在引进西方史学理论时的经验教训所佐证。反思我们在引进西方史学理论中的不足或失误,究其原委,除了个别情况外,其中大多数是对西方史学自身的发展变化的情况不甚了解,致使引进西方史学的工作带有盲目性。可以设想,为进一步开展对现当代西方史学理论的研究,要涉及20世纪以来西方传统史学的式微与新史学思潮的勃兴以及这两者之间的关系;要上溯近世以来的人文主义,下延伸到理性主义史学、浪漫主义史学、客观主义史学、实证主义史学、历史主义史学等;要由西方近世史学溯源到西方史学的源头——古典史学及其后的中世纪史学……从宏观与微观的结合上把握西方史学的新陈代谢。这样做对我们当前更好地引进西方史学,推进西方史学理论研究的发展,都是有重要意义的。

因此,为了进一步推动中国的西方史学理论研究,史学史的研究工作还需要深化与细化。近年来我国已出版有十多部西方史学史的著作,而21世纪中国的西方史学史著作应该更上一层楼。对此,当然还有许多工作,包括个案或专题的研究工作要做。例如,我们还没见到一部像样的马克思主义史学发展史之作见世。我们希望中国的史学研究者共同努力,写出这样的作品。

第三,关于西方史学研究与中国史学研究的结合。

这里主要是从中国历史学家的主体意识这一视角而言的。对于一种域外的史学理论,即使在输出国被证明是正确的和行之有效的,但它若不与输入国的历史学实际相结合,并且在这种结合的过程中显示其生命力,其最终的结局将是不可想象的。事实启示我们,对外来的史学理论,中国的西方史学研究者应确立历史学家的主体意识,剔除其糟粕,吸取其精华,总之要"为我所用",为建设21世纪中国的马克思主义新史学而努力。

至于说到如何把西方史学研究与中国史学的实际相结合,似应注意下列两点。

首先是西方史学研究与我国历史学的优良传统的结合。众所周知,在长期发展的进程中,中国的历史学蓄积了丰富的遗产,形成了优良传统,在世界史学中可谓是独树一帜。然而,那种名为使中国史学现代化而实际上盲目丢弃中国史学优良传统的错误倾向,同夜郎自大的做法并无二致,最终都将会导致中国史学现代化误入陷阱,导致中国的西方史学研究走入歧途。

我们需要对中国传统史学进行理论上的回顾、思考与总结,晚近以来一些中国史学的研究者作出了可贵的探索,如瞿林东的《中国史学史纲》①,对于中国史学的理论成就的发掘与阐释,着墨尤多,很可参看。

其次是西方史学理论研究与现当代中国历史学尤其是中国历史学家的史学实践或具体课题的结合。这就好比异域的种子,要在我们的国土生根开花,必须

---

① 瞿林东:《中国史学史纲》,北京出版社1999年版。

经过筛选与改良。那么如何来达到这个目的呢？最好的方法是在实践中运用。如发端于欧陆的20世纪心理史学、计量史学等，传入北美并发展起来，那还不是美国历史学家在具体实践中的运用与创造吗？当代中国的史学工作者已越来越注意到，应当把西方新史学与具体的中国历史研究相结合，如一些学者把年鉴新史学派的时段理论运用于中国历史中具体的个案研究，已取得了较好的成绩。事实告诉我们，只有在这样的结合过程中，才能检验外来史学理论的优劣，从而决定它们在中国的前途与命运。

第四，西方史学，中国眼光。

中国学者研究西方史学，具有相当的难度，比如语言上的困难，这是无庸多说的。但也有自己的优势，那就是"不在此山中"，对要观察的"山水"（西方），远远望去，看得比较真切，比较客观。这就像当今海外中国学研究者们，也因为不在"此山"（中国）中，当他们用"异域的眼睛"考察中国时，总给人以意外的"发现"，往往会激起有力的回响，如美国学者弗兰克的《白银资本》或彭慕兰的《大分流》在中国的风行，即是显例。然而，从目前的情况来评估，中国学者的西方史学史研究还远远达不到这样的境界。笔者主编的《西方史学通史》出版后，学界称自此中国学者在西方史学史这一学科中已开始逐步按照自己的理念与方法阐述对西方史学的认识，终于有了自己的话语权，这当然是学界对我们工作的一种鼓励与褒奖。但无论如何，这是我们在被视为西方人"世袭领地"的西方史学史中所做出的努力，虽有缺陷，但我们愿为构建中国特色的西方史学史学科体系、学术体系与话语体系，尽绵薄之力。

"西方史学，中国眼光"，使我们想到了"越是民族的，就越是世界的"这句至理名言。在当今日益全球化的背景下，中国历史学家唯有弘扬和体现"中国眼光"的学术个性，才能在国际史坛上占有一席之地。我们当然可以借鉴使用西方的"概念"与"术语"，也不排斥运用他们的"范型"或"定律"，但在"中国眼光"下的我国学者的西方史学研究，依然会让外人感受到浓浓的"中国韵味"，而显示出自己的个性特点。这就好比当今闻名遐迩的法国年鉴学派，其说其论，对包括中国在内的国际史学，产生了多么重大的影响，但它却是深深地扎根于法兰西民族的文化土壤中，在领航国际史学的新潮中，无不彰显出"法国元素"。可见，"西方史学，中国眼光"，应该是我们的正确选择，必将有助于推动西方史学史学科未来的发展。

推荐阅读书目

书海茫茫,关于学习西方史学史的书也是汗牛充栋。这里为读者提供一些最基本的阅读书目(以中文为主,兼及西文)。读者入门后,若要进一步研究西方史学,则可查阅 1983 年美国芝加哥大学出版社出版的当代美国历史学家 E. 布雷塞赫的《古代、中世纪和近现代史学》(Ernst Breisach, *Historiography, Ancient, Medieval and Modern*, Chicago: The University of Chicago Press, 1983, pp.425-458) 一书的附录,该书分时期开列参考书目,甚为详尽,便于检索。

下列书目按理论与方法、西方史学史、断代与地区、文选与提要等顺序排列,各类作品的排列,大致以出版先后为序,凡未译成中文的西文书,均附原文书名。

一、理论与方法

[法] 格朗诺瓦、瑟诺博斯:《史学原论》。中译本李思纯译,商务印书馆 1933 年版。

[德] 伯伦汉:《史学方法论》。中译本陈韬译,商务印书馆 1937 年版。本书与上书均为 20 世纪 30 年代出版的西方学者论史学方法的名著,在西方学术界甚有影响。《史学原论》阐释史家工作之顺序,从搜集与考证资料、综合史实直至落笔成书时所必须遵循的原则和方法。《史学方法论》论述史学的概念和本质、史学方法论、史料及其考证、历史的综合和编纂等内容。

[波兰] 沙夫:《历史规律的客观性》(马克思主义史学方法论的若干问题)。本书是关于历史规律客观性以及历史规律对史学的意义的论述,但作者注意到规律客观性问题对方法论的重要意义,因此把题目限定在史学方法论的范围内,书后附有详尽的参考书目。中文本郑开琪等译,生活·读书·新知三联书店 1963 年版。

[美] 詹姆斯·鲁滨逊:《新史学》,现代美国"新史学派"的代表作。中译本有何

炳松译本,商务印书馆1924年版;齐思和等译本,商务印书馆1964年版。

［美］约翰·海厄姆等:《历史学:美国历史研究的发展》(John Higham, Leonard Krieger, and Felix Gilbert, *History: The Development of Historical Studies in the United States*, Englewood Cliffs, N.J., 1965)。本书无中译本。

［英］赫伯特·巴特菲尔德:《人关于他的过去:历史学术史研究》(Herbert Butterfield, *Man on His Past: The Study of the History of Historical Scholarship*, Cambridge University Press, 1969)。本书论述历史学的历史、德意志历史学派的兴起以及19世纪以兰克为代表的"科学历史学派"等,常为国内学者所征引。本书无中译本。

杜维运:《史学方法论》。本书凡23章,广泛涉及史学方法的诸多方面,内容丰富,资料翔实,可由此深入中西史学的堂奥,1979年在台湾初版问世,不断增订重印,流传甚广。台北三民书局1979年初版。

［英］爱德华·卡尔:《历史是什么?》。本书系卡尔1961年1月至3月间在剑桥大学乔治·麦考利·特里威廉讲座中所作的演讲,全书6章。中译本吴存柱译,商务印书馆1981年版。该馆2007年又推出陈恒的新译本。

［意］贝奈戴托·克罗齐:《历史学的理论和实际》,20世纪西方批判的(分析的)历史哲学的代表作之一。本书由两编组成:史学理论,包括九章三个附录;史学史,叙述古希腊以来的西方史学。中译本傅任敢译,商务印书馆1982年版。

［英］R.G.柯林武德:《历史的观念》,20世纪西方批判的(分析的)历史哲学的代表作之一。中译本何兆武、张文杰译,中国社会科学出版社1986年版。

［苏］E.M.茹科夫:《历史方法论大纲》。本书于1980年在苏联出版,分成四个部分:作为一门科学的历史学;整个世界历史进程中的客观规律性问题;历史事实、历史文献和历史语言;历史和现实。论述了当代西方史学流派和倾向。中译本王瓘译,上海译文出版社1980年版。

［法］雅克·勒戈夫等主编:《史学研究的新问题、新方法、新对象》。本书汇编10篇文章,均选自勒戈夫(现通译勒高夫)等主编的大型论文集《研究历史》,是根据简缩英译本译出,大致反映了当代法国史学的情况。为中译本写的长篇序文,从本体论、认识论和方法论三方面论述当代法国史学主流的内涵和变迁,可资参考。中译本郝名玮译,社会科学文献出版社1988年版。

［法］雅克·勒高夫等主编:《新史学》。20世纪70年代由勒高夫等主编的《历史研究》和《新史学》两书出版,这是法国年鉴学派对史学自身发展所作阶段性总结的产物。原著篇幅巨大,现从中选译几篇文章,大致可以了解法国

史学发展的最新情况。中译本姚蒙编译,上海译文出版社1989年版。

[波]耶日·托波尔斯基:《历史学方法论》。本书内容丰富,旁征博引,共设四编:第一编论述历史学方法论的范围及这一术语的多种含义;第二编论述历史学和历史著作多种思考的类型;第三编论述历史研究的内容;第四与第五编论述再现历史进程的程序;第六编论述对历史科学方法论结构的分析。中译本张家哲等译,华夏出版社1990年版。

张广智、张广勇:《史学,文化中的文化:文化视野中的西方史学》。本书从文化史的视野论述西方史学,其笔触从古典时代迄至后现代主义,涉及诸多历史学家和历史学派的史学思想、从传统史学向新史学的转变及现当代西方史学发展的新方向等。浙江人民出版社1990年出版,上海社会科学院出版社2003年增补插图版。

庞卓恒主编:《西方新史学述评》。本书除导论外,分为上、下两编,上编为"新史学述论",包括当代西方社会学、人口史学、家庭史学、新经济史学、新政治史学、心智史学。下篇为"新方法论述",包括当代西方比较史学方法、计量史学方法、心理史学方法、口述史学方法。高等教育出版社1992年版。

[法]马克·布洛赫:《历史学家的技艺》。本书乃年鉴学派创始人之一的扛鼎之作,虽不完整,但仍颇多精义,既反映布洛赫的史学思想,比如他对历史的功能、古今关系的历史认知、史料的辨析及考订、历史的分析等问题的真知灼见,又可以从中看到年鉴学派的总体史思想、长时段理论之渊源。中译本张和声等译,上海社会科学院出版社1992年版。

于沛主编:《现代史学分支学科概论》。本书对社会史、文化史学、心理史学、城市史学、家庭史学、政治史学、口述史学、计量史学、比较史学等现代历史学的分支学科逐一作了介绍,有助于读者了解与认识现当代国际史学跨学科与多学科的研究趋向。中国社会科学出版社1998年版。

王晴佳:《西方的历史观念——从古希腊到现代》。本书论述古希腊荷马时代以来迄至现当代西方历史观念的发展与演变。书中的"历史观念",既包括对历史的演变发展所作的解释,也包括历史学性质和功用的研究。全书行文简洁、文字流畅、概括得当,可以作为学习西方史学的基本读物。有繁简两种版本。台湾允晨出版公司1998年繁体字版,华东师范大学出版社2002年简体字版。

王晴佳、古伟瀛:《后现代与历史学——中西比较》。本书研究后现代主义与史学的关联,论述后现代主义之缘起、后现代史学的发生与发展、后现代主义与中国史学的关系等,全书思想前沿、分析入微、文字畅达,且资料丰赡,于读者了解后现代主义史学颇有助益。有繁简两种版本。台北巨流图书公司2000年繁体字版,山东大学2003年简体字版。

杜维运:《变动世界中的史学》,北京大学出版社 2006 年版。

黄进兴:《后现代主义与史学研究》。本书试图检讨后现代主义对史学的冲击,梳理后现代史学的来龙去脉,以分析其得失,对后现代主义史学作出了正面的回应。台北三民书局 2006 年繁体字版,三联书店 2008 年简体字版。

朱本源:《历史学理论与方法》。本书分二编:第一编为绪论,论述历史的理论和方法;第二编为西方史学史中主要的历史思维模式。全书内容丰富,探幽抉微,辨析原委,对近代以来三种史学范型(即实证主义的、年鉴学派的、马克思主义的)梳理与认知,尤为精到。作者所论,使本书成为一部从史学理论与方法的角度去阐述的西方史学的发展史。何兆武称朱书乃"我国史学界的第一部完整的、全面的有关史学理论的著作",这一评价是名实相符的。人民出版社 2006 年版。

吴怀祺:《史学理论与史学史研究》。本书为 20 世纪中国人文学科学术研究史丛书之一,主要从学科发展史的视角,对一百多年来史学理论与史学史作回顾与总结,视野开阔,旁及中外,并提出了一些发人深思的问题。福建人民出版社 2006 年版。

瞿林东:《中国史学通论》。本书从中国历史学家的角度论述中国史学的丰富内涵、社会价值及世界意义,涉及历史认识的路径、史学的重要性、中国史书的特点、史家的角色和史学的品格、中国史学的理论遗产、史学批评及其社会意义、中国史学的传统及其发展趋势等内容。本书可作为学习西方史学的一个"他者"。武汉出版社 2006 年版。

[英]凯斯·詹京斯:《历史的再思考》。本书从后现代主义的角度,重新思考历史的定义,思考历史与过去、与真实、与偏见,证据及权力竞逐之间的互动关联,提出了后现代史学的一些基本问题,可作为了解现当代西方史学理论的入门书。中译本系繁体字版,贾士蘅译,台北麦田 2006 年修订版。

张广智主编:《二十世纪中外史学交流》。本书系 20 世纪中国史学研究系列之一,分上、下两编,从整体上勾画了 20 世纪中外史学交流发展之概貌。全书汇聚了多名专治中西史学研究的学者。北京师范大学出版社 2007 年版。

姜芃主编:《西方史学的理论和流派》。本书为中国社会科学院研究生重点教材,对 19 世纪中叶以来的西方史学作了梳理与解读,每章附有思考题和阅读参考文献,便于初学者入门。中国社会科学出版社 2007 年版。

张广智:《超越时空的对话:一位东方学者关于西方史学的思考》。本书为当代中国史学家文库之一,是作者多年来治西方史学史的学习体会和研究心得。北京师范大学出版社 2008 年版。

彭刚:《叙事的转向——当代西方史学理论的考察》。本书是中国大陆学者对后现代史学挑战的一次正面回应,既从个案分析了后现代史家的史学旨趣,又从历史事实等核心理念探幽索微,对它进行总体反思。它为我国当今的史学理论研究作出了重要的贡献。北京大学出版社 2009 年初版、2017 年第二版。

二、西方史学史(兼及中国史学史)

[美] 巴恩斯:《历史编纂史》(H. E. Barnes, *A History of Historical Writing*, Norman, Okla, 1937)。本书为一卷本,却简明扼要地记述了从古代迄于现代的一系列史家及史著,1937 年初版,1963 年修订版。本书无中译本。

[美] 布雷塞赫:《古代、中世纪和近现代史学》(E. Breisach, *Historiography: Ancient, Medieval and Modern*, Chicago: The University of Chicago Press, 1983.)。本书论述从古代迄至现当代的西方史学,属于通论性质但具有一定的深度,现当代部分略弱,本书的另一个价值是作者编制的书目提要。

郭圣铭:《西方史学史概要》。这是中国新时期率先问世的西方史学史著作,这在中国的西方史学史研究中是个"零"的突破。全书简明扼要,贯通古今,文字畅达,非常适合初学者作为"入门书"。上海人民出版社 1983 年版。

[美] 汤普森:《历史著作史》。本书上、下两卷,中译本分为四个分册。上卷起自古代,下迄 17 世纪;下卷则评述 18 和 19 世纪的史学,资料颇为详尽。中译本谢德风、孙秉莹译,商务印书馆 1988 年、1992 年版。

张广智:《克丽奥之路——历史长河中的西方史学》。本书从西方史学发展的长河中,摄取若干断面,重点铺陈,以西方史学思想的发展变化贯穿始终。作者有意把严肃的历史著作写得明白晓畅与生动可读,故本书适合"走近西方史学"的各界读者,尤可作为初学者的"入门书"。复旦大学出版社 1989 年版。

杨豫:《西方史学史》。本书分为三篇:古代—中世纪篇、近代篇和新史学篇。在 20 世纪 90 年代上半叶,国内学界出版了多种西方史学史,本书以其内容翔实的新史学篇而胜出。江西人民出版社 1993 年版。

郭小凌:《西方史学史》。本书脉络清晰,详古略今,尤以古典史学部分的丰富内容而见长。北京师范大学出版社 1995 年版。

何平:《西方历史编纂学史》,商务印书馆 2010 年版。本书从历史编纂角度书写,史书、描述与分析这几种类型都有涉及。

于沛、郭小凌、徐浩:《西方史学史》,高等教育出版社 2011 年版。三人合著,发挥了各自之长,条分缕析,自成一体。

张广智主编：《西方史学通史》，六卷本，本书阐述自"荷马时代"迄至现当代西方史学发展的历史进程，开中国多卷本西方史学史编纂之先河。复旦大学出版社 2011 年版。

伊格尔斯、王晴佳、穆赫吉：《全球史学史：从 18 世纪至当代》，杨豫译，北京大学出版社 2011 年版。本书有助于我们从全球角度理解近现代历史写作的发展。

［英］约翰·布罗：《历史的历史：从远古到 20 世纪的历史书写》，黄煜文译，广西师范大学出版社 2012 年版，本书是一本从希罗多德讲至布罗代尔的较为系统与完整的西方史学史，思想家的底色，文学家的笔调，于读者颇有吸引力。

瞿林东：《中国史学史纲》。本书内容丰富，论述自先秦至清末的中国史学的发展进程，兼及 20 世纪的中国史学，突出与发掘这一发展进程中中国史学的理论遗产，脉络清晰，史料充实，文字畅达，可作为西方史学史研究者比照学习的一个参照系。北京出版社 2006 年版。

白寿彝主编：《中国史学史》(6 卷本)，本书叙述从先秦时期中国古代史学的产生至 1919 年的近代史学，这或许是迄今为止内容宏富、资料翔实、新意迭见的中国史学通史，由白寿彝先生本人及其弟子合力撰成。上海人民出版社 2006 年版。

［美］绍特韦尔：《西洋史学史》(第一卷)。本书从史学起源写起，对希腊与罗马诸史家的论述颇为详尽，迄至基督教史学。惜此书未能写完。中译本何炳松、郭斌佳译，上海古籍出版社 2012 年版。

［加］丹尼尔·沃尔夫主编：《牛津历史著作史》(五卷)。全书由众多学者合撰，涵盖全球的史学史著作，由 150 篇专记组成，内容丰富，是非常全面的一套史学史宏著。中译本由陈恒领衔主译，上海三联书店 2017 年版。

三、断代与地区

［苏］康恩：《哲学唯心主义与资产阶级历史思想的危机》。本书论述了现代西方资产阶级历史哲学与史学之间的关系，阐述 20 世纪西方一些主要历史学家和历史哲学家的史学思想。中译本乔工、叶文雄等译，生活·读书·新知三联书店 1961 年版。

［苏］康恩等：《穷途末路的资产阶级历史哲学》。本书从各个方面评述了现代西方史学中的各种思潮、流派及观点，共七篇，其中六篇为苏联学者所写，一篇为美国学者撰文，论述第二次世界大战后的美国史学。中译本张书生、乔工等译，生活·读书·新知三联书店 1962 年版。

[苏]叶·阿·科斯敏斯基:《中世纪史学史》。本书所述内容从圣奥古斯丁起,迄至19世纪中叶为止的西方史学史。原书系科氏授课讲义,原为莫斯科大学1963年俄文版,中文本由东北师范大学历史系铅印发行。

孙秉莹:《欧洲近代史学史》。本书论述从14世纪文艺复兴时代迄至1917年十月革命前夕的欧洲史学发展的进程,内容丰富,资料翔实,是我国第一部西方史学史领域中的断代史专著。湖南人民出版社1984年版。

[苏]加尔金主编:《欧美近代现代史学史》,上、下两册。本书经苏联高等和中等教育部批准为大学历史系学生教科书,叙述了自15世纪迄20世纪欧美各国史学,注重马克思主义史学的产生和形成的历史,还涉及苏联等社会主义国家历史科学的发展。中译本董进泉译,安徽教育出版社1986年版。

[英]杰弗里·巴勒克拉夫:《当代史学主要趋势》。本书是联合国教科文组织于1980年出版的"社会科学和人文科学研究主要趋势"系列丛书的历史学卷,它对战后尤其是20世纪50年代中叶以来世界各国历史研究的主流和新趋势作了系统、全面、详细的阐述和分析。中译本杨豫译,上海译文出版社1987年版。

[美]伊格尔斯:《欧洲史学新方向》。本书论述了近年来西方史学的几个主要流派,如法国年鉴学派、德国社会政治史学派和西方马克思主义史学派,它们的史学理念、研究方法及其史学传统,从中可以了解欧洲史学发展的新趋势。中译本赵世玲、赵世瑜译,华夏出版社1989年版。

[英]古奇:《十九世纪历史学与历史学家》。本书对19世纪的西方史学作出了系统的总结与思考,内容宏富,头绪纷繁,论述多采用分国叙述和专题介绍相结合的方法,对一些重要史家与学派着墨尤多,可以一窥"历史学世纪"史学发展之概貌。中译本耿淡如译,商务印书馆1989年版。

[意]莫米格利亚诺:《现代史学的古典基础》(A. Momigliano, *The Classical Foundation of Modern Historiography*. Berkeley,Calif.,1990)。本书是在作者演讲稿的基础上加以整理而成的,主要论述的问题是:古典史学的传统是如何的?它在现代史学传统中具有怎样的地位?它起了什么作用?本书暂无中译本。

何兆武、陈启能主编:《当代西方史学理论》。本书包括以下三部分内容:历史哲学,包括新康德主义、文化形态史观、新黑格尔主义、分析的历史哲学等;史学流派,包括比较史学、计量史学、心理史学以及年鉴学派、英国马克思主义史学、美国史学;中国及苏联学者对当代西方史学理论的研究。中国社会科学出版社1996年版。

徐浩、侯建新:《当代西方史学流派》。本书从论述以兰克为代表的传统史学开篇,简明而又清晰地阐述了20世纪兴起的西方新史学诸流派:历史哲学、年鉴学派、新社会史、计量史学、比较史学、心理史学以及西方马克思主义史学等。中国人民大学出版社1996年初版。

张广智、张广勇：《现代西方史学》。本书论述20世纪初以来西方史学的发展过程，纵贯欧美各主要国家史学发展的脉络及其演化的轨迹，横及现当代西方史学研究进程中的各种新问题、新方法和新对象等，展示近百年来西方史学思潮的新陈代谢，史学流派的此消彼长，各派史家、史著以及史学思想的发展。复旦大学出版社1996年版。

[美]伊格尔斯：《二十世纪的历史学——从科学的客观性到后现代的挑战》。本书之雏形为德文版《二十世纪的历史科学——国际背景评述》，已译成中文在《史学理论研究》1995年第1—2期、1996年第1—2期连载。1997年用英文写就的本书，并不是上述德文本的译文，在许多方面它都是另一部著作，从古典历史主义及其危机写起，继而谈及社会科学对历史学的挑战，最后论及后现代主义对历史学的挑战。中译本何兆武译，辽宁教育出版社2003年版。

[美]唐纳德·R.凯利：《多面的历史：从希罗多德到赫尔德的历史探询》。本书论述自古希腊希罗多德、修昔底德迄至伏尔泰、吉本和赫尔德的著述，旨在对西方历史实践与理论的传统作出解释和概括。中译本陈恒等译，生活·读书·新知三联书店2003年版。

陈启能主编：《二战后欧美史学的新发展》。本书论述二战后主要是20世纪70年代以来欧美史学的新发展，倘以专题论，则涉及后现代主义史学、历史哲学、新文化史学、历史人类学、城市史学等；倘以国别论，则陈述当代美国、法国、英国、德国以及现代苏联史学的发展变化等。山东大学出版社2005年版。

四、文选与提要

[美]F.施泰恩编：《史学集锦：从伏尔泰到现代》(Fritz Stern, *The Varieties of History*, New York, 1956)。全书共分两辑，入选25位史家之作品。选家撰有长篇导言，可资参考。

[美]彼得·盖伊等编：《西方历史文选》(或《史学家的业绩》)(P. Gay, et al, eds. *Historians at Work*, 4vols, New York, 1972-1975)。全书四卷，选录西方自古迄今著名史家名篇，每篇前有题解，扼要陈述该篇著者生平、史学思想及学术影响等。20世纪70年代分卷在美国出版。

[意]莫米格里亚诺：《古代和近现代史学论文集》(A. Momigliano, *Essays in Ancient and Modern Historiography*, Oxford, 1977)。所收论文21篇，从希腊人的史学遗产直至克罗齐的"历史主义"，1947年初版，后曾多次重

版发行,目前看到的是 1977 年的重印本。

李弘祺编译:《西洋史学名著选》。本书选译 42 位史家的作品,每篇前均有"按语",点名"选旨",按史家类型分章组合排列。该书选者在附录《学习历史应该研读史学名著》一文末尾时所说的话很好,给人以深刻的印象,故特录如下:"世上林林总总的伟大历史著作,如一座未开拓的宝山,但愿年轻的朋友振奋精神,去欣赏其中的缤纷花草,壮丽景色,因而充实自己的生命,并瞻视四方无垠的天地与来去的时空,好静听它们的脉动与叹息。"(第 432 页)台北时报文化出版事业有限公司 1982 年版。

田汝康、金重远选编:《现代西方史学流派文选》。本书入选 17 位历史学家的作品,大体包括现代德、法、英、美、意等西方国家的史学流派的代表人物,有的虽还够不上称为某一流派,但也是在某一方面较有影响的史家。上海人民出版社 1982 年版。

张文杰等编译:《现代西方历史哲学译文集》。本书包括从 19 世纪末至 20 世纪 60 年代的西方历史学家、哲学家的著作或论文的节选,共 20 篇,上海译文出版社 1984 年版。该书后以《历史的话语——现代西方历史哲学译文集》为名,增订再版,由广西师范大学出版社 2002 年出版。

吴于廑主编:《外国史学名著选》。本书选译西方史学名著,上自希腊古典时代,下迄 19 世纪,共约十数种。每种选译内容,或为全书的著名章节,足以代表原作的特点;或为书中所述史事的某一重要方面,有利于开拓读者视野、丰富知识。卷首有著者简介。1962—1964 年,本书曾分分册印行,现合集为二册,均已由商务印书馆于 1986 年与 1987 年出版。

[英]汉默顿编:《西方名著提要》(史学部分)。本书共选了 24 位历史学家的 27 部作品,时间从公元前 5 世纪至 19 世纪,1959 年出版,修订版由赖元晋重写每篇作者传略与作品简介,介绍具体,评价中肯。何宁、赖元晋编译,商务印书馆 1987 年版。

[美]伊格尔斯、帕克合编:《历史研究国际手册》。本书分三篇,介绍了当代史学的新观念与方法论、各国和各地区的史学变化情况,由各国学者分别撰稿,伊氏作"导论",帕克氏写"结束语"。华夏出版社 1989 年版。

刘明翰主编:《外国史学名著评介》。全书共三卷,入选 81 部史学名著,不仅限于评介欧美史学名著,也留意东方的史学著作。山东教育出版社 1993 年版。

郭圣铭、王少如主编:《西方史学名著介绍》。本书介绍了 40 位史家的 40 篇作品,所作"点评",较为精到,体现出了撰写者对这位史家及其史著的研究成果,其每篇介绍的题目,也颇具特色,起到了画龙点睛的作用,如说恺撒的《高卢战记》为"以笔代剑的力作",汤因比的《历史研究》为"观古今于一瞬"等。华东师范大学出版社 1996 年版。

何兆武主编:《历史理论与史学理论:近现代西方史学著作选》。本书选录近现代西方51部史学著作片段,选文多采现通行的中文译本,一部分为自译。书名中,"历史理论"大致相当于当今西方通常所谓的"思辨的历史哲学","史学理论"则相当于"分析的历史哲学"。商务印书馆1999年版。

陈启能主编:《西方历史学名著提要》。本书共撰51位史家的52篇作品的提要,并有评论。本书篇幅庞大(计有61万字余),内容宏富,但也有"遗珠之憾",那就是不知为何遗漏了罗马三大史家之一的李维的《自建城以来罗马史》,而唯独对现当代英国马克思主义历史学家佩里·安德森又"十分照顾",一人独占两篇。江西人民出版社2001年版。

张越主编:《史学史读本》。本书系大学历史学论文读本系列之一,所选篇目以中国史学史研究为主,兼及西方史学史研究。选目重在典型性、开创性、多样性和规范性,每篇论文后均列出了若干参考论著,可供读者作进一步阅读的参考。北京大学出版社2006年版。

赵立行主编:《外国史学名著导读》。本书名为"外国",所以欧美与非欧美史家作品兼顾,不只限于西方;本书名为"导读",不只是内容介绍,而且对所选史家及史著的史学思想及其影响有较为深入的分析。全书有正编21篇,对21位史家的名著作了"导读",另有"补编",提供了近70部外国史学名著提要。复旦大学出版社2007年版。

陈恒选编:《西方历史思想经典选读》。本书选编从古迄今西方历史经典著作的原文片段,为读者提供了第一手可供阅读的英文原始文献,并可进而略知西方历史思想的发展概况。北京大学出版社2008年版。

后　　记

三年前,我申报的西方史学史课程改革项目,经国家教委专家组评审与国家教委主管部门的批准,被正式列入"高等教育面向21世纪教学内容和课程体系改革计划"。稍后不久,由我执教的西方史学史课程亦被我校列入"本科面向21世纪教学内容和课程体系改革研究计划",并作为重点课程来建设。当然,实施这两项计划是一个综合性的工程,需要付出长期的和艰辛的劳动,但其主干工程却是相同的,那就是需要及时地编写出一部具有先进性、适应性和有特色的西方史学史教材。

三年来,我为此作出了最大限度的投入。寒往暑来,数易春秋,为写作这本教材,排除杂务,无暇他顾,始终未敢有丝毫的懈怠。这期间,我又始终得到了教育部高教司、复旦大学教务处和复旦大学历史系等领导部门的及时指导与鼎力支持,复旦大学出版社也给予了多方面的帮助。特别要提到的是,20世纪80年代中期,我参加了由历史学家张芝联先生任主编的国家教委教材西方史学史的编撰工作,受到了诸多前辈学者学术思想的滋润,为本书的写作提供了可资借鉴的实践经验。

此外,近三年来复旦大学历史系及相关院系的同学们,对我在课堂上采用新编的西方史学史大纲,试讲新教材,并听取他们的意见时,总是给予热烈的回应,这就给我增添了莫大的信心。我的博士生陈新,更是在写作学位论文的繁忙时节,腾出时间参与本书部分章节的写作,其中第三、四章,第六章二、三、四节及第七章一、二、三、四、六节,均出自他的手笔。在这部书稿即将出版之际,我对各级领导的帮助、师长的教诲以及学生的支持与配合表示由衷的谢意。

说起中国的西方史学史的学科建设,晚近以来已有了长足的进步,不说别的,仅本书附录所载前人与时贤所编的西方史学史一类的书为数确实不少,那是各有千秋的。拙撰这本新教材,也只是其中的一种尝试,一种凝聚着我多年来学习与研究西方史学史心得的尝试。虽不能说书中所述都是经过深思熟虑和长期准备的,但它绝不是率尔操觚的。

这是一本供高等院校历史系及相关学科学生学习西方史学史的教材,本书的写作,对学科的基本理论与知识点、学科发展的前沿趋势、篇章结构、文字表述等,首先得顾及这一点。如果本书能为正在高等院校攻读的莘莘学子,在这一学科领域中提供一点帮助,有益于提高他们的人文素养,并为其中的有志者由此登堂入室打好基础,那就是我的最大心愿了。

在写作实践中,我又是把它当作学术著作来写的,可以看出,本书融会了近年来我在这一学科领域中所提出的一些识见,吸收与采纳了我已出版的论著中的一些研究成果。所有这些,都可能是一种不成熟的浅见,我真诚地希望得到学界同仁的帮助与教正。我深知,个人的力量是有限的,一部成熟的著作,尤其是不断发行与影响甚大的教材,需要不断地修改,这就需要群策群力,需要学界同仁的共同努力。我借这篇后记发出这一急切的呼唤,诚望能得到大家的有力的回音。

20世纪即将落幕,在第三个千禧年即将揭幕之际,由本书的出版引发了我对中国的西方史学史研究的诸多感想,更引发了我对先师耿淡如先生的追思。

38年前,即1961年底,为贯彻当时高教部关于编写文科教材的精神,在上海召开了外国史学史教材会议。在那次会议上决定由先师任《外国史学史》一书的主编。此次会议结束后,先师即有计划地积极工作起来。1964年我从复旦大学历史系毕业,随即成了他的"关门弟子",但却是"文革"前经高教部批准新设的西方史学史专业方向的第一位也是最后一位研究生。此后,我亲眼目睹了先师为编写这部教材所做的许多实质性的工作,他老而弥坚,奋发工作,直至一场破坏文化的风暴来临,才被迫辍笔……

往事如烟。从那时迄今,将近40年过去了。每每在我安下心来写作这部书稿时,一想到这也是为了完成先师的未竟事业,顿时就产生了一种使命感与责任感,从而化作一种无形的力量,一种不可推卸的人生职责。现在这部书稿终于要问世了,我愿以此告慰耿先生的在天之灵。

"我们应不畏艰难,不辞劳苦,在这个领域内做些垦荒者的工作。我之所以提出本问题,不是妄图解答而是希望大家来研究、讨论并共同解决这个问题。比如垦荒,斩除芦荡,干涸沼泽,而后播种谷物;于是一片金色的草原将会呈现于我们的眼前!"这是先师38年前所说的一段话(见《学术月刊》1961年第10期《什么是史学史?》一文),此刻这段话又仿佛在我耳畔响起,因为它也反映了我写完这本书稿时的一种心境。

逝者如斯,风华不再,后来者唯有在这人生的旅途上,不断进取,继续耕耘,才能不致愧对先人,不致愧对中国的西方史学史事业的前程。

张广智

1999年5月于复旦大学

第二版后记

本书第二版由主著者制订编撰与修改计划,具体撰写的分工如下。

张广智:导论,第一章,第二章,第五章,第六章第一、五节,第七章第五节,第八章,第九章第一、二、三(1—2)、四、五、六、七(1—4)节,第十章第一、二、三(1)节,结语,各章引语。

陈新:第三章,第四章,第六章第二、三、四节,第七章第一、二、三、四、六节,第九章第三(3)、七(5)节,第十章第三(2)节。

在此书修订过程中,我们得到了教育部高教司、复旦大学教务处、复旦大学历史系等领导部门的鼎力支持。复旦大学出版社将这部"十五"国家级规划教材列入复旦大学百年校庆献礼图书。我国的西方史学史学界同仁、复旦大学历史系世界史专业同仁,都对本书给予了多方面的关心与帮助。在此,特向他们表示由衷的感谢。

本书对初版本大部分章节作了修改,其中导论、第十章和结语是新写的。同时,由陈恒配置了近百幅插图,以增添视觉印象。我们自知能力有限,虽在编写工作中尽力吸纳前贤与时彦的睿智和卓识,但不当之处在所难免,希望继续得到大家的帮助和指正。

张广智

2004 年 5 月于复旦大学

第三版后记

本书第三版的修订工作由我主持。关于此次修订工作之旨趣，已在前言中作了交代，不再复述。

本版写作的具体分工如下（排名以字数多少为序）。

张广智：前言，导论，第一章第一、二、五节，第二章，第三章第四节，第五章，第六章第一、五节，第七章第五、六节，第八章，第九章第一、二、三、四、五、六、七(1—4)节，第十章第三(1)、四节，结语，各章引语，参考书目。

陈新：第三章第一、二、三、五节，第六章第二、三、四节，第九章第七(5)节，第十章第三(2)节。

易兰：第七章第一、二、三、四节。

李勇：第四章。

吴晓群：第一章第三、四节。

周兵：第十章第一、二节。

陈恒：插图。

我的博士研究生黄蕾、张井梅协助我做了编辑工作。

分工说毕，接下当对促使新版面世的各方致谢：

感谢复旦大学出版社一直以来与我的精诚合作和配合，尤其要感谢责任编辑史立丽的精心编制与辛劳，倘若没有他们，本书不可能及时出版。

感谢从教育部到复旦大学教务处、历史系等各级领导的鼎力支持，倘若没有他们，本书的层层运作不可能顺利进行。

感谢学界朋友们的赞扬与推崇，批评与赐教，倘若没有他们，本书不可能推陈出新，不断地提高学术水平。

感谢我的几位学生的全力投入与精心写作，倘若没有他们，本书不可能以新的面貌问世。

最后，我要特别感谢广大读者朋友，尤其是年轻学子们一贯的真挚的鼓励、支持与厚爱，倘若没有他们，本书何以安身立命，不断更新不也成了一句空言。

张广智

2009年8月于复旦书馨公寓

第四版后记

时光飞逝,转瞬之间,我们的《西方史学史》从初版面世迄今,已整整十八个年头了。当我们奉上这第四版的时候,万里河山正沐浴在春风中,广袤大地正盎然在改革开放的不惑之年里。

本书第四版的增补与修订工作由张广智主持。在本书撰稿者的精诚合作和紧密配合下,根据出版社的要求,如约完成。

本版撰写的分工如下(排名以字数多少为序):

张广智:第三版前言,导论,第一章第一、二节,第二章,第三章第七节,第五章,第六章第一、五节,第七章第五、六节,第八章,第九章一、二、三、四、五、六、七(1—4)节,第十章第四节,结语,各章引语,推荐阅读书目。

易兰:第六章第二、三、四节,第七章第一、二、三、四节。

李勇:第四章。

肖超:第三章第一、二、三、四、五、六节。

吴晓群:第一章第三、四、五节。

陈新:第九章第七(5)节,第十章第三节。

周兵:第十章第一、二节。

陈恒:插图。

复旦大学出版社史立丽不仅是本书的责任编辑,而且在本版修订过程中协助做了许多工作,起到了主编者助手的作用,特致谢忱。

本书第四版问世,应向教育部等各级领导、学界友人、我的诸弟子、复旦大学出版社,特别是广大读者朋友,尤其是年轻学子们,对他们的鼎力支持与鼓励厚爱,当会铭记于心,在此一并致以真诚的感谢。

亲爱的读者朋友们,我们已进入了新时代,一个需要大家奋斗的新时代。每每在这样的时候,我耳畔总响起先师耿淡如先生在 20 世纪 60 年代初的声音:"我们应不畏艰难,不辞劳苦,在这个领域内做些垦荒者的工作。我之所以提出本问题,不是妄图解答,而是希望大家来研究、讨论并共同解决这个问题。比如垦荒,斩除芦荡,干涸沼泽,而后播种谷物;于是一片金色的草原将会呈现于我们的眼前!"我们后来者,唯有在前人所开辟的道路上,笃守信仰,一往无前,艰难困苦,玉汝于成,心之所向,无问西东。

张广智
2018 年 1 月于复旦书馨公寓

图书在版编目(CIP)数据

西方史学史/张广智主著.—4 版.—上海：复旦大学出版社，2018.6(2025.6 重印)
ISBN 978-7-309-13571-8

Ⅰ.西… Ⅱ.张… Ⅲ.史学史-西方国家 Ⅳ.K091

中国版本图书馆 CIP 数据核字(2018)第 041976 号

西方史学史(第四版)
张广智　主著
出 品 人/严　峰
责任编辑/史立丽

复旦大学出版社有限公司出版发行
上海市国权路 579 号　邮编：200433
网址：fupnet@fudanpress.com　　http://www.fudanpress.com
门市零售：86-21-65102580　　团体订购：86-21-65104505
出版部电话：86-21-65642845
常熟市华顺印刷有限公司

开本 787 毫米×960 毫米　1/16　印张 29　字数 525 千字
2025 年 6 月第 4 版第 6 次印刷
印数 233 001—254 000

ISBN 978-7-309-13571-8/K·644
定价：45.00 元

如有印装质量问题，请向复旦大学出版社有限公司出版部调换。
版权所有　　侵权必究